吴承明全集

第三卷

经济史研究
（1）

社 会 科 学 文 献 出 版 社

SOCIAL SCIENCES ACADEMIC PRESS (CHINA)

目　　录

中国资本主义的萌芽概论

一个比较发展的封建社会，在晚期产生资本主义生产关系的萌芽，是许多民族历史的共同现象。中国资本主义的产生问题，在 20 世纪 30 年代初关于中国社会性质的论战中曾经涉及。1936 年，吕振羽同志在所著《中国政治思想史》中首先提到"布尔乔亚工场手工业"的出现。[①] 1939 年，毛泽东同志在《中国革命和中国共产党》明确指出："中国封建社会内的商品经济的发展，已经孕育着资本主义的萌芽，如果没有外国资本主义的影响，中国也将缓慢地发展到资本主义社会。"[②] 但长时间内，学术界对此却少有专门研究。新中国成立后，1955 年，以讨论《红楼梦》一书的时代背景为契机，史学界和经济学界对我国资本主义萌芽问题展开了广泛的、深入的研究和讨论。十年动乱时期，正常研究中断，但一些同志仍在艰难条件下努力发掘新的资料，探讨新的问题。1977 年以后，又深入一步，不断有新的研究成果问世。

在本问题的讨论中，由于对资本主义萌芽及其产生条件的理解不同，对不同国家封建社会的认识不同，结论自异。作为一个研究集体，下面将提出我们的观点以及我们探讨的大概情形，以求教于读者。

---

① 吕振羽：《中国政治思想史》，黎明书局，1937，第 491、492 页。
② 《毛泽东选集》（合订一卷本），人民出版社，1964，第 589 页。

一 什么是资本主义萌芽

对于什么是资本主义萌芽，我们提出三点看法。

第一，我们把资本主义萌芽如实地看作是资本主义生产关系的过程，而不是指一种内含的因素，或一种趋势与可能性。萌芽，总要有可以捉摸的经济实体。但是，萌芽是一个渐进的演变过程，在这个过程中，新质逐渐增长，旧质逐渐衰亡；因而，代表萌芽的经济实体就不能不具有过渡的两重性。

这就是说，在考察萌芽的存在时，不能要求它完全的资本主义性质，它必然包含着或多或少的封建性的东西；也不能要求它具备资本主义生产的全部机能，而只是主要机能。我们在资本主义萌芽中常见的不完备性有：工人并未脱离土地，保留封建地租和封建垄断，缺乏扩大再生产的机能，商人支配，存在着行会和行帮，等等。

萌芽是一个渐进的过程，它可以长期地在封建社会内部稀疏地存在着。它的出现，并不以封建经济结构的解体为条件，也不必借助于暴力，不必以所谓原始积累为前提。① 在萌芽范围内，其发展也不表现为革命性的突变。萌芽的历史是平淡的、默默无闻的，而这也正是我们考察的难处。

第二，资本主义萌芽指的是一种生产关系，而不是一厂一店，因而不能用举例子的方法来论证。它指的是一种社会经济关系，而不是个别人之间的关系，因而不能孤立地看待。这种生产关系，是在封建社会晚期，在社会经济发展到一定条件时产生的。在这以前，像在自然和社会史中许多进化的事物一样，它会有一些偶发的、先现的现象，但不能因此认为资本主义产生的过程已经开始。

这就是说，对于萌芽的事物，不仅要从微观上研究，还要从宏观上来考察，才能定性。必须把考察的对象放在一定的历史条件之中，看这个地方、这个行业有没有资本主义关系的土壤和气候。同时，考察的对象必须有一定

---

① 我们以为，中国资本的原始积累过程基本上是鸦片战争以后开始的，我们对资本主义萌芽的考察，一般不涉及鸦片战争以前。

的量，不能相信孤证。必然性是存在于偶然性之中，所以，真正的资本主义萌芽总是具有多发性，是可以重复观察到的。

有的同志以《太平广记》记有张守珪的茶园"每岁召采茶人力百余人"和《朝野佥载》记有何名远（又作何明远）"家有绫机五百张"，认为唐代已出现资本主义萌芽。在我们看来，即使所记属实，也只是一种偶发的、先现的现象，因为那时的社会经济条件还不允许新的生产关系出现。

第三，资本主义萌芽，对于它所出现的社会和时代来说，是一种新的、先进的生产关系，它具有新生事物的生命力。它一旦产生，除非有不可抗的原因，是不会中途夭折的，而是导向新的生产方式。因而，真正的资本主义萌芽应具有延续性。

这就是说，我们考察资本主义萌芽，就要估计它的历史作用。如果它只是历史上的一段插曲，则留有记载即可，不必花那么大力气去研究了。任何经济现象都是一个过程，不会突然发生，也不会蓦地消灭，而是有它的继承性和发展阶段性。我们的考察也不能就事论事，而要瞻前顾后。对于明后期出现的资本主义萌芽，要研究它在清代的发展变化；对于清代前期出现的资本主义萌芽，要研究它在鸦片战争后的发展变化，并探讨它对近代中国经济发展的作用和影响。实际上，这才是我们研究中国资本主义萌芽的目的。

如像北宋苏轼所述徐州利国监的三十六冶，元末徐一夔在《织工对》中记述的丝织工场，不少同志把它们作为资本主义萌芽的典型。但它们都是后无来者，在我们看来，还不能成为一种新的生产关系的起点，因而我们的考察是自明代开始。当然，并不排除对这类事例进行个别研究，本文下面还将提及。

二 生产力发展水平

产生资本主义萌芽的历史前提，不能用一句话来回答。但归根到底，还是要社会生产力的发展达到一定的水平。尤其是农业生产力。马克思说："重农学派正确地认为，一切剩余价值的生产，从而一切资本的发展，按自然基础来说，实际上都是建立在农业劳动生产率的基础上的。""超过劳动者个人需要的农业劳动生产率，是一切社会的基础，并且首先是资本主义生产的基础。"①

话虽如此，农业劳动生产率的考察，却是十分困难的。限于史料，对于明清两代的农业生产力，我们只能从（1）农业总产量——代表封建国家的经济实力和（2）单位面积产量——代表土地利用效果这两方面进行量的比较，再推论（3）"一夫产量"——代表劳动生产率，并从生产结构上探讨其经济效益。这些分析，多是依靠间接估计方法，当然是粗糙的。

我国的农业生产力，大约在宋代达到一个高峰。这主要是由江南（这个近代中国最富庶地区）水田的经营引起的。江南虽早开发，但涝地和沼泽地的处理始终是个困难，这在当时，只能依靠双手。两宋人口大量南迁，基本上解决了这个问题。加以可锻铸铁（俗称熟铁）应用于农具，耕犁的多用途化和手耕铁农具的出现，具有早熟和抗旱性的占城稻（后来的籼稻）的引进和推广，矮株桑和植桑园林化以及农艺学的进步；这就出现了一次"绿色革命"，使我国的传统农业达于成熟。宋以来几个世纪内，我国食物供给状况优于欧洲；我国人口长期趋势的增长开始于 11 世纪（北宋），而欧洲要到 18 世纪才真正开始。

明清两代，农具和排灌工具都绝少革新，农田水利亦不及唐宋之规模，水力能源的利用反不如前代。但不是说农业生产力就没有增进。我们估计，粮食的生产，明盛世比宋盛世约增长 50%，而清盛世比明盛世增长二倍以上。如果说，明代农产品的增长有 80% 是由于耕地面积的扩大而来，即单纯量的增加，那么，清代的发展就只有 20% 强是由于开垦新地（尽管清代拓垦区很大）因素，而更多的是由于单位面积的产量提高了。清代苏、浙、皖、赣的水稻亩产量一般还高于近代水平。这种提高主要是由于农艺学的进步而来的，包括深耕、早播、选种、施肥、人工灌溉、推广复种等。在生产结构上也有一定的变化。清代北方的开发，使稻麦比例略趋合理；高粱、玉米、番薯等高产作物的推广，有利于充裕民食。又因经济作物的发展比较突出，这不仅调整生产结构，并通过市场，有利于提高整个农业的经济效益。正是农业生产力的这种发展，为明清资本主义萌芽的出现提供了物质前提。

---

① 马克思：《资本论》第 3 卷，人民出版社，1975，第 885 页。

但是，明清农业生产力的提高终究是有限的，并且在很大程度上可归结为耕作的集约化。在技术设备没有什么革新的情况下，农业集约化只是意味着每亩地投入更多的劳动力。清代农学家提出的"多种不如少种好""垦田不如粪田"以及成为一个学派的"区田法"理论，都反映这种情况。事实上，随着清中叶人口的急剧增长，每户的可耕地日渐小了，耕作单位更加分散，则产量不能与投入的劳动力比例增加的。水田一亩，增加一个工只能增产约 1/30；种两季稻不过比种单季多收百分之二三十，而劳动力和费用支出增加近一倍。据一些资料测算，我们有理由相信，在清代，尽管亩产量有了提高，但劳动生产率即"一夫产量"却下降了。这又是我国资本主义萌芽发展迟缓，也是农业资本主义生产关系始终微不足道的根本原因。

手工业中的资本主义萌芽要以整个社会生产力为基础，但逐一考察每个手工行业的生产力甚为重要。这是因为手工业生产结构大多是并联型的，不是串联型的，各行业有较大相对独立性。另一方面，影响国民经济发展最大的也往往不是总的社会生产水平，而是当时起主导作用的工业部门。

我国手工业生产技术，有些在汉、唐已颇发达，但总的说也是宋代达于高峰。用铁是工业的技术基础，有人估计，宋元丰时（11 世纪后期）铁的年产量约达 12.5 万吨，平均每人 3.1 磅，年增长率 2.7%；整个欧洲的铁产量，在 17 世纪末才达到这个水平，而增长率还不到 0.5%。[1] 科学技术的许多部门，宋代都居于世界先进水平。科学史家李约瑟说：宋王朝"屡为北蛮诸邦所困，但帝国的文化和科学却达到了前所未有的高峰"；"在技术上，宋代把唐代所设想的许多东西都变为现实"。[2]

这种科学技术发展的趋势，在元以后就逐渐停滞了。但是，在我们考察明清以来有资本主义萌芽的约 20 个行业中，它们的生产技术，却大都在宋代水平上有所改进。并且改进愈多的，萌芽也愈完整。如四川井盐业，在宋代著名的卓筒井的基础上，革新凿井、造井和汲卤技术，并创造管道运输系统和利用天然气做燃料，达到手工业生产所可能有的技术高度；这个行业中，也出现了我国资本主义萌芽中最完备的工场手工业。

---

[1] Robert Hartwell, "Markets, Technology and the structure of Enterprise in the Development of the Eleven-Century Chinese Iron and Steel Industry," *Journal of Economic History*, Vol. 26. 1, 1966.

[2] 《中国科学技术革新史》第 1 卷第 1 分册，中译本，1975，第 284 页。

手工业生产力的发展，多半还是在量的方面，如冶炉加大容积，榨车加大滚轴，矿道加深进尺等。但和农业不同，这种量的增大不一定依靠投入更多的劳动力，往往还能减轻总人力，或代以畜力。这期间手工业的改进，又很少是在生产工具方面，而主要是在工艺学方面。但对于手工业来说，工艺学方面的改进是很重要的。例如丝织业，直到清代，所用织机大约仍不外宋末薛景石的《梓人遗制》。但是，织机专用化了，织造工艺大有进步，品种多样化，有的趋向坚实耐用，有的增强艺术效果，有的适用于特殊用途，这就能增大产品的市场价值，推动资本主义关系的发展。又如有的改进是扩大原料的使用范围，有的是能降低损耗，有的是缩短工艺流程，也都会产生一定的经济效果。生产力毕竟是最活泼的因素。

然而，总的说来，明清两代我国手工业生产技术的发展是十分缓慢的，并且已逐渐落后于世界先进水平了。乾隆中叶，西欧已开始使用蒸汽动力；我国矿产的利用，这时仍严重受到人工排水的限制，而水力动力的使用，似乎反不如往昔。尤其是当时最重要的、也是其产品在市场上占最大比重的工业部门，即棉纺织业，在关键环节即纺织的环节上受到技术落后的限制，妨碍了纺和织的专业化。当西欧出现十六锭纺车时，我国还是单锭。仅有的改进三锭脚车，也受到家庭劳动力结构的限制，不能推广。这样，直到鸦片战争前，我国棉纺织业还基本上停留在农民家庭手工业阶段，没有资本主义萌芽，并且成为"男耕女织"的农村自然经济的基石。在当时以至近代，棉纺织业是在国民经济中占主导地位的工业部门。我国棉纺织业生产方式的落后，成为整个社会新生产关系发展的绊脚石，也使得全部资本主义萌芽黯然失色。

三 商品经济的发展

马克思说："商品流通是资本的起点。商品生产和发达的商品流通，即贸易，是资本产生的历史前提。"又说："商人资本的存在和发展到一定的水平，本身就是资本主义生产方式发展的历史前提。"[①]

---

① 马克思：《资本论》第 1 卷，人民出版社，1975，第 167 页；第 3 卷，第 365 页。

　　商人资本的大规模货币积累，也要靠长距离贩运贸易。小地区的封建剥削可以积累财富，但不能积累资本，所谓里有人君之尊，邑有公侯之富，但出不了资本家。因为资本作为货币财产，原与土地财产相对立的，它需要大市场。我们所见明中叶以来兴起的大商人，如徽商、山西商、陕西商，都是在盐、茶、布、丝等长距离贩运贸易中发家的。这种大商人的资本量，在明代一般是 50 万两级，最高百万两的规模；到清前期，连同粤商、行（洋）商等，就进入百万两级，以至以千万两计了。

　　但应看到，直到清前期，我国的国内市场仍然是一种以小生产者之间的交换为基本的封建性市场，有很大的局限性，农村则基本上还处于自然经济状态。

　　据我们估算，鸦片战争前，我国国内市场的商品流通总量约合 3.9 亿银两，其中第一位是粮食，约占 42%；第二位棉布，约占 24%；第三位盐，约占 15%。粮食的流通具有特殊的意义，在封建社会，差不多所有其他商品都是直接或间接（通过租赋）与粮食相交换。在一定意义上，农村有多少余粮进入流通，成为市场总量的一个限界，而粮食的商品率，成为自然经济解体的指标。我们估计，这时候粮食的流通量约为 245 亿斤，占产量的10.5%，不算很小。但它主要是在地方和区域内进行调剂，进入长距离运销的，包括不是真正商品的漕粮在内，不过 54 亿斤。

　　粮食虽然重要，但流通发展的真正动力还是工业品。正因工业（这时是手工业）从农业中逐一分离出来，市场才能不断扩大。工业的部门组成决定市场结构，工业的布局决定商品流转方向。这时候，市场上占主导地位的工业品是棉布，它的商品量约为 3.1 亿匹（按标准土布 5.45 平方码计），为数不少。但它主要是在地方小市场上换取粮食，进入长距离流通的还占不到 15%。

　　问题还不在此。按上述估计，粮食、棉布、盐三者占有市场交易总额的80% 以上，就是说，市场上最大量的交换是粮食和布（以及盐）的交换，这构成了鸦片战争前国内市场结构的基本模式。在这个模式中，不仅粮食，占主导地位的布也是农民家庭生产的，并没有从农业中分离出来。绝大部分商品布是农民自给生产有余的布，只在少数集中产区才有为市场而生产的织户，即使这种织户，他们卖布也主要是为了补充口粮。在整个粮和布的交换中，两者都是作为自然经济基石"男耕女织"的产品，这种交换，无异于小农业与家庭手工业另一形式（在市场上）的结合。

这就可以看出我国国内市场的狭隘性。这种狭隘性又成为资本主义萌芽发展的阻力。

在西欧，资本主义萌芽地出现在很大程度上是由海外市场促成的。我国从来不是一个海上国家，明清以来又受到禁海政策的限制，这也是资本主义萌芽发展迟缓的原因。

四　雇佣劳动的变化

雇佣劳动是资本主义生产关系的核心。但是，雇佣劳动是从奴隶社会以来就存在的社会现象，作为资本主义生产的标志：（1）必须是受雇者具有基本人身自由；（2）他们又必须是受雇于资本；（3）并且在同一资本下雇有一定的数量。

原来在我国封建社会的等级观念中，佃户、雇工、奴婢都属贱民，在封建家长制下，他们与主家都是主仆关系，人身是不自由的。这种情况，宋代有所变化。明洪武定刑律，废除主佃条例，田主与佃户之间变成长幼关系，但雇工人身的解放却迟缓得多。明后期刑律中规定的"雇工人"身份，其与奴婢的区别，主要只在于仅有年限而已。清代刑律迭经修订，最后是按雇主的身份划定，"农民全户"（庶民地主、自耕农、佃农）的雇工，基本上是近凡人论科了，但仍存在着"官民之家"的身份制雇工，以及典当家人、白契义男等。这是指农村长工。在城市，明代商业上还主要是使用奴仆，清代逐渐改为雇工；手工业则一直延续着师徒关系。

不过，有自由身份的雇工，在历史上也是早就存在的。据我们考察，我国农村的短工、忙工，本来就没有什么人身从属关系；这可追溯到唐代，不是要到万历年间的立法才得到解放，只是没有形成像马克思所说的那样一个"短工阶级"而已。① 城市中，原属手艺人的临时性雇工，也是这种情况。

---

① 照马克思的说法，短工阶级的形成是和货币地租、租佃关系转化为"纯粹的货币关系"分不开的。见《资本论》第3卷，第900页。

我国历代都有大量流民，他们已摆脱土地束缚，并且是"无族姓之联缀，无礼教之防维"，除乞讨寇盗外，就会流入城市、垦区、矿场，形成自由身份的雇工。

对于封建社会的这种自由雇工，马克思曾计过三种情况：（1）他们不是被用于生产劳动，而是用于增加雇主享受的服务。（2）他们已被用于生产劳动，而且规模很大，但是为了生产使用价值，而不是生产价值。（3）雇主也出卖商品，"因为自由劳动者为他创造了价值"，但出卖的只是多余的产品，以换取奢侈的消费，因而只是"对这种劳动进行的伪装的购买"。在这种三情况下，支付给雇工的都不是垫支资本，而是雇主的货币收入。而"货币作为收入，作为单纯流通手段同活劳动相交换，决不可能使货币变为资本，因而也决不可能使劳动变为经济学意义上的（指资本主义意义上的——引者）雇佣劳动。"①

到清代，尤其乾隆以来，农民佃户的雇工以及"店铺小郎"之类，绝大部分已是"无主仆名分""同座共食"的自由劳动者了。但是，我们仍需要考虑马克思所说的上述三种情况。郭老（沫若）说，他研究奴隶制和封建制，先看劳动者，分不很清，因为奴隶和农奴都很苦；后来看奴隶主和地主，倒比较容易辨别。我们研究资本主义关系也是这样。不能单看劳动者是否有人身自由，更重要的是看雇主，考察雇主的经营性质。就是说，要看他们是受雇于资本呢，还是受雇于别的东西。

> 资本以雇佣劳动为前提，而雇佣劳动又以资本为前提。两者互相制约；两者互相产生。②

资本的古老形式是商人资本，它代表货币权力与土地权力相对立。所以，如果雇主是商人，问题比较简单。如果是地主，或其他具有封建权利者，就麻烦了。原则上讲，地主作为地主，不能变为资本家。因为土地不是资本，也不能转化为资本，只能在外在的资本主义生产关系下转化为虚拟资

① 马克思：《政治经济学批判》，《马克思恩格斯全集》第 46 卷上册，第 468、465 页。
② 马克思：《雇佣劳动与资本》，《马克思恩格斯选集》第 1 卷，人民出版社，1972，第 365 页。

本。然而，我们所遇到的，往往不是单凭土地权力，而是凭他们积累的财富来雇工的。因而，又要对他们积累的性质，也就是对他们工资基金的运用进行考察。

先从农业方面看。据我们考察，我国农业中的资本主义萌芽不外三种形式：（1）地主雇工经营商品性生产；（2）自耕农或佃农雇工经营商品性生产；（3）商人租地经营农业。

第（1）种也就是通常所说的经营地主。明代大的经营地主还都是使用僮仆劳动，到清代则大量雇工了。但从经营上看，除了个别从事经济作物者外，还没找到一个资本主义经营的实例。例如有一个农庄，雇有 50～60 个工人割麦，按日发工牌、领工资。但这个是公主的庄园，公主家族怕有百十口人吃饭（方苞说他家连奴婢有 40 口人，需 100 家佃户来供应消费）；那么，这些雇主就仍然是生产使用价值，所付工资也就只是公主的收入，不曾转化为资本。看来，封建积累之转化为资本是不容易的。①

第（2）种即通常所说富农。史料所见又主要是山区和新垦区的佃富农。他们雇工不多，但商品性强。佃富农雇工是利用他们的劳动积累，这比较容易资本化。这也就是马克思所说："资本的形成不是来自土地财产（在这种场合，至多是来自作为农产品商人的租地农民）。"② 不过，这种佃农多数是自己和家属参加劳动，要他们雇工剥削收入占到主要比重，才算得上是资本主义生产。

第（3）种商人租地经营农业，性质比较明确。尽管他们所付地租还带有封建地租性质，至少还没有在量上达到平均利润的水平，但他们的积累已是资本了。不过我们能找到确切史料的，也只有商人经营茶、药材、果木等少数事例。

因此，到清中叶，尽管农村雇佣劳动已形成巨大的队伍，但主要是佃农、自耕农、富农雇佣的长短期辅助劳动，或地主雇用于自营地、场院的劳动（几乎每个出租地主都留有少量自营地）。真正的资本主义性质的雇佣劳

---

① 鸦片战争后我国资本主义初步发展时期，确有不少地主投资于近代工业，我们考察到有 113 例。但是，其中没有一个是土地主，而大都是与当时的洋务、税务、通商有某种关系，就是说，他们的投资并非单纯来自地租，而是具有原始积累性质。

② 马克思：《政治经济学批判》，《马克思恩格斯全集》第 46 卷上册，第 508 页。

动是极少的，在学者们检阅过的乾嘉间约 400 件记载中（主要是刑部档案材料），我们能肯定其资本主义雇佣关系的不过 10 余例。

再看手工业。手工业的商品生产性质比较容易确定，资本的转化也比较明显。但它们是生长在封建社会，封建关系无孔不入，在考察他们的雇佣劳动时，仍有一些问题需要考虑。

第一，在矿业、盐业、木材等业中，都常有地主或封建官僚参与投资或分配，在云南铜矿中还有所谓官本。在一些农产品加工行业中，更多地主富农开设的作坊。一般说，这些关系是比较容易弄清的。如台湾的"头家廍"（糖房），行收佣制，即使是地主所设，也已是资本主义关系。而广东"上农"开设的"一人一寮"（独资糖房），因其经营方式文献未详，只好不作结论。

第二，分配方式，密切关系劳动者的性质。我们所见如伙计制、亲生兄弟制、实物提成制、家庭包工等，多半不能成为资本主义雇佣劳动。学徒，这时大都是东家带徒，一般不作雇工处理。有些分配方式，如端布业的提成，虽不改变雇佣劳动性质，但改变主雇关系。有的地方还保留有奴隶劳动，如煤矿业的关门锅伙，但要考察它所占比重，不能因此否定全矿的资本主义雇佣关系。

第三，手工业行会和雇工组织的行帮，是个有争论的问题。我们的做法是，一方面，对它们分别作为专业研究，明确其性质。另方面，在研究资本主义萌芽时，要采取实事求是的态度。据我们考察，无论是明代以前的行、行团、行铺，或是清代的会馆、公所，在我们所讨论的 20 个有资本主义萌芽的行业中，都没发现什么它们阻碍萌芽出现的具体事例。在清乾隆以后，确有些行业的行规限制很严（还未发现这以前的行规），但主要是手艺人和饮食、服务业，不是我们所考察的行业。清代兴起的雇工的行帮组织，也是一种封建组织，与我们所考察的某些手工业关系较大。这种行帮也未阻止资本主义萌芽的出现，但对萌芽的发展有消极作用。

资本主义雇佣劳动，须在同一资本下有一定的量。不过，据我们考察，这在农业方面并不具有决定性，在手工业方面则十分重要。手工业中由小生产者分化出来的雇主较多，他们大都掌握技术。过去我们常把雇工不多的小业主，即所谓上层小资产阶级当作资本家看待，这本来是不科学的。在考察历史上的资本主义萌芽时，更不合适，因那时手工劳动中剩余价值率较低。

究竟雇工多少人才算资本主义，很难界定，因行业利润情况、技术的构成、雇工和学徒比例各不相同。有些行业，社会分工代替了场内分工，就不能要求一个资本雇用很多工人。很少分工、接近农业劳动的行业，也是这样，有时雇四五人亦可剥削致富。但在史料中，往往不分业主、家属、雇工、学徒，笼统提若干人。在无其他情况可考时，所提不足十人者，我们一般就不予考虑了。

雇工很多的，也常须另行考虑。突出的是采矿业，史料记载，动辄千百，以至数万。若说一个矿场上，几千几万人都有人给他们发工资，那是不可想象的。他们很可能是小生产者或从事副业的农民，受矿商支配（收购、预购乃至贷款）而已。还有一种自有首领以至拥有武装的"矿徒"，也未必是雇佣关系。前面提到的宋代的三十六冶，我们因它无延续性而未作萌芽考虑。这里"土豪百余家，金帛山积，三十六冶，器械所藏"，可能就是拥有武装的地方势力，所以苏轼"常令三十六冶每户点集冶夫数十人持挈枪刃"卫护衙门。① 明代有不少类此记载，如福建拥有五百矿夫的马大王，浙江有矿手二百人的叶宗留，辽阳能聚五百人、千人的大小矿首，我们都未予考虑。

冶铁业记载常称"每炉聚集二三百人"，"一炉多至五七百人"，这是把采矿、烧炭、运输的人夫都算进去了。矿砂和炭很可能是向小生产者收购，运输可能是按件向个体劳动者付运价。明代大型冶炉的雇工不过 40～60 人，小炉仅 6 人。我们只能按这个标准来考察冶铁业的资本主义雇佣劳动（6 人者还不能算），而对其采矿部门是不能肯定的。唯煤矿需开竖井，云南铜矿有硐尖系统，均不在此例。

手工业中，由小生产者分化出来的雇主，其雇工性质有个发展过程。有个人们熟悉的材料，即苏州丝织业中，"大户张机为生，小户趁织为活。每晨起，小户数百人，嗷嗷相聚玄庙口，听大户呼织，日取分金为饔飧计"。② 这些小户，虽出卖劳动力，仍然是机户，不过是失业户。大户也是机户。大小之间的关系是临时性的，今天你呼我织，明天另走他家。"在那里也存在

---

① 苏轼：《与章子厚书》，《宋文鉴》卷一一八。
② 蒋以化：《西台漫记》卷四。

着对资本的依附和雇佣劳动，但还未形成任何牢固形式"，"业主同工人之间的差别较小"。① 这种雇佣劳动，还正在向资本主义雇佣劳动过渡，恐怕还不能算是资本主义雇佣劳动。这是明代的事。依此来看我们前面提过的元末的《织工对》，那里所记的织工竟是如此来去自由，也就不足为怪了。这里所表现的自由，正因为他们还未牢固地依附于资本。

五　商人支配生产和工场手工业

手工业中的资本主义萌芽可归结为两种形式：一是商人支配生产，一是工场手工业。这也就是马克思所说的从封建生产方式向资本主义过渡的"两条途径"。

商人资本（商业资本和高利贷资本）是古老的资本形式，封建社会晚期，大量出现商人支配生产的情况，是很自然的事情。但是，不是所有商人支配生产都具有新的生产关系的含义。马克思在《资本论》中称"商人直接支配生产"，指的是那引进支配小生产者的劳动的包买商。列宁在《俄国资本主义的发展》中所说的包买主，语义略有不同，指的是由小生产者分化出来的商人。② 我们现在史料中所见，主要都是马克思所说的包买商这种类型。

列宁所说的包买主的五种形式，在我们看来，其前三种还不能算是资本主义萌芽。这里，他们是通过买卖关系、借贷关系、交换关系来支配生产的，这种支配，尽管可以占有小生产者的剩余劳动，但并没有改变小生产者的生产关系。否则，像后来我国买青苗的情况非常普遍，亿万农民都要进入资本主义了。在我们考察的行业中，如商人对茶农的"先价后茶"，对蔗农的放"糖本"，对烟民的"给值定山"，对纸坊的"以值压槽"，都是这种情况。我们考察它们的资本主义萌芽需另有依据。

---

① 列宁：《俄国资本主义的发展》，《列宁全集》第 3 卷，人民出版社，1959，第 393 页。

② 马克思：《资本论》第 3 卷，第 373 页。马克思所说"直接支配生产"原文是商人"直接占有了"（bemächtigt unmittelbar）他所经营商品的生产过程。关于马克思所说包买商与列宁所说包买主的含义，见吴承明《我国手工棉纺织业为什么长期停留在家庭手工业阶段》第 2 节，载氏著《中国资本主义与国内市场》，中国社会科学出版社，1985，第 185～186 页。

所谓包买商，他实际是（1）"购买了暂时还占有生产工具但已经不再有原料的劳动力"；（2）"成了超过他原来商业利润以上的剩余价值的占有者"；（3）他"为了达到这个目的，还必须使用追加资本"，[①] 以购买原料供了的劳动力使用。我们是按这三条来确定包买商的性质的。

清中叶丝织业中的"账房"，可称为包买商的典型。它不仅支配机户，还支配染丝坊、掉经娘、络纬工、牵经接头工等，并大多是计发工资形式，有相当大的追加资本。它掌握了全部生产过程，是相当完备的资本主义。这就不难明白，为什么丝织业在明后期已有工场手工业的雏形，而到清中叶反而基本消失：它被较完备的包买商形式所代替了。

据我们考察，我国资本主义萌芽中，包买商的形式并不多。像广东佛山的铁钉、铁针业，景德镇瓷器的红炉（釉上彩）业，是受包买商支配的，但它们只是冶铁、制瓷工场手工业的附属物，事实上，我国包买商制度的大量出现，还是在20世纪初期的事情。

资本主义萌芽中的商人支配生产，除包买商制外，还有商人雇主制，即商人雇工生产。

商人雇工生产，在农产品加工中甚为普遍，从舂米、磨面到油、酒、酱、醋都是，它们多是前店后厂，也有的是附设作坊。按说既是商人雇工，即是受雇于资本，为市场而生产。但是，要确定其资本主义性质，还必须雇工有一定的规模，有生产关系的具体材料。据我们考察，还只有某些地方的制茶、刨烟丝、榨油作坊比较肯定，为数并不多。至于酿酒、制糖、造纸，则多半已成为独立的工场手工业了。

商人雇主制和商人投资于工场手工业的区别，在于他们的投资是否已转化为产业资本。例如，商人在陕西南部开设的圆木厂、枋板厂，投资颇巨，雇工众多。但所产木料，一般仍是由该商人运出山来，以至运销河南、江苏。这里，投于木厂的资本未转化为产业资本，其利润也主要是运销利润，并由住在大城市的商号统一核算，因而我们视为商人雇工生产。反之，如北京西部的煤矿，也是商人所办，而所产的煤大都一出窑就卖给别的运销商，煤矿的资本也就转化为产业资本，它就不是商人支配生产，

---

① 恩格斯：《〈资本论〉第三卷增补》"价值规律和利润率"，《资本论》第3卷，第1025页。

而是独立的工场手工业了。这种区别的意义，在于两种资本的性质有所不同。

棉布加工业中，苏州一带的踹坊，雇工近两万人。他们实际是由商业资本布号发工资的，但又有包头组织作坊，也有投资，商人只垫支可变资本。可以说是介乎包买商和工场手工业的一种中间性质。为棉布加工染坊，规模比踹坊更大，可能也是这种性质。但因鸦片战争前的有关经营的史料未详，还难肯定。

通常论及商人支配生产的特点是，它不改变小生产者的生产方式，而是维护这种生产方式。不过，这就包买商制而言。在商人雇主制中，就多少已经改变了；在踹坊这种形式中，也已不是个体生产了。当然，就更多的革命作用来说，还是工场手工业。事实上，在我国的资本主义萌芽中，最具重要意义的也还是工场手工业。

工场手工业的一个特征是劳动分工，这有利于提高劳动生产率和扩大再生产。但是，我们不能过于强调这一点。资本主义萌芽中的工场手工业是不能和欧洲工场手工业时期（那已是资本主义生产方式建立之后）的情况相比的。有些行业，如采矿业、伐木业、池盐海盐业、航运业，本来没有多少劳动分工。有些行业，如造纸，虽说"过手七十二"，实际一人可兼不同工种。在我国还有一种情况是，由于场外分工发达，场内分工反而简化。如景德镇的制瓷业和广东石湾的陶瓷业，即因过分专业化，窑、作、行、店林立，互为加工协作关系，其工场手工业的规模反而十分可怜。清代苏州的丝织业，也因一些工种独立成行，由织户临时雇倩，原来工场手工业的迹象反而消失。在我们的考察中，一般不以场内分工多少作为工场手工业的规模，而主要看一个资本支配下劳动者的数量。

我们所见规模最大、组织最完备的工场手工业，是四川的井盐业。其也因井、灶等的专业化妨碍了场内分工。并且，它用工最多的是"担盐之夫""盐船之夫"和"挑水（卤）之夫"。前两种可能是按件计价给个体劳动者，担水夫则史料有明确记载，都是临时工。一套井灶所雇用的固定工人大约不过100人，我们也依此决定其工场手工业性质。富荣盐场头号资本家族王三畏堂雇用的固定工人共1200余人，二号资本家族李四友堂三大灶共雇佣固定工人500余人。这恐怕是当时最大的工场手工业主了。采矿业固然矿工众多，但雇佣关系复杂，前已言及。唯云南铜矿，最大的商人投资据说有20万两，可能也是大资本家了。

六 资本主义萌芽的理论意义

考察资本主义萌芽，是探讨中国资本主义有没有一个萌芽过程。然而，它有着广泛的意义，它是认识近代中国社会的一把钥匙。

20世纪初，曾有一种理论，认为中国的资本主义是鸦片战争后在外国资本主义的作用下产生的，即所谓外铄论或移植论。最初，这是因为人们并不理解"资本主义"这一外来名词的含义，而以为它指的就是那些有高大烟囱和机器隆隆作响的怪物。如果是这样，对于发生在16、17世纪的欧洲资产阶级革命，就只能从文艺复兴和精神上去找原因了。不幸，当时输进的西方史学也正是这么说的。[①] 其后，《资本论》介绍到中国，人们了解到资本主义发展三阶段的历史。但是，在中国并没有一个像西欧那样长达二三百年的工场手工业阶段，加以外国资本在中国势力的嚣张，对于中国资本主义有没有自己的历史，仍然是不肯定的。

第一次国内革命战争失败后，发生一场关于中国社会性质的论战。论战中，任曙提出了"中国资本主义的发展不是内在的而是外铄的"论点，并认为这是帝国主义资本的"伟大作用"。任曙是中国托洛茨基派的理论家，他在这个时候提出外铄论，其含义就不同了。虽然不是所有托洛茨基分子都是提倡外铄论，但他们都是把帝国主义资本和民族资本等同看待，认为两者是"共存共荣"的，"好象在世界经济一个部门内合股经营"。因而，只要外国商品占领市场，并进入农村，就"绝对地破坏了中国封建势力"，中国就"已经发展到资本主义国家了"。[②] 这就轻而易举地否定了近代中国社会

---

① 直到最近，仍有人说："我本人，作为一个中国人，对于资本主义有一种先入为主的观念，那是指私人所有的、以谋利为目的、采用机器生产和合理经营方法的那种生产方式。"作者认为，资本主义"也是一种法权体系"，"是从希腊罗马文明产生出来"的，因而他经过考虑，"坚持我的资本主义定义"。顾准：《资本的原始积累和资本主义发展》，《社会科学》1981年第5期。原文作于1973年6月11日。

② 任曙：《中国经济研究绪论》1932年修订版，第40、65、91页；严灵峰：《中国经济问题研究》，1931，第122、124页。

的半殖民地半封建性质，从根本上否定了中国共产党领导的中国革命的道路，取消了中国民主革命的任务。

历史上有移植的资本主义。《资本论》第 1 卷第 25 章 "现代殖民理论" 讲的就是这个。当时，欧洲殖民主义者在美洲、澳洲建立资本主义工业，最大的苦恼是找不到工人。聪明的皮尔先生，不仅把价值 50000 镑的生产设备和生活资料从英国运到澳洲的斯旺河畔，还带去了 3000 名男工、女工和童工。但一到目的地，皮尔先生竟连一个给他铺床打水的仆人也没有了，他带去的人都去弄块土地变成小生产者了。马克思说：这里是 "反抗资本迁入" 的处女地，"不幸的皮尔先生，他什么都预见到了，就是忘记了把英国的生产关系输出到斯旺河去！"[1]

可是，中国并不是这样一块处女地。当西方侵略者来到中国时，并不需要输来资本—雇佣关系，他们遇到的是现成的工人，包括技术高超的熟练工人。事实上，第一家外资工厂，即 1845 年广州的柯拜船坞，就是租用原来中国手工船厂的泥坞建立的。上海开埠后，第一家外国船厂伯维公司也是这样。"很少人能相信那人时候黄浦江上居然能修造汽船"，可是，第一条汽船 "先驱" 1876 年下水了，"雇的是宁波木匠，用的是中国柘木与樟木"。[2] 不仅如此，第一家洋务派的军工业，即 1861 年的安庆内军械所，也是在工场手工业的基础上添置机器而成的。第一家民族资本的近代工业，即上海发昌机器厂，原来也是一家工场手工业，1869 年左右引进西洋车床，就变成机器工业了。无论外商、洋务派或民族资本家，在开设第一家近代纱厂时都毫无困难地找到女工，因为妇女离家进厂已早由资本主义萌芽铺平了道路，所有封建礼教问题，也于光绪初清政府一场关于茶厂女工的廷议中解决了。

外铄论和移植论，都是一种无视事物发展内因的纯外因论。他们否定中国封建社会内部的任何能动因素。这种反历史、反辩证法的观点是完全错误的，但绝非是孤立的。

第二次世界大战前，在国外长期流行着一种中国是个停滞社会的理论。这种理论可上溯到黑格尔。在他看来，中国是 "永无变动的单一"，"一种

---

[1] 马克思：《资本论》第 1 卷，第 837、835 页。

[2] G. Lanning and S. Couling, *History of Shanghai*, 1921, p. 384.

终古如此的固定的东西代替了一种真正的历史的东西"。① 当西方资产阶级登上历史舞台，要求按照自己的面貌改造世界的时候，包括那些阐述"白种人责任"的历史学家，倡导中国社会长期停滞论，是完全可以理解的。在这种理论下，中国的现代化及任何进步，都只能寄望于西方的炮舰、牧师和资本家的到来。随着中国的殖民地化，这种理论也众口铄金，并由西方传到东方。20 世纪 30 年代，乃至有日本的"马克思主义者"专门研究了中国社会的"亚细亚停滞性"，有待于日本军国主义者加以"克服"。②

一个社会在发展中会出现或长或短时间的停滞以至倒退，完全是可能的。在中国历史上，有过几次辉煌发展的时代，也不乏悲惨的倒退。资本主义萌芽所考察的时期，确是中国在经济科学文化上发展比较迟缓的时期，但它是一个酝酿着巨大的变动的时期。我们所看到的明清社会，无论在生产方面或者在流通方面，无论土地制度、赋役制度、租佃关系、雇佣关系上，都是一个个不断演变的过程，形成一幅觥筹交错的活动画面。正是在这种变动中，出现了新的、尽管是十分微弱的生产关系的萌芽。

随着中国革命的伟大胜利，中国人民站起来了，"停滞论"彻底破产。但是，研究历史的任务并未终结，理论斗争也不曾停止。20 世纪六七十年代，随着发展经济学的兴起，在国外又出现多种关于旧中国的"不发展经济学"。这些学者，比较集中地考察了明清以来中国生产力的状况，着重从积累与消费、人口与环境以及技术等方面探讨近代中国不发达的原因，并注意运用了经济计量学方法。但是，他们普遍忽视了我国封建生产关系的演变，更不曾注意到或者根本否认新的生产关系的萌芽。其中有些比较流行的理论，如"传统平衡"的理论，③ "高度平衡机括"的理论④等，实际是一

---

① 黑格尔：《历史哲学》，中译本，商务印书馆，1963，第 158、161 页。
② 秋泽修二：《中国社会构成》，见吕振羽著《中国社会史诸问题》，华东人民出版社，1954，第 54～58、62 页。
③ "Traditional equilibrium"，意谓必须有打破传统平衡的力量出现，使中国进入分解、改造和孕育发展的阶段；这种力量主要是人口压力和来自西方的刺激与帮助。A. Eckstein, *China's Economic Development*, 1975, pp. 87－90。
④ "the high-level equilibrium trap"，意谓中国的传统农业在当时资源和人口条件下，生产和消费已达最高水平的平衡，以至失去潜在生产力和积累，即失掉内部能动力，必须有西方技术等力量介入，始能摆脱机括。Mark Eluin, "The High-Level Equilibrium Trap," in W. E. Willmot, *Economic Organization in Chinese Society*, 1972, pp. 137－172。

种新的停滞论。因为这种"平衡"意味着静止，失去内部能动力，中国经济的"起飞"或打破平衡，就仍然只有依靠西方的"刺激"和资本、技术、管理"帮助"了。

在国内，也有一种认为中国封建社会结构是一种"超稳定系统"的理论。它一方面表现出周期性振荡（王朝变迁和大动乱）；另方面，这种振荡总是使整个系统回到原有的适应状态，表现为停滞性。[①]

超稳定论也就转变为外铄论。"是否任何国家、任何文明系统都能自动产生资本主义和近代科学？持中国资本主义萌芽说的人显然这样认为，但是'文化大革命'的历史给这种必然的信念以致命的打击"。"中国这样一个封建系统是超稳定的经济结构……拒绝受其他文明系统的信息（负熵流），只能在平衡态附近振荡，不可能产生新的结构"。[②]

也有人从法权、文化观点出发，得到同样结论：资本主义，"它注定要发生在一国内，然后传播于世界"；"认为任何国家都必然会产生资本主义是荒唐的，特别在中国……说会自发地产生出资本主义，那真是梦呓！"[③]

我们将不对这些理论进行评论。我们只是探讨这一阶段的中国历史，历史事实是不会改变的（无论有无"文化大革命"）。我们考察中国资本主义萌芽，也绝不含有"中国也有"争一口气的意思。我们看到中国封建社会内部资本主义萌芽的存在，也明确地观察到，它的出现甚迟，比西欧差不多晚了两个世纪；它的发展极慢，到鸦片战争前，在整个国民经济中还只占微不足道的地位。我们研究中国资本主义萌芽，正是要研究它为什么发展这样迟缓，因为这也是近代中国经济落后的原因。中国的地主制经济是一种比较成熟的封建经济，经过长期的自发的调整，确实是比较稳定的，尤其是它的小农业与家庭手工业相结合的生产结构，十分坚固。然而，它并不是一个凝固的体系。它尽管推迟但不能阻止新生产关系的出现。中国的资本主义萌芽尽管微弱，毕竟是一种新的生产关系，它就要在历史上发挥它应有的作用。

[①] 金观涛、刘青峰：《中国历史上封建社会结构——一个超稳定系统》，《贵阳师院学报》1980 年第 1、2 期。

[②] 陈平：《社会演化的发展观和经济结构的方法论》，《学习与探索》1981 年第 3 期。

[③] 顾准：《资本的原始积累和资本主义发展》，《社会科学》1981 年第 5 期。原文作于 1973 年 6 月 11 日。

近年来，国外有一种理论，认为资本主义萌芽和资本主义工业不是直接过渡的，这是两个不同的概念；有了资本主义萌芽，不必然预示要过渡到资本主义社会。还有一种理论，认为所谓资本主义萌芽，是在不同地方几度出现衰亡，兔起鹘落，然后才在某个地方，有资本主义生产方式建立。

在中国，也有些同志认为，明清以来的资本主义萌芽，由于帝国主义的入侵中断了。鸦片战争后近代工业的建立是另起炉灶，与原来的资本主义萌芽并无继承和发展关系。这可称为"中断论"。而中断论也自然导致外铄论。

本文开始时曾说过，真正的资本主义萌芽应具有延续性，除非不可抗的原因，它是不会中途夭折的。由于各地区、各民族社会经济的复杂性，资本主义萌芽产生的情况和向资本主义过渡的道路，都会有很大的差异。在西欧，意大利某些城市和荷兰某些城市最早出现的资本主义萌芽，后来衰落了，而出现萌芽较晚的英国首先实现向资本主义的过渡。不过，这和葡萄牙特别是西班牙殖民帝国的崛起、囊括新大陆贸易，和英荷三次战争、英国成为海上霸主，都是分不开的。原来这些城市的资本主义萌芽都是在海外贸易的基础上发展起来的，这种变动，对于这些城市的工商业来说，都是不可抗力量。

在我国，较早出现资本主义萌芽的佛山冶铁业，嘉庆以后就见衰落，那是因为广东的铁矿日趋枯竭。规模颇大的云南铜矿业也是这样，至今不能恢复旧观。再如陕西南部的木材采伐业，由于只伐不植，老林砍尽，并由于生态破坏，连同当地的药厂、纸厂一起衰落了。这都是不可抗力量。

我国的传统手工业，在鸦片战争以后，由于帝国主义商品入侵受到严重的打击以至被摧毁，这当然也是一种不可抗力量，原来的资本主义萌芽也就同归于尽。但这一点，需要具体分析。当时受摧残最厉害的是农家棉纺织业，到20世纪20年代，手纺已有70%以上为机制纱所代替。但手织并非如此，尤其是农家自用土布，生产一直超过鸦片战争前水平。其次是冶铁业，但受打击的是土钢，而土铁则直到20年代还保持着鸦片战争前的产量。据我们考察，36个传统的手工行业（不包括艺术品行业）中，受到摧毁的有手纺、土钢、土针、土烛、踹布、制锭、刨烟、木板印刷等8个行业。其余大多是有所发展的。此外，鸦片战争后还出现了20余个新手工行业。在近代中国，如我们所见到的洋布和土布、洋铁和土铁、洋纸与土纸以至西药与中药，实际是两个平行市场一样，许多机器工业与手工业也是平行发展的。20世纪20年代民族近代工业发展最快时，也是手工业发展最快的时候。40年代民族近代工业陷于半破产的境地，手工业又有了发展。

值得注意的是手工业生产关系的变化。36个传统行业中，在鸦片战争前，有20个还没有资本主义萌芽。鸦片战争后，除有5个被摧毁外，都逐渐出现了工场手工业，有的出现包买主。最引人注目的是织布业，我们曾说由于棉纺织停留在农民家庭手工业而使得整个资本主义萌芽黯然失色，现在，手纺是被摧毁了，手织则有了工场手工业，也有了包买商。这样，36个传统手工行业，除被摧毁的外，全部都多少有了资本主义生产关系。新兴的手工业中，如火柴、肥皂、搪瓷、油漆、铅石印刷等，大都是手工工厂；织袜、发网、抽纱、草帽、钨砂等，都有包买商。工场手工业的生产，在鸦片战争前还微不足道，到20世纪20年代，则已在国民经济中占一定地位，其总产值大约还超过民族近代工业。我们是把1940年以前的工场手工业等作为资本主义萌芽，这是一个人为的界限。其实，我国工场手工业（以及包买商制度）的繁盛，主要是在鸦片战争以后。这绝不是萌芽"中断"，而是它的延续、继承，并大大发展了。

在我们所考察的36个传统手工行业中，除了被摧毁的8个外，有16个（恰好一半）行业，是有部分手工工厂逐渐采用机械动力生产，开始向机器工业过渡。有些行业，如采煤、缫丝、磨粉，尽管早已有了新式煤矿、丝厂、面粉厂，仍然有土窑、土丝、土磨向机械化过渡。鸦片战争前有资本主义萌芽的行业，除了3个被摧毁外，基本上都有了向机械化过渡的现象。其中萌芽发生最早的丝织业最为典型，由包买商、工场手工业发展到像美亚这样的现代化绸厂。唯景德镇制瓷业，虽经试用机器生产，终不如手工精致。新兴手工业多半是国外输进的，也更容易向机器工业过渡。

农业方面，资本主义萌芽本来极其微弱。鸦片战争后，直到解放前，农业中的资本主义生产仍然是微不足道。但是，无论是富农雇工从事商品生产或是地主经营商品生产形式，比鸦片战争前，都增大了不知多少倍，还有一些生产橡胶、果品和其他经济作物的公司，则是以前没有的。

资本主义萌芽的历史作用，并不限于它的继承和发展，前面已提到过，它为中国近代工业（包括外国资本）的兴起准备了现成的雇佣关系，准备了熟练工人，也准备了市场。在社会思想意识方面，也为近代化作了准备。中国近代工业确有一部分是从国外引进，或者说是移植过来，但和它并行的，还有从简单协作、工场手工业逐步过渡来的部分。即使移植过来的，如前所说，第一家外资工厂、第一家洋务派工厂和第一家民族资本的近代工厂，也都是从工场手工业发展而来的。以煤矿而论，有些新式煤矿就是在土窑的基础上，先买抽水机，再添卷扬机，最后改建井筒。有些是另行勘探，全部另起炉灶，但原来土窑的矿夫变成新矿的矿工，乃至一些土窑窑主也变成新矿股东。差不多所有的新式煤矿，其矿区原来都有大量土窑生产，若说新式煤矿全部是在土窑基础上建立的，也不为过。我们曾一再指出，所谓资本主义萌芽，指的是一种生产关系，而不是指一厂一店。它的延续性，或资本主义关系的继承性，也不是指某厂某店，而起码是指一个行业、一个地区的这种生产关系。正如在生物界中，所谓遗传，从来不是指个体，而是指群体；因为物种是由居群组成的，所谓进化，也不是指个体，而是指群体遗传基因频率的变动。

（原载吴承明著《中国资本主义与国内市场》，中国社会科学出版社，1985，第154~181页。本文是作者为中国社会科学院经济研究所编《中国资本主义的萌芽》一书撰写的"导论"，单独发表时经删节）

关于中国资本主义萌芽的
几个问题

中国资本主义萌芽问题，20 世纪 50 年代曾有热烈讨论，近年来又深入一步，论著甚丰。作者因参加《中国资本主义发展史》一书的工作，晚近才开始研究这个问题，自属初学，所见甚短。谨将学习中的一些个人看法，求教于前辈和专家。

什么是资本主义萌芽?

生于萌芽状态的东西，本来不易辨识，也不容苛求。不过，资本主义萌芽是一种社会经济现象，不仅要从微观上研究，还要从宏观上考察，才能定性。这里，我想提两点意见。

第一，资本主义萌芽指的是一种生产关系，而不是一厂一店，因而不能用举例子的方法来论证。它指的是一种社会关系，而不是个别人之间的关系，因而不能孤立地看待。这种生产关系，是在封建社会晚期，在社会经济发展到一定条件时产生的。在这以前，像在自然和社会史中许多事物一样，它会有一些偶发的、先现的现象，但不能因此认为资本主义萌芽已经出现。

这就是说，在考察资本主义萌芽时，必须把考察的对象放在一定的历史条件之中，看这个地方、这个行业有没有产生资本主义的土壤和气候。同时，考察的对象必须有一定的量，不能相信孤证。必然性是存在于偶然性之中，社会性是存在于个别事物之中，所以，真正的资本主义萌芽，总是具有多发性，是可以重复观察到的。

唐代何名远（又作何明远）的丝织厂、张守珪仙君山的茶园，即使《朝野金载》和《太平广记》是可信的话，也只是一种偶发的、先现的现象。因为那时的社会经济条件还不允许新的生产关系出现。宋代经济有很大发展，当时的中国，在农业、基本手工业和科学技术的许多部门，都居于世界先进水平。我想，单从生产力来看，宋代已经有了出现资本主义萌芽的物质基础。但是，从生产关系和社会条件来看，租佃关系、徭役赋税和工商业等方面的封建束缚，还未见松弛，政治上的专制主义和意识形态的僵硬，较唐代尤甚。因而，它只能说是资本主义萌芽的准备阶段。

第二，资本主义萌芽是封建社会内部的一种新的生产关系，它具有新生事物的生命力。它一旦产生，除非有不可抗原因，是不会中途夭折的，而是引导向新的生产方式。因而，真正的资本主义萌芽，应具有延续性和导向性。

这就是说，我们考察资本主义萌芽，是要探讨它的历史作用。如果只是一段插曲，也就不花那么大力气去研究了。任何经济现象都是一个过程，不会突然发生，也不会蓦地消灭，必有它的继承性和发展阶段性。如果我们瞻前顾后，不满足于就事论事，中国的资本主义萌芽史，只能从明代后期，或者说从16世纪写起。这以前，确也有些个别事例，如徐州利国监的冶铁，徐一夔《织工对》中的丝织工场，但都后不见来者，不能成为一种新的生产关系的起点。我们所考察的后期出现的资本主义萌芽，都延续到清代鸦片战争前，并有发展，看出明显的阶段性。清代前期出现的资本主义萌芽，也要在鸦片战争后有个交代，看出它们的历史作用；这一点，后面将论及。

生 产 力

产生资本主义萌芽的前提，不能用一句话回答。但归根到底，还是要社会生产力发展到一定水平。尤其是农业生产力。"一切剩余价值的生产，从而一切资本的发展，按自然基础来说，实际上都是建立在农业劳动生产率的基础上的。"①

我国农业，从生产技术来说，大约宋代达于高峰。江南（这个近代中国最富庶地区）水田的开发，引起绿色革命。耕犁制造的多用途化，可锻铸铁之应用于农具，早熟稻的引进以及农艺学的进步，使传统农业达于成熟。

明清两代，我国人口和粮食产量都增加约五倍。农产品的增加，主要是由于投入更多的劳动力和扩大耕地面积所致，属于量的变化。农具和耕作技术，基本上还是宋代水平。不过，先进地区耕作方法向落后地区传播，稻麦间作和双季稻的种植，尤其是玉米、番薯的引进和经济作物的发展，引起一定的地域性分工，这些也都有助于劳动生产率的提高。总之，这期间农业生产力的发展主要是适应人口增加而来的量的扩大，甚少质的变化。因而还不足以突破耕织结合的、小农经营的封建经济结构，也不足以使农业经营利润从封建地租中解放出来。这大约是我国资本主义萌芽发展迟缓的根本原因之一。

明清两代，尽管在租佃关系和雇佣关系上的封建束缚有了松弛，农业中的资本主义萌芽却极稀微。据我们看，主要是在某些经济作物中、在新垦区以及在富裕棚民中，有了一些雇工经营。力农致富的人家曾不断涌出，但他们也不断地转化为新的地主和旧式富农。这种旧式富农以至佃富农，我看恐怕还不能算是资本主义，或者只是小业主经济。

"资本主义生产方式开始于工业，只是到后来才使农业从属于自己"。②手工业和农业不同，须分行业来逐一考察它们的生产力状况。晚近发展经济学认为，影响一国经济发展最大的，往往不是总的生产水平，而是当时起主导作用的工业部门，如 18 世纪末的纺织业，19 世纪末的钢铁业，后来的汽车、电子工业等。

我们考察明清以来有资本主义萌芽的十几个手工行业，它们的生产技术，大部分是在宋代水平上有所改进。这种改进，很多也只是在量的方面，如冶炉加大容积，榨车加大滚轴，坑道加深进尺等，但主要不是依靠投入更

---

① 马克思：《资本论》第 3 卷，人民出版社，1975，第 885 页。
② 《马克思恩格斯全集》第 26 卷第 3 册，人民出版社，1974，第 443 页。

多的劳动力，往往还能减轻人力。它们的改进，又很少是在生产工具方面，而多半是在工艺学和专业化分工方面。大约只有四川的井盐业在工具和设备上有比较显著的革新，这一行业的资本主义也最为完备。

不过，对手工业来说，工艺方面的改进是很重要的。例如丝织业，明清所用织机，大约仍不外宋末薛景石的《梓人遗制》。但是，织机专用化了，织造工艺进步了，原料范围也扩大了；品种多样化，有的趋向坚实耐用，有的增强艺术效果，有的适于特殊用途，这都能增大产品的市场价值，推动资本主义萌芽的发展。在其他行业中，或则扩大专业分工，或则缩短工艺流程，也都有一定经济效果。生产力毕竟是最活泼的因素。

然而，总的说来，明后期，尤其是入清以后，我国工业的生产技术已是日益落后于世界先进水平了。乾隆中叶，西欧已开始使用蒸汽动力。我国矿产资源的利用，受到人工排水的限制；而水力动力的使用，似乎还不如往昔。尤其是当时具有主导作用的一个工业部门，即棉纺织业，落后愈甚。当西方出现 16 锭纺车时，我们还是单锭。它一直停留在农家副业上，成为建立新生产关系的绊脚石。整个明清时代，棉纺织业中未发现资本主义萌芽。这一点，不可低估。

商品经济

"商品流通是资本的起点。商品生产和发达的商品流通，即贸易，是资本产生的历史前提。"[①]

但是，不能从商品流通直接引申出资本主义萌芽。商品流通不决定生产方式。这要看：第一，它是否能为资本主义生产准备大市场；第二，它是否能积累大量的货币资本。最后还要看，它是否有助于改变自然经济结构。在这些条件下，小商品生产才能向资本主义生产过渡。

我国由于较早地废除领主制割据，贸易一向比较发达。但是，对史不绝书的商贾盛况，须按不同性质的市场区别不同性质的流通。

第一，地方小市场，如墟集贸易。作为小生产者品种调剂的场所，它原

---

① 马克思：《资本论》第 1 卷，人民出版社，1975，第 167 页。

是自然经济的内容之一。只是在资本主义性质的商业兴起后，它才具有某些商品的集散市场的作用。

第二，城市市场。和西方中世纪城市不同，我国的城市原来都是封建政权的各级统治中心，消费人口大量集中，所以零售商业以及饮食、服务等行业一向比较发达。但是，这种商业（在近代消费社会兴起以前）并不是执行流通任务的职能商业资本，而是一种"不执行职能或半执行职能"的"杂种"商业。① 像《东京梦华录》《清明上河图》所描绘的繁荣景象，只不过反映封建经济的高度发达而已。其后，沿交通要道工商业城市的兴起，才真正反映商品流通的扩大。这主要是在明清两代。而县以下的工商业镇市的兴起，尤具重要意义。

第三，区域市场，如通常"岭南""淮北"这些概念以及一般省区范围内的市场。它们是由同一自然条件和共同生活习惯形成的，一般不反映生产的地域分工，而可视为自然经济的延伸。原来所谓自然经济，并不是一家一户的自给自足（那从来是不可能的），而是指氏族、村社、封建领地这种"单一的经济单位"，② 因为绝大部分经济条件可以"直接从本经济单位的总产品中得到补偿和再生产"。③ 不过，就一个省区范围来说，究竟它已为商品交换所补充了，尤其是区域内城乡之间的交换，反映一定的社会分工。但反过来，区域内自给自足的发展，有时也可招致封建性割据，而不利于商品流通。

第四，突破区域界限的大市场，亦可称为全国性市场，相当于西欧的民族市场。这种市场的流通，也就是长距离贩运贸易，包括海外贸易。这种贸易才是资本主义产生的最重要的前提。不过，我国从来不是个海上国家，资本主义的产生和发展，基本上依靠国内市场。

我国很早就有了比较发达的长距离贩运贸易。但在宋以前，主要是香料宝货等奢侈品贸易和土贡式的地方特产贸易。这两种贸易，其对象是已生产出来的东西，不因商业的有无而影响生产方式；其消费又限于皇室和贵族，纵有影响亦微不足道。明中叶以后，贩运贸易才逐渐以民生用品为主了。

---

① 马克思：《资本论》第3卷，第320、347页。
② 《列宁选集》第1卷，人民出版社，1972，第161页。
③ 马克思：《资本论》第3卷，第896页。

我国几条千公里以上的贸易路线，除从闽、浙出海的南洋航线开通较早外，南北大运河是明初才全部开通，从上海到华北、东北的北洋商运（非指官漕）到明后期才居重要地位，而长江航运是清代才畅达上游，汉水和西南水运也是清代发展起来的。

商人资本的大规模货币积累，也要靠长距离贸易。小地区内的剥削可以积累财富，但不能积累资本。所谓里有人君之尊，邑有公侯之富，但出不了资本家，资本家的腿要长些。即使是封建性的大商人资本，如徽商、山西商、陕西商、海商等，也都是在明后期才显赫，是在盐、茶、布、木等长距离贩运贸易中发展起来的。据我们考察，这些所谓大商人的资本，在明后期还是50万~100万银两的规模，到清中叶以后，有些就可以1000万两计了。

尽管如此，总的看来，明清两代商品经济的发展仍然是相当薄弱的，自然经济仍占统治地位。试分析一下鸦片战争前的国内市场。

直到鸦片战争前，我国市场上占第一位的商品是粮食，占第二位的是棉布。但如除去农民在地方小市场上的粮食调剂，也除去非商品性的田赋和返销粮，则粮食的市场价值略与棉布相等。粮食的商品量约有220亿斤，占产量的10%，价值约1.4亿两。其中绝大部分是在区域市场销给非农业人口，进入长距离运销的，主要是运往江浙和闽广的经济作物区，不过30亿~35亿斤。棉布的商品量约有3亿匹（按土布每匹3.633平方码计），占产量的50%左右，价值约1.5亿两。它是分散在全国近半数的农民家庭生产的，因而其销售也主要是在区域市场和地方市场，进入长距离运销的不过3000万匹，价值较粮食为小。

市场上最大量的商品是粮和布，国民经济中最大量的交换也就是粮和布的交换。这种交换，看来是工农业产品的交换，而实际是农民之间的劳动交换。可以设想这样一幅图景：几乎每两家农户中即有一家织布，他织的布除自用外，拿去换取邻人的余粮。这实际是我国"耕织结合"的自然经济的基本状态，也是这种状态下市场结构的基本模式。在这个模式中，双方都是小生产者，都是把自给有余的东西拿去交换，都是为了谋生，而不是为了牟利。因而，尽管他们有的已是小商品生产者，也不能过渡到资本主义生产。

我国很早就存在着盐民、渔民、樵户、猎户，他们也是小商品生产者，但不如把他们叫作靠山吃山、靠水吃水的自然经济。他们是因为盐不能当饭吃才进入交换的。纺织农户也有类似之处，因土地不足，或租税过重，以织代耕，概属常见。马克思论封建时代的城市手工业说，虽然他们是为交换而生产的，但生产的直接目的是为了维持生活，"因而是使用价值，不是发财致富，不是作为交换价值的交换价值"。①

当然，这是就市场主要部分说的。粮和布已有了一些长距离贩运，但还不能改变生产方式（尤其遗憾的是没有能在棉纺织业中引起资本主义萌芽），但它有力地支持了经济作物的发展。在经济作物的加工中，长距离贸易的作用就十分明显了。如茶、烟、甘蔗的加工，以及竹、楮造纸，商品量都不大，在市场上所占比重甚小，但都有商人长途运销，并都有海运，茶、糖还出口外洋；在生产上，它们都出现了资本主义萌芽。反之，如酒，酿造量很大，但和西方葡萄酿酒不同，随地可以生产，没有远销，也未见资本主义萌芽。

自由雇佣劳动

自由雇佣劳动是资本主义生产关系的核心。但是，不能从自由雇佣劳动直接引申出资本主义萌芽来。

我国历代都有大量的流民，他们已摆脱土地束缚，并且是"无族姓之联缀，无礼教之防维"，除乞讨寇盗外，就形成自由的雇工。当资本主义出现时，就遇到这种雇工的"现成形式"。

对于封建社会的这种自由雇工，马克思曾讲过三种情况。（1）他们不是被用于生产劳动，而是用于增加雇主享受的服务。（2）他们已被用于生产劳动，但是为了生产使用价值，而不是生产价值。（3）雇主也出卖产品，"因而自由劳动者为他创造了价值"，但出卖的只是多余的产品，以换取奢侈的消费，因而只是"伪装的"劳动力购买。② 在这三种情况下，支付给雇工的都不是垫支资本，而是雇主的收入，因而不是资本主义雇佣劳动。

到清代，雇工已多半是"无主仆名分""同座共食"了，但上述三种情

---

① 《马克思恩格斯全集》第 46 卷上册，人民出版社，1979，第 516 页。
② 《马克思恩格斯全集》第 46 卷上册，第 468 页。

况，尤其是在农业雇工上，都还值得考虑。

郭老（沫若）说了研究奴隶制和封建制，先看劳动者，分不很清，因为奴隶和农奴都很苦，史料记载差不多。后来看奴隶主和地主，倒比较容易辨别。我想研究资本主义萌芽也是这样。不能单看劳动者是否人身自由，还要看雇主。"资本以雇佣劳动为前提，而雇佣劳动又以资本为前提"。① 就是说，要看他们是受雇于资本呢，还是受雇于别的东西。

资本的古老形式是商人资本，它作为货币财产，在历史上是与地产权力相对立的。所以，如果雇主是商人，问题比较简单。如果是地主，就麻烦了。凭土地权力雇工，无论工人自由与否，都与资本主义不沾边。原则上讲，地主作为地主，不能变为资本家。因为土地不是资本，也不能转化为资本，只能转化为虚拟资本。马克思讲产生资本主义的两个途径、三重过渡，都没有地主变资本家一条。地主变资本家，比他们进天堂还难。

然而，我们所遇到的，往往不是单凭土地权力，而是凭他们积累的财富来雇工的。这就涉及经济史上的国民积累与消费的问题。近来国外颇有人研究，有人认为，到乾嘉时代，我国的国民积累已趋于零；有人则认为，乾嘉以来，积累增至国民收入的22%。据我看，关键在于他们都没能区别不同性质的积累：（1）封建积累——地租及其转化形态；（2）货币积累——主要是商人资本；（3）资本的原始积累——马克思称为真正的积累。资本的原始积累和资本主义萌芽不同，它不是一个渐进过程，而是一个爆发过程，在鸦片战争前，这个过程还没有开始。资本主义萌芽主要依靠货币积累，而封建积累是使用价值，很难转化为资本。

鸦片战争后我国资本主义初步发展时期，确有不少地主投资于近代工业，我们考察到的有113人。但是，其中没有一个是土地主，他们大都与洋务、税政、通商有关，并有某种官衔，他们的投资也主要不是来自地租，而带有原始积累性质。

农业资本家并不是把地租转化为资本，而是依靠货币积累，其条件是地租之外，出现经营利润。地租转化为资本（经营地主），也需要同一条件，

---

① 马克思：《雇佣劳动与资本》，《马克思恩格斯选集》第 1 卷，人民出版社，1972，第366 页。

而这个条件直到 20 世纪还很微弱。前面我说旧式富农不是资本主义，就因为他们的财富（和新式富农不同）大半还未转化为资本。不仅在农业上，在采矿业、山林业以至四川井盐业中，有些人的投资也是不能作资本看待的。乃在农产品加工中，也有这个考虑，如甘蔗制糖，台湾有富户开设的"头家廍"，广东有上农开设的"一人一寮"（即独资糖房），开设者大约都是地主或富农。在台湾，因常行租廍分成制，即给蔗农加工，收取加工费，大体可以肯定其资本主义性质。而广东的"一人一寮"，文献未详，只好存疑。

在富户以及小生产者分化出来的富裕户雇工中，还有个雇工数量问题。过去我们常把自己参加劳动、雇工不多的小业主，即所谓上层小资产阶级，划入资产阶级，这是不科学的。1980 年才把他们划出来，"资产阶级"一下子少了四五十万人。最近，又有雇用师傅一人、学徒三人、帮工二人都不算资本主义的规定。在考察资本主义萌芽时更要注意，因为当时的手工劳动中剩余价值率是很低的。史料往往不分业主、家属和雇工，笼统提若干人，我想如所讲在十人以下，可以不去考虑它。

在小生产者分化的场合，还有一种情况。有个大家熟悉的材料，即苏州丝织业中，"大户张机为生，小户趁织为活。每晨起，小户数百人，嗷嗷相聚玄庙口，听大户呼织，日取分金为饔飧计"。[①] 这些小户，虽出卖劳动力，仍然是机户，不过是失业户。大户也是机户。大小户之间的关系是临时性的，今天你呼我织，明天另走他家。"在那里也存在着对资本的依附和雇佣劳动，但还未形成任何牢固的形式"，"业主同工人之间的差别较小"。[②] 这种雇佣劳动，我看不能算资本主义。这是明代的事。依此，元末《织工对》中的织工竟那样来去自由，也就不足为怪了。自由，正因为他们还未牢固地依附于资本。

另一方面，也有雇工不很自由以至很不自由的情况。其一是许多雇工并没有脱离土地，有些还是一到耕种季节就要回家去种地。"因为简单协作和工场手工业的资本主义在任何时候、任何地方都没有使工人完全离开土地，

---

① 蒋以化：《西台漫记》卷四。
② 《列宁全集》第 3 卷，人民出版社，1959，第 393 页。

可是，它丝毫也不因此就不成其为资本主义。"① 事实上，直到 20 世纪，我国许多近代产业工人仍然没有完全脱离土地。其二是行帮的束缚。不入帮的不能就业，入了帮的又不能自由就业。行帮以清代为盛。它当然有封建性质。但它是由雇工组织的，是因有雇佣劳动制度才产生的，只能说是资本主义中的封建主义。后来，在民族资本的大机器工业中，以至在外国资本的大机器工业中，也都存在。其三是把头制，走到极端的如煤矿业的关门锅伙，"一经诓入，即同黑狱"。这也延续到后来的外资企业和华资企业中。它不仅是封建性的东西，还有奴隶制的东西。这只能依靠具体分析。如清前期北京西部的煤矿，有关门锅伙，有开门锅伙，也有自由雇工。就我们所见材料，自由雇工还是主要的，总的说，仍然可算是资本主义萌芽。但是别的地方的煤矿，就不能一概而论。

资本主义萌芽的形式

撇开农业上经营地主和富农，我国资本主义萌芽大体可归结为两种形式，一是商人支配生产，一是工场手工业。这实际也就是马克思所说的两个途径。

马克思称之为"商人直接支配生产"，"直接"一词未悉何意。不过，像列宁在《俄国资本主义的发展》中所列包买商的五种形式，② 其前三种我看不能算是资本主义萌芽。这里，商人是通过买卖关系、借贷关系、交换关系来支配生产，尽管可以控制市场、价格以至原料供应，并没有改变小生产者的生产关系。否则，买青苗的情况非常普遍，亿万农民都进入资本主义了。其比较直接的，如江西纸坊的压槽，广东糖房的贷本，也还是停留在借贷关系上。以棉纺织业而论，明代嘉兴已有商人"以棉换布"之事，清代续有发展。但这种交换是"较其中幅以时估之"，③ 即先估时价，只是成交时免除秤银找钱手续而已。并且布产区多在棉产区，商人亦无垄断作用。大约在棉纺织业中，"以棉换布"不能形成资本主义萌芽，到"放纱收布"阶

① 《列宁全集》第 1 卷，人民出版社，1957，第 189 页。
② 《列宁全集》第 3 卷，人民出版社，1959，第 327~329 页。
③ 《南浔镇志》卷二四记 1809 年左右事。

段，才产生真正的包买主；而"放纱收布"和"放机"是在 20 世纪有了洋纱（机纱）之后才出现的，土纱不能放（甚至在洋经土纬时还不能放机）。这也是我国棉纺织业未能出现萌芽的一个重要原因。

清代丝织业中的账房可称为包买主的典型。它不仅支配织绸的机户，而且支配染坊、掉经娘、络纬工，牵经接头工等，并且大多是计发工资形式。因而掌握全部生产过程，是相当完备的资本主义。这就不难明白，为什么丝织业在明后期已有工场手工业出现，而到清前期反而基本消失；它被较完备的包买主制所代替了。和过去我们的想法不同，在资本主义萌芽中，并没有一条由商人支配生产向工场手工业发展的规律。

关于包买主的言论虽然很多，但作为资本主义萌芽，我们还只是在丝织业中看到；另外，佛山的铁钉、土针业，景德镇和石湾的红炉业（釉上彩）中有一些，只不过是冶铁、瓷器中工场手工业的附属物。在农业和农家副业中的包买主制，主要还是在鸦片战争以后发展起来的，我们不作萌芽讨论。这大约和明清两代的牙行制度有关，商人不能和小生产者直接打交道，也就无由产生包买主。

在资本主义萌芽中所见的商人支配生产，主要不是包买主制，而是商人雇主制，即商人雇工生产。

商人雇工生产，在农产品加工中最为普遍，从砻米、磨面直到油、酒、酱、醋。它们多半是前店后厂，也有的是附设作坊。按说既是商人雇工，即是受雇于资本，为市场而生产。但是，要确定它资本主义性质，还必须有雇工规模和生产关系的具体材料。据我们考察，还只有某些地方的制茶、刨烟两项比较肯定。此外，棉布加工中的踹房，虽已独立出来，但实际是布商发工资，仍可视作商人支配生产。至于商人开设的纸槽、糖房，则多半已独立成为工场手工业了。

商人投资设厂和商人雇主制的区别，在于他们的投资是否转化为产业资本。例如商人在陕南开设的圆木厂、枋板厂，投资颇巨，但所产木料，一般仍是由该商人运出山来，以至运往外省销售。这里，投于木厂的资本并未转化为产业资本，其利润也主要是运销利润，并由住在大城市的商号统一核算。反之，如京西煤矿，也是商人投资，而所产的煤大都是就地卖给贩运商，煤矿的资本也就转化为产业资本，它就不是商人支配生产，而工场手工业了。

商人支配生产，还有一种形式，即商人租地种植茶、果木、蔬菜，以及如在陕南所见的木耳厂、黄连厂之类，也都是雇工生产。并且，商人是把种植、加工、运销联合起来，统一经营，可说是农业资本主义萌芽的一种高级形式。它和经营地主不同的是，它已摆脱土地权力，单凭资本权力来经营的（也有商人购买茶园之例，但那也是资本购买生产资料）。

说商人支配生产不改变生产方式，那是指包买主而言，在商人雇工生产的场合，就多少改变生产方式了。不过，更多的革命作用，还是工场手工业。在我国的资本主义萌芽中，也是以工场手工业为主。

工场手工业的一个特征是劳动分工，这有利于提高劳动生产率。但是，恐怕不能过于强调，不能和《资本论》中所述西方工场手工业时代（而非萌芽时期）的情况并论。有些行业，如采矿以至航运业，本来没有多少劳动分工。有些行业，如造纸，虽说"过手七十二"，实际一人可兼不同工种。而更多的是，由于场外分工发达，场内分工反而简化。如景德镇的瓷器业，即因过分专业化，窑、作、行、店林立，乃至一行只生产一种产品，其工场手工业的规模也就十分可怜。重型的如四川井盐业，轻巧的如苏州丝织业，都有类似情况。一方面，小生产的专业化协作妨碍了工场手工业的发展；另方面，不能把场内分工多少作为工场手工业的标志。

恐怕最重要的还是看一个资本雇佣下的劳动者的数量。这需要具体分析。例如采矿业，史料记载，动辄几千人、数万人。若说一个矿场上，几千人几万人都有人给他们发工资，那是不可想象的。他们很可能是小生产者或从事副业的农民，矿商或冶坊主收购其矿砂而已。煤矿例外，因一般需开竖井，金属矿则多是挖窿或采散砂。又如冶铁业，常有"每炉聚集二三百人"，"一炉多至五七百人"的记载。哪会有那么大的资本家？这是把采矿、烧炭、运输的人夫都算进去了。矿砂和炭，很可能是向小生产者收购，运输可能是按件向个体劳动者付运价。一个冶铁炉，所需不过 50 人，这也够成为工场手工业了，但在铜、银、铅等冶炼上则未必。四川井盐业是工场手工业中规模最大的。但它用工最多的是"担盐之夫""盐船之夫"，其次是"挑水（卤）之夫"。前两种都可用按件或按程计价的办法解决；担水夫则史料有记载，都是临时工。一套井灶所雇用的固定工人大约不超过 100 人。

富荣盐场头号资本家族王三畏堂雇用的固定工人共 1200 余人，二号资本家族李四友堂三大灶共雇用固定工人 500 余人。这恐怕是当时最大的工场手工业主了。

结　论

20 世纪初，曾有一种理论，认为中国的资本主义是鸦片战争后在外国资本主义的作用下产生的，即所谓外铄论或移植论。最初，这是因为在《资本论》介绍到中国以前，人们并不理解资本主义生产关系的含义，而以为资本主义就是那些有高大烟囱和机器隆隆作响的工厂。这样，英国的资产阶级革命也就只能在精神上去找原因了。其后，人们了解到资本主义三阶段的历史，但是，中国并没有一个像西欧那样长达两三百年的工场手工业阶段。因而，外铄论又助长了否定中国资产阶级民主革命的错误论断，成为中国托洛茨基主义的一个理论根据。

1936 年，吕振羽同志在所著《中国政治思想史》中首次提出中国资本主义萌芽（工场手工业的原始形态）的概念。[①] 第二次国内革命战争时期，在关于中国社会性质的论战中讨论到这个问题。1939 年，毛泽东同志在《中国革命和中国共产党》中明确指出："中国封建社会内的商品经济的发展，已经孕育着资本主义的萌芽，如果没有外国资本主义的影响，中国也将缓慢地发展到资本主义社会。"经过 50 年代以来史学界和经济学界的努力，这个问题应当说已基本解决了。

历史上有移植的资本主义。《资本论》第 1 卷第 25 章 "现代殖民理论"讲的就是这个。当时，欧洲殖民主义者要把机器、生活资料连同工人一起运到澳洲或美洲，才能建立工厂。而到那里后最大的苦恼是找不到工人，甚至带去的工人也离开工厂，去做拥有自己土地的独立农民去了。"这里说的是真正的殖民地，即自由移民所开拓的处女地。"

但中国不是这样一块 "反抗资本迁入" 的处女地。当西方侵略者来到中国时，他们遇到的是现成的工人，包括技术高超的熟练工人。事实上，第

---

① 吕振羽：《中国政治思想史》，三联书店，1949，第 596、601 页。

一家外资工厂，即 1845 年广州的柯拜船坞，就是收买原来中国手工船厂的泥坞建立的。后来在上海建立的外资船厂也是这样，它们并通过行帮，利用中国技术工人，实行包工制。第一家洋务派的军工业，即 1861 年的安庆内军械所，也是在工场手工业的基础上建立的。第一家民族资本的近代工业，即上海发昌机器厂，原来也是一家工场手工业，1869 年采用车床，就变成机器工业了。无论外商、洋务派或民族资本家，当他们建立丝厂、棉纺织厂时，都毫无困难地找到女工。因为妇女离家进厂，已由资本主义萌芽铺平了道路，并于光绪初清政府的一场廷议中解决了。

然而，理论斗争并没有结束。第二次世界大战前，在国外曾流行一种中国封建社会长期停滞的理论。这种理论多是基于西方资产阶级的偏见，也有的是出于对"亚细亚生产方式"的误解。其结果，都是把中国资本主义的产生和中国的近代化，寄望于外国资本主义的入侵。随着中国革命的胜利，这种停滞论彻底破产了。但是，在 20 世纪六七十年代，在国外，主要在美国，随着发展经济学的流行，又出现多种关于旧中国的"不发展经济学"。其中如"传统平衡"（Traditional equilibrium）的理论，"高度平衡制约"（High-level equilibrium trap）的理论，实际是停滞论的翻版。因"平衡"失去内部动力，中国经济的"起飞"或打破平衡，就只有依靠外国资本主义到来了。

这些理论，一般是只注意生产力，忽视生产关系的演变。但也启发我们，应当从生产力、积累与消费，以至人口与环境，特别是从计量分析方面，进行深入的研究。对于资本主义萌芽的规模、结构和发展速度，要有正确估计。我以为，过去是有些夸大了。总的看，我国的资本主义萌芽发展迟缓，直到鸦片战争前仍是十分微弱的。农业和棉纺织业中缺乏资本主义萌芽，尤为致命伤。

近年来国外有一种理论，认为所谓资本主义萌芽，是在不同地方几度出现，兔起鹘落，与资本主义生产方式的建立并无直接关系。在中国，也有人认为，明清以来的资本主义萌芽，后来中断了；近代工业的建立是另起炉灶，并不是萌芽的继承和发展。这可称为中断论。

本文开始时说过，资本主义萌芽是一种新的生产关系，具有延续性和导向性，除非有不可抗力量，它不会夭折。在西欧，地中海沿岸某些城市和北欧低地国家某些城市的资本主义萌芽，后来衰落了。这是因为东西方贸易的航路改变了，或是因为荷兰的舰队败绩，为英国所代替。对于这些城市的工商业来说，这都是不可抗力量，因为这些城市的资本主义萌芽，本来是在海外贸易的基础上发展起来的。

在中国，如佛山的冶铁业，后来衰落了，那是因为广东的铁矿枯竭了。云南的铜矿业也是这样，至今不能恢复。再如陕西南部的木材采伐业，由于只伐不植，老林砍尽，并由于生态破坏，连同当地的药厂、纸厂，一起衰亡了。这都是不可抗力量。

我国的传统手工业，在鸦片战争后，受到帝国主义商品入侵的破坏，原来的资本主义萌芽也同归于尽。但这一点，常是被夸大了。据我们考察，这种破坏，主要是在没有资本主义萌芽的农民家庭手工业方面，尤其是手工棉纺业，而不是在独立手工业方面。有人考察了 32 个传统手工行业，鸦片战争后衰落的有 7 个，继续维持的有 10 个，发展并向机器工业过渡的有 15 个，另外还有新兴的手工行业 11 个。并且可以看出，在我国工业资本主义的发展中，简单协作、工场手工业、大机器工业这一过程，同样是存在的，只是没有形成一个工场手工业时期而已。近代纱厂是另起炉灶，面粉厂就不完全如此，机器厂大部分是继承来的，轮船业也有原来沙船业的资本。我们考察在清代前期已有资本主义萌芽的十几个手工行业，它们在鸦片战争后，只有踹布和刨烟两业被外国商品所代替了，大都继续维持下来，并有 9 个向机器生产过渡，它们代表资本主义萌芽发展的主流。

资本主义萌芽的研究，不仅是研究历史，也是一场理论斗争。资本主义萌芽的历史作用不容否定，但绝不能夸大。当前，应当重视我国资本主义萌芽发展迟缓原因的研究，因为，这大半也就是近代中国经济落后的原因。

（原载《文史哲》1981 年第 5 期）

中国资本主义的发展述略

一　中国资本主义的萌芽

中国封建社会，较早地废除了领主割据，较早地由农奴制转入租佃制，并较早地实现土地自由买卖，生产力的发展比较快。11～13世纪，我国的农业生、基本手工业生产和科学技术的许多部门，都居于世界先进水平，商业繁荣，堪称发达的封建社会。但也因为是发达的封建社会，封建的经济结构十分坚固，自给性完整，城乡矛盾不尖锐，而且很早就是大统一的中央集权国家，上层建筑比较严密。因而，资本主义生产关系的萌芽比较迟，其发展也比较缓慢。

中国资本主义萌芽的考察

我国的资本主义萌芽，发生于16～17世纪，即明代嘉靖、万历年间。这以前，也有个别的雇佣劳动从事商品生产的事例，但只能作为一种偶发的、先现的现象。资本主义萌芽指的是一种新的生产关系，而不是指某一事物，不能用举例子的方法来证明。这种新的生产关系，只有在封建社会末期，生产、流通和社会经济制度发展到一定条件时才能出现。它是一种社会生产关系，而不是个别人之间的关系，因而，它的出现必然具有多发性，预示一个时代的到来。

用这个标准来考察，在16～17世纪，我国的资本主义的萌芽，可以得到确切证明的还只有苏州、杭州的一些丝织作坊和广东佛山的一些冶铁炉坊，它们已具有工场手工业的性质。其他手工业中，有些有资本主义萌芽的迹象，但缺乏直接的史料证明，或其范围过小（如松江的暑袜业），可予不计。到 18 世纪和 19 世纪初期，即清代乾隆、嘉庆年间，我国的资本主义萌芽有了发展。能够得到直接证明的，有如下一些手工业行业：

某些地方的制茶、制烟、榨油和酿酒业；

某些地方的制糖、造纸和木版印刷业；

江苏、浙江某些城市的丝织业；

江苏某些城市的棉布踹染业；

陕西南部的木材采伐业；

广东佛山、陕西南部的冶铁业、铁器铸造业；

江西景德镇的制瓷业；

北京西部和山东博山的煤矿业；

四川的井盐业、河东的池盐业；

上海的沙船航运业。

这时期，商人支配生产已成为资本主义萌芽的重要形式。但是，除丝织业的账房外，很少有包买商的形式。这里，我们排除了预买、放债、一般以原料换成品这种商人控制生产，即列宁在《俄国资本主义的发展》中所说包买主五种形式的前三种。因为这种以买卖、借贷、交换关系为基础的商人活动并不构成资本主义生产关系。例如在以棉花换布的场合是"较其中幅以时估之"，[①] 即按市价估值，不过省去秤银找钱的手续而已。和西欧的毛纺织不同，在我国最重要的手工业即棉纺织工业中，没有产生资本主义萌芽，是很值得注意的事。这大约与生产力有关，我国棉纺手工业中的"放纱收布""放机收布"等资本主义家庭劳动形式，是在 20 世纪初有了机制纱以后才开始流行。

在我国的资本主义萌芽中，商人支配生产的主要形式不是包买商制，而是商人雇主制，即商人雇工生产。这在农产品加工的行业中最为普遍。它不同于工场手工业的地方是，在商人雇主制中，商人的投资还没有转化为产业资本。不过，在整个资本主义萌芽中，起重要作用的仍是工场手工业，采

---

① 《南浔镇志》卷二四记 1809 年左右事。

矿、冶铁、制瓷、制糖、造纸等都是，而以在四川井盐业中发展比较完整。这些工场手工业的资本，也主要来自商人，部分来自地主。从小生产者分化出来的工场手工业主，在明代后期还是主要的，进入清代，他们就让位给商人了。这里，我们排除了业主参加劳动、雇佣少量工人或学徒的这种小业主经济。这种小业主经济，在我国一直很盛行，过去常把它作资本主义看待，所谓"上层小资产阶级"，这是不科学的。

农业方面，在明代后期，曾有一些地主雇工经营的迹象，到清代前期，反而罕见。我国历代都有大量流亡人口，故自由雇工很早就出现。清代农业雇工增加，对"雇工人"的家长制的人身束缚亦逐渐解除。但是，不能从自由雇工直接引申出资本主义生产关系。资本主义要求劳动者是受雇于资本，而不是受雇于土地或其他权力。土地不是资本，也不能转化为资本。有些经营地主，虽然出卖部分产品，但还如马克思所说，乃是"伪装的"劳动力购买，其实质仍是使用价值的生产，因为他们出卖产品，是为了满足更高级的生活享受。富农经济在清代颇有发展，力农致富之家屡见，他们大多在发家之后，即向出租土地过渡。他们在富农经营阶段，也多半是小业主经济性质，或如我们在近代所说的"旧式富农"性质。这种旧式富农的生产关系，基本上还是封建的，而非资本主义的。他们除出租土地和雇工外，绝少农业投资，他们的财富，基本上还没有转化为资本。

但不是说，农业中完全没有资本主义萌芽；在 18 世纪和 19 世纪初期，有直接证明的，大体有以下几项。

福建产茶地区商人租山或买园植茶；

福建上杭山区的寮主雇箐民垦山；

广东、福建某些地主经营的果木园；

安徽南部山区的富裕棚民租山垦植；

川陕富裕棚民经营的药厂和木耳、香蕈、香菌厂；

东北垦区富裕佃农招工垦植。

农业中的资本主义萌芽没有直接史料证明的，并不能断定其不存在。不过总可以说，农业中的资本主义萌芽是极其微弱的，以至在鸦片战争后直到 20 世纪前期，我们在评价中国资本主义发展水平时，农业方面常可略而不计。

截至鸦片战争前，手工业中的资本主义萌芽，也只是稀疏地存在；它发展到什么程度，还难作数量估计。还应当提到的是，明、清两代，我国手工业的发展主要不是在城市手工业方面，而是在农民家庭手工业方面，特别是棉纺织手工业。这就影响了资本主义萌芽的滋长，反而加强了封建经济结构的坚固性。

资本主义萌芽的历史作用

这里绝不是说资本主义萌芽的出现，在尔后中国经济的发展中不起作用，或者说在研究中国近代经济史中可以忽略它。

20世纪初，曾有一种理论，认为中国的资本主义是鸦片战争后，在外国资本主义的作用下产生的，即所谓外铄论或移植论。最初，这是因为，在《资本论》全面介绍到中国以前，人们并不理解资本主义生产关系的含义，而以为资本主义就是那些有高大烟囱和蒸汽机隆隆作响的工厂。按照这种理解，西方的资产阶级革命，也就像一些资产阶级学者所说那样，是根源于文艺复兴，或其他精神上的原因。其后，人们理解到资本主义发展三阶段的历史，但在中国并没有找到一个像西欧那样长达二三百年的工场手工业时期。因而，外铄论又助长了否定中国资产阶级民主革命的错误论断。

历史上有移植的资本主义。《资本论》第1卷第25章"现代殖民理论"讲的就是这种情况。那时，欧洲殖民主义者要把货币、机器、生活资料连同工人一齐运到澳洲或美洲，才能建立工厂。而到那里后，最大的苦恼是找不到雇工，甚至带去工人不久也离开工厂，去当拥有自己土地的独立农民去了。"这里说的是真正的殖民地，即自由移民所开拓的处女地。"[①]

而中国并不是这样一个"反抗资本迁入"的处女地，她早就有了资本主义的萌芽。当西方侵略者来到中国时，他们遇到的是现成的工人，包括技艺高超的熟练工人。事实上，第一家外资工厂，即1845年广州的柯拜船坞，就是收买原来的中国手工船厂泥坞建立的。后来在上海建立的外资船厂也是这样，它们并通过行帮，利用中国的技术工人，实行包工制。第一家洋务派军工业，即1861年曾国藩设立的安庆内军械所，也是在工场手工业的基础

---

① 马克思：《资本论》第1卷，人民出版社，1975，第833页注253。

上建立的。第一家民族资本的近代工业，即上海发昌机器厂，原来也是一家手工业工场，1869 年采用车床，就变成机器工业了。无论外国人、洋务派或商人，他们开始设立丝厂或棉纺厂时，都毫无困难地招到女工。因为妇女离家进厂，已由资本主义萌芽铺平道路，并于光绪初的一场廷议中解决了。

第二次世界大战前，在国外曾流行一种中国封建社会长期停滞的理论。这种理论，有的是基于西方资产阶级的偏见，有的是出于对"亚细亚生产方式"的误解，其结果，都是把中国资本主义的产生和中国的近代化，瞩目于外国资本主义的入侵。第二次世界大战后，这种停滞论破产。可是在 20 世纪六七十年代，在国外，尤其在美国，又出现多种关于近代中国的"不发达经济学"。其中有些理论，如"传统平衡阶级"（Traditional equilibrium stage）的理论，"高度平衡机括"（High-level equilibrium trap）的理论，几乎是停滞论的翻版。它们同样是把中国经济的"起飞"或打破平衡，寄希望于外国资本主义。所有这些理论，都忽视或根本否定中国封建经济中资本主义萌芽的存在。因而其论述不是历史的，而是根据逻辑推理，或基于简单的"人与地"计量经济学，而绝少涉及生产关系的演化。

近来国外有一种理论，认为所谓资本主义萌芽，是在不同地方几度出现，兔起鹘落，与资本主义生产方式的建立并无直接联系。在中国，也有人认为，明清以来的资本主义萌芽后来中断了；近代工业的建立与萌芽并无继承关系。这种中断论，实无确切根据。资本主义萌芽是封建社会内部的一种新的生产关系，它具有新生事物的生命力；它既然产生，除非有不可抗的力量，是不会夭折的，而是导向新的生产方式。我们在考察资本主义萌芽时，就应考察它的延续性和指向性。如果是后无来者，例如宋代利国监的冶铁等，就不能成为一种新的生产关系的起点。

在西欧，地中海沿岸某些城市和北欧低地国家某些城市的资本主义萌芽，后来衰落了。这是因为东西方贸易航路改变了，或是因为荷兰的舰队败绩，为英国所代替。对于这些城市的工商业来说，这都是不可抗的力量，因为这些城市的资本主义萌芽，本来就是依靠海外贸易发展起来的。在中国，例如佛山的冶铁业，后来衰落了，那是因为广东的铁矿枯竭了。云南的铜矿业也是这样，至今不能恢复。再如陕西南部的木材采伐业，由于只伐不植，老林砍尽，并由于生态破坏，连同当地的药厂、纸厂，一起衰亡了。这都是不可抗的力量。有些传统手工业在鸦片战争之后，受到帝国主义商品侵略的破坏。但这种破坏常是被夸大了。其实这种破坏，主要是在没有资本主义萌芽的农民家庭手工业方面，而不是在独立手工业方面。据汝仁同志考察，在32 个传统手工行业中，鸦片战争后衰落的有 7 个，继续维持的有 10 个，有较大发展并向机器工业过渡的有 15 个；另外，还有新兴的手工行业 11 个。就是说，在我国资本主义发展中，从简单协作到工场手工业到大机器工业这一过程，同样是存在的，只是没有形成一个工场手工业时期而已。在清代前期已有资本主义萌芽的十几个手工业行业中，只有踹布和刨烟丝以及木版印刷是在鸦片战争后被摧毁了，其余（除上述佛山冶铁等外）都维持下来，并有 9 个向机器工业过渡，它们代表资本主义萌芽的主流。

二 自然经济的解体和国内市场的变化

小农业与家庭手工业的结合，并集中表现为耕织结合的自然经济，是我国封建生产方式的广阔基础。这种自然经济的解体和商品市场的扩大，是我国资本主义发展的决定性条件。

然而，不同类型的市场，具有不同的作用。我国大体有三种市场。第一，地方小市场，如墟集贸易。它作为小生产者品种调剂的场所，从来就是自然经济的组成部分，本质上是与资本主义对立的。只是在资本主义发展后，它才具有某些商品的集散地作用。第二，区域市场，即通常"岭南""淮北"这些概念所称以及多数省区范围内的市场。它是根据同一自然地理条件和群众共同生活习惯形成的，因而区域内的流通，一般不反映农业的地区分工，仅在城乡交流上反映有限的社会分工。它对改变自然经济的作用不大，有时，区域自给的发展反而会招致封建割据。第三，跨区域的大市场，也可称为全国性市场，类同于欧洲的所谓民族市场。资本主义的发展必须有这种大市场。在这种市场上的流通，是长距离的贩运贸易。海外市场也是长距离贩运贸易，并对资本主义的发展至关重要。不过，中国从来不是一个海上贸易国家，中国资本主义的发展，基本上是依靠国内市场。过去论者常引用外贸材料，是因为海关统计较完备，而国内市场无资料可循。因此我们不得不对国内的商品流通，作一些大胆的估计。

根据上述观点，我们依次探讨一下鸦片战争前国内市场的性质、自然经济的分解、国内市场的变化。

鸦片战争前的国内市场

鸦片战争前，我国市场上占第一位、第二位的商品是粮食和棉布。粮食的商品量，如果除去地方小市场的调剂，也除去没有交换的为缴纳赋税或还债而交售的部分，约为 208 亿斤，占产量的 10%，市场价值约 1.4 亿银两。它主要是在区域市场内流通，属于长距离贩运贸易的（扣除漕粮），大约不过 45 亿斤，占总商品量的 20% 左右。棉布的商品量约有 3 亿匹（按土布每匹 3.633 平方码计），占产量的 50% 强，市场价值的 1 亿银两。它是由全国近半数的农户家庭手织的（纺纱户还更多一些），因而也主要是在地方小市场和区域市场内销售，进入长距离贩运贸易的，大约 4500 万匹，占总商品量的 14%。其余，茶、丝绸、糖等长距离贩运较多，但在整个市场上所占比重不大。[①]

市场上最大量的商品是粮和布，国民经济中最大的交换也就是粮和布的交换。这种交换，看起来是工农业产品的交换，而实际是农民之间的交换。我们可以设想这样一幅图景：几乎每两家农户中，就有一家从事织布，他织成的布，除自用以外，拿去和邻人换取口粮。这实际是我国耕织结合的自然经济的基本状态，也是这种经济下市场结构的基本模式。双方都是小生产者，都是把自给生产的多余部分拿出来交换。其交换都是为了谋生，而不是为了牟利。

自然经济并不是指一家一户的自给自足。在历史上，早就有盐民、渔民、樵民、猎户，他们也是商品生产，但不如称之为靠山吃山、靠水吃水的自然经济。农民纺织户有类似之处，他们是因土地不足，才机杼代耕。在早期，如明末，棉布产区的商品率还更高些，所谓"衣被天下"，因为那时北方的织户还很少。这种小商品生产，正如马克思所说，它虽是为市场而生产，但实质上是使用价值的生产。

当然，以上是说鸦片战争前我国市场的主要部分，不是它的全部。我国早就有了资本主义萌芽，自然经济也早就有了一定的破坏。不过，自然经济

---

① 参见本卷《论清代前期我国国内市场》表 2，第 364 页。——编者

的解体，基本上还是鸦片战争以后，随着外国资本主义的入侵开始的。

自然经济的解体

我国自然经济的解体，主要表现在两个方面：首先是耕织结合的分离，即通常所说洋纱代替土纱、洋布代替土布过程。其次是农产品的商品化，而这也就是国内市场的扩大。

据徐新吾同志最近的研究，洋纱代替土纱、洋布代替土布的过程，最初是很缓慢的。鸦片战争后半个世纪，直至甲午战争前的 1894 年，土布生产中使用洋纱的比重只有 23.4%，并且主要是发生在非产棉区织户，那里原来是运进商品棉，现为商品纱所代替，因而瓦解自然经济的作用不大。但是，此后 20 年，代替的过程加速了。到第一次世界大战前，即 1913 年，土布生产中使用洋纱（包括国内生产的机纱）的比重已达 73%，农民家庭手纺业濒于瓦解。而在 20 世纪 20 年代初，土纱的生产又一度略增，直到 1936 年，土布生产中使用洋纱的比重仍保持在 72%，农民每年纺制土纱仍有 130 万担。

洋布代替土布的过程更为缓慢。到 1894 年，全国棉布消费量中，还只有 14.1% 为洋布所代替；到 1913 年，包括国内生产的机布，代替面为 34.7%；1920 年，减退为 28.2%。值得注意的是，这种代替，只是代替了农民手织业中的商品部分，并未触及农民自给布的生产。农民织户自给布的生产反而从 1840 年的 2.9 亿匹增为 1920 年的 3.1 亿匹，耕织结合的体系并未根本破坏，只是从自纺自织改变为买纱自织而已。从 30 年代起，农民自给布的生产由于织户的减少而减少。到 1936 年，全国棉布消费量中已有 58.9% 为机制布，而土布和改良土布年产仍有 3.7 亿匹。

纱、布以外，进口的煤油、染料同样对农村植物油、蓝靛的生产发生代替作用。这也主要是以新的商品代替原来的商品的性质；当然，农民原来的生产受到打击。其他进口消费品，则主要是销往城市，对自然经济的冲击不大。

再来看农产品的商品化。鸦片战争以后，农产品商品化加速。表 1 是根据徐新吾同志另一研究择录的几种主要农产品的商品量和商品值的估计。这是指在国内市场的流通量，包括运到口岸供出口的部分。其中土丝属手工业品，但系农民家庭生产，亦予列入。商品值是消费市场或出口地的批发价格，不是农民所得价格。为便于比较，本文以下所用货币单位均折成元，在这时期为银元。

表 1　几种主要农产品的商品量和商品值

农产品	1840 年		1894 年		1919 年	
	商品量（万担）	商品值（万元）	商品量（万担）	商品值（万元）	商品量（万担）	商品值（万元）
茶　叶	260.4	286.7	468.1	7454.5	334.7	8545.6
土　丝	7.7	1662.4	15.8	6566.2	13.1	10328.5
桑蚕茧	—	—	54.0	1482.0	194.2	6091.5
柞蚕茧	8.0	71.0	69.3	581.1	157.2	3708.2
烟　叶	—	—	172.4	2442.2	226.8	3447.1
大　豆	—	—	1989.4	2437.3	5738.5	17000.4
棉　花	258.0	2991.0	340.8	3950.8	790.0	20352.2
粮　食[1]	233.0	19976.1	372.5	53660.8	526.8	147698.4
合　计		24987.2		78574.9		217171.9

注：[1] 粮食计量单位为亿斤。

国内市场的变化

据表 1，从 1840 年到 1894 年的半个世纪中，几种主要农产品的商品值（减除不可比的烟叶）增加了 2 倍，合年率不到 1.5%。若按不变价格计，只增加 70.66%。说明农产品商品化的过程仍是很慢的。还可以看出，这种增长主要是由于外贸市场的扩大，而不是国内经济发展的结果。丝和茶是当时占出口第一、第二位的商品，其商品值增加 6 倍以上，柞蚕丝和大豆则是这期间新增加的外销商品。

在 1894 年到 1919 年的 25 年间，农产品商品化的速度加快了。这几种商品的价值增加了 1.76 倍，年率几近 5%。若按不变价格计算，亦增43.4%。这期间，茶叶出口惨跌，丝亦由盛趋衰，而大豆兴旺；依靠外销的商品，受国外市场的选择，生产者不能自主。唯棉花颇坚挺。它和蚕茧、烟叶（精选烟为此期间新产品）的增长都是国内资本主义工业发展的结果。当然，从农民来说，又是以家庭手工业为牺牲的。粮食仍是占第一位的最重要的农产品。粮食的商品率，1840 年约为 10%，1894 年约为 16%，1919 年增为 22% 左右。

这时期是中国资本主义初步发展和进一步发展的时期，也是进口工业品迅速增长的时期。农产品商品化和农村市场扩大的速度落后于资本主义工业发展的速度，更远远落后于进口工业品增长的速度。这就招致了 20 世纪 20 年代和 30 年代的市场危机。

30 年代的一些调查，农民出售的农产品达产量的一半以上。这显然是包括税赋、还债、地方小市场的调剂和返销粮在内，是不足为据的。从消费方面估计，1936 年粮食的商品量大约不过 800 亿斤，占产量不到 30%；棉花的商品量可能近 150 万担。其他经济作物，丝、茶处于停滞局面，大豆因东北沦陷而一蹶不振，唯新商品桐油跃居重要地位，花生亦发展较快。作者估计 1936 年这些主要农产品的商品值在 45 亿元左右，即从 1920 年到 1936 年的 16 年间增长一倍强，约略保持年率 5% 的速度。

据韩启桐同志统计，1936 年国内商品流通价值额中，工业品占 34%，手工业品占 42%，农产品只占 24%。[1] 这个统计限于轮船运输的商品，有局限性。它是指埠际贸易，亦即长距离贩运贸易。它说明，我国这种国内贸易，大部分是城市之间的流通，只有小部分是城乡之间的交换，所以农产品比重较低。同一统计还显示，在埠际贸易额中，上海、汉口、天津、青岛、广州五埠占 70% 左右，而西南各埠仅占 3%。1933 年，我国农业总产值约为工业总产值的 6.16 倍，手工业总产值约为工业总产值的 2.35 倍。[2] 而依上述统计，农产品流通额只有工业品流通额的 0.71 倍，反映农产品商品率的低下；手工业品流通额也只有工业品流通额的 1.24 倍，说明几乎有半数的手工业品是供应地方市场，未进入埠际贸易。市场的偏在和农村市场的狭隘，是显然易见的。

大约在 1894 年以后，我国传统的商品流通渠道即逐渐改变，形成了一个以上海等通商都市为中心的、从通商都市到内地和农村的商业网。工业品由通商都市流往内地，农产品由农村流往通商都市，而两者都是由通商都市（一般也是工业基地）这一头发动的，商品的品种和数量主要决定于外商和都市厂商的需要。其经济关系，则是通商都市通过各级商人，剥削内地和农

---

[1] 韩启桐：《中国埠际贸易统计（1936~1940）》（中国科学院社会研究所丛刊第一种），中国科学院印行，1951 年 12 月初版。

[2] 巫宝三：《中国国民所得》（中华书局，1947）1933 年修正值。

村。这是因为，我国殖民地型的对外贸易，基本上是进口工业品和出口农产及其加工品的不等价交换，这反映在国内市场上，就是工业品的价格高于其价值，而农产品的价格低于其价值。工业品的价格，是由洋货的到岸价格支配，从通商都市到内地，各级商人逐级加价出售。农产品的价格，也不是决定于农民生产成本，而是决定于通商都市的批发价格，从都市到农村，各级商人逐级压价收购。这种都市的批发价格，也多半是决定于国际市场，如茶价决定于伦敦，丝价决定于巴黎。棉花和小麦主要是国内纱厂和面粉厂所用，但其价格也是决定于纽约棉市场和芝加哥小麦交易所。那里价格，反映世界性（包括比较先进农业）的竞争和国际垄断资本的作用。其作用可以一例说明：1931 年我国棉花比上年减产 27.4%，但这年纽约棉价比上年猛跌 37%，因而上海连同汉口等专用国产棉花的纱厂，仍能抑制棉价，提高布价。粮食，在鸦片战争前除供应城市人口外，长距离贩运主要是输往东南经济作物区，换取农民产品，这基本上是等价交换。现在，则主要是运往上海等通商都市，成为劳动者工资的物质基础，因而也受到国际市场和人为的价格控制。雇主为了压低工资，总是压低粮价。从 1913 年到 1919 年，上海批发物价上升了 50%，而米价下跌了 3.7%；1921 年到 1936 年，上海粮食价格指数经常比一般物价指数低 20% 左右。

总之，鸦片战争后，我国自然经济的解体，主要是由于外国资本主义入侵引起的，这就决定了商品的选择性，市场的偏在和价格结构的不合理。甲午战争后，中国资本主义的发展对扩大国内市场起了一定的作用，但无力突破上述限制，形成一种半殖民地半封建的市场模式——从通商都市到内地和农村的具有买办性的商业剥削网，进行着不等价交换。

这种市场结构，加剧了城乡矛盾，限制了农业的商品化，限制了农村市场的扩大。20 世纪 30 年代，许多地区发生农村入超，即农产品的输出不能抵偿工业品的输入，造成农村金融枯竭，购买力降低，成为市场危机的一个重要因素。我们还可以四川省为例，从 1891 年到 1935 年，45 年中四川省的进出口贸易是逐步增长的。进口以棉布、棉纱为主，出口以生丝、猪鬃、桐油为主。在进口货中，以国产机制品为主，这与沿海地区有所不同；1925 年以后，国产品占 80% 以上，成为上海一带资本主义工业的重要市场。但是，四川的贸易年年都有入超，并逐步加大，30 年代每年入超达 2300 万元。本地产品不足以抵付进口，市场也逐渐缩小，从 1930 年到 1935 年，贸易总额下降了 44%，进口也下降了 40%。[①] 这种情况具有普遍性。在不等价交换下，农村被迫力求自给，直到全国解放，仍保持着半自然经济状态。

三 近代企业的创建和中国资本主义的三种资本形态

近代企业的创建

1840 年到 1894 年，是中国近代企业的创建时期。这里所说近代企业，是指使用机器和机械动力的制造业、矿业和交通运输企业。在当时的中国，它代表新的生产力，它的创建，标志着中国资本主义生产方式的确立。

鸦片战争后，外国资本主义列强就陆续在中国设立各种洋行，到 1893 年，约有 580 家，其中英国占 354 家。1894 年，外国在中国的制造业约有 80 家，投资额约合 2791.4 万元。[②] 外国在中国的航运企业有 21 家，据陈正炎同志估计，投资额约合 2642.1 万元。两项共计 5433.5 万元。

19 世纪 60 年代，清政府开始创办近代军工业。到 1894 年，共创办军工厂和船厂 24 家，所费不下 6000 万元。它们的产品是分拨给军队使用，而非商品生产。从 70 年代起，开始以官办、官督商办等形式创办采矿、冶炼、纺织、轮船、电信等民用企业。至 1894 年，据黄如桐同志统计，共办有工矿企业 15 家，投资额 1545.7 万元；交通运输企业 7 家，投资额 1250.9 万元。两项合计 2796.6 万元。这就是所谓洋务派民用企业。

60 年代末，开始有商人、地主等投资于近代企业。至 1894 年，共创办制造业 160 家，唯不少夭折，投资额约 460.5 万元，主要是缫丝、棉纺、火柴等轻工业。又创办采矿业 20 家，投资额约 261 万元，主要是煤矿。也有些小火轮经营，投资微不足道。以上两项合计，不过 722.5 万元，较之洋务派企业相差远甚。

本文所用投资额，原则上是近截止年实存企业的资产净值即企业自有资

---

① 甘祠森：《最近四十五年来四川省进出口贸易统计》，重庆民生实业公司经济研究室，1937。
② 孙毓棠：《中国近代工业史料（1840～1895）》第 1 辑上册，中华书局，1962，第 234～247 页。

金估计的。但由于资料限制，往往不能贯彻这一原则，并且愈到后期，估算愈难，误差愈大。上述制造业（包括公用事业）、矿业、交通运输业的投资额合计，可以代表"产业资本"这个概念，作为本文观察中国资本主义发展的标志之一。甲午战争前，即 1894 年，中国资本主义的三种资本形态——外国资本、官僚资本、民族资本——就都依次登场了，产业资本总额约 8952.6 万元。如表 2。

表 2　中国产业资本估计

单位：万元

行　　　业	外国资本	本国资本	官僚资本	民族资本	合　计
制　造　业	2791.4	1669.6	1208.1	461.5	4461.0
矿　　业	—	598.6	337.6	261.0	598.6
交通运输业	2642.1	1250.9	1250.9	—	3893.0
合　　计	5433.5	3519.1	2796.6	722.5	8952.6

外国资本

我们把外国在中国的投资也作为中国资本主义经济来考察，好像是采取地域原则，即在中国这块土地上的资本主义。实际上，这是中国半殖民地半封建社会的特点决定的。外国资本是这个社会资本主义经济的组成部分，并在长期内是它的主要部分。

在中国的外国资本有一个发展过程，它大体经历了三个阶段，在每个阶段，又有不同的特性。

西方早期的殖民主义者，在重商主义的支配下活动的。重商主义认为，金银即货币，是财富的唯一形态，他们在殖民地开金矿、办种植园，从事黑奴贸易和海盗行径，都是为了攫取黄金。直到 19 世纪 60 年代，西方还没有任何商品能在中国畅销，他们在对华商品贸易上一直处于逆差。然而，在 60 年代，贩卖一名中国苦力，成本 100～150 元，售价达 400～500 元。19 世纪后期，被掠贩的中国苦力有 205 万人。鸦片贸易时间更长，数量更大，利润更厚。从 1821 年到鸦片战争前，输入中国的鸦片约值 2.1 亿元。早期在中国的三大洋行——怡和、宝顺、旗昌，都是贩卖鸦片起家的。怡和、德记还是贩卖苦力的行家。还有沙逊等洋行，在鸦片之外，又从上海租界的地产投机中致富；慎美查等洋行，则是以"冒险家"的身份在中国变成了百万富翁。

这时期在华外资企业的特点是：它们在本国并无资本，它们的全部活动都在殖民地，可以说是在东方土生土长的一种资本主义。英商麦加利银行的正式名称是"特许印度、澳洲、中国银行"，它在英国只有一张特许证。汇丰银行更是这样："就汇丰来说，中国是它的家。它在此诞生，只要人类的机构存在，它也在此地成长。它的根是寄生在中国的土壤，而不是在英国的土壤。"①

因此，早期的外国资本，是一种殖民主义制度，它既不是以商品输出为主要职能，更谈不上什么资本输出，毋宁说一种资本掠夺。它们从战争、掠夺、苦力贸易、鸦片贸易、军火贩卖、地产投机中积累了大量资本。这种积累，基本上是属于资本的原始积累性质。

19世纪70年代以后，外国商品大量在中国倾销，在中国的外资企业，也主要是从事商品输出，具有了为外国产业资本服务的职能资本的性质。据陈正炎同志估算，1894年，外国在华直接投资中，进出口业占38.5%，银行和保险业占31.3%，航运业占12.2%，制造业占12.1%。制造业中，有80%是船舶修造厂和缫丝、砖茶等加工厂，也是为贸易服务的。

进入20世纪以后，外国在华资本又逐渐具有了新的性质，即资本输出性质。这时新兴的外资企业已有不少是外国产业托拉斯和财团资本所设，新开的外商银行也主要是外国金融资本的分支机构，出现国际银行团，并以债券形式输出资本，在中国建筑铁路。

外资企业虽然已具有资本输出的性质，但它们的投资仍然大部分在中国国土上聚集起来，也并未完全摆脱原始积累的性质。它们大量利用中国人的"附股"，或是在中国公开募股，或发行公司债。外国银行在中国吸收了大量存款，并发行钞票，用以支持外商在中国的投资。20世纪初，在瓜分中国的狂涛中，帝国主义者直接掠夺中国的矿产和土地尤为明显。日本原是个资本输入国，由于中国的战争赔款改变了它的国际收支，1913年，它在中国的直接投资已超过4亿元，约略相当于它从中国获得赔款加利息。作者曾估计，到1930年，外国在中国的企业投资约值19.8亿美元，而截至这年，

① 《汇丰的五十年》，《北华捷报》1916年3月15日。

外商从国外输进中国的企业资本累计不过 9.4 亿美元。[①]

外国资本首先垄断中国的进出口贸易，并通过买办的商业网，支配着国内商品流通。外国银行长期垄断着中国的外汇，并以雄厚的财力，控制着中国的金融市场。在铁路和轮船运输上，外国资本占有 85% 左右的比重。外国的工业投资并不多，但它集中于基本工业部门，到 20 世纪 30 年代，也掌握了主要资源和能源。这种情况，到抗日战争后才有改变。

外国资本和本国资本的关系，实际上是一个市场上垄断资本和中小资本的关系。它们是互相对立，又互相依存的矛盾统一体。它们在市场上的竞争十分尖锐，这只是事物的一方面。另一方面，它们又互相依存。本国工商业，在机器设备、动力和某些原材料上依存于外商，有些就是专为替外商加工或为推销外商商品而开设的。同样，如果没有众多的华商工厂和庞大的商业网，外商企业也不能单独存在和发展。

因此，我们认为，外国资本的存在，不仅是我国民族资本发展的一个外部条件，同时也是中国资本主义经济的一个内部因素。事实上，直到 1936 年，外国资本仍是中国资本主义经济的主要部分，或者说是它最集中的和掌握经济命脉的部分。

官僚资本

官僚资本这个名称是 1940 年才盛行的，当时是指国民党大官僚在抗日战争中搜刮民财、垄断工商业的事情，一时报刊揭批，于是家喻户晓。1947 年，毛泽东同志论述新民主主义革命三大纲领中的没收蒋宋孔陈四大家族的垄断资本时指出："这个垄断资本主义，同外国帝国主义、本国地主阶级和旧式富农密切结合着，成为买办的封建的国家垄断资本主义。"并说："这个资本，在中国的通俗名称，叫做官僚资本。"[②] 由于这个名称通俗易懂，在后来的正式文献中，如《中国人民解放军宣言》，建立中华人民共和国的《共同纲领》，也都是把四大家族的国家垄断资本主义称为官僚资本。

四大家族的官僚资本并不是从 20 世纪 40 年代开始的，它是自 1927 年起，继承北洋政府的官办企业而来的；而后者，又是继承清政府的洋务派企

---

① 吴承明：《帝国主义在旧中国的投资》，人民出版社，1955。

② 毛泽东：《目前形势和我们的任务》，《毛泽东选集》（合订一卷本），人民出版社，1964，第 1149 页。

业而来的。1958 年，作者曾把洋务派企业、北洋政府官办企业统称为官僚资本。在这里，作者是利用官僚资本这个通俗名称，来概括半殖民地半封建政权下的国家资本主义。这种国家资本主义也有一个发展过程，并形成三个发展阶段。

洋务派企业是当时洋务运动的物质基础，而两者在阶级性质上又是有所不同的。洋务运动作为一个政治运动，是一部分大地主阶级倡导的，目的在挽救濒于崩溃的清王朝的封建统治。而洋务派企业作为一种经济活动，尽管它的创办人的主观意图是为了巩固封建王朝，但它既然应用了近代生产方法，生产力的发展就必然使它突破封建的生产关系，导向国家资本主义。

作者认为，不仅是洋务派的民用工业，即使其前期的军工业，也多少带有同样性质。这种军工业基本上不是商品生产，当然不是完整的资本主义。但它的雇工，大部分已是劳动力出卖者，有的原来就是外资企业的工人；它的工资结构和工资水平，也和当时中外资本主义企业一致。这些军工业的投资不下 6000 万元，这样大量的经济支出，在鸦片战争前是不可想象的，那时清政府的全部财政支出每年还不过 4000 万元。我倾向于把洋务派企业，包括军工业和民用工业，看作是从鸦片战争开始的中国资本原始积累的产物。原始积累过程，是小生产者特别是农民被剥夺的过程。这种剥夺，使社会生产资料和生活资料转化为资本，同时使直接生产者转化为工人。鸦片战争以来一系列外国侵略中国的战争，清政府镇压太平军和捻军的长期战争，对小生产者是一场空前的浩劫。这期间，清政府除不断增加田赋和各种捐税，同时开辟了新财源，即海关洋税，发行钞票和银行信用。60 年间，清政府的财政支出增加 10 倍，每年达 4 亿元。这绝不是依靠传统的封建财政所能做到的，因为那种封建财政收入，无论何种形式，都不外是地租的转化形态，是有一定的限度的。截至 1894 年，洋务派的 7 家最大军工业的经费 5896 万元中，有 85.5% 是来自海关洋税。这种收入已不是封建财政收入了，而是一种新的财源，它之用于兴办企业，已是具有原始积累性质的资本了。

19 世纪后期，正是西方资本主义要按照自己的面貌改造世界，而封建的东方受到剧烈冲击，处于大变动的时代。有人形容这时候动荡的中国是"资本主义呼之欲出"，这是符合历史发展规律的。问题是它怎样从封建社会脱胎出来。作者的看法是以使用机器和动力为标志的新的资本主义生产方式，在中国是分别由两个途径出现的，它一开始就分为官僚资本和民族资本两个体系。洋务派企业，就是官僚资本的原始形态，它是继承封建社会的官工业而来的，时代条件和新的生产力促使它逐步向国家资本主义转化。稍晚出现的民间近代企业，则是继承了封建社会的资本主义萌芽，随着生产力的引进，它转化为民族资本主义。

我们把洋务派企业作为官僚资本的原始形态，或其最初阶段，因为在这个阶段，它还不具备完整的国家资本主义的性质。它是依靠国家政权建立的，并且也是从重工业开始，这与一般国家资本主义的道路相同。但这时的国家还是封建国家，它的创办人李鸿章、张之洞等还是属于大地主阶级。和同时代日本明治维新的"殖产兴业""文明开化"的要求不同，他们的口号是"中学为体，西学为用"，也就是要求把资本主义生产方式纳入封建制度。这就决定了洋务派企业必然走向失败。

1895年以后，在盛宣怀主持洋务派经济活动中，力求与商人合作，他经营的企业，封建性有所减轻，也取得一定的成绩。但受到帝国主义的压力，依靠外国资本，企业的买办性加强了。结果，除有的企业通过商办逐渐转化为民族资本外，大部分变成了帝国主义经济势力的附庸。盛宣怀可称为中国官僚资产阶级的第一个代表人物。

辛亥革命以后，北洋政府继承了洋务派的衣钵。北洋政府是帝国主义卵翼下的政权，它的官营企业也具有了比较完全意义的、半殖民地半封建的国家资本主义的性质，并奠定了以银行为中心来扩展经济势力的道路。但因战争频仍，政府屡易，实际无所作为，当然也还不具有垄断条件。1927年蒋介石取得政权后，即沿着从金融控制到产业垄断这条国家资本主义发展的道路，扩张官僚资本，并于抗日战争时期发展到它的最高阶段，也是最后阶段——买办的封建的国家垄断资本主义。

民族资本

上述观点，重复一下就是：一切经济现象都是一个过程，有它的继承性，不会凭空而来；又有它发展的阶段性，不会一蹴而成。继承封建社会的资本主义萌芽而来的民族资本主义经济，也经历了几个发展阶段，下文还将详述。这里只分析一下它的资本来源和性质。据黄如桐同志研究，早期中国资本家的来源如表3。

表3 早期中国资本家的来源

行　业	户　数	创办人或主要投资					
		总　数	地　主	商　人	买　办	华　侨	其　他
		1872～1913					
棉纺业	25	41	26	5	10	—	—
面粉业	28	43	11	15	15	2	—
轮船业	12	15	9	2	4	—	—
其　他	80	103	67	15	21	—	—
合　计	145	202	113	37	50	2	—
百分比		100	55.9	18.3	24.8	1.0	—
		1914～1922					
棉纺业	36	59	17	35	1	—	6
面粉业	42	53	8	26	7	8	4
轮船业	8	9	2	4	3	—	—
合　计	86	121	27	65	11	8	10
百分比		100	22.3	63.7	9.1	6.6	8.3

资料来源：黄如桐《旧中国的资本主义生产关系》，人民出版社，1977，第23～24页。

表3示1913年以前民族资本企业（包括少数官督商办企业）的创办人或主要投资人中，有一半以上是地主，有18.3%是商人，有24.8%是买办。如果不计轮船业（这时多是小火轮）和其他（包括缫丝、榨油、卷烟、水电、煤矿等），在棉纺和面粉两个主要行业中，则地主占44%，而商人和买办合计已占一半以上了。这是指有记载可查的较大企业。在一些小企业中，亦有由手工业者或小业主转化为资本家的，如1913年上海民族资本机器修造业的91个资本家中，出身于小手工业者的有15人，占16.5%。不过，就较大的投资来说，其资本主要是来自地主、商人和买办。

中国封建社会的历史很长，社会上有一部分封建性积累，即地租及其转化形态转化为资本，这是不足为奇的。但地主转化为资本家，也只是在1870年以后的一个不长的时期比较显著。这是和当时借助于暴力的资本原始积累过程分不开的。事实上，投资于近代企业的地主，大都有某种官僚身份，很多是二三流的洋务派或洋务派的幕僚，绝少是土地主。他们的投资，主要还不是来自地租，而是依靠社会活动；他们投资近代企业后，并未放弃土地经营，或者还扩大了土地经营；像张謇、聂缉椝都是这样。1914年以后，地主投资就日益不成为中国资本的重要来源了。庞大的封建经济和地主阶级的存在，实际上不是本国资本主义发展的力量，而是个巨大的阻碍力量。

1913 年以前，投资于近代企业的商人有两种。一种是封建社会原有的商人，尤其是盐商、钱庄老板等，他们把原来的商业资本和高利贷资本转化为产业资本。但是从荣宗敬、荣德生等一些著名的资本家来看，他们投资于工业时，也有一个积累资本的过程，其积累也是与帝国主义入侵后的市场变化分不开的，而他们原来的商业资本或高利贷资本毕竟是有限的。另一种是鸦片战争后新兴的商人，主要是经营纱布、煤油、五金、西药等进口货以及贩卖鸦片的商人。也有小商贩起家的，如叶澄衷，他更是在贩卖、包销洋货中积累资本的。买办即洋行雇佣的经纪人是当时一种特殊商人。据王水同志研究，1895 年以前，买办的收入累计不下 6.4 亿元，这是中国社会未曾有过的巨额货币积累。这种积累是来自帝国主义掠夺中国的余沥，自不待言。

总的看来，早期的民族资本，同样具有不同程度的资本原始积累的性质，只是不像外国资、官僚资本那样明显而已。

在这以后，如表 3 所示 1914 年到 1922 年的情况，就有所不同了。地主投资于近代企业的大大减少，买办亦式微，而商人变成主要投资者。这时的商人，已很少是封建社会原有的旧式商人，而主要是新兴商人，并有一部分是随着国内工业发展而来的商业资本家了。这时期，华侨资本占一定比重；并出现了新的投资者，即表中"其他"一栏，包括有工业资本家、银行家八人，还有技术人员、文教人员各一人。这表明，民族资本的来源中已逐渐有剩余价值的转化，即资本主义积累的性质了。

四　中国资本主义的初步发展和进一步发展

资本主义的初步发展

1895 年到 1913 年是中国资本主义的初步发展时期。据汪敬虞同志统计，这 19 年间，本国资本新开设的资本在 1 万元以上的工矿企业有 549 家，资本额共达 1.2 亿元以上，平均每年增设 28.9 家，新设资本 633.1 万元。[①]

---

① 汪敬虞编《中国近代工业史资料》第 2 辑下册，中华书局，1962，第 657 页。

一些主要行业的增长速度，年率达 15%～20%，不仅过去所未有，也超过第一次世界大战时期的所谓黄金时代。不过，这是因为一些新兴行业如面粉、卷烟、电力、水泥等起点过低。就 1894 年以前已有发展的棉纺工业来说，按纺锭设备计，增长率为 6.3%。这期间，官办企业的新投资不过 2013.2 万元，而商办企业的新投资则达 1 亿多元（官商合办企业按各半计）。这就改变了本国工业资本的面貌。在甲午战争以前，主要是清政府的投资。从这时期起，民间投资远超过政府投资，逐渐成为本国工业资本的主体。

这时期，我国资本主义的发展很值得注意。它首先是受甲午战争的刺激，引起一个投资高潮。日本明治维新不过 30 年，就打败了中国；举国震动，设厂自救的呼声遍海内，并发动了戊戌变法，中国资产阶级第一次登上政府舞台。变法失败，但清政府不得不放松对民间兴办实业的控制，实行某些提倡工商业的措施。接着就是孙中山先生领导的民主革命运动，终于导致清王朝的覆灭。所以，这时期民族工业的发展，是在资产阶级革命运动的推动下出现的，它代表自由资本主义发展的道路。而以后的历史，就不是这样了。

我们还应当从当时的历史条件来观察。在甲午战争的时代，无论从国际或国内条件来说，欲谋中国独立自强、挽救危亡，只能是发展资本主义；而就当时的情况来说，发展资本主义最好的办法，是任民间自营，走自由资本主义的道路。这是和后来，例如第一次世界大战以后，情况有所不同的。因而，任何管制或垄断，都对经济发展有害。日本明治维新，最初也是由政府大力建设军工业和某些民用工业，但 1880 年以后，就将所有重要企业，包括一些军工业，廉价让售给民间经营，随即出现产业革命。从 1884 年到 1890 年的 6 年间，日本股份公司的资本增加 13 倍。我国民间投资的力量，此时亦非太小。在 1905 年到 1908 年的设厂高潮中，每年新投资本在 1500 万元以上；在 1903 年至 1910 年的收回路权运动中，商办铁路公司林立，实收股款约 6000 万元。但受到清政府的掣肘和打击，所修铁路也大部被帝国主义和清政府兼并。

这时期的官僚资本，在工矿业方面无所建树，但因引进外债，单汉冶萍公司新增财产即不下 4800 万元。若将新投资本与原有投资合计，按资产净值意义估算，截至 1913 年，官僚资本投资额约 8394.7 万元，民族资本 13960.9 万元。交通运输方面，官僚资本包括铁路、轮船、电信达 6932.8

万元；民族资本包括铁路、轮船、电信达 6932.8 万元；民族资本包括潮汕、新宁铁路和 12 家轮船公司，合 1537.8 万元。合计本国产业资本 30386.2 万元，比 1894 年增加 8.5 倍。

但是，若把中国的外国资本考虑进去，情况就不同了。原来在这个中国资本主义初步发展时期，发展最快的并不是本国资本，而是外国资本。这是一个资本主义列强进入帝国主义的时代，是列强在中国争夺铁路权和矿权来瓜分中国的时期。它们由于甲午战争后正式取得设厂权，外国在中国的工业投资也激增了。汪敬虞同志统计，1895 年到 1913 年，外国资本在中国设立的 10 万元以上资本的工厂和全部矿场，共有 136 家，设立资本 10315.3 万元。[①] 若加同 1894 年原有投资，并按资产净值意义估计，投资额达 18349.4 万元，仅略少于中国工矿业投资。而在交通运输业方面，则外国资本占绝对优势。到 1911 年，中国共有铁路 8900 公里，其中帝国主义经营的和通过向清政府提供贷款建筑的占 85%。各通商口岸包括长江航运的轮船吨位中，外商轮船亦几占 85%。估计 1913 年外国在中国的航运、铁路投资达 105360 万元。[②] 这样，外国在中国的产业资本共达 123709.4 万元，为本国资本的 4 倍。而在 1894 年，为 1.5 倍。本国资本的相对力量大为削弱，处境更加险恶了。其情况估计如表 4。

表 4　中国产业资本估计（1913）

单位：万元

行　业	外国资本	本国资本	官僚资本	民族资本	合　计
制造业	11353.7	15381.2	3631.5	11749.7	26734.9[1]
矿　业	6995.7	6974.4	4763.2	2211.2	13970.1
铁　路	96000.0	4828.2	3735.0	1093.2	100828.2
航运业	9360.0	3302.4	2757.8[2]	444.6	12562.4
合　计	123709.4	30386.2	14887.5	15498.7	154095.6

注：

[1]包括公用事业。

[2]包括电信业。

---

① 汪敬虞编《中国近代工业史资料》第 2 辑上册。

② 吴承明：《帝国主义在旧中国的投资》，人民出版社，1955。

资本主义的进一步发展

1914 年到 1920 年，即第一次世界大战期间，是中国资本主义的进一步发展时期。1914 年到 1919 年的 6 年间，中国资本新设厂矿共 379 家，设立资本 8580 万元，平均每年开设 63 家，新投资本 1430 万元，都比前期的 19 年间超过一倍。这时期，外国资本增长有限，官僚资本陷于停滞，而民族资本有迅速发展。

据唐傅泗同志最近的研究，1920 年本国资本的主要工业和 1912 年比，其发展速度如表 5。其中卷烟业因基数较低，发展独快；已有一定基础的主要行业棉纺和面粉，增长年率分别为 17.4% 和 22.8%。矿业平均增长年率为 9%，唯其中机械采煤为 13.4%，而机械开采铁矿达 25.7%。表 5 列 8 项工业，按投资额加权平均，发展速度为 280.4，即年率 13.8%；若除去矿冶业，则年率达 15.3%。从各方面看，都是中国工业的一个迅速发展时期。

表 5　本国资本主要工业发展速度（1912～1920）

行　业	项　　目	1912 年	1920 年	发展速度 1912 年 = 100	年平均增长率（%）
棉　纺	棉纺产量指数	100.0	422.4	422.4	17.4
面　粉	面粉产量指数	100.0	516.9	516.9	22.8
缫　丝	厂丝出口量(担)	59157.0	77855.0	131.6	3.5
卷　烟	资本额(万元)	137.8	168.0	1220.0	36.7
火　柴	资本额(万元)	294.2	745.9	253.6	12.3
电　力	发电容量(千瓦)	12013.0	29602.0	246.4	11.9
水　泥	启新厂产量(吨)	59405.0	109741.0	184.7	8.0
矿　冶	生产指数(1913 = 100)	79.1	158.0	199.7	9.0

这期间中国工业的发展虽较快，但它主要是由于各种偶然因素造成的，这就和前一时期不同了。帝国主义间的大战，使洋货进口减少，对中国国货的压力减轻，这是主要原因。同时，发生金贵银贱的现象，中国是银本位，起了促进出口的作用。1916 年以后银价回升，但国外物价高涨，带动国内物价，仍然有利于工业生产。这期间，进口价格上升快，出口价格上升慢，也就是剪刀差扩大，从 1913 年到 1930 年扩大了 55%。这对整个中国尤其是对农村来说是不利的，中国要多输出 50% 的农产品，才能换回和战前同等

数量的外国工业品。但对资本家来说是有利的，因为毕竟出口增加了，并且带动了工业品出口，1920 年比之 1910 年，机制产品在出口中所占比重由 19.2% 增为 23.4%。更重要的是，这种价格结构反映到国内市场，造成商品价格的上升快于工资的增长，例如 1915 年到 1920 年，布价上升 76%，工资只增长 35%。并且造成制成品价格的上升快于原料品，特别是农产原料相对地跌价，因而棉纺、面粉等工业利润极大。这两者也是这期间发展最大的行业。

这时期我国工业的发展，也受到人民反帝爱国运动的推动，特别是 1915 年反对日本"二十一条"和 1919 年规模空前壮阔的五四运动，以至商人罢市，抵制日货。但总的说，主要是由于上述市场价格因素造成的。一旦欧战结束，帝国主义卷土重来，这些有利因素也就消失了。

这时期，西方帝国主义忙于战争，而日本在中国的投资则成倍增长。在交通运输方面，铁路建设停滞，航运业则有较大发展。截至 1920 年，据唐傅泗同志的估计，中外产业资本的情况如表 6。其中本国资本部分，与作者在表 2 和表 4 中的估计方法不尽相同，故有些项目不可比。但大体可以看出，这 6 年间外国资本约增加 1/3，本国资本则增加一倍以上。

表 6　中国产业资本估计（1920）

单位：万元

行　　业	外国资本	本国资本	官僚资本	民族资本	合　　计
制 造 业	30600.0	41524.3	21117.8	20406.5	72124.3
公用事业	8496.0	8537.7	—	8537.7	17033.7
矿　　业	15850.0	5500.0	1142.0	4358.0	21350.0
铁　　路	96863.8	7853.8	3656.0	4197.8	104717.6
航　　运	14936.0	6663.4	1176.0	5487.4	21599.4
合　　计	166745.8	70079.2	27091.8	42987.4	236825.0

资本主义发展的水平

在经过初步发展和进一步发展之后，中国资本主义究竟发展到什么程度，即它发展的水平如何呢？这是一个不仅关系到生产力和生产关系，也关系到中国社会性质和革命道路的重大问题。但由于资料缺乏和研究不够，我们只能作一些初步探索，希望引起学者重视。

中国的资本主义是很微弱的，一直未能成为社会生产的主要形式。我们可以从典型企业和行业来分析它的生产技术、资本有机构成、部门结构、组织管理等，研究它的落后性。但是，要确定它的发展水平，就需要有个综合性的指标，有个宏观的比较量。鉴于我国一向缺少净产值和国民收入的研究和利用，比较现实的办法是估算资本主义在工农业总产值中所占的比重。据唐傅泗同志估算，1920 年左右我国的农业总产值约为 165.2 亿元，工业（包括矿业）总产值约为 53.83 亿元，共 219.03 亿元；如将农业中的资本主义生产略去，近代工业的总产值约 10.66 亿元，占工农业总产值的 4.87%。就是说，到 20 世纪 20 年代初，我国资本主义发展的水平还只有 5% 左右，这是第一个概念。

在我国的工业生产总值（包括矿业）中，近代工业所占不到 20%，而手工业所占则为 80% 强。从 1910 年到 1920 年，我国手工业特别是工场手工业也是发展的。我们在估计产业资本时忽略了工场手工业，在估计产值时则不宜忽略，因为工场手工业资本不大，产值则颇巨。1920 年左右，手工业（包括手工矿业）的总产值约为 43.71 亿元，其中若工场手工业占 30%，即 12.95 亿元。连同近代工业产值共 23.61 亿元，占工农业总产值的 10.8%。就是说，到 20 年代初，我国资本主义发展的水平约为 10%，这是第二个概念。

在交通运输业方面，据唐傅泗同志估计，1920 年左右，铁路、船舶、人畜力车、电讯、邮递等收入共约 7.47 亿元，其中近代产业性的收入 3.41 亿元，占 45.6%。因为是收入的估计，与工农业总产值不可共计。但可断定，在交通运输业方面资本主义化的水平是比较高的。不过，交通运输业在我国国民经济中所占比重不大，大约只占国民收入的 4.5%。

五　20 年代和 30 年代的经济危机

这是指从 1921 年到 1936 年，即抗日战争前一年这段时期。这时期，经历了蒋介石反动政变、东北大片国土沦陷、世界经济危机、十年内战等重大事件，中国步履艰辛，人民灾难深重。但总的看，它是一个中华民族大觉醒和大进步的时期，是在中国共产党领导下的大革命时代。这时期的中国经济，不断陷入危机和萧条，过去论者甚多，不过，据作者看，恐怕多数是过于悲观了。

资本主义生产关系的扩大

就本国资本的近代工业说，这阶段道路是曲折的。第一次世界大战期间的发展，20年代初还有余势，尤其是棉纺工业，一直发展到1922年；因为许多筹建和进口的设备，到战后才形成生产力。这以后出现一次危机，陷入萧条。但自1925年下半年起，在革命和抵货运动推动下，又有好转，从1926年开始，又有缓慢发展。1920年到1928年，新投入的工业资本在3亿元以上。从1929年开始的世界资本主义经济危机，并未立即波及中国，由于银价下跌速度甚于物价，中国经济反而受到刺激，工业出现繁荣，到1930年达于高峰。因为已有一定的基础，这期间，资本主义的积累已相当可观，借助银行信用，有资本聚积和集中的趋势。

自1931年起，资本主义国家相继放弃金本位，银价回升，中国市场物价下落，进入空前严重的经济危机。其中，东北广大市场和资源的丧失，洋货跌价倾销和日货走私进口，实属最大祸因。而1934年美国货币贬值和实行购银法案，更使中国危机进入深渊，中国白银外流超过2亿两。加以长江水灾和国民党的内战政策，使农村破产，民不聊生。

对于20世纪20年代和30年代的经济危机，作者的看法是：它主要还是市场危机，其主要征象是物价下跌，销售停滞，以至工厂停工减产。但它不同于资本主义国家周期性的危机，不是生产过剩，而是购买力降低，其中又和中国广大农村的封建经济息息相关。在银价上升的阶段，农村因系小农生产，未能增大出口；在物价下跌中，乃造成农村金融枯竭，失掉购买力。这期间，农村所受打击，远超过资本主义经济，农民所受剥削，实际上扩充了资本主义的积累。到1935年末，国民党政府实行法币政策，通货贬值，物价上升，资本主义经济又恢复活跃，1936年和1937年上半年达于繁荣。

在这期间，有些工业，像缫丝业，肯定是衰落的。有些传统工业陷于停滞。其中受危机影响最大的是棉纺和面粉这两个主要行业，因而引人注目。不过，面粉业直到1930年资本和设备都在增长；棉纺业增长更大些，并且在1931年以后仍有所发展。棉纺业在两次危机中，进行了技术改革和生产管理的改革，到1935年，劳动生产率已达到日本在华纱厂水平。同时，又有一些新兴行业出现，如酸碱工业，投资较大；橡胶、机器织绸、针织、搪瓷、日用化工、制药等工业，虽规模不大，但范围较广。20年代以来，电机的推广和电力的发展，使设厂比较容易，小厂纷立；并促使一些工场手工业向使用机器动力过渡，这在农产品加工和采矿方面尤为明显。机器修造业在1925年以后，向专业作业机方面发展，有助于小厂的建立，小型内燃机并在农村开拓一些市场。这又都促进了资本主义生产由口岸向内地和中小城市推广的趋势。

因此，作者倾向于把1921年到1936年这一阶段，看作是中国资本主义范围扩大的时期，或资本主义化的时期。这时期，资本主义生产力的发展有限，投资增长的速率也低，但资本主义生产关系的扩大则颇为迅速。这就是说，资本家增多了，产业工人也增多了，资本主义在生产部门上扩大了，在地域上也扩大了。

资本主义发展的道路

1949年，作者曾作过一个中国工业资本的估计，后加修正，估计到1936年，本国工业资本（包括矿业）约有137600万元，其中民族资本约117000万元。[①] 由于不包括东北，以及估计方法的出入，此数与表6不尽可比。但大体可见，1921年到1936年，本国工业资本增长一倍以上，合年率不过6%。增长的主要是民族资本，1936年可视为民族资本发展的最高峰。

在交通运输方面，由于出现第二次铁路建筑高潮，航运也有发展，并开始公路和航空运输，投资增长较快。唯这方面资料尚待检查，只能暂时作个毛估（见表7）。

表7　中国产业资本估计（1936）

单位：万元

行　　业	外国资本	本国资本[1]	官僚资本	民族资本	合　　计
工　矿　业	292000	137600	20600	117000	429600
交通运输业	351400	40000	23500	16500	391400
合　　计	643400	177600	44100	133500	821000

注：[1] 不包括东北。

① 吴承明：《中国工业资本的估计和分析》，《新华月报》创刊号；《中国民族资本的特点》，《经济研究》1956年第6期。

外国资本，这时期又有更大的增加，到 1936 年，工业投资不下 29.1 亿元，加上铁路和航运，约有 64.34 亿元，其中主要是日本在东北的投资，如不计东北，约合 28.43 亿元。[①]

1936 年中国产业资本的估计如表 7。这个估计，较前几个估计更为粗糙，有待修订。同时，将几个年份中外资本的比较列为表 8。

表 8　中外产业资本的比重

年　份	本国资本		外国资本		合　计（万元）
	万　元	%	万　元	%	
1894	3519.1	39.3	5433.5	60.7	8952.6
1913	30386.2	19.7	123709.4	80.3	154095.6
1920	70079.2	29.6	166745.8	70.4	236825.0
1936	177600.0[1]	21.6	643400.0	78.4	821000.0

注：[1] 不包括东北。

从表 8 可以看出，甲午战争以来 40 余年间，外国产业资本增长的速度约比本国资本大一倍。原来帝国主义主要是控制中国的贸易和金融，工业投资甚少。从 20 世纪开始，它们大量输出资本在中国兴建铁路，到 30 年代又在工业上居于垄断地位。到了 1936 年，外国资本大体已控制了中国生铁产量的 95%，钢产量的 83%，机器采煤量的 66%，发电量的 55%，就是说，掌握了主要资源和能源。在纺织工业中，外国资本也占有纱锭数的 46% 和织布机数的 56%。在东北，已成为完全的殖民地经济；在关内，殖民地性也加深了。由于垄断了基本工业，外国资本的这种发展，除非有重大政治变动，已成为不可逆转的趋势。

更可注意的是官僚资本。抗日战争前，国民党官僚资本在工业上还不占重要地位，大约不到 15%。但是，它已垄断了中国的金融，通过货币、信用和外汇政策，可以掌握民族工商业的命脉。总之，它已经步上国家垄断资本主义的道路。官僚资本的这种地位，是通过与帝国主义的交易达成的。帝国主义早就渴望有一个比较稳定的独裁者，作为他们的总代理人或总买办，

---

① 吴承明：《帝国主义在旧中国的投资》。

蒋介石充当了这个角色。他们允许蒋介石政府提高一些关税,他们让出一部分铁路管理权,并帮助蒋介石实行货币改革,把中国货币固定于英镑和美元。所谓关税自主、收回铁路管理权、法币政策、公路建设等这些措施,对于中国资本主义的发展未始无益,有的还确实促进了生产和流通。但它改变了中国资本主义发展的方向。在国家垄断资本主义的控制下,自由资本主义的道路已经不存在了。

还必须看到的是,1927 年以后,在中国共产党领导的革命根据地,已出现了一种全新的国民经济。这种经济形态在抗日战争前还未完全定型,但它已具有新民主主义经济的一些基本特征。尽管这时新民主主义经济还很小,其中民族资本主义成分更极其微弱,但它预示着中国的未来,闪烁着新时代的曙光。前面我们说,在甲午战争时代,发展资本主义最好的办法,是走自由资本主义的道路。到了 20 世纪 30 年代,不仅是在中国,即使在国际上,这条道路也已行不通了。虽然在帝国主义和国民党统治区,反对垄断、争取民主仍然是十分重要的任务,但客观上,中国资本主义的发展已必须改变道路。它不是窒息于买办的封建的国家垄断资本,就只有进入新民主主义经济体系,在社会主义经济领导下尽自己的历史使命。当然,这条道路是后来的历史才加以证明的,在当时还很少为人所知。

资本主义发展的水平

资本主义生产关系的扩大,外国资本的大量倾入,导致资本主义发展水平的提高。仍用前述指标,据丁世洵同志估计,1936 年我国工农业总产值约306.12 亿元,其中工业(包括矿业)总产值 106.89 亿元;近代工业(包括全部矿业)总产值 33.19 亿元,占工农业总产值的 10.8%。就是说,资本主义发展的水平已由 1920 年的 5% 左右增为 1936 年的 10% 左右,这是第一个概念。

1936 年手工业总产值约 73.71 亿元,其中工场手工业部分按 40% 计为29.48 亿元,连同近代工业共 62.67 亿元,占工农业总产值的 20.5%。就是说,资本主义发展水平已由 1920 年的 10% 左右增长为 1936 年的 20% 左右,这是第二个概念。单就工业说,占 58.6%。就是说在工业总产值中,已有一半以上是资本主义性质的生产了。[①]

---

① 丁世洵:《关于中国资本主义发展水平的几个问题》,《南开学报》1979 年第 4 期。

在交通运输业方面，按照巫宝三同志在《中国国民所得》中提供的资料计算，1936年，在航空、水运、铁路、汽车、人力车、搬运、电信、邮政等总收入13.5亿元中，属于近代企业经营的约占51%，属于个体经营的占49%。就是说，在交通运输业中一半以上已经资本主义化了。

六　抗日战争和解放战争时期

1937年日本帝国主义猖狂入侵，人民涂炭，中国经济遭到巨大破坏。抗日战争的后方尚有大片国土，这时摆脱了帝国主义的压迫，原是重建国民经济的大好时机。但由于国民党的错误政策，一度兴起的后方工业，1943年以后即陷入危机。日本在东北、华北、华中占领地区，为掠夺中国资源，有一些工矿业投资，为数亦不是很大。由于战时需要，铁路修筑不少，共建8200余公里，其中63%为日本所筑，但多因陋就简。航运事业战时衰退，唯战后美国势力入侵，吨位陡增，超过战前。

这期间的经济资料十分零散，尚待收集整理，要得到一些全面估计，目前还只能利用解放后对1949年的统计。解放后的统计虽然比较精确，但1949年这年情况极为特殊，战火未熄，疮痍满目，所以只能是一些初步概念。

解放前夕的概况

解放后统计，1949年我国工矿业的固定资产计人民币128亿元。如折成1936年币值，约为51.2亿元，这数可代表解放前夕的官僚资本，包括国民党接收的日伪和德、意法西斯的投资。交通运输资本尚无统计，其数大约与工矿业相仿。

解放后统计，1949年私营工业的资产净值为人民币20.08亿元。这数如折成1936年币值，约为8.03亿元，可代表解放前夕的民族工业资本。比表7中1936年民族资本的最高峰下降了31%。运输业方面下降更大，按公私合营时的私股估计，折成1936年的币值，解放前夕民族运输业资本还不到1亿元。

可见，官僚资本大大膨胀，民族资本大幅度削减。唯前者系按原值计，相对偏高；后者系按现值计，折成解放前价值，可能偏低。

至于外国资本，大约1942年达到最高峰，但其中约87%是日本资本，已于抗日战争后为官僚资本所接管。英美等国投资，战时遭受损失，其后则主要是对国民党政府的借款，直接用于产业资本者极少，这里从略。

经过抗日战争和解放战争，我国国民经济遭受巨大损伤，但资本主义发展水平，表现在它占工农业总产值的比重，仍有所增长。这大约与战时产业集中于官僚资本和日本资本手中有关，和战前1921年到1936年的资本主义化趋势，刚好是两条不同的道路。

丁世洵同志在这方面也作过研究。① 1949年我国工农业总产值为人民币466.1亿元，其中现代工业总产值79.1亿元，占工农业总产值的17%。同年，工场手工业总产值为28.7亿元，与现代工业合计，占工农业总产值的23.1%。若以此代表解放前夕的情况，则从第一个概念说，资本主义发展水平由1936年的10%左右增为1949年的17%；从第二个概念说，由20%左右增为23%。单就工业总产值中资本主义所占比重说，已由1936年的58.6%增为1949年的76.7%。

交通运输业方面，未见1949年统计。鉴于1936年到1949年间铁路、公路和航空线路的发展，现代化运输所占比重当比1936年为高，即远超过总收入的增长。

再将几个年份中国资本主义发展水平的估计列为表9。

表9 中国资本主义发展水平

单位：%

年　份	近代工业在工农业总产值中所占比重	近代工业和工场手工业在工农业总产值中所占比重	近代交通运输业在交通运输业总收入中所占比重
1920	4.9	10.8	45.6
1936	10.8	20.5	51.0
1949	17.0	23.1	？

结束语

前面说过，到20世纪20年代，即第一次世界大战以后，中国资本主义

---

① 丁世洵：《中国资本主义发展水平的几个问题》，《南开学报》1979年第4期。

发展的道路，客观上已经改变了。自由资本主义已经没有前途，它只有经过新民主主义经济体系过渡到社会主义。随着中国共产党领导的抗日根据地和解放区的扩大，新民主主义经济也日趋扩大。1949 年全国解放后，经过没收官僚资本和肃清帝国主义经济势力，完成了这一任务。它是一个在社会主义经济领导下的由多种经济成分组成的经济结构，即毛泽东同志所说的："国营经济是社会主义性质的，合作社经济是半社会主义性质的，加上私人资本主义，加上个体经济，加上国家和私人合作的国家资本主义经济……这些就构成新民主主义的经济形态。"[①] 在这个经济体系中，私人资本主义在中国共产党制定的"公私兼顾，劳资两利"的原则下，有领导地发展。从1949 年到 1953 年，私人资本主义工业的户数增加了 21.4%，职工人数增加了 25.1%，总产值增加了 54.2%。从 1953 年起，国家有计划地对它们进行社会主义改造，到 1956 年实现全部公私合营，私人资本主义经济就逐步转变为社会主义经济。

社会主义是资本主义矛盾的解决和否定，显然，任何国家，没有资本主义一定的发展，没有无产阶级，也就不会有社会主义。我们研究资本主义发展的水平，意义也在此。中国资本主义的发展是很微弱的，但它毕竟有了一些发展。近一百年来，投资额不断增长，资本主义生产在工农业生产总值中所占的比重也不断提高，到 1949 年已超过 20%。在交通运输业中，已是以资本主义经营为主，它支配着主要商品流通，尤其是长距离贩运。还应看到，金融业基本上是资本主义经营的，货币和信贷，支配着全国金融市场，也有力地影响物价和商品流通。就是说，我国资本主义虽然发展有限，但它控制了主要资源和能源，控制了国家经济命脉。不过，这种控制，长期是掌握在帝国主义手中，最后是掌握在帝国主义的代理人、以四大家族为首的官僚资本手中。这就只有通过社会革命，推翻帝国主义和国民党的反动统治，才能改变这种状况。而改变这种状况，也就有了建设社会主义的基本条件。

社会主义经济是建立在现代技术和社会化大生产之上的，不能期望在个体小生产的沙滩上建立社会主义。1949 年全国解放时，我国还是一个小生

---

① 毛泽东：《在中国共产党第七届中央委员会第二次全体会议的报告》，《毛泽东选集》（合订一卷本），人民出版社，1964，第 1323 页。

产的汪洋大海，现代化的生产设备，包括工厂、铁路、矿井等，只合人民币128亿元。近一百年来，资本主义的发展，仅积累了这点资本（现在我们国营企业的固定资产超过4000亿元）。而我们建设社会主义，也只有用这点本钱开始，在这128亿元上起步。这是历史决定了的。

旧中国现代化的生产设备虽然很少，但它却非常集中，主要集中在帝国主义和官僚资产阶级手里。1936年以前，外国资本经常占有全国产业资本的70%~80%。外国资本沾满了中国人民的血和汗，它的存在是我国民族资本主义发展的主要障碍；不过，它最先引进先进生产技术，组织了社会化的大生产，在这一点上，未可厚非。抗日战争爆发后，官僚资本急速膨胀。四大家族的官僚资本，"不但压迫工人农民，而且压迫城市小资产阶级，损害中等资产阶级"。① 它噬人而肥。然而，这个国家垄断资本主义形成庞大的产业规模，主要还是因为在抗战胜利后接收了巨额的日伪投资，以及德国、意大利的法西斯资本。解放前一年，照流行的说法，官僚资本占有全国产业资本的80%。从产量计，它控制着全国煤的33%，钢铁的90%，石油和有色金属的100%，电力的67%，水泥的45%，占有纱锭的37%，织布机的60%。当然，还有铁路和银行。成为名副其实的国家垄断资本主义。这种国家垄断资本主义，按其性质说已是社会化的大生产了。正如列宁所说："国家垄断资本主义是社会主义的最完备的物质准备，是社会主义的入口"，"它已为社会主义直接打开了大门"。② 事实正是这样，解放后人民政府没收全部官僚资本，就建立了强大的社会主义国营经济，建立起整个国民经济的领导力量，而以后的农业、手工业和资本主义工商业社会主义改造，也都依靠了这个领导力量。

资本主义是人类历史上最后的一种剥削制度，在剥削的量和范围上，超过以往的任何剥削制度。资本主义所造成的战争和浪费、生态破坏、社会动荡、道德腐败也超过以往任何社会制度。但是，它创造了巨大的生产力，组织了社会化大生产，也大大发展了科学和文化；在任何较大的国度，它都或多或少地，以这种或那种形式，铺平了到达社会主义的必经之路。回顾近百

① 毛泽东：《目前形势和我们的任务》，《毛泽东选集》（合订一卷本），第1149页。
② 列宁：《大难临头，出路何在？》，《列宁选集》第3卷，人民出版社，1972，第164页；《为了面包与和平》，《列宁全集》第26卷，人民出版社，1959，第365页。

年来中国资本主义的发展，它的经历也许是不幸的，但也是历史的必然。真是千秋功罪，谁人曾与评说。

附启：本文是以作者去年春在日本东京大学讲学的提纲为基础改写的，所有资本估计则为后来所作。文中借用了多位前辈和同行学长的研究成果，受益良深，凡未注明文题者，都系尚未发表的著作，作者得先拜读，谨一并在此致以衷心的感谢。

1981 年 2 月完稿

（原载《中华学术论文集》，中华书局，1981）

鸦片战争前主要
商品市场估计说明[*]

一　人口

全国人口，据孙毓棠、张寄谦《清代垦田与丁口的记录》，[①] 1835 年为
4.017 亿，1840 年为 4.128 亿，1845 年为 4.213 亿；较晚材料如 1887 年为
4.015 亿，1901 年为 4.264 亿。1840 年的记录可能偏高，为便易计，我们
把鸦片战争前夕的人口作 4 亿计算。

非农业人口，包括城市人口、驻军、矿工、游民等。有人计算 1900 ~
1910 年 66 个城市人口共 1710 万人。[②] 有人估计 1843 年城市人口占全国人
口 5.1%。[③] 我们按 5% 计，即 2000 万人。

二　粮食

第 3 章第 1 节中，[④] 我们估计原粮年产量为 2320 亿斤，是按 4 亿人口平

　* 本文原为许涤新、吴承明主编《中国资本主义发展史》第 1 卷《中国资本主义萌芽》第 4
　　章第 1 节的附录 "鸦片战争前主要商品市场估计说明"（吴承明执笔），人民出版社，
　　1985，收入本卷后仍用原题名。——编者
　① 载《清史论丛》1979 年第 1 辑。
　② Dwight H. Perkins, *Agricultural Development in China*, 1969, pp. 292 – 295.
　③ William G. Skinner, *The City in Late Imperial China*, 1977, pp. 211 – 220.
　④ 许涤新、吴承明主编《中国资本主义发展史》第 1 卷，第 184 ~ 214 页。

均每人占有 580 斤估计的。

商品粮：（一）非农业人口 2000 万人，所需口粮低于平均占有粮数，按人均 500 斤计，共需原粮 100 亿斤。（二）经济作物区，依下述估计，茶农 130 万户，蚕农 160 万户，集中棉产区棉农 440 万户，连同蔗农、烟农以及渔民、灶户等，总共不下 1000 万户，即 5000 余万人。但他们大多也种粮食，像蚕桑基本上是副业，棉花常与粮食轮作，盐户也常兼种粮食。以平均每人口粮 500 斤中有一半须购入商品粮计，共约需原粮 125 亿斤。（三）商业性酿酒、制酱及纺织品上浆、表糊等用粮。用粮最多的是酿酒糟坊。下面是事例：

> 河南，麦曲外销，年耗麦数千万石。[1]
> 西北五省，按每县 40 个糟坊计，岁耗谷千数百万石。[2]
> 南京，日销酒千石，谷 1300 石。[3]
> 济南，糟坊 100 余家，谷 50760 石，麦 17280 石。[4]
> 贵州怀仁县，糟坊 20 余家，年需粮不下 2 万石。[5]

这样，全国至少要 3000 万石了。不过，这些记载意在禁酒，不免夸张。且糟坊、酱园大都地主富户所开，所用粮食只有一小部分购自市场。至于棉布上浆，依下述估计，年需 37.7 万担，也只有小部分用商品麦。总计这项所需，可估为原粮 1300 万石，按每石 150 斤计，合 20 亿斤。

以上三项商品粮合计 245 亿斤，占产量的 10.5%。不过，其中有些还不是真正的商品粮，已详正文。

鸦片战争前后的粮价，我们所见仅上海、常熟的米价有些记载，列表 1。

表 1 中有些大灾年份，粮价偏高，而 1838～1846 年系昭文县的开仓价，其值偏低。考虑各种因素，我们把鸦片战争前江南米价评为每石 2 两，这已

---

① 尹元孚：《禁止麦曲疏》，《切问斋文钞》卷一七。
② 方苞：《请定经制札子》，《方望溪全集》集外文卷一。
③ 包世臣：《安吴四种》卷二六。
④ 马国翰：《对钟方伯济南风土利弊问》，《皇朝经世文编补》卷二八。
⑤ 道光《遵义府志》卷一七。

表 1 鸦片战争前后江南米价（1831～1850）

年　代	地　区	年　成	米每石价	折合银两	资料来源
道光十一年	常　昭	大　水	4500 文	3.6	郑光祖《一斑录·杂述》卷二
道光十三年	上　海	大　水	7500 文	5.7	同治《上海县志》卷三○
道光十四年	福　建	虫	8000 文	6.1	蒋薰《禁开茶山议》,《云寮山人文钞》卷二
道光十五年	常　昭	歉	5200 文	4.0	郑光祖《一斑录·杂述》卷六
	福　建	虫	8000 文	6.1	蒋薰《禁开茶山议》,《云寮山人文钞》卷二
道光十六年	上　海		2800 文	2.2	同治《上海县志》卷三○
	上　海		2800 文	2.2	同治《上海县志》卷三○
	青　浦	大　稔	2000 文	1.6	同治《青浦县志》卷二九
道光十八年	昭　文		2250 文	1.8	柯悟迟《漏网喁鱼集》
	昭　文		1.8～1.9 元	1.3～1.4	柯悟迟《漏网喁鱼集》
道光十九年	昭　文	歉	2.1～2.2 元	1.5～1.6	柯悟迟《漏网喁鱼集》
道光二十年	昭　文	灾	2.2～2.3 元	1.6～1.7	柯悟迟《漏网喁鱼集》
道光二十二年	昭　文	大　有	2.2～2.3 元	1.6～1.7	柯悟迟《漏网喁鱼集》
道光二十四年	昭　文	丰　稔	1.7～1.8 元	1.2～1.3	柯悟迟《漏网喁鱼集》
道光二十五年	昭　文		1.3～1.4 元	0.9～1.0	柯悟迟《漏网喁鱼集》
道光二十六年	昭　文		1.3～1.4 元	0.9～1.0	柯悟迟《漏网喁鱼集》
道光四年至二十四年	常　昭	常	3200 文～3300 文	2.4 2.5	郑光祖《一斑录·杂述》卷六
道光二十一年至三十年	上　海	平　均	3.79 元	2.7	邹大凡等《近百年来旧中国粮食价格变动的趋势》,《学术月刊》1965 年第 9 期

注：银一两合钱数：1831 年 1250 文，1833～1834 年 1300 文，1835～1836 年 1250 文；据郑光祖及其他材料。1 元 = 0.715 两。

比乾嘉之际下降许多（主要由于银价上升）。此价尚需折成原粮价。清初官家收赋常接"一米二谷"计，即谷价应为米价一半。但有记载谷价为米价 46%，[1] 乃至仅为米价的 30.9%[2]。至鸦片战争前，出米率应有所增进。可是道光二十年（1840）包世臣说："况两三年内，年谷顺成，收获时，谷一石仅值钱五百上下"，[3] 则又更低。但这是指江西粮食输出区，又系顺年刘

---

① 《雍正朱批谕旨》第四七册，雍正三年十一月十四日乔于瀛奏广西事。
② 《雍正朱批谕旨》第四七册，雍正二年六月十五日禅济布等奏台湾事。
③ 包世臣：《银荒小补说》,《安吴四种》卷二六。

获时价，不足为据。又商品粮中有一部分是小麦，小麦价格约为米价的70%。① 因此，通盘考虑，我们仍按"米一谷二"，把原粮价格评为每石1两。

这样，鸦片战争前商品粮 245 亿斤，按每石 150 斤计，合 16333.3 万石，值银 16333.3 万两。

三　棉花

棉花和下项棉布的产量和商品量，是采用徐新吾同志及《江南土布史》（待刊稿）的估计；其商品价格，则我们另行估计。棉花产量的估计，是参照近代棉产统计，调查人均棉布和絮棉消费量及其变化趋势，估定全国棉花消费量，再按进出口修正，得出全国棉花应有产量。这种方法，须有较长期（1840～1936）的数据参验，将详载入《中国资本主义发展史》第 2 卷，② 这里仅将其 1840 年的估计结果列表 2。

表 2　1840 年棉花产量估计

全国棉布消费量	
年人均消费水平	1.5 匹(5.45 方码)
全国消费棉布	60000.0 万匹
折合棉花(1)	649.6 万关担
全国絮棉消费量	
年人均消费水平	0.5 关斤
全国消费絮棉	200.0 万关担
折合棉花(2)	208.3 万关担
全国棉花消费量(1)＋(2)	857.9 万关担
加:出口土布折合棉花	0.1 万关担
减:进口棉花	50.0 万关担
进口洋纱、洋布折合棉花	5.6 关担
全国棉花产量	802.4 万关担
折合市秤	970.7 万担

注：棉布均折算成标准土布，每匹重会馆秤 20 两，宽 1.2 海尺，长 20 海尺。
资料来源：《中国资本主义发展史》第 2 卷第 1 章（待刊稿）。

---

① 郑光祖：《一斑录·杂述》；道光《横泾志稿》卷七。
② 许涤新、吴承明主编《中国资本主义发展史》第 2 卷，人民出版社 1990 年出版。——编者

原估计又根据棉花生产状况和当时棉产的分布，估算当时全国约有棉田3487万亩，植棉户2836万户，但大多是兼种一些棉花的，其在集中产区可称为棉农者约440万户。又根据手纺织的劳动生产率，参考近代的调查，估算1840年全国有棉纺织户3426万户，占全国农户总数的45%，其中，约有80%本身是植棉户，20%是购用商品棉。絮棉的消费大体也是这样。不过，植棉户中也有少数自己不从事纺织，非植棉纺织户中也用有少量洋纱。这样估算1840年国内市场棉花的商品量为316万担，占棉花消费量的30.6%，国产棉花的商品量为255石万石，占产量的26.3%。其情况如表3。

表3 1840年棉花市场估计

	万关担	万 担
全国棉花产量	802.4	970.7
全国棉花消费量	852.5	1031.3
国内市场商品量	261.2	316.0
其中:用于织布	126.7	153.3
用于絮棉	134.5	162.7
占消费量比重	30.6（%）	30.6（%）
减除进口商品棉	50.0	60.5
国产棉花商品量	211.2	255.5
占产量比重	26.3（%）	26.3（%）

资料来源:《中国资本主义发展史》第2卷第1章（待刊稿）。

棉花价格，以郑光祖的《一斑录·杂述》卷六所记较详："道光元年，以连岁丰收，〔棉花每担〕价降至三千二三百。三年水荒，次年春价至十一千。后数岁以四千四五百为常。十三年冬又至十千。十五年冬八千四百。后复旧。二十年后，连岁价至八九千。自二十四年而后，价一落再落，近又以五千为常矣。"又卷八"自道光二十一二年，每担洋钱五元三四角……二十三四年，落至四元四五角。二十六年落至三元三四角。本年〔道光二十九年〕水未没，价已渐增至五元六七角，自冬及春增至洋钱八元。"按自1838年后银价大增，约每两合1600文，洋价更无常，郑光祖所记1840年前后棉价"八九千"文（合5.3两）与"五元三四角"（合3.8两）自相矛盾。又此系常熟、昭文棉价，仅道光四年（1824）有上海价，反较常昭为高。

通盘考虑，取较长期趋势，我们将棉价评为每担银 5 两。

这样，鸦片战争前国产棉花的商品量为 255.5 万担，值银 1277.5 万两。

四 棉布

棉布的产量系从消费量导出，并以纺织户本身的消费量代表自给布产量，其余为商品布。估计结果如表 4。

表 4 1840 年棉布产量和市场估计

棉布产量	
全国棉布消费量(1)	60000.0 万匹
出口土布(2)	5.9 万匹
进口洋布(3)	273.2 万匹
全国棉布产量(4) = (1) + (2) - (3)	59732.7 万匹
自给布	
全国农村纺织户人口	17100.0 万人
年人均消费总量 = 自给布(5)	1.65 万匹
占产量比重(5) ÷ (4)	47.2%
占消费量比重(5) ÷ (1)	47.0%
商品布	
国产棉布商品量(6) = (4) - (5)	31517.7 万匹
占产量比重(6) ÷ (4)	52.8%
国内商品布流通量(7) = (6) - (2) + (3)	31,785.0 万匹
占消费量比重(7) ÷ (1)	53.0%

注：均折成标准土布计算，每匹重会馆秤 20 两，宽 1.2 海尺，长 20 海尺。
资料来源：《中国资本主义发展史》第 2 卷第 1 章（待刊稿）。

棉布价格，国内文献，我们仅见乾隆末记载，合每匹 200 ~ 400 文。[1] 五口通商后，外国人记载有：宁波产 16 英尺 × 24 英尺的头等白布，每匹 600 文；长 21.5 尺的"南京布"，每匹售 0.4 元。[2] 所述宁波布，合 20.56 海尺长，1.14 海尺宽，与本文所用标准土布规格相仿。所述"南京布"实

---

[1] 洪亮吉：《卷施阁文甲集》卷一《生计篇》。
[2] R. M. Marlin, *China*, *Political*, *Commercial and Social*, Vol. Ⅱ，见姚贤镐编《中国近代对外贸易史料（1840 ~ 1895）》第 1 册，中华书局，1963，第 557、616 页。

即松江布，其规格亦略同。前者每匹 600 文合银 0.3 两，后者 0.4 元合银 0.29 两。又天津海关报告记 1853～1859 年调查土布每磅值 441 文。[1] 按本文所用标准土布每匹重约 1.45 磅，应为 6395 文，合银 0.32 两。外销布系由上海运广州出口，价格较高。1817～1833 年广州出口南京布 1923.3 万匹，价值 1325.4 万元，[2] 合每匹 0.9 元，即 0.49 两。因此，可将棉布的国内市场价格评为每匹 0.3 两，1840 年前后大约相差不大。

依此，鸦片战争前国产棉布的商品量为 31517.7 万匹，值银 9455.3 万两。

五　丝

鸦片战争前，我国丝的生产还是作为农家副业，农民自养蚕、自缫丝，没有生茧的市场。但丝织业已基本上与制丝分离了，据估计，农民自缫丝、自纺织者大约只占纺织用丝的 10%，其余的纺织用丝都已是购自市场了。出口的生丝当然也是商品丝。至于野生的柞蚕丝，情况不明，不过，鸦片战争前柞蚕丝还没有出口，国内市场也有限，我们这里从略。

丝和下项丝织品的产量、商品量、商品值，都是采用徐新吾同志和《江南丝织工业史》（待刊稿）的估计，而在计价上有所变动。

1830～1837 年，广州平均每年出口生丝 9053 关担，[3] 即以此数代表 1840 年的出口量。除出口生丝外，其余丝全部作为纺织用丝，织造丝织品。根据几个重点地区织机数与机户工匠人数等材料估计，1840 年纺织用丝的产量约为 5.5 万关担。并依此估计茧产量约为 106 万关担，蚕户 160 万户。

1830～1832 年广州出口生丝的平均价格为每关担 327.79 元，[4] 但其中包括少量废丝，因此，估计 1840 年的出口价格为每关担 350 元。内销丝的价格约为出口生丝的 70%，即每关担 245 元。此外，在制丝中尚有废丝、

①　Trade Reports，1866，天津，p. 89。

②　H. B. Morse, *The Chronicles of The East India Company Trading to China*，1926，Vol. Ⅲ，pp. 308－384；Vol. Ⅳ，pp. 4－370 各表综合。

③　H. B. Morse, *The International Relations of Chinese Empire*，1910，p. 413.

④　H. B. Morse, *The Chronicles of The East India Company Trading to China*，Vol. Ⅳ，pp. 222－341 各表综合。

废茧等副产品，均可出售，其价值约为丝价的 9.19%。

依此，估算 1840 年全国丝产量为 7.7 万担，商品量为 7.1 万担，值银 1202.3 万两，如表 5。

表 5　1840 年丝产量和市场估计

纺织用丝产量（1）	5.5 万关担
减：农家自纺织用丝	0.5 万关担
内销丝商品量（2）	5.0 万关担
生丝出口量（3）	0.9 万关担
全国丝产量（4）=（1）+（3）	6.4 万关担
折合市制	7.7 万担
丝的商品量（5）=（2）+（3）	5.9 万关担
折合市制	7.1 万担
占产量比重（5）÷（4）	92.2%
内销丝价值（6）=（2）×245 元	1225.0 万元
出口生丝价值（7）=（3）×350 元	315.0 万元
制丝副产品价值（8）=〔（6）+（7）〕×9.19%	141.5 万元
丝的商品值（6）+（7）=（8）	1168.5 万元
折银两	1202.3 万两

资料来源：《中国资本主义发展史》第 2 卷第 1 章（待刊稿）。

六　丝织品

丝织品包括绸类、缎类和丝线、丝带等，产量均无资料可寻，只能从丝产量上来估计。生产一担丝织品平均需耗丝 1.35 担。按表 5 纺织用丝产量为 5.5 万关担，即可制成丝织品 4.07 万关担，折合市制 4.9 万担。这包括农家自织之丝织品，亦视为商品（至于官织局，这时已基本停产，可不计）。

丝织品的价格，差异极大，并无记载。唯大路货是绸，照丝绸行业的说法是"一底一面"，即丝织成绸，价值加一倍。按表 5，内销的价格为每关担 245 元，加一倍即 490 元。考虑到缎类价格较高以及出口之绸缎价亦较高，我们统按每关担 500 元计，则全部丝织品（包括出口部分）价值为 2035 万元，折合银 1455 万两。

七 茶

茶的产量、商品量、商品值，是采用徐新吾同志和《近代上海华商国际贸易业》（待刊稿）的估计，而在计价上有变动。

茶的国内消费量，前人多有估计，大都偏高，兹按每年人均 0.5 斤估算，即年需 200 万担。鸦片战争前，我国茶叶已是占第一位的出口品，1834～1838 年广州平均每年出口 42.3 万关担，加上陆路运往俄国 10 万普特，共约 45 万关担。两者合计即商品量，亦即作为产量。并依此产量，估计有茶田 520 万亩，茶农 130 万户。

内销茶的价格，地方差异很大，也罕见记载，只能按近代标准，按出口价的一半计算。而在出口价上有一个特殊的问题，即鸦片战争前是广州一口通商，茶价特高。这一方面是因为当时中国几乎是唯一的茶出口国，而更重要的是因为浙江、安徽茶须经人力背挑过庾岭到广东，耗费过巨。这样价格与茶农的收入无关，据此估价，必致歪曲国内市场的计量关系，与本文目的不合。因此，我们改用鸦片战争后的上海出口价，比较有代表性。1850～1856 年上海几种出口茶的平均价格为每担 20.7 两，[①] 并以其 50% 即每担 10.3 两，作为内销茶的平均价。

依此，估计 1840 年茶的商品量为 260.5 万担，值银 3186.1 万两，见表6。

表6　1840 年节产量和市场估计

国内茶消费量（按干毛茶计）(1)	200.0 万担
出口茶	45.0 万关担
折市秤(2)	54.4 万担
出口折耗 10%(3)	6.1 万担
出口茶（按干毛茶计）(4) = (2) + (3)	60.5 万担
茶的商品量 = 产量(5) = (1) + (4)	260.5 万担
内销茶价值(6) = (1) × 10.3 两	2060.0 万两
出口茶价值(7) = (2) × 20.7 两	1126.1 万两
茶的商品量(6) + (7)	3186.1 万两

资料来源：《中国资本主义发展史》第 2 卷第 1 章（待刊稿）。

---

① 姚贤镐编《中国近代对外贸易史资料》第 1 册，第 582 页。

八 盐

盐是先根据 11 个盐产区户部额定的引（票）按不同配盐数计算其销售量，这个销售量也就代表官盐的产量。再按每个盐区不同的销区的发售价计算其销售金额，此价大体相当于批发价价格。计算结果列入表 7。即每年销盐约 24.2 亿斤，价值 4812.9 万元。这是官盐。

表 7　清中期官盐销量和销售金额估计

盐　区	时　间	销售量（万斤）	销售金额（万两）	平均发售价（两/斤）
长　芦	道光二十年	23497.1	406.65	0.017
山　东	乾隆末	15114.1	260.60	0.017
河　东	嘉庆十二年	15922.9	382.03	0.024
两　淮	道光二年	56420.0	1523.34	0.027
两　浙	嘉庆	28394.3	393.92	0.020
福　建	乾隆	11809.9	148.97	0.013
两　广	道光	19390.9	383.79	0.019
四　川	嘉庆	35254.4	803.83	0.023
云　南	嘉庆	3942.8	118.28	0.030
陕　甘	乾隆	2241.8	33.63	0.015
东三省	光绪二十四年	29824.5	357.89	0.012
合　计		241812.7	4812.93	0.020

注：价格折算，均用乾隆五十九年户部规定，每钱十文作银一分。

资料来源：各地区盐法志、《清盐法志》《中国盐政纪要》等。

官盐之外，尚有新疆、内蒙古、河南等省的少数地方用土盐以及私盐。土盐数量难考，私盐则各地区情况不一。本书第 5 章第 5 节中曾测算，[1] 四川的官盐销售量为计口授食需要量的 83.4%，即有 16.6% 依靠私盐。四川是私盐较少的地区。其他地区说法不一，甚至有说与官盐相埒者。不过有条规律，凡是私盐猖獗的地区官盐总是滞销，像两浙、两淮在嘉庆、道光间常积压相当一年半的引额，所以两者互为消长。我们假定私盐平均占官盐的 1/3，则有 8 亿斤。私盐的价格较低（并且质量也较好），私盐猖獗的地方

---

① 许涤新、吴承明主编《中国资本主义发展史》第 1 卷，第 589~625 页。

（如两淮）只有官盐价的一半。我们按官盐价 2/3 计，即每斤 0.013 两，则私盐价值为 1040 万两。这样，全部盐的销售量（也就是产量）为 32.2 亿斤，价值银 5852.9 万两。

雍正时按计口授盐配引，规定每人每日需盐五钱，即每年 11.4 斤。那么，按 4 亿人口计，需盐 45.6 亿斤。若以此数为准，私盐就几乎和官盐相等了。不过，我们知道，有些地方群众没有盐吃的现象还是常有的，文献也有"淡食"的记载。更有些地区，群众不都是买盐吃，盐中也存在自给经济，特别是在沿海和池盐、岩盐、土盐产区。所以，就市场上商品盐流通量说，上述估计是可行的。

（原载许涤新、吴承明主编《中国资本主义发展史》第 1 卷《中国资本主义的萌芽》，第 318~329 页）

"旧民主主义革命时期的
中国资本主义"导论[*]

一 分期和考察范围

中国近代史的分期是个困难问题，史学界早有讨论，尚无定论。经济史的分期又比政治史更难。政治史上，一国政权的变更总是一件大事；我国习用断代史，美国常按历届总统任期记事，尚无不便。经济史中，则各部门兴衰互有参差，没有一个统领一切的标志。原来，中外史学都曾有过"事件构成历史"的传统，即主要指政治史而言，对经济史则不适用。按照恩格斯的思想，在《中国资本主义发展史》第 1 卷中曾阐明我们一个基本观点，即一切经济现象都是一个过程，有它的继承性和延续性；它不是一个事件，不会突然发生，也不会蓦地消失。① 并且，在政治史上有些突发事件，如异族入侵、宫廷政变，即可招致政权更替，另起一章。经济史却不是这样。任何重要变动，无论是田制、税制的改革，或是新生产方式的建立，都非一纸命令朝夕可至，也非一场群众运动所蹴就。

经济现象的继承性和延续性不容忽视，否则就会割断历史。即以 1840

---

* 本文原为许涤新、吴承明主编《中国资本主义发展史》第 2 卷《旧民主主义革命时期的中国资本主义》第 1 章"导论"（吴承明执笔），人民出版社，1990。收入本卷后改题名为《"旧民主主义革命时期的中国资本主义"导论》。——编者

① 许涤新、吴承明主编《中国资本主义发展史》第 1 卷，人民出版社，1985，"总序"第 19 页、"导论"第 6 页。

年鸦片战争作为中国近代史的上限而论，似已无异议，但在经济史上难点仍多。如《中国资本主义发展史》第 1 卷是考察中国资本主义的萌芽；所论农业中萌芽的三种形式当时都还依稀难辨，以至在 200 多件农业雇工案例中能明确为资本主义性质者不过 10 例。它们都是在鸦片战争后继续发展，富农经济到 20 世纪初才成为一种经济成分，经营地主制的形成还更晚。手工业中的工场手工业的包买商形式也是在鸦片战争后才有了较快发展，不过，因为已跨过 1840 年这个界线，不再叫它资本主义萌芽而已。

上限如此，下限更难。我们参考史学界所提出的三分法、四分法等，对资本主义发展的分期来说都不尽宜。经过考虑，我们认为：经济史的任何分期法，都不免带有随意性；根据任何经济现象都是一个过程的观点，我们不去强调分期的原则意义，而是便宜行事，遵从习惯。预计写 1840～1949 年的中国资本主义的发展至少需 150 万字，势必分成两卷；若采用近代史习用的以五四运动为界，则两卷篇幅大体可以平衡；这就是理由。因而，我们以 1920 年作为本卷下限，① 并名之为《旧民主主义革命时期的中国资本主义》，以便独立发行。

在 1840～1920 年这个时期内，又以甲午战争和第一次世界大战的爆发为界，分为三个阶段，即 1840～1894 年；1895～1913 年；1914～1920 年。但在实际编写上并不受约束，而是按所叙内容自行处理。如在论述洋务派企业时就不是以 1913 年为界，而仅叙至 1911 年，因为接下去就是北洋政府的官办企业了；在论述北洋政府官办企业时甚至突破了 1920 年这个下限，而直叙到 1926 年，以免割裂材料。又如，在论述市场、商业、商业资本的发展时就不是分三个阶段，而是分两个阶段，甲午后直叙到 1920 年。在论述资本主义手工业的专节，由于资料限制，干脆不分阶段，一竿子插到底。再须声明者，关于资本主义农业，更难分段落，加以本卷书篇幅已过大，难以容纳，最后决定并入《中国资本主义发展史》第 3 卷中专章处理，本卷只好告阙。

关于《中国资本主义发展史》内容，在"总序"中曾有说明："一部完

---

① 许涤新、吴承明主编《中国资本主义发展史》第 2 卷"总序"中原定以 1919 年为限，编写中为求资料列整，改为 1920 年。

整的资本主义发展史，应当包括资本主义经济、资产阶级、资本主义意识形态这三方面的历史"；但是，这样一部历史势必庞大不堪，我们也力有未逮，深感分学科研究的必要性，"所以，最后我们还是决定把它写成一部经济史"。而在本卷编写过程中我们对此又有了进一步的体会。

本卷所叙，正是中国资产阶级和无产阶级形成的时期，民族资本的发展是和从戊戌维新到辛亥革命的资产阶级革命运动同步进行的，工人阶级也成长壮大。为此，我们安排了《民族资产阶级的产生和资产阶级革命运动》一节，由黄如桐写出初稿；《中国工人阶级的成长壮大与中国共产党的建立》一节，特约张同新写出初稿。同时，为了对本时期的经济关系进行集中分析，我们安排了"雇佣劳动制度和资本主义剥削""外国资本、官僚资本和民族资本的性质和相互关系"两节，由姜铎写出初稿。但是，在编辑中，总感到体系难以协调，而且大大超过了本卷预计篇幅，难以容纳于一册。最后，决定除将一些直接有关历史发展的资料写入有关章节外，四节原文都予割爱。原来，我们的编写《中国资本主义发展史》之前，已先编写了一本《旧中国的资本主义生产关系》，于 1977 年由人民出版社出版，其中关于资本积累、雇佣劳动、剥削关系等资料尚称丰富。同时，我们已获悉刘明达编辑的 14 卷本的《中国工人阶级历史状况》已陆续付梓；在这种大型专业著作面前，我们的泛论更无必要了。

上面屡提到篇幅问题，这确是一个实际问题。一本书或一卷书都有它一定的可读规模，而更重要的是应当有它自己的特点。学术研究不是任何人的专利，各有其特点，才能互相补充，互相切磋，就每部书说，必须有所舍，才能有所取，不可求全。不过，本卷经上述删减，实际是把专论生产关系、阶级关系的部分删掉，变成以讨论生产力的发展为主了，这是一个缺点。好在过去出版的近代经济史著作，多是以分析半殖民地半封建的生产关系为重点，《中国资本主义发展史》这种内容的偏在，正可作为前贤著作的补充。

作为经济史的书，《中国资本主义发展史》以详析中国资本主义的发展过程为己任，并对重要的行业、企业和人物作些介绍，尽量保存数据完整。此外，我们还有如下一些考虑，也可算是《中国资本主义发展史》特点。

第一，已出版的经济史著作，多是侧重于工农业生产，而对商业和市场注意不够。这一方面是由于商业史资料（除外贸外）比较缺乏，一方面也受重生产、轻流通的传统思想的影响，并常把我国近代商业的发展视为"畸形"。我们认为，社会产品的商品化、社会化是一个长期的历史演讲过程，而就近代说，商品经济发展的程度和工业一样，是国民经济近代化的标志之一。因而，本卷对于农村自然经济的分解、农产品的商品化、新式商业资本的兴起，以及市场交易量、商业资本总量等，考察较详，并都做出数量分析。所用市场、商业的资料，有许多是近年来新发掘的和新整理而尚未发表的，我们尽先介绍给读者。对于工业生产，则尽可能介绍一些前人比较忽视的生产技术演讲过程，供研究生产力发展规律的学者参考。

第二，对于交通运输业，过去经济史的研究似也注意不够。或以它是属于专业史范围，或以它属"非生产性"而轻视，或以为它是由于帝国主义推销洋货发展起来的，持否定态度。据我们考察，在我国微弱的近代化产业中交通运输业确实比较突出，1920年，在铁路、轮船、邮电部门的投资约为近代工矿业投资的1.4倍。这里面当然有帝国主义攫取铁路权、航运权等因素，但交通部门投资较大，乃是一个社会开始近代化过程中应有的现象。以占投资最大比重的铁路而论，它的运输量中，占首位的是煤，其次是农产品、手工加工品；它对国民经济的发展有重要作用，本身也有较高的经济效益，我们打算在这方面作些分析，但终因专业知识不够，所作不够理想。

第三，在我们所讨论的时代，手工业的总产值约比近代化工厂的总产值大3.5倍。尽管人们大体知道这一情况，但在近代经济史著作中，大都是把注意力集中到那些大烟囱工业，很少研究手工业，或者把它单纯地看成是落后的东西，以至看成是新式工业发展的障碍。我们不赞成这种看法。我们认为，既然人民尤其是广大农民的生产和生活用品还是依靠手工业供给，它也就和传统农业一样，是我国工业化必须面对的现实的经济基础。事实上，我们是把手工业看成是我国传统经济内部的一个能动因素来进行研究的。这在下面还将申论。这里要说明的是，近代工业和手工业如何划分界线，在理论上还是个争论的问题。鉴于当代国家在立法上多是按企业规模划分，《中国资本主义发展史》在统计分分类上也按照1931年的《工厂法》，即雇工30人以上并使用发动机器者作为近代化工业；而在论述中则更多是从习惯。

二 外国在华资本

鸦片战争后，中国经济上发生的最大变化，就是外国资本经营的、官僚资本经营和民族资本经营的近代化企业的相继出现，使原来完全以个体生产为基础的封建的中国，逐步演变为半殖民地半封建的中国。本卷也是以这三种资本形式为线索，分别考察其发展变化。

我们把外国在华的投资作为中国资本主义的一种资本形态，这在《中国资本主义发展史》"总序"中已有详细说明。这里所要说明的只是：这种外国资本与我们今天对外开放政策下所说的外国资本有什么不同，以及它在当时我国国民经济中起到何等作用。

第二次世界大战后，帝国主义殖民体系瓦解，第三世界独立国家兴起，世界局势发生重大变化，经济发达国家的资本输出也发生重大变化。例如，战前的资本输出主要是输往殖民地、半殖民地和落后地区，现在则以输往美国、欧洲等发达国家者占最大比重；战前的外国资本主要是投于资源开发和初级加工的产业部门，现在则转向石油化工、电子、汽车、新材料等资本有机构成较高的部门；同时，出现了投资多元化、跨国公司和生产国际化、经济一体化等趋势。近年来，国际剩余资本大量涌现，资本流通量超过了贸易流通量；资本流通的目的在于寻求最佳利润，利息率、汇率成为机制杠杆，投资一般不附带政治条件，吸引外国资本和技术，对加速国民经济现代化的进程，显然是有利的。

《中国资本主义发展史》所讨论的鸦片战争后的外国在华资本则完全不是这样。它不仅不同于今天的外国资本，也不同于二次大战前的外国资本，忽视这一点，势必陷入非历史主义的错误。原来早期的海外投资，是一种殖民主义制度。而早期的殖民主义，既无资本输出，甚至也没有什么商品输出，其目的仅在于掠夺殖民地的财物。正如恩格斯论 17、18 世纪欧洲人侵略印度时所说："目的是要从印度输入，谁也没想到向那里输出。"[1] 欧洲人

---

[1] 恩格斯致康·施米特（1880 年 10 月 27 日），《马克思恩格斯选集》第 4 卷，人民出版社，1972，第 481 页。

大规模入侵中国，已是在 19 世纪中叶，但是这种原始积累性质的掠夺仍然存在。直到 60 年代，他们还没有任何商品能在中国畅销（走私的鸦片除外），对华贸易一直处于逆差。从 70 年代到甲午战争前，对华贸易额按金价计增加不过 1/3 强。然而，通过暴力和其他非经济手段，他们已获取了巨大财富，养肥了大洋行，为他们在华投资奠立了基础。

资本主义列强是以一系列侵华战争、不平等条约和攫取特权在中国立足的。正如一位长期旅华的中国外交史和贸易史的作者所说，那是一个"投降与征服的时代"。[①] 在这种时代背景下形成的外国资本，是以帝国主义在华特权为基础，并服务于扩张这种特权；因而，并非资本过剩以至资本缺乏的国家，如俄国和日本，也在中国拥有巨额投资。而且，这种在华资本，总的说主要并不是来自他们本国，并不是资本输出，而主要是来自中国——包括战争赔款和勒索，鸦片走私和"租界"土地占有的暴利，中国商人向外商缴纳的保证金和附股，外商在中国发行股票和债券，外商银行在中国吸收存款和发行纸币等多种途径。

这种在特权保护下的、具有原始积累性质的外国资本，与我们今天所说的外国资本，真是不可同日语。至于它对中国经济发生的作用，则是研究中国经济史的中外学者普遍关注的问题，论述既多，观点也有异。我们不在此评价，仅以简单事例，表明我们的看法。

鸦片战争，中国败于西方的船坚炮利。但当时中国在经济上还是一个自给略有余裕的大国，它发展国民经济所需的主要还不是资本，而是先进技术。我们估计，截至 1894 年，外国在华的全部投资约合 2.34 亿元，其中用于近代化工业和交通运输业，既《中国资本主义发展史》所称产业资本的部分不过 0.54 亿元；又除轮船业外，用于近代化工业者只 0.28 亿元，仅及中国本国近代化工业资本的一半强。重要产业如机器制造、机械采矿、铁路、钢铁等都是由中国自筹资金创办，引进西方技术和设备；而外国资本投资于这些关键性产业，都是在中国人创业 15 年以至 30 年之后；外国资本在这里并未起什么先驱者或"示范"作用。

[①] H. B. Morse, *The International Relations of Chinese Empire*, London, 1918；引语为该书第 1 卷副标题。

甲午战后，列强取得一系列经济特权，在中国瓜分势力范围，外资涌进。它们在华的投资总额，1914年约合42.56亿元，1920年约合45.52亿元，其中产业资本分别为10.21亿元和13.03亿元。

以1914年的总投资额43.56亿元而论（1920年的投资分配是从1914年的统计推出的），它的一半以上（21.51亿元）是对中国政府的贷款，而贷款的80%以上（17.82亿元）是战争赔款转化的债务和对中国政府的军事财政贷款，这部分投资对于中国国民经济的发展都可说是无益有害的。总投资中约有6%（2.59亿元）是非企业使用的房地产的价值，它主要是由租界土地价格上涨而来；这部分投资对中国经济起码是无益的。总投资中有约45%（18.46亿元）是企业财产，其分配是：金融和贸易占45%，工业占20%，铁路和轮船占35%。这时候，铁路和轮船早已不是什么新鲜事物了；中国借用外债修建的铁路里程已远超过外资直接修建的铁路，民间自行筹款修建铁路也曾形成高潮。外国资本有巨额的铁路直接投资（5.61亿元），完全是它们在华争夺势力范围的结果。外国在华工业投资仅占其总投资的9%（3.78亿元），远小于铁路直接投资，这部分投资对中国经济来说不无裨益。但是，从技术来看，直到1920年，它只是在电力工业上比较先进，其余都无足论；这时期国外新兴的基础化学工业和飞机工业，还是由中国本国资本引进的。

最后，说明一个中外产业的比较问题。过去的论述，多是认为外国在华资本自始即居压倒优势，以至成倍地超过本国产业资本，《中国资本主义发展史》初稿的估计也有类似结果。[①] 现在《中国资本主义发展史》的估计，情况有所改变。我们估计，在近代化工业和交通运输业资本中，中外资本所占的比重：1894年约为55.5%比44.5%；1911~1914年约为42.8%比57.2%；1920年约为48.4%比51.6%。就是说，本国产业资本原居优势，这应归功于洋务派企业的创建；甲午后让位于外资；但到1920年，中外产业资本又接近持平，这主要是由于民族资本发展的结果。

《中国资本主义发展史》与前人估计不同的原因是：（1）我们把洋务派

---

① 这个初步估计见吴承明《中国资本主义的发展述略》，载《中华学术论文集》，中华书局，1981；兹声明应予修正。

所办军用工业也计入产业资本，因为从它的经费来源分析，已基本上属于资本性质，并且它也非完全军用，实是中国机器、造船业的创举。（2）近年来对民族资本的研究，发掘不少新材料，户数和投资都增大。（3）更重要的是，外国资本大都是沿用雷麦（C. F. Remer）的估计（我们也是这样，不过加以修正），他所估实际是企业全部财产的价值；而对本国资本多半是根据企业的设立资本，相对偏低。这次我们对本国企业也用各种方法估算其全部财产的价值或全部使用的资金，数值就比过去增大了。这里，我们采用的是"资本是生产剩余价值的价值"这一原则，这原则对于中外资本都应同样适用。

三　官僚资本

《中国资本主义发展史》"总序"中曾指出："官僚资本是个通俗名称，原义并不明确"。近年来，史学界对这个词颇有争议。论者大都同意近代中国的资本主义有两种不同的资本形态，但不满意于把它们称之为官僚资本和民族资本，尤其对于把清代洋务派企业和北洋政府官办企业称为官僚资本有异议，或者认为这个词只是指毛泽东所说的国民党时代的"国家垄断资本主义"。因而，我们有必要先作些说明。

据我们所见，在学术著述中，官僚资本一词早见于瞿秋白在 1923 年所写的《中国之资产阶级的发展》一文，他把洋务派经办的官办企业称这"官僚资本之第一种"，把官商合办企业称为"官僚资本之第二种"。[1] 1929年，李达在《中国产业革命概况》一书中，说清代官僚在借外债时，"从中渔利，自肥私囊，形成官僚资本"。[2] 这是官僚资本的另一含义。1930 年，日本学者橘朴在《中国社会の经济发达阶段》一文中，提出"梁士诒型""张謇型"的官僚资本。[3] 这主要是指北洋政府时期。1936 年，吕振羽在《中国政治思想史》一书中，把清政府的"国营事业的萌芽"称为官僚资

---

[1] 《中国之资产阶级的发展》，原载《前锋》1923 年第 1 期，署名屈维它。

[2] 《李达文集》第 1 卷，人民出版社，1980，第 393 页。

[3] 橘朴：《中国社会の经济发达阶段》，载《满铁调查月报》1930 年 2 月份，收入《橘朴著作集》第 1 卷。

本。① 抗日战争时期，由于国民党大官僚的以权营私、假公济私，1941 年起大后方报刊和群众团体对官僚资本大张挞伐。至于毛泽东提出"国家垄断资本主义"则为时甚晚，已是濒临解放的 1947 年了。

由此事见，官僚资本一词，内含屡变，但所指总是与官方和官僚关系密切、而与民间资本有区别的那一资本体系。《中国资本主义发展史》《总序》中曾说：官僚资本"它的实质，用政治经济学的术语来说，就是这些不同政权下的国家资本主义"，并指出国家资本主义的性质决定于政权的性质，以及它的多种不同形式等。但国家资本主义是个政治经济学范畴，不便用于经济史著作，写历史最好用历史上已有的或习用的称谓，因而我们仍用官僚资本这个通俗的名称。从清代洋务派企业到国民党的官僚资本，随着政权的变更，这些企业的性质也有所变化。但是，这种企业有官款支持（或所谓"软财政约束"），它大手大脚、低效益、多冗员、官僚主义十足的特点，则是始终一致的，甚至可说中外一致。而人们对官僚资本的通俗看法，也正是这些特点。

我们使用官僚资本一词是把它作为类称，主要在区别于民族资本和在统计分类时应用。在具体论述中，仍用已习用的称谓，如洋务派企业，官办、官督商办、官商合办企业等。同样，民族资本一词也是含义不明的，我们在具体论述中仍用民间、民营、商办、华商等称谓。这里，我们的原则是：从历史习惯。

洋务运动和洋务派企业是近年来史学界讨论最热烈的问题之一，有大量论文和专著问世。以《中国资本主义发展史》篇幅，不能深究讨论中的这些问题，毋宁说，正因为已有大量论著，我们可以从简。这里，仅就洋务派企业的发展路线和经营体制上，略述我们的看法。

洋务派企业建设的重点，如当时人所说的"机船矿路"，即用西方技术和设备，从事机器（当时主要指兵器）、造船、开矿、钢铁、铁路等事业。这是在"求强"的思潮下，一条从重工业开始的工业化路线。当时西方经济已进入"蒸汽和钢铁时代"（熊彼特语），这种路线自然带来追赶先进之

---

① 吕振羽：《中国政治思想史》，黎明书局，1937，第 492 页，该书脱稿于 1936 年 8 月；又说由此"孕育出官僚资本的立场，出现了龚自珍和魏源的政治哲学"，殊费解。

义。但它也是一条无积累或低积累、并与中国传统经济脱节的路线，难以贯彻和持久。

洋务派企业的创办之初，由于决策失误、用人不当和经营腐朽，不少败局。但迄甲午战争前，仍有一定成绩。这表现在：创建了一批新式工业，规模大于当时外国在华工业；不忘培养技术人才，在生产技术上也国外先进水平的差距逐渐缩小。甲午后，情况变化。原办企业部分停顿，新的创建甚少。但有人说甲午战争标志着洋务派企业的破产，则非的论。一些大企业如江南船厂、汉冶萍公司、轮船招商局等都在这时改建扩建，铁路建设更为各时期之冠。我们估计，洋务派企业的资产值，1894 年约为 0.48 亿元，1911年增为 5.23 亿元，扩大了 10 倍。1911 年投资中，工业占 16.1%，交通运输业占 75.3%，银行业占 8.6%。但是，这时期支持它发展的已不是王朝财政，而主要是外国借款了。占投资最大比重的铁路，90% 是借外债修建的。同时，在一些大企业的经营上，也出现买办化的趋势。因而，在这种官僚资本发展的背后，实际是外国资本的延伸。其发展也不再是"机船矿路"路线了，原来"师夷长技以制夷"的呼声久已不闻。随着银行业的兴起，此后中国国家资本主义的发展就变成以金融资本带头了。

经营体制和由此引起的官商关系问题，恐怕是洋务派企业最大的内在弱点，我们还得从头说起。洋务派企业创建的时候，国际资本的技术市场尚未进入垄断阶段。这时，任何国家的经济发展都最好是采取自由资本主义的道路。不过，当时我国尚无集中社会积累的机构，民间还没有创办大型企业的经验。而我国有悠久的官工业（那时是手工业）的传统，加以当时是首先兴办军有工业，而军用工业一向是严禁民营的。因此，洋务派企业首先以官办形式出现，这是很自然的。然而，官办事业的窳败已早为人知。远在明中叶即有人指出："山泽之利，官取之则不足，民取之则有余。"[1] 19 世纪初，具有革新思想的魏源、包世臣等，即在采矿、海运等方面主张开放民营；洋务运动中，有识之士如王韬、郭嵩焘、薛福成、郑观应等，也主张商办新式企业。但清王朝和大官僚总是不肯放权于民的，直到 70 年代办理轮船运输时，始有官督商办。而官督商办也是有其传统的，即历史上的招商制。招商

---

[1]　邱濬：《大学衍义补》卷二九。

制是将原由官府经营的事业招商人出资承办，由官府严加控制；它初用于盐政，明后期扩展于木政，清初用于铜政。至此，用于新式企业，一时有轮船招商局、矿务招商局、电报招商局之目。这种官督商办以及甲午后的官商合办，仍是由官府严加控制，以至官商矛盾日益尖锐化，所谓"官夺商权难自主"，[①] 自然不能发挥商办的经营效益。

甲午战败，洋务派企业弱点毕露，并鉴于日本于1880年颁布条例，将国营厂矿出售给民营后实业大振，一时朝野掀起一个民办的思潮。1895年，康有为上皇帝书称官督商办是"自蹙其国"，应"一付于民"，"纵民为之"；顺天府尹胡燏棻、给事中褚成博奏请军工改为商办，舆论响应。清廷则仍固守招商成例，但谕令军工招商。以后，一些官办纺织工厂因"招商顶替"或出租转化为民族资本，有些大企业实行商业经营得以扩大生产，有些军工业兼造民用。但同时，也出现轮船招商局"隶部"（指邮传部）和电报局改为官办的逆流，以致"各省华商，咨嗟太息"，"凡在商股，莫不寒心"。[②] 这股逆流延至北洋政府，它将艰苦经营的民办铁路几乎全部收归国有。

北洋政府库贫如洗，加以各省军阀割据，经济上更少建树。不过，这时期的官僚资本仍有增长，我们估计到1920年共达9.02亿元，比1911年增加72%强。增长最快的是银行业，次为邮电，再次为工业和铁路。这时官僚资本的发展，就更多的是依赖外债了。

甲午以后，官僚资本之日益依赖于外国借款，不能完全归之于中国资本贫乏。这时候，中国社会已有一定的资本集成能力，从下述民族资本比较坚定的增长率可知，19世纪末的民办铁路高潮中，数月间集资6000万元，亦可佐证。官僚资本之不能利用社会积累，屡招商股无效，实因"官商本相隔阂"，商"一闻官办辄蹙额，视为畏途"[③] 所致。这种官商矛盾，阻碍着中国经济事业的发展，成为中国近代化过程中的一大消极因素。而且源远流

---

① 郑观应：《商务叹》，《罗浮偫鹤山人诗草》卷二。
② 前为盛宣怀语，见北京大学历史系编《盛宣怀未刊信稿》，中华书局，1960，第211页；后为电报局商股禀帖，见邮电部邮电史编辑室编《中国近代邮电史》，人民邮电出版社，1984，第85页。
③ 御史蒋式瑆奏，《光绪朝东华录》卷一八六。

长，直到国民党政权时代，"官夺商权"之事仍层出不穷。官权炙手，利亦随之；有人用"封建性"来解释它，恐不尽然。

四　民族资本

民族资本的近代企业产生较晚，它一开始就受到外国资本的压迫和官僚资本的排挤；过去的论述常是强调其软弱性，描述它发展微弱，似乎不堪一击。我们考察它在本时期内的发展，却是比较乐观。据我们估计，民间产业资本，1894 年约值 2000 万元，为官僚资本的 42%；1913 年为 2.87 亿元，为官僚资本的 60%；1920 年再增为 5.80 亿元，已是官僚资本的 87% 了。官僚产业资本主要在交通运输业，外国在华的产业资本也以交通运输业为多。民族资本确实在创办航运业时屡受摧残，民办铁路更等于被没收。但若专就工业投资而论（包括制造业、矿冶业、水电业），民族资本在 1913 年已远超过官僚资本，约抵外国资本的一半；至 1920 年就发展为官僚资本的 4 倍，而与外国资本并驾齐驱了。这里，我们的估价方法前已言及，民间资本十分分散，过去资料遗漏也多；又其设立资本传统性偏小，靠借入资本挹注；这都是我们估值比过去不同的原因。但也可看出，它的分布面广，与商业资本和社会积累关系密切，也正是它的优势，非官僚资本和外国资本所能比拟。

我们曾将 1894～1920 年间中外产业资本发展的可比值即年增长率加以比较。发现官僚资本的发展在 1911 年以后就进入颓势，外国资本的发展也在 1914 年以后受挫，唯民族资本始终保持两位数的增长率，全时期平均发展速度为 13.8%，还略高于外国资本的 13.1%。这说明它有旺盛的生命力，是中国工业化希望之所在。我们又选择主要行业，按设备能力、产量或产值来测算民族资本的发展速度，结果与资本增长速度基本相同。

但是，从这两种测算中已可看出。民族产业资本在后一阶段，即 1914～1920 年的所谓进一步发展阶段，它的发展速度已不如前一阶段，即 1894～1913 年的初步发展阶段了；第一次世界大战时期所谓"黄金时代"实际是指高利润，而不是高投资。并且，在前一阶段，民族产业资本的发展是在甲午战败后的"设厂自救"和收回利权运动的推动下，与从戊戌维新到辛亥革命的资产阶级爱国民主运动同步进行的，这种发展有坚实的社会基础。它在后一阶段的发展，则主要是在第一世界次大战爆发后，随之出现的进口减少、出口增加、金贵银贱、工业品价格上升幅度超过原料品价格和工资上升幅度等市场因素造成的。这些都是临时起作用的因素，一旦市场形势变化，就会发生危机。因此，我们在目睹民族产业欣欣向荣之际，也着实为它抱着无限的隐忧。

在《中国资本主义发展史》中，我们是把民族资本的近代化工业同资本主义手工业同时进行考察的。资本主义手工业是民族资本的一个组成部分，只是我们无法估计其投资额而已。但我们可以估计 1920 年手工制造业的总产值约为 42.61 亿元，如果资本主义手工业（工场手工业和散工制）的总产值占整个手工业总产值的 30%，那它就要比中外近代化工厂的全部总产值还要大 40% 左右。我们不能肯定这一惊人的结果，但资本主义手工业的重要性是可以想见的。

机器大工业要取代手工业，这是一条经济规律。但在经济史上，还有它更复杂的历史规律。鸦片战争后，除手纺、踹布、土钢、土针等少数手工行业受到洋货摧残，以至被消灭外，其余仍在维持，而大部分有不同程度的发展。在《中国资本主义发展史》所考察的时期，我们发现，随着市场的扩大，手工业尤其是资本主义手工业，几乎是与近代化工业并行发展的。近代化工业发展最快的时候，也是手工业尤其是资本主义手工业发展最快的时候；1920 年可能是手工业总产值的最高峰。[①]

我们还发现，在资本主义手工业的发展中有明显的技术改革和向机械动力过渡的现象。如在缫丝业中，由手摇丝车到足踏丝车，再到蒸汽动力丝车；在制棉业中，由手摇轧花车到足踏皮棍轧花车，再到动力齿轮轧花车；在榨油业中，由木槽楔入油榨到人力螺丝油榨，再到动力水压油榨；在磨粉业中，由畜力石磨到火轮石磨，再到电力钢磨。尤其值得重视的是在棉织业和丝织业中，由投梭机到手拉机，再到足踏铁轮机以至足踏自动提花机，最后是电力织机。当然，本时期内实行技术改革的只是各行业中的部分业户；不过，上述六业都是大行业，其产值占全部手工业产值的 60%。还可注意

---

① 20 世纪 50 年代，中央手工业管理局把解放前手工业的最高产值定在 1936 年；近年来，有人对此提出异议。

的是，这些革新的技术设备，大半是日本人在同时期内创造的，中国仿制；说明日本的工业化过程中并未忽视改造手工业。

这就又涉及工业化的道路问题。洋务派曾提出"中学为体、西学为用"的体制，但在实际办企业时却是全盘移植外国的，连螺丝钉都是进口的。民族资本并不完全是这样的。民族资本的两大工业是缫丝和棉纺。最早，陈启源在广东创办丝厂时，是把法国式丝车改为足踏、汽喉（蒸汽煮茧），然后发展为动力小型丝厂，以适应广东农村的多造蚕茧，到1913年，广东的生丝出口已基本上厂丝化即近代化了。上海则一开始就进口当时最先进的意大利式丝车，建大型厂；到1913年，上海丝产量还不及广东一半，出口仍主要依靠土丝。这一年，民族资本在缫丝业的投资还略大于在棉纺织业的投资，此后，棉纺织就成为民族工业的支柱，也是中国近代比较最有发展的工业了。但是，和李鸿章、张之洞之办"织布局"不同，民族资本的棉纺织业一开始就是以纺纱为主，故称纱厂，将纱卖给农村的织户，用手工织布。本时期经营最有成效的是张謇在南通创办的大生纱厂，更是以生产12支纱为主，以适应通海棉花；在管理上也是"停车歇夏"，以适应当地农业习惯。机器纺纱与手工织布相结合，推动了城镇手工织布厂的发展（到1920年约有2000余家），也推动了南通、定县、高阳、宝坻等农村手织布区的勃兴（它们大部分是散工制式的资本主义生产）。这就是大工业的联进（linkage）效应。1920年以后，中国就逐渐由棉纱净进口变为净出口；纱厂开始增设布机；到30年代，洋布的进口也不足道了。

从这里，我们隐约地看见一条土洋结合、以农村为基地的新式工业发展的道路，也许可称之为中国式的工业化道路。在南通，张謇借大生纱厂之力，倡组垦殖公司，变盐滩为棉花生产基地；进而创办起包括农、工、商、运输、银行的"南通实业"体系，尤为当时民族资本的一项盛举。在当时国际和国内条件下，中国要走近年来一些第三世界国家和地区所走的外向型经济发展道路是不现实的，这种土洋结合、以农村为基地的道路不失为可考虑之一途。但是，也正由于当时的国际和国内条件，民族资本发展新工业的努力总的说是失败的，张謇的乡土建设路线也是败于以口岸、租界为基地的半殖民地型的发展路线。因而，我们虽然看到一些中国式的工业化道路的憧影，却不能总结出什么历史经验。

五 自然经济的分解和商业资本的发展

自 20 世纪 80 年代初提出社会主义商品经济的理论以来，关于我国自然经济和商品经济的演化，也成为史学界热烈讨论的一个问题。目前的讨论还多少侧重于理论方面，《中国资本主义发展史》则主要是探索其历史过程，并力求提供数量根据。我们是从两方面进行考察的，即农村经济耕织结合的分解过程和农产品的商品化过程。

耕织结合或"男耕女织"经济的分解，一向是中国近代经济史研究的一个重要课题，但一直没有一个系统的定量分析。我们早就委托徐新吾组织了一个专门小组，进行调查研究，并为编写《江南土布史》（已完成）之用，他们努力数载，编成《1840～1936 年中国棉手工业产销估计》，作为《中国资本主义发展史》附录。① 这项估计未必准确，但涉及方面既广，颇为细致。按该项估计，到 1920 年，全国农村土布生产用纱，已有 50.8% 是机制纱（主要是国内产纱），全国棉布消费量中有 28.6% 是机制布（主要是进口布）。但从详细估算中可以看出，棉手工业的分解过程，地区间有先后，各时期速度不同，商品布和自给布情况迥异，前进中并有回潮。而最足以启发我们思考的是：植棉与纺纱的分离、纺纱与织布的分离、纺织与农业的分离，属于不同层次，具有不同作用，形成不同市场。这是一个复杂的经济现象，不能用"洋纱破坏土纺、洋布排挤土布"的简单概念作伤感性的回顾。不过，在考虑了这些复杂因素之后，我们感觉到，近 80 年来棉手工业分解的实际效果要小于上述数字所表达的表面价值，迄 1920 年，我国农村经济是耕织结合还是十分紧密的。

农产品商品化是一个长期的历史过程，《中国资本主义发展史》第 1 卷就对明清市场作了概括的考察。第 2 卷，是用各种方法估计出 1840～1920 年粮食和茶、蚕茧、烟、大豆等主要经济作物的商品量、商品率和商品值，分析其各时期增长情况，顺便也考察它们所占耕地面积和所需劳动力，以及价格变动因素。鸦片战争后，农产品商品化的加速首先是受茶、丝等出口的

---

① 许涤新、吴承明主编《中国资本主义发展史》第 2 卷，第 305～332 页。

刺激引起的，我们的估算也常是从外贸入手；但是这主要是因为外贸有较完整统计。事实上，主要农产品的交易额中粮食独占 70% 以上，它完全是内销的，有出口的农产商品大多也是以内销为主。从长期看，农产品的商品化主要依靠国内市场，又依靠于国内工业和手工业的发展。从本时期的经历看，国际农产品市场的不稳定，造成我国一些农产品商品化过程的曲折和价格损失，而大量纺织品的进口，又是棉花商品化的一个抑制力量。再从农业本身看，农业生产结构之长期得不到改善，又成为阻碍农产品商品化的内在因素。我们估计，到 1920 年，粮食的商品率还不过 16% 左右；经济作物因与粮食争地，不能充分发展，畜牧业相对地不发达，都是阻碍农产品商品化的直接原因。而这种情况，也只有依靠国有工业和手工业的发展，才能逐步改变。

我们估计，主要农产品的商品值，按不变价格计算，在 1840～1894 年的 54 年间，增长还不到 1 倍，年率不足 1.3%；在 1895～1920 年的 25 年间，约增长 47%，年率约 1.6%。后一时期速度略有增长，可归功于工业化的发展，但总的说速度甚低。加上前述耕织分离过程的缓慢，说明迄 1920 年，我国农村经济中仍是自然经济占绝对优势。

商业方面，《中国资本主义发展史》以较多篇幅考察了买办、买办制度和从事进出口商品的华商的情况；因为这是鸦片战争后新兴的事物，作为经济史，有必要研究其发生、发展和演变的过程。但是，从市场交易量来说，仍是传统商业占最大比重。对于传统商业，我们不赞成简单地把它作为"封建商业"而否定它在近代经济中的作用的观点。按照马克思的说法，商业资本是最古老的资本形式，它一开始就执行着资本的职能，发挥着促进交换价值的生产和使产品变成商品的作用。[1]《中国资本主义发展史》第 1 卷中曾考察了它在促发资本主义萌芽中的作用，在本时期内，它就有了促使旧生产方式解体的作用。尽管如上所说，由于我国旧生产方式的"坚固性和内部结构"，这个解体过程进行得十分缓慢；但是，因为已有新的资本主义生产方式出现，它"导向何处"的问题已经解决了。[2] 事实上，传统商业并不只是经营传统商品，而是日益经营更多的近代工业产品，当然也经营洋

---

[1] 参见《资本论》第 3 卷，人民出版社，1975，第 363、365 页。

[2] 关于商业资本对旧生产方式的解体作用和"导向何处"问题，见《资本论》第 3 卷，第 371 页。

货。商业上的保守性在于它行业间或地域上的排他性，或者说行会性，但是，中国早就有了统一的市场，由各级商人组成商品流通系统和商业网络。在中国近代市场上，我们找不出那种严格的二元经济理论的根据。

商业资本的数量远大于工业资本的数量，以至有的经济史学家把它看作是"畸形"的乃至是半殖民地性的表现。在我们看来，这是理所当然的；因为在近代中国，商业资本所媒介的交易，主要不是工业品，而是农产品和手工业品。我们估计，1920 年，我国市场上的商品总值约为 80.44 亿元，其中农产品占 48.6%，手工业品占 37.0%，工厂和矿冶业产品只占 14.4%；再加上进口商品净值 11.88 亿元，共为 92.23 亿元。依此商品值，可估算出货商的商业资本总额约为 23 亿元。再加上外商在华的商业资本（可视为在国际市场上运用的资本），共为 31.7 亿元。这个商业资本总数，与当年的中外工业资本总数对比，约为 3∶1。我们还可算出，在 1894 年，这个比数约为 9.7∶1，而 1913 年约为 3.5∶1。我们的估算不很精确，也许很不精确，但这种变化趋势是存在的，也是合理的。如果把它们化成年增长率，则工业资本为 10.6%，商业资本为 5.7%。商业资本增长率慢，和我们前面所说农产品商品化的过程十分缓慢的结论是一致的（因为农产品占交易量最大份额），当然也和本时期金融业、交通运输业的发展有关（这种发展有利于商业资本的节约）。

和对待传统商业一样，在考察民族金融资本的时候，我们是把历史悠久的票号、钱庄包括在内，而不像某些经济史学者那样，因其"封建性"而把它们排除在近代经济之外。从理论上说，这种资本的原始形式，即高利贷形式，就已是"纯粹的货币资本"或"资本本身"了。[①] 从实践上说，票号、钱庄确实是市场上起着借贷资本的作用，而且直到 1911 年民族资本的新式银行兴起后，银行在资力、信用与工商业的关系上仍然抵不过钱庄。在本时期，票号、钱庄、银行有资力（指它们的营运资金，或股本加存款）主要用于商业信用。市场上的金融资本总额和商业资本总额始终保持比较稳定的比例，它们的增长率也大体相符（6.7% 和 5.7%），说明我们这种处理

---

① "纯粹"，见《马克思恩格斯选集》第 2 卷，第 110 页。后一语见《资本论》第 1 卷，第 818 页；按原文是 als Kapital quand même，今本译"被当作资本"，不妥；郭大力译"作为资本本身看"，较确（郭大力译本，人民出版社，1963）。

方法还是合理的。

以上可见对于近代中国经济的研究，在方法论上我们不是采取那种把传统经济和近代（现代）化经济完全对立起来的观点，即所谓"现代—传统模式"。按照这种模式，一切现代化的东西都是先进的、能动的，而一切传统的东西都是落后的、停滞性的，只能起历史惰性的作用。在我们看来，中国是一个东方大国，中国的近代化经济，只能在传统经济的基础发展起来。以本时期最有发展的纱厂和丝厂而论，它们都毫不介意地从传统农业那里取得原料，还有工人以至资本家的饭食。它们的任务是改进传统农业，例如改良棉种和蚕种（这两项工作到 1920 年都有一定的成绩），而不是抛开它。事实上，以高度集约化耕作为特点的，以致单位产量居世界之冠的我国传统农业，至今还是我国工业化基础。对于传统工业（手工业）、传统商业、传统金融业也应该这样看待。人们不能抛开它，只能而且必需利用它。像传统文化有糟粕也有精华一样，传统经济中也有它能动的、积极的因素。发现、利用或暂时利用一些因素，就会形成一条适合中国国情的或说中国式的近代化道路。

（原载许涤新、吴承明主编《中国资本主义发展史》第 2 卷《旧民主主义革命时期的中国资本主义》，第 1～21 页）

鸦片战争前西方资本主义和中国的经济关系[*]

一　中国的封建经济

　　1840年鸦片战争前，中国是一个封建社会。封建土地所有制的农业经济在国民经济中占统治地位，手工业也是以农民家庭手工业占较大比重。商品经济有了发展，但自给自足的自然经济仍居优势。已出现资本主义生产的萌芽，但在国民经济中没有什么地位。

　　我国封建经济较早地由领主制过渡到地主制，农业生产力发展较快。加以水田的开发，11世纪以后，铁犁畜耕的传统农业发展到世界先进水平；食物供给状况优于欧洲，人口开始长期性增长。16世纪以后，转向集约化耕作。到18世纪，南方一些省份精耕细作，单位面积产量达到传统农业可能有的高度；加以西南、东北的开发，人口达到4亿。到鸦片战争前，初步估计，年产约有粮食23.2亿担，棉花970余万担，茶260万担，丝7.7万担，蔚为农业大国；除满足国内需要外，茶、丝都大量出口。^①

---

　　*　本文原为许涤新、吴承明主编《中国资本主义发展史》第2卷《旧民主主义革命时期的中国资本主义》第2章第1节"鸦片战争前西方资本主义和中国的经济关系"（吴承明执笔），人民出版社，1990。收入本卷后仍用原题名。——编者
　　①　本节关于中国封建经济所用资料，除另有注明者外，均取自许涤新、吴承明主编《中国资本主义发展史》第1卷《中国资本主义的萌芽》，人民出版社，1985。

不过，在我国租佃制度下，农业是以一家一户为生产单位，平均每户耕作面积原比欧洲农民的份地为小，随着人口增长，就更趋零细。16 世纪以来，生产工具甚少改进，生产的发展主要靠农艺学的应用和每亩土地投入更多的劳动力。因而到 18 世纪，按每人平均产量计算的劳动生产率，反有下降的趋势。我国畜牧业原来不够发达，这时为供应众多人口的衣食，更趋向种植业单一化，影响培养地力和生态平衡，这都给农业的发展带来隐忧。

农业生产关系方面，也经历了一系列变化。地主阶级力图把土地集中在自己手中，但由于农民战争和王朝变动，以及多子继承制的流行，又交替着有地权分散的趋势。到 18 世纪，人口最集中的地区如江苏南部，无地户可能达总农户的 80%；人口最分散的地区如甘肃，无地户只占 20%～30%，一般地区，无地和少地户占 50%～60%，而中等农户或自耕农亦占有相当比重，多在 30%～40% 之间。地主占不到农村人口的 10%，其所占土地则差异很大。如在直隶获鹿县，地主约占有全部耕地的 34.5%，而在湖南一些地方，则占到 50% 以上。不过，这时已是中小地主为主，北方数百亩、南方一二百亩，已可算大户；千亩以上的大地主，除个别地区外，已不多见。

到 18 世纪，世族地主早已没落，在多数地区，庶民地主亦逐渐代替缙绅地主，居于优势。依附农逐渐消失，除个别地区外，基本上已是自由的租佃关系了。同时，原来农田上的僮仆劳动也基本上为雇工所代替。到 18 世纪末，仍然是以实物地租为主，货币地租占不到 30%。实物地租率通常在 50% 左右，唯定额租已逐渐代替分成租，成为主要形式。在南方和四川等地，押租制相当盛行。在一些地区，并兴起永佃权制度。定额租、押租和永佃权的发展，在不同程度上增加了佃农在生产上的独立性，以致使土地耕作权和土地所有权发生某种程度的分离。在地权和租佃关系的演变中，农村的宗法关系也有所松弛。

我国手工业早以工艺精湛著称。11 世纪以后，科学技术有较大进步，生产也有较快发展。丝织、陶瓷、造船以及有色金属和水力的利用，都是较先进的。16 世纪起，棉纺织业成为最重要的手工业。同时，手艺人逐步向小商品生产者转化，铺坊手工业有了发展。到鸦片战争前，估计年产生铁约 20 万吨，棉布近 6 亿匹（按每匹 3.663 平方码计），丝织品 4.9 万担。棉布、丝织品、糖，瓷器等均有出口。但是，采矿业相对不足，煤铁资源未能充分利用，铜依靠进口。并且，自16世纪以来，生产工具没有什么改进，科学甚少发展；到18世纪，水力利用反不如前，技术保守，已日益落后于欧洲。

生产关系方面，我国原有官手工业传统，曾发展到巨大规模。官手工业属皇族自给经济，又是一种封建垄断制度。它曾对技艺起过促进作用，但其垄断性和相应的匠籍制度又日益成为发展生产力的障碍。16世纪以后，官手工业衰落，城市手工业才有较快发展。手工业行会制度在我国并不发达，又由于城市是封建统治的中心，手工业者不是城市主要居民，城乡对立不尖锐；因而，没有像西欧的城市那样发展成为反对农村封建统治的力量，也没有形成像西方那样的市民阶级。

我国城市手工业发展不足，农民家庭手工业却十分发达，除农民家用外，并从事商品生产。小农业与家庭手工业密切结合，成为我国封建经济基本的生产结构。16、17世纪以来，随着人口增加而耕地日感狭小，农民更需以副养农、以织助耕，这种结合也更紧密。这是许多重要手工业，特别是棉纺织业未能从农业中分离出来的原因之一。

我国较早地结束领主割据局面，建立大统一的国家，商业一向比较发达。但在封建社会前期，除作为自然经济的补充的墟集贸易和盐铁贸易外，主要是发展了城市零售商业和珍奇宝货等奢侈品的贩运贸易。这种城市商业主要是供封建统治阶级及仆从、士兵等消费之用，是用货币收入（地租转化形态）购买农民的产品，而非生产者之间的商品交换。16世纪左右，贩运贸易渐以民生用品为主了，商路扩充，出现一批新兴商业城市，地区间、工农业间的商品交换才成为商业的主要内容。18世纪进一步发展，商业专业化，商人会馆林立。到鸦片战争前，估计国内市场主要商品流通额约达4亿两，其中粮食占40%强，棉布占25%左右，盐占15%，以下依次为茶、丝、丝织品、棉花等。至于对外贸易，下文将专述。

这时商业虽颇发达，但在整个国民经济比重不大。当时流通主要是粮食同经济作物、手工业品相交换，农村中有多少粮食可运出，是市场大小的一个界限。我们估计，当时流通中的粮食（不包括地方小市场上农民之间的调剂）约2.45亿担，占产量不过10%，若除去无交换的漕粮丁赋等，还占不到 9%。① 并且，粮食不是作为商品而生产的，无论农民或者地主出售的都是自用有余的粮食。市场上最大量的交易是粮与布的交换。布已有松江等十来个商品布产区，但其产量不足全部流通量的 15%，绝大部分商品布仍是织布农户自用有余的布。织布户最多时也占不到全国总农户的一半，因而，约半数农户是以粮食等和另一半农户换布的，这实际是农民间耕织结合的另一种结合形式。市场上占第二位的交易是与盐的交换。盐是商品生产，但盐民是"只缘海角不生物，无可奈何来收卤"，② 才变成可怜的小商品生产者的；和渔民、猎户一样，实际是一种靠山吃山、靠水吃水的自然经济。所以，整个看来，当时的中国仍是自然经济占主要地位。

16 世纪，已出现徽商、山陕商等大商人资本。到 18 世纪，大商人的资本积累由数十万两级进入百万两级，以至千万两级。这本来会形成一种革命的因素，因为资本"起初到处是以货币形式，作为货币财产，作为商人资本和高利贷资本，与地产相对立"。③ 欧洲的封建社会，即在这种对立中以货币权力最后战胜土地权力而告终。但在我国地主制经济中这种对立并不尖锐。尤其是世族地主没落，土地买卖日趋自由，不仅地主大量经商和放高利贷，商人也大量购买土地。18 世纪的粮价陡涨和地主城居潮流加强了这一过程，形成地主、商人、高利贷者"三位一体"的剥削结构，共同分猎农民和手工业者的剩余劳动。"三位一体"的剥削结构可以使地租、利润、利息互相转化，其结果是地主阶级通过商品货币关系，加强了自己。

我国在 16 世纪出现了资本主义生产的萌芽，18 世纪有了发展。据我们考察，到鸦片战争前，明确有资本主义萌芽证明的有丝织、染布、踹布、陶瓷、制茶、制烟、榨油、酿酒、造纸、印刷、铜矿、煤矿、冶铁、铁器、木材、井盐、池盐等 17 个手工行业和沙船运输业。主要形式是工场手工业和商人雇工生产，仅个别行业有包买商。在农业中则仅有一些佃农或自耕农雇工从事商品性生产、地主雇工从事商品性生产和商人租地经营农业的个别事例。

---

① 1820 年美国农业的商品率约为 25%，1890 年日本农业的商品率为 20%～30%。1870 年美国农业的商品率增为 50%～55%，开始进入商品性生产。

② 林正清：《小海盐场志》。

③ 马克思：《资本论》第 1 卷，人民出版社，1975，第 167 页。

资本主义萌芽的出现为尔后资本主义的发展提供了市场、雇佣劳动和某些技术组织条件。然而，这时手工业中的资本主义萌芽还只是出现在某些地区的某些户中，在全行业中常无代表性，有些在本地区本行业中也无代表性。工场手工业，除四川井盐业具有先进技术和较大规模外，多属简陋，甚少内部分工。有些行业虽然雇工众多，但因存在封建性的分业分帮，在同一个资本支配下的劳动者并不多。总之，直到鸦片战争前，资本主义萌芽还极其微弱。尤其是最重要的手工业部门棉纺织业仍停留在农民家庭生产，使整个资本主义萌芽黯然失色。农业中的资本主义关系，就更微不足道了。

我国封建社会，较早地过渡到地主制，较早实现大统一，比之中世纪的欧洲，农民有较多的独立性，到 11 世纪，工农业生产都居于世界先进水平，商业繁荣，堪称发达的封建经济。但也正因为是发达的封建社会，它的经济结构比较稳固，特别是小农业和家庭手工业的结合紧密，城乡之间、商品货币与土地之间的矛盾不尖锐，上层建筑对旧制度的维护力量比较顽强。因而，当封建社会进入晚期，新的经济关系不容易产生，产生后不容易发展。我国的地主制经济，比之欧洲的领主制，较有灵活性，它能较大限度地适应生产力的发展，能较大限度地容纳商品经济，能利用商品货币，在生产关系上进行某些调节，借以延长自己的寿命。这样，16 世纪，当我国出现资本主义萌芽时，西欧已进入工场手工业阶段；18 世纪，我国资本主义萌芽刚有发展，西欧已开始产业革命；19 世纪，西方资本主义大规模入侵中国时，中国还是一个封建社会。

二　鸦片战争前西方资本主义的入侵

14、15 世纪，在欧洲地中海沿岸已经稀疏地出现了资本主义的萌芽；16 世纪，西欧逐步进入了资本主义时代。为资本主义生产方式奠定基础的序幕，即资本的原始积累过程，则是 15 世纪后期，在地理大发现和西欧殖民主义者的海外征服时期就已经开始了。正如马克思所说："美洲金银产地的发现，土著居民的被剿灭、被奴役和被埋葬于矿井，对东印度开始进行的征服和掠夺，非洲变成商业性地猎获黑人的场所：这一切标志着资本主义生产时代的曙光。"①

作为这一时代的特征是征服、劫掠和暴力剥夺，"这种剥夺的历史是用血和火的文字载入人类编年史的"。② 作为这一时代的思想是重商主义，是对黄金的渴望和贸易的追求。它"迅速促进了商人资本发展的大革命，是促使封建生产方式向资本主义生产方式过渡的一个主要因素"。③

西方最早向海外扩张的是葡萄牙人，继之而起的是西班牙殖民帝国。接着是欧洲各国以地球为战场而进行的商业战争。这场战争以荷兰脱离西班牙开始，而以法国，最后是英国取得海上霸权告一段落。所以，"原始积累的不同因素，多少是按时间顺序特别分配在西班牙、葡萄牙、荷兰、法国、英国"。④ 西方资本主义入侵中国，大体也是这个顺序。

最早来中国的是葡萄牙人。他们以果阿为据点东侵，在 1514～1518 年间（明正德中）到达广州，也许还有其他口岸。他们的劫掠行为屡遭中国人民驱逐，在 1535～1555 年间，终于盘踞在澳门。澳门原是东南亚各国来华通商之地，葡萄牙人到来后，因其凶悍，"诸国人畏而避之，遂专为所据"。⑤ 他们并在澳门设总督，俨然自己的领土，并以此为据点，阻挠其他西方人与中国通商。

西班牙崛起后，海上势力远超过葡萄牙，但其活动主要是在美洲。1565年，西班牙人从葡萄牙人手中夺取了吕宋，遂以吕宋为据点，在 1575 年（明万历三年）派商船来中国。这以后，吕宋与中国的贸易实际上是由西班牙人垄断的，明代称他们是佛郎机人，而他们与西班牙本土并无多少往来。

荷兰的勃兴，已在 16 世纪末。他们于 1601 年到吕宋，与西班牙人交战；继之，在 1604 年（明万历三十二年）"驾二舰直抵澎湖"，并在福建沿海一带劫掠。⑥ 1662 年再度占领澎湖，1624 年强占台湾南部，并排斥了北部西班牙人势力，在台湾建立起殖民地统治，直到 1661 年才被郑成功驱逐。我国历史上称他们为红毛番。

---

① 马克思：《资本论》第 1 卷，第 819 页。

② 马克思：《资本论》第 1 卷，第 783 页。

③ 马克思：《资本论》第 3 卷，第 372 页。

④ 马克思：《资本论》第 1 卷，第 819 页。

⑤ 《明史》卷三二五《佛郎机传》。

⑥ 《明史》卷三二五《荷兰传》。

荷兰当时已有比较发达的工场手工业，但出口能力还有限，当时所谓东方贸易，不过是杀人越货、掠取财物，以及在东南亚与中国、日本之间从事贩运贸易而已。从清代一些记载看，他们输入中国的不外海参、燕窝、槟榔、苏木等，都是东南亚土产，另携大量银元，购买中国的布匹、瓷器、茶、纸、雨伞等而去，销往南洋和日本。

英国在伊丽莎白女王时代，即于 1596 年派商船驶华，中途遭海险未果。40 年后，英王查理一世投资，与冒险家共置"龙""殖民地"等商船四艘，并授予船长威忒（John Weddle）把"值得据为己有的一切地方占据下来"的权力，到中国来。[①] 船队于 1637 年（明崇祯十年）6 月开到虎门，经过一场炮战，终于登陆，"焚官署，截商船"，开始掠夺式的通商。[②] 当时英商的活动以在宁波为多（后移定海），并派船到厦门、福州、上海以至天津，但直到 1757 年广州一口通商前，实际贸易并不多。广州一口通商后，英商仍"屡违禁令，潜赴宁波"。[③] 1787、1793 年派使臣来华，要求开宁波、天津为通商口岸，要求在广州"占有一个安全地方"，要求割让浙江沿海岛屿，要求内河航行权，等等，均遭清廷拒绝。1802、1808 年又两次派军舰来华，后一次并入虎门，被清军炮击而退。

英国的对华贸易是由东印度公司垄断。英国东印度公司早在 1600 年成立，比荷兰东印度公司还早两年，但当时规模甚小，陷于停顿。1708 年重组后，才有起色。它享有对印度和对中国贸易的专利权，并成为英国人在印度的实际统治者。在工场手工业时代，产业资本还没有支配商业资本，这种垄断性商业组织是殖民侵略活动的有力机构，也是重商主义的有力工具。它的利润，无疑属于原始积累性质。不过就贸易而言，当时英国还缺乏足以打进中国市场的手工业品，它的棉纺织品质次价高，毛织品又不适合中国需要。英国东印度公司不得不每年运来大量白银，购买中国货物，只是借助于它在印度的掠夺，主要是把印度棉花以及后来的鸦片输华，才能维持贸易的发展。

---

① H. B. Morse, *The Chronicles of the East India Company Trading to China*, Vol. I, 译文据姚贤镐编《中国近代对外贸易史资料（1840~1895）》，中华书局，1963，第 1 册，第 139~140 页。
② 王韬：《华英通商事略》卷首，按原据马利逊著《外国史略》。
③ 梁廷枏：《粤海关志》卷二三，第 2 页。

　　法国人到中国来，已是清康熙间、法王路易十四年代了。柯尔贝尔（J. B. Colbert）当政时，于1660年组织"中国公司"，首次派商船驶华，但遭飓风沉没。1664年，法国东印度公司成立，享有对印度和东方贸易专利权，亟谋开展对华通商，但结果只是派来传教士。1698年（康熙三十七年），才由传教士偕来了第一艘法国商船安绯得里底号（L'Amphitrite）驶进广州，已在柯尔贝尔去世之后。

　　柯尔贝尔是著名的重商主义者，并已是贸易差额论的代表者了。为鼓励出口，他建立了法国保护关税体制，组织各种海外公司和商船队，扶植工场手工业，并创办了一百多个皇家手工工场。但是，法国人也同样不能在对华贸易中取得有利的差额。1700年安绯得里底号的第二次航华即告亏损，以后，陆续几只法国船来华，也常失败。1719年，他们在广州设立商行，从事与荷兰人差不多的贩运贸易，才有了转机。

　　美国在殖民地时代，是由英国东印度公司以英国为转口地，与中国进行贸易接触的。美国独立后，纽约商人立即组织第一艘美国商船中国皇后号（Empress of china）于1784年（乾隆四十九年）开赴广州。这次航行是成功的，赚了37700多元，利润约25%。这是因为所载主要货物人参（40吨）在中国已有较好的市场，而中国的茶这时在美国也已有相当大的市场了。这以后，美国对华贸易虽然数量上不如英国，但船只往来，经常获利。原因是美国并没有什么工业品，它主要是把其他地区的土产输进中国，把中国的茶叶、丝运销各地，做"世界公共的搬运夫"。[①]另外，美国没有东印度公司那种类型的专利制度。事实上，这种专利制度已愈来愈成为开展贸易的阻碍了。1730年，荷兰即取消荷兰东印度的专利权；1790年，法国停闭法国东印度公司的业务；1813年，英国取消英国东印度公司在印度的专利权。奇怪的是，荷兰仍保留了东印度公司对日本和中国贸易的专利权；英国也保留了东印度公司对中国贸易的专利权，直到1833年才取消。

　　在17、18世纪，沙俄还是个经济落后的国家，但它对海外扩张的狂热却

------

　　① Blakeslee, *China and the Far East*，译文见姚贤镐编《中国近代对外贸易史（1840～1895）》第1册，第169页。

不下于任何资本主义国家，尤其是彼得一世的穷兵黩武，令人瞠目。1689 年，中俄订立《尼布楚条约》，俄国每年都派商队来华贸易；1727 年订立《恰克图条约》，又开始了恰克图互市贸易。1750 年以后，俄国停派商队来北京，恰克图成为唯一贸易中心。这两个条约还都是在平等的基础上订立的，互市也是中国传统的陆路贸易方式。俄国输中国以毛皮为主，中国输俄以布匹为大宗。

三　清政府的对外政策

我国对外贸易的悠久的历史，到宋代犹有发展，远及东南亚、阿拉伯、印度、东北非洲 20 余国。当时，中国在农业、主要手工业和造船、航海技术上都属于世界先进水平，输出以丝织品、瓷器等手工业品为主，进口以香料等经济作物为主。元代海上贸易稍差，但重开了中断多年的中西陆路交通，经中亚到君士坦丁堡，或越帕米尔到伊朗高原。至明清两代，则实行了不同程度的禁海政策。

明洪武至建文间（14 世纪后叶）宣布禁海，永乐至宣德间（15 世纪前叶）放松；正统至正德初（15 世纪后叶）重禁，但实际有所放松；正德至嘉靖间（16 世纪前叶），海疆不靖，加上葡萄牙人侵扰，又严格海禁。至嘉靖末年，又转向开放。

明代的所谓禁海，主要是禁止私人出海贸易。政府方面，则有 1405～1433 年派郑和七次"下西洋"的壮举。对于外国船只来华，则采取贡舶制度。即对来船均作为贡舶，来使为贡使，规定其来华期限，两三年一次，甚至有八年十年一次者。带来货物，或作贡品，或由官府出售，实际是一种封建垄断交易的制度。不过，在整个对外贸易中，贡舶并不占主要地位，大量的仍是私人贸易。这种私人的海上贸易活动，即在禁海最严时也未能制止。随着社会商品经济的发展，隆庆时允许私人出海，万历以后（16～17 世纪初期）日趋活跃。这时，已有西班牙人、荷兰人入侵，荷兰人并占领了台湾。

清代的禁海政策也是前后不同的。在 1644 年开国至 1684 年这 40 年间，严厉禁海，以至"寸板不许下海""片帆不准入口"，还一度令沿海居民内迁，拆毁沿海房屋。这是因为还有南明势力和郑成功抗清军在海外活动，所以凡是与"逆贼"贸易者，"不论官民，俱奏闻处斩，货物入官"。① 1681年平定了三藩之乱，1683 年郑成功后代降清，清廷遂于 1684 年宣布开海禁，并指定澳门、漳州、宁波（后移定海）、江南云台山四处为对外贸易口岸。这就进入了严格限制海外贸易的时期，直到鸦片战争。但这期间，曾于 1717 ~ 1727 年禁止对南洋的贸易。又于 1757 年起封闭福建、浙江、江南三口岸，限广州一口通商。

清廷虽开海禁，但对贸易的限制十分严格，因而外人称之为"闭关政策"。主要有如下几项：

（1）限制和拒绝通使。对东方国家，仍仿明代贡船制度，限制其来华。顺治初原定："外国船非正贡时，无故私来贸易者，该督抚即行徂逐。"② 开海禁后，仍定贡期，如朝鲜每年一次，越南二年一次，琉球间年一次，暹罗三年一次；乾隆时并规定缅甸限十年一次。正使之外，虽允贸易，亦多限制。如 1759 年朝鲜国王请贸易人参，不准。1763 年，琉球国王请买丝，先不准，后"著加恩照英咭唎国例，准其岁买土丝五千斤，二蚕湖丝三千斤"。③ 对西洋各国限制更多。英国 1787 年遣使来华，遭拒绝。1793 年再遣使来华，虽允接见，但坚持要行三跪九叩觐见礼。1816 年，英国再遣使来华，又因跪叩礼事，英使称病未见。

（2）歧视出海华商。1717 年禁南洋贸易进规定，原出洋贸易人民，三年之内，准其回籍；此后私去者，"不得徇纵入口（即不准回国）"。1727年停止南洋禁令时仍规定："其从前逗留外洋之人，不准回籍"，④ 至 1754年才取消这项规定。我国华侨在南洋有重大贡献，这种歧视出海商民之举，简直不可理喻。

（3）限制商船规模。我国海船以多桅多帆、载重大闻名一时；宋元海船常载 2000 石左右，明代大宝船可容千人。清廷于 1684 年开海禁时，规定商民出海只准乘单桅 500 石以下之船，有打造双桅 500 石以上船只出海者，发边充军。1703 年放宽限制，许用双桅，但梁头不得超过一丈八尺，舵水

---

① 参见《光绪大清会典事例》卷六二九《海禁》，卷七七六《兵律·关律》。
② 《光绪大清会典事例》卷五一，第 4 页。
③ 《皇朝文献通考》卷三三，第 15 页。
④ 《皇朝文献通考》卷三三，第 12 页。

人等不得超过 28 人。又除非遇险损没，不准在国外打造船只回国。

（4）限制出口商品。1683 年禁硝磺、军器出口。1731 年禁铁、铁器出口。米粮早为禁运物，开海禁后，除船民食用米外，准带 50 石。1717 年规定，食用米按每人每日一升计，外准带若干备风险用。1735 年并禁豆类出洋。奇怪的是，1759 年禁止丝出口，绸缎等"总由丝斤所成，自应一体严禁"。① 1764 年弛禁，但仍不准头蚕丝（精丝）出口，往越南船，每船准带糙丝 300 斤；往日本办铜及往南洋贸易，每船准带土丝 1000 斤、二蚕糙丝 1000 斤；绸缎纱罗，仍禁出口。后来对办铜的大商和广东外洋商船，配额有所增加。茶是准许出口的，但广州一口通商后，福建、安徽茶运广东，不准由海道贩运，只准由内河贩运（需用人背越大庾岭），以"肃清海面"。此外，大黄有限额，并禁止史书、地志出口。

（5）管理来华外商。清廷对来华外国商船的贸易，实行垄断制，货物由官府出卖。广州一口通商后，其进出口均由特许的行商进行，即所谓十三行。这种行商制度将于第二节中再为详述。同时，对外商严加管理，1760年颁布《防夷五事》，1809 年制定《民夷交易章程》，1831 年制定《防范夷人章程》，1835 年制定《防范夷人规程》。严格管理外商，自属必需，但有些规定，不近情理。如外商不得直接"具禀事件"，因为他们虽"粗识汉字"，但"词不达意"，须由行商代禀。"夷商不得在粤住冬"。外人"只准于初八、十八、二十八日在附近之花池、海幢寺散游一次，每次不得过十人"，又不准外商携带妇女，也不准雇用西洋婢女，不准坐轿，等等。②

从这些管理内容看，目的都在限制对外贸易，或防止其扩大，所以1684 年以后，清朝统治者虽说开放海禁，实际仍是禁海的思想。只是在当时商品经济发展的情况下，不仅外国（包括友邻国家和西方资本主义势力）来华贸易无法完全禁止，而且中国的海商亦已形成强大的经济势力，并在南洋一带开拓了事业，要禁止他们出海，更是做不到的。

从当时贸易的内容看，对中国是完全有利的。出口以丝、丝织品、瓷器等手工艺品为主，价值较高；而进口主要是农产品、畜产品和金属矿物，至于哔

---

① （清）《高宗实录》卷六〇三，第 13 页。
② 姚贤镐编《中国近代对外贸易史（1840～1895）》第 1 册，第 225、227、230 页。

叽羽绒，数量有限，钟表等物，只作贡品。并且，除铜和粮食外，中国对于外国货并无需求，而外国对于中国的工艺品和茶，却需求甚殷。中国在对外贸易上是出超，经常有大量白银和银元流入。有人估算，1770~1830年间流入中国的白银共合5亿元左右。① 这在西方重商主义者看来，正是求之不得的良机。然而，清政府却采取了完全相反的政策，拒财源于门外，也拒绝了科学文化的交流，自安于对世界的无知。② 上述一些禁令，有些简直是愚蠢的、可笑的。

那么，清王朝为什么采取这样的禁海政策呢？

从当时的形势说，西方资本主义势力的入侵，确是一个重要因素。西方殖民主义者那种征服、劫掠、贩卖黑奴和中国苦力的行径，确是骇人听闻的；他们的枪炮和船只（也是木帆船），这时已略优于中国。但是，和印度或东南亚不同，当时中国仍然是一个统一的、完整的、东方最强大的国家。从16世纪初期葡萄牙人首来中国，直到18世纪后期的西方产业革命这两个半世纪内，中国随时可以组织力量击退任何凶悍的西方入侵者，这可以从郑成功一举驱逐盘踞在台湾38年的荷兰殖民政权一事得到证明。即使在西方产业革命以后，中国也还不是个弱者，拥有赫赫武功的乾隆帝弘历，从来也未对保卫中华失掉信心。禁海政策并不是西方资本主义势力的入侵所引起的，它有更早和更深刻的缘由。

我国在元代即曾三度下令禁海，又三度重开（1294、1314、1322），每禁不过数年，都出于政治上的需要。明初对私人海外贸易严格禁止，主要是防止"倭寇"，其中很大部分就是商人。清初严厉禁海，如前所述，主要是为了对付南明在东南沿海的反清势力和害怕郑成功与内地反清势力结合。郑氏降清后，反清威胁并未完全消除。正如马克思在评论清廷禁海时所说，这"是一种政治制度"，"推动这个新的王朝实行这种政策的更主要的原因，是它害怕外国人会支持很多的中国人在中国被鞑靼人征服以后大约最初半个世纪里所怀抱的不满情绪"。③ 这就不难明白，为什么清廷在开南洋海禁后那

① 全汉昇：《中国经济史论丛》第2册，1972，第504页。
② 嘉庆间，"广东有将汉字夷对音刊成一书者，甚便于华人译字，而粤吏禁之"。魏源：《海国图志》卷二。
③ 马克思：《中国革命和欧洲革命》，《马克思恩格斯选集》第2卷，人民出版社，1972，第6~7页。

样无理地限制华侨回国，因为他们在那里"蓄发居住"，已非清民；更因那里是"西洋泊船之所"，与洋人接触，"不可不预为措置"。① 也不难明白，为什么那样限制在广州的外商，不得在粤过冬，不得留寓省城，因为怕他们"与内地人民往来交接，贪缘为奸"。②

但绝不是说，这种禁海政策没有它的物质基础，或者说，没有它更根本的、经济上的原因。中国在汉代，尤其盛唐，以及两宋，原是个开放社会；对于外国商品、文物以至宗教思想，正如鲁迅所说是"拿来主义"，任人选用，并无禁忌。但中国是个地大物博的大一统国家，外贸在国民经济中从来不占重要地位。当它发展成为成熟的封建社会以后，就完全有可能自我封闭了。这正像乾隆帝在1793年致英王的文书中所说："天朝物产丰盈，无所不有，原不藉外夷货物以通有无"；或嘉庆帝1815年的上谕所说："天朝富有四海，岂需尔小国些微货物哉！"③ 话虽有点狂妄，却是实情，当时中国确是自给自足。自给自足的自然经济，乃是封建统治的基础，对于一个封建统治者来说，是必须千方百计加以保护的。首先就是要保护它免受外国商品和国外市场的冲击。

如果说，征服、劫掠、暴力是西方重商主义，或者资本原始积累的特征；那么，那种貌似愚蠢的禁海政策，正是中国成熟的、发达的封建自然经济的产物。我们还可以从一些具体措施上作些观察。

重商主义也排斥外国商人，但总是竭力扩大本国的对外贸易额，以扩大积累。清廷却尽量限制本国的贸易额，以至禁止大船出海。这是因为任何贸易额的扩大，对现有的经济状态都是一个危险的信号。

重商主义，以至任何保护贸易，都是限制进口，鼓励出口，以获取有利的贸易差额。清廷却相反，对进口无所限制（以至对后来的毒品进口失去警惕），而对出口限制綦严，甚至限制丝、丝织品出口。这是因为，进口货铜、米及奢侈呢绒、毛皮、钟表等，都是清廷所用，对国内市场并无多大干扰；而出口品都是原来国内流通的商品，一出口就影响国内供应。1731年

① 雍正：《朱批谕旨》第46册，第27页，《皇朝文献通考》卷三三，第12页。

② 梁廷枏：《粤海关志》卷二八，第26页。

③ 王先谦：《东华续录（乾隆朝）》卷一一八"乾隆五十八年"；《清代外交史料·嘉庆朝四》"嘉庆二十年"，台北：成文出版社，1968。

禁铁器出口，目的在禁铁外流，如铁锅，"五百连约重万斤，千连约重二万斤，计算每年出洋之铁，为数甚多，诚有关系"。[①] 1759 年禁丝和丝织品出口，是因为当时"内地丝斤绸缎等物价值渐昂"，为保证内地自足，颁发禁令。当时，"窃意从此丝价自必日减"，谁知，反而每年更贵了，这才知道原来是"生齿日繁"之故（还应加上白银内流）。[②]

重商主义认为货币是唯一的财富，无论货币差额论者或贸易差额论者，目光都集中在交换价值。使用价值是不管的，贩卖呢绒或鸦片都是一样。自然经济相反，眼中只有使用价值。清廷的外贸政策完全反映了这点。限制出口的都是有用之材，所以禁铁出口，"而废铁不在禁例"。[③] 禁精丝出口，而糙丝只作限额，因后者使用价值较低。对进口奢侈品并无限制，因为它们没有什么用处；"至于钟表，不过为考察时辰之物，小民无此物者甚多，又何尝废其晓起晚息之恒业乎？"[④] 甚至有人主张把这些"奇技淫巧"之物"皆焚毁不用"。[⑤] 由于重视使用价值，关税税率较轻，贡舶所带货物竟免税；而"礼规"则名目繁多，远超过关税。在他们看来，货币并非实用之物，据外国人说："北京政府对于外国银元的入口，即便不能完全阻止，但很想加以限制，并且，虽然知道不可能，但仍然打算在对外贸易上维持物物交换的原则。"[⑥]

若说清王朝不爱银钱，当然不是的。康熙帝在 1684 年诏开海禁，就提出两点理由：一是"于闽、粤边海民生有益"；二是"出海贸易，非贫民所能，富商大贾，懋迁有无，薄征其税，不致累民，可充闽、粤兵饷"。[⑦] 这是在"谕大学士"中冠冕堂皇的话。不过，即使加上封建统治者穷奢极欲的聚敛，其对货币财富的观点，也同资本主义思想有根本的不同。在当时，

① 《光绪大清会典事例》卷六二九，第 3 页。
② 《皇朝文献通考》卷三三，第 15 页；《皇朝政典类纂》卷一一八，第 4 页。
③ 后来听说有人"专收废铁溶化"作好铁出卖，于是改变政策。《光绪大清会典事例》卷七七六，第 4 页。
④ 《清朝续文献通考》卷五七，第 5120 页，嘉庆二年上谕。
⑤ 管同：《禁用洋货仪》，载巫宝三等《中国近代经济思想与经济政策资料选辑》，科学出版社，1959，第 239 页。
⑥ John Pripps, *Practical Treatise on the China and Eastern Trade*，译文见姚贤镐编《中国近代对外贸易史资料（1840～1895）》第 1 册，第 244 页。
⑦ （清）《圣祖实录》卷一一六，第 18 页。

也有人有较深刻的见解，例如康熙间慕天颜的《请开海禁疏》[1] 就主张以殖产贸易开财源。但在整个朝野，占统治地位的是封建的、保守的、自然经济的思想，这就注定了不能与当时并不太强大的西方资本主义势力相抗争。再加上朝廷的昏庸，官吏的无能，结果就步步失败，终沦于半殖民地地位。

四　鸦片战争前的对外贸易

鸦片战争前半个多世纪中国的对外贸易可分为两个方面：一方面是与日本、朝鲜、琉球和南洋诸国的传统的贸易；另一方面是同西方资本主义国家间的贸易。

同日本的贸易，因日本德川幕府实行锁国政策，禁止本国商民出海，所以主要是中国商船开往日本。中国输日主要是丝、丝织品、药材、手工工艺品和书籍等；而由日本贩回铜及海产品。铜是清廷铸币材料，竭力争取，故去日船只又称办铜船。18世纪初，日本加强限制中国赴日船只数，并规定贸易额为6000贯日银。但因船超位加大，实际贸易额未受多大影响。据日本学者考察，19世纪初已过7000贯，1804年为9217贯。[2] 对朝鲜、琉球仍沿袭贡舶制度。朝鲜贸易有所发展，有时一年遣使三次。琉球原间岁一来，1840年改为四年一次。

南洋诸国，包括菲律宾（吕宋）、印尼（噶罗巴）、新加坡、越南、柬埔寨、泰国（暹罗）、缅甸等地区，基本上也是沿袭贡舶制度。不过，其中有些地区已有西方殖民主义势力侵入，私人贸易不少是掌握在他们之手，变成同西方商舶的贸易。同时，中国商民在南洋者日多，从福建、广东开往南洋的中国商船也不少，据1830年英国东印度公司报告，有200余艘，连同小帆船不下300艘，合6万~7万吨。[3] 中国输往南洋的主要是丝、茶、糖、

---

① "窃查生财之道，必致其源……盖银两之所由生，其途二焉：一则矿砾之银也，一则番舶之银世……盖矿砾之开，事繁而难成，工费而不可必，其事未可骤论也。惟番舶之往来，以吾岁出［按指生产］之货而易其岁入之财。岁有所出，则于我毫无所损，而殖产交易，愈足以鼓艺业之勤。"《皇朝政典类纂》卷一一八，第1~2页。

② 大庭脩：《日清贸易概观》，《社会科学辑刊》1980年第1期，引见李康华等《中国对外贸易史简论》，对外贸易出版社，1981，第175页。

③ 姚贤镐编《中国近代对外贸易史（1840~1895）》第1册，第59页。

药材、瓷器等；南洋输华有大米、香料、水产品等。

18 世纪后半叶，欧洲开始产业革命，逐步从工场手工业进入大机器工业时代，这就使得中国同西方资本主义国家之间的贸易发生巨大的变化。不过，产业革命有一个过程，加以国际上和中国经济本身的因素，这种变化不是突然出现，而是经过曲折的道路的。

英国首先变成世界最先进的工业国，棉纺织业又是首先机械化的工业；由于技术改进，1775～1826 年英国棉纱的生产费用降低了 94% 强，1820～1830 年英国棉布的价格降低约一半。[①] 但是，英国对中国棉纺织品的输出却不够理想；直到 1830 年，输华棉纺织品的价值一直比不上中国土布输英的价值，在中英棉纺织品贸易上，中国一直是出超，其情况如表 1。

表 1　早期中英棉纺织品直接贸易（1821～1834）

单位：银两

年　份	自英输华棉纺织品	自华输英土布	出（＋）入（－）超
1821～1822	9807	367651	＋357844
1822～1823	—	337264	＋337264
1823～1824	—	451434	＋451434
1824～1825	—	321162	＋321162
1825～1826	1895	366750	＋364855
1826～1827	36144	145172	＋109028
1827～1828	124980	467876	＋342893
1828～1829	183338	469432	＋286094
1829～1830	215373	355295	＋139922
1830～1831	246189	386364	＋140175
1831～1832	360521	115878	－244643
1832～1833	337646	61236	－276410
1833～1834	451565	16304	－435261

资料来源：严中平等编《中国近代经济史统计资料选辑》，北京科学出版社，1955，第 13 页。原据 H. B. Morse, *Chronicles*。

英国输华的传统商品，即毛织品和金属品（铅、锡、铜）在 18 世纪后叶增长较快，但进入 19 世纪，并无起色；随着生产的机械化，价格趋跌，其总值反而略减。1830～1833 年，毛织品输华平均每年 158.5 万两，金属品 10.9 万两，加上棉纺织品 31.5 万两，共约 200 万两。

———————

① 严中平：《中国棉纺织史稿》，科学出版社，1955，第 55 页。

另一方面，中国直接输往英国的茶叶，自 1784 年英国减低茶税后，50 年内增加了 3 倍，到 1830～1833 年，平均每年达 561.7 万两。显然，英国输华的三大主要商品还不足偿付中国输英茶价的半数（茶约占中国输英总值的 80%）。

原来，英国是靠运进印度土产来平衡它的对华贸易的。在英商输入中国的货值中，印度土产常占 60%～70%，其中主要是棉花。1875 年以后，印度棉花输华增加近 1.5 倍，1830～1833 年平均年达 409.7 万两。但是，尽管如此，仍然不能抵付中国茶、丝、土布等的出口。这一时期，中英（包括印度）的进出口贸易如表 2。

表 2　早期中国与英国（包括印度）贸易值（1760～1833 年每年平均数）

单位：银两

年　份	进　口	出　口	出（＋）入（－）超
1760～1764	470286	979586	＋509300
1770～1774	1466466	2119058	＋652592
1780～1784	1301931	2083346	＋781415
1790～1794	5007691	5843714	＋836823
1800～1804	7715556	7556473	－159083
1817～1819[1]	7646777	8060271	＋413494
1820～1824	6525201	9816066	＋3290865
1830～1833[2]	7335023	9950286	＋2615263

注：

[1] 1810～1814 年缺资料。

[2] 1834 年取消东印度公司专利权，统计停止。

资料来源：严中平等编《中国近代经济史统计资料选辑》，第 3 页。原据 E. H. Pritchard 和 H. B. Morse。

中英贸易不能平衡。在广州的英国东印度公司，在英国输华货物上年年亏损，但在中国输华货物上利润很大，1800 年以后公司每年盈利 100 万镑以上，利润主要来自茶叶。茶叶贸易决不能减少，那么，用什么来支付茶价呢？在 18 世纪，它每年都要运几十万至百余万两白银来，到 19 世纪，白银来源少了，1825 年以后停运。这样，平衡贸易就全靠可耻的鸦片走私了。

1773 年，东印度公司取得印度鸦片的专卖权，从此鸦片输华逐年增加。1779 年，东印度公司不再直接经营鸦片出口，但它取得制造鸦片的特权，把鸦片交给英印私商经营。由于鸦片专卖，英属印度政府的鸦片收入从 1773 年的 27 万卢比到 1800 年左右增加到 400 余万卢比，到鸦片战争前增加到 1800 万卢比，占印度财政总收入的 7% 左右。

在 1767 年以前，运入中国的鸦片每年不过 200 箱，主要是葡萄牙人运来的。1800 年起，超过 4500 箱，就主要是英国人经营的了。美国人在 1805 年左右开始将土耳其鸦片输进中国，1817 年又贩来波斯鸦片，1821 年后又大量参加印度鸦片的贩卖。1821 年起，运华鸦片激增，由过去平均每年 4500 增加到 8700 余箱。1835～1839 年，平均每年更增至 35000 余箱。据美国人估计材料，从 1800 年到鸦片战争前，英美侵略者运进中国的鸦片共约 424620 箱（每箱约 1.1 担），其估计如表 3。

表 3　鸦片战争前运入中国的鸦片数量估计（1800～1839）

单位：箱

年　份	箱　数	年　份	箱　数	年　份	箱　数
1800～1801	4570	1814～1815	3673	1828～1829	13868
1801～1802	3947	1815～1816	4310	1829～1830	16257
1802～1803	3292	1816～1817	5106	1830～1831	19956
1803～1804	2840	1817～1818	4140	1831～1832	16550
1804～1805	3159	1818～1819	4359	1832～1833	21985
1805～1806	3938	1819～1820	4186	1833～1834	20486
1806～1807	4306	1820～1821	4244	1834～1835	21885
1807～1808	4358	1821～1822	5959	1835～1836	30202
1808～1809	4208	1822～1823	7773	1836～1837	34776
1809～1810	4593	1823～1824	9035	1837～1838	34373
1810～1811	4968	1824～1825	12434	1838～1839	40200
1811～1812	5091	1825～1826	9373	1839～1840	20619
1812～1813	5066	1826～1827	12231		
1813～1814	4769	1827～1828	11154		

资料来源：姚贤镐编《中国近代对外贸易史资料（1840～1895）》第 1 册，第 339～340 页。原据 H. B. Morse。

这个估计是根据印度输出的鸦片数字，其中有小部分是运往东方其他地区的，未予扣除，故可能有些偏高。同时，也有缺项和漏列之处。最近有人考察，以鸦片战争前的 19 世纪 30 年代而论，10 年间输入广州的鸦片共约有 238171 箱，价值 163384164 银元。[①]

① 李伯祥、蔡永贵、鲍正延：《关于十九世纪三十年代鸦片进口和白银外流数量》，《历史研究》1980 年第 5 期。

鸦片的价值很高，19 世纪初平均每箱约 1200 元；20 年代约 1000 元；30 年代上等土八九百元，次等土五六百元。鸦片大量进口，改变了中国国际收支状况。原来中国与西方的贸易，三百年来是出超，有大量白银入口。19 世纪初期，计入鸦片走私，平均每年仍能流入白银约 170 万两；1810 ~ 1820 年平均年流入约 120 万两；1820 ~ 1826 年平均年流入约 80 万两；1827 年以后就变为年年白银外流了。1827 ~ 1830 年平均每年净流出 358 万两；1831 ~ 1834 年平均每年净流出 546.8 万两。[①]

中国是个用银国家，而银产量并不丰。18 世纪以来，在国内贸易上即大量使用进口之银元。白银大量外流，对国民经济产生深远影响。而在当时，主要是引起银贵钱贱的现象。原来银每两合铜 1000 文，19 世纪 20 年代末增至 1300 文，30 年代末增至 1600 文以上，民间零星交易用钱，农民出售产品亦得钱，而支付、租税、偿债等都要折银，因而大大增加负担。地方征收地丁漕粮，也有不少是收钱的，"及办奏销，皆以钱易银，折耗太苦"。盐是专卖品，盐商卖盐得钱，而"交课尽归银两"，也叫嚷起来。总之，"银贵钱贱，地丁漕粮盐课因而交困"，[②] 引起清廷一片混乱。至于鸦片流毒民间，危害生产和正常经济生活，就更不必说了。

经营鸦片利润极优，这好像只是富了鸦片贩子（英、美和印度帕西族的大洋行），其实不然。鸦片贩子在广州卖烟得银，东印度公司则用伦敦、孟买或加尔各答的汇票向他们兑换现银，作为自己收购茶叶运英的资金，这种汇票又成为英印贸易流通的手段。正因为有源源不断的鸦片以及棉花从印度输往中国，英国才能够将日益增多的棉纺织品输入印度，这就是当时所谓"三角贸易"。可见，其背后乃是英国的产业资本，尤其是当时英国资产阶级的代表——棉纺织资本集团。他们对这种三角贸易并不满意，认为这是因为"对中华帝国没有象对印度帝国那样权力"，"不能强迫他们按照我们的条件接受我们的货物"，因而，在 1830 年他们就提出"中英之间迟早会有

---

① 据贸易差额计算，见严中平等编《中国近代经济史统计资料选辑》第 36 页。过去记载，或谓 1823 ~ 1834 年由一千七百八十万两增至 3000 万两〔《筹办夷务始末（道光朝）》卷二，第 5 页〕，或谓 1837 年各口岸合计达 6000 万两（《光绪大清会典事例》卷六三〇，第 7 页），大约是专指烟价，未计贸易净差。

② 《筹办夷务始末（道光朝）》卷二，第 5、11 页。

一场战争"。① 这就是蓄谋已久的鸦片战争。

在 1785～1833 年间，英国常占中国进口总值的 80%～90%，出口总值的 65%～80%；上述中英贸易，可代表这时期中国整个对外贸易状况。

这时期，占中国对外贸易第二位的是美国。美国的资本主义这时还很弱小，南方各州是奴隶制的农业占统治地位。唯机器棉纺织业发展较快，铁路、航运业也较发达。美国驶往广州的商船仅次于英国，鸦片战争前年 20 余只，多时达年 40 只（英国船常在年 100 只左右）。这时的统计是把所有经美国船出入广州的货物都作为中美贸易。依此，到鸦片战争前，美国在广州的进口值中占 20% 左右，在出口值中占到近 25%。

美国没有东印度公司之类的组织，但其东方贸易也是由普金斯（Perkins & Co.）等三四家大公司垄断。到 1818 年旗昌洋行（Samual Russell & Co.）在广州成立，成为对华贸易的主要经营者。但美国除人参、皮货外，没有多少物品可以输华，棉布（粗布）在 1826 年以后才有所增加。美国商人仍是从事贩运贸易，即经营南美、西印度和欧洲的铜、锡、铁、香料、鸦片等，以卖货所得银元和一部分上述货物到广州换取茶、丝、土布等。这些中国产品也不都是运往美国，而有很大部分销往欧洲。从表 4 可以看出，20 年代美国输华商品中，美国本国产品仅占 5%～10%，到 30 年代也占不到一半。

表 4　鸦片战争前美国输华商品值（1820～1840）

单位：1000 美元

年　份	本国货	外国货	年　份	本国货	外国货
1820～1821	389	3902	1830～1831	245	1046
1821～1822	429	5506	1832～1833	538	896
1823～1824	330	4971	1833～1834	256	755
1824～1825	160	5410	1835～1836	342	853
1825～1826	242	2324	1837～1838	656	681
1828～1829	261	1094	1839～1840	469	541

资料来源：姚贤镐编《中国近代对外贸易史资料（1840～1895）》第 1 册，第 288 页；李康华等《中国对外贸易史简论》，第 184 页。有几个年份不合，取消。

---

① 严中平：《英国资产阶级纺织利益集团与两次鸦片战争史料》，《经济研究》1995 年第 1、2 期。

法国产业革命和发展仅次于英国。经过 1789～1794 年的大革命，资本主义广泛发展。但它自 17 世纪末借传教士力量与中国建立贸易关系后，几经改组"中国公司"，贸易并无起色。1719 年对华贸易专利权归于法国东印度公司，又于 1776 年在广州设商务代表，然而，法国商船来华，每年不过一二只，最多七八只，进入 19 世纪，反而更少了。法商也是从事贩运贸易，运华商品只有少量本国呢绒，余为美洲皮货、东南亚土产，换取中国丝绸、茶叶等。当时清政府对于法商比较优惠，而法国对华贸易迄无进展。这主要是由于法国的海上贸易受到英国的排挤，尤其是它在印度的殖民地被英国侵占，1761 年几乎完全退出印度。由此可见在西方国家侵华过程中，印度殖民地基地的重要性；法国所以失败的，正是英国所以成功的。1790 年，广州的法国东印度公司停闭。其后，法国重整侵华事业，则是利用它在越南的殖民基地了。

除英、美、法外，在广州进行贸易的还有西班牙、荷兰、瑞典、丹麦以及英属塔司干（Tuscan）、热那亚等地区。英国对华贸易中，并包括经东印度公司特许的印度商人，时称港脚（Conutry）商人。现将 18 世纪后期至鸦片战争前西方资本主义国家对华贸易情况列入表 5。俄国与中国的恰克图互市贸易，这期间亦有发展，1760 年为 135.8 万卢布，1775 年为 264.4 万卢布，1796 年为 510 万卢布，1810 年达 1316 万卢布，1854 年更增加 19689 万卢布。① 因属陆路贸易，不在表 5 统计之列。

表 5　鸦片战争前欧美各国在华贸易值（1765～1833 年每年平均数）

年　份	英　国		美　国		其他欧洲国家	
	银　两	%	银　两	%	银　两	%
输入中国						
1765～1769	1192915	67.2	—	—	581900	32.8
1770～1774	1466466	70.0	—	—	627870	30.0
1775～1779	1247471	62.5	—	—	784442	37.5
1780～1784	1301931	65.3	27290	1.4	665396	33.3
1785～1789	3612763	80.5	123164	2.7	753600	16.8
1790～1794	5007691	85.2	181096	3.1	687876	11.7
1795～1799	5373015	90.9	374124	6.3	161798	2.8
1800～1804	7715556	88.4	828326	9.5	183482	2.1

① 李康华等：《中国对外贸易史简论》，第 420 页。

年　份	英　国		美　国		其他欧洲国家	
	银　两	%	银　两	%	银　两	%
1805～1806	11474509	92.9	767775	6.2	106035	0.9
1817～1819	7646777	84.5	1184551	13.1	221970	2.4
1820～1824	6525201	82.1	1427287	17.9	?	?
1825～1829	7591390	82.9	1534711	16.7	35213	0.4
1830～1833	7335023	79.8	1766692	19.2	90893	1.0
自中国输出						
1765～1769	2190619	52.4	—	—	1987290	47.6
1770～1774	2119058	48.6	—	—	2243618	51.4
1775～1779	1968771	41.7	—	—	2757218	58.3
1780～1784	2083346	41.6	15864	0.3	2909053	58.1
1785～1789	5491508	65.0	325988	3.9	2637224	31.1
1790～1794	5843714	79.5	440978	6.0	1063728	14.5
1795～1799	5719972	72.1	1399680	17.6	817602	10.3
1800～1804	7556473	72.7	2036448	19.6	798876	7.7
1805～1806	7400223	66.2	3391560	30.4	377000	3.4
1817～1819	8060271	58.5	5710469	41.5	?	?
1820～1824	9816066	66.9	4862186	33.1	?	?
1825～1829	10215565	71.0	4116182	28.6	58361	0.4
1830～1833	9950286	74.0	3321296	24.7	172059	1.3

原注：英国包括印度；1780～1784年美国商船只有一年数字。

资料来源：严中平等编《中国近代经济史统计资料选辑》，第 4 页。原据 E. H. Pritchard 和 H. B. Morse。

最后，谈一下苦力贸易。[①] 我国早有出海谋生的华工。南宋时爪哇已有华人村，元代华人大量移居菲律宾。他们除定居务农或经商外，主要是从事铁、木、建筑、丝织、雕刻、制锁、制鞋等匠艺，人身是自由的。而所谓苦力贸易，则是另一回事，是在西方资本主义入侵中国后产生的。

如前所说，葡萄牙人在明正德中就来到中国。明《武宗实录》正德十二年（1517）记载说："两广奸民私通番货，勾结外夷，与进贡者混以图

---

① 英语 coolie 一词来自印度南部泰米尔语，与汉语"苦力"音义相通。印度的苦力贸易是英国废止黑奴贸易后，1838 年由印度运苦力到英属毛里求斯的甘蔗种植园劳动开始的。中国则更早就有葡萄牙人贩运中国苦力。又本节所用资料，除另有注明外，均采用自彭家礼近著《华工出国》一文（待发表）。

利，招诱亡命，掠买子女。"1519 年，葡萄牙人西冒（Simo de Andnade）率"远征队"窃据广州海外伶仃岛，掳掠华南沿海居民，贩往海外为奴。1620 年代，在葡属印度果阿即有关于中国童奴的记载。据说，这种被拐卖的儿童平均价格为 12～16 两银子，女奴称 Mui Tsai，即粤语妹仔。贩卖人口早就是非法的。1614 年，明政府重下禁令："凡新旧夷商不许收买唐人子女。"①

16 世纪末，荷兰人占领爪哇的噶喇巴（今雅加达），1609 年建巴城（巴达维亚），吸引华人开发该岛，同时，在海上掳掠中国人做苦力。1619 年曾劫掠中国商船 5 艘，掳去乘客 2000 人；1622 年又劫掠中国商船 17 艘。一部分劫掠的华人，又被卖到锡兰（当时也是荷兰人占领）为奴。在爪哇，原有不少华人，遂称"老唐"，这些被掳卖来的华人称"新唐"，或"新客"。1683 年这种称呼已在巴城形成。1720 年，巴城市内外共有 10 万华人。

1786、1819 年和 1824 年，英国殖民者先后占领槟榔屿、新加坡和马六甲，后组成海峡殖民地。为了开发殖民地，英国当局诱致华人开垦和在锡矿劳动。贩卖"猪仔"的活动也就在这时开始了。猪仔是一种欠债劳工，是与华人"客头"或包工头订立契约的债奴。其中多半是由拐骗而来，贩运则多属西方殖民者。据说，1800～1820 年，英国东印度公司就从广州黄埔、金星门和澳门等地偷运苦力到新加坡、槟榔屿等地。② 1800 年，在槟榔屿有关于中国苦力价格的记述，立约劳动一年的华人，售价 10～15 元增至 30 元。新加坡逐渐成为买卖苦力的中心。1823 年，新加坡总督莱佛士（Stanford Raffles）还制定了一个华工管理的法令，规定"客头"为苦力垫付的船资旅费不得超过 20 元（实际就是贩卖的成本），偿还期不得多于二年等。这个法令显然并未完全执行，偿还期实际不只二年。"猪仔"一词见于文献，是 1827 年刊行的张心泰所著《粤游小志》："东省（广州）……有诱愚民而贩卖出洋者，谓卖猪仔"。不过从文意可知，这个词在民间早已流行了。

贩卖猪仔的利润很厚。贩卖一名华工的成本约为 20 元，其中华工本人或家属所得不过 10 元，在新加坡的售价则上升很快，19 世纪中期约达 100

① 印光任等：《澳门记略》上卷，第 25 页。
② H. B. Morse, *The Chronicles of The East India Company Trading to China*, Vol. Ⅲ, pp. 17－18.

元，其利益由贩子、"客头"等分享。而最大受益者是华工的雇主，也就是猪仔的买主。这些华工在南洋劳动，所得工资全部抵债，要三年才能清偿。雇主又常借钱给他们，在雇主所设的烟馆、赌场中花掉，到年终结算，他们又欠了债，只得续订契约，有的续约五次，甚至终生不得脱身。

1837年，澳洲悉尼《先驱报》上有个叫戴维逊（C. F. Davidson）的猪仔贩子登了一篇广告。广告说："在过去的几年中，十二月份和一月份输送到新加坡的华工，从未少于6000或8000的数目。"又说，他打算写信给新加坡要400～500名华工，每工需10～11镑成本，另加一镑佣金，运到悉尼来。并说在澳洲已有57个雇主向他订购了335名华工，每名预付价款5镑，等等。[①] 看来，这种转贩生意当时是很普遍的。

不过，大规模的苦力贸易，还是在鸦片战争以后。苦力已由广东、福建直接贩往澳洲、美国、加拿大和南美。而在第二次鸦片战争后，又受到不平等条约保护，苦力贸易变成合法的了。

（原载许涤新、吴承明主编《中国资本主义发展史》第2卷《旧民主主义革命时期的中国资本主义》，第22～39页）

[①] 姚贤镐编《中国近代对外贸易史（1840～1895）》第1册，第463～464页。

1894～1920年中国资本主义发展的水平[*]

本文我们试图探讨一下1894年到1920年中国资本主义发展的水平，也就是它究竟发展到什么程度。我们打算从两个方面来考察：一是它资本积累的数量和速度，一是它在国民经济中所占的比重。一眼可以看出，在缺乏系统的调查统计资料的旧中国，尤其是在这个时期，这两项工作都是个难题。我们只能从零星记载中进行估计，或者从较晚的统计材料中推算。这种估计和推算的准确性是殊可怀疑的，人们可以从任何一个"漏洞"中攻破它。因而也有人认为研究中国经济史不宜用计量分析。不过我们以为，有个大概的量的分析，总比纯概念化的"发展"或"不发展"为好，它可以启发我们发现问题，或者验证已有的描述和论断是否恰当。这在《中国资本主义发展史》一书《总序》的"定性分析和定量分析"一节中已有详细说明，它表达了我们的心愿。因而，尽管下面考察的结果不免舛误，我们总是尽力而为。

一　产业资本的增长

这里我们选定1894年、1913年（官僚资本1911年、外国资本为1914

---

　*　本文原为许涤新、吴承明主编《中国资本主义发展史》第2卷《旧民主主义革命时期的中国资本主义》第6章"中国资本主义发展的水平"（吴承明执笔），人民出版社，1990，收入本卷后改题名为《1894～1920年中国资本主义发展的水平》。——编者

年）、1920 年三个基期，力图做出一个资本系列的统计。这个系列可代表各时期资本积累的程度，或者说资本集成（Capital formation）的水平，也反映社会积累的资本化或社会投资能力的发展。

但是，我们的考察有很大的局限性。首先，资本主义农场和工场手工业的资本全部略去。这时资本主义农业还很微弱，关系不大。工场手工业则有较迅速的发展，在资本主义矿业中占很大比重。但是，手工业经营是以流动资金为主，它的发展适应流通资本规律。[①] 我们仅见的一些工场手工业资本记载都很有限，与其产值不成比例，无法估值。不过有些较大的手工厂，如火柴厂、化工厂等，则已包括到近代企业中。其次，商业资本数量远大于产业资本，但从无统计资料，我们的估计除 1920 年外，都根据不足。金融业资本由于缺乏存款记录，全凭推测，而且项目不全，基础也很薄弱。

由于这些原因，我们在研究中采用一个"产业资本"的概念，即近代工矿企业和近代交通运输业使用的资本（习惯所称"工交"），用它来代表资本主义积累的发展。这对早期资本主义的历史说，还是可行的。为明确其含义，我们加用代号，编成如下资本体系：

A 工业资本 包括符合《工厂法》的工业、机械采矿业和新法冶炼业

B 交通运输业资本 包括轮船船运、铁路、电信和邮政

C 产业资本（A + B）

D 商业资本

E 金融资本

在资本估值中，最大的困难是，我们仅有的一些资料大多是企业的设立资本（股本或登记资本），并不能代表实际运用于生产经营（即用于生产剩余价值）的职能资本的数量，必须加以调整或另估。调整和另估的方法详见本文附录甲，归纳起来有这样几条：（1）尽可能用独立指标，如纱厂纱

---

① 即所谓斯密 - 李嘉图的增长理论，见 John R. Hicks, *Capital and Growth*, Oxford, 1965, Ch. Ⅳ。

锭数、丝厂丝车数、电厂发电容量、铁路和电报里程、轮船吨位等,按成本或造价计估。(2)以企业股本加公积金、准备金,即资产净值来计。(3)按设立资本估出固定资产,再按一定比例加流动资金(借入资本),作为实际运用资本。(4)按设立资本加一定倍数,作为实际运用的资本(用于老企业)。

在附录甲中,外国在华资本是按已有研究成果列估的,官僚资本基本上是逐项逐户估算的,民族资本则主要是按行业估值。现将估值的结果列为表1。

表1　资本估值(1894～1920)

单位:万元

	外国在华资本	本国资本			资本总额
		官僚资本	民族资本	合　计	
1894 年					
A 工业	2791	3063	1891	4954	7745
B 交通运输业	2615	1694	101	1795	4410
C 产业资本	5406	4757	1992	6749	12155
D 商业资本	9284	—	65600	65600	74884
E 金融业资本	6680	—	20000	20000	26680
合　计	21370	4757	87592	92349	113719
1911/1914 年[1]					
A 工业	37690	8417	20515	28932	66622
B 交通运输业	64435	39390	8226	47616	112051
C 产业资本	102125	47807	28741	76548	178673
D 商业资本	67968	—	166200	166200	234168
E 金融业资本	14515	4489	52000	56489	71004
合　计	184608	52296	246941	299237	483845
1920 年					
A 工业	50000	11414	45070	56484	106484
B 交通运输业	83000	55538	12907	68445	151445
C 产业资本	133000	66952	57977	124929	257929
D 商业资本	87000	—	230000	230000	317000
E 金融业资本	19000	23253	102700	125953	144953
合　计	239000	90205	390677	480882	719882

注:[1] 外国资本为1914年,官僚资本为1911年,民族资本为1913年。

资料来源:本文附录甲甲表1、甲表3、甲表4。

从表 1 可见，在 1894～1920 年这四分之一世纪里，本国产业资本增长了 17.5 倍，而外国在华产业资本增长了 23.6 倍。但这是按当年价格计算的，这期间我国批发物价上升几近一倍。如果用物价指数加以调整，则本国资本增长不过 8.2 倍，外国在华资本亦只增长 11.4 倍，其情况如表 2。

表 2　产业资本估值（可比价格）

单位：万元

年　份	1894	1911	1913	1914	1920
批发物价指数	73.8	106.3	100.0	100.4	146.5
外国在华资本	7355			102125	91148
本国资本	9551	76548			88155
其中：官僚资本	6852	47807			48580
民族资本	2699		28741		39575

注：1. 物价指数据何廉 - 唐启宇指数，见《中国劳动年鉴（第一回）》。
　　2. 本国资本估值为下两项之和。

不过，表 2 的计算并不合理。外国在华资本原是用美元估计的，1894～1920 年美国批发物价上升了 2.2 倍，美元合中国银两的汇率增加了 59.2%（表 5 - 34[①]）；用中国物价指数（上升 98.5%）来调整显然不恰当。以官僚资本而论，产业资本中 75% 以上是铁路投资，是根据国有铁路的账面值计估的。77% 的铁路是建于 1911 年以前，1920 年的账面值对于这些老铁路并未按时价升值（反而是减除折旧），如果按 1920 年的物价指数去调整它，显然是太低了。民族资本也是同样情况，它的投资主要在工业，又主要是在 1913 年以前，而物价上升最快是在 1913 年以后。我们在估计工业投资时，除纱厂外，并未对老厂的财产按时价升值，现在把它按物价指数调整，也会太低了。因此，我们只把表 2 的调整值列做参考，下面的讨论仍以表 1 的估值为准；表 1 的估值，实际上是历年投资的累计，而非按基期时价对全部财产重估的价值。

按表 1，到 1920 年，我国全部产业资本约值 25.79 亿元，按人口 4.45 亿计，人均只有 5.8 元，其中又大部分是帝国主义在华企业所有，中国所能掌握的不过 12.49 亿元，人均只 2.8 元，资本贫乏，可以概见。

---

① 见许涤新、吴承明主编《中国资本主义发展史》第 2 卷，第 851 页。

商业资本远大于工业资本，这是理所当然的，因为我国商业资本主要是经营个体生产的农产品和手工业品的运销。不过从表1可见，在资本总额中，商业资本和工业资本的比例在1894年是9.7：1，在1911/1914年是3.5：1，到1920年是3：1，表明情况是在变化。但要说明的是，1920年商业资本的估计，是根据市场上商品量一次交易所需的资本额，可视贩运和批发业的资本（外商部分代表国外贸易所需资本），因而是偏低的，实际绝不止此数。而1894年和1913年的本国商业资本是用海关的埠际贸易指数从1920年的数字推出，自也偏低，并且海关统计限于轮船运输的商品，自不全面。

金融业资本在19世纪末即有相当大的数量，这一点和过去多数经济史研究者的看法不同；这是因为我们把票号、钱庄的资本都看作是实际上起职能资本作用的借贷资本，而有些学者则以"封建性"而把它们排除在外。从表1可以看出，金融业资本和商业资本20经常保持一定的比例，这是合理的，因为它们的主要业务是商业信用。不过，我们对金融业资本的估计是很粗糙的，偏高偏低的因素都存在。对于占营运资金最大数量的存款的估计没有可靠的根据，对于保险、典当都忽略未计。最后，还有一个重复计算的问题，即银行、钱庄对工商业的投放，实际上已计入产业资本和商业资本之中了。

社会总资本中，商业资本金融业资本占较大比重，常被认为是经济落后的表现。不过，我们还应看到它另一面，即社会经济的发展和近代化，不仅是生产力的发展，生产的商品化和社会化也是一个重要方面。从这方面看，迄1920年，我国的商业资本和金融业资本也是发展不足的，表明国民经济中自然经济还占很大比重。

现在我们再进一步考察一下产业资本形成和发展的情况，并按主要产业部门把它列入表3（细目见附录甲）。

表3 产业资本估值（1894~1920）

单位：万元

行　业	外国在华资本	本国资本			资本总额
		官僚资本	民族资本	合　计	
1894年					
A 工业	2791	3063	1891	4954	7745
制造业	2587	1561	1607	3168	5755
公用事业	204	—	9	9	213

续表

行　业	外国在华资本	本国资本			资本总额
		官僚资本	民族资本	合　计	
矿冶业	—	1502	275	1777	1777
B 交通运输业	2615	1694	101	1795	4410
航运	2615	532	101	633	3248
铁路	—	691	—	691	691
邮电	?	471	—	471	471
C 产业资本	5406	4757	1992	6749	12155
1911/1914 年[1]					
A 工业	37690	8417	20515	28932	66622
制造业	21236	2284	15166	17450	38686
公用事业	5107	939	3627	4566	9673
矿冶业	11347	5194	1722	6916	18263
B 交通运输业	64435	39390	8226	47616	112051
航运	8371	2000	2340	4340	12711
铁路	56054	36467	5886	42353	98417
邮电	—	923	—	923	923
C 产业资本	102125	47807	28741	76548	178673
1920 年					
A 工业	50000	11414	45070	56484	106484
制造业	28000	2945	33560	36505	64505
公用事业	7000	1983	6059	8042	15042
矿冶业	15000	6486	5451	11937	26937
B 交通运输业	83000	55538	12907	68445	151445
航运	10000	2247	8000	10247	20247
铁路	73000	51043	4907	55950	128950
邮电	—	2248	—	2248	2248
C 产业资本	133000	66952	57977	124929	257929

注：[1] 外国资本为 1914 年，官僚资本为 1911 年，民族资本为 1913 年。

资料来源：本文附录甲甲表 1、甲表 3、甲表 4。

　　从表 3 可见，在甲午战争前，本国产业资本超过外国在华资本，产业资本总额中，外资占 45.5%，华资占 55.5%，这主要是洋务派官僚努力发展新式工业的结果。甲午以后，外资涌进，情况大变，到 1911/1914 年，外资占 57.2%，华资仅占 42.8% 了。此后，外国投资在第一次世界大战中受挫，本国资本则有较快的发展，1920 年产业资本总额中，外资占 51.6%，华资占 48.4%。这时华资发展的主力已不是官僚资本，而是民间资本即民族资本了。表列这种中外资本比重和过去经济史的研究不同，过去一般认为外国资本一开始即占有绝对优势，并经常大于本国资本一倍以上。这主要是因为对外国投资通常是利用雷麦的估计，而雷麦基本上是用企业全部财产的概念，即他所说"所有产生进益的财产"。[①] 而对中国投资则常是沿用设立资本或登记资本的材料，其数偏低；这次我们对它重新估值，情况就大不相同了。

铁路投资是产业资本中最大的项目，占有一半左右的比重。过去的研究，常是把借用外债修建的铁路都计入外资，这也是外资占绝对优势的原因之一。我们在这里作产业资本估值时，则把"国有铁路"作为本国产业资本计算。因为这些铁路，虽因借款关系保留某些外人权利，但基本上是中国国家的财产，由中国政府管理的。不过，以 1911/1914 年为例，当时外国资本修筑的铁路为 3742 公里，表 3 的资本估值是 5.6 亿元；本国修筑的铁路有 5574 公里，而估值是 4.2 亿元。这是因为外资铁路筑路成本计价较高，尤其是中东路、滇越路，每公里合 21.1 万元和 13.2 万元；而中国铁路平均每公里仅合 6.5 万元。

前已提过，在整个 1894～1920 年期间，外国产业资本增长的倍数远大于本国资本，但是，分阶段来看则情况有异。由于表 3 的中间一段各类资本的时间分界不同，我们把它化为可比值，即平均每年增长率来看，比较如表 4。

表 4　产业资本平均年增长率

单位：%

年　份	1894～1911/1914	1911/1914～1920	1894～1920
外国在华资本	15.83	4.50	13.11
本国资本	14.44	6.31	11.88
其中：官僚资本	14.54	3.81	10.71
民族资本	15.08	10.54	13.84

①　雷麦：《外人在华投资》，中译本，商务印书馆，1959，第 44、45 页。

从表 4 可以看出，外国产业资本的扩张主要是在甲午战争以后到第一次世界大战前这一阶段，其势甚猛，年率达 15.8%，其后就进入颓势了。官僚资本在甲午以后仍有年率达 14.5% 的增长，速度不弱。过去的研究有甲午战争标志着"洋务派企业破产"之说，看来实属臆断。事实上，如汉冶萍公司、江南造船厂的扩建，轮船招商局的大发展，都在此时，尤其铁路建设，为历史上各时期之冠。辛亥革命以后，官僚资本的发展也进入颓势，但迄 1920 年，比之外国资本，仍有较高的增长率；当然，这时期的建设，包括铁路和耗资甚巨的无线电事业，更完全是依赖外国借款了。所以在这个转换过程的背后，有外国资本由直接投资向间接投资转移的这一因素。

然而更值得注意的是民族资本，它始终保持着旺盛的生命力，甲午以后一个阶段，年增长率与外资不相上下，第一次大战期间更超过外资一倍；在整个这一时期，发展速度也高于外资。到 1920 年，民族工业资本已远远超过官僚资本，而直接与外国在华资本较量了（这时，整个本国工业资本已超过外国工业资本）。它不愧是我国资本集成的主力军，中国工业化希望之所在。至于它在二三十年代遭受的挫折，那是以后的事，至此，还是很乐观的。

民族产业资本是在外国资本的压力和官僚资本的限制下集聚和发展的。尽管清末"招商""商办"要求形成一个高潮，但清政府以至北洋政府从来没有真正扶助过民间实业，也无力在关税和对外竞争上保护民族工业，反之，"国有"之议不绝如缕。然而，官办企业的低效益、多冗员、经营腐朽几乎是天生的。而民间资本立足于竞争，就会处于不败之地。为了进一步观察官僚资本和民族资本的消长，我们将两者分部门的年增长率比较如表 5。

表 5　产业资本平均年增长率

单位：%

年　份	1894～1911/1914	1911/1914～1920	1894～1920
制造业			
官僚资本	2.26	2.86	2.47
民族资本	12.54	12.02	12.40

续表

年　份	1894～1911/1914	1911/1914～1920	1894～1920
水电业			
官僚资本	—	8.66	—
民族资本	37.13	7.61	28.46
矿冶业			
官僚资本	7.57	2.50	5.79
民族资本	10.14	17.89	12.17
航运业			
官僚资本	8.10	1.30	5.70
民族资本	17.99	19.20	18.31
铁　路			
官僚资本	26.28	3.81	18.00
民族资本	—	-2.57	—

制造业是民间资本的核心，经常占民族产业资本总额的一半以上。从表5可见，民间制造业资本始终保持12%强的年增长率，受时局变动影响较小，这是可喜的。近代制造业是从洋务派企业开始，主要是机器、造船等重工业。但在我们的估值中，1894年民间制造业的资本已略超过官僚资本（表3），这一点与过去一般概念不同，过去一般认为甲午战争前民间制造业还微不足道，资本不过几百万元。我们估值较高，一是因为近年来挖掘了新的资料，家数增多；更重要的是，这时民间制造业主要是缫丝，丝厂的固定设备有限，而最大支出是购茧资金，多借自钱庄。如上海，丝车每部约值800两，而购茧费每部需1000两。我们是计入流动资本的，故估值较高。以后民族资本的主要工业棉纺织业也有这种情况。总之，民族资本主要经营轻工业，资本有机构成较低，劳动比较密集，与官僚资本工业的矛盾不大，这都是它能比较均衡发展的原因。

水电业原是官僚资本要办的企业，但一开始就失败，让位给民营。表5民间水电资本的增长率特高，这一方面是因为1894年的基数太低；一方面因为所建主要是分散在100多个市县以至大镇的电灯厂，分布面广，可以利用地方绅商的小额集资，这是民族资本的一个优势。这些电灯厂一般规模甚小，每厂资本不过10万元，发展虽快，资本集成并不多。

采矿业也是地区分散，手工开采，劳动密集，适于民族资本经营。但它也是外国资本压力大、官府限制严的行业。民族资本的矿业史是一部辛酸史，在 19 世纪末的收回矿权运动中和 20 世纪初的抵货运动中，都曾掀起民间采矿高潮，而失败累累，到第一次世界大战时才立稳脚跟。1920 年，民间资本的矿冶业投资还逊于官僚资本，则是因为有日本借款支持的汉冶萍公司的庞大的存在。

航运业也是外国轮船公司和轮船招商局力图垄断的行业，民族资本起步甚晚，基数低，增长率也就表现较高。不过，轮船公司设备简单，买一条船就可开业，尤其小火轮公司此伏彼兴，前后不下五六百家。资本集成还是有一定成绩的。铁路则是另一番景象。在 19 世纪末的收回路权运动中，民办铁路勃兴，基于爱国热忱，短期内集资 6000 万元，表现了民间资本的投资能力。表 3 所列只是实际兴筑的 900 公里铁路的估值，而这点铁路，不久即由盛宣怀、袁世凯的"国有"政策几乎一网打尽，以至表 5 出现 2.57% 的负增长。

二 资本主义生产在国民经济中所占比重

资本主义经济在国民经济中所占比重，最好是用它在国民生产总值或国民收入中所占的份额来表示。近年来，已有人对 19 世纪晚期和 1920 年我国的国民生产总值和国民收入进行研究，但主要是以农业或工农业产值为基数，按一定比例推算出净产值和劳务等收入求得的。[1] 因此，为避免过多的推算，我们就以工农业总产值和交通运输业的总产值（即总收入）为基数，来考察资本主义经济所占比重。又因为我们没有能估计出资本主义农业和资

---

① 这种研究首见于张仲礼对 1887 年国民生产总值的估计（见所著 *The Income of Chinese Gentry*，University of Washington Press，《中国绅士的收入》，1962，第 296 页）。以此为基础，费维凯作了调整（见《剑桥中国晚清史》下册，中译本，中国社会科学出版社，1985，第 9 页）；王玉茹作了重估并计算了 1920 年和以后的数字（见所著《论两次世界大战之间中国经济的发展》，载《中国经济史研究》1987 年第 2 期）。王文 1920 年的计算是用我们 1980 年初步估计的工农业总产值和交通运输业总产值为基础。这项估计发表在吴承明《中国资本主义的发展述略》（载《中华学术论文集》，中华书局，1981）一文中，该文并发表了我们对中国资本集成的初步估值。在本文的继续研究过程中，这两项初步估计都做了较大的修正，谨此说明。

本主义手工业的总产值，因而，在下面表6中，暂时采取了"新式产业"和"传统产业"的分类法。各业的产值估计均详见本文附录乙。

表6　新式产业和传统产业所占产值比重（1920）

部　门	总产值合计（万元）	新式产业		传统产业	
		总产值（万元）	占合计（%）	总产值（万元）	占合计（%）
农　业	1049494	—	—	1049494	100.00
制造业	514346	88287	17.16	426059	82.84
矿冶业	29050	10566	36.37	18484	63.63
运输业	58303	28377	48.67	29926	51.33
邮电业	2634	2379	90.32	255	9.68
总　计	1653827	129609	7.84	1524218	92.16

注：农业总产值采用生产值，其市值为1568859万元。如用市值，则新式产业所占比重为5.96%，传统产业为94.04%。

资料来源：本文附录乙。

表6显示，1920年，我国工农业和交通运输业的总产值中，新式产业只占7.84%，而传统产业占92.16%；这是把农业的产值按生产者价格计算，如果按城市市场价格计算（连运费约高25%），则新式产业更仅占5.96%了。这说明我国产业的近代化程度是很低的。

显而易见，表6中新式产业所占比重之低，是因为有庞大的传统农业存在。如果单就工业而论，则新式产业在制造业总产值中占17.2%，在矿冶业总产值中占36.4%，而在交通运输业的总产值中占到50.5%，即一半以上的交通运输业已近代化了。但是，即使把农业计算在外，我国工业化的水平仍然是很低的。表见新式工业（包括矿冶）的总产值为9.89亿元，按人口4.45亿计，人均只有2.22元；新式交通运输业的总产值约6.1亿元，人均只有1.37元。

在制造业的总产值中，工厂生产仅8.83亿元，手工业生产达42.61亿元，人民生活用品主要靠手工业生产。在棉布消费中，1920年国内生产的机制布仅3664万匹（折合土布匹），而手工织土布达6.02亿匹。[①] 最近一个研究显示，1921年的面粉消费中，机制粉为1.07亿包，而土磨坊和农家

---

① 许涤新、吴承明主编《中国资本主义发展史》第2卷第2章第6节附录乙乙表4，第319页。

自磨粉有 4.41 亿包。① 由于手工业产品价格较低，在实际消费量中，传统生产所占比重较表 6 所示还要大些。在矿冶业的总产值中，如表 6 所示，新式产业占到 1/3 以上，而值得注意的是，到 1920 年，钢的生产固然全用新法，但在生铁的冶炼中，土铁仍占约 40%，其他金属矿的开采则基本上都是土法。占最大产值的煤，新法开采占产量的 66.3%，但其采掘作业还都是手工劳动。②

交通运输业总产值中，新式产业所占比重颇高。其中陆路运输，铁路总产值达 2.24 亿元，人畜力运输仅 0.43 亿元。这里我们只计算人畜力车、驮运等运输和码头起卸（搬运夫）的产值，没有计入短程携运和市内客运（如黄包车）的产值，估计偏低。不过，铁路产值占全部运输业的 38.4%，其重要性可见。在水路运输中，则木帆船的总产值达轮船的 4 倍余。这是因为河道深浅及湾汊等关系，轮船航行里程受限制；不过当时轮船业未能充分发展，主要还是因为其运费与木帆船相差无几，竞争力不强（铁路运费则远低于人畜力车）。表中轮船运输总产值仅占全部运输业产值的 10.3%，这点我们也颇以为异；因为在 20 世纪 30 年代，人们通常是把轮船运量作全部运量 1/4 看待，本估计中，因不知外资轮船的吨位，系按中外轮船公司资本估值比例推算，自难精确。

表 6 中的新式交通运输业，基本上可作为本业中的资本主义生产方式；但工业（包括矿冶）中的新式产业，还不足以代表全部资本主义生产。我们曾试图分别估计各手工行业产值中工场手工业（包括散工制）所占的比重，没有成功。这里姑且采用丁世洵生前提出的一个办法，从手工业总产值中来估算。③ 他的办法是，在制造业中，根据 20 世纪 50 年代初工场手工业和个体手工业产值的比例为 47∶53，推断在 30 年代两者的比例约为 40∶60；在矿冶业中，权衡当时土窑的生产规模，可全部作为工场手工业生产。现在我们估计 1920 年，把制造业中工场手工业所占份额从低估计，即按 25∶75 计算；矿冶业仍全部作为工场手工业生产（其中金属矿多半是散工制），这样重计表 6 的数值，成为表 7。

---

① 上海市粮食局等编《中国近代面粉工业史》，中华书局，1987，第 103 页。

② 比重据严中平等编《中国近代经济史统计资料选辑》，北京科学出版社，1955，第 102 页。

③ 丁世洵：《关于中国资本主义发展水平的几个问题》，《南开大学学报》1979 年第 4 期。

表7　1920年中国资本主义发展的水平

行　　业	总产值合计（万元）	资本主义经济		个体经济	
		总产值(万元)	占合计(%)	总产值(万元)	占合计(%)
农　　业	1049494	—	—	1049494	100.00
工　　业	543396	223852[1]	41.20	319544	58.80
交通运输业	60937	30756	50.47	30181	49.53
总　　计	1653827	254608	15.40	1399219	84.60

注：[1] 内新式工业98853万元，手工制造业106515万元，手工矿冶业18484万元。

　　从表7可见，在计入工场手工业后，在工业（包括矿冶）部门中，资本主义经济已占到总产值的41.2%。这样，资本主义生产在工农业总产值中就占到14%的比重，在整个工农业和交通运输业的总产值中占15.4%的比重。这就是截至1920年中国资本主义发展的水平。这个水平仍然是很低的，个体小生产仍占85%左右的绝对优势。不过，它毕竟有了一定的发展，至于工场手工业（包括散工制），它在鸦片战争前，还微小得无法计量，到1920年，它的总产值已达10.6亿元，比近代工业的产值还大一些；这一现象是否合理，暂时我们还无法评价。不过我们应该看到，直到1920年，我国手工业的产值比近代工业大3.5倍，它有很小部分资本主义化，就是个很大的数量。研究中国近代工业史，显然不能只注意那些大烟囱工业，而置手工业的发展变化于不顾。我们虽然感觉到这个问题，但并未得到满意的结果，深为歉疚。

附录甲　资本估值

一　外国在华资本估值

甲表 1　外国在华资本估值（1894～1920）

单位：万元

项　目	1894 年	1914 年	1920 年
A 工业资本	2791	37690	50000
（1）制造业	2587	21236	28000
（2）公用事业	204	5107	7000
（3）矿冶业	—	11347	15000
B 交通运输业资本	2615	64435	83000
（1）航运	2615	8371	10000
（2）铁路	—	56064	73000
C 产业资本合计	5406	102125	133000
D 商业资本	9284	67968	87000
（1）外贸业	8220	27379	35000
（2）其他业	1064	40589	52000
E 金融业资本	6680	14515	19000
F 外国资本总计	21370	184608	239000

说明：

1894 年据表 2－35，[1] 其中工业为资产值，据表 2－33。[2]

1914 年据表 4－7，[3]美金折合率 1.92。

1920 年，表 5－7 列直接投资 1418.9 百万美元，[4] 系以 1914 年估计数按年增长率推算再按国别修正而来，无分行业数。兹仍以 1914 年估计数按上列直接投资年增长率 1.0439 推算，再加修正。修正的根据是：本时期外贸衰退，金融业因贷款略有发展，工业因日本投资增加，航运业因征用轮船受影响。修正结果如甲表 2（细目略）：

---

[1]　许涤新、吴承明主编《中国资本主义发展史》第 2 卷，第 133 页。

[2]　许涤新、吴承明主编《中国资本主义发展史》第 2 卷，第 132 页。

[3]　许涤新、吴承明主编《中国资本主义发展史》第 2 卷，第 259 页。

[4]　许涤新、吴承明主编《中国资本主义发展史》第 2 卷，第 727 页。

甲表2 外国在华投资修正值（1914、1920）

单位：万元

项　　目	1914 年估值	1920 年推算值	修正值
A 工业资本	37690	48773	50000
B 交通运输业资本	64435	83383	83000
C 商业资本	67968	87954	87000
D 金融业资本	14515	18783	19000

二　官僚资本估值

甲表3 官僚资本估值（1894～1920）

单位：万元

项　　目	1894 年	1911 年	1920 年
A 工业资本	3063	8417	11414
（1）机器和兵工业	1071	1394	1699
江南制造局	340	231	100
江南造船厂	—	142	342
福州船政局	96	140	140
汉阳兵工厂	314	389	639
其他局厂（前后 6 家）	321	492	478
（2）纺织工业	490	200	210
华盛纺织总局	280	—	—
湖北织布官局	210	—	—
博利呢革公司	—	140	210
湖北毡呢厂	—	60	—
（3）水电工业	—	939	1983
1905～1911 年设立 8 家	—	939	1409
1912～1920 年设立 4 家	—	—	574
（4）其他制造业	—	690	1036
1905～1911 年设立 6 家	—	690	568
1912～1920 年设立 8 家	—	—	468
（5）煤矿业	820	588	742
开平煤矿	800	—	—
滦州煤矿	—	420	—
炭山湾煤矿	—	—	120
八道壕煤矿	—	—	170
临城煤矿	—	—	200

项 目	1894 年	1911 年	1920 年
其他煤矿（前后 6 处）	20	168	252
（6）金属矿、冶炼、石油	682	4606	5744
漠河及库玛尔等 5 金矿	28	56	123
汉冶萍公司	598	4000	4260
水口山铅锌矿	—	84	105
个旧锡矿	—	177	200
云南铜矿	—	—	37
象鼻山铁矿	—	—	200
龙烟铁矿及石景山炼铁厂	—	—	500
其他金属矿（前后 14 处）	56	248	278
延长石油矿	—	41	41
B 交通运输业资本	1694	39390	55538
（1）航运	532	2000	2247
（2）铁路	691	36467	51043
（3）电信	471	666	1535
（4）邮政	—	257	713
C 产业资本合计	4757	47807	66952
E 银行业资本	—	4489	23253
中国通商银行	—	490	—
中国银行	—	2200	20253
交通银行	—	699	1000
地方银行	—	1100	2000
F 官僚资本总计	4757	52296	90205

说明（资料文献已见有关章节不再注明）：

A（1）机器兵工业

江南制造局 开办费 54.3 万两，1867～1894 年购置机器 105.5 万两，购地建房估作 43 万两，1892～1895 年添建火药炼钢二厂用 40 万两，共 242.8 万两合 340 万元，作为 1894 年估值。其后不振，原数减除船厂 77.3 万两，为 165.5 万两，合 231 万元，作为 1911 年估值。北洋政府时期停顿。曾以 60 万元拍卖房地产不售，姑以 100 万元作为 1920 年估值。

江南造船厂 1905 年从江南制造局分出，作价 77.3 万两，借官款 20 万两扩建（还清），1910 年提公积金 4 万两，共 101.3 万两合 142 万元，作为 1911 年估值。欧战中扩建用一百数十万元，1912～1920 年盈利 347 万元，设共增资产 200 万元，共 342 万元，作为 1920 年估值。

福州船政局　开办费 47 万两，1833 年增购设备 11.7 万两，又建鱼雷厂估作 10 万两，共 68.7 万两合 96 万元，作为 1894 年估值。其中马江战役损失大体修复，又添置设备用 33 万两，以 100 万两合 140 万元，作为 1911 年估值。以后停滞，借款造飞机，1920 年仍估作 140 万元。

汉阳兵工厂　原为湖北枪炮局，至 1897 年用去库平银 210 万两合 314 万元，可作 1894 年估值（尚未投产）。1898 年添建火药厂、钢厂用 24 万两，1904 年添建小六厂用 29.4 万两，两共合 75 万元，连前共 389 万元，作为 1911 年估值。辛亥革命中损失 30 余万元，改汉阳兵工厂，北洋政府拨款 200 万两合 280 万元，抵损后为 639 万元，作为 1920 年估值。

金陵机器局　开办费未详，估作 10 万两，1884 年建火药厂用 18.2 万两，共 28.2 万两合 39 万元，作为 1894 年估值。其后情况不详，1911 年作原数。辛亥后按萨镇冰计划作为停废。

天津机器局　开办费 21.3 万两，1867 年后建火药厂、钢厂，估作 10 万两，共 31.3 万两合 44 万元，作为 1894 年估值。1900 年毁。

德州机器局　移天津残机，开办费 68.9 万两合 96 万元，作为 1911 年估值。后未详，唯北洋政府计划为全国性兵工五厂，姑以 100 万元作为 1920 年估值。

山东机器局　建厂费 18.68 万两，文格时建火药厂及章丘煤矿用 3.64 万两，共 22.32 万两合 31 万元，作为 1894 年估值。1897 扩建用 12 万两，1904 年再扩建用 8 万两，连前共 42.32 万两合 59 万元，作为 1911 年估值。辛亥后，按黎元洪计划停废。

广州机器局　购机器 1.58 万两，建厂房 1.41 万两，运费 0.08 万两，1880 年建火药厂用 7.4 万两，共 10.47 万两合 15 万元，作为 1894 年估值。1905 年添购机器 80.7 万两合 113 万元，连前共 128 万元，作为 1911 年估值。辛亥后改石井兵工厂，订购美机未成，1920 年仍估作 128 万元。

四川机器局　购机造厂共用库平银 4.76 万两，合 7 万元，1881 年扩建用费未详，以 10 万元作为 1894 年估值。1899 年扩建，费用未详，1905 年购德机，规模大于广州。辛亥后再扩建，规模属全国三四位。姑以 100 万元、150 万元作为 1911、1920 年估值。

神机营厂　机器 80 万两，建厂 20 万两，共 100 万两合 140 万元，作为 1894 年估值。后废。

巩县兵工厂　北洋政府设，颇具规模，1920 年已衰，估作 50 万元。

西安、兰州、杭州、云南、台湾、吉林六局，甲午前设，按每厂 5 万两合 7 万元计，共 42 万元，1911 年估值同，太原、江西、新疆、河南四厂，甲午后设，按每厂 7 万元计，1911 年共估 28 万元。北洋政府时期，多废，唯东北厂扩大，连前十处共估 50 万元，作为 1920 年估值。

A（2）纺织工业

华盛纺织总局　资本有异说，1901 年以 217 万两盘给集成公司可代表资产值，兹以 200 万两合 280 万元作为 1894 年估值，以后全属商营。

湖北织布官局　成本约 150 万两合 210 万元，作为 1894 年估值（尚未建成），1902 年出租后全属商营。

博利呢革公司　设立资本 100 万两合 140 万元，作为 1911 年估值。1916 年添置新机，共估作 150 万两合 210 万元，作为 1920 年估值。

湖北毡呢厂　投资 40 万两合 60 万元，作为 1911 年估值，1913 年后全属商营。

A（3）水电工业

水电厂设立资本大体可代表固定资产，1905～1911 年设立 8 家，设立资本 939 万元，作为 1911 年估值。经营一般有扩充，资产按 1.5 倍计即 1409 万元，作为 1920 年估值。1912～1920 年设立 4 家，以设立资本 574 万元，作为 1920 年估值。见表 5－17。[①]

A（4）其他制造业

1905～1911 年设立 6 家，设立资本 690 万元，作为 1911 年估值。辛亥后增源造纸、白沙州造纸、广东制革改商营；其余亦经营不良，仍以设立资本计 568 万元作为 1920 年估值。1912～1920 年设立 8 家，以设立资本 468 万元作为 1920 年估值。见表 5－17。

A（5）煤矿业

开平煤矿　1898 年财产估值，矿地及采矿、运输设备共 592.7 万两，

1902 年英人接管资产估值 100.67 万镑（不计矿地），兹以 800 万元作为 1894 年估值。

滦州煤矿　前后招股 300 万两合 420 万元，作为 1911 年估值。

炭山湾煤矿　1912 年设立资本 80 万元，开采颇盛，按资产 1.5 倍计 120 万元，作为 1920 年估值。

八道壕煤矿　1919 年设立资本 170 万元，作为 1920 年估值。

临城煤矿　1920 年从比商收回，资本 200 万元。

其他煤矿（前后 6 处）　基隆资本 14 万两合 20 万元，作为 1894 年估值。辽宁尾明山、黑龙江甘河、广西西湾、河北鸡鸣山、四川贺富五处设立资本共 168 万元，作为 1911 年估值。各矿经营尚可，资产按 1.5 倍计即 252 万元，作为 1920 年估值。

A（6）金属矿、冶炼、石油

漠河及库玛尔等 5 金矿　漠河资本前后招商股还官欠约 20 万两合 28 万元，作为 1894 年估值。俄占索还后，奏拨 20 万两，连前共 40 万两合 56 万元，作为 1911 年估值。五矿中余庆沟资本 20 万元，观都 7 万元，余未详，时间参差，共作 67 万元，连同漠河共 123 万元，计入 1920 年估值。

汉冶萍公司　汉阳铁厂到 1896 年实收经费中用于建厂约库平银 400 万两（表 3–20①）合 589 万元，作为 1894 年估值。招商后，汉冶萍公司 1911 年底实收股本 1380 万元，借入资本 3268 万元，内用于改造钢厂和建设萍矿 1119 万元；1912 年 2 月公司致股东会函称资产共值 3200 余万两合 4476 万元；同年 2 月 10 日《北华捷报》分列汉厂、冶矿、萍矿及轮船码头估值共 4082 万元。以此，估算该公司 1911 年资产约 4000 万元。至 1915 年，公司股本增为 1786 万元；1914 年日本人调查，公司股本 1533 万元，日本借款 3530 万元；1914～1919 年盈利 2941 万元，提公积金和准备 784 万元，滚存 426 万元。1919 年各厂分立，分别估值，连运输设备共 4260 万元，即以此数作为该公司 1920 年估值。

水口山铅锌矿　设立资本 70 万元，发展颇快，以资产 1.2 倍计 84 万元，作为 1911 年估值；又 1.5 倍计 105 万元，作为 1920 年估值。

个旧锡矿　1905 年改设公司，官商股 177 万元，作为 1911 年值。1920

---

①　许涤新、吴承明主编《中国资本主义发展史》第 2 卷，第 430 页。

年增资为 200 万元，作为当年估值。

云南铜矿 从 1913 年设东川矿务公司始算，资本 37 万元，作为 1920 年估值。

象鼻山铁矿 1916 年开，投资不详，但颇具规模，产品出口，姑以 200 万元作为 1920 年估值。

龙烟铁矿及石景山炼铁厂 1918 年设，资本 500 万元，作为 1920 年估值。

其他金属矿（前后 14 处） 早期热河土槽子、遍山线及三姓金矿，共投资 56 万元（表 3 - 11[①]），经营不力，1894、1911、1920 年均作此数。1897～1911 年设立的 11 处金属矿，共投资 192 万元（表 5 - 17，其中广西富贺锡矿按十矿平均值 17.5 万元估计），作为 1911、1920 年估值。1916 年设立的吉林采金局，资本 30 万元，作为 1920 年估值。

延长石油矿 1905 年开，资本 29 万两合 41 万元，作为 1911、1920 年估值。

B（1）航运业

轮船招商局 1893 年股本 200 万两，借入款 34.6 万两，共合 328 万元。是年有船 26 只 35457 吨，账面作价 170 万两，又地产作价 210.5 万两，两共合 532 万元，作为 1894 年估值。1897 年提公积金及保险公积金各 100 万两转入股本，股本共 400 万两合 559 万元。1909 年，盛宣怀至赵竺恒函称"一千数百万之商产"。1913 年估产，房地产 748 万两，全局财产 1700 余万两合 2378 万余元。兹以 2000 万元作为 1911 年估值。1914 年，盛宣怀将该局股本分为航运股票 800 万两，产业股票 400 万元，遭袁世凯反对未成；依此，共有股本 1519 万元。大战期间盈利 733.8 万两，主要用于分红。1920 年，该局有船 25 只，47703 吨，此时船价大涨，按 1913 年的平均每吨 180 两计为 858.7 万两，房地产仍按 748 万两计，共 1606.7 万两合 2247 万元，作为 1920 年估值。

其他 1891～1918 年见于零星记载者尚有官办、官商合办之轮船机构不下 10 家，其中有资本记载者 7 家共 113 万元。唯经营情况未详，恐不少夭折，兹免计。

[①] 许涤新、吴承明主编《中国资本主义发展史》第 2 卷，第 380 页。

B（2）铁路

至 1894 年，共筑铁路 447 公里，费用 448.95 万两（表 3 - 14，① 内唐胥路按其他三路平均每公里造价 1 万两计）合 628 万元，加 10% 车辆等费为 691 万元，作为 1894 年估值。

1895～1911 年共筑国有铁路 5226 公里。有四种估价方法：（1）按津浦、京汉、京奉三路平均造价，每公里为 7.98 万元。（2）按 30 年代国有铁路平均造价，每公里 24500 美元合 8.17 万元。（3）按本期铁路借款，减除未动工之湖广路借款，再按九五折计为 36702 万元（包括车辆）。（4）1915 年起有国有铁路账面值，为 40641 万元，是年路长为 6212 公里，而 1911 年为 5574 公里（减除台湾铁路 99 公里），依比例应为 36467 万元（包括车辆等）。看来（4）法较为合宜，即用此作为 1911 年估值。

1920 年账面值为 51043 万元，以此作为该年估值。未计流动资金，因账面有盈余，而还债后有亏损。

B（3）电信

1894 年前共建电报线 23410 里，费用 150.59 万两，官线 23030 里，费用 155.65 万两，共 306.4 万两（表 3 - 13，② 未详者按每里 62 两计）合 428.5 万元，加 10% 房地、机器设备，为 471 万元，作为 1894 年估值。

1908 年商线收归国有，给值 388.2 万元。1911 年收回官线，时商线约 3.5 万里，官线约 2.5 万里，依商线值，官线应为 277.3 万元。两线共 6 万里，666 万元，作为 1911 年估值。

电报官办后，无起色。北洋政府时期唯一建设无线电讯，按 1918 年陆军部马可尼借款 60 万镑，约 30 万镑用建电台；同年交通部马可尼借款 17 万镑，按 80% 用于建电台计；两共 43.6 万镑合 228.9 万元。同年海军部三井借款 800 万日元，按 80% 用于双桥电台，即 640 万元（日元等价）。两共 869 万元，有线电报仍按 666 万元计，共 1535 万元，作为 1920 年估值。

B（4）邮政

海关代办时代不计。1909 年收回，承认海关用于邮政之款 172 万余两

---

① 许涤新、吴承明主编《中国资本主义发展史》第 2 卷，第 395 页。
② 许涤新、吴承明主编《中国资本主义发展史》第 2 卷，第 392 页。

作邮传部欠款，又借英债 11.9 万两，两共合 257 万元，作为 1911 年估值。

1912 年以后邮政颇有发展，1915 年后有盈余，1929 年核资产总值 2000 万元。按 1911 年前估数与 1929 年总值之年增长率（112069）计，1920 年应为 713 万元，作为是年估值。

E 银行业资本

中国通商银行　1897 年设立，商股 250 万两，户部存款 100 万两，发钞 150 万元，营运资金按 350 万两计合 490 万元，作为 1911 年估值。以后作为全商营。

中国银行　1908 年改大清银行，资本库平银 1000 万两，发银票库平银 543.9 万两又 1246 万元，历年盈余。营运资金按库平银 1500 万两计约合 2200 万元，作为 1911 年估值。辛亥后改中国银行，资本日增，1920 年官商股本共 1228 万元，存款 19025 万元（表 5-31、表 5-32[①]），共 20253 万元，作为 1920 年估值。

交通银行　1908 年设，资本 500 万两合 699 万元，作为 1911 年估值。辛亥后经营不利，但营公债、发钞，姑以 1000 万元作为 1920 年估值。

地方银行　至 1911 年有官钱局、官银号 22 家，有资本记载者 6 家，平均每家 54.15 万元，按 50 万元计，22 家共 1100 万元，作为 1911 年估价。辛亥后，或停闭，或改银行。1912～1920 年地方所设银行不下 25 家，资本共 2000 余万元，即以此数作 1920 年估值。

三　民族资本估值

甲表 4　民族资本估值（1894～1920）

单位：万元

项　目	1894 年	1913 年	1920 年
A 工业资本	1891	20515	45070
（1）棉纺织业	204	3117	7278
（2）缫丝业	1184	3771	5598

---

① 许涤新、吴承明主编《中国资本主义发展史》第 2 卷，第 832、836 页。

续表

项　目	1894 年	1913 年	1920 年
（3）面粉业	6	1403	5548
（4）火柴业	65	541	1221
（5）卷烟业	—	100	2400
（6）机器业	14	351	481
（7）水泥业	—	621	780
（8）水电业	9	3627	6059
（9）其他制造业	134	5262	10254
（10）煤矿业	173	1222	4380
（11）金属矿冶业	102	500	1071
B 交通运输业资本	101	8226	12907
（1）航运	101	2340	8000
（2）铁路	—	5886	4907
C 产业资本合计	1992	28741	57977
D 商业资本	65600	166200	230000
E 银钱业资本	20000	52000	102700
总　计	87592	246941	390677

说明：

A（1）棉纺织业

按纱锭评估，布机每台折 15 锭计算。早期纱厂设立资本大体与实有资产相当。每锭合资本价：华盛 40.04 元（盘售给集成公司价），湖北官布局 46.17 元，怡和 41.96 元，鸿源 39.47 元（1901 年重估价），四数平均为 42 元，略加借入款，按每锭 45 元计。1894 年民族资本仅有华新、裕源二家，纱机 40000 锭，布机 350 台，按 45250 锭计共值 204 万元，作为是年估值，此数为二厂设立资本 67.1 万元（表 3 - 27）①之 3 倍，因华新原只 8000 锭，1894 年已增至 15000 锭又布机 350 台。

1913 年时，均用英国纱机，平均每锭 2 镑二三先令，加运费合 30 元。据 1906 ~ 1921 年 9 家纱厂资料，机器设备费共 1548.8 万元，土地及建筑费 502.7 万元，土建为机价的 32.5%。又据若干纱厂资产负债表，流动资金约合固定资产的 42.9%。每锭 30 元加土建、流动资金共合每锭 56.8 元。1913

① 许涤新、吴承明主编《中国资本主义发展史》第 2 卷，第 470 页。

年华商纱厂有纱机 509564 锭，布机 2616 台，按 548804 锭计，为 3117 万元，作为 1913 年估值。此数为 21 厂设立资本之 2.8 倍（本期 19 厂设立资本 1045.4 万元，加前期 2 厂 61.7 万元）。又严中平估计 1913 年华商纱厂资产值 2623.2 万两合 3668.8 万元，较我们所估略高。

欧战爆发后机价大涨，并转用美机，每锭约 35 美元。据 1915～1921 年 7 厂建厂记录，购机连安装费平均每锭 59.42 元。依此，加土建、流动资金共合每锭 112.51 元。1914～1920 年华厂共增纱机 340194 锭，布机 1974 台，按 369804 锭计，值 4161 万元，作为本期新投资。前期所设纱厂，应有折旧，故不再按本期价格计，仍作 3117 万元（实际上老厂本期盈利虽多，大都用于另建新厂或转投他业）。新老厂合计 7278 万元，作为 1920 年估值。

A（2）缫丝业

广东用本地造法式丝车，按表 3-26① 甲午前有 88 厂，设立资本 228.4 万元，平均每厂 2.1 万元，丝车约 350 部，平均每车合 74 元。此数与正文所引姚绍书、C. W. Howard 所述建厂费大体相符，② 故此 228 万元可视为固定资产。丝厂最大支出为购茧费。正文引程耀明文称，③ 大厂（500 部车）年需近 30 万元，借自钱庄，每造还清。按一年 6 造计，即常贷 5 万元，合每车 100 元，平均每厂（350 部车）3.5 万元，共 308 万元。两项共 536 万元，作为 1894 年广东丝厂估值。

上海用进口意式丝车，按表 3-26 甲午前有 8 厂，设立资本 288.2 万元，丝车 2576 部，平均每部 1118.8 元。此 288 万元可作固定资产。上海行租厂制，营业厂另有资金，购茧费特大，1913 年约 1500 万两，时中外厂约有 15000 部车，平均每部 1000 两合 1398 元，且系一造。甲午前按 2576 部车计，需流动资金 360 万元。两项共 648 万元，作为 1894 年上海丝厂估值。连同广东丝厂共 1184 万元。

1913 年，据表 5-47，④ 广东有丝车 65000 部，仍按每部 74 元计，合 481 万元。上海有丝车 13392 部，较前期增置 10816 部。时已用国产丝车，

---

① 许涤新、吴承明主编《中国资本主义发展史》第 2 卷，第 465 页。
② 许涤新、吴承明主编《中国资本主义发展史》第 2 卷，第 462 页及注①、注②。
③ 许涤新、吴承明主编《中国资本主义发展史》第 2 卷，第 460 页及注④。
④ 许涤新、吴承明主编《中国资本主义发展史》第 2 卷，第 876 页。

并始用电机，建厂费大降；据文中引伍若贤著作，[①] 平均每部车合 350 元。依此，新厂固定资产合 379 万元，老厂仍作 288 万元，共 667 万元。新兴无锡产区，1913 年有丝车 2000 部，据表 5 - 48，[②] 每部 316.5 元（实业厂资本），共 63 万元。三处固定资产共为 1211 万元。

流动资金，广东仍按每年 100 元计，为 650 万元。上海仍按每车 1398 元计，为 1872 万元。无锡因在茧产区，流动资金不大，依表 5 - 48 为 38 万元（营业厂）。三处流动资金共 2560 万元。连同上述固定资产，共 3771 万元，作为 1913 年估值。

1920 年，产区扩大，估计全国丝厂共值 5598 万元，如甲表 5。

甲表 5　全国丝厂民族资本估值

地　区	广东	上海	无锡	江浙	其他省
丝车数	90064	18146	4444	2225	4609
建厂费（每车元）[1]	100	450	345	345	100
固定资产（万元）	901	817	153	77	46
购茧费（每车元）[2]	100	1398	180	180	100
流动资金（万元）	901	2537	80	40	46
资本合计（万元）	1802	3354	233	117	92
全国丝厂总计	5598（万元）				

注：

[1] 建厂费：大战中钢铁器材价格大涨，新老厂均重新估值。广东按涨价 30% 计，上海据伍若贤（Robert Y. Eng），*Economic Imperialism in China：Silk Production and Exports*，1986，P.73，无锡据表 5 - 48，他处酌估。

[2] 购茧费：广东、上海按 1913 年原价，无锡据表 5 - 48，他处酌估。

A（3）　面粉业

1894 年仅有机器磨坊 3 家，按第 3 章第 3 节估值 6 万元。[③]

1913 年，据表 5 - 44，[④] 有面粉厂 57 家，设立资本 884.7 万元，日产能力 75815 包。其中阜新本期内增添设备能力 5000 包，和丰增添设备能力 1000

[①] 伍若贤（Robert Y. Eng），*Economic Imperialism in China：Silk Production and Exports*，1986，P.73。

[②] 许涤新、吴承明主编《中国资本主义发展史》第 2 卷，第 878 页。

[③] 许涤新、吴承明主编《中国资本主义发展史》第 2 卷，第 470～471 页。

[④] 许涤新、吴承明主编《中国资本主义发展史》第 2 卷，第 870 页。

包，按每包能力投资 125 元计，应增资 75 万元（茂新亦增添设备能力但已增资），共 959.7 万元，可作为固定资产值。按较晚材料，面粉厂固定资产约占总资产的 70%，故全部资产估作 1371 万元。又本期新设机器磨坊 11 家，连前期所设，除 1 家停业、3 家改为面粉厂外，有设立资本 22.2 万元，亦按 70% 计，应有资产 32 万元。两项合计 1403 万元，作为 1913 年估值。

1920 年，实存面粉厂 123 家，设立资本共 2750 万元，日产能力 266568 包（原表减除 1921 年的 14 家，566.8 万元，45865 包）。此时部分厂已用电机，较前之用蒸汽机节省机器费 2/3；又阜新等大厂改用 40 英寸钢磨，较前用两台 24 英寸者效率增 10%。因而，流动资金比率加大（借入款增多），兹按固定资产占 50% 计，全部资本估作 5500 万元。又本期新设机器磨坊 20 余家，每家资本约 4000 元，共 8 万元，亦按 50% 计，应有资产 16 万元，连前期共 48 万元。两项合计 5548 万元，作为 1920 年估值。

A（4）火柴业

1894 年，据表 4-35，[①] 实存 9 厂，设立资本 50.2 万元，按 1.3 倍估计实际资产约 65 万元。

1913 年，同表，实存 64 厂，设立资本 360.5 万元。时抵货运动，火柴业颇获盈利，借入资本增多，按 1.5 倍计，估作 541 万元。

1920 年，据表 5-49，[②] 有 129 厂，设立资本 745.9 万元。大战时获利，上海荧昌增设二厂，山东振业增资 10 万元，天津北洋积利 10 万元。老厂按设立资本 2 倍计，为 721 万元；新厂按 1.3 倍计，为 501 万元。两共 1221 万元，作为 1920 年估值。

A（5）卷烟业

1894 年无此业。按汪敬虞统计，1913 年前设 10 厂，设立资本 137.8 万元。本业经营不良，不少停歇，兹以 100 万元作为 1913 年估值。

1920 年，南洋厂已增资为 1900 万元，是年盈利 480 万元；华成厂新设，资本 120 万元。两厂可共估作 2200 万元。1914～1920 年另有 8 厂新设，设立资本 87.9 万元。连前期，1920 年可共估作 2400 万元。

---

① 许涤新、吴承明主编《中国资本主义发展史》第 2 卷，第 663 页。
② 许涤新、吴承明主编《中国资本主义发展史》第 2 卷，第 882 页。

A（6）机器业

1894 年，表 3－24[1] 记上海有 16 家，始业资本约 1 万两。因多系由打铁作坊发展而来，始业资本习惯作低，实际设备、存料决不只此，如发昌资本 500 两，至 1899 年以 4 万元售给耶松，合资本的 57 倍。16 厂可按始业资本 10 倍计，即约 14 万元，作为 1894 年估值。

1913 年，表 4－44[2] 列上海实存 91 厂，设立资本 8.7 万元。其中求新厂 1918 年因经营失败以 71.6 万元售给法商，为设立资本的 18 倍，即以此数估值；其余 90 厂按设立资本 4.7 万元的 10 倍估值，为 47 万元；两共 119 万元。

汉口，扬子厂设立资本 55.9 万元。1911 年增设炼铁厂和发电厂，按加倍即 112 万元估值。周恒顺 1898 年资本为 4.8 万元，胡藻记、吕章记等资本 5 万元，均加倍计，即 20 万元。汉口各厂共估作 132 万元。

广州均和安、天津北洋各厂估作 15 万元；南通资生厂资本及借入款共 61 万元；连同其他小厂共作 100 万元。加上海、汉口为 351 万元，作为 1913 年估值。

1920 年，上海有大战新设厂 150 家，资本约 120 万元，空前繁荣。老厂除求新出售法商外，余按 1913 年估值加 50% 计，即 71 万元。新老厂共 191 万元。

汉口增设中华厂，资本 30 万元。老厂按 1913 年估值增加 20% 计，即 158 万元，新老厂共 188 万元。

其他地除北洋铁工厂歇业外，未详，按 1913 年原数（减北洋）增加 20% 计，为 102 万元。加上海、汉口，共 481 万元，作为 1920 年估值。

A（7）水泥业

投产者仅启新一家。1913 年该公司股本 600 万元，公积金 20.7 万元。共合 621 万元，作为该年估值。1920 年，公司股本 651.4 万元，公积金 118.4 万元，共合 780 万元，作为该年估值。

A（8）水电业

1894 年，仅有广州电灯厂，设立资本 6.99 万元，历史较长，按 1.3 倍

---

[1] 许涤新、吴承明主编《中国资本主义发展史》第 2 卷，第 457 页。
[2] 许涤新、吴承明主编《中国资本主义发展史》第 2 卷，第 666 页。

计，估值 9 万元。

1913 年，据表 4 - 48，[1] 有 57 家，设立资本 2720 万元，相当于固定资产。水电业流动资金较少，按占总资产 25% 计，资产值约 3627 万元，作为 1913 年估值。

1920 年，按上海经济研究所未刊资料，1914～1920 年新设电灯厂 124 家，设立资本 1154.8 万元。其中上海华商系合并原上海内地厂，他处亦有重建者，实际投资作 1100 万元计。自来水新设武昌、昆明二家，资本 180 万元。水电合计 1280 万元。加流动资金 25% 计，为 1707 万元。老厂按 1913 年原值加 20% 计估，为 4352 万元。新老厂共 6059 万元，作为 1920 年估值。

A（9）其他制造业

1894 年，第 3 章第 3 节文内，[2] 列全国华商制造业共 145 家，设立资本 754.08 万元。此数减除下列 6 业之家数及原列之设立资本，余 15 家、设立资本 94.06 万元。以此数作为固定资产，加总资本的 30%（借入款）作流动资金，共为 134 万元，作为其他制造业 1894 年估值。甲表 6 为减除数：

甲表 6　其他制造业民族资本减除数（1894）

行　业	家　数	设立资本（万元）	行　业	家　数	设立资本（万元）
棉纺织业	2	67.13	火 柴 业	11	58.07
缫 丝 业	97	520.84	机 器 业	16	1.40
面 粉 业	3	5.59	水 电 业	1	6.99

注：共减除 130 家，设立资本 660.02 万元。

1913 年，表 4 - 48 列全国华商制造业共 657 家，设立资本 10517.7 万元。此数减除下列 8 业之家数及原列之设立资本，余 201 家，设立资本 3683.4 万元。此数作为固定资产，加总资本的 30%（借入款）作流动资金，共为 5262 万元，作为其他制造业 1913 年估值。甲表 7 为减除数：

①　许涤新、吴承明主编《中国资本主义发展史》第 2 卷，第 680～681 页。

②　许涤新、吴承明主编《中国资本主义发展史》第 2 卷，第 450～501 页。

甲表 7　其他制造业民族资本减除数（1913）

行　业	家　数	设立资本（万元）	行　业	家　数	设立资本（万元）
棉纺织业	16	1018.5	卷烟业	20	137.8
缫丝业	141	1133.3	机器业	99	229.7
面粉业	57	907.5	水泥业	2	327.0
火柴业	64	360.5	水电业	57	2720.0

注：共减除 456 家，设立资本 6834.3 万元（卷烟业汪敬虞原统计，其他 7 业均为表 4－48 的调整数）。

1920 年，无资料可据。按前述 A（1）至 A（8）八业之估值，1913～1920 年平均增长率为 11.7%；其他制造业从低按 10% 计，1920 年估值为 10254 万元。

A（10）煤矿业

据表 3－29，[1] 至 1894 年在采之煤矿有峄县（设立资本 7 万两）、临城（50 万两），利国驿（16 万两）、贵池（23 万两）、京西（?）五处。其中峄县煤矿经营颇佳，按 15 万两估值；京西煤矿销路甚好，按 20 万两估值；余均无起色，按设立资本估值。如此，共为 124 万两合 173 万元。

据表 4－48，1895～1913 年新设煤矿 31 处，设立资本 836.9 万元。此时经营有起色，按 1.3 倍估值，为 1088 万元。老矿中除临城（70 万元）为比国资本所据外，余数亦按 1.3 倍计，为 134 万元。新老矿共 1222 万元，作为 1913 年估值。

第一次世界大战以来，华商煤矿进入繁荣，至 1920 年新开 50 余处，唯经营情况未详。据表 5－52，[2] 华商煤矿产量由 1913 年的 54.1 万吨增为 1920 年的 328 万吨，年增长率达 29.36%。投资增长率不会这样高，兹按 20% 计，为 4380 万元，作为 1920 年估值。

A（11）金属矿冶业

据表 3－29，[3] 至 1894 年在采之金属矿仅有天宝山银矿（设立资本 3 万两）、招远金矿（60 万两）、建平金矿（?）三处，经营均不佳。建平按设立资本 10 万两计，共 73 万两合 102 万元，作为 1894 年估值。

---

① 许涤新、吴承明主编《中国资本主义发展史》第 2 卷，第 493 页。

② 许涤新、吴承明主编《中国资本主义发展史》第 2 卷，第 891 页。

③ 许涤新、吴承明主编《中国资本主义发展史》第 2 卷，第 487～489 页。

1895～1913 年新设金属矿 18 处，设立资本 420.6 万元，内有停闭。本期经营尚可，兹以 500 万元作为 1913 年估值。老矿此时均停闭。

1913～1920 年新设金属矿 10 余家，仅安徽裕繁稍具规模（设立资本 120 万元），可共估作 350 万元。老矿无显著发展，按 1913 年原值计，新老矿共 850 万元。冶铁业有上海和兴铁厂（设立资本 100 万元）、保晋阳泉铁厂（70 万元），经营有利，按 1.3 倍计估作 221 万元。金属矿及冶炼合计 1071 万元，作为 1920 年估值。

B（1）航运业

1894 年，仅有小火轮公司 3 家，设立资本 60 万两合 84 万元。轮船业借入资金不大，按 1.2 倍计，为 101 万元，作为 1894 年估值。

1913 年，据表 4－46，[①] 有轮船公司 35 家，设立资本 1160 万元，按 1.2 倍计为 1392 万元。此时小火轮勃兴，不下 560 家，设立资本 790 余万元，亦按 1.2 倍计为 948 万元。两共 2340 万元，作为 1913 年估值。

据表 5－53，[②] 1914～1920 年新设轮船公司 14 家，设立资本 2080 万元（不全），又前期所设公司增资 420 万元，共增资本 2500 万元，按 1.2 倍计为 3000 万元。加前期轮船公司估值 1392 万元共为 4392 万元。本期小火轮仍盛，但资料不全，按前期比例推算当在 3000 万元左右；即总投资在 7500 万元左右。又据海关登记中国轮船吨位，减除轮船招商局吨位，1913 年为 29263 吨，1920 年为 110447 吨，年增长率为 20.89%。若投资增长率按 20% 计，1920 年应为 8385 万元。两数相差不多，兹以 8000 万元作为 1920 年估值。

B（2）铁路

1894 年无民办铁路。1913 年，有商营潮汕、新宁及各省铁路公司所筑漳厦、川路、浙路、苏路、粤路、湘路等 900 公里。潮汕资本 302.4 万元，新宁建筑费 500 万元。各省铁路公司集资约 6000 万元，但未全部用于筑路；1915 年袁世凯收回各路时给以 6800 万元之债券；均非各省筑路实际费用。因此，我们按前估 1911 年国有铁路平均每公里合 6.54 万元计估，900 公里共值 5886 万元。

民办铁路昙花一现，1920 年仅余潮汕、新宁、漳厦三路 546.1 公里；

---

① 许涤新、吴承明主编《中国资本主义发展史》第 2 卷，第 674～675 页。

② 许涤新、吴承明主编《中国资本主义发展史》第 2 卷，第 911 页。

按前估 1920 年国有铁路平均每公里合 7.09 万元计估，为 3872 万元。唯本期开筑碧固窄轨铁路，山路崎岖，费用特大，190 公里耗资 2070 万元。该路至 1920 年仅完成碧色寨—鸡街段，按半数计为 1035 万元。两共 4907 万元，作为 1920 年估值。

D 商业资本

第 5 章第 7 节估计 1920 年商业资本至少有 23 亿元，[①] 是指国内市场商品量一次交易所需资本，可视为贩运批发商的运用资金。其他年份无考。按海关"各口互相贸易总数"统计，1894 年为 1920 年的 28.54%。1913 年为 1920 年的 72.25%。依此比例，估计 1894 年商业资本为 6.56 亿元；1913 年为 16.62 亿元。海关统计限于轮船载运之商品，故其比例未尽恰当。

E 银钱业资本

第 4 章第 5 节称，[②] 票号设立资本约 1500 万两，全盛时存款达 1.5 亿两。1894 年为票号盛时，但存款大增是在战争中，且多临时性的。这时钱庄亦有发展，资本不详。兹将票号、钱庄之营运资本共估为 1.5 亿两合 2 亿元，作为 1894 年估值。

同节估计，1911 年全国钱庄设立资本不超过 4000 万两。存款未详。按大钱庄存款约为设立资本的五六倍，我们通按 5 倍计，钱庄营运资金共约 3.35 亿元。据表 5 - 54，[③] 1913 年有私营银行 42 家，设立资本 2712.2 万元，存款未详。银行的业务这时不如钱庄，其存款按资本的 4 倍计，营运资金共约 1.35 亿元。票号已衰落，仍酌估 0.5 亿元。以上三项共 5.2 亿元，作为 1913 年估值。

据表 5 - 54，1920 年有私营银行 97 家，设立资本 8782.9 万元，存款未详。这时银行业务较好，并已有些老行，存款按资本的 5 倍计，营运资金共约 5.27 亿元。据表 4 - 53，[④] 1920 年上海钱庄资本为 1913 年的 4.5 倍；但其他城市钱庄属衰落趋势。兹姑将 1913 年钱庄的估值 3.35 亿元加半倍计算，即 5 亿元。票号免计。以上银行、钱庄营运资金共 10.27 亿元，作为 1920 年估值。

---

① 许涤新、吴承明主编《中国资本主义发展史》第 2 卷，第 990 ~ 1038 页。
② 许涤新、吴承明主编《中国资本主义发展史》第 2 卷，第 681 ~ 716 页。
③ 许涤新、吴承明主编《中国资本主义发展史》第 2 卷，第 897 页。
④ 许涤新、吴承明主编《中国资本主义发展史》第 2 卷，第 702 ~ 703 页。

附录乙　1920 年总产值的估计

一　农业产值估计

历史上农业产值无统计，都是用估计之作物面积和选点之亩产量估出产量，再按市价估算产值。此项研究始于 20 世纪 30 年代，其中涉及本时期者仅许道夫、珀金斯两种估计。以粮食为例，各估计比较如乙表 1。

乙表 1　粮食产量估计（1914～1935 平均）

估计者	时间（平均每年）	粮食产量（万担）	资料来源
许道夫	1914～1918 1924～1929	186104 254947	《中国近代农业生产及贸易统计资料》，上海人民出版社，1983
珀金斯	1914～1918 1931～1937	283300 319690	《中国农业的发展，1368～1968》，宋海文等译，上海译文出版社，1984
张心一	1929～1931	248703*	《中国农业概况估计》，南京金陵大学农林新报社，1932
乔启明、蒋杰	1932～1935	279823*	《中国人口与粮食问题》，中华书局，1937
巫宝三	1933	438066	《中国国民所得（一九三三年）》，中华书局，1947
刘大中、叶孔嘉	1933	345600	*The Economy of the China Mainland: National Income and Economic Development, 1933-1959*, 1968

以上见许道夫 1914～1918 年之估计似属过低，并低于本书 1840 年之估计。[1] 珀金斯的估计有偏高之处，尤其经济作物方面。我们以他 1914～1918 年粮食估计为准，并用巫宝三的估计补充修正，结果见乙表 2。

所有估值结果见乙表 2。

有了产量，乘以价格，即得产值。史料中无 1914～1918 年价格，只好用 1933 年价格代替，这就发生本期内价格变动问题。1920～1933 年价格指数如乙表 3。

---

[1]　许涤新、吴承明主编《中国资本主义发展史》第 1 卷，人民出版社，1985，第 319 页。

乙表 2　农业产值估计（1914～1918 年平均）

项　目	产　量（万市担）	价格（元/担）		总产值（万元）	
		生产者价格	市场价格	生产值	市场值
(1)粮食作物	283310			652980	1016897
稻	147610	2.016	3.5	297582	516635
小麦	39570	3.083	4.5	121994	178065
玉米	14680	1.997	2.9	29316	42572
高粱	23750	1.886	2.8	44793	66500
小米	22180	3.000	3.6	66540	79848
大麦	18090	1.560	3.8	28220	68742
其他杂粮	10370		3.5	36295	36295
薯类折粮	7060	4.000	4.0	28240	28240
(2)经济作物	25437			165530	206671
大豆	10970	2.792	3.9	30628	42783
花生	4540	3.816	5.2	17325	23608
油菜籽	3800	4.468	5.9	16978	22420
芝麻	670	5.115	8.0	3427	5360
棉花	1606	24.897	31.0	39985	49786
麻	1410	15.000	20.2	2115	2848
甘蔗	18666[1]	0.350	0.6	6533	11200
烟	1590	16.948	17.0	26947	27030
茶	445	25.700	25.8	11442	11486
蚕茧	406	25.000	25.0	10150	10150
(3)农作物　(1)+(2)	308747			818510	1223568
(4)园艺		占农作物比重(%)		82588	123458
菜疏		6.07		49684	74271
水果		4.02		32904	49187
(5)林牧渔业		占农作物比重(%)		148396	221833
木材		2.43		19890	29733
牲畜		11.41		93392	139609
家禽		2.42		19808	29610
鱼		1.87		15306	22881
(6)农业总产值　(3)+(4)+(5)				1049494	1568859

注：[1] 从总产值 11200 万元推出，不计入总产量。

乙表 3　粮食价格指数估计 (1920～1933)

物价指数	1920 年	1933 年	资料来源
南开进口物价指数	100	98.54	南开大学经济研究所编《南开指数年刊(1934)》
南开出口物价指数	100	108.48	南开大学经济研究所编《南开指数年刊(1937)》
卜凯农民所得物价指数	100	88.75	卜凯编《中国土地利用》统计分册,南京金陵大学出版,1937,第 149～150 页
上海批发物价指数 (1921 = 100)	100	99.24	上海社会科学院经济研究所编《上海解放前后物价资料汇编》,上海人民出版社,1958,第 54、58 页(改换基期)
内:农产品	100	107.80	
制造品	100	97.90	
纺织品及原料	100	87.56	
华北物价指数	100	113.59	上海社会科学院经济研究所编《上海解放前后物价资料汇编》,第 175 页(改换基期)
内:食物	100	111.39	
布及原料	100	93.81	

　　1933 年适值市场不景气,物价下跌,比之 1902 年价格水平相差无几;因此我们即用 1933 年价格,不再调整。巫宝三及刘大中、叶孔嘉都有各种产品的 1933 年价格表。但刘、叶所用为市场价格;巫所用为生产者价格,约比市场批发价格低 25%。我们两者都用,分别计算每项产品之"生产值"和"市场值",均见乙表 2。

　　珀金斯在计算农产值中,除农作物外另加 25% 作为遗漏部分。我们不采此法,而以巫宝三估计之 1933 年的园艺、林业、牲畜业、渔业产值占农作物产值之比重,估计 1914～1918 年各该业产值。其比重如乙表 4。

乙表 4　农作物产值比重估计 (1933)

项　目	1933 年产值(百万元)	占农作物产值比重(%)	项　目	1933 年产值(百万元)	占农作物产值比重(%)
农作物	11740.7	100.00	畜牧业:牲畜	1340.1	11.41
园艺:菜蔬	713.1	6.07	家禽	283.9	2.42
水果	472.0	4.02	渔业:鱼	219.5	1.87
林业:木材	285.5[1]	2.43	非农作物合计	3314.1	28.23

注:[1] 略去桐籽和漆。桐在 1920 年尚无足轻重,漆产值甚微。

二 手工制造业产值估计

北洋政府《农商统计表》有 1920 年手工业统计，唯仅华北西北 10 省数字，我们只好从较晚之 1933 年估计中推算。巫宝三估 1933 年手工业总产值为 562682 万元，净产值为 135937 万元。刘大中、叶孔嘉估同年手工业净产值为 20.4 亿元，较巫估为大。我们用巫估数，但加修正。

巫书估计中最大项目为面粉，总产值达 151940 万元，竟占总数 27%，而碾米业仅 19243 万元。二者均系由原料产量估出，稻产量多于小麦 2.7 倍，产值反低。查原书估碾米用净产值，无总产值。我们将面粉一项也改用净产值即 24598 万元计算（其中约 70% 是农民自食），仍高于碾米，可解释为麦粉加工较费劳力。[①]

以 1933 年估值推算 1920 年产值，除价格可不作调整已如前述外，首先要确定此期间手工业生产是发展的还是衰落的。近人研究，均据出口统计。据彭泽益所辑手工业品出口资料，[②] 67 种手工业品出口值在 1920 ~ 1933 年下降 36%。唯其中最大二项即植物油、籽饼显系受东北沦陷影响，除去此二项，65 种产品出口值仅下降 3.76% 而已。但本期内出口价格有变动，按价格指数修正，则 1920 年应为 1933 年的 1.126 倍。计算法如乙表 5。

乙表 5　手工业品出口值（1920 ~ 1933）

单位：万关两

年　份	1920	1925	1930	1933
67 种产品	18086	23117	25123	12588
65 种产品	10241	12915	12690	9866
出口价格指数	100	130.51	152.39	108.48
修正出口值	10241	9896	8328	9094

下面讨论几项重要产品的估价。棉纺织业占手工业产值第一位，包括轧棉、棉纺、棉织，巫书估计 1933 年为 117675 万元。我们另据 1920 年之资

---

①　上海市粮食局等编《中国近代面粉工业史》，对手工面粉产量产值亦有估计，其值过高，无法比较（中华书局，1987，第 103 ~ 106 页）。

②　彭泽益编《中国近代手工业史资料》第 3 卷附录 4，中华书局，1957。

料加以修正。

1. 轧棉业

巫书估计 1933 年产棉 1606 万市担，轧棉产值为 54435.6 万元。据《中国资本主义发展史》第 2 章第 6 节附录乙表 6，[①] 1920 年产棉 1059.9 万市担，依比例产值为 35925.4 万元。

2. 棉纺业

据第 2 章第 6 节附录乙表 5，[②] 1920 年土纱产量为 282.7 万关担，合 342 万市担，依巫书所列价每担 41.1 元计，产值为 14056.2 万元。此数甚巨，但非商品，农家自用。

3. 棉织业

据第 2 章第 6 节附录乙表 4，[③] 1920 年产手织布 60231.7 万匹。1920 年上海土布价每匹 0.52 元，出口价每匹 0.99 元，[④] 兹按每匹 0.7 元计，产值为 42162.2 万元（巫书采用机制布价，所估过高）。

4. 榨油业

榨油亦大行业，产值仅次于棉纺织。巫书多系用 1933 年油料作物产量估出油产量及价值，减除工厂产值，得手工业产值。我们前已估 1914～1918 年平均油料作物产量，即以之与 30 年代产量比较得出百分比，用以估计油类产值。此项数字均包括东北。其计算法如乙表 6。

所得 1920 年产值 43755.2 万元，按巫书所用百分比，以 92.8% 为手工业产值，即 40604.8 万元。此数远小于巫书所估 1933 年产值（57198.6 万元）。这是合理的；因 1920～1933 年期间，油料作物大有发展，在各项手工业衰退之际，榨油业却是增长的。

其他各业均按前述比例，即以 1920 年为 1933 年的 1.126 倍计估。估价结果见乙表 7。依表，1920 年手工制造业产值为 426058.6 万元，仍略低于 1933 年；这是因为榨油业在此期间有大发展，又因棉织业巫书用机制布价格，以至过高。

---

① 许涤新、吴承明主编《中国资本主义发展史》第 2 卷，第 328 页。
② 许涤新、吴承明主编《中国资本主义发展史》第 2 卷，第 320～326 页。
③ 许涤新、吴承明主编《中国资本主义发展史》第 2 卷，第 325 页。
④ 据彭泽益编《中国近代手工业史资料》第 2 卷第 728 页、第 3 卷附录 4 出口量折算。

乙表6　油料作物年均产量与油类产值估计

油料作物	A 1914～1918 平均年产量（万担）	A/B （％）	B 1931～1937 平均年产量（万担）
大　豆	1097	65.1	1686
花　生	454	86.5	525
油菜籽	380	74.8	508
芝　麻	67	37.0	181
棉　籽[1]	2120	67.3	3151
合　计	4118		6051
油　类	A 1920 产值（万元）	A/B （％）	B　1933[2] 产值（万元）
豆油及饼	11557.7	65.1	17753.7
花生油及饼	8665.0	86.5	10017.3
菜籽油及饼	17591.0	74.8	23517.4
芝麻油及饼	1187.1	37.0	3208.5
棉油及饼	2837.5	67.3	4216.2
茶　　油	925.4	66.1[3]	1400.0
其　他　油	991.5	66.1[3]	1500.0
合　计	43755.2		61613.1

注：

[1] 棉籽为衣花重量的一倍，按第2章第6节附录乙表6（许涤新、吴承明主编《中国资本主义发展史》第2卷，第322页），衣花产量1920年为1059.9万市担，1936年为1575.7万市担。

[2] 巫宝三：《中国国民所得（一九三三年）》下册，第142～145页，此处细目之和较前引总额多10万元。

[3] 前五项平均数。

乙表7　手工制造业产值估计（1920、1933）

单位：万元

行　业	1920年	1933年	行　业	1920年	1933年
轧棉业	35925.4	54435.6	丝织业	11323.3	10056.2
棉纺业	14056.2	7725.2	制烟业	19350.1	17184.8
棉织业	42162.2	55496.0	制茶业	16657.6	14793.6
榨油业	40604.8	57198.6	造纸业	6283.1	5580.0
酿造业	50050.7	44450.0	制糖业	5602.2	4975.3
面粉业	27696.9	24597.6	砖瓦业	5814.3	5163.7
碾米业	21668.1	19243.4	交通用具业	12904.3	11460.3
服用品业	21230.5	18854.8	其他34业	88533.6	78626.6
缫丝业	6195.3	5502.0	合　计	426058.6	435343.7

三 近代制造业和矿冶业产值估计

巫宝三估计，1933 年近代制造业的总产值为 218617.6 万元，净产值为 52965.3 万元；刘大中、叶孔嘉估计同期净产值为 7.7 亿元。两估计均指合于工厂法之工厂产值，包括外商厂，并包括东北。

章长基估计 15 种工业品之产值 1920 年为 404.6 百万元，1933 年为 1006.3 百万元，即 1920 年约为 1933 年的 40.2%。[1] 我们以巫宝三估计的 1933 年总产值 218617.6 万元为准，按此倍数，推算 1920 年的总产值为 87898.9 万元。

此数不包括冶炼业和水泥业。冶炼将计入下述矿冶业；水泥业 1920 年有二厂生产：启新产 109741 吨，大连小野田产 32 吨。[2] 两共 109773 吨，合 645724 桶，按巫书每桶价 6 元计，为 387.4 万元。加入前值，1920 年近代工业的总产值为 88286.1 万元（此项估计源于 1933 年工业普查，近代史常用，故不再列分业项目）。

矿冶业产值的估计，是以 1921 年左右 26 种矿冶产品的产量，按照巫宝三书中所列价格，计算其总产量；最后再加 10% 作为遗漏，见乙表 8。依表，1920 年矿冶业产值为 29050 万元，低于巫书所估 1933 年总产值（33352.4 万元，即巫原估数减除水泥、焦炭、天然气；水泥已列入制造业，焦炭、天然气系炼厂自用）。

乙表 8 矿冶业产值估计 (1920)

产　品	单　位	产　量	价格(元)	产值(万元)
煤	吨	21318825	5	10659.4
铁矿砂	吨	1838435	4	735.4
生铁	吨	429548	51	2190.7
钢	吨	68260	100	628.6
金 (1921)	两	12487	100	124.9

[1] John K. Chang, *Industrial Development in Pre - Communist China*, 1969, p. 60.

[2] 《启新洋灰公司史料》，三联书店，1963，第 155 页；《东三省物产资源与化学工业》，1933，第 334 页。

续表

产　品	单　位	产　量	价格（元）	产值（万元）
银（1921）	两	28200	1.4	3.9
铜（1916）	吨	1341	585	78.4
铅（1916，湖南）	吨	9684	50	48.4
锌（1916）	吨	28104	7	19.7
钨砂	吨	6856	544	373.0
纯锑	吨	15618	201	313.9
生锑（输出）	吨	2493	122	30.4
锡锭块	吨	12368	2327	2878.0
汞	吨	83	3212	26.7
锰（输出）	吨	25424	10	25.4
钼（1916）	吨	2	2000	0.4
铋（1921）	吨	119.58	2000	23.9
砒砂（1921）	吨	1000	220	22.0
硫（1921）	吨	770	150	11.6
石棉（1921）	吨	500	120	6.0
滑石（1921）	吨	10520	10	10.5
白云石及苦土（1921）	吨	10100	5	5.1
明矾（1921）	吨	16200	55	89.1
石膏（1921）	吨	27000	17	45.9
石油（1926）	吨	1914	20	3.8
盐（1917）	吨	4000000	20	8000.0
合　计				26355.1
加10%遗漏				2635.5
总　计				28990.6
其中：近代化生产				10555.8
手工业生产				18434.8

资料来源：煤、铁矿砂、生铁、钨砂、锡锭块、汞产量见严中平等编《中国近代经济史统计资料选辑》，第102、139页；钢、石油产量见陈真编《中国近代工业史资料》第4辑，三联书店，1961，第748、940页；余见《中国年鉴（第一回）》（英文）。

此数系全部矿冶业产值，其中机械采矿和新法冶炼部分，大体可算出一个比率，从而计算近代化产值约为10555.8万元；从总数中减除，余18484.2万元，为手工业矿冶业产值；其计算方法如乙表9。

乙表 9　近代化矿冶产值估计

	总产值（万元）	新法采炼比重（％）	近代化矿冶产值（万元）
煤	10659.4	66.3	7067.2
铁矿砂	735.4	72.7	534.6
生铁	2190.7	60.3	1321.0
钢	682.6	100.0	682.6
石油	3.8	100.0	3.8
纯锑	313.9	20.0	62.8
生锑（出口）	30.4	100.0	30.4
锡锭块	2878.0	30.0	853.4
合　计			10555.8

注：新法采炼比重：煤、铁砂、生铁据严中平等编《中国近代经济史统计资料选辑》，第 104 页；余酌估。

四　交通运输业产值估计

交通运输业的总产值，也就是它们的总收入。下面分别估计轮船、木帆船、铁路、人畜力运输、电信、邮政的收入，而略去了市内载客的电车、汽车、黄包车等运输。公路运输这时还很微弱，无资料可据，也免估。

1. 轮船

据巫宝三估计，1933 年，华商轮船业，内地平均每吨收入 104.5 元，东北因冰冻期长，每吨收入仅 29.4 元，全国平均为 91.4 元。1920 年，东北航运尚少，我们按每吨 100 元计。据交通部统计，1920 年有中国轮船 303827 吨，估计收入 3038 万元。外商轮船无统计，按表 3，1920 年的航运业资本估值，外资为华资的 97.6％，依此，估计外商轮船业收入为 2965 万元。两项合计，1920 年轮船业的收入共 6003 万元。

2. 木帆船

据巫书估计，1933 年有木帆船 988000 只，总收入为 48800 万元，为轮船（包括外商）收入的 3.56 倍。若 1920 年亦按此倍数计，则木帆船的收入应为 21371 万元。又据海关"各口互相贸易总数"统计，1920 年为 1931 年的 61.1％（无 1933 年统计），以巫书估计的 48800 万元按此百分数计，

1920 年应为 29817 万元。兹以两数平均，估计 1920 年木帆船的收入为 25594 万元。

3. 铁路

据表 5-27,[①] 1920 年 15 条国有铁路的运输收入为 9144.4 万元。又据曾鲲化《中国铁路史》,[②] 1920 年或 1921 年民营铁路、狭轨铁路和外商经营的中东、南满、滇越三路的收入共 13229.2 万元。两项合计，1920 年铁路收入共为 22374 万元。

4. 人畜力运输

此项包括人力车、畜力车、驮运、肩挑运输等。无收入资料可据，巫书亦无估计。据美国 Thomas G. Rawski 的 China's Republican Economy（原稿）表 4.10 估计，1919 年人畜力的运输量约为 34 亿吨公里，为木帆船运输量 408 亿吨公里的 8.33%。按上述木帆船收入 25594 万元比例计算，人畜力运输的收入估为 2132 万元。

又，水陆码头之搬运夫，属于货运劳动，其收入计入运费。据巫书估计，1933 年有搬运夫 30 万人左右，其收入约 3600 万元。1920 年，按前述"各口互相贸易总数"为 1931 年的 61.1% 计，搬运夫的收入约为 2200 万元。

上两项合计，共为 4332 万元。

5. 电信

1920 年，无线电报刚在创办，收入估计仅计有线电报和电话二项。据 *China Year Book*, *1936-1937* 第 1123 页，1920 年的电报收入为 759.6 万元，电话收入为 193.6 万元。此指公营电信业。此外，尚有商办市内电话数十处，据巫书估计，1933 年，其收入为公营电话收入的 81.4%。以此比例用于 1920 年，则商办电话收入为 157.6 万元。以上三项合计共 1111 万元。

6. 邮政

据《中国年鉴（第一回）》第 998 页，1920 年邮政的收入为 1267.9 万元。此指中华邮政。另外，尚有民办的民信局 3000 余家，主要从事华侨邮

---

① 许涤新、吴承明主编《中国资本主义发展史》第 2 卷，第 820 页。
② 曾鲲化：《中国铁路史》，燕京印书局，1923。

汇，据巫书估计，其 1933 年的收入为中华邮政收入的 20.1%。以此比例用于 1920 年，则民信局收入为 254.8 万元。两项合计共 1523 元。

以上交通运输业的产值估计列为乙表 10。

乙表 10 交通运输业产值估计（1920）

项　目	总产值(万元)	项　目	总产值(万元)
轮　船	6003	电　信	1111
木帆船	25594	邮　政	1523
铁　路	22374	合　计	60937
人畜力运输	4332		

（原载许涤新、吴承明主编《中国资本主义发展史》第 2 卷《旧民主主义革命时期的中国资本主义》，第 1040～1088 页）

"新民主主义革命时期的中国资本主义"导论[*]

一 30年代的经济危机和国内市场

1932～1953年的经济危机，是除了外国发动的侵略战争外，中国经济遭到的最严重的一次打击和考验，也是《中国资本主义发展史》第3卷开始即第2章讨论的一个重大问题。

这次危机，是由于金本位国家货币贬值、国际银价动荡所引起的，及至美国实行购银法案，白银大量外流，中国经济陷入深渊，故有人称之为白银危机。在危机前和危机中，银价、汇价、物价变动诡谲；当时和事后论著如云，大都从这方面下功夫。我们也用了较大篇幅对它进行分析。不过，我们的看法是：这种变动中的许多反常现象，如银价与汇价偏离，金贵银贱时出口价反而下降，金贱银贵时进口价反而高于市价等，泰半是由于中国外贸和金融的半殖民地性结构造成的，也就是一些论者所说1929年开始的资本主义世界经济危机向中国的转嫁。但是，它并不是中国20世纪30年代经济危机的根本原因。中国这次危机，和当时的世界经济危机一样，是资本主义发展中的危机，不过主要不是由于生产相对过剩，而是由于购买力的绝对减退，特别是农村购买力的减退和消失。而这又与中国农村的半封建和半自然经济的结构分不开的。

---

* 本文原为许涤新、吴承明主编《中国资本主义发展史》第3卷《新民主主义革命时期的中国资本主义》第1章"导论"中的第2～5小节（吴承明执笔），人民出版社，1990。收入本卷后改题名为《"新民主主义革命时期的中国资本主义"导论》。——编者

中国的经济从来不是外向型的，中国资本主义的发展只能是依靠国内市场，尤其是广大的农村市场。因而，《中国资本主义发展史》自第1卷起就十分重视国内市场的分析，第3卷更着重对国内市场的商品流向和价格结构进行分析。据我们估计，主要农产品的商品值，按不变价格计，在1840~1894年间平均年增长率不足1.3%；在1895~1920年间约为1.6%；在第3卷讨论时期即1920~1936年间约为1.8%，就是说，农产品商品化的速度很慢，不能与工业的发展相适应。工业品的基本流向是由沿海口岸运往内地和农村，其价格水准是决定于口岸市场，经过批发、运转诸环节而逐级加价。农产商品基本上是由农村和内地流向大城市和口岸，但是，尽管是国内消费的，其价格水准也是决定于口岸市场，然后按照各流通环节逐级压价。如产地米价决定于上海米市，上海米价又决定于进口洋米价（其相关系数均在0.80至0.90以上）。这就使农产品的价格脱离生产，在交换中长期处于不利地位。

在工农业产品的价格变动中，约1895~1905年间长期是不利于农产品的；1905~1912年短期间是有利于农产品的。1913~1920年，工业品价格的上升远快于农产品价格的上升，差距扩大了约1/3；这时，就是当时工商界所称的"黄金时代"。进入第3卷所讨论的时期，1921~1925年短期间，这个差距缩小，农村得以稍苏。但1926年起，工业品价格的上升又远快于农产品，到1931年差距又达约1/3。1931年秋转入物价下跌，而农产品价格下跌远快于工业品价格的下跌，差距继续扩大。在这种情况下，农村输出的产品不足以抵偿由大城市输进的工业品，农村白银大量流入城市，以至金融枯竭，当时称之为农村破产。故农村购买力的消失，实在是这次危机的根本原因。当然，"九一八"事变使民族工业丧失约15%的市场，以及1931年长江下游的大水灾，也造成购买力的消退。

危机期间，工商界人士奔走呼吁，要求救济，其情可悯。不过，受难深重的还是农民。据一项估计，危机最甚的1934年与危机前最高峰比，农业生产所得下降了31%，而工业生产所得下降仅5.9%；若用1931年不变价估计，农业生产所得下降20.8%，工业生产所得反增长11.9%。[①] 因此，危

---

① 此估计见巫宝三等《中国国民所得》上册，中华书局，1947，第17、19页；所称"所得"即净产值。

机中资本主义工业还能维持生产，那是以农民的利益为牺牲的。

牺牲农业以发展工业或工业化，几乎是资本主义发展的普遍道路。不过，在西方国家，或是把这种牺牲转移到殖民地和依附国，或是较快地转入依靠工业自身积累，这一过程也就基本结束。中国没有这种条件。在当时，要解决这个问题，只有依靠政府坚决的扶农政策；而就当时的政府来说，这又无异与虎谋皮。国民党政府曾在危机中设立农村复兴委员会，结果一事无成。这时日本人在东北的统治，更是肆意地损农助工，结果农业生产迄未恢复到"九一八"时水平，工业的五年计划也只好停留在纸上。然而，我们看到后来的一些新兴国家，乃至像 20 世纪二三十年代苏联的工业化，也是采取了牺牲农业的办法，则不免使我们经济史的研究陷入困惑了。

二 手工业和农业中的资本主义生产关系

中国的资本主义是在农业和手工业这两种传统经济的汪洋大海中生长的，它与传统经济的关系如何，也就是所谓二元经济问题，是经济史研究应予解答的。为此，我们在《中国资本主义发展史》第 2 卷中着重考察了手工业，第 3 卷又专章讨论农业，对它们的生产和资本主义成分作了估量。

据我们考察，鸦片战争后迄 1920 年，中国手工业尤其是资本主义手工业（以工场手工业为主）几乎是与新式工业并行发展的，新式工业发展最快的时候，也是手工业发展最快的时候。两者之间自有矛盾，但也有互补。有些新式工业是以手工业为桥梁发展起来的，特别像棉纺织业将纱卖给农村织户，迅速扩大了市场；还有些新工业是从半手工或散工制入手，俾便创业。手工业方面，也在一些主要行业中引进新式工具，促进了工场手工业的发展。我们估计，到 1920 年，工场手工业的产值有 10.7 亿元，占全部手工制造业产值的 25%，比当时全部新式工业（包括外商）的产值还要大些，约为 55∶45。

进入第 3 卷所考察的时期，即 20 世纪二三十年代，手工业发展的速度降低了。这一方面是它的产品渐为新式工业所替代；棉纺织厂也有力扩充布机，自行织布了。另一方面，部分手工业改用机器和电力，加入新式工业行列。但工场手工业仍有较大发展，估计到 1936 年，其产值为 19.6 亿元，占全部手工制造业产值 30.6%；它与全部新式工业的产值比，则降低为 41∶59。

抗日战争时期，新式工业遭到破坏，手工业和工场手工业对支持抗战和维持民用做出重大贡献。战后，新式工业逐渐恢复，工场手工业仍有发展。据解放后 1949 年的统计，工场手工业的产值为人民币 28.7 亿元，占全部手工制造业产值的 47%；它与新式工业的产值比，再次下降，为 27∶73。[①]

机器大工业取代手工业（艺术品除外）是历史发展的必然，但怎样取代，每个国家都应当有自己的道路。我们的看法，在中国近代化过程中，手工业这种传统经济并不完全是个消极因素，而是有它的地位和作用。在中国，本来可以有一条土洋结合、再进一步现代化的道路，以及通过工场手工业过渡的道路。这种道路，可使工业建设接近原料和市场，协调生产，均衡布局。20 世纪初，张謇以大生纱厂的资力，扶持垦盐植棉，进而创办起包括农、工、商、运输、金融的"南通实业"体系，一时传为盛举。但是，自五口通商以后，占优势的就是一条以口岸为基地，以洋行为背景，以移植为标本的资本主义发展道路。这可说是一条半殖民地型的发展道路。于是，声势日赫的口岸经济与内地经济相对立，以内地为尾闾，湮没了上述土洋结合、协调发展的道路；张謇的乡土建设最后也败于这种口岸资本主义，陷于破产的境地。

对于农业中资本主义生产关系的考察，占有第 3 卷四节的篇幅，结果却颇令人失望。据我们估计，迄抗日战争前，经营地主、富农经济、农业公司和农场这三种经营形式共约有自营地 4 亿余亩，占全国总耕地面积的近30%。回忆我们在第 1 卷考察农业中的资本主义萌芽时，在几百件农业雇工的资料中，能确定为资本主义户的只有 11 例；对比起来可谓大有发展了。但是这三种形式中都有不同程度的封建性，其中有多少是资本主义户却无法肯定。我们不能像研究资本主义萌芽时那样逐户考察，也无法确定他们家工与雇工、自给生产与商品生产的比率。

我们重视传统经济中的资本主义关系，是因为这种新的生产方式能够提高生产力和促进生产的商品化、社会化——这两者是社会进化的标志。如果

---

① 解放后的统计和我们的估计不同，没有计入农家副业和自给性的手工业，故工场手工业占 47% 的比重偏高。

没有这种作用，也就失掉了研究的价值。因而我们着重考察了经营地主、富农经济、农业公司和农场的经营效益。结果是：三者在劳动生产率、组织效益、规模效益和选择性上，各有轩轾。但总的说，除在一些新垦区和园艺业外，实在看不出有多少贡献。尤其是经营地主，甚至不如佃农；农业公司以出租为主，仍是个体户生产。这就是我们失望之所在。因而在最后的宏观估计中，我们把全部农业产值都列入了个体经济，权当作没有资本主义生产。

　　然而，我们并不是完全悲观的。中国以家庭为单位的小农生产原有较高的经营效益，至今我们还在利用这个积极因素，即家庭承包制。尽管有前述工农业产品交换中不利的情况，据我们考察，自鸦片战争迄抗日战争前，中国的耕地面积、复种率、灌溉指数和农业总产量，还是有所增长的。增长十分缓慢，但基本上能够满足人口增长的需要。农业总产量和农产品商品化增长的缓慢，确实掣工业发展的后腿。不过，农业结构有所改变，经济作物的产值占作物总产值的比重，由 19 世纪末的约 10% 增为 1920 年的 17%，再增为 1936 年的 23%。加以棉种、蚕种的改良和烤烟的种植，基本上能够满足工业发展对农业原料的需要；这是传统农业的另一个积极作用。其实，它也能满足我国当时工业化对粮食的需要；粮食进口的增加和不时出现的洋棉涌进，实乃是口岸经济的苦果。因此，我们认为，中国的传统农业也不是像刘易斯模式所设想的那种完全消极的东西，[①] 而是应该在中国的近代过程中，发挥其积极作用。

　　鸦片战争中，中国农村社会发生很大变化，因而有 30 年代关于中国农村社会性质的论战。这里，我们同意薛暮桥的看法：这时中国的小农经营"大多既非典型的资本主义经营，也非典型的封建经营；它乃是一种过渡形态，也可说是'半封建'的农业经营"。[②] 这话也可作为我们研究农业中资本主义生关系的概括。从封建到半封建，应该是个进步，"过渡"当然指过渡到高一级的生产方式。但是，从我们的考察看，这条道路似乎是行不通的。发挥传统农业（作为生产力看）的积极作用有个最大的障碍，即封建

---

① 在获得诺贝尔经济学奖的这个模式中，传统农业的边际生产率等于零，只是无限向工业供给劳动。见外国经济学说研究会编《现代国外经济学论文选》第 8 辑，商务印书馆，1984，第 48～49 页。

② 薛暮桥：《中国农村社会性质问答》，《中国农村》第 1 卷 12 期，1935 年 9 月。

的土地制度。经营地主、富农经济对于改革土地制度都无能为力。农业公司虽可将土地所有权改为股份制，但它占有的耕地不到全国耕地的1%，且大部实行分租，直接生产者仍然没有土地。这也是它们未能提高效益的原因。在中国，乃至在所有国家，不经过一定的土地改革，就不能解放农业生产力，无论农业的资本主义化或现代化都无从谈起。19世纪70年代日本的地税改革和20世纪50年代中国的土改，都是最好的证明。在这样的改革中，农业还都是传统农业，但其积极作用发挥出来，生产力大为增进。不过在50年代中国的情况下，它不是导向资本主义，而是导向社会主义了。

三 国家垄断资本主义

国民党政权下的国家垄断资本主义的兴起，是《中国资本主义发展史》第3卷所讨论的最重要的问题之一，它实际上改变了中国资本主义发展的道路。

国家垄断资本主义是个国际现象。第一次世界大战中，列宁就指出："战争异常地加速了垄断资本主义向国家垄断资本主义转变的过程。"[1] 战后，欧美各国解除了战时经济统制，国家对经济的干预减轻。但是，1929年资本主义爆发了空前的经济危机。德国首先废除金本位，管制金融，继而纳粹夺得政权，由国家直接控制经济。美国以"反经济危机法"于1933年实行"新政"，通过财政—金融手段干预经济生活。这就形成德、美两种类型的国家垄断资本主义。第二次世界大战后，为了复兴经济和抵制蓬勃发展的社会主义运行，资本主义各国普遍进入了国家垄断体制。国家垄断的实质是财政—金融资本对国民生产、分配和再分配的干预和调节。它主要有两种形式：一是国家通过贷款、补贴或加工、订货，并通过税收、福利等政策，干预和调节国民经济；一是国家参与企业投资或实行企业国有化。一般以前者为主，后者为辅。

有人认为资本主义的发展，只能是由私人垄断然后进入国家垄断。实不尽然。主要资本主义国家进入国家垄断后，必然会影响其他国家，尤其是殖

---

[1] 列宁：《大难临头，出路何在?》，《列宁选集》第3卷，人民出版社，1972，第164页。

民地、半殖民地国家。更重要的是，它无异宣布自由资本主义道路的终结，因而第二次世界大战后有些新独立的国家也借外债建立了国家垄断资本。中国原有官僚资本的老传统。《中国资本主义发展史》"总序"中就指出，中国官僚资本的实质就是在不同政权下的国家资本主义。并且，它主要是采取官办或国营、公营形式。这种国家资本主义在一定的外部和内部条件下，发展成为国家垄断资本主义，是很自然的。北洋政府即曾试图建立金融垄断，但由于这个政权的风雨飘摇，未能成功。1927 年国民党建立南京政权后，才走上由金融垄断到工业垄断的道路。

国民党国家垄断资本的发展，是和蒋介石暨南京政府的专制主义分不开的。蒋介石具有中国封建社会正统的政治思想，喜讲《大学》，推崇曾国藩；曲解三民主义，说"现在的孙文学说，就是从前的《大学》之道"。[①]他善用权术，排除异己，而与财阀孔祥熙、宋子文结成联襟，二人成为推行金融垄断的主将。30 年代起，蒋又崇慕德、意独裁政治，说"法西斯蒂的政治理论"是"统治最有效能者"，且"符合大同原则"。[②] 旋提出"以党治国"，后演变为"一个党，一个主义，一个领袖"的口号，实行"领袖制"。20 世纪 30 年代，一些在五四运动中高唱民主、自由的资产阶级学者也转变论调，提出"强有力政府"的主张，介绍"全体主义"经济学。继之，以蒋廷黻、丁文江为首的一批教授、专家应邀参加南京政府。1935 年，正式成立资源委员会，成为推行国家工业垄断的大本营。

国民党国家垄断资本的发展，又是与外国尤其是英美的帮助分不开的，这是它最重要的外部条件。原来，国家资本已经在交通运输业中占有垄断地位了，这是历届政府借外债修建铁路和电信设施的结果。国民党政权的前10 年，致全力于财政，它的财政收入增大 10 倍。其中最重要的是占财政收入一半以上的关税改革。这个改革，原是九国华盛顿会议提出的，现在在英美有意扶持国民党这个新政权的形势下得以实现（但受到日本的掣肘）。这就有可能使它在 1935 年的"银行风暴"中一举攫取了中国、交通两家最大银行和另外 3 家商业银行，完成金融垄断体制。但要实现垄断，还要借助于

① 《革命哲学的重要》，载《蒋总统集》，1950 年台北版。
② 《致国民会议开幕词》，《中央日报》1936 年 5 月 6 日。

同年 11 月的币制改革，使国家银行独占白银储备和独占货币发行权。这次改革，又是由英国李滋罗斯爵士（Sir F. W. Lei-th-Ross）筹划、在美国三次购银协定的帮助下，才告完成的。

工业方面的垄断，却不那么顺利。资源委员会一成立，就拟定了利用德、美、英、瑞士的资本和技术的计划，旋战争爆发，皆成泡影。抗日战争中，国民党政府获得的外国借款几乎等于自清政府举借外债以来 84 年的总和，但都用于军事和维持外汇率与法币，难得直接投资于工业。估计战时后方国、公营工业资本仅合战前币值 3.85 亿元，不过它已在钢铁、机器电器甚至在棉纱生产上占有垄断地位了。真正的工业垄断，是国民党政府在战后接收了巨额的敌伪产业，辅以日本赔偿和归还物资，才完成的。这无异于日本资本的让渡。而这些敌伪产业以及收复的交通运输业的恢复和营运，又几乎完全是依靠美援，包括美国贷款、剩余物资、救济物资和美国顾问。这时候，国民党政府在军事、政治上全靠美国支撑，其所谓国家垄断资本，实际也无异于美国支配的资本。

据我们在第 3 卷第 6 章的估计，在全国近代化工业和交通运输业资本（包括外商）中，官僚资本所占的比重，1894 年为 39.1%，约占 0.48 亿元；1911 年降为 26.8%，约 4.78 亿元；1920 年再降为 26.0%，约 6.70 亿元。进入国民党政权以后，1936 年增长到 35.9%，约 19.89 亿元（不包括东北）；战后 1947/1948 年，陡增到 64.1%，折战前币值约 42 亿元。

在全国金融业资本（包括外商）中，1894 年还没有官僚资本；1911 年官僚资本仅占 6.3%，约 0.45 亿元；1920 年占 16.0%，约 2.33 亿元。进入国民党政权后，1936 年突占到 58.9%，约 5.64 亿元（不包括东北）。战后 1947/1948 年更增至 88.9%，可谓登峰造极；不过，在恶性通货膨胀下，银行已外强中干，其资产折战前币值仅 3.44 亿元。

国民党的国家垄断资本，不是像欧美国家那样通过财政—金融手段干预和调节国民经济为主，而是继承官僚资本的老传统，采取国、公营企业的形式（也有少数以私营面貌出现的豪门资本企业）。这种形式具有直接的排他性，因而，它实际上堵塞了民间资本即通称民族资本发展的道路。这种官办、国营、公营企业由于据有一定的特权和受软财政约束，它必然是低效率、高冗员，官僚主义十足。这种情况，历清王朝、北洋政府、国民党政府都无改变，乃至国民党逃亡到台湾后，迄今还是这样的。[①] 当一个国家的国民经济被这种浪费性的生产方式所盘踞——且不说它对于外国资本的依赖性，其祸患可想而知。

不过，这种形式的资本集中程度也高。我们估计，战后资源委员会、中国纺织建设公司建设两大集团的资本达战前币值 9.38 亿元，占国民党政府全部工业资本的 15.99 亿元的 58.7%，连同其他 8 家大企业共占 63.5%。资本的高度集中意味着生产力的高度社会化。这就是列宁所说："国家垄断资本主义是社会主义的最完备的物质准备，是社会主义的入口，是历史阶梯上的一级，从这一级就上升到叫作社会主义的那一级，没有任何中间级。"[②] 1949 年中国革命的胜利，完全证实了列宁的这个判断。

四　民族资本主义

在中国近代经济史的研究中，人们很自然地把民族资本作为一个重点，我们也不例外。在中国的近代化产业中，民族资本产生最晚，一开始就受到外国资本的压力和官僚资本的排挤，它是这三种资本形态中最软弱的一个。但它也有业多面广，接受市场和社会积累，与传统经济关系密切等优势，可称之为地利与人和的优势。据我们在《中国资本主义发展史》第 6 章的估计，从甲午战争到第一次世界大战这段时期，即通称民族资本的初步发展时期，民族工业资本的年增长率为 13.37%，高于官僚资本，略低于外国在华资本。在第一次世界大战到 1920 年间，即通称民族资本的进一步发展时期，外国在华工业资本的增长率降至 4.82%，官僚资本更降至 3.44%，唯民族资本仍保持两位数的增长率，为 11.90%。到 1920 年，民族工业资本约有4.51 亿元，为官僚资本的 3.9 倍，并直接追比外国在华的工业资本（约 5亿元）。交通运输方面，先是民办电报被清廷收归官办，继而民办铁路几全部被袁世凯收归国有，民族资本就只有轮船一行了。以轮船业而论，民族资

---

① 据台湾工商业普查报告，1981 年公营工业的利润率为 0.71%，而民营工业为 3.21%；公营的资产运用效率为 8.25%，而民营为 23.45%。见《市场经济里的公营企业：台湾经验》，《经济研究资料》1988 年第 9 期。

② 列宁：《大难临头，出路何出?》，《列宁选集》第 3 卷，第 164 页。

本也有发展较快的。到 1920 年，投资约 0.80 亿元，为官僚资本的 3.6 倍，与外国在华船只的投资（约 1 亿元）也相差不多了。因而，我们在第 2 卷"导论"中说，民族资本"有旺盛的生命力，是中国工业化希望之所在"；但同时也指出它内含"隐忧"，即将步入殆途。

民族资本代表中国的自由资本主义经济。当 19 世纪下叶，无论在世界或在中国，自由资本主义仍还是发展资本主义的最佳途径。中国民族资本的初步发展，是在甲午战败、国人震愤、"设厂自救"和收回利权运动的推动下，与从戊戌变法到辛亥革命的资产阶级革命运动同步进行的；因而有它坚实的社会基础。在它进一步发展时期，国际资本主义已走向垄断，情况就有所不同了。这一时期它的发展，主要是由于第一次世界大战中出现的进口减少、金贵银贱及由此引起的工业价格上升幅度超过农产原料价格及工资上升等一系列市场因素造成的。这时期被工商界称为"黄金时代"，是因为利润甚高，实际投资增长速度已不如前期了。

资本主义是市场经济，其盛衰自是受市场因素支配，但只是有了强大的资本力量，或者国家的保护政策，才能有效地利用市场有利因素，抵抗不利因素。中国没有这种条件，就只好凭国际风云支配。进入《中国资本主义发展史》第 3 卷所讨论的时期，大体就是这样。期初 1921～1922 年，市场条件尚可，借"五四"抵货之力，民族工业续有发展。1923～1924 年，则受国际银价、汇率作用，物价下跌，陷入经济萧条。1925～1926 年，"五卅"抵货运动起了推动作用；到 1927 年复归衰势。1928～1930 年，金贵银贱，意外地获国外资本主义经济危机之利；民族工业的发展主要在这个时候。但 1931 年起，即陷入空前的国内经济危机，已如前述。

总的看，1921～1936 年这段时期，民族工业资本仍有发展，但增长率已大不如前，约为 7.53%。1936 年，不计东北，民族工业资本约有 14.48 亿元，为官僚资本的 4.3 倍，与外中在华工业资本（14.51 亿元）相当；但若包括东北，则只有外国资本的 74.4% 了。再从生产上看，在前一时期，民族资本工业主要产品的增长年率约为 11%～12%，与它们资本的增长率一致。本时期，则除棉布、电力外，都已落后于上述资本增长率；缫丝、生铁的生产且出现负增长，这是前所未有的事。民营轮船业的发展也不如前期，1936 年资本约 1.11 亿元，比外国在华轮船（约 3.35 亿元）已相差远甚。

抗日战争时期，开发后方产业以支持抗战是一项庄严、伟大的任务，民族资本在艰苦的条件下做出了它的贡献。然而，官僚资本借战时统制经济肆意扩张，估计后方的工业资本中，官僚资本占51.8%，民族资本占48.2%。在主要产品的产值中，民营工业所占比重由1938年的78.8%降为1944年的46.3%；国家垄断之势已成。不过，在轮船业中，按吨位计，民营仍有60%的优势。日本投降后，到1947/1948年，民营工业资本仅恢复到战前1936年水平的78.6%，约合战前币值14.85亿元。官僚工业资本则突增至战前水平的2.8倍，约合战前币值15.99亿元。在主要产品产值中，民营工业仍占73%的比重，则是因为国、公营企业开工率低，经营窳败所致。在轮船业中，民营也丧失优势，按吨位计，退居48%．这时候，国民党的国家垄断资本已与美国贷款和各种形式的美援合流，其他外国投资已不居重要地位。我们估计1947/1948年，全部工业和交通运输业资本中，外国资本占11.2%，官僚资本占64.1%，民族资本占24.7%，单此即可显示，在国民党政权统治下，民族资本不会再有发展前途了。

对于民族资本的研究，一般集中于它所创办的近代化工业，因为它引进了新生产力。而实际上，民族资本的最大部分是商业资本，其数量大于工业资本数倍。[1] 因而有人认为我国近代商业是"畸形"发展的，以至是半殖民地经济的表现。在《中国资本主义发展史》第2卷中，我们就提出不同的看法。因为中国商业资本所媒介的交易中，70%以上是农业、农家副业和手工业产品，它有促进商品经济发展的作用。这就是马克思所说："在这里，正是商业使产品发展为商品"；而农产品的商品化，乃是社会进步的表现。当然，就全社会说，"生产越不发达，货币财产就越集中在商人手中"。[2] 到1920年，整个民族资本中有58.9%是商业资本，正反映中国生产的落后。进入《中国资本主义发展史》第3卷所讨论时期，情况变化不大。我们估计，1936年市场商品值中，农业和手工业品占70.9%；近代化工厂和矿产品占19.8%，比前略增；进口商品占9.3%，较前略减（包括东北）。

---

[1] 工场手工业是民族资本主义的一个重要部分，但因它是以劳动投入为主，我们未能把它计入工业资本。

[2] 马克思：《资本论》第3卷，人民出版社，1975，第366、365页。

再从长期来看，商业资本总量（包括外商）的增长速度总是小于工业资本总量的增长速度。因而，商业资本总量与工业资本总量比，1894 年为 9.7∶1；到 1913 年为 3.5∶1；1920 年为 3.0∶1；1936 年已为 1.5∶1 了（不包括东北，在东北工业资本已大于商业资本）。不过，我们对资本的估计是市场商品值一次交易所需资本（从而排除了非资本主义的个体商业），并非全部。但上述与工业资本相比的发展趋势应该是存在的，这种趋势看来是合理的。

在抗日战争和战后时期，在恶性通货膨胀下，市场投机猖獗，我们对商业资本的估计也失去意义。投机资本泛滥，是商业资本发展中一个逆流。还可指出，在战争时期，无论是在国民党统治区，或在日本统治区，都有一种实物经济的政策倾向，这也是经济发展中的一个逆流。

在中国的金融业资本中，直到国民党实行金融垄断以前，绝大部分是民族资本；这一点颇少为人注意。在这里，我们是把传统经济中的票号、钱庄都作为金融业资本，而不像有些人那样以"封建性"把它们排除在外。因为借贷资本，包括古老的高利贷资本，其运动自始就是以货币增值更多的货币，而这正是"资本的真正职能"，并且，它"对于商人的关系，也完全和他对于现代资本家的关系一样"。银行兴起以前，中国商业活动是靠票号、钱庄融通资金。银行兴起后，人们对于 1920 年以前商业银行的发展多是沿用《农商统计表》的数字，该项统计漏列甚多，这就显得 30 年代银行突增，因而有银行"畸形"发展之说。经过较正，我们认为中国银行业的发展，虽迭起风波，基本上还是正常的。估计在全国金融业资本总额（包括外商在华银行）中，民族资本在 1894 年占 75.0%；在 1913 年占 73.2%，在 1920 年占 71.0%。工业尤其是商业的发展，主要是靠民营金融业的资助。民营金融业资本与商业资本一直保持着一定的比率，大体上是 1∶3；看来还是合理的。这种发展趋势维持到 30 年代初。但是，1935 年国民党政府完成金融垄断后，1936 年，民族资本就只占全国金融业资本总额的 21.5% 了（不包括东北）；抗日战争后，在 1947/1948 年更只占 5.2%。垄断扼杀了民营金融业。

资本主义是个有机体系，对它要全面的考察和历史的评价。中国的民族资本主义经济，尽管发展十分微弱，但在历史上，有它不可替代的作用。它有限地但是比较广泛地引进和推广了新的生产力，并引导为数众多的手工业向工场手工业和机器工业发展；这不是那种在口岸城市孤零零地建立几个"示范"工厂所可比拟的。在流通领域，民族资本更几乎是单独地、责无旁贷地担负着促进生产商品化、社会化的使命。金融业方面，它们密切联系工商业者，与市场共呼吸；那些堂而皇之地外商银行也要假手它们才能施展威力。应用新的生产力，发展商品经济和货币经济，无论是从一个社会的近代化的历史看，或是从社会革命的长期性历史看，都是不可逾越的步骤，逾越了还要补课。中国广大农业中的资本主义生产关系也是属于民族资本的范畴的；尽管它在提高生产力上作用甚微，却也有重要的历史意义。这是因为，中国农村中没有公有制的因素，不可能跨越资本主义的"卡夫丁峡谷"。正如《中国资本主义发展史》"总序"中所说："如果没有资本主义的一定的发展，没有中国资产阶级和中国无产阶级，就不会有鸦片战争以来资产阶级领导的旧民主主义革命，也不会有五四运动以来无产阶级领导的新民主主义革命。"五四运动以后的时期，即我们前述"资本主义化"的时期，包括农村中的"半封建"化，可以说都是为中国共产党所领导的新民主主义革命准备着物质前提，甚至可以说是新民主主义革命产生的条件。

民族资本主义的发展是和民族资产阶级的成长分不开的。中国的民族资产阶级，总的说是一个爱国的阶级。他们办企业的思想，可概括为"实业救国论"。作为一种理论，它是虚谬的，因为在当时国际国内条件下，若说办实业能达到救国的目的，不过是幻想。但是作为一种行动指针，它有现实的积极的意义。因为"实业救国论"，不仅是有激发国人的爱国主义热情、为国货企业创造有利和获利条件的作用，也确实鼓励着资本家与洋货和洋商竞争，奋斗不息。为了这种竞争，民族资产阶力图在地利与人和上找出路。如前所说，我们以为他们隐然在摸索着一条土洋结合、协调关系、再进一步现代化的道路。这条道路在口岸经济的压力下失败了。但是，不能轻易地以"落后"嗤之，而应作为一种中国式的工业化的尝试来看待。"五四"以后，即我们上述的资本主义化时期，民族资产阶级已进入第二代或第三代，他们也比较成熟了。他们在一些主要行业中进行了工厂制度和经营管理的改革，在某些行业中进行了生产设备和技术改革，都不无成就。他们引进了一些新工业，努力发展直接对贸易，以及在集团化、联营、建立银行的联合和准备等方面，都积累了一定的经验。为了竞争，他们延揽人才，培育人才，民族资产阶级成为拥有知识分子和技术人员最多的、本身也是文化水平较高的一个阶级。这些经验和知识，都应该视为民族资本主义的精神遗产。

（原载许涤新、吴承明主编《中国资本主义发展史》第 3 卷
《新民主主义革命时期的中国资本主义》，第 5 ~ 21 页）

国家垄断资本的崩溃和
新民主主义经济的胜利[*]

一 国家垄断资本的崩溃

1947 年 7 月，中国共产党领导的中国人民解放军开始全国规模的进攻，蒋介石的军队节节败退，国民党统治区的经济迅速崩溃。经济崩溃，通常是指国民经济运行机制的全面破坏，在中国，也就是鸦片战争以来的半殖民地半封建经济的全面瓦解，为共产党领导的新民主主义经济所代替。但在比较严格的意义上，也可说是国家垄断资本的崩溃。国家垄断资本主义通常是指资产阶级的政府以资本或财政手段干预和支配国民经济的运行，在中国，则是更多地借助于政府自己经营企业。这时候，南京政府的这种经济机制已完全失效了，连政府自己经营的企业也走向破灭。不过，占国民经济最大比重的农业个体经济，虽因战争严重减产，但并非体制的崩溃。在土改以前，地主制经济还存在；而其中农民自给性的生产，不受市场制约，仍按老规矩运行着。对于民族资本主义经济来说，它们也陷入极大困难，但并非走向毁灭，毋宁说是走向新生，即向新民主主义经济过渡。本文所讨论的就是这两种情况：国家垄断资本主义走向灭亡；民族资本主义走向新生。

---

   * 本文原为许涤新、吴承明主编《中国资本主义发展史》第 3 卷《新民主主义革命时期的中国资本主义》第 5 章第 4 节 "国家垄断资本的崩溃和新民主主义经济的胜利"（吴承明执笔），人民出版社，1993。收入本卷后仍用原题名。——编者

国家垄断资本的崩溃，当然是和人民解放军的勇往直前、蒋介石军队的一败涂地分不开的。但是，从经济史的角度看，蒋介石军队的失败和国民党政权的瓦解，毋宁说是它的经济基础崩溃的结果，而非原因。战后国民党统治区工农业生产的败坏，尤其是国家垄断资本徒拥有庞大的产业设施而不能利用，实在是它经济崩溃的根本原因。不过，最令人触目惊心的乃是这种崩溃的表象，即南京政府财政上的岌岌不可终日和它天文数字的通货膨胀所造成的社会动荡，民怨沸腾。本文就专述这两种表象。

（一）南京政府的财政

先将战后南京政府的财政状况摘要列入表1。

表1 战后南京政府的财政收支（1945～1948）

单位：亿元

年 份	1945	1946	1947	1948（1～7月）
Ⅰ 财政收支				
财政收入（A）	2430	2430	138300	
（B）	12414	12414	140644	2209055
财政支出（A）	12590	12590	409100	
（B）	23481	23481	433939	6554711
财政赤字（A）	10160	10160	270800	
（B）	11067	11067	293295	4345656
Ⅱ 实际收入				
税收	1023	12176	91460	
出售公债	628	20	5883	
出售敌伪资产	—	5345	—	
出售美剩余物资	—	—	11910	
出售黄金、外汇	?	11228	31290	
Ⅲ 主要支出				
军事费	20499	45373	237799	4489977
行政费	4461	21588	128882	1553467
经济建设费	1269	8332	62053	340845

资料来源及说明：

Ⅰ．（A）据财政部长俞鸿钧1948年4月13日在国民代表大会的报告，中国第二历史档案馆藏档三、2、399。（B）见张公权《中国通货膨胀史》，杨志信译，文史资料出版社，1986，第101页，其中除1948年据中央银行国库账外，余为张维亚计算的数字。

Ⅱ．张公权《中国通货膨胀史》，杨志信译，第104、108页，原译文出售黄金外汇数有误，已更正。

Ⅲ．张公权《中国通货膨胀史》，杨志信译，第102页，系以主计处和财政部的统计估计出各项所占百分比，再从Ⅰ财政支出（B）中算出。

战后南京政府的财政，除有名无实的预算数字外，其实际收支并无确切资料。表1Ⅰ中的财政部长报告（A），大约属于经常项目，实不足据。另有主计处的统计（未全部公开）及研究者的估计，结果歧异。表中所列（B）系前中央银行总裁张嘉璈所用，为各种支出估计中数字最大者。唯无论（A）或（B），财政支出中都是60%以上依靠赤字，实即依靠通货发行。而赤字所占总支出的比重，几乎就是军事费所占比重。因而，战后财政实际上是一种支持蒋介石内战的财政。蒋介石战后经常保持着500万人以上的军队，财政支出的3/5是供养这些军员，而实际作战军需主要来自美援，并不在表内财政支出之列。又政府官僚机构臃肿，故行政费占去了财政支出的1/4；而用于经济建设的费用，平均占不到10%。

税收是理财之本。战后南京政府接收了原日本占领区的广大税源，疆土和人口都超过抗战前规模，按理说，恢复战前的税收水平不是困难的。1946年3月国民党六届二中全会通过的《紧急措施案》提出了增税方案；这年扩大了货物税范围并提高棉纱税率，开征化妆品税和提高烟酒税率。1947年开征特种营业税和建国特捐（即原拟财产税）。但是，征收和实绩却与预期相反，1947年，关、盐、货三大税的收入，折战前币值，只有战前的37%，详见表2。尤其是战后对外贸易额较战前大增，而关税收入只有战前的21%。只货物税因扩大征收范围，差足战前的87%。其间有各种原因，但总的说它反映了战后经济的不景气，并突出表现了战后国民政府统治力量的衰落和官僚们的无能。到1948年，税收大减，被地方截留者日多，财政

表2　战后的税收

税　种	1936 年（百万元）	1946 年（亿元）	折战前币值（百万元）	1947 年（亿元）	折战前币值（百万元）
关　税	272	3.166	61	23.370	58
盐　税	184	2.323	45	17.830	44
货物税	135	3.975	78	46.910	117
直接税	未开征	1.859	36	15.920	40
合　计	591	11.323	218	104.030	259

资料来源：1936 年见表 2-13（许涤新、吴承明主编《中国资本主义发展史》第 3 卷，第 60～61 页）；1946、1946 年据杨荫溥《民国财政史》，中国财政经济出版社，1985，第 176 页；比前引俞鸿钧报告数略低，比前引张公权计算数略高。折战前币值据表 4（A）（5）。

部也不敢发表统计了。不过，应说明的是，表 2 所列只是中央政府正式的税目，战后各地驻军和地方当局的苛捐杂税和临时性摊派有增无减，有的地方达四五十种，人民苦于重税，有"国民党万岁（税）"之说。

中央税收整理失败，转而求助于已划归地方财政的田赋。原来，国民政府在 1945 年底曾慷慨宣布免除原日本占领区 1945～1946 年度的田赋。并免除原后方 1946～1947 年度的田赋。到 1947 年 7 月的全国财政会议，竟自食其言，决定恢复抗战时期的田赋征实和征借。此举最不得民心，引起舆论抨议的农村骚动，并加剧了中央与地方的矛盾，以致障碍难行。结果原定征借额不能完成，1945～1946 年度实征粮食不足 3000 万石，1946～1947 年度实征 4200 余万石。征区远较抗战时期为大，所得却只有战时最后两年实绩的 60%，并须按协议，以所征 70% 折价补助地方财政。1947～1948 年度将征借改为征购，实征只有 2000 万石。

战后南京政府的税收政策既告失败，其公债政策更完全破产。战后发行的公债，除整理旧债的两种外，内容如表 3。

表 3　战后的国内公债

年　份	公债种类	面　额	发行情况
1946	同盟胜利公债	美元　4 亿元	1942 年同名公债的继续，实销极少
	美金公债	美元　3 亿元	至年底实销　30909880 美元
1947	美金库券	美元　1 亿元	至年底实销　25815250 美元
	粮食库券	美元　3 亿元	征粮用，无实销
1948	短期库券	粮　1000 万石	实销极少
1949	黄金公债	黄金　200 万两	实未发行

资料来源：千家驹编《旧中国公债史料》，北京财政经济出版社，1955。

在严重的通货膨胀下，南京政府已无法发行法币公债，仅发美金债券。而其所谓同盟胜利美金公债，经 1945 年舞弊风潮后，[①] 已无人过问。1947 年的美金公债因须以外币认购，应者寥寥；同年的美金库券虽可以法币认购，但到期按官价汇率偿还法币，与黑市相差倍蓰，自少人问津。到年

---

① 许涤新、吴承明主编《中国资本主义发展史》第 3 卷，第 495～506 页。

底，这两项实销共 5572 万美元，仅及发行额的 14.2%。至于 1948 年的短期库券，为期仅一、二、三个月，可随时升值，根本不起债券作用。1949 年的黄金公债。规定在 2 月和 6 月分两期发行，这期间南京政府已逃亡广州，还有什么人认购呢？从表 1 可知，1946 年无出售公债收入，1947 年的公债收入只占财政收入的 4.2%。这不仅表明政府的债信完全破产，也反映战后国民党政权的威信扫地；过去从事公债投机的银行业，这时也不经营公债了。

战后外债数量虽巨，但基本上都是指定用途的美援，不能列入财政实际收入。[①]

从表 1 可见，战后支持财政实际收入的乃是出售敌伪产业、出售美军剩余物资和出售黄金外汇，三者共占财政收入的 35.3%。

战后政府接收了大量敌伪产业，以所值 1/3 出售，即可吸收大量法币回笼，不失为医治通货膨胀、弥补财政赤字之一途。但国民党当局出于扩张国家垄断资本的考虑，将最易出售和纺织厂全部囊括为己有；接收的存货、存料亦尽量拨给国营和军事机关。[②] 结果，出售敌产收入不过 5345 亿元（表 1 所列系跨年度的），不到接收敌产总值的 10%，在财政上也起不到什么作用。

美军剩余物资中，2/3 为军火，估计可供出售者约 26300 亿元，财政部分列入 22 个月收入预算。但实售不过 11910 亿元（表 1 所列系跨年度的），到 1948 年已无人问津。

出售黄金外汇，占三项出售额的 70%，1946 年出售 5.12 亿美元，1947 年 2.6 亿美元（黄金已于 2 月间停售），此举完全是悖理的。因为黄金外汇原是国库发行纸币和国家银行信贷的准备，不能作为财政用途。并且战后政府所有黄金外汇大部分是抗战时期的存余，少量是接收敌伪银行的准备金，战后并无新的进项，也没有战时那种平准基金之类的贷款。因而，此举只是出卖家底，是一种倾家荡产的政策。

到 1948 年，财政部一贫如洗，玩了一个花招，将预算分为普通预算和

---

① 许涤新、吴承明主编《中国资本主义发展史》第 3 卷，第 582~603 页。
② 许涤新、吴承明主编《中国资本主义发展史》第 3 卷，第 603~614 页。

特别预算两部分。普通预算收支平衡，特别预算主要供军费，而以赊借、出售国有财产、征借实物等抵充。赊借即国家银行垫款，占特别预算收入的一半以上。出售国家财产，这时敌产和美军剩余物资已无何存余，美国1948年紧急援华法案供给的商品一时还不能运到，于是将中国纺织建设公司、中华烟草公司、中国纺织机制造公司等国营企业改为股份公司，打算出售股票以济眉急。可是各公司既不积极，辽沈战役以后也没有什么企业家愿意与国民党"合办"企业，其事终成泡影。黄金外汇这时倒是抢手货，但政府储备已竭，反要借8月19日的"币制改革"来搜括民间的金银外币。到10月，政府手中大约有黄金300万盎司，白银2000万两。12月打算有限额地出售黄金，即经过核准以新发的金圆券兑现，谁知竟酿成挤兑惨案，只好作罢。1949年2月蒋介石下台，临走前下令将所有黄金运台湾、厦门，继任总统李宗仁手中就空空如也了。

在表1Ⅱ的财政实际收入中，我们没有列入国家银行垫款，因为这项垫款数值，除1945年外，也就是历年财政赤字（即IB）的数值。实际上，战后各年的财政赤字都是由国家银行垫款来弥补的，研究者也就用国家银行垫款数作为政府讳难发表的财政赤字数。而战后时期，国家银行除发钞票外已无其他资金来源来向政府垫款，因此所谓国家银行垫款，也就是增发通货。如果我们比较表1I中的赤字（即国家银行垫款）与下面表4（A）的货币发行量，就可看出两者惊人地相似。

（二）通货恶性膨胀

抗战胜利之初，举国欢腾，全国物价下跌，人心思治。这时，政府手中至少有值八九亿美元的黄金和外汇储备，比"七七"抗战前的发行储备大两倍。[1] 同时，接收了价值5万亿元的敌伪产业，其中存货、物货、贵金属总值数千亿元，当时法币发行量5500余亿元，为收兑华中、华北伪币增发至1万亿元，为数尚非太多。若善为处理，是可以医治至少缓解战时的通货膨胀，导入正常金融轨道的。但是，国民党当局随即撕毁了1945年10月10

---

[1] 抗战胜利时的储备见许涤新、吴承明主编《中国资本主义发展史》第3卷第5章第1节（1），第582~589页；战前储备值2亿~3亿美元，见《中国资本主义发展史》第3卷第2章第2节（2），第615~625页。

日与共产党和民主党派在政治协商会议通过的决议和停战令，向东北解放区进攻。同时，在经济上实行开放外汇市场、低价供应外汇、鼓励自由进口、扩大信贷等大手大脚的支出政策。1946年上半年，增发法币10806亿元，即半年间增发了1倍；同期，上海批发物价上涨了1.5倍；通货恶性膨胀之势已成，一切稳定币值的机会都已成过去了。1946年6月下旬，蒋介石开

表4 战后的通货流通量和物价指数（1945～1949）

（A）法币的通货膨胀					
年　　月	1945.8	1945.12	1946.12	1947.12	1948.6
（1）法币发行量（亿元）	5569	10319	37261	331885	1965203
（2）发行指数，1937年6月=100	39496	73162	264180	2353704	13937609
（3）银行活期存款（亿元）		4755	54555	277771	2025713
（4）通货流通量（1）+（3）		15074	91816	609656	3990916
（5）上海批发物价指数，1937年1～6月=100	34599（9月）	88544	571313	8379600	97690000
（6）重庆批发物价指数，1937年=100	179300	140488	268763	4010700	45508000
（7）货币流通速度（5）÷（2）	0.87	1.21	2.17	3.56	7.01

（B）金圆券的通货膨胀				
年　　月	（8）金圆券发行量（亿元）	（9）金圆券发行指数		（10）上海批发物价批数
		1948.8=100	1937.6=100	1948.8=100
1948.8	5.44	100	115744680	100
.9	12.02	221	255744680	197
.10	18.50	340	393617021	220
.11	33.94	624	722127650	2543
.12	83.20	1529	1770212766	3584
1949.1	208.22	3828	4430212766	12876
.2	59644.00	10968	12690212000	89778
.3	196060.00	36040	41714893000	405320
.4	51612.40	948257	1098163000000	—
.5	679458.00	12490036	14456533000000	1212200000

资料来源：

（1）（8）吴岗编《旧中国通货膨胀史料》，上海人民出版社，1958，第92～95、122页，唯1949年5月据上海社会科学院经济研究所编《上海解放前后物价资料汇编》，上海人民出版社，1958，第49页；1937年6月发行为14.1亿元。

（3）1945年12月见表4－15（许涤新、吴承明主编《中国资本主义发展史》第3卷，第468页）；余见张公权《中国通货膨胀史》，杨志信译，文史出版社，1986，第247页。

（5）（6）（10）见上海社会科学院经济研究所编《上海解放前后物价资料汇编》，第168～169、198～200页；又第47页。

（9）1937年6月为基期之指数系将金圆券按元=300万元法计算，基期发行为14.1亿元。

始向关内各解放区进攻，内战全面爆发。军费繁浩，财政破产，除增发钞票外已无他法。上海 5 家印钞工厂日夜开工仍不敷用，只好乞求外国帮忙。1947 年国内印钞 58 万亿元，国外印制 137 万亿元。物价猛涨，印好的钞票运到市场已不合用；1947 年 11 月中央银行只好把印好的 50 元、100 元券煮销，因为上市的万元券已嫌面额过小了。

关于战后中国这场骇人听闻的通货膨胀已有不少专著，其危害经济之烈，人民痛苦之深，言者犹众。我们不必多作介绍，只将这几年的通货量和物价上涨的一些情况列入表 4；为比较各年趋势，并将上海物价的变动按月制成图 1。和抗战时期不同，战后第一年物价上涨的幅度即超过货币增发的幅度，说明通货膨胀已处于恶性循环中，这可由表 4（7）的货币流通速度成倍增长看出。从抗战开始，我们就把银行活期存款计入通货流通量。战后更加明显，表见 1946 年活期存款的增加额竟超过货币增发额，1947 年两者相埒。这时不仅大宗交易，一般工薪也用支票支付了。上海市场上支票的结算金额比全国货币的流通额还要大 2～3 倍。活期存款的流通也在加速，看下表自明。因而，考察本时期的通货膨胀是不能单从法币发行量上着眼的。此外，还有银元、美钞、港币也在国内流通，估计其总值还大于法币发行额；不过，依照劣币驱逐良币原理，它们多作为贮藏手段，流通速度不大，我们也未估计在通货总量之内（见表 5）。

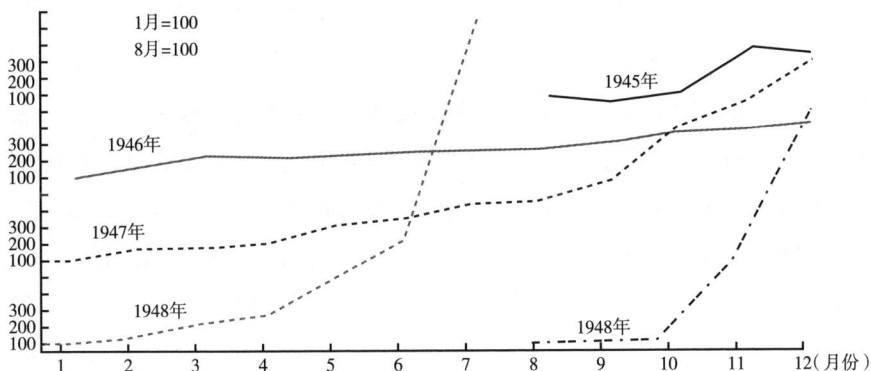

图 1　上海批发物价指数的逐月变动

资料来源：同表 4。

189

表5　活期存款的流通

年　月	1946.12	1947.12	1948.6
（1）上海市场支票结算金额（亿元）	81240.00	1208130.00	8483066.00
（2）全国法币发行额（亿元）	37261.00	331885.00	1965203.00
（3）支票结算为法币发行额的倍数	2.18	3.64	4.32
（4）估计上海活期存款额（亿元）	43644.00	222217.00	1620570.00
（5）活期存款的流涌速度（1）÷（4）	1.86	5.44	5.23

资料来源：支票结算金额见上海《银行周报》，此处取自表4所引吴岗编《旧中国通货膨胀史料》，上海人民出版社，1958，第172页；上海活期存款按表4（3）的80%估计。

在通货膨胀下，活期存款已不是社会积累，而是出自银行信贷，即我们所说的倍数效应。[1] 在那时（1921～1936），我们还不把活期存款计入通货流通量，在战后，信用膨胀已是和纸币发行同样的通货膨胀手段了。能够无限制制造信用的是国家银行，90%的活期存款是在它们手中。私营行庄也可借倍数原理制造一部分信用，故战后私营行庄突增，达1000余家。此外，狡黠之徒还可自己制造信用，如签发迟填日期的支票，以至不兑现支票。这时的金融市场，混乱已极。

物价飞涨，南京政府1947年2月发布的紧急法令中，对主要日用品实行限价，并冻结工资。这当然是行不通的，到4月只好提高限价，5月解冻工资。以后仍有物价管制办法，但不过是纸上谈兵。1947年12月成立金融管理局，并动用秘密警察，也毫无成效。1948年2月，蒋介石亲自下令，停止一切贷款；适值春节，工商界无法结账，市场大乱。这时，物价一两个月就上涨1倍，7月份上涨了1.8倍。8月19日，遂发布总统的"财政经济紧急处分令"和各种办法，实行愚蠢而又残暴的"八一九"币制改革。

这次"改革"包括：（1）中央银行发行金圆券，法币300万元兑换金圆券1元，东北流通券30万元兑换金圆券1元。[2] 限11月20日前兑毕。（2）人民持有黄金、白银、银币、外币限期向中央银行兑换金圆券或交存。（3）人民持有的外币证券及其他外汇资产限期向中央银行登记。（4）按8

---

[1]　许涤新、吴承明主编《中国资本主义发展史》第3卷，第179页。
[2]　东北流通券发行额31918亿元。

月 19 日水平冻结物价和工资。为强制执行这些法令，向上海、天津、广州、西南、西北派出督导专员。蒋经国任上海督导专员，他集中了军警和特务暴力，传讯。拘捕社会出名人士，造成恐怖，以强制执行限价，收缴金银外币。到 10 月底，中央银行约共收兑黄金 168 万盎司，白银 960 余万两，银元 2350 余万元，美钞 4985 万美元，以及港币、外汇存款等。此项记载颇不一致，据行政院长 11 月 2 日在立法院报告称，已收金钞共合 19 亿美元。[①]又据前财政部钱币司长戴铭礼称，各行庄黄金外币资产虽经申报，但大部未动，故上述数字主要是搜兑民间的金钞。[②]

用暴力对抗经济规律总是要失败的，并要受到惩罚。限价期间厂商存货被抢购一空，无法补进。上海工商界损失约合金圆券 2 亿元，全市纱厂仅存有供半个月开工的棉花，尤其是粮食，到货几已绝迹，发生抢米风潮。农村自行以货易货，拒用金圆券，也拒运货进城，其他城市也发生抢粮事件。1948 年 11 月 1 日只好宣布放弃限价，这个月上海物价一下子上升了 10 倍。金圆券发行额原规定不超过 20 亿元，至此改为无限额发行。进入 1949 年，物价一日数涨，至 5 月上海解放，上海物价比"八一九"金圆券发行时上涨了 1200 万倍。

南京政府于 1949 年 4 月逃亡广州。金圆券已成废纸，乃于 7 月 4 日发行银圆券，银圆券 1 元收兑金圆券 5 亿元，并指定可在广州、重庆等 9 个城市以银圆券兑换黄金。这时全国解放在望，人民解放军于 7 月宣布不收兑华南、西南的伪币。银圆券一出笼即遭群众拒用。10 月国民政府再逃亡重庆，西南的国民党军队也拒收银圆券，国民党的货币制度完全崩溃。

自 1947 年 2 月南京政府实行紧急措施方案后，即出现资金逃流海外现象。在香港有外币和法币的自由市场，不仅黄金、外汇出口，法币亦可运港套取华侨汇来的外汇。1948 年起，逃资加剧。首先是豪门资本纷纷套取外汇存放国外，继而国民政府也将黄金、外汇外移；以至民营大企业也在香港、台湾、菲律宾设立分厂或支店。1948 年 8 月实行金圆券后，香港一度限制中国货币市场，但不久金圆券贬值，套汇复归活跃。11 月 12 日上海一

---

① 中央财政金融学院财政教研室：《中国财政简史》，中国财政经济出版社，1980，第 285 页。
② 戴立庵：《金圆券发行后蒋介石在上海勒逼金银外汇回忆》，载政协全国委员会文史资料研究委员会编《文史资料选辑》第 7 辑，中国文史出版社，1960。

度开放存兑金银，于是从黑市套购外汇出国成为半公开之事。据 1949 年 3 月 25 日联合社报道，国民政府的金银外汇准备 2.75 亿美元，在上海保管者不过 1/3，余均存国外，约 0.73 亿美元的准备已运台湾。又有美国华盛顿州议员沙瓦治称，中国官场要人在美国存款有 10 至 20 亿美元。[①] 政府逃亡广州时，阎锡山任行政院长。据说他在 1947 年将个人存款转移美国，其中一笔即达 150 余万美元。1948 年他将在山西所营企业变价，合黄金 11.5 万多两，最后转移到台湾。[②]

不仅资金，物资亦大量逃亡。1948 年和 1949 年用金圆券计算的进出口贸易竟成出超。国民党在撤退前，令所属企业转运物资，拆迁或破坏设备，赖地下共产党领导员工进行护厂斗争，绝大部分得以保全；资源委员会所属企业连同技术员工，基本完整保存，留待解放。

二　新民主主义经济的发展

中国共产党在领导中国的革命中，从 1927 年建立革命根据地起，就在革命根据地和后来和解放区逐步形成了一种以社会主义经济成分为领导的多种经济成分并存的经济，后来称之为新民主主义经济。对此，近年来已有了不少文献和论著。但是，对于我们所要讨论的问题，即根据地和解放区的资本主义经济，却甚少资料，有时我们只能从党对私人资本的政策上作些探讨，无法用统计说明。

（一）土地革命时期

最早的革命根据地都是在土地革命时期建立的，当时称为苏区。土地革命中主要的资本主义对象是富农。1928 年中共第六次全国代表大会明确富农属于"农村资产阶级"，并指出他们有土地出租；而对他们的土地采取什

[①] 《中国近代金融史》编写组编《中国近代金融史》，中国金融出版社，1985，第 296 ~ 297 页。

[②] 《中国近代金融史》编写组编《中国近代金融史》，第 297 页。原据中国人民银行山西省分行、山西财经学院金融史编写组编《阎锡山和山西省银行》，中国社会科学出版社，1980，第 259 页；山西省政协文史资料研究委员会编《阎锡山统治山西史实》，山西人民出版社，1981，第 423 页。

么政策并无规定，各地执行情况不一。1930 年 5 月在上海召开的全国苏区代表大会通过《土地暂行法》，规定对富农没收其"出租部分土地"，含有保护其雇工经营的资本主义土地所有制之意。但这一政策并未执行。当时苏联正在进行消灭富农的斗争，1929 年 6 月初共产国际给中国共产党发信指示："加紧反对富农"的斗争。6 月中旬中央苏区的南阳会议制定《富农问题决议案》。决议案虽仍称"富农是农村资产阶级"，但认为"这个阶级自始至终是反革命的"。1931 年 11 月在瑞金召开第一次全国工农代表大会，成立中华苏维埃共和国，制定了共和国的《土地法》。这个《土地法》规定没收富农的全部土地，分田时分给富农"较坏的劳动份地"。这就是当时王明路线的"地主不分田，富农分坏田"主张。1933 年 10 月中央苏区举办查田运动，毛泽东在两次报告中都批评了没收富农全部财产、消灭富农的过左倾向，他指出："对地主取消灭的政策，对富农则取削弱的政策"，两者不可混淆。① 1934 年中央苏区反第五次围剿失利，红军长征，1935 年到达陕北，于 12 月 6 日做出《关于改变富农政策的决定》。决定规定对富农只取消其封建剥削部分，不没收其自己经营的土地、商业和财产。1936 年 7 月《中央关于土地政策指示》中进一步规定："富农的土地及其多余的生产工具（农具牲口等）均不没收。"② 这时已进入抗日战争时期了。

当时的苏区没有近代化工业，只有手工业和商业。党在苏区建立了公营的工厂、商业公司和银行，并大力发展手工业合作社和合作商业。但在城镇，私营工商业仍占较大比重，当时对他们统称小资产者。1927 年冬红四军从井冈山打下茶陵、遂川等县城，即向群众宣传保护工商业的政策，叫大家放心做生意。遂川草林圩逢集日"到圩两万人，为从来所未有"，毛泽东说："这件事，证明我们的政策是正确的了。"但是受到当时盲动主义领导者的指责，认为"烧杀太少"，应当是"一切工厂归工人"，"使小资产变成无产"。因而，1928 年 4 月以后苏区也对中等商人实行没收。③

1929 年 1 月，红四军向赣南进军中发布《红四军司令部布告》称："平

---

① 许毅主编《中央革命根据地财政经济史长编》上册，人民出版社，1982，第 130、273、310、331 页。

② 赵效民主编《中国土地改革史》，人民出版社，1990，第 204、210 页。

③ 毛泽东：《井冈山的斗争》，《毛泽东选集》，第 77 页。

买平卖，事实为证；乱烧乱杀，在所必禁"；"城市商人，积铢累寸，只要服从，余皆不论"。这年3月进军闽西，克长汀，红四军发布《告商人及知识分子书》称："共产党对城市的政策是：取消苛捐杂税，保护商人贸易。"不过，一时没收商店、焚烧房屋的事仍然不少。因而7月中共闽西代表大会通过一个决议："对大小商店应取一般地保护政策（即不没收），对反动商人宁可杀人、罚款，不可没收商店。"①

1930年5月毛泽东在赣南寻邬作了城市调查。寻邬有私营手工业80余家，其中有两家资本1000多元，两家三五百元，余均甚少。有一家首饰店有师徒4人，余雇工一二人或不雇工。因而，这80多家都可作"手工业者"看待。唯城外有炉厂6处，铸铁铸锅，每厂需资本2000元，1炉铸铁需200工，应属于工场手工业性质，未在调查之内。寻邬有商店40余家，资本3000元以上者两家，1000～2000元者8家；这10家商店中，有6家雇工。其余商店大都不雇工，或有学徒一二人。毛泽东认为，在寻邬存在着商业资产阶级，他们在政治上是受地主领导的。②

1930年6月，党中央在李立三主持下通过《新的革命高潮与一省或几省首先胜利》决议，即所谓立三路线。决议提出不只是没收帝国主义的银行、企业、工厂，"而且要没收中国资产阶级的工厂、企业、银行，以铲除反革命的武器"。同时，实行李立三制定的《劳动保护法》，原来苏区的劳动法也据以修订。据人回忆，长汀原有资本家经营纺织厂，革命后，一些资本家跑掉，但也有的留下来继续经营。新劳动法规定很严格，工作8小时，青工6小时，童工4小时；工人搞宣传、站岗放哨、慰问红属都计入工时；又需发给工人服装、马刀等；资本家无利可图，就抽款逃跑了。到11月，纠正立三路线，经济好转，但主要是公营企业和合作社发展起来，私营工商业仍是衰落的。1931年11月的第一次全国工农代表大会通过《经济政策》决议，规定"苏维埃对于中国资本家的企业及手工业，尚保留在旧业主中，尚不实行国有，但由工厂委员会、职工委员会、工人监督生产"。1932年1月，中央工农民主政府发布《工商业投资暂行条例》，规定在遵守苏维埃一

---

① 许毅主编《中央革命根据地财政经济史长编》下册，第9～10页。
② 许毅主编《中央革命根据地财政经济史长编》上册，第508－809页；下册，第15、18页。

切法律下，"允许私人资本在中华苏维埃共和国境内自由投资经营工商业"；"无论国家的企业、矿山、森林等和私人的产业，均可投资经营或承租、承办"。①

但是这些政策并未得到贯彻。因为 1931 年 1 月起王明的左倾路线统治了党中央。在这个路线下制定的《中华苏维埃劳动法》机械规定工作日，规定众多的公休节假日，提出过高的工资和福利要求；又名为工人监督，实为工人管理；又以同盟罢工作为经济斗争手段。这就造成苏区私营企业大批倒闭。宁都一家夏布厂有 50 台织机、七八十工人，1933 年老板温昌桂因不能满足提高工资的要求，怕杀逃亡。1931 年毛泽东作兴国调查，其永丰区原有小商店 46 家，调查时仅余 3 家，余均逃跑或被封、被杀。又 1933 年调查上杭县才溪乡，卖外货的私人商店除一家药铺外已"全区绝迹"。过左的劳动政策也造成师徒对立，并使得农忙时不敢雇工收割，甚至一些合作社也受影响而解体。②

1933 年 4 月陈云即对同盟罢工做法提出批评；5 月张闻天提出修改劳动法，10 月中央工农民主政府重新公布《中华苏维埃共和国劳动法》。新劳动法规定对于雇佣辅助劳动的中农、贫农、小船主、小手工业者及合作社可不受劳动法的拘束，对于工资、工时也作了较灵活的规定。③ 1934 年 1 月召开第二次全国工农代表大会，毛泽东作了关于经济政策的报告。他说："现在我们的国民经济，是由国营事业、合作事业和私人事业这三方面组成的"；"我们对于私人经济，只要不出于政府法律范围之外，不但不加阻止，而且加以提倡和奖励。因为目前私人经济的发展，是国家的利益和人民的利益所需要的"；"争取国营经济对私人经济的领导，造成将来发展到社会主义的前提。"④

毛泽东的上述报告，已提出了后来所称新民主主义经济的基本概念。由于不久红军进行长征，奖励私人经济的政策未及执行。不过，为反击国民党的经济封锁，苏区在对外贸易上一直是与白区的大商人合作的。苏区输出粮

---

① 许毅主编《中央革命根据地财政经济史长编》上册，第 515、518、596 页。
② 许毅主编《中央革命根据地财政经济史长编》上册，第 519 页，下册，第 36、205 页。
③ 许毅主编《中央革命根据地财政经济史长编》上册，第 635、641、642 页。
④ 毛泽东：《我们的经济政策》，《毛泽东选集》，第 116、119 页。

食、钨砂，换取白区的盐、布、煤油等，这些商品原都由大商人经营。赣州最大的贸易商广裕兴，与苏区江口贸易分局互派代表；永城的万丰布庄、裕与祥京果店等也成为苏区贸易公司的采购站。通过私商，苏区还能从上海运进药品、机器、器材。[①]

（二） 抗日战争时期

抗日战争时期，在共产党的领导下建立了 19 个大的抗日根据地，有人口 9550 万人，多称边区。除陕甘宁边区外，大都是 1938～1939 年在敌后建立的。1944 年以后已通称解放区，抗战胜利时扩大到 1 亿人口的地区。

抗战时期，中日矛盾成为主要矛盾，国内矛盾降到次要地位。1937 年 8 月，中共发表的《抗日救国十大纲领》中，提出减租减息方针，替代过去土改中没收地主土地的政策。减租一般是原地租额减去 25%，减息一般是减至年息一分至一分半。富农出租的土地和放债亦在减租减息之列。1942 年 1 月中共中央政治局做出《关于抗日根据地土地政策的决定》，纠正各地在减租减息中的一些偏差，并开展"查减运动"。《决定》还指出：富农是抗日与生产的一个不可缺少的力量，应在适当地改善雇工生活条件之下奖励富农生产，联合富农。[②] 因而，在减租减息中一些有土地出租的富农收入虽受影响，但占数量较多的佃富农仍维持生产，并且在边区民主政府的扶持政策下，一些中农、贫农买入或租入土地，成为新富农。[③] 抗日战争时期，就全国来说，富农经济是衰退的；但在共产党领导的边区，所汇集的 6 项调查，除晋察冀的北岳区外，富农所占户数比重和耕地比重都是增加的。其中新富农的出现尤其具有重要意义。如陕甘宁边区延安的申长林、关中的李学义、安塞的杨朝臣等，都是从中农、贫农以至雇农中发展出来的新富农，他们努力生产，生气勃勃。新式富农成为新民主主义经济的一个组成

---

① 许毅主编《中央革命根据地财政经济史长编》上册，第 94、102 页。
② 陕甘宁边区财政经济史编写组编《抗日战争时期陕甘宁边区财政经济史料摘编》，陕西人民出版社：1981，第 33 页；董志凯：《解放战争时期的土地改革》，北京大学出版社，1987，第 14 页。
③ 许涤新、吴承明主编《中国资本主义发展史》第 3 卷，第 324～343 页。

部分。①

1939 年冬，毛泽东在《中国革命和中国共产党》一书中提出新民主主义革命的概念，并把它定义为"就是在无产阶级领导之下的人民大众的反帝反封建的革命"。在经济方面，它是"把帝国主义者和汉奸反动派的大资本大企业收归国家经营，把地主阶级的土地分配给农民所有，同时保存一般的私人资本主义企业，并不废除富农经济"。在对待私人资本主义的政策上，他在 1941 年 11 月陕甘宁边区参议会上说："在劳资关系上，我们一方面扶助工人，使工人有工做，有饭吃；另一方面又实行发展实业的政策，使资本家也有利可图。"又在 1942 年 12 月陕甘宁边区高级干部会议上提出"公私兼顾"的政策，"只有实事求是地发展公营和民营的经济，才能保障财政的供给"。②

陕甘宁边区战时环境比较稳定，经济发展迅速。粮食产量由 1937 年的约 110 万石增至 1943 年的 184 万石。1943 年，已有公营工厂 103 个，职工万余人；包括炼铁、石油、机器修配、酸碱等新工业，不过还未使用机械动力。手工业合作也发展很快，1943 年有 260 个，以纺织、针织、食品为主。边区对私营工业实行保护，在按劳动法保障工人利益的前提下，允许私人资本获得 20% 左右的利润，并通过贷款，订货予以扶助。不过，边区的私人工业还主要是个体作坊；以及各种工匠。1943 年，陕甘宁的三边，陇东、绥德三个分区有私营工业 1452 家，工徒 2857 人；全边区共有工匠 4258 人。其中稍有规模的是纺织业，1939 年仅 6 家，雇工 154 人；1941 年 6 月有 30 家，雇工 227 人；1943 年增至 50 家，雇工 310 人，平均每家 6.2 人，因而约有半数可具有工场手工业规模。私营造纸厂 1940 年有 39 家，1943 年增至 56 家。私营煤窑也有发展。纸厂和煤窑雇工未详，估计当有工场手工业存在。③

由于军需及财政需要，边区的公营工业也注重纺织业。边区文献中所说

---

① 许涤新：《中国国民经济的变革》，中国社会科学出版社，1982，第 64 页。

② 《毛泽东选集》，第 610、766、849~850 页。

③ 本段及表 5 资料据陕甘宁边区财政经济史编写组编《抗日战争时期陕甘宁边区财政经济史料摘编》第 213、234~235，297~298 页；延安《解放日报》1914 年 10 月 27 日，1944 年 4 月 28 日；许涤新《中国国民经济的变革》，第 65 页。

纺织业，基本上是指手工织布厂，而所用纱则主要靠民间手纺、合作社手纺、大生产运动中兴办的机关和部队手纺，也进口少量机纱。我们从各种零星材料估计，陕甘宁边区的手织布生产情况大体如表6。

表6　陕甘宁边区土布生产估计（1943）

生产类型	布厂（家）	织机（架）	年产大布（匹）	占总产量（%）
公　　营	23	185	22832[1]	20.7
合作社营	37	179	22000[2]	20.0
私　　营	50	150	12000	10.9
民间织户		20000	53334	48.4
合　　计		20514	110166	100.0

注：
[1] 1942年。
[2] 生产能力。

其他抗日根据地建立时间较晚，变动也较多，情况不一。如晋绥边区，1943年公营布产量不过占全区产量的10%，而本区煤窑发达，大都民营。山东根据地是纺织之乡，有布机15万架，公私纺织都很发达。晋冀鲁豫的太行区，民营工业原极薄弱，公营太岳实业公司所办各厂居于绝对优势。

商业方面，各边区采取对外管理，对内自由的方针。对外由边区贸易局和公营贸易公司经营，它们利用敌占区的大商号，一如苏区时代。这时敌占区有不少爱国商人，直至上海、天津等大城市，它们为抗日根据地转运物资，以至成为八路军的联络点。对区内私商予以保护，但限制过分剥削，取缔投机操纵和走私活动。延安1936年有私营商店123家，1939年有199家，1940年增为320家，1943年再增为473家，从业人员1096人。①

（三）解放战争时期

解放战争时期，解放区日益扩大，逐渐包括一些大中城市，党对资产阶级和资本主义经济的政策也更加明确。1947年12月，毛泽东在《目前形势和我们的任务》的报告中说："没收封建阶级的土地归农民所有，没收蒋介

---

①　陕甘宁边区财政经济史编写组《抗日战争时期陕甘宁边区财政经济史料摘编》，第260页。

石、宋子文、孔祥熙、陈立夫为首的垄断产资本归新民主主义的国家所有，保护民族工商业。这就是新民主主义革命的三大经济纲领。"① 其中后两项，即通称的没收官僚资本和保护民族工商业，将于下面和本时期民族资产阶级的动态一并讨论，这里只述解放战争时期对农村中资本主义成分的处理。

日本投降前后，人民解放军从日寇手中收复大量失地，解放区扩大，到1946 年 5 月，包括新建的东北解放区，人口增至 1.3 亿。1945 年冬开始，在新解放地区进行反奸清算斗争，没收日伪和汉奸财产。11 月，中共中央发布指示，在新解放地区开展减租减息运动，内容与抗战时期略同。1946年 6 月，蒋介石军队向中原及其他解放区大举进攻，全面内战开始。解放区的土地政策也由减租减息转入土改。

原来，1946 年春，中共中央即根据当时形势进行农村政策的研究，5 月4 日发出由刘少奇起草的指示："使各解放区的土地改革，依据群众运动发展的规模和程度，迅速求其实现"，这就是通常所称《五四指示》。指示要求土改中巩固反对封建独裁争取和平民主的统一战线，规定"一般不变动富农的土地"，"由于广大群众的要求，不能不有所侵犯时，亦不要打击得太重"；"对富农应着重减租而保存其自耕部分"。又除汉奸等外，"凡富农及地主开设的商店、作坊、工厂、矿山、不要侵犯、应予保全。"② 不过，在国内战争的环境中，解放区群众革命热情高涨，不少地区经过批准有修订办法，如"应该从富农手中取得一部分土地、牲畜、工具去满足农民要求"，"对一般富农可用协商调解征购等办法使其拿出一部分土地、牲畜"，允许农民"清算并搞掉地主的工商业"等。在 1947 年 2 月开始的"填平补齐"复查中，富农自耕以外的土地一般都没收了。③

1947 年 7 月，人民解放军开始全面反攻，接连解放了原国民党政府统治的地区，称为新解放区，而过去的解放区被称为老区和半老区了。这年 7 月17 日中共中央工作委员会召开全国土地会议，制定《中国土地法大纲》于 10月 10 日公布，随之各解放区展开轰轰烈烈的土改运动。在运动中也发生一些问题，主要是《大纲》是贯彻按人口平分土地的原则，一时平均主义思想弥

---

① 《毛泽东选集》，第 1149 页。

② 《刘少奇选集》上卷，人民出版社，1981，第 377～379 页。

③ 董志凯：《解放战争时期的土地改革》，第 109～110 页。

漫，常是将所有土地打乱平分，以至侵犯中农利益。尤其在老区和半老区，封建制度已基本废除，平分的矛头就势必指向略高于平均水平的富裕中农和富农。在平分热潮中，集镇和县城的工商业不免受侵犯。冀中二个分区调查，8万余工商业户中被侵犯的占5%；晋绥10个城镇调查，工商业户被侵犯的占29%；黑龙江宾县城里432户工商业，有49%的户被斗；华中一分区新丰镇民主街50户工商业，有38户被侵犯。被侵犯者多数是地主富农兼营的。[①]

1947年12月，中共在米脂县杨家沟召开会议，毛泽东作了《目前形势和我们的任务》的报告，任弼时就土改和整党问题做了重要发言。会议着重讨论了前一阶段土改中"左倾"的错误，确定了"依靠贫农，巩固地联合中农，消灭地主阶级和旧式富农的封建、半封建剥削制度"的方针。会后发出一系列指示，提出"必须将新富农和旧富农加以区别"，"对于老解放区的新富农照富裕中农待遇"，"保护地主富农的工商业"等原则。又原来是把剥削量占总收入15%以上者划为富农，现改为占25%，并详定计算方法。[②] 1948年，各解放区都重新审定阶级，缩小打击面，并对被侵犯的中农和工商业给予补偿。华北区规定，凡错斗的工商业均应发还原主；已由单位接管者应承认原主资本，合作经营；原财产已经群众分配者，应给予安置和补偿。太行区为补偿工商业拨小米7.6万斤，长治市拨补偿款500万元；山东黄县发还工商业房屋财产22起，总值2.5亿元，并贷款1905万元使恢复经营；安东市退还错误没收的11家企业的全部物资，并将政府接管期间所得利益400余万元也交还原主。[③]

在12月杨家沟会议后，毛泽东提出，新解放区的土改要分步骤进行。1948年5月5日发出指示，新解放区和游击区，应经过清匪反霸和减租减息两个阶段，以后再进行土改。"这样，社会财富不分散，社会秩序较稳定，利于集中一切力量消灭国民党反动派。"[④] 同时，新解放区已有大城市解放。1948年12月中共东北局制定沈阳市郊区土改办法；1949年5月北平

---

① 董志凯：《解放战争时期的土地改革》，第136、160页。
② 《毛泽东选集》，第1146、1164、1165、1180页。计算富农剥削量办法见许涤新、吴承明主编《中国资本主义发展史》第3卷，第324~343页。
③ 董志凯：《解放战争时期的土地改革》，第194、95页；许涤新：《中国国民经济的变革》，第100页。
④ 《毛泽东选集》，第1221页。

军管会制定北平郊区土改办法。后者规定，所有自耕民包括富农的自耕地，其所有权与耕种权一律不变；凡使用机器耕种的土地，无论所有权有无变动，其使用权一律不动；没收地主和富农出租的土地，统一由人民政府管理、出租，一般维持原耕原用。① 区分所有权和使用权，为新民主主义经济发展提供了一个新的理论和经验。

到 1949 年 6 月，拥有 2.7 亿人口的解放区（不包括内蒙古和华南）已完成土改的地区约有 1.51 亿人口，其中农业人口约 1.25 亿，占当时全国农业人口的 1/3。经过土改，中农成为农业人口的主体，占有 70% ~80% 的比重；贫农占 20% ~30%，他们的经济状况已大为改善。主要由于历史原因，地主和旧式富农仍存在，但他们平均每户所有土地已低于中农。资本主义因素最明显的新富农则大部分保留下来。冀中 3 县 764 村 15.2 万户调查，新富农平均每户有土地 3.29 亩，少于中农的 3.48 亩，但远多于地主和旧式富农。辽东省 8 县 15 村 3431 户调查，土改后新富农占户数的 0.5%。太行区 19 县 40 村调查，土改后新富农占户数的 1.5%。黑龙江省 5 县 9 村 2435 户调查，土改两年后还有上升为新富农的，占户数 0.3%。②

农村中另一种带有资本主义色彩的成分是经营地主。1942 年 1 月《中共中央关于抗日根据地土地政策的决定》中曾规定："用资本主义方式经营土地的地主（所谓经营地主）其待遇与富农同。"而在解放战争时期，《五四指示》和《中国土地法大纲》对经营地主均无规定。经营地主主要在东北，次为华北。东北解放区党委对此曾有讨论，最后是把他们按地主对待。其他地区也是这样。

三 没收官僚资本、保护民族工商业和民族资产阶级的动态

（一）没收官僚资本

"官僚资本"是个通俗名称，其含义在各时期有所不同。③ 抗日战争中，

---

① 董志凯：《解放战争时期的土地改革》，第 253 页。
② 董志凯：《解放战争时期的土地改革》，第 262、263、264 页。
③ 见许涤新、吴承明主编《中国资本主义发展史》第 1 卷，人民出版社，1985，"总论"第 18 页；《中国资本主义发展史》第 2 卷，人民出版社，1990，第 10 页。

国民党大官僚以权营私，大发国难财，引起公愤。尤其是 1941 年 12 月 22 日重庆《大公报》披露某大员夫人用飞机从香港运"箱笼、老妈与洋狗"到重庆后，掀起反官僚资本高潮。报刊和群众团体大张挞伐，教授学者著文评论，著名经济学家因反对豪门资本被捕，1942 年 1 月 6 日昆明还出现反孔祥熙的游行。这时群众抨击的主要指国民党大官僚化公为私的资本，而国民党政府所营企业尚在其次。不过，在 1945 年 4 月，毛泽东在中共七大的报告中就阐述了官僚资本的垄断性和它对农民、工人、小资产阶级和自由资产阶级的压迫。因而，解放战争中所要没收的官僚资本实指国民党政权下的国家垄断资本。

日本投降后，在东北解放区就有了一些大中城市，不过当时主要是接管日伪产业。以后在华北一些新解放的城市，接管有小量官僚资本。接管中，因受过去游击战争习惯的影响，有打乱、分散企业资财现象。1948 年 2 月，解放鞍山，接管了国民党政府最大的钢铁企业鞍山钢铁公司，仍是将原企业高级管理人员和工程师等 400 余人撤走，并遣散近千名职员。[①] 3 月，解放洛阳，毛泽东即电前线指挥部，在阐明城市政策中指出："对于官僚资本要有明确界线，不要将国民党人经营的工商业都叫作官僚资本而加以没收。对于那些查明确实是由国民党中央政府、省政府、县市政府经营的，即完全官办的工商业，应该确定归民主政府接管营业的原则。但如民主政府一时来不及接管或一时尚无能力接管，则应该暂时委托原管理人负责管理，照常开业……"；"对于著名的国民党大官僚所经营的企业，应该按照上述原则和办法处理。对于小官僚和地主所办的工商业，则不在没收之列。"[②] 这些规定也适用于各解放区。后来，1949 年 4 月南京政府派代表与共产党和谈时，周恩来又解释说，没收官僚资本"即没收南京国民党统治时期取得的官僚资本，凡是不大的企业且与国计民生无害者，就不没收了"。[③]

1948 年 11 月，攻克了国民党军在东北的大本营沈阳，东北也就全境解放。陈云领导沈阳的接管工作，制定了"各按系统，自上而下，原封不动，先接后分"的原则，禁止乱搬乱调和分散物资。到 1949 年 4 月，东北接管

---

① 解学诗等：《鞍钢史》，冶金工业出版社，1984，第 419 页。
② 《毛泽东选集》，第 1218～1219 页。
③ 《周恩来选集》，人民出版社，1980，第 321 页。

的企业就有 191 个修复设备，开工生产；9 月份开工企业增至 243 个，12 月份增到 407 个。1949 年 1 月天津、北平解放，各官僚资本企业也是完整接管的。天津接管了 36 个工厂和 3 个发电所。原中国纺织建设公司所属 7 个纱厂在接管第二天就开工生产，天津汽车配件厂等在电力尚未配足前就用风箱吹火生产。到 6 月份，天津各厂全部恢复了原来的产量，并不少超过了过去的生产水平。北平解放后，接管的各厂也都在半年内恢复正常生产。石景山钢铁厂产量超过解放前最高产量的 73%，门头沟煤矿超过解放前最高产量的 13%，燕京造纸厂超过解放前最高产量的 163%。[①]

官僚资本的企业集中在华东和华中。有了东北和华北的经验，1949 年上半年中共中央先后发出了《关于接收官僚资本企业的批示》《关于接收江南城市给华东局的指示》《关于接收平津企业经验介绍》等文件。其中指出："对于国民党反动统治的政治机构，如国民党的军队、警察、法庭、监狱及其各级政府，是应该彻底加以破坏的"；但对于反动阶级的企业却不能这样，"因为这些企业的组织系统和管理机构是资本主义生产长期发展的结果，既有适应高度剥削的一个方面，也有适应生产发展需要的一个方面"。因此，接管官僚资本企业应采取"不要打烂旧机构"和"保持原职原薪原制度"的政策。对于原企业的负责人、工程师和其他职员，除破坏分子须逮捕处分外，应一律留用。原有的生产、管理、工资、奖励等制度，亦暂予保留，待生产恢复以后，再逐步进行民主改革和生产改革。[②]

在南方地区，因解放较迟，地下党对官僚资本都做了较充分的调查和准备工作，并组织工人开展护厂、护矿、护路、护航斗争，对原企业的工程技术人员、管理人员和上层人物进行宣传教育和统战工作。这时候，国民党统治区的民主运动高涨，国民党左派亦已形成组织力量。各大中城市解放的时候，企业中绝大部分职员都愿留守。资源委员会的委员长、副委员长钱昌照、孙越琦、吴兆洪也都与中共取得联系，迎接解放。因而，没收、接管工作十分顺利。陈毅领导上海接管工作，提出"维持生产，保证供应，原封不动，稳步前进"的方针，对接管企业派军代表监管，原企业人员负责生

---

① 柳随年、吴群敢主编《中国社会主义经济简史》，黑龙江人民出版社，1985，第 20 页；范守信：《建国初期对官僚资本的没收和改造》，《党史研究》1984 年第 5 期。

② 范守信：《建国初期对官僚资本的没收和改造》，《党史研究》1984 年第 5 期。

产。上海解放后，水电供应和市内电话从未中断，公共交通于次日即行恢复，工厂也迅速复工。

总计接管的官僚资本企业：金融方面，有国民党政府国家银行系统和省市县银行系统的银行 2400 余家。大官僚经营的山西裕华、亚东商业等银行亦予没收。官商合办的中国通商、中国实业、四明、新华等行则派员监理，继续营业。中国银行等在海外的分支行职工也纷纷起义，接受人民政府的领导。工业方面，有国民党政府国营、公营和大官僚经营的企业 2858 个，职工 129 万人。其中发电厂 138 个，采煤、采油企业 120 个，铁锰矿 15 个，有色金属矿 83 个，炼钢厂 19 个，金属加工厂 505 个，化学加工厂 107 个，造纸厂 48 个，纺织厂 241 个，食品企业 844 个。交通运输方面，有铁路 2 万多公里，机车 4000 多台，客车约 4000 辆，货车约 4.7 万辆，铁路车辆和船舶修造厂约 30 个，各种船舶 20 多万吨。在香港的中国、中央两航空公司的职工起义，被国民党当局劫持到香港的飞机 12 架投归祖国怀抱。招商局香港分局和在港 13 艘海轮的职工也宣布起义，接受人民政府的领导。商业方面，有国民党政府国营的复兴、富华、中国茶叶、中国石油、中国盐业、中国蚕丝、中国植物油料等公司，大官僚经营的孚中、中国进出口、金山、利泰、扬子建业、长江、中美实业等公司。[①] 此外，还有国民党政府单位和大官僚在民营企业中的股份和财产，则是在新中国成立后，依照 1951 年 1 月公布的《企业中公股公产清理办法》逐案审查处理的。

（二）保护民族工商业

共产党保护民族工商业的政策包括保护个体工商业和非垄断的资本主义工商业。共产党之所以保护资本主义，是因为中国经济十分落后，资本主义这种社会化大生产的经济形式在新民主主义经济中还能发挥积极作用。1945 年 4 月，毛泽东在《论联合政府》的报告中说："在新民主主义经济的国家

---

① 《中国近代金融史》，1985，第 419 页；柳随年、吴群敢主编《中国社会主义经济简史》，第 18～19 页；孙越琦：《国民党资源委员会留在大陆的经过》，载政协全国委员会文史资料研究委员会编《文史资料选辑》第 69 辑，中国文史出版，1979；胡时渊：《我参加招商局护产起义的经过》，载政协全国委员会文史资料研究委员会编《文史资料选辑》第 98 辑，中国文史出版社，1985。

制度下……一定要让私人资本主义经济在不能操纵国民生计的范围内获得发展的便利";1947 年 12 月，他在《目前形势和我们的任务》的报告中说："由于中国经济的落后性，广大的上层小资产阶级和中等资产阶级所代表的资本主义经济，即使革命在全国胜利以后，在一个长时期内，还需要他们中一切有益于国民经济的部分有一个发展。"① 这里所说的上层小资产阶级，是指雇用工人或店员的小规模的工商业者。因而，政策保护的对象包括：（1）个体工商业；（2）小工商业；（3）非垄断的工商业；后两者都属资本主义经济。② 至于具体保护政策，前已言及，在抗日战争时期对抗日根据地的私人工商业就已提出：在公私关系上实行公私兼顾的政策，在劳资关系上要一方面扶助工人，一方面使资本家也有利可图。这在解放战争时期，就总结为"发展生产、繁荣经济、公私兼顾、劳资两利"的十六方针。③ 因而，每个城市解放后，都要求迅速恢复生产，生产上去了，公私兼顾和劳资两利就好办了。

日本投降后，1945 年秋解放军即收复一批敌占区城市，除东北解放区下面专述外，在华北有烟台、张家口、临清、长治等。烟台收复后 3 个月，商号即由 3216 家增至 5742 家，进出口贸易激增。张家口收复后，民主政府发放低利工商贷款，一年内商户由 1980 家增至 3301 家。这些城市中还很少大工业，唯烟台的纺织业原较发达，为恢复生产，民主政府以洋纱 1.35 万捆发与加工，收购其产品；这实为最早的一种国家资本主义形式。又河北沧县泊头镇于 1946 年 5 月解放后，民主政府协助永华火柴公司复工，1947 年 3 月又设立冀中火柴指导处，派员进入该厂，12 月该厂资方正式申请公私合营，这是华北最早的一家公私合营企业。1948 年内该镇的电灯公司、宏业铁厂、利民盐业公司也实行了公私合营。原来解放军的战略是以农村包围城市，故首先解放的资本主义大工业是矿区。在 1946 年，华北已有山东的淄博煤矿、晋冀鲁豫的焦作、六河沟、峰峰煤矿，晋察冀的龙烟、鸡鸣山铁矿

---

① 《毛泽东选集》，第 962、1150 页。
② 但是对于这三者的划分并无明确界线。新中国成立后，在统计上常是把雇工 4 人以上的私营工业作为资本主义工业（余为个体手工业），其中雇工 10 人以上的作为现代性工业（余为工场手工业）。而在解放战争时期，大约是把雇工一两个的也作为上层小资产阶级，实际上这些小雇主多半是自己参加劳动，或是师傅。
③ 《毛泽东选集》，第 1151 页。

等解放。不过，这些大矿都曾经日伪管理和国民党插手，产权复杂，故解放后先是由民主政府接管，恢复生产，再清查发还私股。磁县峰峰煤矿1946年每个工人的日产量达0.79吨，比敌伪时期提高1倍，比战前也提高1/4。①最大的民营煤矿中兴公司，因枣庄几经易手，1948年冬才稳定，人民政府接管，于1950年发还私营。

1947年下半年解放军转入全面反攻。11月解放石家庄，这是华北解放的第一个重要城市。这时石家庄有私营工业700余家，私营商业1500余家；到1948年底，私营工业增为1700余家，增1.4倍，私营商业增为2100余家，增40%。裕大华集团的石家庄大兴纱厂，是当时华北解放区最大的私营工业。解放前夕，该厂已外移资金，疏散器材，遣散职工。解放时由于该厂主持人逃匿、无人负责，由人民政府接管。旋遭国民党空军轰炸。政府积极修复开工生产，同时设法与武汉裕大华公司联系。最后于1949年8月将大兴纱厂发还私营。②

解放大军进军中，城市争夺战十分激烈，干部间不免出现左的偏向；也有些人认为解放了，资本主义工商业已经没有什么作用了。解放的城市中，有的机关、部队占用私营企业房屋、仓库；公营企业在业务上急于扩大，排挤私营；工会急于提高工人工资福利，以至斗争资本家。于是出现一些资本家逃亡，工厂倒闭，工人失业的情况。党中央领导人亲自过问这些事情，并予纠正。刘少奇曾批评石家庄的一些作法，要求市委执行保存与发展的方针。朱德曾致函毛泽东，指出工人运动中这种过左现象是一种自杀政策。任弼时在西北野战军前委扩大会议上，指出不能对工商业采取冒险政策，必须贯彻保护政策。③ 1948年2月，毛泽东亲自起草的《关于工商业政策》的指示指出：对于这些严重破坏工商业的错误必须迅速纠正；重申"发展生产、繁荣经济、公私兼顾、劳资两利"的方针；"应当向工会同志和工人群众进行教育，使他们懂得，决不可只看到眼前的片面的福利而忘记了工人阶级的远大利益"；"应当引导工人和资本家在当地政府领导下，共同组织生产管

---

① 参见狄超白主编《中国经济年鉴》上编，太平洋经济研究社出版，1947，第11～12页。
② 杨俊科、梁勇：《大兴纱厂史稿》，中国展望出版社，1990，第209、212、233～234页。
③ 中国社会科学院经济研究所现代经济史组编《中国革命根据地经济大事记（1937～1949）》，中国社会科学出版社，1986，第108～109页。

理委员会，尽一切努力降低成本，增加生产，便利推销"。①

1948 年 12 月唐山解放。这时中国最大的水泥厂启新洋灰公司正陷于产品无销路，无力发放 3000 员工工资等的困难中。解放后，人民政府派军代表监督生产，先给予贷款长城币 25 亿元，借给面粉 3 万斤以及大米、食油等，解决员工生活问题；并收购积压水泥 4600 吨，以维持生产。1949 年 3 月起，由天津人民银行给予循环透支，以解决资金困难；4 月起，贸易部门包销其产品。此时水泥还甚少实销，包销主要为恢复生产。启新解放当月产水泥 4300 吨，次年 1 月份产 5900 吨，至 3 月份达 1.13 万吨，已恢复正常。②

1949 年 1 月天津解放。解放后两个月，已有 90% 的私营工厂复工。这时主要困难是交通不畅，缺原料，少销路；4 月以后，由政府贸易部门实行委托加工和计划定货办法，逐步解决。天津解放的第二天，塘沽解放。当时中国最大的制碱工业永利公司的塘沽碱厂已停工，积欠工资 6000 余万元。人民政府给予贷款，并收购其产品，2 月 21 日即迅速复工，3 月份产纯碱 3159 吨，烧碱 23639 吨，已达战前水平。后来对永利亦实行包销办法，并调拨给原料。③

（三）东北解放区的经验

东北大中城市解放最早。唯南满许多城市后来被蒋介石军队攻占，北满解放区则比较稳定，有哈尔滨、齐齐哈尔、佳木斯、牡丹江等大中城市，为保护民族工商业政策提供了丰富的经验。

哈尔滨于 1946 年 4 月解放。哈市大型面粉厂双合盛经理张延阁原为市工商会会长，在解放军督导下，该厂勉强复工；裕昌源面粉厂经理王荆山当过汉奸，逃亡长春，该厂被政府接管。这时工商界十分惶惑。7 月 4 日，中共东北局负责人彭真等出席哈市市委的会议，提出保护、恢复、发展工商业，劳资合作、改善工人生活等意见。12 日，市委做出《关于哈市工作方针》的决定，内"关于恢复与发展工商业之具体办法"中有提倡公私合办，

① 《毛泽东选集》，第 1180 页。
② 南开大学经济研究所等：《启新洋灰公司史料》，三联书店，1963，第 342.344、352 页。
③ 全国政协文史资料委员会等：《化工先导范旭东》，中国文史出版，1987，第 70、99 页。

提倡工人分红制，由政府出租工厂、机器，组织工人合作经营、出租房屋机器予工商业家或供给原料及运输条件等四项。7 月 16 日哈市临时参议会通过的《敌伪财产处理纲要》中又规定："所有收归市有之大小工厂，均将委托或租与私人工商业家经营之，该工厂附属之原料、成品、半成品作价为市政府投资"；市房亦租与私人设厂店。7 月 30 日，中共东北局西满分局在《关于实业公司任务的决定》中又提出公营企业对工商业者贷款联营、批发分销、定货包销等方式。这样，工商界的情绪大为改观。

1947 年元旦，李富春在东北迎接新年大会讲话中提出，在城市中要认真扶植私人工商业的发展，并提出公私合办或公股商办办法。10 月 10 日，中共东北局批准的《1948 年经济建设计划大纲》规定："凡公营工矿业，目前政府无力经营者，在政府法令规定下，允许长期租给私资经营、私人集股经营或公私合股经营。"

哈尔滨 1946 年 4 月解放时有私营工商业 6347 家，到 1948 年 6 月，已发展到 26539 家。其中工业 15030 家，工人 74724 人，资本东北币 798 亿元；商业 11509 家，从业人员 24883 人，资本 208 亿元。1946 年 6 月哈市已有公私合营企业 6 家，1947 年底增至 23 家。1948 年 6 月，成立综合性的公私合营哈尔滨企业公司，原定资本 30 亿元，公股占 75%，私股占 25%，以私人投资踊跃，资本达 35 亿元；该公司下设分公司多个。1948 年，哈市私营工业中由政府委托加工的有 2790 家，工人 1800 人，资本 2217 亿元，占私营工业资本的 51%，并于这年 7 月制定《加工条例》。定货是由东北银行和贸易公司向私营厂订制日用品。代卖是由东北贸易公司、民生公司、燃料公司委托私商出售粮食、日用品和煤。

齐齐哈尔临时参议会于 1946 年 6 月通过的《施政纲领》中规定，"除军事工业、铁路及电气业外，一律提倡民营或公私合营"。到 1948 年 6 月，齐齐哈尔有私营工商业 3707 家。牡丹江在 1946 年 3 月即由军工部出资东北币 300 万元与私营天发东铸造厂合作，生产手榴弹壳，公方任厂长，私方任副厂长，实为最早的公私合营企业。到 1948 年 7 月，牡丹江有工商业 4770 家，其中工业 1238 家，1946 年用电力生产者有 220 家，1948 年增至 440 家。小城市主要是商业，黑龙江克山县 1947 年底有商业 622 家，内公营 13 家，公私合营 10 家，私营 599 家。可见公私合营是比较普遍的。至于出租形式，在城市未见显著事例，唯在松花江北的通河、南岔曾将林场出租给私商，收取伐木量的20%为租金。1948年4月，东北行政委员会公布《奖励城市私人资本经营农业畜牧业条例》，规定工商业资本家可领取农牧业所需土地，土地所有权属国家，私人可获得20年使用权，并有荒地减免农业税的规定，这也是一种租赁制。

1948年8月，张闻天主持召开东北城市工作会议，9月将会议总结报告的一部分写成《关于东北经济构成及经济建设基本方针的提纲》，经中共中央领导同志肯定。张闻天在报告中首次提出国家资本主义的概念，认为东北的出租制、加工制、定货制、代卖制都是国家资本主义性质。他提出，在废除封建剥削之后，当时东北的经济是由五种经济成分构成的，即国家经济、合作经济、国家资本主义经济、私人资本主义经济、小商品经济。并指出国家资本主义是国家对资本主义进行管理和监督的最好形式。①

1949年3月，中共在平山县西柏坡召开七届二中全会。会议的决议吸收了张闻天《提纲》中一些思想，指出"国营经济是社会主义性质的，合作社经济是半社会主义性质的，加上私人资本主义，加上个体经济，加上国家和私人合作的国家资本主义经济，这些就是人民共和国的几种主要经济成分，这些就构成新民主主义的经济形态"。会议决议指出，"在革命胜利以后一个相当长的时期内，还需要尽可能地利用城乡资本主义的积极性"，同时提出，它将不是像在资本主义国家那样不受限制地发展，而将在活动范围、税收、价格、劳动条件等方面被限制，"限制和反限制，将是新民主主义国家内部阶级斗争的主要形式"。会议指出今后城市斗争的纲领，要有步骤地彻底地摧毁帝国主义在中国的控制权，从接管城市的第一天起，眼睛就要向着恢复和发展生产。②

---

① 以上东北情况据源洪《国家资本主义经济各种形式的提出与早期实践》，《中共党史研究》1991年第1期；范守信《党对国家资本主义学说的发展》，《党史通讯》1986年第6期及其他资料。张闻天所举国家资本主义形式中未提公私合营，也许因为早在1946年2月《中央关于对私人企业的政策方针问题给邓子恢的指示》中已提到公私合营，由于没收敌伪投资而形成的公私合营企业已普遍存在之故，又五种经济在成分中最后一项，在1949年6月刘少奇《关于新中国的经济建设方针》的提纲中作"小商品经济和半自然经济"（见《刘少奇选集》上卷，第427页）。又"定货"形式，后称"订货"。

② 《毛泽东选集》，第1313、1317、1321、1323页。

会后，1949年4月刘少奇到天津视察。针对当时资本家中的疑惧心理和干部工作中还存在过左倾向，在他的几次讲话中曾提出，对资产阶级的政策是又联合又斗争，但今天的重点是放在联合上；社会主义革命一定要实行，而中国向社会主义过渡可能是和平转变；"资本主义的生产方式，在一定的历史条件下是有进步意义的。在中国，他们在生产上是进步的。他们这种剥削对发展生产是有功劳的，是有进步的。"其中有些话，刘少奇在1954年2月曾作过自我批评，说不够妥当。他在天津讲话中所提的"四面八方"政策，即公私兼顾、劳资两利、城乡互助、内外交流政策，则是当时党的重要政策。①

1949年4月和5月，解放大军强渡长江，陆续解放了南京、上海、武汉等重镇和江南大片国土。这些地方是中国资本主义集中之区，由于有了东北、华北的经验，有了七届二中全会明确的城市政策，资产阶级在思想认识上也有了很大的转变，在南方各城市解放后，保护民族工商业的政策都执行得很顺利。

（四）民族资产阶级的动态。②

1949年5月，最大的资本主义城市上海解放，标志着中国民族资本主义结束了它坎坷的历程，走入了新生。上海解放前夕，曾有不少资本家抽移资金，也有的逃亡海外。但几乎所有生产设备都保留下来，绝大部分资本家留待解放。出走的资本家有些是出于被迫，其中刘鸿生、吴蕴初、刘靖基等著名人士又都在上海解放后从香港归来，在共产党领导下继续他们的事业。资产阶级愿意接受共产党的领导，这在历史上是第一次，国际学者深为诧异。③这不仅是中共新民主主义经济政策的成功，也是同中共对民族资产阶级的统一战线政策和资本家对共产党认识的转变分不开的。

中国民族资产阶级一直受帝国主义、封建主义的压迫和束缚，他们有参

---

① 据1949年4月24日和5月19日的讲话，见李维汉《刘少奇同志对统一战线工作的指导》，载《人民日报》1980年5月10日。
② 本小节除另有注明者外，主要据李维汉《回忆与研究》下册，中共党史资料出版社，1986，第642~643、683~693页；孙晓村等《中国民主建国会史话》，中国人民政治协商会议全国委员会文史资料研究委员会办公室，1983，第8、11~20、27、53、63、84页。
③ 1989年1月台湾中研院经济研究所召开中国近代经济史研讨会，法国著名汉学家白吉尔提交一篇论文，分析上海资本家离弃国民党、转向共产党的原委，可为参照。见Maric-Claire Bergère，"Shanghai Capitalists and the Transition from Nationalist to Communist Regime，"会议文集，第1037~1058页。

加无产阶级领导的民族民主革命或在革命中保持中立的可能性；同时，他们在经济上和政治上都异常软弱，又具有对革命敌人的妥协性。这就是毛泽东所说中国民族资产阶级的两面性。他还说："在这里，无产阶级的任务，在于不忽视民族资产阶级的这种革命性，而和他们建立反帝国主义和反官僚军阀政府的统一战线。"[1]

中国民族资产阶级是一个爱国的阶级。1927年国民党当政后，他们曾幻想国民党统一中国，发展资本主义经济。1931年"九一八"事变，国民党对侵略者采取不抵抗政策，致大片国土沦丧。接着又是30年代的经济危机，而国家垄断资本主义兴起，民族资产阶级的这种幻想破灭了。1935年的"一二·九"运动后，掀起抗日救亡高潮。1936年1月，在上海成立中华全国各界救国联合会，响应共产党的抗日救国主张。救国会是以知识分子为主的组织，但像银行家章乃器也是领导人之一。中共给救国会以大力支持，上海地下党人潘汉年等即与工商界人士有了接触。

抗日战争时期，后方经济有很大发展。但是，国民党政府实行统制经济政策，国家垄断资本大肆扩张，侵吞民族资本的权益，官民经济矛盾日益尖锐化；另一方面，战时共产党在后方设有办事机构，共产党的代表参加国民参政会，可以进行半公开以至公开的活动。周恩来领导中共南方局，十分注意对工商界的统战工作。中共发行的《新华日报》以言论公正，为工商界所喜读。1944年夏，有10位中外记者大规模访问陕甘宁边区，达5个月之久，原上海资本家沈鸿，抗战初以厂迁延安，这时已成革命干部。因而，这时工商界中的先进分子，对于解放区的工商业政策也逐渐有所了解。迁川工厂联合会、中小工厂联合会等组织都和共产党人有往来。

1944年9月，中国民主政团同盟改组为中国民主同盟（民盟），成为当时最大的民主党派。民盟中央常委黄炎培素与工商界关系密切。民盟发起人之一鲜英，是四川面粉业巨子，他的私宅特园，成为民主人士聚会之所，被称为"民主之家"。1945年8月，毛泽东，周恩来，王若飞亲临重庆，与国民党进行谈判。9月17日，毛泽东在特园举行茶话会，招待产业界人士；著名的民族资本家均被邀请，毛泽东等对当时工商界的困难处境备极关怀。

---

① 参见《毛泽东选集》，第602~603、634~635页。

　　黄炎培于 1945 年 7 月访问延安。回来不久，即与迁川工厂联合会理事长胡厥文等商议组织中国民主建国会（民建）。几经筹划，于 12 月 16 日正式成立，选胡厥文、黄炎培、章乃器、李烛尘等 11 人为常务理事。民建成员约半数为工商业者，半数为与工商业有关的知识分子。其《政纲》标榜"民有、民治、民享"，实行议会政治。可见，民建实为一个代表民族资产阶级的政党。当时国民党、共产党、民盟和其他党派参加的政治协商会议召开在即，民建于 1946 年 1 月 8 日举行招待会，宣布对政协的意见。中共代表董必武、王若飞、陆定一参加招待会，表示支持。

　　抗日胜利，举国欢腾，而在工商界却是"胜利爆竹一响，工厂陆续关门"。国民党对后方工业基地弃若敝屣，惨淡经营多年的工商业者竟成丧家之犬。原内迁工厂在复员中更遭重大的打击，致有数百名资本家包围行政院之事，李烛尘公开发表"当年艰难辛苦而去，今日倾家荡产而归"的论说。在收复区，国民党接收大员尽饱私囊，国家垄断资本空前膨胀。工商界要求承办、代营敌伪工厂和优先承购日本赔偿物资等呼吁都成泡影；他们对于设立中国纺织建设公司尤为愤懑，因为它垄断了半数以上的上海纱锭，等于置民营纱厂于死地。

　　这时，全国人民最关心的事莫过于国内和平，而自 1946 年 3 月起，国民党已发动内战，形成关内小打、关外大打的局面。各地群众反内战运动风起云涌。6 月 23 日，上海各界组织了以马叙伦为首的 10 人和平请愿团赴南京请愿。10 人中有盛丕华等 4 人是民建成员，又箐延芳是工商界耆宿，学生代表陈振中是民建成员陈己生之子，代表团秘书胡子婴、罗叔章都是民建理事会理事。代表团到南京下关车站，即遭国民党特务化装的暴徒毒打，造成震惊全国的下关惨案。周恩来，董必武、邓颖超等闻讯即到医院慰问伤者，后又在梅园新村宴请请愿代表，周恩来向他们介绍形势。箐延芳是蒋介石知交，到南京后蒋曾单独召见。南京中共办事处邀他座谈，回答了他所提问题，箐延芳的政治态度转变，后来应共产党之邀参加 1949 年的新政协。

　　1946 年 10 月蒋介石军队攻占张家口后，即下令召开国民大会（国大）。对于是否参加这个非民主选举的、国民党片面召开的国大，第三方面人士（即国共两党以外的人士）中展开激烈的辩论。中共对他们做了大量的工作，揭露国民党扩大内战、坚持一党独裁的阴谋。最后，第三方面人士分裂，青年党、社会党和少数无党派人士参加了国大，民盟、民建和其他民主党派、民主人士都拒绝参加。唯民建的李烛尘，因照顾永利公司的权益，以个人名义参加。其后，民建并与中国民主促进会、九三学社等 11 个团体发表联合声明，否认片面国大通过的宪法。

1947 年 2 月，南京政府发布《经济紧急措施方案》，各种经济管制办法纷至沓来，民营企业难予承受。4 月 17 日，荣鸿元、郭棣活、唐星海、王启宇 4 个民营纺织业的代表辞去政府委派的纺织管理委员会委员职务，表示不与国民党政府合作。接着，工商界团体纷纷要求取消管制，禁运、限价等措施。这时，各地学生的反饥饿、反内战、反迫害的民主运动进入高潮，民族资产阶级中也开展着要求经济民主的活动。1947 年 2 月，国民党逼迫中共驻南京等地的人员全部撤离，10 月，又宣布民盟为非法团体。各民主党派也转入地下活动，与中共地下党的联系反而更加密切了。在上海，王寅生等组织一些资本家学习新民主主义经济政策，他们对"公私兼顾、劳资两利"的方针尤为赞赏，说等于吃了定心丸。原来，1945 年 12 月民建的成立宣言中曾提出"不右倾，不左袒"，即在国共两党中处于中间地位。在其他民主人士和知识子中，也有一种在国共两党的道路之外，走第三条道路的主张，幻想在美国的支持下，建立民主共和国。经过上述下关事件、反对片面国大等斗争，以及 1946 年 8 月美国宣布调处国共军事冲突失败、露出它帮助蒋介石扩大内战的真面目，最后国民党并禁止一切民主运动，第三条道路的幻想就完全破产了。1948 年 5 月，中共提出在解放区召开新政治协商会议、共商国是的"五一号召"得到 12 个民主党派的响应，民建决定派章乃器、施复亮、孙起孟为代表参加筹备。

1948 年，蒋介石的军队节节败退，解放区迅速扩大。而这年发生在国民党统治区的最大灾难莫过于 8 月 19 日的所谓币制改革。它是对人民的一场浩劫，而工商界首当其冲，在蒋经国暴力恐怖下的上海工商业损失尤大，前文已经详述。外国人报道称，在上海被监禁的工商界人士有 3000 人；并把 9 月间荣鸿元被捕、勒索美金 50 万元一事称为国民党的"反企业家"倾向。[1] 从此，资本家在国民党统治区的企业经营如坐针毡，而随着大中城市

---

[1] M. C. Bergère, "Shanghai Capitalists and the Transition from Nationalist to Communist Regime," 会议文集，第 1038、1043 页；*The Far Eastern Economic Review*, 29, Sept. 1984, pp. 312 – 315.

的解放，共产党保护民族工商业的政策传闻日广。如石家庄解放后，共产党设法与资方联系，发还大兴纱厂。裕大华资方负责人黄师让与友人函中称："刻下对方（指中共）政策保护工商及私人企业，平津传来消息尚不令人沮丧。（鲁）绍猷来信，本厂（指大兴）亦有交还之望。"① 1949 年 1 月，上海航运界不顾国民党当局的阻挠，径派代表魏文瀚等到解放区洽商恢复南北通船、通商，共产党热诚接待，得以实现。② 因而，南方各大城市解放时，绝大部分资本家愿意接受共产党领导，是完全可以理解的。

（五）新民主主义经济的胜利

1949 年 9 月 29 日，在北平召开的中国人民政治协商会议通过《共同纲领》，成为新中国的临时宪法。《共同纲领》规定："发展新民主主义的人民经济，稳定地变农业国为工业国"；社会主义性质的国营经济是国家发展生产、繁荣经济的主要物质基础，在它的领导下，合作社经济、农民和手工业者的个体经济、私人资本主义经济和国家资本主义经济，分工合作，各得其所。

国营经济，由于没收官僚资本，已空前壮大，已见前文。1949 年底，国营工业拥有全国发电量的 58%，原煤产量的 68%，生铁产量的 92%，钢产量的 97%，水泥产量的 68%，棉纱产量的 53%。国营经济掌握了全国铁路运输，据有轮驳船货运量的 48%（1950），公路汽车客运量的 52%（1950），全部航空运输和邮电业务。国营经济掌握了绝大部分银行业务，控制着金融市场，占有 66.5% 的对外贸易额，执行进出口管理。这就是说，在中华人民共和国成立的 1949 年，社会主义的国或经济已能控制国家经济命脉，有了领导整个国民经济的强大力量。

1949 年底，有私人资本主义工业（指雇工 4 人以上者）123165 家，职工 164.3 万人，资产净值人民币 20.08 亿元。除工场手工业（指雇工不足 10 人者）外，约有现代化工业 14780 家，职工 92.5 万人，资产净值 14.1

---

① 《裕大华纺织资本集团史料》编写组编《裕大华纺织资本集团史料》，湖北人民出版社，1984，第 620 页，该信写于 1949 年 2 月 22 日。
② 详见徐鼎新《解放前夕南北通航、通邮、通商始末》，《社会科学》1981 年第 3 期。

亿元。① 1950 年，有私营商业 402 万家，从业人员 662 万人，资本额 19.9 亿元。唯其中就户数说，大量的是个体商业，雇工 2 人以上者只占 2% ~ 3%；不过资金仍集中在大户。其中私营进出口商约 4500 家，从业人员 3.5 万人，资本额 1.3 亿元。

私营工商业户数众多，在生产和贸易上仍占重要地位。1949 年，私人资本主义工业的总产值为 68.28 亿元，占全国工业总产值（不包括手工业）的 63.3%。同时，其中由国营企业加工，订货，统购、包销的部分有 8.11 亿元，即其总产值的 12% 已纳入国家资本主义的初级形式。1949 年已有 193 家公私合营工业，它们都规模较大，有职工 10.54 万人，总产值 2.20 亿元，这是国家资本主义的高级形式。1950 年，资本主义工业总产值中加工、订货等比重增为 29%；从公私合营工业增至 294 家，总产值 4.14 亿元。1950 年，私营商业（包括个体户）的销售额为 181.4 亿元，占全国商业机构批发额的 76.1%，零售额 85%。私营商业中也已开始为国营企业经销、代销，这也是国家资本主义的初级形式。另外，在银行业和轮船业，也有相当数目的公私合营企业，并都属大户。

个体经济向合作化、集体化发展。1950 年，农村已开展生产互助组和生产合作社组织，组织起来的农户约占全国总农户的 10%。同年，农村中有 114 个信用合作社。发展较快的是农民与手工业者的集体组织供销合作社，1950 年已有社员 2568 万人，股金 0.27 亿元，连同城市居民的消费合作社，零售额达 8.1 亿元。手工业生产合作社也有发展，并组成联社。②

以上情况表明，随着中国大陆的解放，新民主主义经济取得了决定性的胜利，在中华人民共和国成立时，新民主主义的经济体制已经建成了。

（原载许涤新、吴承明主编《中国资本主义发展史》第 3 卷 《新民主主义革命时期的中国资本主义》，第 677 ~ 717 页）

---

① 许涤新、吴承明主编《中国资本主义发展史》第 3 卷，第 644 页。
② 本小节资料见柳随年、吴群敢主编《中国社会主义经济简史》，第 61、63、66 ~ 67 页；倩华等《七年来我国私营工商业的变化》，中国财政经济出版社，1957，第 8 ~ 9 页；吴承明主编《中国资本主义工商业的社会主义改造》，人民出版社，1962，第 56、61、159、164、191 页。

1936年中国资本主义
发展的水平[*]

　　在这里，我们将从两个方面探讨一下中国资本主义发展的水平：一是它的资本集成的数量和速度，一是它在国民经济中所占的比重。我们设定两个基期：一是抗日战争前国民经济发展最高的一年，即 1936 年；一是战后经济恢复的最高年，依不同行业，或 1947 年，或 1948 年。1936 年的考察包括关内和东北两个部分，1947/1948 年的考察指国民党统治区。

　　为此，必须对基期的各部门的资本量做出估计，又须对基期的农业、工业和手工业、交通运输的总产量做出估计。这两种估计分别见附录甲和附录乙。

　　由于旧中国统计资料贫乏，这种估计很多是从零星记载中综合，或者从某些单项统计中推算，它的准确性是殊为可疑的。在本卷的估值工作中，我们发现比之前期更为困难。首先，在早期，资本主义的领域有限，企业不太多，只要大户不漏，基本可以概括。本时期，资本主义范围扩大，业户繁多，已很难逐户逐业相加求总，只好视资料情况，分别处理。如外国在华资本、官僚资本和民族资本的估值，都各采取不同方法；1936 年的伪满部分，又是另一种根据。由于方法不同，各有偏高偏低因素，无法调整。其次，就

---

　　[*] 本文原为许涤新、吴承明主编《中国资本主义发展史》第 3 卷《新民主主义革命时期的中国资本主义》第 6 章"中国资本主义发展的水平"（吴承明执笔），人民出版社，1993，收入本卷后改题名为《1936 年中国资本主义发展的水平》。——编者

统计资料说，本期略胜前期，但都是个别项目的调查。这些调查，每个都有它特定的目的和范围，用于本项目，也许是正确的。但合起来并不能代表整体，不但缺项累累，而且互有轩轾以至矛盾。因此，从事这种宏观估计，最好有一个国民经济的普查为基础，至少有些能控制全局的导数。我们没有这种条件。对于 1936 年的估计，我们不少是借助于巫宝三等所著《中国国民所得》1933 年的估计。该书是由多位专家协力而成，所集资料之丰富，审查之精密，为我们所未及。[①] 但因研究目的不同，只能借助其某些数据；又 1933 年是中国经济危机最严重的时候，以之推计 1936 年，颇难准确。至于战后的 1947/1948 年，资料更不完整，且变动不一，一如当时政局；我们只勉强地作了一个资本估值，而无法完成产值估计，只好用一些产品的生产指数来代替。

以上是我们估计工作中的一般缺陷，而在每个行业和项目中，又各有舛漏。不过，我们既要研究资本主义发展的速度和水平，就不能不有一个大体的宏观数量概念。这比之纯理论性分析或"举例子"式的论证，或较胜一筹。正因如此，对于附录甲和附录乙的估计，只用于本文关于资本主义发展水平的探讨。我们自知其估计之粗陋，在那些记叙历史的正文中，仍以当时的单项统计和前人论证为依据。

一 产业资本的发展和变化

本项研究的目的，是通过几个基期的资本估值，来探讨各时期资本积累的程度，或资本集成的水平，以及各种类型资本量的消长和它们在历史各阶段集成的速度，即平均年增长率（或负增长率）。

资本估值应包括国民经济中所有资本主义经济。但事实上，我们无法估计资本主义农业生产的资本，这不仅是因为我们还不能确定农业中属于资本主义生产的份额，还在于作为中国国民生产中最大部门的农业本来就

---

① 另有刘大中、叶孔嘉的 *The Economy of the Chinese Mainland : National Income and Economic Development*, Princeton University Press, 1965, 该书也是以 1933 年的估计为基础，所有资料与巫书相埒，而结果颇异。

没有一个投资的数值，即使有人估计过也为今人所不取。① 与之类似，我们也不能估计第二个大生产部门即手工业中的真正资本。即使能够用选样办法估出工场手工业的投资，也与它们的产值不成比例，因为无法计算它的劳动投入。② 还有，对于商业资本，我们是用市场上的商品量和商业资金的平均周转率来估计的，这样估出的数值比较实在；但它是一次交易所需，而非全貌，对于本期十分活跃的投机资本，更无法计量。再如金融资本，又有它的特殊性。例如银行会计上的借方，往往就是其他企业的贷方，以致重复计算。因此，我们提出一个"产业资本"的概念，即近代化工业和交通运输业使用的资本，作为我们考察的重点，用它代表中国资本主义的积累和发展，并编制列一个资本体系如下。本文和附录均采用它。

  A 工业资本　包括近代化工厂制造业、水电等公用事业，全部矿冶业（本时期土法采矿和冶炼已具有工场手工业规模）

  B 交通运输业资本　包括铁路、公路、轮船、民航、邮政、电信

  C 产业资本 = A + B

  D 商业资本　市场商品一次交易所需资本

  E 金融业资本　原则上包括所有新式和旧式银钱业，不包括投资公司

这里需要重述一下，我们所称资本，是采用政治经济学的概念，即生产剩余价值的价值。因而，它应包括一切使用于生产经营的资本，包括固定资本和流动资本，或自有资金与借入资金，而不计闲置的设施。当然，实际上

---

① 20世纪30年代，至少有过6个对中国国民财富的估计，总额从400亿元到2000亿元不等，其中农业占70%～80%，见吴承明《中国工业资本的估计和分析》注10，《新华月报》创刊号。满铁和日本学者对东北的农业投资作过多次选样调查，依其调查，总投资从61亿银元到78亿日元，见 Kungtu C. Sun, *The Economic Development of Manchuria in the First Half of Twentieth Century*, Harvard University Press, 1973, pp. 38 - 39。

② 在《中国资本主义发展史》第2卷中，我们曾用斯密 - 李嘉图的增长理论解释手工业的发展，工场手工业虽属资本主义性质，但在中国未曾发展到适当规模（规模大者如火柴厂已计入工厂），仍以劳动投入为主。

很难精确计算。在实际操作中，我们尽可能根据已投产的生产设备（有时是设备能力），如纱厂纱锭数、丝厂丝车数、电厂容量（千瓦）、铁路营业里程、轮船吨位等，用包括附属设备和场地的成本或造价来估值，这大体相当于企业会计上的资产净值。再酌加流动资金或借入款，即大体相当于会计上的资本总值。有些官办企业甚少借入款，即按净值估值。但是，许多行业的设备无法计量，而资料中比较常见的是它们的设立资本，即向官府注册的资本或会计上的资本金、股本额。这就需要采取其他的估计方法。我们使用最多的是以设立资本为准，按不同行业和企业的新老、业务的盛衰，乘以一定的倍数，作为其资产总值。此法带有主观性，但在只有设立资本这样一个数据时，只好如此。①

现将附录甲所作产业资本的估值列入表 1；为便比较，将前几个基期的估值也一并列入。

表 1　产业资本估值

单位：万元

项　目	1894 年	1911/1914 年[1]	1920 年	1936 年 关　内	1936 年 东　北	1947/1948 年国统区 1936 年币值[3]
产业资本总额	12155	178673	257929	554593	444463	654992
A 工业	7745	66622	106481	324001	176379	370812
制造业	5755	38686	64505	217466		
公用事业	213	9673	15042	65342		
矿冶业	1777	18263	26937	41193		
B 交通运输业	4410	112051	151415	230592	268084	284180
铁路	691	98417	128950	120493		151490
公路	—			52435		62240
轮船	3248	12711	20247	48413		57280
民航	—	—	—	2866		
邮电	471	923	2248	6385		13170

① 韩启桐计算了 51 家工厂的资产总值与设立资本的比率，各业从 2.5 倍到 5.9 倍，平均为 2.76 倍，见所著《中国对日战事损失之估计》，中华书局，1946，第 59 页。汪馥荪计算了 92 家工厂，资产总值减除对外投资后，与设立资本的比率平均为 1.99 倍，见所著《中国工业资本估计的几个基本问题》，《中国工业月刊》新 1 卷第 8 期，1949。我们所用是自 1.3 倍到 3 倍。

续表

项　目	1894年	1911/1914年[1]	1920年	1936年 关内	1936年 东北	1947/1948年国统区1936年币值[3]
外国在华企业资本	5406	102125	133000	195924	375834	73414
A 工业	2791	37690	50000	145128	108750	62446
制造业	2587	21236	28000	84486	75417	26052
公用事业	204	5107	7000	39699	24167	27552
矿冶业	—	11347	15000	20943	9166	8842
B 交通运输业	2615	64435	83000	50796	267084	10968
铁路	—	56064	73000	15714		
轮船	2615	8371	1000	33516		10968
民航	—	—	—	1566		
官僚资本	4757	47807	66952	198925	23529[2]	420079
A 工业	3063	8417	11414	34034	23529	159874
制造业	1561	2284	2945	15937		
公用事业	—	939	1983	8847		
矿冶业	1502	5194	6486	9250		
B 交通运输业	1694	39390	55538	164891	（147060）	260205
铁路	691	36467	51043	100993		151490
公路	—	—	—	52435		62240
轮船	532	2000	2247	3778		26130
民航	—	—	—	1300		7175
邮电	471	923	2248	6385		13170
民族资本	1992	28741	57977	159744	45100	161499
A 工业	1891	20515	45070	144839	44100	148492
制造业	1607	15166	33560	117043	44100	116261
公用事业	9	3627	6059	16796	—	19471
矿冶业	275	1722	5451	11000	—	12760
B 交通运输业	101	8226	12097	14905	1000	13007
铁路	—	5886	4907	3786	—	
轮船	101	2340	8000	11119	1000	13007

注：

[1] 外国资本为1914年，官僚资本为1911年，民族资本为1913年。

[2] "满洲国资本"，又括号内数字系委托南满铁道会社经营的财产，已计入外国企业资本。

[3] 原则上是两年中的较高值。

资料来源：1894～1920年见许涤新、吴承明主编《中国资本主义发展史》第2卷第6章附录甲"资本估值"，人民出版社，1990，第1055～1075页，1936～1947/1948年据本文附录甲。

从表1看，1936年产业资本总额，关内与东北合计，达99.9亿元，为前一基期1920年的3.87倍。这里没有考虑币值的变动的因素。这个时期，受国际银价动荡和空前的经济危机的作用，国内物价大起大落；但就 1936 年的法币购买力说，与 1920 年并无很大落差。1936 年上海物价水平仅比 1921 年升 3.7%，但在天津升 24.4%，在广州升 28.5%，若将上海以 2 倍加权，三地平均约升 15%。即按可比价格计算，1936 年产业资本总额应为 86.87 亿元，为 1920 年的 3.37 倍。[①]

但是，这种用一般物价指数修正资本估值的办法并不可取。就本期而论，增长最大的是以日本为主的外国在华资本，它们原是以外币计值，表 1 中折成法币。本期金本位国家的物价变动与中国相反，1936 年比之 1921 年，日、英、美的物价都是下降的，用中国物价指数修正其投资额显然不当。再就官僚资本说，最大项目是铁路，铁路是用铁路会计的资产值估价，它并不是基期年的重置价，用物价指数修正自也不恰当。民族资本中的一些大项是按重置价估值的，但仍有众多项目不是这样。并且，此项估值意在探讨自甲午战争以来资本集成的长期性变动。在长期性的经济变动中，尤其在一个发展中的经济里，部门结构和价格结构都在变化，应用不变价格并不合理。因此，下面的分析仍以表 1 的 1936 年价格为准。但是，战后 1947/1948 年的估值，由于通货膨胀，价格日异，我们只能采用战前的不变价格即 1936 年币值，否则那些百千万亿的天文数字将只能乱人耳目而已。

1921~1936 年间，是中国发生巨大变动的时期，中经国内战争、国民党专政、东北沦陷和空前严重的经济危机。但就产业资本来说，确实有很大增长。表 1 中 1936 年关内的产业资本估值 55.46 亿元，比 1920 年全国数增长 1 倍强，这大体是可信的。其中工业投资主要是在 1931 年以前。其后的经济危机，如我们曾论证的，[②] 主要是购买力减退所致，生产力未遭重大破坏；故危机过后，1936 年的工农业生产被公认是解放前最高的一年，交通运输业投资则主要是在 20 世纪 30 年代，赶工完成的浙赣、湘桂铁路和内地公路在抗日战争中都发挥了重要作用。东北方面，表 1 见 1936 年产业资本估值 44.45 亿元，竟达关内 80%，这点使人疑惑。该项估计的主要依据

① 许涤新、吴承明主编《中国资本主义发展史》第 3 卷，表 2-26，第 124 页。
② 许涤新、吴承明主编《中国资本主义发展史》第 3 卷，第 129~131 页。

是日本对满投资的逐年统计，这项统计似较可靠，也为中外学者所取用。但是我们在划出产业资本的份额时，是根据日本在满会社的设立资本的分业比重，即表4-4。[①] 由于商业和金融业主要靠信用，其设立资本在表4-4中只占总额的4.6%，这就会膨胀了产业资本的份额。另外，满铁的资本中有部分是关东州的行政和其他非生产投资，未能剔除。因而，表中1936年东北的产业资本的估值可能偏高。不过，即使除去高估因素，1936年东北的工业投资也要比"九一八"时大1.5倍，数目是巨大的。但其营运效果很差，工农业产值仅比"九一八"时增长34.5%，这我们已有论述。[②]

至于战后1947/1948年产业资本总额的衰退，原在意料之中。这一方面是战争损毁、苏军拆走东北设备、时局动荡中的资本逃匿所致，另方面也是国民党政府在战后恢复经济中举措不当和解放战争中国民党统治范围日蹙使然。但表1所示战后产业资本总额65.50亿元，仅及1936年关内和东北总额的65.6%，则出乎我们预料。其中交通运输业资本的跌落，主要由于铁路的丧失和破坏，公路、邮电等则比战前关内数字（无东北数字）仍有增加，这大体是可信的。工业资本的跌落，则有资料上的原因。在第5章第2节（1）曾指出，[③] 折合1936年法币，日伪在东北的工业投资原有66.7亿元，减除苏军拆走部分仍有25亿~35亿元，而国民党政府所报接收值只有2.44亿元，仅及7%~10%；又折1936年法币，日本在台湾的工业投资有18.68亿元，而国民党政府所报接收值只有2.98亿元，仅及16%。对于这些大项，我们未能像过去那样逐户估价，而采用这种接收数字。这就使战后的资本估值偏低。

下面我们将时间回溯到甲午战争前，考察一下外国的、官僚的和民族的各类资本的发展变化。为此，我们将它们在各基期的比重列入表2，又将它们在各阶段的发展速度即平均年增长率列入表3。表2一目了然，表3则需作些说明。

---

① 许涤新、吴承明主编《中国资本主义发展史》第3卷，第393页。
② 许涤新、吴承明主编《中国资本主义发展史》第3卷，第401~419页。
③ 许涤新、吴承明主编《中国资本主义发展史》第3卷，第603~614页。

表 2　产业资本中的中外比重

| 项　目 | 1894 年 | 1911/1914 年[1] | 1920 年 | 1936 年 | | 1947/1948 年 |
				包括东北[2]	不包括东北	
资本总额(亿元)	1.22	17.88	25.79	99.91	55.46	65.50
各类比重(%)						
外国资本	44.47	57.16	51.56	57.23	35.32	11.21
本国资本	55.53	42.84	48.44	42.77	64.67	88.79
内:官僚资本	39.14	26.76	25.96	22.27[2]	35.87	64.13
民族资本	16.39	16.08	22.48	20.50	28.80	24.66

注:

[1] 外国资本为 1914 年,官僚资本为 1911 年,民族资本为 1913 年。

[2] 包括"满洲国资本"。

资料来源:表 1。

表 3　产业资本的平均增长率

单位:%

项　目	1894 ~ 1911/1914 年[1]	1911/1914[2] ~ 1920 年	1920 ~ 1936 年 包括东北	1936 ~ 1947/1948 年
产业资本总额	15.46	5.16	8.83	-3.61
外国资本	15.83	4.50	9.54	-16.35
本国资本	14.44	6.31	7.99	2.72
内:官僚资本	14.54	3.81	7.79[2]	6.72
民族资本	15.08	10.54	8.21	-2.05
A 工业资本	12.20	6.63	10.15	-2.57
外国资本	13.90	4.82	10.69	-11.48
官僚资本	6.13	3.44	10.64[2]	14.40
民族资本	13.37	11.90	9.37	-2.07
B 交通运输资本	18.89	4.21	7.73	-4.77
外国资本	17.38	4.31	8.76	-25.38
官僚资本	20.33	3.89	7.04[2]	4.05
民族资本	26.06	6.65	1.31	-0.17

注:

[1] 外国资本为 1914 年,官僚资本为 1911 年,民族资本为 1913 年,计算增长率时各按其本身年数,产业资本总额分别按 18.7 年和 7.3 年计,本国资本分别按 18 年和 6 年计。

[2] 包括"满洲国资本",但交通运输业不包括委托给南满铁道会社经营的财产,如包括该项财产,增长率为 11.39%。

资料来源:表 1。

　　表 3 见 1894 年至 1911/1914 年间产业资本总额的平均年增长率达 15%以上,为以后各阶段所未曾有;这主要是因为起始年的基数太低,故不足为

据。不过，这阶段新增资本平均每年有 8900 余万元，折 1936 年币值 2 亿元，在资本主义发展初期，为数是不小的。但是，这个投入总额中，有 58% 是帝国主义列强在华企业的资本，在增长率上它们也拥有 15.83% 的优势，为中国本国资本所不及。这还没有计入它们以贷款控制的铁路和矿场。可是，到了第二个阶段，即 1911/1914 年至 1920 年间，外国资本的增长即进入颓势。这首先是因为第一次世界大战中欧洲列强无力东顾，而战后虽美、日资本竭力扩张，终属有限。这阶段新增资本年均 1 亿余元，折 1936 年币值约 1.5 亿元；其中外国资本所占不到 39%，其增长率也跌至 4.50%，低于中国资本了。进入我们本文讨论的第三个阶段，即 1920 年到 1936 年间，情况大变。这期间新增资本年均达 4.6 亿元，而外国资本重新占有 59% 的份额，其增长率也高达 9.54%，为中国资本所望尘莫及。不过，这时期外国资本的增长主要是"九一八"以后，日本帝国主义凭借武装占领在东北的以掠夺资源为目的的投资。如果不计东北，单就关内而言，则外国资本的增长率大约只有 4.31%，[1] 比前一阶段还低，并远低于中国资本的增长率了。"七七"事变后，日本竭力扩大对满投资，但限于财力，折合 1936 年币值，增长率为 9.30%，反低于事变前（见表 4－2[2]）。营运效果之差也甚于战前，两个五年计划几成泡影，到抗日战争结束，日本和德国的在华投资被中国政府接管，如表 2 所示，外国资本只占产业资本总额 11.21% 的比重了。

再来看官僚资本，在 1894 年时，中国的产业资本大于外国的在华产业资本约 1/4，这是早期官僚资本家即洋务派创业的结果。事实上，中国第一家钢铁联合企业，第一个机械开采的矿场，第一条实用的铁路，都是洋务派创建的。在 1894 年到 1911 年这个阶段，洋务派资本仍保持 14.54% 的增长率；因而，有人说甲午战争标志着洋务派企业的破产，似不确切。辛亥革命后，官僚资本的增长率跌至 3.81%，到 1920 年，它在全部产业资本中的比重下降到 25.96% 的最低谷。这段时间，外国资本的增长率也是下降的，结

---

[1] 1920 年外国在东北的投资大约占全部外资的 25%，参见雷麦《外人在华投资》，蒋学楷、赵康节译，商务印书馆，1959，第 53 页。依此计算 1920 年东北外资约 3.325 亿元，关内 9.975 亿元。1936 年关内数见表 1。

[2] 许涤新、吴承明主编《中国资本主义发展史》第 3 卷，第 387 页。

果是民族资本得到发展。进入本文讨论的第三个阶段，即 1920～1936 年间，官僚资本的增长率陡升至 7.79%。这是包括了"满洲国资本"。如不计东北，单就关内而言，它的增长率仍达 7.78%。[①] 这种增长，主要是 1927 年国民党获取政权以后所为；尽管这时候南京政府还主要是致力于金融垄断，产业投资有限，但在它控制下的整个产业资本，也已具有了新的性质，即国家垄断资本主义的性质了。此后，它在抗日战争的后方获取了工业垄断地位，战后由于接管敌伪资产，膨胀到最高峰。从表 3 可见，抗战前后的对比，外国资本和民族资本的变动都是负数，只有官僚资本是增长的；从表 2 可见，1947/1948 年官僚资本占有全部产业资本的 64.13%，占有本国产业资本的 72.22%，它几乎据有全部交通运输业，在本国工业资本中，它也占有一半以上的份额。不过，也正是这种高度集中，使它成为中国社会主义革命的物质基础。

再略说一下"满洲国"资本。我们在第 4 章第 1 节（3）中已作分析，[②] 它不同于传统的官僚资本，但在 1936 年这个时候，它还主要是由原奉系地方官僚资本转化而来的，连同"委托"给满铁的部分和廉价收买的苏联中东铁路，价值达 17.06 亿元之巨，和关内的国家垄断资本竟相差不多。这以后，在日本的压力下竭尽搜括和扩张，到 1945 年，"满洲国"资本总额竟超过日本在满投资。但是，它在生产上比日本的投资更少成就，日本战败，它也大部分消失，反映了这种殖民地资本的命运。

最后，民族资本即民间资本，这是人们最关心的。民族资本是中国各种资本形态中最软弱的，也是最晚出一个。它既无政权保护，又无原始积累的经济基础，处在外国资本和官僚资本两个资本之间，任人予取予求。但是，我们已屡屡言及，在 19 世纪迄 20 世纪初这个时期，自由资本主义是资本主义发展的最好形式。中国民族资本一开始就表现出它的生命力。当时电报局是商办事业中最成功的一个，1906 年被清政府收归官办。随后兴起的民办铁路，七八年间集资 6000 万元，1912 后被袁世凯收归国有。从此，除轮船

---

① 1920 年官僚资本在东北的投资，据《中国资本主义发展史》第 2 卷第 1061～1063 页，计矿业 10 处 299 万元，铁路 1002 公里按每公里 6.54 万元计值 6553 万元，共 6852 万元，即关内应为 6.01 亿元，1936 年关内数见表 1。

② 许涤新、吴承明主编《中国资本主义发展史》第 3 卷，第 395～401 页。

外，民族资本只好向工业发展了。然而，从表 3 可见，在 1894 年至 1911/1914 年这个时期，民族资本即拥有 15.08% 的增长率，超过有政权支持的官僚资本的增长率。1911/1914 ~ 1920 年这个时期，官僚资本、外国资本都进入颓势，增长率只有 3.8% ~ 4.5%；而民族资本仍保持两位数的增长率，为 10.54%，专就工业资本说，为 11.90%。到 1920 年，民族工业资本的量已远超过官僚资本，而直接与外国资本相较量了。交通运输业中，民族资本虽受摧残，但在轮船业中，它始终保持着 18% ~ 19% 的增长优势，远非外国资本和官僚资本所能及。因此，我们说"它不愧是中国资本集成的主力军，中国工业化希望之所在"。[①]

可是，到本卷讨论的第三个阶段，即 1920 ~ 1936 年时期，情势就不同了。"九一八"事变，使民族工业丧失 15% 的市场；30 年代的经济危机，又以民族资本所受打击最甚。而更重要的是国民党当政后，官僚资本重整旗鼓，并开始有了国家垄断资本主义的性质。不过，这时候资本主义经济向普遍化发展，众擎易举，民族产业资本的增长率为 8.21%，专就工业而论达 9.37%，仍高于官僚资本并远高于外国资本的增长率（均不计东北），或谓这时民族资本陷于"破产半破产"的境地，显然不确。到 1936 年，关内的民族工业资本有 14.48 亿元，连同东北的华人民营工业，共 18.89 亿元，成为历史上的最高峰。

抗日战争中，民营工业在后方有很大发展，据我们在第 4 章第 3 节（5）中估计，[②] 资本约合战前币值 3.58 亿元，但已逊于官僚工业资本的 3.85 亿元了。抗战胜利后，官僚资本借接管敌伪工矿而壮大，工业资本达战前币值 15.99 亿元；而民族工业收拾残余，仅恢复到 1936 年的 78.6%，即 14.85 亿元。就整个产业资本说，由于外国资本的大量消失，在 1947/1948 年，民族资本在全部产业资本的比重仍由 1936 年的 20.50% 增为战后的 24.66%，但它同官僚资本相比，则由 1936 年的 50.7% 比 49.3% 改变为战后的 27.8% 比 72.2%（1936 年不计东北）了。民族资本的致命伤是它的拳头工业即棉纺织业被官僚资本的中国纺织建设公司所垄断，而它战前对官僚资本处于绝对优势的电力业和轮船业这时也处于绝对劣势。因而，如果不

---

① 许涤新、吴承明主编《中国资本主义发展史》第 2 卷，第 1048 页。
② 许涤新、吴承明主编《中国资本主义发展史》第 3 卷，第 517 ~ 521 页。

是解放战争迅速胜利，使它进入新民主主义经济范围，民族资本还要继续衰败下去。这是可以断言的。

二 商业资本和金融业资本的发展和变化

对于商业资本和金融业资本，我们所作估值更为粗糙。先将各类总数列入表4，再分别作些简单说明。

表 4 资本估值

单位：万元

项　　目	1894 年	1911/1914 年[1]	1920 年	1936 年 关　内	1936 年 东　北	1947/1948 年国统区，1936 年币值
资本总额	113719	483845	719882	2014543	565844	1424518
C 产业资本	12155	178673	257929	554593	444463	654992
D 商业资本	74884	234168	317000	500295	60932	382348
E 金融业资本	26680	71004	144953	957156	38783	387178
其他				2499	21666	
外国在华企业资本	21370	184608	239000	501174	426667	111650
C 产业资本	5406	102125	133000	195924	375834	73414
D 商业资本	9284	67968	87000	119295	18932	15348
E 金融业资本	6680	14515	19000	183456	10235	22888
其他				2499	21666	
官僚资本	4757	52296	90205	765625	47647[2]	767079
C 产业资本	4757	47807	66952	198925	23529	420079
D 商业资本	—	—	—	3000		3000
E 金融业资本	—	4489	23253	563700	24118	344000
民族资本	87592	246941	390677	747744	91530	545789
C 产业资本	1992	28741	57977	159744	45100	161499
D 商业资本	65600	166200	230000	378000	42000	364000
E 金融业资本	20000	52000	102700	210000	4430	20290

注：

[1] 外国资本为 1914 年，官僚资本为 1911 年，民族资本为 1913 年。

[2] 指"满洲国资本"，其产业资本中未包括由南海铁道会社托管的财产 14.706 亿元。

资料来源：1894~1920 年见许涤新、吴承明主编《中国资本主义发展史》第 2 卷第 6 章附录甲"资本估值"，第 1055~1075 页，1936~1947/1948 年据本文附录甲。

对于商业资本，仍是按 1920 年的估计方法，即以市场上的商品值除以资本周转率 4，求得资本量。1936 年商业资本的周转率应有提高，但我们平

均 4 次的周转率主要是根据 30 年代资料而来，故不再调整。这样估计出来
的商业资本只是市场上一次交易所需，大体代表批发交易的资本。另加外商
商业资本，视为从事外贸活动的资本，也属批发交易。照马克思的说法，批
发商业才是执行流通职能资本的纯粹形式，而零售业是掺有分配服务性质的
"杂种"。[①] 我们的估计，原无意做理论上的区分，只是迁就资料方便而已。
但也有个好处，即把那种为数众多的小商小贩排除，不作资本主义处理。

尽管我们的估计只是一次交易所需资本，其量仍是很大的。我们只对
1920 年和 1936 年市场上的商品值作了较详细的估计，其他基期是由此推算而
来。表 4 可见，1920 年的商业资本有 31.7 亿元，约为工业资本的 3 倍。有人
以此说明中国商业资本的"畸形发展"，并认为是洋货入侵的结果。这种看法
不甚恰当。现将我们估计的 1920 年和 1936 年市场上各类商品的总值列入表 5。
表见商业资本所媒介的交易中，有 70% 以上是农产品和手工业品，而近代化
工厂的产品到 1936 年还占不到 17%，进口洋货所占比重更小。通常所说工业
资本是指近代化工厂的资本，它当然要甚小于商业资本；因为在近代化工厂
产生以前，乃至在洋货大量入侵以前，已经有偌大的商业资本了。

表 5　国内市场的商品结构

种　类	1920 年		1936 年	
	亿　元	%	亿　元	%
农业产品	39.09	42.28	75.33	44.82
手工制造业产品	29.75	32.17	43.86	26.10
近代化工厂产品	8.83	9.55	28.31	16.84
矿冶业产品	2.91	3.15	4.96	2.95
进口商品	11.88	12.85	15.61	9.29
合　计	92.46	100.00	168.07	100.00

资料来源：1920 年见许涤新、吴承明主编《中国资本主义发展史》第 2 卷第 998 页，1936 年见
本文附录甲表 20。

由于中国的商业资本是以媒介农产品和手工业品的交易为主，它的绝大
部分必然是掌握在中国商人之手，成为民族资本中占最大比重的部分；因
而，我们也毋需对商业资本的所属性质再作分析。不过，从估计方法上说，

①　见马克思《资本论》第 3 卷，人民出版社，1975，第 320、322 页。

表 4 中列官僚资本中的商业资本为数过低；这是因为一些经营贸易的国营机构如中央信托局、资源委员会、中国植物油料厂以至农本局等，被列入其他部门了。又外国资本中的商业资本相对偏高；因为它们并不是按"一次交易"原则估计的，并包括一些服务业在内。

民族资本中，商业资本占有 60% ~ 70% 的比重，这点引起人们的重视。马克思说：生产越不发达，商人资本的比重就越大，"真正的货币资本大部分掌握在商人手中"。[①] 这种情况，正是近代中国生产落后的表现。但是，从历史来看，变化是很大的，甚至是惊人的。表 6 是民族资本各部门比重的演变。从表 6 看，商业资本所占比重由 1894 年的 74.89% 递降至 1936 年的 50.55%，这是一个进步。考虑到这个时期农村自然经济的解体，农产品和手工业品商品化的发展，用于媒介它们的商业资本相应增加，它在资本总额中所占比重的下降就更具有重要意义。但是，到抗日战争后，商业资本重跃到 66.69% 的比重，这是一个逆转。这里还没有计入活跃于大城市的投机商人资本。这时是生产败坏，投机活跃，前途不堪设想。

表 6　民族资本的部门比重

年　份	1894	1913	1920	1936（不包括东北）	1947/1948
资本总额（亿元）	8.76	24.69	39.07	74.77	54.58
各部门比重（%）					
产业资本	2.28	11.64	14.84	21.36	29.59
商业资本	74.89	67.30	58.87	50.55	66.69
金融业资本	22.83	21.06	26.29	28.09	3.72

资料来源：表 4。

商业资本比重的变化，在整个近代资本结构中也是这样，这很容易从表 4 中算出。现在我们用另一种方法来观察它，即平均年增长率。表 7 是包括中外资本在内的各部门增长率的比较。从表可见，商业资本的增长率经常是低于产业资本，也低于总资本的增长率，就是说，它在全部资本中的比重是下降的。这是合理的，是在资本主义经济发展中合乎规律性的现象。但是，

---

① 马克思：《资本论》第 3 卷，第 308 ~ 309 页。

在战后的 1947/1948 年，与战前比，也看出一个逆转；商业资本负增长的程度小于产业资本的负增长。至于同资本总额比，由于表中金融业资本的估计失实，不足为据。

表 7　各类资本的平均年增长率

单位：%

年　份	1894～1911/1914 (18.7 年)	1911/1914～1920 (7.3 年)	1920～1936 包括东北（16 年）	1936～1947/1948 (11.5 年)
资本总额	8.05	5.59	8.31	-5.04
C. 产业资本	15.46	5.16	8.83	-3.61
D. 商业资本	6.29	4.24	3.63	-3.28
E. 金融业资本	5.37	10.27	12.80	-7.89

资料来源：表4。

最后来看金融资本。在我们的估计中，金融业资本在 19 世纪末就是很大的，并且其中民族资本远大于外国在华的银行资本。这是因为我们把票号、钱庄的资本都计算进去了，而不像有些学者以"封建性"而把它们除外。马克思认为，高利贷资本和商业资本都是最古老的资本形态。高利贷资本最初就是以货币谋取更多的货币，这正是"资本的真正职能"，并且，如果是贷给商人，那就"完全和他对于现代资本家的关系一样"。[1] 事实上，中国票号和钱庄的发展是与商业尤其是批发商业的发展密切相关，而与封建经济即土地财产和地租没有直接关系。

由于初始的基数较高，在我们估计的第一个阶段，金融业资本的增长率不大。但这以后，它便成为资本增长最快的部门，增长率超过产业资本，也超过商业资本；这在表 7 中明显可见。又据表 4，1936 年关内金融业资本达 95.72 亿元，比产业资本和比商业资本都大出许多，未免令人惊异；因而有中国金融资本"畸形发展"之说。这年金融业资本的估值基本上是各银行的资产相加而成。除外资银行外，[2] 华资银行的资产中，有 60.7% 是放款，10.9% 是持有证券，17.1% 是交存政府的准备金，余 11.3% 为现款、房地

---

[1]　马克思：《资本论》第 3 卷，第 365、671 页。
[2]　外资银行没有在华分行单独的资产负债表，估计时是在其总资产中设定一个在华部分的比重，并减除了它们对外资企业的放款，见吴承明《帝国主义在旧中国的投资》，人民出版社，1955。

产等。① 放款中有30%强是对政府的垫款，余为对工商业的放款，它们已计入了工商业的资本。持有证券中绝大部分是政府公债，少量是工商业的证券，也已计入工商业资本了。说明这种情况，也就了解1936年金融业资本估值甚高的原因。原来，自第一次世界大战以来，金融资本的膨胀是个时代性的特征，即列宁所说的资本集中与垄断的产物。在中国，又主要是1928年以后，国民党政府建立国家金融垄断资本主义的结果。全部银行资产中，国家四行占有近60%的份额，它们不仅是银行之银行，又是国家的国库；对政府的往来形成的银行资产，不是我们所研究意义上的资本，但也进入了估值。

为进一步探讨金融资本的发展，我们将中外资本发展的速度和各类所占比重列入表8。

表8　金融业资本的平均年增长率和中外比重

I　各类资本的平均年增长率(%)				
年　份	1894 ~ 1911/1944[1]	1911/1914[1] ~ 1920	1920 ~ 1936 不包括东北	1936 ~ 1947/1948
外国资本	3.96	4.59	15.23	-16.56
官僚资产	—	20.05	22.05	-4.20
民族资本	5.16	10.21	4.57	-18.39

II　各类资本所占比重(%)					
年　份	1894	1911/1914[1]	1920	1936 包括东北	1936 不包括东北	1947/1948
外国资本	25.04	20.44	13.11	19.45	19.17	5.91
官僚资本	—	6.32	16.04	59.02[2]	58.89	88.85
民族资本	74.96	73.24	70.85	21.53	21.94	5.24

注：

[1] 外国资本为1914年，官僚资本为1911年，民族资本为1913年。

[2] 包括"满洲国资本"。

资料来源：表4。

表8见外国金融业资本的增长速度并不是很快，它们在金融资本总额中所占比重是下降的趋势。这是因为外国在华银行虽然资力雄厚，声势喧赫，但它们主要是垄断外汇外债，控制大城市金融市场，以至干预政府财政。它们同众多的华人工商业者的关系并不密切，在第一次世界大战迄1920年间，

---

① 这是1934年的统计分析，1936年资料不全，见中国银行总管理处经济研究室编辑《全国银行年鉴（1934）》，汉文正楷印书局，1937，第811页。

中国工商业的发展颇盛,而表8见这阶段外国金融资本的增长率反而是甚低的。1920年到1936年阶段外国金融资本的增长主要是因为外国在华投资增加了。这种增加主要是在1920年到1930年间,年率达6.1%,超过前一阶段1倍。①外商银行的存放业务中,有70%~80%是对在华外商的往来,因而银行资本大增。这以后,在30年代经济危机中,除东北外,外国投资基本停滞,外商银行的资本也无甚增长。

表8见金融业资本增长最快的是官僚资本,其中第二个阶段即1911~1920年增长率即达20.05%;不过,这是因为起始期基数过低所致。1897年才有第一家借官款所办的银行。而1920年的估值中,87%是中国银行一家的资产。该行这时有约40%的官股,后来官股出卖,到1926年只占2.5%,实际是商办了。如前所说,官僚资本金融业的兴起实际是在1928年国民党政府建立中央银行以后,又主要是在1935年攫取中国、交通和几家较小银行之后。因而,表8中所列1920~1936年高达22.05%的增长率并不是什么资本积累,而是一场凭借政治力量的"银行风暴"的结果,这场风暴确立了国家金融垄断资本的地位,1936年它在全部关内金融资本中占到58.89%的比重。

民族资本的银行和钱庄,与工商业关系密切。尽管它们开歇频繁,也有不少是投机失败,但如我们在第2章第3节(4)所述,②在1925年以前,它的发展总的说是与工商业的发展相符的。在1912~1925年间,华商银行实收资本的年增长率一直保持着两位数,与同期民族产业资本的增长率基本一致。表8还见,迄1920年,民族资本始终占有全部金融业资本70%以上的比重。实际上这种情况延续到30年代初;表中1936年它所占比重陡降至21.53%,主要是1935年那场"银行风暴"的结果。抗日战争以后,民族资本金融业就日益没落了,这就是户数增加、资力减退,日益依靠投机利润。战后,私营银行户数比1936年增加10倍,而其资本,如表4所示,还不到1936年的1/10,当然,这里没有计入它们暗账所匿资产,但其滑落是肯定的。这也是整个民族资本在国家垄断资本主义统治下的必然途径,不过对金融业的垄断最严密,金融业的反应也最敏感而已。

---

① 许涤新、吴承明主编《中国资本主义发展史》第3卷第2章第1节(2),第37~50页。
② 许涤新、吴承明主编《中国资本主义发展》第3卷,第172~185页。

三 资本主义生产在国民经济中所占比重

因为我们无法确定早期的国民总生产或国民收入，我们用资本主义经济在工农业总产值和在交通运输业总产值中的比重来观察它发展的程度，这也就是我们前面提出的"产业资本"的概念。在第 3 卷所讨论的时期，已有一些关于国民总生产和国民收入的研究。但是，我们还无力对其他部门，特别是在第三产业和公共行政部门中的资本主义成分做出量的估计；并为了与前一阶段比较，我们仍采用产业资本的概念。

对于 1936 年总产量（即毛产值）的估计详见附录乙，现将估计结果，连同本书第 2 卷中对 1920 年的估计，列入表 9。

表 9 总产值的估计

单位：万元

年 份	1920	1936
农业	1049494	1450506
粮食作物	652980	867476
经济作物	165530	263786
园艺及林牧渔业	230984	319244
工业	543396	973347
手工制造业	426059	640629
内工场手工业	(106515)	(195961)
近代化工厂制造业	88287	283073
矿冶业	29050	49645
内土法采炼	(18484)	(16726)
交通运输业	60937	141659
铁路运输	22374	48342
汽车运输		7102
轮船运输	6003	19140
航空运输		514
木帆船运输	25594	48800
人畜力运输	4332	10822
邮政	1523	4278
内民信局	(255)	
电信	1111	2661

资料来源：1920 年见本卷《1894～1920 年中国资本主义发展的水平》附录乙"1920 年总产值的估计"，第 157～167 页；1936 年据本文附录乙。

233

表 9 可见，1936 年比 1920 年，农业总产值增长 38.2%，工业总产值增长 79.1%，交通运输业总产值（即总收入）增长 132.5%；而发展最快的是近代化工厂的生产，其总产值增长 220.6%，年率达 7.55%。这里没有计入币值变动因素。如前所述，这期间物价水平约升 15%，因而，上述增长幅度将分别为 17.5%、52.3%、97.6%，近代化工厂为 172.5%，仍是较快的。过去有人认为，这期间近代化工厂（或称现代工业）的发展应归之于日本人在东北的开发，并认为 30 年代危机中对工业的发展并无影响。[①] 但是，根据较新的研究，1920～1936 年东北现代工业增长的年率为 6.04%，自 1931 年"九一八"算起到 1936 年亦只有 6.10%，[②] 都还低于我们上述的全国平均数。原来这种年率的计算只是以首尾两年为准，而在 30 年代危机中，各业的产值大多下降，并有几个行业出现负增长（参见表 2～25[③]）。这是过去所没有过的。在危机中，资本集成十分缓慢，并至少有 3 年是负增长，这也是过去所没有过的。[④]

我们的目的主要不是研究这个阶段产业发展的状况，而是从各种产业所占总产值的比重中探讨资本主义发展的程度。因而，价格的变动无关紧要。我们首先采用"新式产业"和"传统产业"这两个概念来划分它们的产值，这很容易从表 9 中划分出来，划分的结果列入表 10。

从表 10 可见，新式产业在工业生产中的比重由 1920 年的 18.19% 增为 1936 年的 32.46%；同时期，它在交通运输业中的比重由 50.47% 增为 57.91%。这说明中国的工业化或近代化有所进步。但是，在整个国民经济中，新式产业的比重仍然是很低的。1920 年，新式生产在工农业总产值中仅占 6.21%，到 1936 年也不过占 13.04%；人民生产生活所需的全部农产品和 67.54% 的工业品都是依靠传统产业来供应的。把工农业和交通运输业

[①] 参考 John C Chang（章长基），*Industrial Development in Pre-communist China: A Quantitative, Analysis*，Chicago，1969。据他所列资料，1912～1936 年中国工业的年增长率为 7.29%，1931～1936 年包括东北为 9.3%，不包括东北为 6.7%。他是根据 15 种产品按 1933 年不变价格计算的，他的计算为国外学者所常引用。

[②] Kungtu C. Sun，*The Economic Development of Manchuria in the First Half of Twentieth Century*，p. 102.

[③] 许涤新、吴承明主编《中国资本主义发展史》第 3 卷，第 120～123 页。

[④] 吴承明：《我国资本构成之初步估计》，《中央银行月报》新 1 卷第 11 期，1946 年 11 月。

的产值加在一起，其中新式产业所占比重，1920 年为 7.84%，1936 年增为
15.51%。交通运输业的近代化先行一步，这在发展经济中是合理的。但应
看到，传统运输尤其是木帆船运输，仍远超过轮船运输占有重要地位。并
且，表中的传统运输项目是不完整的，短途的、农用的和城市内的运输都未
计算在内。

表 10　新式产业和传统产业所占产值比重

项　目	总产值合计（万元）	新式产业		传统产业	
		总产值（万元）	占合计（%）	总产值（万元）	占合计（%）
1920 年					
农　业	1049494	—	—	1049494	100.00
工　业	543396	98853	18.19	444543	81.81
交通运输业	60937	30756	50.47	30181	49.53
1936 年					
农　业	1450506	—	—	1450506	100.00
工　业	973347	315992	32.46	657355	67.54
交通运输业	141659	81037	57.91	59622	42.09

资料来源：表9。

现再比较一下已有的一些估计。一种最常见的说法是，在旧中国，现代
化生产只占 10%，而 90% 是个体生产，这是根据巫宝三等在《中国国民所
得（一九三三年)》（1947 年版）一书的估计而来，该书估计 1933 年的总
产值如表 11。

表 11　总产值估计（1933）

单位：万元

总产值	1933 年	总产值	1933 年
农业总产值	1558602	矿冶业总产值	36744
手工业总产值	562686	合　计	2365664
工厂制造业总产值	207632		

如果将其中工厂制造业和矿冶业作为现代化生产，则占合计数的
10.33%，又据解放后统计，现代工业的产值在工农业总产值中的比重 1949

年为 17%，1952 年为 26.6%。① 如果我们把表 10 也改按此法计算（即把矿冶业全部计入新式产业）则可得到下面一个系列。从中可见，新式产业或现代化的过程是逐步发展的，而主要提高还在解放以后。不过，解放后的统计和前三项估计不同，它没有计入农家副业和自给性手工业；如果计入，则传统工业的数值约增 1/3 强，1949 年和 1952 年新式产业的比重就要降低 1~2 个百分点了（见表 12）。

表 12　新式产业和传统产业在工农业总产值中的比重

单位：%

年　份	新式产业	传统产业
1920	7.37	92.63
1933	10.33	89.67
1936	13.37	86.63
1949	17.00	83.00
1952	26.60	73.40

我们的目的是考察资本主义发展的水平。表 10 中新式产业的产值也就是资本主义经济的产值，但在工业部门，还需加入表 9 中的工场手工业的产值（原估计已包括散工制）和矿冶业中土法采炼的产值（土法采炼这时已基本上具有工场手工业规模）。成为问题的是农业部门。我们在第 3 卷第 3 章专门考察了农业中的资本主义生产关系，② 估计经营地主、富农经济、农业公司和农场这三种形式在最盛时约占有 4 亿亩土地，占全国耕地面积近 30%。但其中有多少属于资本主义户却无法肯定，主要是雇工与家工、自给生产与商品生产的关系难以定量。勉强估计，抗战前农业中资本主义成分可占到农业总产量的 10%，解放前可能占 8.5%。③ 不过，我们在第 3 卷第 3 章中着重考察了这三种形式的经营效益，结果除某些新垦区和城郊区园艺外，效益都不比个体农民高；经营地主多半反不如佃农，农业公司多采分租制，仍是个体生产。既然它们对提高生产效益很少作用，也就失掉作为一种

---

①　柳随年、吴群敢主编《中国社会主义经济简史》，黑龙江人民出版社，1985，第 72 页。

②　许涤新、吴承明主编《中国资本主义发展史》第 3 卷，第 260~380 页。

③　丁长清：《试论中国近代农业中资本主义的发展水平》，《南开学报》1984 年第 6 期。

新的生产方式的意义。因而，我们仍暂时把全部农业产值都列入个体经济，侯以后有进一步的研究成果后再作修正。

资本主义生产的估计结果见表 13。

表 13　资本主义经济所占产值比重

项　目	总产值合计（万元）	资本主义经济		个体经济	
		总产值（万元）	占合计（%）	总产值（万元）	占合计（%）
1920 年					
农　业	1049494	—	—	1049494	100.0
工　业	543396	223852	41.20	319544	58.80
工农业合计	1592890	223852	14.05	1369038	85.95
交通运输业	60937	30756	50.47	30181	49.53
1936 年					
农　业	1450506	—	—	1450506	100.00
工　业	973347	528679	54.32	444668	45.68
工农业合计	2423853	528679	21.81	1895174	78.19
交通运输业	141659	82037	57.91	59622	42.09

资料来源：表 9。

表 13 显示，资本主义经济在工农业总产值中的比重，由 1920 年的 14.05% 提高为 1936 年的 21.81%；同期，它在交通运输业总产值中的比重，由 50.47% 增为 57.91%。说明了这一时期资本主义的发展。

在附录乙中，我们未能估计出抗日战争以后的产值，仅给出一些指数。据该项指数，按不变价格计，1947/1948 年农业产值比 1936 年下降 11.6%，而近代化工业的产值下降 20.8%，矿冶业更下降 57.7%（手工业无指数）。这就必然使资本主义经济在工农业总产值中的比重下降；粗略估计，约下降到 19.7%（手工业按近代化工业指数计）。但是交通运输业中，新式交通运输业的生产指数是上升的，平均比 1936 年上升 21.9%。传统运输业无指数，若按 1936 年原值计，则 1947/1948 年资本主义经济在全部交通运输业总产值中的比重约增为 62.7%

前面提到解放后的统计，1949 年现代工业的产值占工农业总产值的 17%。该统计 1949 年现代工业的产值为人民币 79.1 亿元，工场手工业为

28.7亿元，个体手工业32.4亿元，农业为325.9亿元。故现代工业与工场手工业合计，将占工农业总产值的23.1%。不过，如前所说，该统计不包括农家副业和自给性手工业，如果包括，比重就不会那样高了，大约在21%。比上述的19.7%略高，大约因为大工业已成社会主义企业，恢复较快。

附录：文献简称

附录甲、附录乙所用数据，凡已见前文有关章节者，不再注明出处。其他常用书刊，注明时用简称。又提及 1902 年估计者，见许涤新、吴承明主编《中国资本主义发展史》第 2 卷第 6 章附录，第 1055～1088 页。

《统计选辑》　严中平等编《中国近代经济史统计资料选辑》，北京科学出版社，1955。

《统计年鉴》　国民政府主计部统计局编《中华民国统计年鉴》，中国文化事业公司，1948。

《物价汇编》　上海社会科学院经济研究所编《上海解放前后物价资料汇编》，上海人民出版社，1958。

《国民所得》　巫宝三等：《中国国民所得（一九三三年）》，中华书局，1947；《中国国民所得（一九三三年，修正）》，载《社会科学杂志》第 9 卷第 2 期，1947。

《农业统计》　许道夫编《中国近代农业生产及贸易统计资料》，上海人民出版社，1983。

《伪满统计》　东北财经委员会调查统计处编《伪满时期东北经济统计》，书林书局，1949。

《工业史料》　陈真编《中国近代工业史资料》，三联书店，1957、1961。

《十年经济》　谭熙鸿主编《十年来之中国经济》，中华书局，1948。

《交通概况》　交通部编印《十五年来之交通概况》，1947。

《棉手工业》　许涤新、吴承明主编《中国资本主义发展史》第 2 卷第 2 章第 6 节附录"1840～1936 年中国棉手工业产销估计"，第 305～309 页。

附录甲　资本估值

本附录系接续本书第 2 卷第 6 章[①]附录甲 1894、1914、1920 年的"资本估值"编制，估计 1936 年和 1947/1948 年的外国在华企业资本、官僚资本和民族资本。1936 年分别估计关内和东北。1947/1948 年估计国民党统制区，以两年中数值较大年为准。

一　外国在华企业资本估值

甲表 1　外国在华企业资本估值

单位：法币万元

项　目	1936 年		1947/1948 年国统区，1936 年币值
	关　内	东　北	
A 工业资本	145128	108750	62446
制造业	84486	75417	26052
公用事业	39699	24167	27552
矿冶业	20943	9166	8842
B 交通运输业资本	50796	267084	10968
铁路	15714		
水运	33516		
空运	1566		
C 产业资本（A + B）	195924	375834	73414
D 商业资本	119295	18932	15348
E 金融业资本	183456	10235	22888
其他	2499	21666	
企业资本总额	501174	426667	111650

---

①　系指许涤新、吴承明主编《中国资本主义发展史》第 2 卷《旧民主主义革命时期的中国资本主义》第 6 章"中国资本主义的发展水平"（人民出版社，1990）。"附录甲"1894、1914、1920 年的"资本估值"见第 1055～1075 页（本卷第 139～156 页）。"附录乙"的"1920 年总产值的估计"见第 1076～1088 页（本卷第 157～167 页），不另说明。——编者

1936 年关内

据表 2 - 9,[1] 按 1 美元 = 法币 3 元折算。

1936 年东北

据第 4 章第 1 节 (2),[2] 1936 年日本在满投资 44.43 亿日元,减除 1937 年伪满外债 1.93 亿日元,为 42.5 亿日元,作为日本在满企业投资,按 1 法币 = 1.02 日元折合法币 416667 万元。又表 4 - 4[3] 的日本会社资本额,因不包括公司债及借款,过低,但可利用其分业百分比,从上项投资总额中计出各业数值。交通运输业指满铁,无分业数。又商业与金融混在一起,兹按 1931 年商业与金融比例分割之。

东北尚有英、美等其他外国投资。唯此时最大投资即苏联之中东铁路已卖给伪满,其余在北满约 4786 万满元,指资本额;在南满未详,当不下于北满。兹共按法币 1 亿元计,列入商业资本。

1947/1948 年国统区

表 5 - 3[4] 的直接投资减除房地产后即外商企业财产。此数即吴承明《帝国主义在旧中国的投资》1955 年版第 166 页表所列,分业见甲表 2。该数系战后估计,兹按《物价汇编》第 209 页 1947 年美国物价指数折战前美元,再按 1 美元 = 法币 3 元折成战前法币。

甲表 2　1947/1948 年外商企业财产

单位: 万元

行　　业	战后美元	战前美元	战前法币
制 造 业	16300.0	8684.0	26052
公 用 事 业	17238.6	9184.1	27552
矿　　业	5532.0	2947.3	8842
运 输 业	6862.1	3655.9	10968
贸 易 业	9602.6	5115.9	15348
金 融 业	14320.0	7629.2	22888
合　　计	69855.3	37216.4	111650

①　许涤新、吴承明主编《中国资本主义发展史》第 3 卷,第 43 ~ 44 页。
②　许涤新、吴承明主编《中国资本主义发展史》第 3 卷,第 386 ~ 395 页。
③　许涤新、吴承明主编《中国资本主义发展史》第 3 卷,第 393 页。
④　许涤新、吴承明主编《中国资本主义发展史》第 3 卷,第 600 页。

二　官僚资本估值

甲表3　官僚资本估值

单位：法币万元

项　目	1936 年		1947/1948 年 国统区，1936 年币值
	关内	"满洲国资本"	
A 工业资本	34034	23529	159874
制造业	15937		
（1）兵工及军需	2250		
（2）海军部所属造船厂	1166		
（3）财政部所属工厂	1500		
（4）实业部所属工厂	860		
（5）资源委员会所属工厂	780		
（6）地方政府所属工厂	9381		
公用事业	8847		
（7）电力	5309		
（8）自来水、电车	3538		
矿冶业	9250		
（9）汉冶萍公司、龙烟铁矿	4700		
（10）淮南矿路公司	1080		
（11）资源委员会所属矿冶业	1559		
（12）地方政府所属矿冶业	1911		
B 交通运输业资本	164891	147060[1]	260205
（1）铁路	100993		151490
（2）公路	52435		62240
（3）水运	3778		26130
（4）空运	1300		7175
（5）邮政	800		1157
（6）电信	5585		12013
C 产业资本（A＋B）	198925	23529	420079
D 商业资本	3000		3000
E 金融业资本	563700	24118	344000
资本总额	765625	47647	767079

注：[1] 此项委托满铁经营，已计入日本在伪满资本，故不计入总数。

1936 年关内

A（1）兵工及军需

兵工资料保密。日本中岛太一据日本调查列兵工署所属兵工厂 14 处，军需署所属炼钢、被服等厂 16 处，海军部及航空委员会所属飞机修造厂 6 处，唯列有资本者仅 10 处。[①]按我们所估 1920 年兵工厂 8 处资产 1217 万元，本期仅汉阳、巩县、广东、四川厂扩充，上海、南京厂停顿，东北厂沦陷，借德款 1 亿马克建钢厂未成，国民党军用器械主要靠进口。因将 1936 年本项资本估作 2000 万元，加清河织呢厂 250 万元，共 2250 万元。

A（2）海军部所属造船厂

以 1920 年估值为基础，江南船厂 1932 年添建三号船坞，造价 260 万元；1927～1936 年盈利 247 万元。依此估 1936 年净值 850 万元。马尾船厂本期半停顿，唯曾以 20 万元建二号船坞，筹款 105.7 万元建电力灌溉工程。到 1936 年估作 266 万元。又新建厦门船厂，投资 50 万元。3 家共 1166 万元。

A（3）财政部所属工厂

中央造币厂资产未详。北平印刷厂资本 500 万元，武昌造币厂资本 200 万元。[②] 连同造纸厂，共估作 1500 万元。

A（4）实业部所属工厂

上海中央机器厂资本 310 万元，官商合办上海中国酒精厂资本 130 万元，中国植物油料厂实收资本 100 万元。各厂均新设，以设立资本估值。官商合办温溪造纸厂资本 450 万元，未建成，以购买机器（存上海）款 320 万元估值。以上共 860 万元。

A（5）资源委员会所属工厂

至 1936 年，资委会有制造业 5 单位，矿冶业 17 单位，多未投产，亦有中途而废者，无法按单位计算。兹按费用计。资委会 1936 年取得政府建设

---

① 见中岛太一《中国官僚资本主义の形成》，载东京大学社会科学研究所《社会科学研究》第 18 卷第 3、4 号，1967。

② 均据中岛太一《中国官僚资本主义の形成》，载东京大学社会科学研究所《社会科学研究》第 18 卷第 3、4 号，1967。

拨款1000万元；德国借款中981.9万马克，合1324万元；钨砂出口自销部分2184吨，约值43680美元，合15万元。三项合计2339万元。其中投资于制造业者按1/3计，780万元；投资于矿冶业者按2/3计，1559万元。

A（6）地方官僚资本所属工厂

最大的奉系官僚资本已沦陷。次为山西和广东，已见第2章第2节（4）。[①] 其中广东各厂矿有资产值；山西仅有厂矿数。按山西实业始于1933年之十年建设计划，并基本上都隶于西北实业公司，可以投资额代替。据中岛太一前引文，1933年投资576.3万元，1934年投资1993.3万元，1935年投资1138.3万元；1936年未详，设为前两年平均数即1565.8万元。4年共5274万元。此数减除电厂（作公用事业另估），按5572千瓦、每千瓦600元计减除334万元，余4940万元。其中炼钢厂资本500万元，煤铁矿9处估作1000万元，共1500万元作为矿冶业投资。余3440万元作为制造业投资。

其他各省，据中岛太一前引文，并加补充、修正，连同山西、广东，列入甲表4。山西、广东厂矿名已见第2章第2节。[②] 补充、修正者加 * 号，据《工业史料》第3辑第1216、1219、1241～1244页；杨开宇等《贵州资本主义的产生与发展》1982年版第118页；[③] 及本书常用之造纸、火柴专书。表见广西省单位独多，因有《广西综览》等著作之故，他省必有缺漏。表中除山西、广东外，估价性质未详，唯据修正时所见，其估价并不低，因此不再调整。总计地方官僚资本，制造业9381万元，矿冶业1911万元（电厂均剔除）。

A（7）电力

据《十年经济》第J14～19页的1936年电力统计，又按1932年调查公营占华资厂数的5.2%、发电容量的28.6%、投资额的25.7%[④]计出公营部分，见甲表5。按建设委员会此项调查中的投资额系设立资本，且有缺项。兹按发电设备每千瓦值600元计估算其资产净值，公营共5309万元。

① 许涤新、吴承明主编《中国资本主义发展史》第3卷，第100～115页。
② 许涤新、吴承明主编《中国资本主义发展史》第3卷，第58～115页。
③ 杨开宇等：《贵州资本主义的产生与发展》，贵州人民出版社，1982，第118页。
④ 《工业史料》第4辑，第876页。

甲表4　1936 年地方公营工业资本估值

单位：万元

山　西	4940	炼铅厂*	50	浙　江	35
制造业约20单位	3440	炼锌厂*	46	宝华锑矿	35
矿冶业10单位	1500	湖　北	166	安　徽	30
广　东	3988	纱布官局	160	汽车修理厂	30
制造业17厂	3928	市立工厂	4	江　西	120
乳源煤矿	60	天胜制革厂	2	江西民生工厂	10
广　西	242	河　南	45	光大磁业公司	100
三县民生工厂	26	农工机械厂	40	益宜造纸厂*	10
两广硫酸厂	43	残废军民工厂	5	四　川	289
广西酒精厂	31	河　北	56	江巴火柴厂*	1
广西土布厂	2	农具改良工厂	4	四川水泥公司	120
南宁制革厂	6	北平市立第一厂	2	四川丝业公司*	168
宾阳陶瓷厂	3	天津酒精厂	50	云　南	392
广西制药厂	8	山　东	39	云南锡业公司	200
桂林民生工厂	2	省立模范窑厂	3	云南制革厂	20
南宁染织厂	27	华兴造纸厂*	36	云南纺织厂	160
广西桐油厂	10	陕　西	200	五金器具制造厂*	10
广西印刷厂*	16	陕西制革厂	13	云南电气制铜厂*	2
南宁机械厂*	2	工农机器局	37	贵　州	30
广西土敏土厂*	55	陕西酒精厂	150	元纪制革厂*	10
广西糖厂*	1	甘　肃	26	威宁铜厂*	10
广西火柴厂*	10	甘肃织呢局	20	大定铜厂*	10
湖　南	553	甘肃制革厂	6	合　计	11292
第一纺织厂	362	绥　远	130	制造业	9381
机械一、二厂	30	绥远毛织厂	130	矿冶业	1911
酒精厂	30	江　苏	11		
造纸厂	25	省立农具厂	7		
和丰火柴厂	10	武进平民工艺厂	4		

甲表5　1936 年电力事业

项　目	厂数	设备容量（千瓦）	投资量（万元）	资产净值（万元）
关内全部	460	631165	30773.1	37869.9
外资及合资	15	321795	19876.0	19307.7
华资	445	309370	10897.1	18562.2
内：公营	23	88480	2800.6	5308.8
民营	422	220890	8096.5	13253.4

A（8）自来水及电车

《国民所得》下册第 66 页列有 1933 年公营及官商合营自来水厂 7 处，见甲表 6。表内资本额系据其他资料查得之设立资本，按 2.76 倍估计资产为 2539 万元。唯各厂设立年份悬殊，因采另一法，即按供水设备每千加仑 2.6 元估值，共为 2938 万元。

甲表 6 1933 年公营自来水业

自来水业	资本额（万元）	全年供水量（万加仑）
南京自来水厂	42	70579.0
广州自来水厂（合营）	168	792624.0
重庆自来水厂	200	28019.8
青岛自来水公司	460	196629.8
昆明自来水厂（合营）	30	12960.0
梧州自来水厂	20	9039.6
杭州自来水厂		20130.0
合　计	920	1129982.2

电车所知仅北平官商合办 1 家，资本 600 万元，系调整后数，即以此估值。自来水、电车共 3538 万元。

A（9）汉冶萍公司、龙烟铁矿

汉冶萍公司 1920 年估值 4260 万元，1925 年以后冶炼全停产，煤、铁亦减产。兹以 4000 万元作为 1936 年资产，加象鼻山铁矿 200 万元并入该公司，共 4200 万元。官商合办龙烟铁矿及石景山铁厂，本期停顿，按 1920 年估值 500 万元计。两共 4700 万元。其他老矿主要在东北，已沦陷，关内尚存者计入资源委员会及地方官僚资本。

A（10）淮南矿路公司

1937 年 6 月资产总值 1080 万元（见第 2 章第 2 节）。[①]

A（11）资源委员会所属矿冶业

1559 万元，见 A（5）。

A（12）地方官僚资本所属矿冶业

①　许涤新、吴承明主编《中国资本主义发展史》第 3 卷，第 58～118 页。

1911 万元，见 A（6）。

B（1）铁路

陈晖曾从铁路内外债，政府拨款，收购民营铁路代价及庚款拨作铁路部分等项估算到 1936 年的铁路投资共 12.8402 亿元，包括在东北的国有铁路。[①] 我们仍用 1920 年的估值法，即以国有铁路账面资产值为准（包括车辆等设备，见表 2-19[②]）。1933 年关内国有铁路 15 路共 9389 公里，资产值 85525 万元，平均每公里 9.11 万元。为表现抗战前最高峰，我们用"七七"前关内铁路数，计 11415 公里，见《交通概况》第 8 页。此数减除民营个碧石、新宁、潮汕等路共 329 公里后，为 11086 公里（江南、淮南二路名义民营，实为官僚资本），乘以 9.11 万元，计值 10.0993 亿元。

B（2）公路

据《交通概况》第 25 页，抗战前夕关内有公路 10.95 万公里，内有路面者 43521 公里，土路 65979 公里。有路面者按每公里 7500 元计，[③] 值 32641 万元。土路按每公里 3000 元计，值 19794 万元。两共 52435 万元。

B（3）水运

据表 2-20，[④] 1935 年招商局有海轮江轮 28 艘，71117 吨，比 1920 年吨位增 49%。唯本期营业失败，连年亏损，除拨给庚款 36 万镑购新船 4 艘外，无所建树。此时新船每吨约 25 镑，合 400 余元；但该局 80% 船只老旧不堪。兹仍按 1920 年估价每吨 250 元计估，值 1778 万元。招商局房地产众多，1920 年估 1046 万元，这时房地产价高，估作 2000 万元。以上合计 3778 万元。至于各地港务局、海关、铁路等所有轮船为数不多，且大都是百吨以下小船，免计。

B（4）空运

中国航空公司，交通部出资 550 万元，美方出资 450 万元；欧亚航空公司，交通部出资 600 万元，德方出资 300 万元。两公司均亏损，即以出资数作资产。西南航空公司，两广省府出资 150 万元。以上华资共 1300 万元。

① 见陈晖《中国铁路建筑资本问题》，载《经济建设季刊》第 1 卷第 2 期，1942。
② 许涤新、吴承明主编《中国资本主义发展史》第 3 卷，第 92 页。
③ 韩启桐：《中国对日战事损失之估计》，中华书局，1946，第 44 页。
④ 许涤新、吴承明主编《中国资本主义发展史》第 3 卷，第 98 页。

至于惠通航空公司，交通部投资仅是名义上的，不计。

B（5）邮政

1929 年邮政资产估值 2000 万元，但包括储汇业务，其值大于邮政本身。1930 年储汇部分独立设局，另计入金融业。邮政资产未见记录，唯交通部年报邮政支出中有产业折旧一项，1933 年为 15 万元。[①] 若按折旧期 30 年计，产业值 450 万元。邮局尚有流动资产及借入邮政储汇款。兹将 1936 年总资产估作 800 万元。

B（6）电信

本期内，有线电路减除东北后，线路无增，业务量则比 1920 年增 138%。无线电报主要建设为东北国际台，惜沦陷，真如国际台本期投产。本期发展较大者为电话，除外商经营者外，有 30 余省市，并办长途。交通部统计年报电信支出中无折旧项，但有维持费一项，包括折旧、维修及其他。[②] 姑以此数的 25 倍估其资产值共计 5585 万元，如甲表 7。

甲表 7　1936 年电信资产估值

电　信	线路（万公里）	电报机、无线电机或电话交换机	设备维持费（1933 年，万元）	资产估值（万元）
有线电报	9.3	1788 部	150.8	3770.0
无线电报	—	137 部	21.7	542.5
市内电话	34.2	74404 门	49.7	1242.5
长途电话	16.9	317 部	1.2	30.0
合　　计			223.4	5585.0

D 商业资本

1920 年未计。1936 年政府拨 1000 万元给资源委员会作经营钨锑出口之周转金，此款未计入 A（5）资委会经费内。同时拨 1000 万元给中央信托局经营桐油、猪鬃出口，但已计入下列中信局资产。1936 年成立农本局，拨款 600 万元，经营农贷及粮食储运。1937 年 5 月成立中国茶叶公司，资本 200 万元，由实业部及有关省投资，"七七"事变前已在上海开盘祁门红茶，

---

① 巫宝三：《国民所得》下册，第 245 页。
② 巫宝三：《国民所得》下册，第 237 页。

尚无出口。以上三项共 1800 万元，作为商业资本。实际上如中信局、中国植物油料厂等都主营贸易，唯已计入他项。大官僚商业仅知 1936 年成立的中国棉业公司，抗战前增资为 200 万元，1937 年 4 月成立的华南米业公司，资本 1000 万元，两项共 1200 万元，余如祥记公司等未详。以上共 3000 万元。

E 金融业资本

银行业中的官僚资本已详第 2 章第 2 节（2），现将其资本值统计如甲表 8，计共 56.37 亿元。1936 年 12 月实业部颁布《合作金库规程》，抗战前有些省已有合作金库组织，但当时尚属农本局的贷款机构，不另计。

甲表 8　1936 年官僚资本银行

银　行	1936 年资产值（万元）
中央、中国、交通、农民四银行	428820
中央信托局	8360
邮政储金汇业局	8520
中央储蓄会	8000
中国通商、中国实业、四明、中国国货、新华信托、广东六银行	40000
省市银行约 20 家	70000
合　计	563700

1936 年东北

伪"满洲国资本"，不同于关内的官僚资本，在第 4 章第 1 节（3）中已详论。[①] 不过在 1936 年，它主要是由原奉系官僚资本转化而来，日本借款还不多。

依前文，1936 年时伪满洲国资本可分为三部分。

一是原奉系的兵工、制造、矿山等企业被纳入特殊、准特殊会社，作为伪满股份，作价甚低，约仅 0.8 亿日元。按表 4 - 5，[②] 1945 年时，各会社中的伪满部分的投资（股份、公司债、借款合计）为伪满股份的 5.9 倍；1936 年时不会这样高，姑按 3 倍计，即 2.4 亿日元，合法币 2.3529 亿元，

---

① 许涤新、吴承明主编《中国资本主义发展史》第 3 卷，第 395～401 页。
② 许涤新、吴承明主编《中国资本主义发展史》第 3 卷，第 398 页。

作为伪满洲国的工业投资。

二是原在关外的国有铁路和原奉系营建的铁路、航运、电信事业，以及由伪满低价收买的中东铁路，都作为伪满的国有财产，委托满铁经营。这些财产的原值约合 15 亿日元，合法币 14.706 亿元，作为伪满洲国的交通运输业投资。但此项已计入满铁的资产，计算东北总数时应剔除。

三是在原奉系银行基础上建立的伪满中央银行，1936 年实收资本 0.15 亿满元、存款 2.25 亿满元；伪满中央银行设立的大兴公司（典当业为主），资本 600 万满元。以上合计 2.46 亿满元，合法币 2.4118 亿元（满元与日元等价），作为伪满洲国的金融业投资。

1947/1948 年国统区

A 工业资本

前四个基期的官僚工业资本都是逐户或逐业估计的。战后资料极缺，我们亦曾估计资源委员会、中国纺织建设公司等 12 个大企业和集团的投资，共合战前币值 10.1934 亿元，但终不能代表全部。只好采取另一办法。此法是假设原在沦陷区的官僚资本工业全部被敌没收，因而战后是包括在接收敌伪的产业中，或已消灭。又假设战时后方的工业投资有 20% 毁弃，余保留或复员。此外还有一些假定。因而其准确性更差，并无法划分行业。此项估计见甲表 9，计 1947/1948 年工业资本共合战前币值 15.9874 亿元。

甲表 9　1947～1948 年官僚资本工矿业资产估计

资产估计		1936 年币值（万元）
(1) 后方国、公营工业资产值 38500 万元（战前币值），按 80% 计		30800
(2) 接收敌伪工矿业资产 114569 万元（战前币值），设发还民营及标卖占 10%，余为		103112
(3) 日本赔偿物资值 2250 万美元，以 1946 年指数折战前美元 1510 万元，折法币		4530
(4) 日本归还被劫物资值 1813 万美元，减除发还永利设备按 200 万美元计，余 1613 万美元，依上法折战前美元 1083 万元，折法币		3249
(5) 战后政府经济建设支出：		
1946　8332 亿元折战前币值	16026 万元	
1947　62053 亿元折战前币值	15417 万元	
1948（1～7 月）　340845 亿元折战前币值	3187 万元	
三年共 34630 万元，以 1/3 作工矿业投资		11543

续表

资产估计		1936 年币值(万元)
(6)战后四联总处工矿贷款:		
1946　3364 亿元折战前币值	6470 万元	
1947　20438 亿元折战前币值	5078 万元	
1948(1~6 月)　99093 亿元折战前币值	1732 万元	
三年共 13280 万元,设 50% 贷给国、公营		6640
(1)至(6)项合计		159874

注:法币折战前币值据《物价汇编》第 153、159~160 页;美元折战前币值据《物价汇编》第 209 页;战前 1 美元 = 法币 3 元。

资料来源:许涤新、吴承明主编《中国资本主义发展史》第 3 卷,第 517~521、604、603~614、678、637 页。

B(1)铁路

战前的铁路 11086 公里,估值 10.0993 亿元。战后接收敌伪和收回沦陷各路,连同后方所有,共有干线 2.5 万余公里。但破坏严重,如表 5-6 所示,[1] 1946 年营业里程仅比 1936 年增 42%,机车数增 56%,客货车数增 51%;1947 年以后营业里程减少。因而,国民党统治区的铁路资本可按战前的 150% 计,即战前币值 15.149 亿元。

B(2)公路

战前有公路 10.95 万公里,估值 5.2435 亿元。战后 1946 年关内有公路 117807 公里,台湾有 3690 公里,接收东北公路 8448 公里,共 129945 公里,[2] 为战前的 118.7%,1947 年以后亦呈减少趋势。其中有路面者及土路情况不明。按战前估值的 118.7% 计,合战前币值 6.224 亿元。

B(3)水运

依第 5 章第 4 节(3),[3] 招商局在战后大发展,1948 年核定资产总值金圆券 6 亿元,此数合战前法币 2.52 亿元。其他国、公营企业 1947 年底有轮船 151 艘,62014 吨,多是 100 吨上下之小船,房地产亦远不如招商局,按战前价每吨 150 元计,估值 930 万元。两共战前币值 2.613 亿元。

----

[1]　许涤新、吴承明主编《中国资本主义发展史》第 3 卷,第 626~627 页。

[2]　据《中华民国三十五年交通部统计年报》。

[3]　许涤新、吴承明主编《中国资本主义发展史》第 3 卷,第 700~717 页。

B（4）空运

战后中国、中央两航空公司有飞机 95 架，民用航空局有飞机 110 架，按战前每架连同地面设备值 35 万元计，共合战前币值 7175 万元。此项估计见汪馥荪《中国国营经济的基础》。[①]

B（5）邮政

1936 年有员工 28007 人，1947 年有 40446 人。依前估 1936 年平均每人使用资产 286 元，1947 年应有资产战前币值 1157 万元。[②]

B（6）电信

据表 5 - 6，1936 年有员工 20704 人，1946 年有 44526 人。依前估 1936 年平均每人使用资产 2698 元，1948 年应有资产战前币值 12013 万元。

D 商业资本

战后撤销贸易委员会的各公司，经营外贸的国营企业有中央信托局、资源委员会、中国植物油料厂及新设的中国纺织建设公司等，但都已计入工业或金融业。这时，令人注目者为以民营面貌出现的官僚资本贸易公司，其资本情况如甲表 10（折战前币值的依据同甲表 9）。

甲表 10　以民营面貌出现的官僚商业资本

公　司	设定资本时间	资本额（亿元）	折战前币值法币（万元）
孚中实业公司	1945.12	3	17.1
孚中国际公司	1946	100 万美元	200.8
扬子建业公司	1946.1	1	5.5
嘉陵企业公司	1947	10	19.2
中美实业公司	1946	30	57.7
大有盐号	1945	10	83.9
中国茶叶联营公司	1947	20	5.0
合　计			389.2

甲表 10 所列公司既非全部，而其资本额亦无实际意义。因此类公司的经营是靠特权取得进口外汇限额和利用银行贷款和押汇，并另有暗账。若说

---

① 汪馥荪：《中国国营经济的基础》，《中国工业》新 1 卷第 10 期，1950。
② 许涤新、吴承明主编《中国资本主义发展史》第 3 卷，第 626～627 页。

其实际资产达登记资本的 10 倍,并非过分。以此,我们姑估作战前币值
3000 万元。

E 银行业资本

战后银行机构大增,而资力减退。恶性通货膨胀下,银行的资本额、公
积金已失去意义,唯存款数尚能表现其实力。据表 5 – 7,[①] 战后国家行局的
存款额,折战前币值,最高时为 6.8 亿元(1946 年底),仅及战前的 40%。
又据表 2 – 16,[②] 1936 年国家四行的存款占其资产额的 62.4%,以此估计战
后国家行局资产最高时不过战前币值 10.9 亿元。又据甲表 8,1936 年国家
行局资产占全部官僚资本银行资产的 79%。以此估计战后全部官僚资本银
行的资产最高时约为战前币值 13.8 亿元,仅及 1936 年的 24.5%。不过,战
后银行都有两套账,其隐藏于暗账中的黄金、外汇和其他财产无考。但我们
知道战后南京政府握有的黄金、外汇远大于战前,最高时约值 9 亿美元
(1946 年初),合战前美元 6.87 亿元,或法币 20.6 亿元。将此数加入上估
银行资产数,可粗估战后官僚资本银行业总资产最高时约为 34.4 亿元。

三 民族资本估值

甲表 11 民族资本估值

单位:法币万元

项 目	1936 年		1947/1948 年 国统区,1936 年币值
	关 内	东 北	
A 工业资本	144839	44100	148492
制造业	117043	44100	116261
(1)棉纺织业	42272		42849
(2)机器面粉业	11410		12160
(3)机器缫丝业	4877		1427
(4)卷烟业	8400		
(5)火柴业	2191		2283
(6)水泥业	3154		2476

---

① 许涤新、吴承明主编《中国资本主义发展史》第 3 卷,第 636 页。
② 许涤新、吴承明主编《中国资本主义发展史》第 3 卷,第 76 页。

项 目	1936 年		1947/1948 年 国统区,1936 年币值
	关　内	东　北	
（7）机器业	2759		3912
（8）机器造纸业	2921		4504
（9）橡胶业	1579		3124
（10）酸碱工业	4058		13693
（11）其他制造业	33422		29833
公用事业	16796	—	19471
（12）电力	13253	—	15928
（13）自来水	3543	—	3543
矿冶业	11000	—	12760
B 交通运输业资本	14885	1000	13007
（1）铁路	3766	—	
（2）水运	11119	1000	13007
C 产业资本（A + B）	159724	45100	161499
D 商业资本	378000	42000	364000
E 金融业资本	210000	4430	20290
资本总额	747724	91530	545789

1936 年关内

A（1）棉纺织业

据表 2 - 28，[1] 1936 年有华商纱厂 90 家，纱锭 2746392 枚，布机 25503 台。按布机 1 台价值相当纱锭 15 枚折合，共 3128937 枚。据有专书记载之五大纱厂统计，平均每枚合资产 135.1 元，如甲表 12。表并见较小厂每枚合资产值并不比大厂小。因以 135.1 元乘以上列总锭数，得资产总值 4.2272 亿元。

A（2）机器面粉业

据表 2 - 33，[2] 1936 年有机器面粉厂 152 家，设备能力日产粉 452218 包。其中有记载之三大面粉厂统计，平均设备能力每包合资产 258.5 元，如甲表 13。唯小型厂设备较简，因将总能力减除三大厂后，为 329718 包，按每包资产 250 元计，得 8243 万元。加三大厂资产，共为 1.141 亿元。

---

[1]　许涤新、吴承明主编《中国资本主义发展史》第 3 卷，第 131 页。
[2]　许涤新、吴承明主编《中国资本主义发展史》第 3 卷，第 142 页。

甲表 12　1936 年 5 家纱厂资产值

纱　厂	纱锭（枚）	布机（台）	折纱锭（枚）	资产总值（万元）	平均每枚（元）
申　新	570000	5304	649560	8555.2	131.7
永　安	256264	1542	279394	3197.8	114.5
裕　华	43416	504	50976	928.7	182.2
大　兴	30144	500	37644	892.8	237.2
大　华	12000	320	16800	398.7	237.3
合　计	911824	8170	1034374	13973.2	135.1

甲表 13　1932 年 3 家面粉厂资产值

面粉厂	厂　数	设备日产能力（包）	资产总值（万元）	平均每包（元）
福　新	8	75500	2221.9	294.3
茂　新	4	21000	393.9	187.6
阜　丰	1	26000	551.2	212.0
合　计	13	122500	3167.0	258.5

注：各厂 1936 年设备同 1932 年。

A（3）机械缫丝业

据表 2－35 及同一来源，[1] 1936 年各地丝车数如甲表 14。本期丝业大衰，唯无锡独茂。1922～1931 年无锡新建丝厂 37 家，丝车 10964 台，据逐厂统计，设备建厂费约合每台 510 元；流动资金约合每台 149 元，两共 659元，[2] 约比我们 1920 年估值时高 25%。1920 年估值见本卷，第 193 页之甲表 5，兹将该表中上海、广东之每车资费数亦增 25%，其他地区按每车 600元计，均列入甲表 14。依表，1936 年缫丝业资本共 4877 万元。

甲表 14　1936 年机器缫丝业

地　区	丝车数（台）	设备及营运资金每台（元）	资产值（万元）
上　海	11116	2310	2560
无　锡	13090	659	863
广　东	30243	250	756
其他地	11497	600	690
合　计	65946		4877

---

①　许涤新、吴承明主编《中国资本主义发展史》第 3 卷，第 148～149 页。

②　见高景岳等编《近代无锡蚕丝业资料选辑》，江苏人民出版社，1987，第 55～59 页。

A（4）卷烟业

据表 2 - 36，[①] 1920 ~ 1936 年上海卷烟业厂数增 2.1 倍，卷烟机数增 3.5 倍，职工人数增 1.9 倍。1920 年估资产为 2400 万元，系就南洋、华成大厂估成，故不能按卷烟机数比例增长。但另方面，1933 年上海有 58 厂，而是年开征统税有纳税厂 116 家，是上海以外卷烟业有发展，惜无资料。兹假设 1936 年资产比 1930 年增 2.5 倍，即 8400 万元。

A（5）火柴业

1920 年有 129 厂，资本 745.9 万元，我们估资产值 1221 万元。据表 2 - 37，[②] 1921 ~ 1936 年新设 121 厂，资本 546.3 万元，按 1.3 倍估计资产为 970 万元。两项合计为 2191 万元。唯此期间必有歇业厂，以无资料，未能减除。但另方面，老厂中如丹华、振业等大厂均在本期增资，又有大中华火柴公司兴起，资本达 365 万元。故 2191 万元之数不致过高。

A（6）水泥业

据南开大学经济研究所《启新洋灰公司史料》，[③] 1936 年有启新、上海、江南、致敬、华记 5 家水泥厂，年生产能力共 555 万桶，唯各厂能力与资本关系悬殊，无法依能力估值。其中启新 1930 年资本 1308 万元，1930 ~ 1936 年提存公积金、偿还公司债准备金、扩充设备准备金共 278 万元，即资本净值 1586 万元，而甚少借款，此数可作其资产值。其他几家，资本额共 784 万元，靠银行借款充流动资金，设借入款与自有资本等数，则资产值为 1568 万元。两项合计 3154 万元。

A（7）机器业

据刘大钧《中国工业调查报告》下册，[④] 1933 年有机器厂 1433 家，资本额 1199 万元；内 30 人以上并使用动力之大厂 193 家，资本额 960 万元；小厂 1240 家，资本额 239 万元。又据上海工商行政管理局等《上海民族机器工业》，[⑤] 中华、寰球、新中工程、上海 4 家大机器厂 1936 年资本额共

---

① 许涤新、吴承明主编《中国资本主义发展史》第 3 卷，第 153 页。
② 许涤新、吴承明主编《中国资本主义发展史》第 3 卷，第 155 页。
③ 《启新洋灰公司史料》，三联书店，1963，第 148 页。
④ 刘大钧：《中国工业调查报告》下册，经济统计研究所，1937，第 160 ~ 161 页表。
⑤ 《上海民族机器工业》下册，中华书局，1966，第 581 ~ 596 页。

43.55 万元，资产值共 129.04 万元，为资本额的 2.96 倍。此 4 家较为突出。我们将 193 家大厂的资产按其资本额 2.5 倍计，即 2400 万元；1240 家小厂的资产按其资本额 1.5 倍计，即 359 万元。两共 2759 万元。

A（8）机器造纸业

据上海社会科学院经济研究所《中国近代造纸工业史》，[①] 1936 年有造纸厂 28 家。兹依其设立年分档：1925 年以前的老厂 8 家，资本额 320.3 万元，资产按资本额 3 倍计，即 961 万元。1926~1930 年设立的中老厂 12 家，资本额 648 万元，资产按 2.5 倍计，即 1620 万元。1931 年以后的新厂 8 家，资本额 261.8 万元，资产按 1.3 倍计，即 340 万元。三项合计 2921 万元。

A（9）橡胶工业

据上海市工商行政管理局等《上海民族橡胶工业》，[②] 大中华、正泰、义生 3 大厂 1935 年后调整资本共 395 万元，借入款按 30% 计，共 514 万元，有碾胶机 82 台，平均每台资产 6.27 万元。上海其他 37 厂，有碾胶机 133 台，按每台 5 万元计，资产 665 万元。据《工业史科》第 4 辑第 709 页，广东 1936 年有橡胶厂 17 家，碾胶机 62 台；又天津、青岛、烟台、福州、贵阳各有 1 家，按上海 37 家小厂平均每家有碾胶机 3.6 台计，应有 18 台；均按每台 5 万元计，资产共值 400 万元。与上海合计，共 1579 万元。

A（10）酸碱工业

据第 2 章第 3 节及有关资料，[③] 战前酸碱厂资本额情况如甲表 15。

甲表 15 战前酸碱厂资本额

单位：万元

工 厂	资本额	工 厂	资本额
永利制碱厂	400	开元碱厂	50
永利硫酸铔厂	800	利中硫酸厂	20
天原电化厂	105	兴华沧花碱厂	5
天利氮气厂	100	得利三酸厂	5
开成造酸厂	75	广益化学厂	2
渤海化学厂	50	裕川化学厂	1

---

① 《中国近代造纸工业史》，上海社会科学院出版社，1989。
② 《上海民族橡胶工业》，中华书局，1979，第 22~25 页。
③ 许涤新、吴承明主编《中国资本主义发展史》第 3 卷，第 115~185 页。

此外尚有上海江南、西安集成和四川同益、嘉裕、开济 5 家小厂资本未详，设共为 10 万元。合计酸碱厂资本额 1623 万元，资产按 2.5 倍估值，为 4058 万元。

A（11）其他制造业

上列 10 业中，橡胶、酸碱系本期新工业，暂除外。其余（1）至（7）业之资产值，在 1920 年估值中占全制造业的 69.4%，兹再加入（8），当可占全制造业 70%。因而，其他制造业按 30% 计，即 33422 万元。计算如下：

（1）至（8）业　　　77984 万元　　　占 70%

其他制造业　　　33422 万元　　　占 30%

A（12）电力

1936 年民营电厂资产净值为 13253 万元，见甲表 5。

A（13）自来水业

据《国民所得》下册第 66 页，1933 年民营自来水厂如甲表 16。

甲表 16　1936 年民营自来水业

自来水厂	资本额		1933 年全年供水量
	年份	万元	万加仑
上海内地	1902	181.8	543952.2
上海闸北水电	1933	600.0	233319.7
镇江	1926	10.0	21960.0
宁波		5.0[1]	1000.0
成都利民	1906	3.2	300.0
厦门	1926	100.0	26400.0
汕头	1904	60.0	27500.0
北平一、二厂	1908	300.0	40200.0
武昌	1920	150.0	
合川	1926	10.0	
成都民生	1906	3.3	
九江普济	1925	5.0[1]	
北海水利	1925	5.0	
合　计		1433.3	894631.9

注：[1] 估计数。

甲表 16 见上海最大两厂资本额与供水量反置，故不宜按资本额估值。闸北水电系新调整资本为 600 万元，以供水量作设备能力计，为每加仑 26 元。依此，计算有供水记录之 9 厂，共有固定资产 2326 万元，加 30% 借入款，估值 3024 万元。无供水记录之 5 厂，资本额 173 万元，按 3 倍估资产值，为 519 万元。两项合计 3543 万元。

矿冶业

本期矿冶业不景气，又受东北沦陷影响。民营煤矿有 30 余家，唯中兴、博山、贾汪有发展。冶铁业有六河沟、上海大鑫属新建。有关资本、资产全无资料可循。仅以 1920 年之估值参考产量加倍计，为 1.1 亿元。

B（1）铁路

新宁、潮汕等铁路 139 公里，按每公里 9.11 万元计，值 1266 万元。个碧石铁路 190 公里，耗资 2070 万元，1925 年添置大马力鲍尔温机车，作 2500 万元。两共 3766 万元。

B（2）水运

本书曾引用过交通部的两项统计，即甲表 17（1）（2）（1936 年无统计）。两者之差额，可视为招商局所有轮船和航政局、海关、铁路等所有公船。招商局轮船为已知数，且均为 2000 吨级的大船，其他公船大皆百吨左右的小船。因可从甲表 17 计算出民营公司有大船 390635 吨，小船 135337 吨。大船平均每船 2000 余吨，可比照招商局按每吨 250 元估值为 9766 万元。小船按每吨 100 元估值为 1353 万元。两共 11119 万元。

甲表 17　民营轮船统计

民营轮船	全部轮船		其中千吨以上大船	
	只数	吨位	只数	吨位
（1）华籍轮船（1935）	3895	675172	208	461812
招商局轮船	28	71177	28	71177
其他公船	437[1]	78023[1]		
（2）民营商船（1937.6）	3430	525972	180[1]	390635[1]

注：[1] 推算数。

D 商业资本

据表 2 - 50，[1] 1936 年国内市场商品值 168.07 亿元，按年周转 4 次计，需商业资本 42 亿元。原估商品值包括东北。此 42 亿元减除下面所估东北商业资本 4.2 亿元后，为 37.8 亿元。此为一次交易所需，可视为华商批发交易，与 1920 年的估值法相同。

E 银钱业资本

据 1937 年《全国银行年鉴》第 818 ~ 823 页资料，1936 年私营银行 118 家的资产总值约为 19.75 亿元（不计官商合办的 6 行）。据《上海钱庄史料》第 262 页，[2] 1936 年上海 48 家钱庄资本额 1800 万元；存款未详，按资本 5 倍计为 9000 万元。其他城市尚有一些钱庄、银号。因此将银钱业资本共估为 21 亿元。

1936 年东北

A 工业资本

伪满在 1937 年对轻工业实行统制以前，民营制造业仍有发展。除关东州主要是日资外，我们曾以表 4 - 7 的统计作为民族资本，[3] 计 1936 年有工厂 6596 家，资本约 3 亿满元。此数合法币 2.94 亿元，多为"九一八"后建厂，资产按资本 1.5 倍计，估值 4.41 亿元。

公用事业全由日资和伪满政府经营。矿冶业早经统制，民营衰落不堪，免计。

B 交通运输业资本

1937 年统制前，北方、直东、政记等华商航运公司仍在经营，唯船位未详。参酌后来处理情况，以千吨船 5 万吨、每吨 200 元计，估值 1000 万元。其他交通运输业基本无华商经营。

D 商业资本

依第 4 章第 1 节（4）6 "商业"，[4] 1939 年有华人商号 57093 家，资本金 36976 万满元，销售额 311184 万满元。按长春物价指数 171（1936 =

① 许涤新、吴承明主编《中国资本主义发展史》第 3 卷，第 224 页。
② 中国人民银行上海市分行编《上海钱庄史料》，上海人民出版社，1960。
③ 许涤新、吴承明主编《中国资本主义发展史》第 3 卷，第 409 页。
④ 许涤新、吴承明主编《中国资本主义发展史》第 3 卷，第 416 ~ 419 页。

100）再折战前法币，分别为 21199 万元和 178411 万元。资本加借入款（按资本 2 倍计）为 4.2 亿元；销售额按年周转 4 次计为 4.5 亿元。二数相仿，兹以 4.2 亿元作东北华商商业资本。东北农产品商品率达 46%，手工业也商品化，此数恰当。原统计年周转 8.4 次系从资本金得出，不实。

E 银行业资本

依第 4 章第 1 节（4）5，[1] 按 1935 年银行法核准之华商银行（含钱庄改组）37 家，资本金 1219 万满元，存款 3300 万满元，共 4519 万满元，合法币 4430 万元。

1947/1948 年国统区

A（1）棉纺织业

据表 5-12，[2] 1947 年有民营 222 厂，纱锭 2849817 枚，布机 21457 台，共合纱锭 3171672 枚，按 1936 年每枚 135.1 元计，估值 42849 万元。又美援花纱布联营处 1949 年 1 月调查，私营厂有纱锭 3234865 枚，布机 29337 台，其数甚大，可能是各厂为争取美援，将未开工设备报入，故不以为据。

A（2）机器面粉业

据表 5-13，[3] 1948 年有 173 厂，日产能力 481975 包，按 1936 年每包 252.3 元计，估值 1.216 亿元。

A（3）机器缫丝业

据徐新吾主编《中国近代缫丝工业史》第 614 页，[4] 1948 年各地丝车数如甲表 18，按甲表 14 的 1936 年每台资金估值，共 1427 万元。

甲表 18　1948 年机器缫丝业

地　区	丝车数（台）	每车所用资金 1936 年币值（元）	资产值（万元）
上　海	852	2310	196.8
无　锡	6862	659	452.2
广　东	11450	250	286.3
其他地	8202	600	492.1
合　计	27366		1427.4

---

[1]　许涤新、吴承明主编《中国资本主义发展史》第 3 卷，第 414~416 页。
[2]　许涤新、吴承明主编《中国资本主义发展史》第 3 卷，第 651 页。
[3]　许涤新、吴承明主编《中国资本主义发展史》第 3 卷，第 658 页。
[4]　徐新吾主编《中国近代缫丝工业史》，上海人民出版社，1990。

A（5）火柴业

战后开厂不少，无资本记载，按表 5 - 10 产量计，[①] 1947 年比 1936 年增 4.2%，以此估值 1947 年为 2283 万元。用产量增减估资产值原不适当，但无他资料，有时不得不采用。

A（6）水泥业

1936 年 5 厂年生产能力 555 万桶即 94.35 万吨。据《十年经济》第 D51 页，1947 年有 9 厂，年生产能力 74.1 万吨，为 1936 年的 78.5%。以此估 1947 年资产值 2476 万元。

A（7）机器业

据《上海民族机器工业》下册第 531～532、686～689 页，上海民营机器业情况如甲表 19：

甲表 19　上海民营机器业情况

年　份	工厂数（家）	工人数（人）	各式机床（台）
1933	456	8082	2591
1947	708	13156	7311
增长（%）	55.3	62.8	182.2

机床数剧增，是战后小厂纷设之故，因每厂必有车床、刨床，而高级之磨床、镗床、铣床不备。因此，战后上海机器业设备，可按增长 1 倍计。1936 年估关内机器业资产值 2759 万元；按资本额计上海占关内 35.3%，即 974 万元，增长 1 倍为 1948 万元。他处 1785 万元以增 10% 作为战时后方之发展，即 1964 万元。两共合战前币值 3912 万元。

A（8）机器造纸业

据表 5 - 14，[②] 1932～1936 年年产能力 65447 吨，1946～1948 年为 10.092 万吨，增 54.2%，以此估 1948 年资产值 4504 万元。

A（9）橡胶工业

据《上海民族橡胶工业》第 71 页，1949 年 5 月有 95 厂，碾胶机 497 台，按 1936 年平均每台 5.48 万元计，估值 2724 万元。上海以外，橡胶业不

---

① 许涤新、吴承明主编《中国资本主义发展史》第 3 卷，第 646～647 页。
② 许涤新、吴承明主编《中国资本主义发展史》第 3 卷，第 663 页。

振,无资料可据,而为数有限,按 1936 年原值 400 万元计,共 3124 万元。

A(10) 酸碱工业

据表 5-10,1947 年民营酸产量为 1936 年的 493.8%,碱产量为 1936 年的 80.4%,兴衰互见。化工厂中,常酸碱兼制,1936 年之估计未为划分。现依其主要产品分为酸厂 10 家,估值 2523 万元,碱厂 7 家,估值 1535 万元。分别按 493.8% 及 80.4% 估 1947 年资产为 12459 万元和 1234 万元,共战前币值 13693 万元。

A(11) 其他制造业

仿 1936 年估价法,橡胶、酸碱工业暂除外,余(1)至(8)业之资产值设占全制造业的 70%,其他制造业占 30%,应为

| (1) 至 (8) 业 | 69611 万元 | 70% |
| 其他制造业 | 29833 万元 | 30% |

唯(1)至(8)业中卷烟业因无资料缺估,计入其他制造业中。

A(12) 电力

《十年经济》第 J25 页载有民营发电厂的设备容量 1946 年为 333315 千瓦,1947 年 10 月减为 317183 千瓦,未悉何故。兹以 1946 年数为准,减除扬子电气公司的 67850 千瓦(首都 30000 千瓦,戚墅堰 19600 千瓦,既济 18250 千瓦,《十年经济》第 J37 页),为 265465 千瓦,按战前每千瓦 600 元计,估值 15928 万元。

A(13) 自来水业

无资料可据,姑按 1936 年数 3543 万元计估。

矿冶业

据表 5-10,1947 年民营煤矿和冶铁产值合计比 1936 年增 16%。以此估战后资产值 1.276 亿元。不过官僚资本的淮南煤矿、上海钢铁公司等未能剔除,但在西南西北确比战前增长。

B(2) 水运

战后已无民营铁路。据《统计选辑》第 233 页,1948 年 6 月有民营轮船 3568 只,615131 吨,平均每船吨位较战前稍增。故可用战前之估价法,

2000 吨级大船占 74.3%，即 457042 吨，每吨 250 元，估值 11426 万元；小船 158089 吨，每吨 100 元，估值 1581 万元。两共战前币值 13007 万元。

D 商业资本

表 2-50 估计 1936 年国内市场商品值 168.07 亿元，[①] 包括东北。兹按附录乙估计的 1947 年生产指数，即乙表 9、乙表 10、乙表 11，分别计算其 1947 年商品值（手工制造业生产无指数，设无变动），再加进口商品，估计 1947 年国统区市场商品值共合战前币值 145.61 亿元。按年周转 4 次计，需商业资本 36.4 亿元。见甲表 20。

甲表 20　1947 年国内市场商品值

商　品	1936 年（亿元）	1936~1947 年指数	1947 年战前币值（亿元）
农业产品	75.33	88.38	66.58
手工制造业产品	43.86	—	43.86
近代化工厂产品	28.31	79.25	22.44
矿冶业产品	4.96	42.31	2.10
进口洋货	15.61	—	10.63
全部商品	168.07		145.61

甲表 20 所列进口洋货，据表 5-1，[②] 1947 年贸易进口 4.416 亿美元，贸易外进口 1.575 亿美元，加走私进口设为贸易进口的 15% 即 6620 万美元，共 6.653 亿美元。据《物价汇编》第 209 页的美国物价指数，折战前美元 3.544 亿元，按 1 美元 = 法币 3 元，折战前法币 10.63 亿元。

E 银钱业资本

据第 5 章第 3 节（3），[③] 战后国统区商业银行存款，折战前币值，最高时为 1946 年 6 月的 6200 万元。银行存款约占资产的 40%，估商业银行资产 1.55 亿元。据《上海钱庄史料》第 387 页，上海钱庄资产，折战前币值，最高时为 1946 年 11 月的 1285 万元，平均每家 19.5 万元。这时上海以外各埠有钱庄银号 701 号，按平均每家资产战前币值 5 万元计，为 3505 万元。以上银行、钱庄资产共估为 2.092 亿元。这时银钱业都有暗账，所匿资产无法置评。

---

① 许涤新、吴承明主编《中国资本主义发展史》第 3 卷，第 224 页。
② 许涤新、吴承明主编《中国资本主义发展史》第 3 卷，第 584~585 页。
③ 许涤新、吴承明主编《中国资本主义发展史》第 3 卷，第 667~672 页。

附录乙　1936 年总产值的估计

本附录系接续本书第 2 卷第 6 章附录乙"1920 年总产值的估计"编制。包括农业、手工制造业、近代化工厂制造业、矿冶业四个部分；包括外国资本、官僚资本、民族资本和个体经济和全部生产；除个别项目外，包括东北地区。

所估总产值即毛产值，下简称产值。它是以产量乘生产者价格或出厂价估成；唯农产品的生产者价格与城市市场价格相差较大，故另用市场价格估出市场值。又农业和手工业产品中有相当部分是生产者自用，即自给生产，故除估总产值外，另估商品部分产值。手工业产值中，并另估其资本主义生产部分的产值。

一　农业产值及商品值估计

1936 年的农作物产值是以产量乘生产者价格和市场价格求得生产值和市场值。园艺和林牧渔业的产值则是按它们 1933 年占农作物产值的比重，从农作物产值中推出。估计结果见乙表 1；所用价格见乙表 2。

乙表 1　1936 年农业产值及商品值估计

项　目	产量（万担）A	价格（元/担）		产值（万元）		商品率（%）F	商品值（万元）	
		生产者价 B	市场价 C	生产值 D=A×B	市场值 E=A×C		生产者价 D×F	市场价 E×F
（1）粮食作物	277390			867476	1311609	31.4	272128	407083
稻	114680	2.647	4.34	303558	497711	30.0	91067	149313
小麦	46590	4.381	5.96	204111	277676	46.3	94503	128564
玉米	20180	2.828	4.10	57069	82738	25.0	14267	20685
高粱	23320	2.910	4.16	67861	97011	20.0	13572	19402
小米	19650	4.335	6.45	85183	126743	25.0	21296	31686
大麦	16240	2.234	4.04	36280	65610	25.0	9070	16403
其他杂粮	24070	2.872	4.52	69129	108796	25.0	17282	27199
薯类折粮	12660	3.498	4.37	44285	55324	25.0	11071	13831

续表

项　目	产量（万担）	价格（元/担）		产值（万元）		商品率（％）	商品值（万元）	
		生产者价	市场价	生产值	市场值		生产者价	市场价
	A	B	C	D＝A×B	E＝A×C	F	D×F	E×F
（2）经济作物	38811			263781	369870	84.7	222544	312606
大豆	22610	3.892	6.19	87998	139956	85.0	74798	118963
花生	5621	5.537	6.92	31123	38897	80.0	24808	31118
油菜籽	4963	6.358	7.95	31555	39456	65.0	20511	25646
芝麻	1765	7.276	9.10	12842	16062	80.0	10274	12850
棉	1736	29.354	42.58	50959	73919	87.1	44385	64383
麻	401	12.150	15.19	4872	6091	85.0	4141	5177
甘蔗	[33872]	0.367	0.46	12431	15581	100.0	12431	15581
烟叶	1287	12.660	15.83	16293	20273	100.0	16293	20373
茶	428	20.920	26.15	8954	11192	90.0	6059	10072
蚕茧（桑）	[322]	20.975	26.22	6754	8443	100.0	6754	8443
（3）农作物 (1)＋(2)	316201			1131257	1681479	43.8	494672	719689
（4）园艺	占农作物比重（％）			114145	169671	75.9	86678	128842
瓜菜豆角	6.07			68668	102072	60.0	41201	61243
水果	4.02			45477	67599	100.0	45477	67599
（5）林牧渔				205099	304870	83.4	171071	254288
木材	2.43			27490	40862	100.0	27490	40862
牲畜	11.41			129077	191868	80.0	103262	153494
禽蛋	2.42			27377	40694	70.0	19164	28486
鱼	1.87			21155	31446	100.0	21155	31446
（6）农业总计 (3)＋(4)＋(5)				1450501	2156020	51.9	752421	1102819

注：
（1）甘蔗和蚕茧不计入农作物总产量。
（2）各部门合计的商品率，因小数进位关系，按生产者价和按市场价计算略有差异，表中系按生产者价计算。

乙表2　1936年农产品价格估算

单位：元/担

农产品	生产者价格			市场价格（1936）
	1933年	1933～1936年指数	1936年	
稻	2.016	131.3	2.647	4.34
小麦	3.083	142.1	4.381	5.96
玉米	1.997	141.6	2.828	4.10
高粱	1.886	154.3	2.910	4.16

续表

农产品	生产者价格			市场价格(1936)
	1933 年	1933~1936 年指数	1936 年	
小　米	3.000	144.5	4.335	6.45
大　麦	1.560	143.2	2.234	4.04
其他杂粮	2.053	139.9	2.872	4.52
薯类折粮	2.500	139.9	3.498	4.37
大　豆	2.792	139.4	3.892	6.19
花　生	3.816	145.1	5.537	6.92
油菜籽	4.468	142.3	6.358	7.95
芝　麻	5.113	142.3	7.276	9.10
棉	24.897	117.9	29.354	42.58
麻	15.000	81.0	12.150	15.19
甘　蔗	0.350	104.9	0.367	0.46
烟	16.948	74.7	12.660	15.83
茶	25.700	81.4	20.920	26.15
蚕　茧	25.000	83.9	20.975	26.22

乙表 1 农作物产量除上列外，均据农业部计划局《中国与世界主要国家农业统计资料汇编》1958 年版（1983 年版《中国统计年鉴》数字相同，但项目有移并）。

花生、油菜籽、芝麻的产量，据《统计选辑》第 360 页，分别为 5394 万担、4936 万担、1736 万担；补入东北产量花生 227 万担，芝麻 29 万担（油菜籽无东北数字）。东北据 Kungtu C. Sun, *The Economic Development of Manchuria in the First Half of Twentieth Century*, Harvard University Press, 1973, p. 45。

麻、甘蔗、茶、蚕茧的产量用《国民所得》1933 年估计。这几项无 1936 年数字，且除麻外均处于不景气，可假定 3 年间无增长。其中甘蔗、蚕茧不计入总产量。

乙表 2 的市场价格取自《物价汇编》及杨蔚《金陵物价指数汇编》1941 年版所载 1936 年批发价格。由于基本上是上海、天津的算术平均，缺内地物价，有偏高倾向。其中稻无记载，按每担稻合 65 斤米从米价中算出。又花生、油菜籽、芝麻、麻、甘蔗、烟、茶、蚕茧无记载或记载品种不符，是用其生产者价格加 25% 的运输和商业费用作为市场价格。

乙表 2 的生产者价格，正如《国民所得》所选，中央农业试验所调查的乡村价格颇不合用，是用该书所作的 1933 年价格（原据《中国通邮地方物产志》①），再以《物价汇编》和杨蔚书的物价指数推出 1936 年价格。表中 1933 年的"其他杂粮"，系《国民所得》中荞麦、糜子、蚕豆等 8 种杂粮价的算术平均。"薯类折粮"系原列马铃薯、甜薯按 4 斤折粮 1 斤酌估。又稻、甘蔗、蚕茧的 1933 ~ 1936 年价格指数分别以米、糖、丝的价格指数代替。

乙表 1 中商品率的估计，小麦据《中国近代面粉工业史》1987 年版第 105 页，花生据《农业统计》第 197 页，棉据《棉手工业》乙表 10，油料作物参照下述榨油业；余均作者设定数，带有主观性。

乙表 1 中园艺和林牧渔业产值占农作物产值的比重，计算法见《中国资本主义发展史》第 2 卷第 1079 页（人民出版社，1990）。

二 手工制造业产值及商品值估计

1936 年手工制造业产值的估计，除缫丝、丝织、轧棉、棉纺、棉织、面粉和出口品共 12 个行业是单估外，有 11 个行业是以《国民所得》1933 年的估计为基础，按生产指数和价格指数推算 1936 年产值。以上 23 个行业的产值占全部手工制造业产值的 80% 以上，故其余 20 余行业不再分估，而从《国民所得》估计的 1933 年总数中推算而出。手工业中的资本主义生产是指工场手工业和散工制。估计结果见乙表 3。

乙表 3　1936 年手工制造业产值估计

单位：万元

项　目	产　值 A	自给生产 B	商品生产 C	资本主义生产 D	D/C（%）	D/A（%）
纺织手工业	169761	52337	117424	46900	39.9	27.6
1. 缫丝	7974	—	7974	1818	22.8	22.8
2. 丝织	9898	—	9898	3593	36.3	36.3

① 交通部邮电总局编《中国通邮地方物产志》，商务印书馆，1937。

项　目	产　值 A	自给生产 B	商品生产 C	资本主义生产 D	D/C （%）	D/A （%）
3. 轧棉	67170	7657	59513	19838	33.3	29.5
4. 棉纺	5328	5328	—	—	—	—
5. 棉织	61158	39204	21954	10977	50.0	17.9
6. 毛纺织	1093	—	1093	656	60.0	60.0
7. 麻纺织	740	148	592	178	30.0	24.1
8. 针织	16400	—	16400	9840	60.0	60.0
食品手工业	351372	149691	201681	85231	42.3	24.4
9. 面粉	157526	100667	56859	13248	23.3	8.4
10. 榨油	73073	21950	51123	16518	32.3	22.6
11. 酿造	46673	9335	37338	17736	47.5	38.0
12. 碾米	23947	16763	7184	2395	33.3	10.0
13. 制烟	12950	—	12950	12950	100.0	100.0
14. 制茶	9763	976	8787	6151	70.0	63.0
15. 制盐	6610	—	6610	3966	60.0	60.0
16. 制糖	6575	—	6575	5139	78.2	78.2
17. 其他食品	14255	—	14255	7128	50.0	50.0
出口品制造	6984	—	6984	6628	94.9	94.9
18. 地毯	458	—	458	321	70.0	70.0
19. 草帽、草帽辫	1040	—	1040	893	85.9	85.9
20. 花边、抽花、挑花	2438	—	2438	2438	100.0	100.0
21. 发网	109	—	109	109	100.0	100.0
22. 猪鬃	2223	—	2223	2223	100.0	100.0
24. 毛裘、皮革	716	—	716	644	90.0	90.0
其他手工业	112512	—	112512	56256	50.0	50.0
手工业总计	640629	202028	438601	195015	44.5	30.4

1. 缫丝

据第 2 章第 4 节（1），[①] 1936 年产桑蚕丝 29.7 万担，内手工缫丝 22 万担。手工缫丝中，农家自缫 17.6 万担，手工厂缫 4.4 万担；又产柞蚕丝 0.8 万担，均手工厂生产。按《国民所得》，1933 年每担丝价为手丝 302 元，下脚 60 元，柞丝 288 元，白厂丝 520 元。据《物价汇编》，1933 ~ 1936 年白

[①] 许涤新、吴承明主编《中国资本主义发展史》第 3 卷，第 187 ~ 204 页。

厂丝价下降 16.1%，设手丝价同比例下降，1936 年为 302 元，下脚为 50 元；柞丝此时出口颇盛，价格仍作 288 元。以上，1936 年手缫丝产值共 7974 万元，全部作商品生产。其中手工厂产占 22.8%，即 1818 万元，作为资本主义部分。此项估计不包括东北。

2. 丝织

据第 2 章第 4 节（1），1936 年桑蚕丝、柞蚕丝共产 30.5 万担，减除出口 9.2 万担及针织用（见下）1.3 万担，余 20 万担即丝织业所用。织绸时尚掺用厂丝、人造丝、细纱；按盛泽调查分别占总原料 20%、25%、15%，而杭州人造丝占 30%。为便于计算，以真丝 20 万担为准，设定原料用量并估价如乙表 4。其价格，人造丝据《物价汇编》，厂丝、手丝见上节，细纱据苏州调查按手丝价 50% 计。

乙表 4 1936 年丝织原料价格

品　种	原料（万担）	所占比例（%）	价格（元/担）	原料值（万元）
厂　丝	5	14.3	436	2180
手　丝	15	42.8	302	2530
人造丝	10	28.6	216	2160
细　纱	5	14.3	151	755
合　计	35	100.0		9625

机器丝织厂，原料值约占其总产值一半。手工业按 60% 计，则丝织业总产值为 16042 万元。全作商品生产。

为估算资本主义生产比重，将各地织机列入乙表 5，并按其生产能力计：电力机 = 3，手拉机 = 1.5，投梭机 = 1，得总生产力 139476 单位。表中同时计出人力机生产中资本主义的比重（电力机作为机器工业）。

乙表 5 1936 年丝织业生产力的资本主义成分估算

地　区	电力机（台）	手拉机（台）	投梭机（台）	人力机生产力单位	人力机中资本主义生产	
					单　位	设定说明
南　京			700	700	665	账房支配 95%
苏　州	2100	500	1400	2150	1505	账房支配 70%
盛　泽	1100	8000		12000	3000	25% 为绸厂所有
丹　阳		4300		6450	1000	有 5 大厂，毛估

地 区	电力机（台）	手拉机（台）	投梭机（台）	人力机生产力单位	人力机中资本主义生产	
					单位	设定说明
上 海	7200	500		750	750	均小厂
杭 州	6200	8000	500	12500	4200	30% 作绸厂，又包工户 300 台计
湖 州	931	585	3000	3878	—	均个体
双 林		1500		2250	675	10% 作绸厂，又包工户 300 台计
绍 兴	34	2650	2000	5975	180	包工户 180 台计
宁 波	80	700		1050	1050	均绸厂
镇 江		3000		4500	4500	均绸厂
广 东	20		22430	22430	11215	50% 包买制
四 川		900	2000	3350	335	10% 作绸厂
烟 台	28	342		513	513	均绸厂
胶 东			5000	5000	500	10% 作绸厂
周 村		1200		1800	450	绸厂有 300 台
安 东	117	500		750	750	均绸厂
合 计						
设备（台）	17810	32677	37030			
生产力（单位）	53430	49015	37030	86046	31288	总生产力 139476 单位
占总生产力（%）	38.3			61.7	22.4	

依乙表 5 中比重，丝织业产值如下。此项亦不包括东北。

机器丝织业生产	$16042 \times 38.3\% = 6144$ 万元
手工丝织业生产	$16042 \times 61.7\% = 9898$ 万元
手工生产中的资本主义部分	$16042 \times 22.4\% = 3593$ 万元

3. 轧棉

据《棉手工业》，1936 年产皮棉 1575.6 万担。用《国民所得》1933 年比重，机器制棉占 1.83%，即 28.8 万担，余 1546.8 万担为手工轧制产量。农村衣花价 1933 年为每担 32 元，按《物价汇编》，1933～1936 年花价上升 20.5%，故 1936 年衣花价为 38.6 元。乘以产量，产值为 59707 万元。棉籽产值为花产值的 12.5%，即 7463 万元。两共 67170 万元。

据《棉手工业》，1936 年自给棉为 175.7 万担，占手工轧棉量的 11.4%。以此比率用于上述产值，自给棉为 7656 万元，商品棉为 59513 万元。商品棉均手工作坊轧制，个体户为多，设 1/3 具有工场手工业规模，资本主义生产为 19838 万元。

4. 棉纺

据《棉手工业》，1936 年农村土布生产用土纱 1067773 担，即手工纺纱产量。据《国民所得》，1933 年土纱农村价为每担 41.4 万元，依上节棉价上升 20.5% 计，1936 年为 49.9 元。乘以产量，手纺纱值 5328 万元。手纺纱均自用，无商品生产。

5. 棉织

据《棉手工业》，1936 年产手织布 39298 万匹，内自给布 26136 万匹，商品布 9162 万匹；又产改良土布 4000 标准土布匹。我们收集了 20 世纪 30 年代南方和北方 10 个县及河北省 89 个县平均布价，大体是：小布每匹 0.5 元，大布 2.5 元，改良土布 7.5 元。自给布中，大布小布约各占半数，即平均每匹 1.5 元，共值 39204 万元。商品布中，大布占七成，小布占三成，即平均每匹 2 元，共值 18324 万元。改良土布均属商品布，市场价是按原生产规格即机制布的规格计，每匹合标准土布 8.26 匹，4000 万匹合机制布 484 万匹，每匹 7.5 元共值 3630 万元。以上手织业产值共 61158 万元，商品布为 21954 万元。至于资本主义生产，第 2 章第 4 节（1）估为商品布半数，即 10977 万元。

6. 毛纺织；18. 地毯

《国民所得》估 1933 年产值为 1450 万元，内地毯为 451 万元，余 999 万元为毛线。

1933～1936 年，地毯出口由 22040 担增为 23897 担，增 8.4%，但价格下降，出口值由 321 万关两增为 326 万关两，仅增 1.6%。按价值计，1936 年地毯产值为 451 × 101.6% = 458 万元。设工场手工业和发料定货制占 70%，即 321 万元。

毛线产量的增长设与地毯同。据《物价汇编》1933～1936 年（机制）毛线价格增 0.9%。故 1936 年毛线产值为 999 × 108.4% × 100.9% = 1093 万元。设工场手工业和发料收货制占 60%，即 656 万元。

7. 麻纺织

《国民所得》估 1933 年产值 829.5 万元，基本上是夏布。夏布生产长期衰落，唯 1936 年出口增长颇大（出口占产量 25% ~ 30%），设 1936 年产量比 1933 年增 5%。据《物价汇编》，1936 年苎麻价格跌至 1933 年的 81%。麻织品按跌至 85% 计，产值为 829.5 × 105% × 85% = 740 万元。设 80% 为商品生产，即 592 万元。商品布为夏机户所织，设工场手工业产品占 30%，即 178 万元。

8. 针织

《国民所得》估 1933 年服用品中纺织纤维一项产值为 14427 万元，此数减除花边、挑花、抽纱产值 1304 万元（按当年出口值的 90% 计），余 13123 万元为袜、毛巾、衫裤等手工业针织业产值。此值系从原料值估出。据《物价汇编》，1933 ~ 1936 年各项原料价格升降不一，兹分别计算其指数（1933 = 100），并适当加权，求得总价格指数为 96.13%（见乙表 6）。

乙表 6　1936 年纺织各项原料价格指数

	棉 纱	厂 丝	人造丝	毛 线
价格指数	106.06	83.93	81.12	100.89
权 数	50.00	20.00	20.00	10.00
积 数	5303.00	1678.60	1622.40	1008.90

注：总价格指数 = 积数之和 ÷ 100 = 99.13（1933 = 100）。

这时针织业颇有发展，设 1936 年产量比 1933 年增 30%，总产值为 13123 × 130% × 96.13% = 16400 万元。手工针织业中有手工厂、放机制、包工制，共按 60% 计，资本主义生产值为 9840 万元。

9. 面粉

据《中国近代面粉工业史》第 106 页，1936 年除机器面粉厂外，机器磨坊产面粉 1475.5 万包，产值 4721 万元；土磨坊产 17200.6 万包，产值 52138 万元。两项手工商品面粉共值 56859 万元。据第 2 章第 4 节 (2)，[1]

---

[1]　许涤新、吴承明主编《中国资本主义发展史》第 3 卷，第 204 ~ 212 页。

商品面粉中工场手工业生产占 23.3%，即 13248 万元。又据表 2 - 44,[①]
1936 年农家自磨粉 35952.4 万包，按每包 2.8 元计（磨坊价为 3.03 元），
自给面粉产值为 100667 万元。商品、自给合计 157526 万元，为产值最大之
手工业。

10. 榨油

以《国民所得》估计的 1933 年各项产品产值，乘以 1933～1936 年的产
量指数和价格指数，得出 1936 年产值，见乙表 7。

乙表 7 1936 年榨油业产值估算

品　种	1933 年产值（万元）	1933～1936 年		1936 年产值（万元）
		产量指数	价格指数	
（1）豆　油	2723	81.05	144.3	3196
豆　饼	5102	81.05	122.4	5061
（2）花生油	8636	88.27	146.5	11168
花生饼	1382	88.27	122.4	1493
（3）芝麻油	2766	88.63	146.5	3632
芝麻饼	442	89.63	122.4	485
（4）菜　油	18005	115.04	105.0	21748
菜籽饼	5512	115.04	105.0	6658
（5）棉　油	2566	102.29	105.0	2756
棉籽饼	1650	102.29	105.0	1772
（6）茶　油	1400			1400
（7）桐　油	2998			7269
（8）其他油	1500			1500
（9）小　计	54682			68138
（10）东北豆油	3564	90.13	111.5	3582
东北豆饼	6365	90.13	117.0	6712
（11）合　计	64611			78432
（12）机器工厂生产	4415			5359
（13）手工生产	60196			73073

产量指数：（1）～（5）项分别用大豆、花生、芝麻、菜籽、棉的产量
代替，这 5 种作物的产量见《农业统计》第 160～177、203～208 页。原资

---

① 许涤新、吴承明主编《中国资本主义发展史》第 3 卷，第 205 页。

料除棉外，均不包括东北，因将 1933 年豆饼豆油中东北部分补充为（10）项。东北产量据 Kungtu C. Sun 前引书第 58 页。

价格指数：据《物价汇编》，唯花生油、麻油、花生饼和芝麻饼无价格记录，分别以花生仁、豆油、豆饼代替。又菜油、菜饼、棉油、棉饼亦无价格记录，用物价总指数 105 代替。

（7）桐油的 1933 年、1936 年产值均按海关报告的出口值计。（6）茶油、（8）其他油的产值增长数按其他各项总增长率即（11）推出。（12）机器工厂生产的产值增长数亦按（11）比例推出。

商品生产的估算：（1）~（5）中和各种饼、（7）桐油、（8）其他油（均非食用）产值共 24238 万元，均作商品生产。（1）~（5）的各种油设一半为商品，产值 21950 万元。（10）东北豆油、豆饼全部作商品，产值 10294 万元。以上商品值共 56482 万元。此数减去机器工厂的产值，为 51123 万元，即 1936 年的手工商品生产值。余数 21950 万元为自给生产值。榨油为产值居第二位之手工业。

资本主义生产：依第 2 章第 4 节（2），关内手工油产量中约 21.5% 为油坊所产，设 80% 的油坊具有工场手工业规模，即以（9）关内产值的 17% 作为资本主义生产，计 11583 万元。（10）东北产值 10294 万元全为工场手工业生产。两项合计 21877 万元，减除（12）机器工厂产值，得 16518 万元，作为手工业中的资本主义生产。

11. 酿造

《国民所得》估 1933 年产值 44450 万元。其产量系按人均消费量计出，1936 年应无变化，仅按物价总指数 105 修正价格，1936 年产值为 46673 万元。其中设 80% 为商品生产，即 37338 万元。按第 2 章第 4 节（2），资本主义生产占全部产量的 38%，即 17736 万元。

12. 碾米

《国民所得》估 1933 年产值 19243 万元。据《统计选辑》，1933 ~ 1936 年稻产量指数为 99.99；据《物价汇编》，同期米价指数为 124.46。1936 年碾米业产值为 $19243 \times 99.99\% \times 124.46\% = 23947$ 万元。设商品率为 30%，商品值为 7184 万元。设碓坊有 1/3 为资本主义经营，产值为 2395 万元。

13. 制烟

《国民所得》估 1933 年产值为 17185 万元。据《农业统计》第 214 ~ 219 页，1933 ~ 1936 年产量指数为 100.89；据《物价汇编》，同期价格指数为 74.69。1936 年产值为 17185 × 100.89% × 74.69% = 12950 万元。按原估计为烤烟、雪茄、烟丝产值之和，故全属商品生产。依第 2 章第 4 节（2），可全作资本主义生产。

14. 制茶

《国民所得》估 1933 年产值 14794 万元。1933 ~ 1936 年设产量不变，价格指数据《物价汇编》为 65.99，1936 年产值为 9763 万元。设 90% 为商品生产，即 8787 万元。依第 2 章 4 节（2），约 70% 为资本主义生产，即 6151 万元。

15. 制盐

《国民所得》估 1933 年产值 6610 万元，系按场价。1936 年产量、价格均可作无变化。全属商品生产。依 2 章 4 节（2），资本主义生产以 60% 计，即 3966 万元。

16. 制糖

《国民所得》估 1933 年产值 4975 万元。据《农业统计》第 221 页，1933 ~ 1936 年产量指数为 131.99，据《物价汇编》，同期糖价指数为 100.13。1936 年产值为 4975 × 131.99% × 100.13% = 6575 万元。全属商品生产。依第 2 章第 4 节（2），连同机制糖，约 80% 为资本主义生产。依《国民所得》，机制糖产值 607 万元。手工生产中资本主义部分为 5139 万元。计算分为（6575 + 607）× 80% − 607 = 5139 万元。

17. 其他食品

包括制蛋、汽水、糖果、乳品等。《国民所得》估 1933 年产值 13567 万元。1936 年设产量无变动，仅用物价总指数 105 修正为 14255 万元。资本主义生产按 1/2 计，即 7128 万元。

19 ~ 23. 出口手工业品

以海关报告的 1936 年出口值的 90% 作为产值，并按第 2 章 4 节（3）所述情况估定资本主义比重，[①] 如乙表 8。

---

① 许涤新、吴承明主编《中国资本主义发展史》第 3 卷，第 212 ~ 218 页。

乙表 8　1936 年出口手工业品产值

单位：万元

品　　种	出口值	产　值	资本主义产值
草　　帽	32.5	29.2	—
金丝草帽	366.1	329.5	329.5
草帽辫	229.1	206.2	89.3
草　　席	527.3	474.6	474.6
合　　计	1155.0	1039.5	893.4
花边、抽花、挑花	2709.3	2438.4	2438.4
发　　网	120.7	108.6	108.6
猪　　鬃	2470.1	2223.1	2223.1
裘、皮、皮制品	795.3	715.8	644.2

上述 1~23 的纺织、食品、出口三大目以外，尚有手工行业 20 余个，按《国民所得》估 1933 年产值共 86548 万元。该书曾用 1933~1936 年的生产指数和价格指数，即 125% × 105% = 131.25% 来推算 1936 年产值。我们按 130% 计，即 1936 年产值为 86548 × 130% = 112512 万元。这些行业大都是铺坊手工业，包括加工和修理，可全作商品生产，并以 1/2 作为资本主义生产，即 56256 万元。

三　近代化工厂制造业产值估计

刘大钧主持的 1933 年工业调查是旧中国唯一的一次工业普查。《国民所得》作者据该项调查加以补充和修订，做出比较完整的工厂总产值和净产值的估计（包括东北）；该书作者又于 1947 年再作修正，更臻完备。所称工厂，大体指雇工 30 人以上并使用机械动力者。该书并用 1933~1936 年的生产指数（125）和价格指数（105）推算出 1936 年的工厂总产值。我们即用这项估计，但有 9 个较大行业作了修正；这 9 业占全部工厂制造业产值的 60% 以上，故与原书颇有出入。估计结果见乙表 9。

1933~1936 年间，棉纱、厂丝、火柴的产量是下降的，价格也上升不大，甚至下降（厂丝）。电力和水泥产量增长较大，而价格并未上升或下降。这都与《国民所得》所用一般趋势不同，故作修正。

乙表 9　1936 年近代化工厂制造业产值估计

行　　业	1933 年(万元)	1933～1936 年		1936 年(万元)
		生产指数	价格指数	
棉　　纺	66486	89.72	106.06	63266
棉　　织	8623	129.89	102.09	11435
缫　　丝	4824			3357
丝　　织	4183			6144
榨　　油	5191			5359
面　　粉	18614			42723
电　　力	21438	147.50	100.00	31621
火柴及梗片	4133	88.00	103.31	3757
水　　泥	2696	153.16	89.20	3683
小　　计	136188			171345
其他工业	85126	125.00	105.00	111728
总　　计	221314			283073

　　乙表 9 中棉纺、棉织、电力的 1933 年、1936 年产量据《统计选辑》第 130 页,唯电力加上东北发电量 13.5 亿度。火柴、水泥的这两年产量据表 2－25,[①] 唯水泥加上东北产量 57.9 万吨。东北数均据 Kungtu C. Sun 前引书 第 90 页。据这两年产量计算生产指数。各产品的价格指数均据《物价汇 编》的这两年价格算出,唯电力无价格记录,设无变动。

　　乙表 9 中 1936 年缫丝、丝织、榨油业的工厂产值,已见前乙表 3 手工 制造业的 1、2、10 节。缫丝以生产厂丝 7.7 万担,每担价 436 元计。丝织 即乙表 5 中电力织机的产值。榨油即乙表 7 中(12)。

　　需要考虑的是面粉业。据《中国近代面粉工业史》（以下简称《面粉 史》）统计,1936 年有面粉厂 170 家,内华商 153 家,外商 17 家（不包括机 器磨坊）;而《国民所得》1933 年仅列 106 家,显然偏小。唯《面粉史》第 106 页所列 1936 年产值 41501 万元系用上海绿兵船粉价,每包 3.368 元;《国 民所得》是用刘大钧调查的出厂价,为当年绿兵船市价的 93.6%。因此,我 们用 3.368×93.6% =3.152 元价格计算。《面粉史》估计 1936 年产量为 12322 万包,按上价计值 38839 万元,再加麸皮产值为粉值 1/10,共 42732 万元。

---

① 许涤新、吴承明主编《中国资本主义发展史》第 3 卷,第 120～123 页。

四 矿冶业产值估计

矿冶产品产量在历次《中国矿业纪要》中均有估计,《国民所得》曾依此做出 1933 年的估值,并按一般指数 123.7 推算出 1936 年的产值。我们将该估计中水泥一项移入工厂制造业,食盐一项移入手工业;又 1936 年鞍钢已有相当数量的轧钢,因增列钢材一项。同时,将煤、铁等 9 项产品按第七次《中国矿业纪要》的 1936 年产量重新估值,这 9 项占全部矿冶产值的 80% 左右,故实际等于重估。其他 34 项产品在第七次纪要中无载,仍按《国民所得》的一般指数推算。估算结果见乙表 10。

乙表 10　1936 年矿冶业产值估计

矿　产	1933 年产值（万元）	1936 年产量（吨）	价格（元/吨）	1936 年产值（万元）
煤	14189	39902985	6.9	27533
铁 矿 石	925	3359830	5.0	1680
生　铁	3094	809996	46.6	3775
钢	250	414315	93.2	3861
钢　材	—	17400	139.8	243
钨　砂	310	9763	963.8	941
纯　锑	223	15600	263.3	411
锡	1945	12810	2443.4	3130
汞	1	85	3372.5	29
小　计	20937			41603
其他矿产	6502	指数 123.7	指数 123.7	8042
总　计	27439			49645

乙表 10 所列 1936 年产量,钢材据解学诗等《鞍钢史》第 296 页,[1] 其余均据《统计选辑》第 103、140、142 页。

价格方面颇费踌躇。1936 年,天津开滦煤每吨 9.56 元,上海开滦煤每吨 10.56 元,东北 8 城市抚顺煤平均每吨 10.3 元。[2] 兹以天津、东北平均价扣除 30% 运销费用,即 6.9 元作为出厂价。

---

① 解学诗、张克良编《鞍钢史》,冶金工业出版社,1984。
② 据《伪满统计》第 522 页,原为 1937 年价,按物价指数 118 折成基期年 1936 年价。

铁矿石主要输往日本，大冶矿江边交货每吨 5.6 元，但按日金计仅 3.5 元；兹按 5 元计（东北铁矿是由鞍钢等收购，内部价未详）。生铁，上海市场六河沟铁每吨 73.25 元，但主要产量在东北，东北 8 城市平均价 62.1 元，扣除 25% 的运销费用，作 46.6 元。钢、钢材主要是东北所产，未见价格记录，只好以生铁价加 1 倍作钢价，以钢价加 50% 作钢材价。

钨砂因欧洲备战，涨价甚速。兹以 1936 年 1～5 月资源委员会在江西的收购价平均每吨 963.8 元计。[①] 纯锑，按长沙发售之成本价每吨 263.3 元计。[②] 锡及汞，按《国民所得》修正之 1933 年价格用一般物价指数 105 申算。

五 交通运输业产值估计

交通运输业的总产值，也就是它们的总收入。本目包括近代交通运输和传统运输，均指营业性的行业，诸如机关、个人自用车船等不包括在内。又市内生活服务的公共汽车、电车、人力车等也未包括在内。通信业中传统的民信局在 1920 年时有估值，1936 年时已甚少。免计。估计结果见乙表 11。

乙表 11 1936 年交通运输业产值估计

单位：万元

交通运输	收　入	交通运输	收　入
1. 铁路运输	48342	6. 电信	2661
2. 汽车运输	7102	7. 木帆船运输	48800
3. 轮船运输	19140	8. 人畜力运输	7222
4. 航空运输	514	9. 车站码头搬运	3600
5. 邮政	4278	合　计	141659

1. 铁路运输

据表 2-19，[③] 1936 年关内国有铁路的运输收入为 17109 万元。又国有

---

① 见该会《各项会计报告及统计图表》1940 年油印本，原称"产销成本"。
② 见《工业史料》第 4 辑第 979 页。
③ 许涤新、吴承明主编《中国资本主义发展史》第 3 卷，第 87 页。

铁路里程占关内全部铁路里程的 88.5%，以此估关内全部铁路收入为 19332 万元。又据《伪满统计》第 9～26 页，1937 年东北铁路运输收入为 29590 万满元，合法币 29010 万元，即作为 1936 年数。关内东北合计为 48342 万元。

2. 汽车运输

《国民所得》估 1933 年关内有公路 63406 公里，登记汽车 32283 辆，内公路汽车 5214 辆，营业收入 3479 万元。据《交通概况》及《统计年鉴》，抗战前夕关内有公路 10.95 万公里，登记汽车 58344 辆，分别为 1933 年的 173% 和 181%。按 177% 计，1936 年公路汽车营业收入为 6158 万元。东北公路由满铁经营，据《伪满统计》第 9～37 页，1937 年有汽车 1128 辆，营业收入 351 万满元，合法币 344 万元。又有商营汽车约 2000 辆，比照满铁统计，按每车收入 3000 元计，共收入 600 万元。东北合计 944 万元。关内东北合计 7102 万元。

3. 轮船运输

《国民所得》统计，1930～1935 年 28 家华商轮船公司营业收入，平均每吨为 100 元。依第 5 章 2 节（3）之表，[①] 抗战前夕关内有华籍轮船 57.6 万吨，按每吨 100 元计，产值为 5760 万元。在华外商轮船无统计。按附录甲之关内水运投资，外资为官民华资的 2.25 倍，依此比例估外商轮船产值达 12960 万元。以上关内共 18720 万元。东北内河航运亦由满铁经营，约有轮船 7 万吨，据《伪满统计》第 9～41 页，1937 年收入约 200 万满元，合法币 198 万元，平均每吨仅 28 元，盖因东北冬季封江之故。又有商营轮船约 8 万吨，按每吨 28 元计，产值 224 万元。东北海洋运输为在日本的轮船公司垄断，不计。以上东北共 420 万元。关内东北合计 19140 万元。

4. 航空运输；5. 邮政；6. 电信

采用《国民所得》上册第 98 页整理后之 1936 年收入统计，计航空运输 514 万元；邮政 4278 万元；电信 2661 万元。

---

① 许涤新、吴承明主编《中国资本主义发展史》第 3 卷，第 630 页。

7. 木帆船运输

《国民所得》下册第 181 页估 1933 年关内和东北有木帆船 98.8 万只，收入 4.88 亿元，查所用资料不少为 1934 年、1935 年的，即以此数作 1936 年估值。

8. 人力畜力运输

本项以畜力大车为主。《国民所得》无估计。Thomas G. Rawski 在所著 *Economic Growth in Prewar China*, University of California Press, 1989. p. 140 中估计 1936 年人畜力运量约有 40 亿吨公里，为木帆船运量 543 亿吨公里的 7.4%。按畜力大车运费约为木帆船的 2 倍。依此估人畜力运输收入约为 48800×7.4%×2 = 7222 万元。

9. 车站码头搬运

《国民所得》下册第 223 页估全国 30 万人，每人每月收入 10 元，全年共收入 3600 万元。所用资料涉及整个 20 世纪 30 年代，即以此作 1936 年估值。

六 战后国统区生产指数

战后资料甚缺，我们还不能作全面产值估计，仅就国统区生产最高的 1947 年，以若干主要产品为代表，与战前 1936 年比较，估出一个生产指数。所选产品，都占到 1936 年本业产值一半以上，但仍不免有个别突出情况。战后币制混乱，估价一律用 1936 年不变价格。因而，所得指数实际是产量的指数，不过以不变价格加权综合而已。又对于手工制造业，我们尚未能估出一个生产指数。

1. 农业生产指数

估计结果，1947 年的产值约为 1936 年的 88.38%，见乙表 12。其 1947 年的产量据《统计选辑》第 360 页。此数与本书第 5 章第 3 节（1）所计算者不尽相同，[①] 尤其小麦相差较大。这是一个争论的问题。为保持原统计系列，并提出另一种资料，我们不作调整，读者取用时可自行判断。所用价格见乙表 1。

---

① 许涤新、吴承明主编《中国资本主义发展史》第 3 卷，第 639~651 页。

乙表 12　1947 年农业生产指数

农作物	1947 年产量 （万担）	1936 年生产价 （元/担）	1947 年产值 1936 年币值（万元）
稻	94279	2.647	249557
小　麦	43057	4.381	188633
玉　米	21544	2.828	60926
高　粱	20303	2.910	59082
小　米	19860	4.335	86093
大　豆	15918	3.892	61953
花　生	4476	5.537	24784
油菜籽	7450	6.358	47367
棉	1074	29.354	31526
烟　叶	1344	12.660	17015
10 种农作物合计			826936
10 种农作物 1936 年产值			935680
1947 年生产指数			88.38

2. 近代化工厂制造业生产指数

表 5 - 10 已作了战后两年产量产值与 1936 年的比较，不过该表为表现民族资本，1936 年的数字不包括外商和东北。现在我们尽量予以补充，唯东北产量中多数是伪满 1937 年的统计，有偏高倾向。1947 年的产量包括国公营和民营生产，连同不变价格，均据表 5 - 10。估计结果见乙表 13。表中的 1936 年产值不同于乙表 9，因本表是一种产品的产值，而乙表 9 是一个行业的产值，除主产品外还包括副产品和下脚的价值。又因本表 1936 年的机纱、机布、厂丝产量所用资料与乙表 9 不同，以见计量估计之不可拘泥。再则乙表 9 是推算 1936 年价格，本表系用 1933 年不变价格，仅起产量指数综合中的加权作用。

乙表 13　1947 年近代化工厂制造业生产指数（用 1933 年不变价格）

产　品	1936 年		1947 年	
	产　量	产值（万元）	产　量	产值（万元）
机　　纱	2543739 件	52910	1704000 件	35443
机　　布	3734 万匹	35249	4763 万匹	44963
面　　粉	15189 万包	34175	5565 万包	12521

续表

产　品	1936 年		1947 年	
	产　量	产值(万元)	产　量	产值(万元)
厂　丝	141942(担)	6529	29552 担	1359
火　柴	1212038(箱)	6060	846000 箱	4230
机　纸	85033(吨)	2976	190656 吨	6673
水　泥	1109909(吨)	4440	725585 吨	2902
酸	246053(吨)	11908	26146 吨	1267
碱	81543(吨)	1957	60500 吨	1452
电　力	307431(万度)	30743	373519 万度	37352
10项合计		186947		148162
指　　数		100		79.25

　　乙表 13 中 1936 年的产量：机纱据丁昶贤《中国近代机器棉纺工业设备、资本、产量、产值的统计和估量》。[①] 计商品纱 2369655 件，加东北 174084 件。机布亦据丁文，计 3476 万匹，加东北 258 万匹。面粉据上海粮食局等编《中国近代面粉工业史》1987 年版第 106 页，计 12322 万包，加东北 2867 万包。厂丝据徐新吾主编《中国近代缫丝工业史》1990 年版第 661 页，无东北数。火柴据表 5 - 10 加东北 401724 箱。机纸据表 5 - 10 加东北 19586 吨。酸据表 5 - 10 加东北 235753 吨。碱据表 5 - 10 加东北 1.1 万吨。以上东北数均为 1937 年产量，见《伪满统计》第 2 ~ 81 至 2 ~ 83、2 ~ 88 至 2 ~ 89 页。水泥据表 5 - 10 加东北 57.97 万吨。电力据《十年经济》第 J16 页，为 172431 万度，加东北 135000 万度。以上东北数为 1936 年产量，见 Kungtu C. Sun 前引书第 90 页。

　　3. 矿冶业生产指数

　　矿冶业 7 种产品的 1947 年生产指数见乙表 14。其中 1936 年煤、生铁产量据《统计选辑》第 124、128 页。钢据解学诗等《鞍钢史》第 247 页。铜据表 5 - 10 加东北 3918 吨，见《伪满统计》第 3 ~ 1 页，为 1937 年数。其余均据表 5 - 10。

---

　　① 丁昶贤：《中国近代机器棉纺工业设备、资本、产量、产值的统计和估量》，《中国近代经济史研究资料》1987 年第 6 集。

乙表 14　1947 年矿冶业生产指数（用 1933 年不变价格）

产　品	1936 年		1947 年	
	产量(吨)	产值(万元)	产量(吨)	产值(万元)
煤	37390000	16895	19490000	9745
生　铁	669696	3415	35733	182
钢	380000	3800	63000	630
钨　砂	9763	526	6404	3348
纯　锑	15600	328	1909	40
锡　锭	12810	2981	3970	924
铜	4401	257	1070	63
7种合计		28202		11932
指　数		100		42.31

4. 交通运输业生产指数

交通运输业的战后生产指数以其业务量指数代替，见乙表 15。用该表指数，可从乙表 11 求得战后产值；从运输力上说，一般可以 3 人公里折合 1 吨公里，但从收益上说，也可用两指数的算术平均，因客运价高。关内统计见《统计年鉴》（1948），其吨公里、人公里统计自 1937 年起，至 1947 年 6 月止，故用 1946 年半数及 1947 年 1～6 月数字作为战后最高运量。唯邮政有 1947 年全年数字，见《中国邮政统计汇辑》1955 年台北版。东北据《伪满统计》第 9～1、9～34、9～41 页。

乙表 15　1947 年交通运输业生产指数[1]

交通运输	关　内 1937 年	东　北 1937 年	合　计 1937 年	国统区 1946/1947 年	指　数
铁　路					
货运(万吨公里)	550807	1290300	1841107	461360	25.06
客运(万人公里)	430475	413003	843478	1472792	174.61
公　路					
货运(万吨公里)	3146[2]	402	3548	8630	243.24
客运(万人公里)	108052	4342	112394	40618	36.14
轮　船					
货运(万吨)	2287	55	2342	848	36.21
客运(万人)	1634	47	1681	1390	82.69

续表

交通运输	关 内 1937 年	东 北 1937 年	合 计 1937 年	国统区 1946/1947 年	指 数
民 航					
货运（万吨公里）	34[2]		34	1834	5394.12
客运（万人公里）	1723[2]		1723	18430	1069.65
邮 政					
国内函件（万件）	76878		76878	103800	135.02
国内包裹（吨）	68791		68791	35343	51.38
电 信					
电报（万字）	26121		26121	51414	196.83
长途电话（万次）	278		278	1502	540.29

注:

[1] 战后统计至 1947 年 6 月止，故以 1946 年的半数加 1947 年 1～6 月数作为战后国统区数字，唯邮政一项是 1947 年全年统计。

[2] 为估计数。

（原载许涤新、吴承明主编《中国资本主义发展史》第 3 卷
《新民主主义革命时期的中国资本主义》，第 718～797 页）

秦以后的中国是有中国
特色的封建社会

"封建"问题我没有专门研究过。我是来学习的。会议提供的材料很好，我大致看了一遍，收获不小，大开眼界。今天也主要是来听一听。材料给我的印象是，封建主义是多种多样的。我们今天所讲的封建主义，不一定是有明确标准的封建主义。诸如西周的封建，大家是比较清楚的。西欧的封建，也是比较清楚的。但是，我们今天所讲的封建主要是采用马克思主义的封建主义学说。但是马克思主义的封建学说，如同马克垚教授所指出的，前后也不是一样的，早期和晚期也有不同。到了列宁、斯大林手里也有不同，究竟是哪一个也很难说。我想，今天所讲的，秦汉以后到了明清都是封建社会，这指的是有中国特色的封建社会。不必去同西方（封建社会）作比，也没有办法同马克思的真正的原义相比。马克思的原义，我们可以从《马克思恩格斯全集》中找到一些，但是后来相关论述又有所变化。大概任何学说，我觉得原教旨主义都不可靠。像社会主义，我们是有中国特色的社会主义。我们今天讲封建主义也是有中国特色的封建主义。我想它最大的特色，一个就是宗法，或者说血缘关系，一直到明清都没有断了血缘关系。马克思的封建主义好像就没有强调这个。再一个是专制。专制，马克思是提过西方的情形，似乎不是像中国的那么明显，那么强调。在西方，教会，无论是罗马教、天主教还是新教，它们的力量很突出。中国更多强调的是社会、伦理、道德这方面的问题。我们是很注重这个东西的。你说这个人是"封建"、是"老封建"，特别是指男女关系上的，也体现在穿着上。中国历史上"贞妇""节烈""牌坊"等，这些在西方恐怕就不是很普遍。马克思有无提到过，我不知道。但是这个东西也很重要。我们研究问题，比如经济，不能就经济谈经济。封建本来是一个社会形态，必须要从社会学方面，从民俗、伦理等各方面来看待。如此看来，我们现在所用的封建主义就跟标准的"封建主义"有很大的不同，尽管实际上还没有一个标准。这样，我觉得也并不错。因为我们写历史就是要根据中国的情况，详细地写中国社会的特点，有中国特色的东西。你叫它"封建主义"也可以，你叫它别的也可以。我倒是同意陈支平提出的，"约定成俗"罢了，大家认为从秦汉到明清是封建社会，那你就叫它封建社会，这个无所谓的。不过，我们的封建社会，是指中国的封建社会，中国特色的封建社会。你不叫它也可以。我学秦汉史是跟钱穆先生学的，他讲秦汉史的时候，注重文化。他讲先秦是诸子百家异彩纷呈的时代，根本就没提过"封建"两个字，也没提"封建主义"。我学清史，那老师更老了，是同孟森先生学的。他就根本没提过"封建"两个字。但是他讲董小宛，讲得头头是道。他讲的更多的是血缘、宗法关系，更多的是社会习俗的东西。孟老先生倒是社会学家，但是他没有讲过"封建"两个字。所以用什么名词，我看都是无所谓的，大家都用了就用了。所以，有学者说我用的"封建"及"封建社会"概念一定是标准的马克思主义，这也不一定。什么是标准的马克思主义，这是一个需要继续讨论的问题。

编者附记： 本文是吴老 2007 年 11 月在中国社会科学院的"封建译名与马列主义封建观"学术研讨会上的发言，本刊根据发言录音稿整理，并经吴老校阅、同意，在此发表。

（原载《史学月刊》2008 年第 3 期）

谈封建主义二题

一　古代封建主义

1980 年起，我在几次座谈讲话中提出要清算封建主义对我国经济发展的影响。我说，建国以来，我们许多文章是"把一切坏事都归之于帝国主义，而一切中国的东西好像都是要得的。乃至像清王朝的闭关禁海政策，也说成是自卫；义和团运动包含不少封建因素，也一律加以赞扬"。我还说，帝国主义势力是外来的，打倒它，它就倒了。封建主义是土生土长的，不是一场革命运动就能打倒的。[①] 这些话是对刚刚结束的"文革"的感慨，那场"文革"几乎导致封建王朝复辟。

那是八九年前的事。今天我重谈此题，却是另一种感慨。近年来西学吃香，帝国主义也被一分为二了；另方面，好像又把一切坏事都归之于封建主义。我认为这是不公平的，也是非历史的。像求神问卜，殷商为盛，孔子反对而未反对掉。官工官商的低效率、高冗员，根子在于软财政，英美亦然，何独封建？"官倒"恐怕还是新事物，因为封建官僚没有物资权，不能批条子。还有一种"泛封建论"，即凡是封建社会的一切事物都是封建的，至少是封建性的。这样，一切民族传统都变成封建的了，一无是处。这样看历史，中国的现代化道路就只有全盘西化了。

---

① 见拙作《关于研究中国近代经济史的意见》，《晋阳学刊》1982 年第 2 期。

什么是封建主义，还没有个完整的定义。有人列了一张表，举出三大类、十四条、二十多个细目，还只限于西欧领主制经济。① 不过，真正从经济上解释封建主义（而不是只把它作为裂土分封的政治制度），还是始于马克思。马克思所讲也是基于西欧模式，但他提出"封建的生产方式"这一完整的经济概念。② 又传统西方史学盛誉希腊罗马，而把封建的欧洲描绘成"黑暗的中世纪"，像是人类历史上堕落的一章。马克思则认为封建主义是比古代奴隶制先进得多的生产方式，又是更先进的资本主义的摇篮。因此，马克思的理论是"最彻底、最完整、最周密、内容最丰富的发展论"。③

不过，马克思的封建观恐怕要用中国历史来补充才易为人了解。在现代西方史学家眼中，中世纪已不是一片黑暗了，但比之同时代中国封建文明的辉煌成就仍黯然失色。近三千年的中国封建经济史是一部不断发展和进步的历史，其间有严重的曲折，以至人口丧失1/3，但即使在这种时候也有它发展和进步的东西。我的这种发展观已有一篇长文，即《中国大百科全书·经济学卷》的"中国经济史"条（中国大百科全书出版社，1988），兹不赘。这里仅补充三个问题。

一、封建社会有没有一个从"顶峰"走向"衰落"的阶段？西方史学有此论，但指的是十三四世纪领主庄园的衰落，结果是租佃制代替农奴制。在中国，这个过程在公元前就完成了，它是封建经济的一大进步。中国也流行过顶峰—衰落论，顶峰在盛唐，衰落始于宋。也有人认为顶峰在宋，因那时中国的农业、手工业和科学技术都居于世界先列。那么，明清就是末世了。近年来对明史尤其是清史的缜密研究，似乎又推翻此说，清代经济确有颇大发展。这里面有个比较标准问题，经济盛衰用什么标准来衡量？我认为有两个基本标准：一是社会生产力有无增长，二是生产的商品化、社会化有无增进。④ 以这两个标准来

---

① Frederic L. Pryor, "Feudalism as an Economic System," *Journal of Comparative Economics*, No. 4. 1980, pp. 58 – 59.

② 马克思不仅从经济上分析封建主义，而且从"人的依赖关系"即社会形态上来分析它，见《马克思恩格斯全集》第46卷上册，人民出版社，1979，第104页。

③ 列宁语，见《列宁选集》第3卷，人民出版社，1972，第243页。

④ 恩格斯在论广义政治经济学中，把生产和交换作为经济发展曲线的"横座标"和"纵座标"，也就是两个标准。在人类早期，交换甚至比生产更重要。见吴承明《试论交换经济史》，收入全集第4卷第93~108页。——编者

衡量，即从经济史的角度看而不是从某种权利的兴衰看，中国封建经济的发展没有一个从顶峰到衰落的阶段。其故何在？这就涉及第二个问题。

二、封建社会有无自行发展的内部能动因素？西方学者论领主庄园的衰落时，常归之于十字军东征、黑死病、银资源枯竭、两个世纪的气候变冷等外部因素。但也有人指出根本原因在于封建主义没有内部的动力，并因此引起学术界论争。[①] 我的看法是，就古典封建主义而论，由于领主割据，孤立的庄园资源有限，加以制度僵化，确实很少内部动力。但如某些史学家把14世纪农业技术的改革作为英、法王权兴起的内部因素，则不无道理。中国较早地废除领主割据，较早地由农奴制转入租佃制，较早地实行土地自由买卖，生产力有较大发展，我曾称之为一种"发达的封建主义社会"。在这个社会中，制度不是那么僵化，也有少量的社会积累，应当说是有能够自行发展的内部因素的。如水利、水田的利用，耕作的集约化和复种制，肥料的开发和其他农艺学的进步，都是能动因素在生产力上的表现；田制的公消私长，赋役的由丁入地，地租的定额化和永佃制，雇工的人身逐渐自由等，则是能动因素在生产关系上的表现。我国早就是个统一的大帝国，商业和文化交往、技术传播有广大空间。总之，它是一个在一定范围内和一定程度上能够自我调节的系统。那么，怎样看待封建社会的内部诸因素呢？

三、封建社会也和任何社会系统一样，有它本质的东西，非本质的东西，还有异质的东西。本质的东西不在于量，而在于它特殊的质。我倾向于只把与封建土地所有制有关的、由这种土地所有或占有产生的和衍生的权力、利益、义务看作封建本质的东西，它们决定这个社会的性质。大量存在的是非本质的东西，如自耕农、个体手工业和运输、服务业，它们从属于封建经济，但也可从属于他种经济，它们不决定社会性质。还有大量的中性的东西，从生产技术到语言文字，它们构成民族传统，但不就是封建传统，不能因为反封建而一律反掉。我曾请教过几位农学家，他们认为中国"传统农业"的基本点就在于精耕细作，以致亩产量始终居于世界前列。这种传统也不是由于封建制度，而是由于人口和人民的智慧造成的。可是，居然也

---

① 最近一次论争的文献汇集在 1987 年出版的 Rodney Hilton, *The Transition from Feudalism to Capitalism* (New York) 中。

有经济史学家把它看成是历史的错误，好像不如西方的"谷草式"或三圃制。①

值得注意的是异质的东西，它们往往是与本质的东西相对立的。按照辩证法或系统论的原理，一个系统中如不含有异质的东西，它就不能进化。例如商业资本和高利贷资本，在奴隶社会（或更早）就有了，但它们自始就是用货币滋生货币的资本形式，它们是封建主义异质的东西，直到资本主义社会，才找到它们自己的本质的归宿。② 马克思说："资本在历史上到处是以货币形式，作为货币财产，作为商业资本和高利贷资本，与地产相对立"；封建制度就是以"货币权力"战胜"地产权力"而告终。③ 不过这是指西欧。在中国，这种对立并不尖锐，虽曾"抑商"，但主要是共处，到明清，且出现地主、商人、高利贷者的"三位一体"。类似的异质的东西还有自由雇佣劳动。中国封建主义靠容纳和吸收异质的东西延长自己的寿命，因而就有了"近代封建主义"。

二 近代封建主义

也是在八年前，我曾提出"近代封建主义"这一概念；当时也是口头文学，不想也有好心人笔之于文。④ 当时我只是说，近代中国的地主制经济因为吸收商品经济，以至外国的或买办的商品经济，进行了自我调节，成为一种能够与资本主义长期共存的近代封建主义；如果不是革命和土改，它还会继续存在下去。而环顾第三世界，这种现象并不罕见。当时我讲话的重点，是放在封建主义存在的条件上。因为 20 世纪 30 年代的农村社会性质论战，即是因为有人否定农村还有封建主义，"土地所有形态已被资本制屈服了"。直到土改前夕，仍有"江南无封建论"。而在 70 年代，国外出版的颇

---

① 我不是指西方学者如 Marc Bloch，而是指 20 世纪 80 年代在中国发表的至少两篇论文。

② 这也就是马克思所说，简单范畴，如货币，虽早已存在，但它"充分深入而广泛的发展"，尚有待于后来"复杂的社会形式"。我认为这就是本质的意义。《马克思恩格斯选集》第 2 卷，人民出版社，1972，第 105～106 页。

③ 马克思：《资本论》第 1 卷，人民出版社，1975，第 167 页及注。

④ 《南开经济研究所季刊》1983 年第 1 期的专记；日本《近まに在りこ》1984 年第 6 号奥村哲的评介。

有名气的论中国农村的经济史著作中，又重新论证"（地主）土地所有制不起作用"。今天我重谈此事，不免就这种封建主义本身补充几句。

近代封建主义的性质，在 20 世纪 30 年代的论战中已有结论。最有代表性的是薛暮桥的文章："就整个国民经济而论，中国底农业生产一般已经隶属于整个资本主义体系……如就农业内部而论，并就农业生产方式本身而论，资本主义的生产方式虽已相当发展，可是半封建的零星经营还占优势。"① 这里"半封建"，按薛文原意，主要指农业生产受商业资本支配而言，和列宁所说的"半封建"不同。② 我在 1982 年的讲话中也说："近代封建主义也可叫作半封建主义，是中国封建主义的一个新阶段。"

封建主义延续到近代，是中国的不幸，它对中国经济的发展和近代化起着严重的阻碍作用。不过，从历史上看，从古代封建主义变为近代封建主义，是个进步呢，还是更坏了呢？更坏论者主要是从它"同买办资本和高利贷资本的剥削结合在一起"来看的，这是根据斯大林的论点"帝国主义到处致力于保持资本主义前期的一切剥削形式（特别是在乡村），并使之永久化"而来。③ 斯大林的这个论点近年来颇受怀疑，这且不论。问题是，中国农村的封建主义并未能永久化，它变成半封建了。对这种变化如何评价？

生产状况如何，始终是我们评价历史的出发点之一。大约在 20 世纪 60 年代以前，国内对近代农业的评价大都是衰退论。70 年代以来，以农技史研究为先导，渐有了不同看法。我最近集中一段时间，对中国近代农业生产力作了一些考察，④ 结论是近代农业生产力是有一定的发展的，生产方法也有所变化。农业生产力的发展自然不能归功于半封建，因为在古封建时我国农业生产力曾有更大的发展。不过，近代农业生产上的人口与土地关系，亦即边际生产率问题，与古代颇不相同，我考察的重点亦在此。在解决这个问题上，近代封建主义由于吸收商品市场经济，较古封建似是略胜一筹。

---

① 薛暮桥：《介绍并批评王宜昌先生关于中国农村经济底论著》，《中国农村》第 1 卷第 8 期，1935 年 5 月。

② 列宁所说"半封建"是指农奴制解体后的封建，无关近代。可是马札亚尔却说"列宁关于半封建的定义可以全部的和充分的应用到中国租佃关系上去"（《中国经济大纲》中译本，新生命书局，1933，第 13 页）。

③ 《毛泽东选集》，人民出版社 1966 年横排本，第 592~593 页。

④ 见吴承明《中国近代农业生产力的考察》，《中国经济史研究》1989 年第 2 期。

自然经济的解体和农产品的商品化，是近代农村一大变化。过去，大都把它看成是帝国主义的"破坏"和"掠夺"。近年来看法也有改变，因为自然经济的解体和农产品的商品化是任何国家走向近代化不可避免的现象，如有破坏，也许是熊彼特所说的"创新中的破坏"；而这种现象又几乎是半封建的同义语，它本身就是半自给半商品的经济。

地主阶级内部的变化，不大为人注意。到20世纪30年代，全国农村中大约有一半是新地主，谭仪父说四川70%是新地主，沿海省份更多些。新地主的特点是，他们既非绅衿，更非世族，而大都另有职业。过去强调了他们军阀、官僚的身份。实则军阀有限，军人（包括兵）地主只是清末和20年代编遣中一时较多。大部分新地主都是商人，以及各种企业的老板。广东慈溪191家地主中有138家是现在国内外经商的。此例太突出，不足为训，但无异给半封建添一注解。

还有经营地主、富农、农业公司等，都是近代的产物。回忆我们编写《中国资本主义发展史》第一卷即鸦片战争前的资本主义萌芽时，在几百件农村雇工的材料中仅肯定了11件属资本主义性质。到编写第三卷（20世纪二三十年代）时，经营地主、富农、农业公司已形成一种经济成分，甚至可以匡计它们在农业生产中的比重了。不过，长期以来人们不承认它们是资本主义，而是半封建。就说半封建吧，也是一种具有积极意义的新封建。

谈到此，我就想提一下近年来甚为流行的二元结构理论。近代封建主义不同于古代封建主义，就因为在它旁边已矗立起一个新兴的资本主义。发展中国家，有城市的现代化工业和农村传统农业的对立，形成二元结构，这是历史的事实。但是，按照刘易斯模式，传统农业部门是一个完全消极的、无所作为的、边际生产率等于零的、只是为现代化工业承担"劳动无限供给"的经济。这不仅与我国传统农业的概念不符，也与我上面所说的近代封建主义的概念不同。这种理论只提城市现代工业是资本主义，不提农村的封建主义。不过，无论是刘易斯的还是费·拉尼斯修正的模式，都把传统农业看成是自给经济，忽略商业资本和工农业产品交换的作用，这也与中国近代农业径庭。① 我

---

① 还有一些具体问题，如城市失业人口、实际工资水平上升等，都与刘易斯的理论不符，我不多置论。

们研究经济史是从历史的现实出发，还是从一种理论模式出发呢？

我这次谈封建主义二事，未免会引起"美化封建主义"的批评。实际上，我只是说，我国的传统经济，甚至在封建和半封建经济内部，都有它能动的因素。这一方面是说，封建主义只有经过土地所有制的改造（土改），才能停止其发展；另方面，在中国近代化的道路上，无论何时，都有可能利用传统经济内部的能动因素。我曾有文章着重论述中国近代化过程中的"内因"问题，这里就不谈了。①

（原载《中国经济史研究》1989 年第 4 期）

---

① 见吴承明《中国近代经济史若干问题的思考》《早期中国近代化过程中的内部和外部因素》，收入全集第 4 卷第 465～476、259～267 页。——编者

论男耕女织

一　耕犁和纺车

男耕女织是一种自然分工，即在生理基础上的分工。附属于采集经济的原始农业本来是妇女的事，男子只是森林的主人，从事狩猎和打仗。[①] 野蛮时代中级阶段，随着社会第一次大分工，原始的锄耕农业发展为传统的犁耕农业，同时也有了纺织。从此，农业转入男子之手，开始了男耕女织。[②] 这种转变，也引起了原始社会由母权制向父权制过渡。

传统生产工具中最重要的两种，就是男人的犁和女人的纺车。犁的进化史就是古代农业史。纺车史就是工业史。[③]

犁的威力在于它是铁制农具。[④] 还在于最初是人力犁，但很快就使用大牲畜作牵引力。男人的威力也从此而来。犁耕的发展，使粮食成为人民的主食，使人们由游牧变成定居，使吸收新劳动力成为有利的事情，俘虏不再被杀掉，变成奴隶。

---

① 李根蟠说原始农业在锄耕以前还有个刀耕火种的阶段，所谓生荒耕作制，那也许是由森林的主人去干的吧。

② 社会大分工引起自然分工的改变，这是不可思议的。看下文自明。

③ 西欧封建后期变成了磨。磨生产一切财富，故至今纺织厂仍称棉磨（cotton mill）。

④ 中国用铁较晚，中国犁由耜发展而来，始为木制、石制、骨制，战国出现铁铧犁（殷涤非说是春秋中期）。原始农业进入犁耕，应从铁铧犁开始。

汉代犁已在铧上装有犁壁。[①] 这是一大发明。有犁壁才有按一定方位翻转土垡和作垄，并将杂草埋下作肥，兼有杀虫作用。汉犁木质部分，除犁辕、犁梢、犁床、犁横外，并有能调节耕地深浅的犁箭，犁已基本定型。

唐代犁的改进，一是长辕改为曲辕，并装上可转动的犁盘，这就由二牛抬杠变成套索驾辕，并能灵活转变。二是增加了压镵、策额、犁评、犁建等部件，使犁稳定，并便于调节耕地宽窄和深浅。

宋代犁的改进在于多样化。南方水田用镵，旱田用铧，草莽地用犁镵，芦苇蒿莱地用犁刀，海埂地用耧锄，好像一部拖拉机，装上了不同的作业工具。

可惜的是，明清两代，犁没什么改进。唯一见于记载的是创造人力犁，即木牛。[②] 在人口超过一亿的情况下，这种复古不失为一策。

再说纺织。中国是丝的祖国，但近年出土新石器时代的麻布，[③] 麻可能早于丝。丝终究是贵族服用，所谓垂衣裳而治。[④] 又长期是征课的对象，农民织帛，主要是为了纳税；[⑤] 明代以后，又转为商品生产。所以，就男耕女织的意义来说，重要的是麻和后来的棉。麻有葛、大麻、苎麻三大类，苎麻又有多种。《诗经》提到麻的有几十处，雌雄粗细，各有专门名称，[⑥] 足见其与人民生活关系之深，今天我们有了棉，对麻反而忘却了。

仰韶文化，已见纺轮，即所谓纺砖。由于麻是长纤维，一块纺砖已够原

---

① 欧洲犁到 11 世纪才见犁壁记载。

② 明成化间，陕西造木牛，二三人驾驶，日耕三四亩，见谈迁《枣林杂俎》。弘治间，四川富顺县造木牛，以便耕敛，见同治《富顺县志》卷八。嘉靖间，湖北郧阳县用人耕农具，见同治《郧阳县志》。

③ 1972 年，江苏吴县草鞋山新石器时代遗存中出土三块葛布残片；其他出土有商代大麻布残片。

④ 见《易·系辞》。直到明末，仍然是"贵者垂衣裳"，"贱者裋褐枲裳"，见《天工开物·乃服》。用的是大麻雄株。

⑤ 北魏以来的均田法都分给每丁桑田二十亩。唐制每丁课绢二丈，丝绵三两。两税法废布缕之征，但实际仍有科敛。元代王祯《农书》咏缫车仍有"岂知县吏已催科，不时揭去无余纮。迫索仍忧宿负多，车乎车乎将奈何！"

⑥ 大麻雄株叫枲，雌株叫苴，雄柔雌硬。葛之细的叫绤，粗的叫绤，成布叫纻。一年生的草麻叫苘，多年生的叫葛。又粗麻片叫檾，用来做绳索、牛衣。

始的"手经指挂"的织布法需要。① 西汉已有单锭手摇纺车，用绳轮传动，可同时加捻、并股，与近代纺车基本相同。② 它是麻纺车，因为丝是以缫车代纺，不用纺锭的。

纺车的进化，一是由于手摇改为脚踏，使纺纱女可以双手理麻。一是加多锭子，古人叫繀，③ 是绕在一个长圆棒上。东晋顾恺之的一幅画上已有三锭脚踏纺车。元王祯的《农书》上画有五锭脚踏纺车，一天可纺麻二斤。他还画了个三十二锭的大纺车，昼夜可纺麻一百斤。这种大纺车的锭是平列车底，用皮弦带动；有左右飞轮，用人、畜、水力作动力。实际已是一部机器，与近代纺机构造原理基本一致。可谓麻纺的高峰。

王祯也讲到棉纺。他说："木棉纺车，其制比麻苎纺车颇小。"这是因为棉纤维短，接条多，费工时，必须降低行车速度。但是，他所画的棉纺车，仍然远大于近代纺车，并且是三锭、脚踏式。

照徐光启说，明代纺车又有进步，可以"容四繀""容五繀"。④ 但是，明末宋应星《天工开物》所画的棉纺车，又回单锭手摇去了。这就是我们通常所见的纺车。我们有同志调查过江南织布之家，她们和她们的祖母都未见过三锭纺车。松江出名的"金泽锭子谢家车"，也是单锭手摇车。谢家从事此业已有百年。抗战时，根据地搞大生产，也是单锭手摇纺车。

这是什么缘故呢？我想：

（1）改进棉纺技术，是黄道婆从黎族姐妹介绍来的。据说黎族有直径60厘米的大纺车和直径30～40厘米的小纺车。即使其大纺车，也比王祯画的小得多。黄道婆1295年回到松江，在1313年成书的王祯《农书》，恐怕还不知道，书中也未提起。

（2）王祯的时代，棉纺尚未发展，他书中所画，只是把当时的麻纺车作为棉纺车，改五锭为三锭而已，他画的棉纺车，不是用绳轮传动，而是将三锭拴在架上，置于纺轮的顶端，靠摩擦带动。这样，锭子是摇摆的，纺麻

---

① 《淮南子》："伯余（黄帝之臣）之初作衣也，緂麻索缕，手经指挂。"好像黄帝也是穿棉布，虽然他的妃子是丝之神。纺砖，初为陶制、石制，后改木制，有柄。
② 山东临沂银雀山出土西汉帛画和汉画像石有纺车图像。纺车效率比纺砖大20倍。
③ 始见于扬雄著《方言》，称繀车，应指麻纺车。
④ 徐光启：《农政全书》卷三五《木棉》。

可以，用以纺短纤维的棉，恐怕是行不通的。

（3）徐光启的"四缫""五缫"，恐怕是把麻纺误为棉纺了。

（4）宋应星的记载，看来比较实事求是。他画的单锭手摇车，正是民间通行式样。他又说："凡纺工能者，一手握三管纺于锭上"，但是，"捷则不坚"。巧手可以纺三管，但不坚，常断头，棉纱又不像丝可以搭头，须要打结，这是纺纱女工最头痛的事，所以不能推广。

明清两代，棉已逐步取代丝麻，成为男耕女织的基本要素。但是，从生产工具来说，几乎还是汉代的水平。这是值得发人深省的。

二　麻的时代和棉的时代

原始社会末期出现第二次社会大分工，手工业从农业中分离出去。但纺织直到封建社会末期还没有分离出去。这是因为：（一）它与人民生活关系太密切了，衣食如父母，难以分离。（二）纺织是真正的轻工业，是"最少需要行会技巧、技艺训练的那种劳动"部门。[①] 在封建社会，已有许多种手艺人，以至皮匠、鞋匠、成衣匠，但没听说有独立的纺纱匠。（三）我想要强调的，至少就中国说，生产工具落后。

因此，男耕女织长期成为农业与家庭手工业结合的基础，成为自然经济的标志。

然而，长期以来，这种结合并不是一成不变的。在用麻的时代和后来用棉的时代，有所不同。

麻的御寒力远不如棉。在麻的时代，黄河流域的大部分人的衣着，还须部分地依靠羊、狗和野兽的皮毛。在人口不太多的情况下，衣裘并不困难。这样，穿衣就不完全是家庭副业生产，也不完全是女人的事了。

麻的种植范围并不太广，在古代不如桑。均田法在产麻的地区才以麻田代桑田。最适于服用的苎麻，主要产在南方。还有，棉一出现后，就"泛舟而鬻诸南"。[②] 麻则几乎是没有运输的。整株麻运输太不合算，剐了皮干

---

① 马克思：《政治经济学批判》，《马克思恩格斯全集》第46卷上册，人民出版社，1979，第515页。

② 徐光启：《农政全书》卷三五《木棉》。

了就不好沤制，沤制后"久而不析则亦烂。"[①] 文献中见麻布的流通，罕见麻的运销。因而，户户纺麻是不可能的。事实上，织棉布的农户最多时也只占全国总农户一半以下，麻的时代，织麻布的农户所占比重肯定要小得多。苎麻产区，如江西"宁都州俗无不绩麻之家"，但绩成纻后，"请织匠织成布"。[②] 这样的人家，也不是完全的家庭生产了。

麻是韧皮纤维，须先脱胶，才可析出。葛还可以在家中用煮法脱胶，[③] 大麻的苎麻则须在麻池浸沤。麻池相当大，水要清，生熟得宜，大都不是家庭置备的。所谓"东门之池，可以沤麻"，"东门之池，可以沤苎"。

到元代，纺麻也不全是家庭作业了。前面所说的大纺车，长二丈余，高五尺，结构复杂，昼夜开动。它是各家把麻都拿来，共同生产，然后"秤绩分纻"，[④] 一家的原料喂不饱它，只是不知这种大纺车是何人投资，怎样收费。

棉花的情况，大不相同。木棉来自东南亚，大约宋末已在海南岛和云南兄弟民族间种植，元代流行中国。到明代 15 世纪末，它遍布天下，"地无南北皆宜之，人无贫富皆赖之"。[⑤] 这话未免夸大，因有集中产区，而直隶、陕西等产区是清代才发展起来的。但运输甚便，几乎所有集中产区都有贸迁的记载。明代，轧花车（搅车）有很大改进，比之元代，一人可当三人，句容式车一人可当四人，太仓式车二人可当八人。[⑥] 这就更便于运输，普遍纺织，有了可能。

棉与麻比，优点自不必说，而其缺点是纤维短，只能用小纺车，单锭手摇为常。正因其限于简单工具，老妪稚女，均能操作；并且便宜，家家可以置备；设备有限，炕头檐下，随地皆宜；时作时息，任何空余时间都可利用。纺纱便真正成为家内妇女的事。当然，织布还须巧媳妇，布机也较大；有些人家是纺纱后拿到有布机的人家去织。

有人认为，中国农业与家庭手工业的密切结合，主要是封建社会后期的

---

① 宋应星：《天工开物》卷二。
② 吴其濬：《植物名实图考》卷一四。
③ 《诗》："葛之覃兮……是刈是濩。"濩即煮。
④ 王祯：《农书》卷二一。
⑤ 邱濬：《大学衍义补》卷二二。
⑥ 徐光启：《农政全书》卷三五《木棉》"玄扈先生曰"。

事，原因是封建剥削日益残酷，农业生产不足以维持生活，要靠家庭手工业来补充。我同意这种看法，中国封建社会晚期，具体说是明清以来，男耕女织的结合是加强了。但其原因，不能单从剥削关系上去找。

封建剥削主要是租赋，历代开国之初，大体都轻一些，中朝以后，日益加重。但各朝代之间，则很难比较。秦皇汉武、唐宗宋祖，很难说哪家好些，哪家更劣。以近代说，封建剥削的加重，主要是在鸦片战争以后，特别是太平天国失败以后，以迄民国和国民党政府，征敛都有加无已。[①] 这是和中国的殖民地化分不开的。但这段时期，一般说绝不是自然经济加强的时期，而是它的解体的时期，是农民家庭手工业受到破坏的时期。

封建剥削加强导致农业和手工业家庭紧密结合的理论，主要是根据江南手工纺织地区的情况。清代"苏、松、太浮赋，上溯之，则比元多三倍，比宋多七倍；旁证之……比他省多一二十倍不等"。[②] 这个地区，"约其土地无有一省之多，而计其赋税实当天下之半"。[③] 这些地方的农民，确实不能单靠农业生活，而是日纺夜织，以完租纳税。但是，这一带赋税特别重，只能说明统治者对经济作物区的苛取苛求，不能说重税是经济作物发展的原因。这些地方，到乾隆中期，据说棉田占到耕地的十之七八，[④] 农民怎能不家家纺织呢？家家纺织的结果，农民不是更穷了，比之他省，还是较富裕些，难道这也是重税所造成的吗？

剥削加重，使农民不得不以副养农，这个理论是成立的。这就是，封建剥削不仅占有劳动者的全部剩余劳动，有时还会侵占他们的部分必要劳动，劳动者必须牺牲休息和睡眠时间，从事额外的生产。这在历史上是常见的，苏松一带的农民也确实是日夜纺织。但是，它总是有一定的时间和范围的，在历史上，过分剥削的结果，最终会造成劳动力的流亡和夭折。用它来解释农业和家庭手工业结合这样一个贯穿整个自然经济时代的历史现象，则是不够的。

---

① 单从中央政府的开支看，鸦片战争前约 4700 万元，1894 年 12000 万元，1911 年 44700 万元，1925 年 63400 万元，1937 年 209100 万元。
② 同治二年（1863）曾国藩、李鸿章疏，见《清史稿》卷九六《食货二》。
③ 钱泳：《履园丛话》卷四。
④ 乾隆四十年（1775）高晋《奏请海疆禾棉兼种疏》，《皇清奏议》卷六一。

农业与家庭手工业的结合，是一个社会分工问题。生产力的发展造成社会分工。第一次社会大分工、第二次社会大分工以及商品经济的出现，推动了私有制、剥削和阶级压迫。但不能反过来，把私有制、剥削、压迫作为社会分工与否的原因。剥削、压迫以至上层建筑的政策、思想，都有其反作用。例如，国民党的反动措施，曾导致某些地方退回到以物易物。但是，用来解释男耕女织这一历史的经济现象，究竟是不够的。

三　东方和西方

马克思每在提到古代东方或印度与中国时，几乎总是讲到农业与家庭手工业的"统一""结合"或"互相补充"。[①] 这就造成一种印象，好像这种结合是东方经济特有的。

马克思在讲东方或亚洲的农业与家庭手工业结合时，并不是专门讲这个问题，而多半是结合东方的土地国有制、村社制度或专制制度来讲的，即所谓亚细亚生产方式的理论。[②] 这个理论本身，我们不去涉及。是否因土地国有制、村社制度或专制制度就会造成农业与家庭手工业的密切结合，似乎也并无充分理由。

男耕女织，是一种自然分工。凡是自然经济占优势的地方，都是存在的。"耕、牧、纺、织、缝等等，在其自然形式上就是社会职能，因为这是这样一个家庭的职能，这个家庭就象商品生产一样，有它本身的自然形成的分工。"[③] 马克思在讲古典古代，即古希腊、罗马时，也提到"作为妻女家庭副业的那种工业（纺和织）"。[④] 在讲到西方工场手工业的出现时，也说到"纱、麻布、粗毛织品（过去每个农民家庭都有这些东西的原料，并把这些东西纺织出来供自己消费）"。[⑤] 所以，耕与织的结合在西方也同样存在，不

---

① 马克思：《资本论》第 3 卷，第 373 页；《政治经济学批判》，《马克思恩格斯全集》第 46 卷上册，第 492、494、495 页。
② 有的地方是结合对中国的贸易讲的，如《英中条约》第一篇《对华贸易》，1858 年 10 月 8 日致恩格斯的信。
③ 马克思：《资本论》第 1 卷，第 95 页。
④ 马克思：《政治经济学批判》，《马克思恩格斯全集》第 46 卷上册，第 476 页。
⑤ 马克思：《资本论》第 1 卷，第 816 页。

过马克思没有特意去谈它而已。

但是，像任何经济现象一样，就"耕、牧、纺、织、缝"这些职能的具体状况说，在西方和东方，也是有所不同的。西欧的封建经济，受日耳曼人村社的影响很大，除保留份地制外，还有不少村社公有经济的残余。整个封建时代，人口增加较慢，土地相对宽裕，牧畜业比较发达，并有部分采集经济。每个领地都有公用的牧场、草地、林区以至渔场。三圃制的休耕地和收割后的敞地制，都是为了提供更多的公用地。争取公用地的斗争，在西方屡见，在中国则罕闻。

由于牧畜业发达，人们的食物和衣着的构成也与中国有所不同，耕织结合常反映为耕牧结合。耕仍然重要，粮食仍是主食，但比重不像中国那样大。由于领主有陋规权，常强迫农民在公用磨坊磨面料、榨葡萄，以至在公用炉坊烤面包（当然是要付费的），农民的主食也不是全靠家庭作业。衣着中，除麻外，羊毛织品和皮革占颇大比重。纺、织仍是家庭副业，但女农奴还要到领主的作坊内集体进行毛织品的制作。特别是精毛织品，技艺较繁，主要是在这种作坊中发展起来的。在制衣方面，早在古罗马，皮匠和染匠就属于九大行业，在中世纪，又有巡回裁缝和鞋匠，挨户到农民家中做活。[①]这在中国是很少见的。总之，在西方，在一个庄园或马尔克的乡区范围内，经济上是高度自给自足的，许多庄园之间甚至没有道路，互不往来。但是，就农民的生活说，似乎公共活动的内容较多，共同体内的分工较细，协作和劳动交换较多，而家庭本位不像中国那样紧密。又不仅经济方面，在社会生活上，基督教会起很大作用，而家长制不像中国那样严格。

自然经济本来不是以家庭为单位，家内经济生活多少，不决定自给自足的程度。相反，家庭以外的公共活动越多，如在原始公社或村社的残余比较多的民族，自给自足就更为充分，自然经济"在带有或多或少原始性的公社（不管是否掺杂着依附农制关系或奴隶制关系）的基础上，更是占优势"。[②] 从这一点说，中国封建社会产生较早，历史较长，发达的程度也比西方高，表现在个体家庭在经济上的独立性也比西方大，这是完全合乎规律

---

① 参见马克思《政治经济学批判》，《马克思恩格斯全集》第 46 卷上册，第 503～504 页；马克思《资本论》第 3 卷，第 1016 页。

② 马克思：《资本论》第 2 卷，第 538 页。

的。但并不是自然经济更为完整。事实上，中国封建商业和商业资本的发展，要比农奴制下的西方更为发达，西方只是在后来重商主义时期，商业才超过东方。

东西方之不同，还表现在地租形式上。中世纪西欧长时间是劳役地租，这是最原始的地租形式，反映最完整的自然经济。农民每周在领主的土地上劳动若干天，还要为领主从事运输、牧放、修建等劳役和在领主的作坊中服役。相对地农民在自己家庭和份地上的劳动时间就比较少了。13世纪以后，劳役地租逐渐转化为实物代役租，而较快地又转化为货币地租。中国则长时间内是实物地租（产品地租），一直延续到明清。实物地租完全是由农民的家庭生产的。并且，"它还要以农村家庭工业和农业相结合为前提；形成地租的剩余产品，是这个农工合一的家庭劳动的产品，而不管这个产品地租是象中世纪常见的情况那样，或多或少包括工业品在内，还是只以真正的土地产品来交纳"。① 事实上，西方的代役租中，工业品并不少，但并非以纺织品为主。中国的赋税（那无非是地租的转化形态），则粮食以外，就是帛、绵、麻布、麻，所谓有"布缕之征"；两税法以后，实际并未停止，直到棉布。"对这种（指实物地租——引者）形式来说农业经济和家庭工业的结合是必不可少的"。②

东西方在农业与家庭手工业结合方面是有差异的，不过，在整个封建社会，在自然经济占统治地位的时期，这种差异并没有什么重要意义，只是结合的程度不同，或大同小异而已。但是，到封建社会末期，在向资本主义生产方式过渡的时期，它就变得重要起来。中国封建生产方式的传统本来比较古老，而农业与家庭的手工业的结合，在进入用棉的时代，在生产工具没有什么改进的情况下，更为紧密了。这就更增加了封建经济结构的坚固性。

四　结论

在西欧，纺织业是较早出现资本主义萌芽的行业之一，而织呢业又是较

---

① 马克思：《资本论》第3卷，第896页。
② 马克思：《资本论》第3卷，第897页。

早和农业分离、脱离家庭生产的。西方的工业革命也是从纺织业开始，是有了 16 锭到 18 锭的珍妮纺机，后来加上蒸汽动力。中国的男耕女织这一紧密结合的传统却经久不息，直到 20 世纪 30 年代，农民还主要穿用自己织的布。然而，它毕竟还是被机制纱打破缺口。虽然主要是打破了纺，但到 30 年代，农家织布所用的纱，已有 70% 以上是在市场上买来洋纱（包括上海产的机纱）了。这已不是自然经济，而是半自然经济了。

这告诉我们：起决定作用的还是生产力。这正是我在本文一开始"耕犁和纺车"中所特予强调的。明清以来，我国纺车无由改进，也许是个历史的偶然，但它所造成的后果，却是历史的必然。

然而，任何一种历史性的经济现象，都有它复杂的、历史的原因，不是用单一的方式可以解释的。在"东方与西方"一节中所做的分析，也许不过是什一。但不管原因是否具备，男耕女织传统加强了我国封建经济结构的坚固性，则是不可否认的。

马克思说："资本主义以前的、民族的生产方式具有的内部的坚固性和结构，对于商业的解体作用造成了多大的障碍，这从英国人同印度和中国的通商上可以明显地看出来。在印度和中国，小农业和家庭工业的统一形成了生产方式的广阔基础……在印度……如果说他们的商业在那里对生产方式发生了革命的影响，那只是指他们通过他们的商品的低廉价格，消灭了纺织业，——工农业生产的这种统一的一个自古不可分割的部分……在中国，那就更缓慢了，因为在这里直接的政治权力没有给予帮助。因农业和手工制造业的直接结合而造成的巨大的节约和时间的节省，在这里对大工业产品进行了最顽强的抵抗……"①

这段话虽然常为人所引用，但我们对中国封建经济结构内部具有坚固性往往注意不够，在许多论述中，为了强调外国资本主义的侵略，把它写成不堪一击。事实上，直到 19 世纪 30 年代，英国的工业品没有一样能在中国畅销，在鸦片战争后的二三十年间，情况仍然没有很大的改变。进入 20 世纪，

---

① 马克思：《资本论》第 3 卷，第 372～373 页。这个理论早在 1853 年《不列颠在印度的统治》一文中就已提出。这里，我略去了有关村社的字句，因为这种"建立在土地公有制基础上的村社"，在 19 世纪的中国并不存在，这可能是马克思的一个误解。这种省略，并不影响引文的主要意义。

中国也从来没有成为帝国主义者当初所理想的四亿人口的大市场。对于中国封建经济结构的坚固性，无论是论述中国资本主义生产关系的萌芽问题，或论述自然经济的解体问题、国内市场问题、民族工业的发展问题，在整个中国资本主义发展史的几乎所有重要问题中，都不能忽视。农业与家庭手工业的紧密结合，它的最根本的原因在于生产力的落后，而这是不仅仅由外部的侵略力量就能根本改变的。它作为一种经济因素长时期地存在着，甚至对于我们社会主义经济还会发生某种影响。"四人帮"横行时期，就利用了这种影响，在农村和在城市居民的家庭生活中，都产生过某种返回封建的倾向。

（原载《中国社会经济史论丛》1981 年第 1 辑）

什么是自然经济？

旧中国社会分工不发达，自然经济占优势。解放后，自然经济的思想残余还不时在社会主义经济中反映出来，尤其表现为对商品生产的蔑视。"十年动乱"中，甚至要求机关、学校"三自给"，家家自己盖房子、做家具、腌咸菜，大有返回自然经济之势。

什么是自然经济？我们可以分几个或几层含义来探讨。

一　自给自足的农民家庭

自然经济的概念来自古希腊。古希腊哲学认为，凡是自然的，就是合理的，应予肯定。而经济，希腊语是"家庭管理"，是为了获取自然供给的东西，因而是合理的。所谓自然，按照亚里士多德的解释，是指合乎人类和事物的本性。而分工是由于人的天赋本性不同（如男与女），所以家庭管理（即经济）肯定分工（当然是指自然分工）。[①]

这样，一个家庭的自给自足，就成为自然经济的第一个内容——"当亚当耕地、夏娃织布的时候，谁是贵族呢？"[②]

---

① 见亚里士多德《政治论》，商务印书馆，1965，第15页。

② 系1831年泰勒起义中约翰·博尔的口号，但他是引自英国歌谣。

马克思在论述希腊人公社时，说这种公社存在的前提"是组成共同体的那些自由而给自足的农民之间保持平等"；"公社的继续存在，便是那作为自给自足的农民的全体公社成员的再生产"。日耳曼人是住在森林里，彼此距离很远，"每一个单位的家庭就是一个经济整体"；所以日耳曼人的公社中，"劳动的个人，即自给自足的公社成员"。[1]

但是，一个家庭的自给自足是有局限性的。在漫长的原始社会，人们是集体劳动，共同分配，当然不是家庭自给。在上述希腊人、日耳曼人的公社成员的自由平等的关系破坏，出现阶级后，有新的情况。剥削阶级，无论是奴隶主、封建领主或出租地主，他们的家庭都是靠别人养活，不是自给的。劳动者方面，奴隶的家庭，因为没有自己的经济，也不能自给自足了。在欧洲，农奴多是自有生产工具，如果他有足够的份地，可以成为"自给自足的农奴"，[2] 但是他同时还要供给别人。我国封建社会，农民家庭自给的情况更差些。

我国封建社会，直到明代，还常见"课僮仆以耕""僮奴千指"等记载，这些僮仆和后来的雇农，都是衣食主人、不能自给的。当然，占人数最多的是佃农，但他们在生产以至生活上也不是完全独立的。乾隆时有人说："盖北方佃户，居业主庄屋，其牛、犁、谷种间亦资养于业主。"[3] 在南方，也常是地主供种子，最独立的江南佃户，大工具（水车、船）也是地主供给。安徽南部的那些"种主田，葬主山，住主屋"的佃仆更不用说了。

自耕农，尤其是较富裕户，可能是家庭自给的。但有些不过是假象。清人张英说："居乡则可以课耕数亩，其租倍入，可以供八口。鸡豚蓄之于栅，蔬菜蓄之于圃，鱼虾蓄之于泽，薪炭取之于山。可以经旬累月，不用数钱。"[4] 这好像是家庭自给。但细究之，"数亩"不能食八口，他主要是靠"租倍入"，按对半分成计，至少是四个"数亩"，即至少有四户佃农来供给。还有养猪、种圃、捕鱼、打柴，恐怕也要依赖别人。

---

① 马克思：《政治经济学批判》，《马克思恩格斯全集》第 46 卷（上），人民出版社，1979，第 476、481、477 页。
② 马克思：《资本论》第 3 卷，人民出版社，1975，第 890 页。
③ 清档，朱批奏折，财政类，乾隆四年八月初六日两江总督那苏图奏。
④ 见张英《恒产琐言》，《皇朝经世文编》卷三六。

二　为自己和为剥削者的直接消费而生产

在阶级社会，自然经济作为一个社会经济范畴，不能从单个家庭来解释，必须包括剥削者和劳动者两个方面。

恩格斯说："生产或者是为了生产者本身的直接消费，或者是为了他的封建领主的直接消费。只有在生产的东西除了满足这些消费以外还有剩余的时候，这种剩余才拿去出卖和进行交换。"①毛泽东指出："自给自足的自然经济占主要地位。农民不但生产自己需要的大部分手工业品。地主和贵族对于从农民剥削来的地租，也主要地是自己享用，而不是用于交换。"②

这可作为自然经济的第二个含义，即劳动者为自己和为剥削者的直接消费而生产的经济。在这种经济中，劳动者是直接生产者，他们的劳动也是直接的社会劳动，或自然形式的社会劳动（即不需通过交换即为社会所承认的劳动）。为剥削者而生产的部分，或者是劳动的自然形式，即劳役地租；或者是产品的自然形态，即实物地租。马克思指出，这两种地租形式，都是以自然经济为前提的。到货币地租发展起来，"虽然直接生产者仍然要继续亲自生产至少是他的生活资料的绝大部分，但是现在他的一部分产品必须转化为商品，当作商品来生产"。③同时，剥削阶级的生活，已全部是商品经济了。自然经济遭到破坏。

自然经济的这个含义，是从生产的性质上说的，但主要是指生活资料的生产，还不是全部生产活动。因而，又有第三个含义。

三　自我完成再生产的经济单位

马克思指出："……自然经济，也就是说，经济条件的全部或绝大部

---

① 恩格斯：《社会主义从空想到科学的发展》，《马克思恩格斯选集》第3卷，人民出版社，1972，第441页。

② 毛泽东：《中国革命和中国共产党》，《毛泽东选集》第2卷，人民出版社1966年横排本，第586～587页。

③ 马克思：《资本论》第3卷，第898页。

分，还是在本经济单位中生产的，并直接从本经济单位的总产品中得到补偿和再生产。此外，它还要以农村家庭工业和农业相结合为前提。"① 这段话可称为自然经济的政治经济学的解释。因为，商品生产是"以流通为媒介的再生产"，这正是它区别于自然经济的地方。自然经济是自我完成再生产，所需生产资料基本上是由本经济单位的总产品中提供。这个"本经济单位"又是什么呢？

列宁说："在自然经济下，社会是由许多单一的经济单位（家长制的农民家庭、原始村社、封建领地）组成的，每个这样的单位从事各种经济工作，从采掘各种原料开始，直到最后把这些原料制造成消费品。"② 列宁的话补充了马克思的论点。这里的"家长制的农民家庭"（《全集》本译作"宗法制的农民家庭"）是指从氏族公社向奴隶制过渡中的父权制大家庭。按照我国独龙族、基诺族遗存的情况，一个这样的大家庭包括几十个以至百多个夫妻家庭和为数不多的奴隶，那是可以成为一个自我再生产的经济单位了。

西欧的封建领地，确是典型的自然经济。它除了农田外，还都有大量的公用牧场、草地、森林以至渔场。牧畜业比较发达，木材自给，有的领地甚至向农奴征收盐或铁。农民的代役租，除布、家具、蜂蜜、酒、禽蛋、蔬果外，还有农具、工具、建筑材料等。领地内部的劳动交换和协作也比较发达。法国 Cobie 寺院庄园有 6 个铁匠、3 个铸工、1 个旋工，以及武器匠、首饰匠、漂泥匠、羊皮纸匠。至于木匠、泥瓦匠、马车匠、皮匠、鞋匠、面包师、酿酒人等更是每个庄园都有的。真是从采掘原料到制成消费品，都在本经济单位完成。不仅如此，像庄园里的医生、兽医、占卜星相家和牧师，也应算入自然经济，因为他们也是再生产过程中不可少的。

在中国地主制经济中，这种"单一的经济单位"是什么呢？我以为，应当是大体相当于过去采邑的一个乡里或邑县，包括这一地区的地主、农民、各种工匠、手艺人，还有小商人。否则很难做到从生产资料到消费资料的基本自给。一家一户，包括手艺人户，是一个生产单位，但不是一个经济

---

① 马克思：《资本论》第 3 卷，第 896 页。
② 列宁：《俄国资本主义的发展》，《列宁选集》第 1 卷，人民出版社，1972，第 161 页。

单位；他们联合起来，才成为一个经济单位。每户生产的农产品不尽相同，例如有的粗粮多，有的细粮多，有的不种烟叶，有的缺棉花或豆子。副业差异更大，"西乡女工，大概织棉绸素绢，绩苎麻黄草以成布匹；东乡女工，或杂农桑，或治纺织；若吾乡女工，则以纺织木棉与养蚕作绵为主"。① 他们是靠在地方小市场上进行品种调剂、余缺调剂，互相取得原料或成品完成再生产的。这是和西欧庄园经济不同之处。这种调剂往往也经过商人，但它是使用价值的交换，乃至劳动的直接交换，应当属于自然经济的范畴。

这样，我们可以把自然经济的概念再引申一层，出现它第四个含义，或广义的含义。

四 使用价值的生产和交换

自然经济，本来是与商品经济相对立而言。因此，广义地说，凡是以使用价值为目的的生产，或者以获取使用价值为目的的交换，也属于自然经济的范畴。

从这个含义说，不仅包括农民家庭手工业，还包括独立的工场手工业。"家庭手工业劳动和工场手工业劳动，作为农业（它是基础）的副业，在古代和中世纪的欧洲……就是这种自然经济赖以建立的生产方式的条件。"②

引申这个含义，我想，不仅是作为副业的工场手工业，还可把某些城市手工业包括在内。我们说，欧洲中世纪是自然经济，这话包括当时的城市。因为"城市手工业在实质上虽然是以交换和创造交换价值为基础的，但在这里生产的直接的主要的目的，是保证手工业者、手工业师傅的生存，因而是使用价值，不是发财致富，不是作为交换价值的交换价值"。③

下面，我谈一下中国的情况来说明这个问题。

我国较早地废除了领主制割据，建立大统一的国家，商业一向比较发达，明清两代更有显著发展。发展到什么程度呢？据我估计，鸦片战争前夕，国内商品的流通额约为3.88亿两，其中粮食占42%，棉布占24.4%，

① 张履祥：《杨园先生全集》卷五〇《补农书》下，所论是浙江桐乡县。
② 马克思：《资本论》第3卷，第886页。
③ 马克思：《政治经济学批判》，《马克思恩格斯全集》第46卷（上），第516页。

盐占 15%，以下依次为茶、丝和丝织品、棉花等。[1]

粮食是最重要的商品，差不多所有其他商品都是直接或间接（通过租赋）和粮食相交换。粮食商品化的情况是观察自然经济的重要标志。[2]当时，在城乡、地区间流通的粮食约有 245 亿斤，占产量的 10.5%，除去没有交换的漕粮丁赋，商品率不过 9%。粮食从来不是作为商品生产的，无论农民或地主出卖余粮，都是为买而卖。直到解放前，基本上还是这样。[3]

布是第二位重要商品，商品量约 3.15 亿匹（每匹 3.633 平方码计）。这时已有几个商品土布集中产区，所产不过 4500 万匹。因此，85% 以上的商品布不是作为商品生产的，而是农家自用有余的布。不论这种布还是集中产区的布，都是为买而卖，为了使用价值。这时是农村织布户最多的时期，但在全国总农户中也只占一半弱（明代就更少了）。就是说，有一半的农户是用粮食和其他农产品向织布户换布穿的。这正是我国"男耕女织"或耕织结合的一种形式。明代以前，麻以及丝与耕的结合也是这样。这也可以看出"家庭自给自足"这一概念的狭隘性。在我国地主制经济中，没有领地或庄园这种共同体的形式，小农业与家庭手工业的结合很大部分是通过在市场（主要是地方小市场）上的余缺调剂，即使用价值的交换完成的。

占第三位的商品是盐。[4]盐、铁从来就是自然经济不可少的补充，盐铁贸易是自然经济的题中应有之义。盐民是小商品生产者，但他们是"只缘海角不生物，无可奈何来收卤"，[5]才变成可怜的小商品生产者的。挖铁的坑户、渔民、猎户等也是这样。我宁愿称之为靠山吃山、靠水吃水的自然经济。

占第四位的商品是茶。茶农也是小商品生产者。不过茶农是多半兼种粮

---

① 参见拙作《论清代前期我国国内市场》，《历史研究》1983 年第 1 期。

② 1820 年美国农业的商品率约为 25%，1890 年日本农业的商品率为 20% ~30%，都是属于自给性生产。1870 年美国农业的商品率超过 50%，开始商品性生产。

③ 据 20 世纪 30 年代一些调查，我国农业的商品率达 50% 左右，这是把农民之间的调剂和农村返销粮都计算在内，并有假象。我估计，粮食的商品率 20 世纪初不超过 20%，30 年代在 30% 左右。解放后，情况差不多。受"十年动乱"影响，商品率降低，1976 ~1977 年均为 25%，扣除返销粮只有 15% 左右。

④ 鸦片战争前铁的商品量约 20 万吨，在市场上占第 10 位左右。

⑤ 林正清：《小海盐场新志》。

食，即使不种粮食，也可归之于靠山吃山一类，通过使用价值的交换，聊以谋生。

商品经济是自然经济的对立物。但是，单纯使用价值的生产和交换——尽管也会造成市场繁荣——却又常成为自然经济的补充。而其结果是：地主制的封建经济利用它巩固了自己。我想，这也是我国封建社会长期延续的原因之一。

五　余论

我提出自然经济的"广义的"含义并"引申"这个含义，也许会变得无边无际。不过，我主要是从思想意识上说的。一方面，是鉴于在对我国经济史，尤其是近代史的研究中，有一种夸大商品经济的倾向，以至忽视其封建性。另方面，是鉴于在对我国社会主义经济的讨论中，有一种"自然经济论"的思想。这种理论认为：社会主义经济是为使用价值而生产，价值规律不起什么作用。

社会主义经济是要生产更多更好的使用价值。但它是高度社会分工的、最社会化的生产，这样，它就不能不生产价值（当然是以使用价值为物质承担者）。

首先批判自然经济论的是孙冶方同志。他在《社会主义经济论·提纲》中说，社会主义生产中，"既有商品价值，也有产品价值。理由是全民所有制经济（或共产主义）不是自然经济而是交换经济"。他还指出，在具体生产过程中，"价值反映社会生产关系，使用价值只反映技术定额"。社会主义生产的 c、v 和 m 都必须表现为价值，才能通过交换和核算，节约物化劳动 c 和活劳动 v，增加剩余产品 m，价值规律发生作用。

冶方同志还指出："'自然经济论'者心目中所说的劳动是指具体劳动"，在他们看来，"抽象劳动在社会主义社会只是一个生理学上的概念。这是典型的个体生产者的自然经济观"。而不承认抽象劳动也就是不承认劳动的可比性，节约劳动无从谈起，生产可以不计成本，按劳付酬也失掉科学根据了。

冶方同志还把一个时期生产中不注意技术改革、不注意设备更新、"吃

老本"等归之于自然经济思想。我们还可以说，一个时期生产和流通中的
"大库存"现象，经济结构中的"大而全""小而全"现象，也不外是自然
经济观的反映。这些都是历史上的自然经济这种或那种形式的存在人们思想
上的残余。因而，讨论什么是自然经济，把它的含义"引申"一下，恐怕
是有好处的。

（原载《经济研究》1983 年第 9 期）

我国手工棉纺织业为什么长期停留在家庭手工业阶段？

纺织业是较早产生资本主义生产关系的行业之一。17 世纪，英国毛织业中就出现了放纱的包买商；18 世纪后期，日本棉织业中也有了商人放机收布。我国自明代起，棉布即逐步取代麻、丝，成为人民最重要的衣被材料；清中叶，已有每年约 3 亿匹（按标准土布每匹 3.633 平方码计）商品布的市场，并出口国外。但是，它基本上停留在农民家庭手工业生产方式，20 世纪初，有了机制棉纱以后，才出现放纱收布和放机收布的包买商，1930 年以后才推广。

在封建社会，纺织业是关系国民经济最重要的手工业。手工棉纺织的上述情况，是明清以来我国资本主义生产发展迟缓的一个关键性问题，它使得整个资本主义萌芽黯然失色。耕织结合或"男耕妇织"又是我国自然经济的基础。近年来学术界讨论我国封建经济的长期延续，都把封建生产结构，即小农业和家庭手工业的牢固结合作为基本因素之一。因此，手工棉纺织业长期停留在家庭手工业阶段，也是近代中国经济落后的一个原因。

我国手工棉纺织工业的这种情况，是多种社会条件造成的。本着生产力决定生产关系这一原则，本文打算从手工棉纺织本身，即其生产结构和生产效率上作若干探讨。

一 以布（或纱）易棉

我国手工棉纺织中，早有以布（或纱）易棉事，兹举六例。

（1）明中叶，华亭："里媪晨抱纱入市，易木棉以归；明旦复抱纱以出，无顷刻闲。"①

（2）明后期，嘉善："地产木棉花甚少……商贾从旁郡贩棉花列肆吾土，小民以纺织所成或纱或布，侵晨入市，易棉花以归。仍治而纺织之，明旦复持以易。"②

（3）乾隆，平湖："妇女燃脂夜作，成纱线及布，侵晨入市，易棉花以归。"③

（4）乾隆，无锡："吾邑不种草棉，而棉布之利独盛"，"布有三等：一以三丈为匹曰长头，一以二丈为匹曰短头，皆以换花。一以二丈四尺为匹曰放长，则以易米及钱。坐贾收之。"④

（5）乾隆，无锡："余族人名焜者……以数百金开棉花庄换布……邻居有女子……常以布来换棉花。"⑤

（6）嘉庆，乌程："去南浔〔镇〕之东百里而遥……宜木棉……市（指南浔）之贾俟新棉出，以钱贸于东之人，委积肆中，高下若霜雪。即有抱布者踵门，较其中幅，以时估之，棉与布交易而退。"⑥

上六例皆在江、浙布产区，但嘉善"产木棉花甚少"，无锡"不种草棉"，平湖是用邻省太仓州棉花，南浔是用"东百里而遥"的棉花。这些地方纺织发达，而且都是商人从外地运棉来，故流行布棉交换。唯有例（1）华亭，属松江府，松江是产棉区。此则是明中叶记事，约出正德《华亭志》，后五府地方志都照录，今人广引以为清代史料。我们所见清代松江记

---

① 《古今图书集成·职方典》卷六九六《松江风俗考》。
② 乾隆《浙江通志》卷一○二，据明万历《嘉善县志》引《涌幢小品》，按：今《涌幢小品》无此文。
③ 乾隆《平湖县志》卷一。
④ 黄卬：《锡金识小录》卷一。
⑤ 钱泳：《履园丛话》卷二三。
⑥ 施国祁：《吉贝居暇唱自序》，载周庆云《南浔志》卷三二。

载，皆属"售布于秋"，"其贱如泥"，以及牙行、商人杀庄，桠派低钱、使用小钱等货币交易。这时，江南而外，华北、湖北已有十来个商品布产区，大都在产棉区，尚未得以布易棉记载。若贵州安顺府，商人"暗将黄色烂花熏成白色诓哄"，"妇女以纺纱易之，折耗最多"；① 显然亦是在非产棉地，此类情况不多。至于数量巨大的农家自用布，自是不能易出。所以，从全国看来，易棉之事只占极小比重。

"以棉易布"即商人以原料换成品，是商人支配小生产者的一种形式。但上述各例并非"以棉易布"，而是通称"以布易棉"，这是有区别的。纺织户无论城乡，都无力储存原料，甚至要天天买棉和米。如例（4）说"换花"，又"易米及钱"，他处并称"贸易钱米"，② "多织粗布以易粟"，③ 易棉、易米、易粟都是说他们是为买而卖的小生产者，"易"是交易的意思，不是商人包买。例（6）说："计日成匹，旋以易棉……〔商人〕较其中幅，以时估之，棉与布交易而退。"故所谓易棉，仍是按当时行情作价，不过免去银钱找换而已。

商人支配小生产者，不仅用原料换成品，还必须能垄断原料供应，割断生产者与市场的联系。上述各例并无此种迹象。如嘉善，花商"列肆"，非只一家。无锡，"市镇间布庄连比，皆预贸木棉为本……亦有以冬春客籼为易者，然必兼棉"，即兼用棉、米来换布。其产布最多的安镇市，"市店多花庄、米铺……一晨或得布万匹云"。④ 就是说，有众多的布商、粮商开店收布，显然与织布户并无固定关系，而是织户自由易棉或米。例（6）南浔镇，产棉区在镇东百里，商人原是容易垄断的。但镇上的布店仍是"以钱贸于东之人"，即向镇东的人买来棉花，又有"西之人赍钱来"向布店买布，所以他们向织户收布时也必须"以时〔价〕估之"。

设若商人以原料向小生产者换成品，又能垄断原料供应，他就是包买商吗？还不一定。

① 咸丰《安顺府志》卷四五。
② 乾隆《嘉定县志》卷三。
③ 乾隆《宝坻县志》卷七。
④ 乾隆《无锡县志》卷一一。

二 什么是包买商？

包买商，作为资本主义生产的一种形式，即马克思在《关于商人资本的史的考察》中所说"从封建生产方式开始（向资本主义）的过渡有两条途径"中的第二条途径，即"商人直接支配生产"。这和列宁在《俄国资本主义的发展》中所说的包买主略有不同。列宁说，由于小生产者的分散性和大宗整批销售相矛盾，小生产者"由少数富裕者的代表独揽销售"，就出现了包买主。所以"包买主是商业资本的代表"。他以花边业中的女商人为例，她们代表莫斯科的大批发商，独揽了小生产者的销售，并向小生产者供料、放款、收货。"不管打听过多少次，情况都是如此，所有的女商人从前都是编织花边的"。[①] 马克思和恩格斯（在《〈资本论〉第三卷增补》中）所说的包买商，则不是商业资本的代表，而是商业资本本身，他们也不是从小生产者中分化出来的，而自始就是个商人。马、恩是用"Verleger"，原意为出版发行人，郭大力译"发货人"，今本译"包买商"。列宁是用"скупщика"，原意为收货人，英文本译"buyer-up"，中文本译"包买主"。

我们在考察中国资本主义萌芽时，如在丝织业、佛山制钉业中所见，都是马、恩所说的这种类型的包买商。

这种包买商是"商业资本家购买了暂时还占有生产工具但已经不再有原料的劳动力……因此，包买商就成了超过他原来的商业利润以上的剩余价值的占有者。当然，他为了达到这个目的，还必须使用追加资本，以便购买纱等物品并让它们留在织工手里，直到织成织物为止"。[②] 这就是包买商，特别是纺织品包买商的定义。

用这个定义来看，前述"以布易棉"诸例是不能成为包买商的。小生产者手里的原料是他们用布换来的，是付了代价的，不是商人"留在织工手里"的垫支资本。因而，商人所换来的是织户的产品，而不是他们的劳

---

① 《列宁全集》第 3 卷，第 321、324 页。
② 恩格斯：《〈资本论〉第三卷增补》，《资本论》第 3 卷，人民出版社，1975，第 1025 页。

动力。商人在这一交易中所得到的仍然是商业利润，不具有剩余价值性质。

进一步说，即使是商人"放棉收布"，即把棉花贷放给织户，有了垫支资本，他是否即成为包买商，还是不肯定的。因为这和通常商人预买制中的实物贷放（贷放种子、肥料以至口粮等）一样，不包含割断市场联系的必然性。这种贷放和"买青苗"一样，商人多得属于高利贷利息的性质。如果都视同包买商，那么我国成亿农民都进入资本主义劳动了。如前所说，商品布的产区大都在棉产区，农家自植棉，也互相进行棉粮调剂，商人不能垄断。即使用商品棉的，如无锡，也是花庄林立。我以为，在纺织业中，包买商的出现一般要从"放纱收布"或"放机收布"开始。事实上，前述西欧和日本纺织业的包买商或包买主，也都是放纱和放机（放机大都兼放纱）。

三　纺和织的分离

放纱、放机的前提是纺和织的分离。这是一种社会分工，它"把产品制成真正消费品的各个操作都变成专门的工业部门"，"一个个同农业分离"，形成自己的商品市场。① 我国丝织业的发展就是这样。明代已有大量的独立机户，成为"专门的工业部门"，并集中苏、杭、盛泽等城镇，与农业分离，形成丝和丝织品平行的市场。在丝织中，又逐渐分离出车经户、络纬户，以至专门的牵经接头、结综掏泛、上花等行业。清代绸缎商的"帐房"，就是用放丝的方式，将这些专业小生产者组织起来，成为规模颇大并主要采取发工资形式的包买商。

棉纺织中，也有单从事纺纱、卖纱的记载，就我所见不下十例。

（1）明中叶，华亭："里媪抱纱易棉"，已见前。

（2）明中叶，金山卫："妇善绩麻为网，织棉布粗不及松人，无纺木棉为纱者，市钱不自织。"②

（3）明，顾彧《竹枝词》："平川多种木棉花，织布人家罢缉麻；昨日官租科正急，街头多卖木棉纱。"③

---

① 《列宁全集》第3卷，第17、46页。
② 正德《金山卫志》卷二下。
③ 康熙《松江府志》卷五。

（4）明后期，嘉善："穷民无本，不能成布，日卖纱数两以给食。"[①]

（5）乾隆，上海："有止卖纱者，夜以继日，得斤许即可糊口"。[②]

（6）乾隆，上海："棉纱成纤……卷之成饼，列肆卖之，名木经团。"[③]

（7）嘉定，嘉庆十年（1805）水灾，"赈钱每户得钱数百文，买棉纺纱，以纱易钱，一钱可得钱半之用。"[④]

（8）道光，巨野："贫民以卖线换布为生。"[⑤]

（9）同治，恩施："乡城皆善纺绩……惟不善织，村市皆有机坊，布皆机匠织之。"[⑥]

（10）咸丰，安顺："妇女纺纱易棉"，见前。

（11）清后期，上海：寡妇王张氏"每日纺纱十二两……能得五十文。"[⑦]

这是不是纺和织分离呢？

以上 11 例，大部分是由于贫穷无本，或寡妇、里媪没有协作的劳动力，就只能纺纱。织布需有一定的设备和周转资金，而纺纱则一人一车，"数两""斤许"即可出卖，以救眉急。例（3）因官租催科，例（7）用赈钱纺纱，以及（10）贵州之例，也属此类。例（9）湖北，因妇女"不善织"而将纱交机房。机房，以及下面例（2）河南之机户，值得注意。看来已有纺和织分离的迹象，但此两例代表性不强。老的商品布产区若苏松，大约没有"不善织"的；其例（2）金山卫虽在松江府，但系渔民，例外。此外，尚有例（6）上海列肆卖木经团，最足重视。木经团是用刷浆法制的经线，讲求坚实光匀，用以织紧密之布。上海已出现这个小小的专业。但乾隆后未见记述，似无发展，是不能和丝织业中湖州农村中的摇经户或城市中的车户相比的。

专业化分工能提高生产力，但它又受各工序生产效率和结构的制约。从

---

① 乾隆《浙江通志》卷一〇二引万历《嘉善县志》。

② 褚华：《木棉谱》。

③ 褚华：《木棉谱》。

④ 光绪《嘉定县志》卷五。

⑤ 道光《巨野县志》卷二三。

⑥ 同治《施南府志》卷一〇。

⑦ 曾纪芬：《崇德老人自订年谱》附录。

生产者来说，专业化必须有较高的经济效益，能比又纺又织获得更多的收入，否则没有人愿干，即使被迫去干（如贫穷无本），也不会推广。

四 纺和织的经济效益

这方面很少文献，我仅见三事。

（1）道光，大荔："贫家妇女贷棉二斤，纺之可得线三十两，织之可成布三丈余。以所成之布易棉四斤，除还所贷之二斤外，是赢棉二斤矣。"①

（2）乾隆，孟县："棉花货用据常而论，每钱百文买到子花，必须二人昼夜疲瘵，乃可成线。除花价外，仅可得钱三四十文。及机户成布货市，除花线价外，每匹获利不足百文，且一日之内尚不能成此一布。"②

（3）康熙，青浦："乡俗棉三斤织布一匹。议富户令出棉，计四斤棉，三以为布，一斤供织工……布成售之……以三之一偿富户布本，而以其赢之二偿官通。"③

例（1）述陕西事，2斤棉得布3丈余，大约指狭幅小布。售布所得为棉本的2倍，即总收益为100%，但不知纺与织的收益比率如何。

例（2）河南孟县是个新兴起的商品布产区，从所述看，每匹布价约230文，当是标布之属，较前例有代表性。按此例，从棉到布，总收益率亦为100%。其中，纺纱需三个以上的工作日（二人昼夜疲瘵），其收益（增加价值）为三四十文，合原棉成本（100文）的30%到40%；而织布（一个多工作日）的收益约100文，合纱的成本（130~140文）的71%到77%。每一工作日，纺纱收益10文，而织布可收益100文，相差太悬殊了。

例（3）青浦（今属上海）在纺织中心，所述为标布或稀布，唯为康熙事，时间较早。我们可设棉花价格为每斤P文，布价每匹为X文，则依该例所示：

$$\frac{1}{3}X = 4P \quad X = 12P$$

① 道光《大荔县志》卷六。
② 乾隆《孟县志》卷四上。
③ 光绪《青浦县志》卷一四述康熙事。

即一匹布合 12 斤棉，收益率达 300% 。这是因为康熙时布棉差价很大，据叶梦珠《阅世编》所记康熙元年至二十三年上海棉价，平均每斤为 0.0268 两，而布价每匹为 0.2～0.3 两，即布一匹约合棉 10 斤。比例尚给一启示，即从棉到布，劳动者的工食所需亦为 P，即一斤棉的价值。而此项劳动，依前例，是约 3/4 用于纺纱，1/4 用于织布（按劳动时间计）。故总收益率愈大，纺纱与织布收益之间的悬殊也就愈大。

总之，农户的收益主要来自织布，若单从事纺纱，只能补偿工食。所以，农民不能放弃织布，纺和织也就不能分离。前述单纺纱卖纱之例，都另有原因。事实上，农家都是利用老弱劳动力来纺纱，附庸于织布。

纺和织的收益为何相差悬殊？这是由于两者的劳动生产率相差悬殊。

五　纺和织的劳动生产率

先看纺纱。

（1）乾隆，平湖："纺者日可得纱四五两。"[1]

（2）道光，常熟："棉纺为纱……每人日可五六两。"[2]

（3）道光，上海："优于纺纱者，日可得八两。"[3]

（4）光绪，嘉定："小姑〔纺纱〕日五两。"[4]

（5）清后期，上海：寡妇王张氏"每日纺纱十二两……王母日夜兼工……常人每日不过六七两而已"。[5]

以上都是用单锭手摇纺车，其差异主要是由于劳动时间不同，有起早贪黑者，有的另有繁多家务。大约平均每个工作日（按 10～12 小时计）纺纱五两，可视为常例。而列（3）（5）可视为特例。

再看织布。

（1）康熙，松江："率日一成匹。"[6]

---

① 乾隆《浙江通志》卷一〇二。

② 郑光祖：《一斑录·杂述》卷七。

③ 张春华：《沪城岁事衢歌》。

④ 赵俞：《纺车曲》，光绪《嘉定县志》卷八。

⑤ 曾纪芬：《崇德老人自订年谱》附录。

⑥ 《古今图书集成·职方典》卷六九六《松江风俗考》。

（2）乾隆，青浦："率日成一端。"①

（3）乾隆，上海："甚有一日两端通宵不寐者。"②

（4）乾隆，南昌："旬日可得布十匹。"③

（5）嘉庆，桐乡："女养蚕十筐，日成布二匹，或纺纱八两。"④

（6）道光，上海："亦有极一日半夜之力得布两匹者。"⑤

（7）光绪，川沙："人日可成布一端，有两端者。"⑥

织布效率差异较大，大约因规格不同。一匹布，幅宽多为 0.90～1.15 尺，而长度则 16 尺以至 32 尺不等。商品大布若标布、稀布，约长 20 尺。按此标准，大约一个工作日织布一匹，可视为常例。例（3）（6）为特例。唯例（5）农学家张履祥所述浙江桐乡，原非布产区，而纺与织的标准均高，不解何故。

要比较纺与织的效率，还须将布折成重量，因纱是按重量计的。此甚少资料，仅见乾隆时人孙琳《纺织图说》："浆纱之布，与本地通行之湖塘布略宽一指，每匹长二丈四尺，重一斤一二两不等。刷线布宽长与浆纱同，紧密而厚重"，即刷线布还要重些。依此，并参考近代土布，以每匹重 18 两计，大致不差。⑦ 纺纱效率是 1 个工作日 5 两，因此，为供应 1 个工作日织布，需要 3.5 个工作日来纺纱。

这还可由下面三则记载说明之。

（1）康熙，上海："匹妇晨起，经理吉贝之事，由花而枲，由枲而纱，由纱而始为布，中间拣料弹轧，以至纺织，每匹二丈，七日而始得告成焉。"⑧

（2）清后期，嘉定："往者匹夫匹妇，五口之家，日织一匹，赢钱百文。"⑨

---

① 光绪《青浦县志》卷二引旧志。

② 乾隆《上海县志》卷一。

③ 光绪《南昌县志》卷五六引旧志。

④ 张履祥：《补农书》。

⑤ 张春华：《沪城岁事衢歌》。

⑥ 光绪《川沙厅志》卷一。

⑦ 近代上海标准土布，宽 1.2 尺，长 20 尺，匹重 20 两。近代土布稍宽。又布之重量包括约 5% 的上浆，但上浆、成经、接头、织造中有废纱损耗，均略不计。

⑧ 上海博物馆图书资料室编《上海碑刻资料选辑》，上海人民出版社，1980，第 89 页。

⑨ 光绪《嘉定县志》卷八。

（3）明万历，江阴："东南皆纺织为布，率三日一匹。"①

例（1）是一个成年劳动力从事弹棉到成布的全过程，共需 7 个工作日。其分配大约是：纺纱 3.5 日，织布 1 日，其余用于拣料、弹花、浆纱、接头等（不是每匹布都要接头，但若是新机，须穿综穿筘，则需工更多）。例（2）是两个成年劳动力加上三个老幼劳动力，也是从棉到布，日成一匹，即共 5 个工作日，比前例效率提高。这是因为五个人有了分工协作，也可能有些准备工作在收棉时已做了。这大约是一般农家情况。例（3）未说有几个劳动力，看来如夫妇二人加上个女儿，三日即可成匹，即共用 6 个工作日。

总之，从棉到布，一匹布需 5～7 个工作日，家庭劳动力愈多，效率愈高，单干最吃亏。但无论是一人单干还是多人协作，织布都是一个工作日，而大量劳动是放在纺纱上的。换句话说，纺纱的效率太低，纺赶不上织，以至有"数月理棉纱，未得上机织"之叹。②

六　纺纱的效率为什么低？

纺赶不上织，是因为纺的工具落后。这大约是纺织业的共同现象，所以西方产业革命是从 1765 年的 16～18 锭的珍妮纺纱机和 1769 年的水力纺纱机开始的。鸦片战争后，我国近代工业也是先扩纱厂，张之洞不明此理，搞了个湖北织布局，结果失败，后来租给商人改办纱厂。当时农家所用投梭织布机的生产效率约为华商厂所用动力机的 1/16，而当时农家所用单锭手摇纺车的生产效率仅为华商纱厂所用英式纺机的 1/80。

我国手工织布得力于丝织。在历史悠久的丝织业中，我国的丝织机很早就发展到世界先进水平，其构造原理和工艺用于织棉布的投梭机绰绰有余。并且，棉织比丝织容易。丝织用经在 5000 根以上，以至 17000 根；棉布则最宽幅也不过 1200 根。所以，棉布兴起后，在织的方面是没有问题的。

纺是师承麻纺（丝不需纺）。我国的麻纺机也发展到很高水平，王祯

---

① 万历《江阴县志》卷四。
② 孙燮：《木棉四咏》，载周庆云《南浔志》卷三二。

《农书》中有五锭脚踏纺车、三十二锭人畜力大纺车和水力大纺车。但这种先进设备却不适于纺棉。麻是韧皮纤维，拉力强，所谓纺，主要是加捻。棉的纤维短，拉力小（当时所用木棉纤维又比今棉短，自然捻度小），纺的过程中，不仅加捻，更重要的是牵伸（所以棉纺机也称牵伸机）。事实上，我们所见单锭手摇纺车还是元元贞中黄道婆从黎族引进的式样。

要提高纺的效率，必须改单锭纺车为多锭；要多锭，又必须改手摇为脚踏，以解放右手，帮左手理纱。其结果，就是三锭脚踏纺车（也有二锭的）。三锭脚车出现于何时？或谓南宋（李崇洲同志），或谓明后期（史宏达同志），而不少人认为在元代，根据是王祯《农书》中的附图。

我在《论男耕女织》[①] 中怀疑王祯是把麻纺车的图误入论棉纺文中，看来信然。王祯说"木棉纺车，其制比麻苧车颇小"，而所附图却颇大（和图中纺工人身比），且锭在轮上，与他所绘麻纺车全同。二百年后，宋应星在《天工开物》中所附的图，仍是单锭手摇纺车，锭在轮下，与我们所见同式。宋解释说："凡纺工能者，一手握三管，纺于锭上，捷则不坚。"一手即左手（右手摇车），握三管仍是纺于一锭，这是能手，但捷而不坚。可见，明代仍是单锭手摇纺车。

三锭脚踏纺车在乾隆时始见记载。乾隆《上海县志》卷一："他邑止用两指拈一纱，名手车；吾邑一手三纱，以足运轮，名脚车。"乾隆时人张春华《沪城岁事衢歌》："纺纱他处皆有，然以巨轮手运，只出一纱。足出三纱，惟吾乡倡之。""吾乡"也是上海。三锭脚车只上海有。别处都是单锭手车，顶多是"闻道吴淞别生巧，运轮却解引三纱"，[②] 听说过而已。道光间，常熟人郑光祖"前至上海，泊舟闸上，见纺车有并驾三锭……觅一车以回，多年莫能用"。[③] 他是见了，也买了，但不能用。

在上海，也只是很少人家有三锭脚车。前引上海纺纱生产率三例，都是单锭手车，而用三锭脚车者未见实例。上海最出名的金泽谢家车，有百年历史，其车是"轮着于柄"，"持其柄摇"，[④] 即也是单锭手车；其车也是"到

---

① 载《中国社会经济史论丛》1981 年第 1 辑。收入本卷第 296～306 页。——编者
② 方承观：《棉花图》。
③ 郑光祖：《一斑录·杂述》卷七。
④ 光绪《青浦县志》卷二。

处同式"的车,不过"金泽为工"而已。[①]

解放后,《江南土布史》的编写同志访问了江南几县和上海的纺织户,她们祖母一代都未用过三锭脚车,有的曾听说过,而未见过。

三锭脚车为什么没有推广?这种车能提高效率,但劳动强度大,"脚车,人劳而工敏";[②] 须用壮劳动力,"老幼多用手车,少壮多用脚车"。[③] 而家家织户大都是老幼纺纱,壮劳动力织布,所谓"女子七八岁以上即能纺絮,十二三岁即能织布",[④] 乃至"生女五六岁即教以纺棉花,十岁学织布"。[⑤] 用单锭手车,把儿童劳力都用上了,全家协作。若用三锭脚车,儿童们只好吃闲饭,再说,若把壮劳动力用去纺纱,谁来织布呢?家庭手工业的劳动力结构,阻碍着先进工具的推广。

然而,归根到底是三锭脚车所能提高的生产效率有限。"有纺车并驾三锭、抽三绪者……每人日可十两余。"[⑥] "用脚车纺线两条,一日夜可纺线一斤几两",按日计还不足十两。[⑦] 锭数增加二倍,产量并不能按比例增加,因为是手工劳动。为日纺十两而破坏家庭劳动协作是划不来的。若能把效率提高十倍,那就可放弃织布,纺和织也就分离了。

结　论

"一个民族的生产力发展的水平,最明显地表现在该民族分工的发展程度上。任何新的生产力,只要它不仅仅是现有生产力的量的扩大(例如开垦新的土地),都会引起分工的进一步发展。"[⑧]

像纺织业这种加工过程比较复杂的手工业,它生产关系的变化总是从一些主要生产工序的专业化分工开始的;而这种生产关系的变化也就使它逐步

---

① 道光《金泽小志》卷一。

② 光绪《川纱厅志》卷一。

③ 民国《南汇县续志》卷二〇。

④ 尹会一:《敬陈农商四务疏》,《皇朝经世文编》卷三六。

⑤ 道光《金泽小志》卷一。

⑥ 郑光祖:《一斑录·杂述》卷七。

⑦ 《汉南续修郡志》卷二七。按此系严如熤《劝纺织以兴女红示》介绍江南情况,非陕西已用脚车。

⑧ 《马克思恩格斯选集》第1卷,人民出版社,1972,第25页。

从农业中分离出来。

我国手工棉纺织业之长期停留在农民家庭手工业阶段,是由于纺织的生产效率,从而它的经济效益过低,而这又是由于纺的工具落后。

不过,我是从逻辑推论上一步一步得到这个结论的,这就包含一种危险,好像这就是唯一的原因。大凡一种经济现象,都是复杂的社会条件的结果。我在《论男耕女织》一文中曾试图比较东方和西方的差异。徐新吾同志曾作《中国和日本棉纺织业资本主义萌芽的比较研究》,[①] 并着重讨论了小农经济的作用。我希望有更多方面的研究,从而对上述结论做出批评和指正。

本文得到石奇同志大力协助,谨此致谢。

(原载《文史哲》1983 年第 1 期)

---

① 载《历史研究》1981 年第 6 期。

吴承明研究员谈中国近代的封建经济

《中国资本主义发展史》第3卷部分章节书稿讨论会，于1982年11月26日至12月1日在南开大学经济研究所举行。中国社会科学院经济研究所、上海社会科学院经济研究所和南开大学经济研究所等协作单位的有关研究人员近20人出席了会议。

会上除对已写就的书稿进行了具体的讨论外，还对中国资本主义不能充分发展的问题进行了专题讨论，与会者一致认为，过去的经济史著作中，写帝国主义的压迫比较详细，写封建主义的束缚就很肤浅。事实上，封建地主经济对农村的长期统治，是阻碍中国资本主义发展的重要原因，必须引起重视，值得深入研究。

中国社会科学院经济研究所研究员吴承明同志在会上就中国近代的封建经济问题做了专题发言。他认为：要强调封建经济对中国资本主义发展的影响，地主经济长期存在是中国近代经济落后的根源。帝国主义压迫是外来的，是客观原因；封建主义的东西是土生土长、根深蒂固的，是内因。中国经济落后从17世纪就有征兆了，那时还没有帝国主义的侵略，帝国主义可以打倒，封建主义在打倒以后，还必须有新的东西来代替。否则在一有条件时就会复活。封建束缚不单表现在苛捐杂税和关卡林立上，很重要的一点是市场狭隘，中国封建社会后期的商品市场主要是地方的小市场，不能发展资本主义，城市市场也只是满足市民的消费。资本主义的发展靠的是长距离运销，但鸦片战争前长途运销粮食尚不足20%。按照重农学派的观点，只有商品生产者之间的交换才有真正的市场。但那时相当大的部分是生产者与货币（亦收入）交换，收入是地租的转化形态，古代可用来购买奢侈品，明清时代则是生产者与地租及其各种转化形态的交换。

帝国主义入侵后，市场扩大，长距离运销增加，但自然经济解体到什么程度，还值得进一步探讨。过去的经济史著作对这一点是夸大了。毛泽东同志认为，自然经济是封建制度的基础，地主对农民的剥削是根基，那么地主制经济能否建立在商品经济的基础上？奴隶制可以建立在商品经济的基础上，如古代的迦太基。中世纪有威尼斯、拜占庭、阿拉伯的哈里发王国。这些封建帝国不能说是建立在商品经济的基础上，但商品经济很发达。前资本主义与商品经济也不是完全排斥的。领主制是排斥商品交换的，领主和领主之间是互不往来的。拜占庭是中央集权，是租佃制，不是领主制，它也有永佃制，拜占庭在当时的欧洲是最文明的国家，它与中国相仿，那时英法还是野蛮国家。

近代中国商品经济是相当发展了，但农村还是半自然经济。过去研究经济史的人把农村的商品经济夸大了。20 世纪 70 年代，国外如王业键，研究湖南、福建等省的农村经济，他是选点，以一个县作典型代表；马若望也是这样，他们是专门研究生产力的。还有珀金斯是专门研究农业的。他们都认为地主制不起作用，市场起作用。

日本的一些左派也是这种观点，如里井彦七郎认为中国农民鸦片战争后变成半无产阶级，京都大学的狭间直树提出资本隶农的概念，认为农民的交换都经过资本之手。总之，他们都是否认封建剥削。

20 世纪 30 年代对中国农村社会性质的讨论中，有一派也是认为中国农村已经资本主义化了，苏联的马札亚尔、拉狄克，国民党的陶希圣也是这个观点。当时的核心问题是要不要土地革命。今天仍然要进行理论上的斗争。

中国近代封建剥削依旧，但已经和买办、高利贷资本结合起来，使之能与商品制经济共存，或者说是封建主义与资本主义可以长期共存。法国资产阶级与封建主阶级斗争了一百年，中国二者却是共存的。能与资本主义共存的封建主义可以叫作近代封建主义，是封建主义发展的新阶段。因为它能容纳商品经济，并利用商品经济加强自己，使自己获得新的生命力，这就像资本主义发展到列宁那个时候，由于出现了国家垄断资本主义又得到新的生命力一样。近代封建主义也可以叫作半封建主义，但列宁说的半封建主义是指农奴制解体后的封建主义，与中国近代的情况不同，半殖民地半封建是中国共产党六大提出来的。

封建主义能容纳商品经济早已开始，所以中国的地主制经济生命力强，这是领主制经济做不到的。在地主制下土地可以自由买卖。洋货进来后，地主阶级又能利用剥削网达到巩固其经济的目的。

我们要看到近代封建主义与古代封建主义的不同。它不易被排挤掉，不易被打倒，用武装打倒它只能是从政治上打倒它，但经济上不易打倒它。

到了近代，地主阶级的成分有一定的变化，变得比过去复杂了，租佃关系也发生了变化。这些问题有待进一步研究。但直到 1949 年农业中的资本主义还处在萌芽状态。

有些外国的机械工业引进中国后却变成了手工业，如火柴、西药，这也是封建束缚的结果。在西方资本主义国家，机械排斥手工业是比较顺利的，有的时间短些，有的时间长些，但没有两者对抗的问题。在中国手工就可以与机械对抗，土布就可以与洋布对抗，这也是封建主义在起作用。

在讨论会上，还有中国社会科学院经济研究所经济史研究室主任方行同志专门就中国封建制下商品经济的特点发表了意见。他认为：中国自然环境复杂，物产多种多样，宋代以后商品经济的发展，是由于农民通过"靠山吃山，靠水吃水"的途径，扩大了小商品生产，如山区的经济作物很广泛，可用作手工业原料的品种很多，为农民家庭副业提供了条件，在赋税征收货币和人口增加等因素的催迫下，作为农民家庭副业发展起来的小商品生产，反而使小农经济更加巩固。

商品经济是发展了，但提供商品的主要是耕织结合、手工业与农业结合的农民，商品流通的发展是资本主义的前提条件，它应当是工农分离的小商品生产。因而中国封建社会后期为资本主义生产所提供的前提条件是很不充分的。它限制了国内商品市场的扩大，无论是生产资料还是生活资料的市场都不能扩大，价值规律的作用受限制，农民的资本主义又分化不明显。

由于很多手工业是农民的家庭副业，资本主义经营往往竞争不过农民。以造纸业为例，为什么资本主义萌芽主要出现在陕西，江南却很少？这是由于江南有农民副业的激烈竞争，陕西一些地区则没有，雇工经营比较合算。

中国封建制下，农业与手工业结合的小农经济形成了一个模式，没有很高的生产力不能使之分解，首先是粮食不过关就不能分离。江浙地区商品经济的发展是靠湖广地区农民吃粗粮，而以稻谷运往江浙维持小商品生产者的食用，农民的副业成了糊口的手段，所以我们把它叫作"饥饿的商品经济"。这是封建的生产关系与封建生产力矛盾的集中反应，所以资本主义要萌芽和发展是困难的。

由于人口增长耕地不足的压力，清代康熙、雍正、乾隆几朝皇帝在谕旨中已经提出发展商品经济，搞多种经营，以使农民不致破产，猪鬃、桐油的生产这时都发展起来了。封建统治是能够在一定程度上容纳商品经济的。

对这个问题，上海社会科学院经济研究所副研究员徐新吾同志说，从上海整理的许多行业史料中可以看出，民族工业不能充分发展的一个重要原因是中国近代自然经济解体很不充分，农业和家庭手工业结合十分顽固。土纱土布一有机会就要复活，在丝织业，凡是小农与之竞争激烈之处，工场手工业就发展不起来。家内分工限制了社会的分工，小农经济的家内纽带特别坚韧，在一定的历史时期它是先进的，但后来就成为社会经济改革的阻力。

面粉业是民族工业的第二大行业。农民生产的小麦除留下种子外，都要磨成面粉才能吃，小麦商品化的程度比稻米高，小麦是细粮，农民往往是卖出换粗粮吃，大约有60%作商品出卖，其余40%农民自己吃掉。这60%的小麦中，大部分是由大小城镇的土磨坊磨成面粉，留给机器面粉厂的不过18%，或占全部小麦的10%左右。当时洋粉进口微不足道，虽说进口面粉有多少万担，但外资面粉厂也很有限。所以，实际上外商面粉厂加上进口洋粉，对民族资本面粉厂的压力并不是很大的。影响民族机器面粉业更大的实际上还是土磨坊，始终打它不动，更不用说还有农民自给部分。总之，中国近代封建束缚主要表现为自然经济解体缓慢，封建经济结构十分顽固，扯不开、切不断。

外国人一开始认为中国人口多，市场大，但实际情况大大出乎他们所料，进口贸易额在数十年中增长不多。洋货深入穷乡僻壤并不容易。在搞百货商业史中发现，真正能下乡的洋货品种有限，主要的只是胶鞋、洋针、煤油等几种。连洋袜都代替不了土袜，农民要不光脚，要不穿布袜。农民极端贫困固然是一个原因，但自给自足的经济结构则是主要原因。

这次讨论会，除对上述中国近代封建经济问题进行了专题讨论外，还对民族资本工业在资本集中过程中是否出现了某些垄断的迹象；中国工人阶级是否存在绝对贫困和相对贫困；抗战时期国民党统治经济政策的估价；中国金融业的特点，如何划分地主、经营地主、富农经济；中国近代各时期农业中资本主义成分的估计等问题进行了讨论。与会者普遍认为很有收获。

（朱秀琴整理。原载《南开经济研究所季刊》1983 年第 1 期）

论明代国内市场和商人资本

市场源于分工。但市场一词，因所论目的不同而有不同概念。本文目的在探讨 15 世纪以来我国国内市场变化对于资本主义发生和发展的作用。因而可定义为：商品流通形成市场。商品流通的量决定市场的大小，商品交换的内容决定市场的性质。

马克思说："商品流通是资本的起点。商品生产和发达的商品流通，即贸易，是资本产生的历史前提。"① 在西欧，由于日耳曼人的征服和城市的破坏，进入封建社会后，商业大大衰落了，封建领地变成彼此孤立的庄园。到 16 世纪以后，民族市场和世界市场形成，才成为向资本主义过渡的重要条件。在我国，由于较早地废除了领主制割据和实现国家的统一，商业一向比较发达。但是，我国资本主义生产关系的产生不是较早，而是萌芽较迟，发展甚慢。这是什么原因呢？

我国资本主义生产关系发展迟缓问题，也是我国封建社会为何长期延续的问题。我认为，这主要应该从生产力和生产关系上去寻找原因；另外，也有流通上的原因。在封建社会，不是所有的流通都能促进生产的发展和生产关系的变化，而是要看这种流通能否为扩大再生产准备市场，能否为生产积累货币资本，在中国这样的非海上贸易国家，还要看它是否有助于改变农村自然经济。

---

① 马克思：《资本论》第 1 卷，人民出版社，1975，第 167 页。

一 我国封建社会的各级市场

我国的封建商业，在宋代有了飞跃的发展。它打破了坊市制，形成各级市场。下面就按照各级市场，考察一下流通的作用。

第一，地方小市场，即墟集贸易。这是我国封建社会十分发达的一种交易形式。宋代的墟集、草市已颇具规模，其税收几占全部商税之半。然而，和西欧所称集市不同，① 我国的墟集基本上都是地方小市场，范围不出一日内往返里程。这种市场上的交换，主要是小生产者之间的品种调剂和余缺调剂，属于自然经济范畴内的交换，它一定程度的发展，不是破坏自然经济，而是巩固自给自足。这种交换，虽采取商品形式，却是为买而卖，实际是使用价值的直接交换；虽也经商人之手，但除临近大城市水陆要道的一些草市外，② 实际上没有什么流通的作用。只是在后来，随着长距离贩运贸易的发展，有些地方小市场逐渐有了大宗商品集散地的作用，以至成为真正的初级市场，其性质才有所不同。这种变化，是在明代在江南某些丝的集中产区开始出现的。

第二，城市市场。这是我国封建社会最为发达的一种市场形式。宋代的汴京和临安，如《东京梦华录》《梦粱录》等所记述，已达高度繁荣景象。然而，和中世纪西欧的城市不同，我国的封建城市，原来都是各级政权统治的中心，或是军事重镇，集中了大量的消费人口，城市手工业的生产也主要是供城市居民的消费。③ 因此，城市市场上，主要不是生产者之间的商品交换，而是一种以政府和私人的货币收入为基础的交换，即贵族、官僚、士绅（以及他们的工匠、隶役、士兵、奴仆）用他们的收入来购买农民和手工业

---

① 11世纪以后西欧集市的兴盛，主要是为了逃避城市行会的限制；集市是大商人集中进行批发的、集中的贸易的地方，大集市都是国际贸易的中心。

② 王建：《汴洛即事》："草市迎江货，津桥税海商。"

③ 西欧大陆的罗马城市，大部分在日耳曼人南下时荒废。封建城市，主要是11世纪以后，由手艺人和从庄园中逃亡的农奴和商人恢复或新建的。手工业者和商人是城市的主要居民，因而其市场上的流通主要是小生产者之间的商品交换，另有些城市是海外贸易的基地。在西欧，16世纪初才有10万人口以上的城市出现；我国则在唐代即有10万人口以上的城市10余座，北宋时有40余座。

者的产品。而他们的收入，基本上不外是封建地租的转化形态，即农民的剩余产品。① 所以，城市市场的繁荣，主要是反映封建经济的成熟（剩余产品和地租量的扩大），并不代表真正商品经济的发展。在这种交换中，农村流入城市的产品，尽管也经商人之手，但大半是单向流通，而没有回头货与之交换。这种流通大体包括三个内容：（1）政府征收的田赋和杂课；（2）城居地主引入城市的地租；（3）商业高利贷资本取自农村的利润或利息。这三项，无论采取实物或货币形态，农村每年都要把同值的产品输往城市，而不能从城市取得商品来补偿。这种单向流通造成城市繁荣，但由于没有商品交换，它实际不是商品，不是商品流通。

我国城市市场这种消费性的特点，又使得它特别发展了零售商业、铺坊加工业、饮食业和服务业，像宋代《清明上河图》所表现的，都是这种商业。这种商业自然也积累了一定的货币资本，但是，与那些经营长距离贩运贸易的大商人（如后来的徽商、山陕商、粤商）是不可比拟的。并且，直到现代消费社会兴起以前，城市零售商业并不是执行流通任务的职能商人资本（饮食、服务业当然更不是了），而是一种"不执行职能或半执行职能"的"杂种"。② 因而，这种商人资本尽管发达，对于我们研究的目的来说，作用是不大的。

但是，随着长距离贩运贸易的发展，在沿江、沿海等商路要道上，逐渐会兴起一些新的商业城市。这些城市市场，反映真正商品流通的扩大，其作用就不同了。宋代已有许多商业城市出现，不过，主要是在沿海地区，如广州、泉州、明州、秀州等，反映海运贸易的发展。经元代大规模修建水陆驿道，到明王朝，国内市场的新兴商业城市才有比较显著的发展。

第三，区域市场。如通常"岭南""淮北"这些概念中的市场，以及多

---

① "在亚洲各社会中，君主是国内剩余产品的唯一所有者，他用他的收入同自由人手（斯图亚特的用语）相交换，结果出现了一批城市"。在亚洲，"真正的城市只是在特别适宜于对外贸易的地方才形成起来，或者只是在国家首脑及其地方总督把自己的收入（剩余产品）同劳动相交换，把收入作为劳动基金来花费的地方才形成起来"（马克思：《政治经济学批判》，《马克思恩格斯全集》第46卷上册，人民出版社，1979，第466、474页）。

② "商人资本的相对量……是和再生产过程本身的活力成反比的（但在这里，零售商人的资本作为一种杂种，是一个例外）"；不过，"随着商人资本越来越容易挤进零售商业……不执行职能或半执行职能的商人资本会增加"（马克思：《资本论》第3卷，第320、347页）。

数省区范围内的市场。它们是由同一自然地理条件和共同生活习惯形成的，因此，区域市场内的流通，一般并不反映生产的地域分工或社会分工。这种区域市场，可视为农村自然经济的延伸。原来所谓自然经济，并不是指农民一家一户的自给自足（在我国小农经济中，那几乎是不可能的），它实际是指社会是由许多的"单一的经济单位"所组成，而全部或大部分再生产条件，都能在本单位中得到补偿。这种单一的经济单位，在古代是指氏族、村社、奴隶主庄园，在中世纪的欧洲是指一个个的封建领地；在我国的地主制经济中，则应是相当于过去采邑的乡里或区县，并且是包括地主和农民两个方面，不是单指农户。①

不过，区域市场范围内的流通，究竟已不限于单一的经济单位，而至少是各单位间的商品交换，作为自然经济的补充。尤其是一个区域总包括一定的城镇，区域市场内的城乡交换，反映一定的工农业产品的交换，这是应予充分注意的。这里，重农学派的"工农业产品的交换形成市场"这一古老概念，对我们研究的目的来说颇有用处。因为这种交换代表真正的社会分工，也是自然经济瓦解的前兆；并且，市场的由小而大，也常是工业品（这时是手工业品）参加交换的结果。② 我国城市手工业者由承接顾客来活的手艺人向小商品生产者的转化，是在明代才见显著。区域市场的重要性，也自此始。但总的说，我国区域市场内的工农业产品交换并不多，因为农村家庭手工业比较发达，而城市手工业又主要是供应城市消费。这种情况，直到清代前期，没有根本变化。

---

① "自然经济，也就是说，经济条件的全部或绝大部分，还是在本经济单位中产生的，并直接从本经济单位的总产品中得到补偿和再生产。此外，它还要以家庭工业和农业相结合为前提。"（马克思：《资本论》第3卷，第896页）

"在自然经济下，社会是由许多单一的经济单位（宗法式的农民家庭、原始村社、封建领地）组成的，每个这样的单位从事各种经济工作……"（列宁：《俄国资本主义的发展》，《列宁全集》第3卷，人民出版社，1959，第17页）

"自给自足的自然经济占主要地位。农民不但生产自己需要的农产品，而且生产自己需要的大部分手工业品。地主和贵族对于从农民剥削来的地租，也主要地是自己享用，而不是用于交换。"（毛泽东：《中国革命和中国共产党》，《毛泽东选集》第2卷，人民出版社1967年横排本，第587页）

② 农产品与农产品的交换，市场范围宜小不宜大，因运输里程增加一倍，常会使运费增加两倍。若是工业品参加交换，情况就不同了。因工业品运输费用所占比重不大，并且大量生产会降低成本，这就会引起市场的延伸。

另一方面还应看到，一个区域市场内的自给自足，在某种政治势力下，也会成为封建割据的依据，以致关卡封锁，阻碍流通。边远省区尤多这种情况。

第四，突破区域范围的大市场，亦可称为全国性市场。这种市场和形成这种市场的长距离贩运贸易，才是促进资本和资本主义产生的最重要的历史前提。海外贸易也是一种大市场，欧洲资本主义的萌芽，首先是在海外贸易的基地出现的。但我国从来不是一个海上国家，明清两代又受禁海政策的影响，资本主义的产生和发展，基本上依靠国内市场。我们的考察，一般也限于国内市场。

我国长距离的贩运贸易很早就有发展。但在宋代以前，除了官营和专卖品外，发展最盛的是那种"奇怪时来，珍异物聚"① 的奢侈品贸易，其次是由"任土作贡"遗留下来的土特产品的贸易。这两种贸易经营的都是已生产出来的（不是为市场而生产）的东西，其销售对象又限于贵族、官绅小范围，不是生产者之间的交换。所以尽管琳琅满目，对生产关系的改变却极小作用。大约从明中叶起，我国的贩运贸易才逐渐以民生用品为主了。

我国又很早就有盐、铁以及渔、猎产品的贸易，其中也大部分是长距离贩运的。这种贸易除有些是受官府控制外，又有它本身的特殊性。从生产上看，盐民、炉户、渔民、猎户等都可说是小商品生产者。但是他们这种地位纯粹是由自然条件决定的，所谓"只缘海角不生物，无可奈何来收卤"。② 他们是由于盐、铁等不能当饭吃才进入交换的，为买而卖，目的在取得口粮。因此，我宁愿称他们为靠山吃山、靠水吃水的自然经济，而不是真正的商品生产者。事实上，自有自然经济，就必须有盐、铁等贸易作补充，否则也谈不上自给自足。③ 这种贸易，乃是自然经济题中应有之义；除非它们生产方式改变，对我们研究的目的来说并不起多大作用。

盐铁以外的民生用品的长距离贩运贸易的发展，主要是从明代开始的。

---

① 《管子·小匡》。中世纪欧洲的长距离贩运贸易也主要是奢侈品贸易，但其主要奢侈品香料、丝绸等是来自东方，属于东西方贸易，正是这种贸易，促进了意大利、佛兰德等地城市的纺织、玻璃、五金工业和矿业的发展，最早出现资本主义生产关系。

② 林正清：《小海盐场新志》。

③ 欧洲的领主制经济，也需要这种贸易作补充。不过，欧洲的庄园有较多的公用林区、牧地、渔场和狩猎场，有的领主还规定所属农民缴纳一定的盐和铁。

这就使得我国国内市场，在市场结构和交换性质上，发生一种定向性的变化，这种变化一直延续到清代前期。本文的目的即在考察这种变化，同时也要说明其变化的局限性和狭隘性。

市场，从来就有个量的内容。但是在明代史料中，还很难进行定量的分析。本文只能从商货路线的增辟、新商业城镇的兴起、主要商品的运销和商人资本的积累这几个方面，来考察市场的发展和变化。也尽可能提出一些量的概念，而撇开那些"舟车鳞次""店肆栉比"等无具体内容的文献。以后关于清代市场的考察中（它将成为本文的续篇），我希望尽可能作一些计量分析，并试图探索鸦片战争前我国国内市场的结构。

对于市场和商品流通的上述观点，只是个人在学习中不成熟的看法，谨先缕出，以求教于贤明。

二 商路的增辟和新兴商业城镇

20 世纪铁路修筑以前，国内商运主要靠江河和沿海水运。长江历来是我国最重要的一条商品流通渠道。宋代的长江贸易主要集中在下游。明初也还是这样。宣德间，明廷设 33 个征收商品流通税的钞关，其中 15 个在长江沿线，即上游的成都、泸州、重庆；中游的荆州、武昌；而有 10 个集中在下游，即扬州、镇江、仪征、江宁、常州、苏州、嘉兴、杭州、湖州、松江，并限于江、浙两省。但在正德以后，钞关剧增，芜湖、宁波成为新兴商业城市，就是说，这个最繁盛的贸易区向东西两方面延伸了。长江中游的荆州、武昌，本来都是军政重镇，武昌虽已"四方之贾云集"，[①] 但比清代的汉口镇还相差甚远。不过到明后期，沙市、九江成为新兴商业城市，这样就与长江下游珠连起来了。这是一个重要发展。至于上游的成都、泸州、重庆三钞关，主要还是处理本区域贸易，这时尚无粮食出川，与下游主要是丝、茶等细货贸易，贸易量有限。

总之，明后期长江贸易有了发展，不过主要还是在下游和中游，这主要是由于江、浙两省桑、棉和手工业的发展所致。这时两湖丘陵地带和川、滇

---

① 张瀚：《松窗梦语》卷四。

尚未大力开发。据我看，明代国内市场的开辟恐怕更重要的是南北贸易方面，尤其是大运河的畅通，以及沿赣江南下过庾岭到两广一路的开通。

大运河自元代开会通河后，补救了黄河改道的困难。但元代漕粮仍以海运为主。明永乐九年（1411）重开会通河，运河才畅行无阻。运河原为漕运（不属商品流通），但官船都带私货，而商船亦可包揽一位官员乘坐，即可沿途免税，所谓"官家货少私货多，南来载谷北载鹾；凭官附势如火热，逻人津吏不敢诘"。① 所以实际是一条重要的商路。

大运河自北京（通州）至杭州全长 1000 余公里，河漕（利用黄河一段）以下，航运尤繁，并由河漕东走济南，西走开封。明初人孙作说："自杭走汴，水陆二千里，如游乡井，如入堂奥，如息卧内。"② 宣德间，沿北运河在北京、德州、临清、济宁和济南、开封设六个钞关。其中临清是元代兴起的商业城市，济宁是明代官商会聚之地。中叶以后，北部的天津、南部的淮安，又都是新兴商业城市。又有通州和天津之间的河西务，临清和济宁之间的张秋镇，成为新兴商埠。再如北直隶的保定、清苑、河间、景州，虽不临河，但也因漕运关系，"商贾肩相摩"。③ 又如山东的清源，原属荒村，正统间因战事筑城，但随着淮北水运的发展，到嘉靖时就又筑新城，成为"商旅往来，日夜无休"④ 的商业城市了。

明初，赣江水运已颇盛，设有南昌、清江、临江、吉安四个钞关。其后，九江设关；饶州、景德镇商旅日繁；而铅山县的河口，由两三户人家"而百而十"，到嘉、万时已"舟车四出，货锴所兴"，成为"铅山之重镇"。⑤ 赣江贸易的发展，又是和大庾岭山路的开修分不开的。这样一来，赣州成为一大商业城市，庾岭路上，"商贾如云，货物如雨，万足践履，冬无寒土"，⑥ 和苏轼过庾岭时"一夜东风吹石裂""细雨梅花正断魂"的景象大不相同了。

---

① 李东阳：《怀麓堂文后续编》卷一《马船行》。所说是江浙马船，据余继登《典故纪闻》卷一三，运河情况亦然。
② 孙作：《沧螺集》卷二《送淮南省掾梅择之序》。
③ 查志隆：《金台郡城西北二桥记事》，载民国《清苑县志》卷五。
④ 周思兼：《周叔夜先生集》卷五《二城记》。
⑤ 费元禄：《晁采馆清课》卷上。
⑥ 桑悦：《重修岭路记》，载雍正《江西通志》卷一三〇。

明人李鼎说："燕赵、秦晋、齐梁、江淮之货，日夜商贩而南；蛮海、闽广、豫章、南楚、瓯越、新安之货，日夜商贩而北。"① 南北货运的流畅，大约是明代市场扩大的一个特征。下面在叙述商品运销中还可见到。不过，明代运河贸易的发展，多半还是因为政治中心在北方，以及北边多事、行开中制等原因；南货北运者多，北方出产有限，故漕船常回空。因而，这种市场的扩大，并不完全反映地区分工和商品生产的发展。

以上是长距离贩运的主要商路。此外，如北边宣化，主要是两淮、长芦盐运集中地；湖北襄阳，主要是西南木材集中地；各有局限性。西北太原、平阳、蒲州，早设钞关，但主要是处理本区域贸易。后期发展起来的西安，则"西入陇蜀，东走齐鲁"，② 使西北商路稍畅。更远的到辽东一路，商货多由山东临清转运，限于细货，为量有限，而海路在明代反衰落。近人常引宋应星"滇南车马，纵贯辽阳；岭徼宦商，衡游蓟北"，那显然是夸张了。③

县以下商业镇市的兴起，却是值得注意。因为这些镇市，除上述河西务、张秋、河口等外，都是在经济作物和手工业品产区，货量不太多，但都远销，实际是长距离贩运贸易的起点。不过，大都是集中在江、浙一隅之地，如苏州的枫桥、湖州的菱湖、嘉兴的丰塘、杭州的范村等。还有一些由丝织业发展起来的手工业镇市。如苏州的盛泽镇，明初是五六十家的村，嘉靖时成为百多家的市，居民"以绫绸为业"；④ 震泽镇，元时仅数十家，嘉靖时已七八百家，"竞逐绫绸之利"。⑤ 嘉兴的濮院镇，万历时"日出锦百匹"，"人可万家"。⑥ 这些镇上的居民已由农业分离出来，或者虽未分离但也是为市场而生产了，这些地方就成为商品生产的基地，商贾云集。嘉兴的王江泾镇，"多织绸收丝缟之利，居民可七千余家，不务耕绩多"。⑦ 七千多家，多数不耕地、不绩麻，不从事自给性的生产了。因而"四方商贾俱至

---

① 李鼎：《李长卿集》卷一九《借箸编》。
② 张瀚：《松窗梦语》卷四。
③ 宋应星：《天工开物》序。此语下文："为方万里中，何事何物不可见见闻闻。"其实是说信息传播，不是指交通。
④ 嘉靖《吴江县志》。
⑤ 乾隆《震泽县志》卷四《疆土》、卷二五《生业》。
⑥ 杨树本：《濮川所闻记》卷四。
⑦ 万历《秀水县志》卷一《市镇》。

此收货"，"做买做卖的挨挤不开"。①

最后，结合海外贸易，看一下福建、广东的海运。

我国海外贸易在宋代有较大发展，通商五十余国，进出口商品数百种。明代丝织、瓷器、棉布、漆器、糖等出口品的生产都有发展，造船和航海技术在宋代基础上也有改进，② 正是发展海外贸易的良好时机。但是，明开国之初，即严海禁，"敢有私下诸蕃互市者，必置之重法"。③ 虽设广州、宁波、泉州等市舶司，但实行所谓朝贡贸易，对外使横加限制，两三年甚至八年十年始准来华一次。永乐后，弛禁之议屡起，但总是以禁为主。到隆庆元年（1567），始"除贩夷之律"，而仍有不少限制。所幸这种政策不能阻止经济发展的要求，私人海上贸易并未断绝，但未能得到应有的发展则是肯定的。

明代的海外市场主要是南洋，次为日本。南洋有二商路，称大西洋和东洋。大西洋以越南（安南）、柬埔寨（占城）、暹罗为主，进口主要是苏木、胡椒、犀角、象牙等天然产物，而中国出口则以工艺品为主，以及铜、汞等矿产品，这又是贸易上的一个有利条件。东洋指吕宋（佛郎机），进口品种有限，多是以银换取中国物产。外贸利润很厚，"湖丝百斤，价值百两者，至彼得价二倍"。④ 输往日本者，更多系日用工艺品，丝绸、瓷器之外，棉布、布席、扇、脂粉等都能畅销。明廷禁通日本又甚于南洋，因而在贸易上"东之利倍蓰于西"。⑤

明代的海外贸易，由于正德至嘉靖间一度严格海禁，到万历以后才有较大增进。这对广东、福建两地经济颇有影响。明代经济作物最发达的地区是

---

① 《石点头》卷四。

② 明代出海以广船、福船、沙船为主。广船、福船是尖底船，能用多段龙骨，创于宋代。沙船是平底船，用平板龙骨，靠两舷大橛加固，宽敞，干舷低，稳性好，比较安全。沙船之名，明代始见，日本称南京船，当是明造。但宋代即有防沙平底船。明代的改进，大约在于用披水板（橇头）和升降舵，使船能逆风行驶。又这种船，元代载重达八九千石，多桅多帆。明代一般载二三千石；并由多帆改为二三帆，帆下宽，以降低风压中心；这都增加了稳性和灵活性。郑和下西洋大约即用沙船，其大者称宝船，长 150 米，张 12 帆。在航海技术上，明代改进牵星术，除北极星外，并观测方位星。又广用罗盘，创更香计时，制成方向与时间结合的针路图。

③ 明《太祖实录》卷二三一。

④ 傅元初：《请开洋禁疏》；顾炎武：《天下郡国利病书》第二六册。

⑤ 王胜时：《漫游纪略》卷一《闽游》。

福建，又接近江、浙手工业产区，外贸中心也由南宋时的广州移到福建来了。万历时，有人说："福之绸丝，漳之纱绢，泉之蓝，福延之铁，福漳之橘，福兴之荔枝，泉、漳之糖，顺昌之纸……其航大海而去者尤不可计。"①话虽如此，福建的商品性生产，究竟运销海外的只是一小部分，大部分是运销内陆以换取粮食。福建的关税收入万历初年只有 2 万两，崇祯最高时也不过五六万两，②而南宋绍兴年间广州市舶司的税收曾年达 110 万贯。明代的海外市场，恐怕是比宋代缩小了。

西欧的资本主义萌芽，大量借助于海外市场，在地中海沿岸和北欧低地，尤其是这样。当时我国开辟海外市场的能力，从出口商品看，从航海技术看，从郑和七下西洋的交通路线看，都是很大的。而明（以及清）王朝的禁海政策，起了很大的阻碍作用。我国资本主义生产关系的产生，只能依靠国内市场。

三　主要商品的长距离运销

市场扩大，只是商品流通的一个侧面，它的性质和作用，还要看进入流通的是些什么商品，以及其交换的对象。明代长距离的商品运销，就我所见，重要的有：（一）粮食；（二）棉花和棉布；（三）丝和丝织品。盐和茶也是长距离运销的重要商品，但都属专卖性质，我把它们放在下节论商人资本中去考察。

（一）粮食的运销

粮食是封建社会最重要的商品，不仅因为它流通量大，而且粮食商品率（指对产量而言）的大小，是测量自然经济结构演变的最重要的指标。

如前所说，在考虑粮食的商品流通时，首先要排除田赋、加派等非商品部分。这以外，在封建社会，粮食的交易就主要是在地方小市场上的品种调剂和在区域市场内供城镇人口的需要。前者是小生产者之间的、实际是使用

---

① 王世懋：《闽部疏》。
② 傅元初：《请开洋禁疏》；顾炎武：《天下郡国利病书》第二六册。

价值的交换。供城镇人口需要的，也主要是来自附近的农村。粮食体大价低，原是不适于远销的。以明代而论，大约每年的漕粮和开中纳粟，已可供京畿官吏、工役和北边驻军所需，此外并不需要南粮北调。有些地方，如河间府，需粮食调剂："贩粟者至自卫辉、磁州并天津沿河一带，间以年之丰歉，或籴之使来，或粜之使去，皆辇致之。"[①] 这种有来有去的情况大约相当普遍，并且多半还是区域内的运销。较长距离的运销，主要是供应东南经济作物地区的农民和手工业者的口粮，也只有这种交换，最能反映地区分工和社会分工。这在明前期尚未见记载，估计主要是明中叶以后发展起来的。

长江三角洲一带是当时桑、棉经济作物和手工业最发达地区，常患粮食不足。不过，这个地区本来是鱼米之乡，有粮外运，宋人所谓"苏常熟，天下足"。[②] 到明后期，常州米仍然外调浙江，[③] 湖州米接济杭州，[④] 常山米取给于附近的玉山、西安，[⑤] 宁波米取给于邻府台州，[⑥] 就是说，区域内的调剂甚繁。但整个区域仍有未足，须由湖北、江西、安徽运入，所谓"半仰食于江、楚、庐、安之粟"。[⑦] 说"半仰食"可能夸大了，我们没有可靠材料，估计每年运入几百万石也就够了。

福建是经济作物发展最早的地区，这时烟草尚少，但甘蔗已普遍，又有茶、麻、苎、蜡、蓝靛、果木等。手工业也发达，前引《闽部疏》已见。和江苏、浙江不同，福建地多山陵，粮食本非丰腴，这样一来，必难自给。其中温州米运福州，[⑧] 尚属近距离调剂，甘蔗产地泉州，则需"仰粟于外，上吴越而下东广"。[⑨] 值得注意的是广东米海运入闽，据说"往者海道通行虎门无阻，闽中白艚、黑艚盗载谷米者岁以千余艘计"，[⑩] 这就怕有上百万

① 万历《河间府志》卷四《风土志》。
② 陆游：《渭南文集》卷二〇《常州奔牛闸记》。叶绍翁《四朝见闻录》乙集、吴泳《鹤林集》卷三九均作"苏湖熟，天下足"。
③ 常熟"每岁杭、越、徽、衢之贾皆问籴于邑"。嘉靖《常熟县志》卷四《食货志》。
④ 杭州"城中米珠取于湖〔州〕……人无担石之储"。王士性：《广志绎》卷四。
⑤ 常山"米谷豆面之类，苟非玉山、西安通权，则终岁饥馑者十家而七矣"。顾炎武：《肇域志》第九册"浙江"。
⑥ 宁波食米"常取足于台〔州〕"。王士性：《广志绎》卷四。
⑦ 吴应箕：《楼山堂集》卷一〇。
⑧ 福州食米"常取给于温〔州〕"。王士性：《广志绎》卷四。
⑨ 何乔远：《闽书》卷三八《风俗志》。
⑩ 屈大均：《广东新语》卷一四《食语·谷》。

石了。况且,广东食米原是靠广西接济,① 而"盗载"(因朝廷禁海运)如此之巨,可见福建米缺。而自江、浙输闽之米,恐怕又多于广东。福建省大约可以说是当时自然经济受到破坏最多的省份,但也是全国发生这种情况的唯一省份。

安徽南部的徽州一带,是个茶、木材和纸、墨产区,其土地贫瘠,粮食不足。这个地区虽小,购买力则较高(大约经商之故),粮食运至颇远,在明后期,"大半取给于江西、湖广之稻以足食者也,商贾从数千里转输。"②

以上是粮食输入的主要地区。

粮食输出的地区,就我所见资料,只有两个。一是江西南部。"赣〔州〕亡他产,颇饶稻谷,自豫章、吴会咸取给焉。两关转谷之舟,日络绎不绝,即俭岁亦橹声相闻。"③ 另一个是安徽江北一带。"六皖皆产谷,而桐〔城〕之辐舆更广,所出更饶。计籴(由)枞〔川〕阳口达于江者,桐居十之九,怀〔宁〕居十之六,潜〔山〕居十之三"。④ 这两个地区都米谷丰饶,到近代还是这样。不过供应江、浙需要,恐怕还有未足(赣米还要供应本省南昌)。长江中游一带即湖广的米,在明后期大约已有东运,唯史料未详,或者数量还有限。

总看上述分析,明代商品粮食的运销,主要还是在长江下游,即九江以下的江西、安徽、江苏、浙江、福建五省,其中又有很多是本区域内部调剂。像清代的湘米大量东运、川米出川、东三省豆麦南下等大规模运销,明代尚未出现。在明后期,较长距离的粮食运销,包括广东米北上,恐怕不超过 1000 万石。按嘉靖间米价每石 0.85 两计,约值银 850 万两。⑤

粮食是农民个体生产的。进入长距离远销的粮食,部分是小生产者的余粮,大部分是来自地主的租谷。无论何者,都不是商品生产,而是由于商人资本的运动而使已生产出来的产品变成商品。所以,粮食贩运是当时最大量的商品流通,但也是最典型的封建商业,在当时条件下,无助于改变生产关

---

① 王士性:《广志绎》卷五。
② 吴应箕:《楼山堂集》卷一二《江南平物价议》。
③ 天启《赣州府志》卷三《舆地志三》。
④ 《古今图书集成·草木典》卷二八《稻部》引明方都韩《枞川榷稻议》。
⑤ 据顾起元《客座赘语》卷一,《皇明经世文编》卷二六一、三一二,《云间杂志》卷中,郑晓《郑端简公奏议》卷六,采九德《倭变事略》卷二〇,所记嘉靖二年(1523)至四十五年米价平均计算,为每石 0.85 两。

系。但是，粮食的长距离贩运主要是输往东南经济作物和手工业产区，它反映了后者的发展，并对这种发展起着保证作用。

（二）棉花和棉布的运销

棉花的种植是在明代推广的，而这时农民织布还不普遍，主要集中在江苏南部一带，因而棉花和棉布都有较繁的长距离运销。徐光启说："今北土之吉贝（木棉）贱而布贵，南方反是，吉贝则泛舟而鬻诸南，布则泛舟而鬻诸北。"[1] 这是总的流向。

当时北棉南运，主要是河南、山东的棉花。万历间钟化民说："臣见中州沃壤，半植木棉，乃棉花尽归商贩，民间衣服率从贸易。"[2] 又有记载说南阳李义卿"家有地千亩，多种棉花，收后载往湖、湘间货之"。[3] 这是河南棉花。山东植棉，"六府皆有，东昌尤多，商人贸于四方，其利甚溥"。[4] 东昌府的棉花以高唐、恩县、夏津为集中地，"江淮贾客，列肆贳收"。[5] 兖州府也多棉，"商贾转鬻江南"；[6] 而郓城是另一集中地，"贾人转鬻于江南，为市肆居焉"。[7]

江苏省太仓州所产棉花，也向南贩运，[8] 而嘉定的新泾镇，遂成为棉花交易市场，"每岁棉花入市，牙行多聚"。[9] 不过，太仓州的棉花不少是运销福建。福建在宋代是最早的植棉区，到明代则甚少栽培了。"隆万中，闽商大至〔太仓〕州"购棉，吴梅村曾咏其盛况。[10]

江西棉花，生产未详，但有棉经大庾岭运销广东。广东惠州，棉花"仰江西者恒什五"。[11] 明代湖广的江花，产量亦丰，但少见外销记载，[12] 可

---

① 徐光启：《农政全书》卷三五《木棉》"玄扈先生曰"。

② 钟化民：《救荒图说》，载《荒政丛书》卷五《钟忠惠公赈豫记纪略》。

③ 张萱：《西园见录》卷一七。

④ 万历《山东通志》卷八。

⑤ 万历《东昌府志》卷二《物产》。

⑥ 《古今图书集成·职方典》卷二三《兖州府部·风俗考》。

⑦ 万历《兖州府志》卷四。

⑧ "九月中，南方贩客至，城中男子多轧花生业。"崇祯《太仓州志》卷五。

⑨ 万历《嘉定县志》卷一《市镇》。

⑩ "眼见当初万历间，陈花富户积如山。福州青袜鸟言贾，腰下千金过百滩。"《梅村家藏稿》卷一〇《木棉吟》。

⑪ 《古今图书集成·职方典》卷一一三〇《惠州府部·物产考》。

⑫ 《花村谈往》卷二记有正德间"荆湖川蜀远下客商所带板枝花俱结算在主"一例。板枝花是絮棉，主指京口牙行主人。

能有运往广东者。①

明代棉纺织业，集中在松江、嘉定、常熟三地，有松江布、嘉定布、常熟布之称，而以松江产量最大。但松江府原系产棉区，从后来产布最盛时情况看，其所需棉花可以自足，并有余花供毗邻的浙江嘉兴、嘉善一带织户。由北方南运的棉花，大约主要供应滨海各县，那里农民也多织布。嘉定位于太仓州产棉区，棉花亦可自足。常熟缺棉，大约须由北棉接济。

松江布的运销，叶梦珠《阅世编》所记最详。他是记清初上海县（属松江府），但兼及明代："棉花布，吾邑所产，已有三等，而松城之飞花、尤墩、眉织不与焉。上阔尖细者曰标布……俱走秦晋、京边诸路。每匹约值银一钱五六分，最精不过一钱七八分至二钱而止……其较标布稍狭而长者曰中机，走湖广、江西、两广诸路，价与标布等。前朝标布盛行，富商巨贾操重资而来市者，白银动以数万计，多或数十万两，少亦以万计……中机客少，资本亦微，而所出之布亦无几。至本朝，而标客巨商罕至，近来多者所挟不过万金，少者或二三千金，利亦微矣。而中机之行转盛……更有最狭短者，曰小布……单行于江西之饶州等处……又忆前朝更有一种如标布色稀松而软者，俗名浆纱布……今亦不复见矣。"②

棉布是农民家庭分散生产的。由于商人收购，有了一定规格，又因销地不同，织成不同品种，说明松江的织户已多半是为市场而生产了。如尤墩布，"轻薄细白"，用以制暑袜，属专用布。又有高级布，如三纱布、番布、兼丝布、药斑布等，多销京师，皇室、贵族所用，③ 俱为量不大。明代松江主要商品布是标布，这是一种比较厚实、幅面较阔的布，④ 销往西北和华北。清人褚华也说，松江"标布，关陕及山右诸省设局于邑收之"，他的六世祖在明代即做棉布生意，"秦晋布商皆主于家"。⑤ 浙北嘉兴、嘉善一带与

---

① 广东"冬布多至自吴楚……与棉花皆为正货。粤地所产吉贝，不足以供十郡之用。"屈大均：《广东新语》卷一五《货语·葛布》。
② 叶梦珠：《阅世编》卷七《食货五》。
③ 见正德《松江府志》卷五，正德《大明会典》卷三二《户部十七》。
④ 近代松江布分为标布（东套）、清水、销北方；东稀，销两广、南洋；北套、扣套，销南北二路。
⑤ 褚华：《木棉谱》。

松江相连，所产可能也是标布一类，有"买不尽松江布，收不尽魏塘纱"之谚。①

嘉定布，"商贾贩鬻，近自杭、歙、清、济，远至蓟、辽、山、陕"。② 常熟布，"用之邑者有限，而捆载舟输行贾于齐、鲁之境者常什六"。③ 这两种布规格未详，主要也是北销。

大约明代南方用麻布还相当普遍。麻主要产在南方，麻布也北运。棉布兴起，御寒较胜，首先在北方代替麻布。不过，福建、广东商品经济比较发达，棉布也已盛行。福建"不植木棉，布帛皆自吴越至"。④ 但福建所产青麻布，"商贾转贩他方亦广"。⑤ 福建惠安的北镇还有一种精制的布很有名气，"北镇之布行天下"。⑥ 广东，"冬布多至自吴楚，松江之棱布、咸宁（在湖北）之大布，估人络绎而来"。但广东所产"蕉布与黄麻布，为岭外所重，常以冬布相易"。⑦

其他地区，也有布贩售，乃至甘肃的"洮兰之间小民，织造货贩以糊口"。⑧ 不过恐怕都行销不远，不赘述。

明代棉花、棉布的运销颇为活跃。但这并不说明已经有了高度社会分工或纺织手工业和农业的分离，⑨ 相反，这在很大程度上是棉纺织业生产力落后所致。我国汉族的棉纺织业本来发展较迟，又都是农民家庭副业，其推广落后于棉花的种植，所以要运棉就织。⑩ "北土广树艺而昧于织，南土精织纴而寡于艺，故棉则方舟而鬻于南，布则方舟而鬻诸北。"⑪ 明末徐光启看

---

① 雍正《浙江通志》引万历《嘉善县志》。

② 万历《嘉定县志》卷六《田赋考·物产》。

③ 嘉靖《常熟县志》卷四《食货志》。

④ 王沄：《漫游纪略》卷一《闽游》。

⑤ 弘治《兴化府志》卷一二《货殖志》。

⑥ 何乔远：《闽书》卷三八《风俗志》。

⑦ 屈大均：《广东新语》卷一五《货语·葛布》。

⑧ 明《神宗实录》卷三〇九。

⑨ 只有福建的以精制的北镇换江、浙布，广东的以蕉布换冬布，才是真正的地区分工。

⑩ 褚华《木棉谱》说：北方"风日高燥，棉缕断续，不得成缕"，要在地窖中"借湿气纺之，始得南中什之一二"。乃至乾隆《乐亭县志》卷五还有"女纺于家，男织于穴"的记载。其实，这只是技术未熟练而已。后来事实证明，北方产棉区农户大都自己织布，而乐亭还是个小的棉布集中产地。

⑪ 王象晋：《木棉谱》，载《元明事类钞》卷二四。

到河北肃宁的织布业兴起，① 即预见到松江布北运将衰。果然，入清以后，如前引叶梦珠所说，在松江就"标客巨商罕至"，棉花南运自然也减少，甚至"江北绝无至者"。但松江的织布业并未衰落，因改向中南和东北销售，反达最盛。

还应看到，我国手工布的生产，从来不是家家纺织的，据考察农村织布户最多时（19 世纪中叶）也不超过全国农户的一半，因而，他们生产的布总要有 50% 左右拿出来卖给非织布户，以换取口粮。这种粮布调剂，正是我国小农经济耕织结合的一种形态。这里 50% 左右的"商品率"是一种虚假现象。因此，我总是把重点放在长距离运销上，这种地区间的运销才代表真正的商品流通。② 在它的集中产区，即松江一带的织户，才大体可以说是小商品生产者。松江府的棉布上市量，在清代盛时年不超过 3000 万匹，③以此估计明代约不超过 2000 万匹，按每匹一钱六七分计，约值银 330 万两。

（三） 丝和丝织品的运销

丝织品的产地多在丝产区，但也因土地、技术等关系，有作为原料的丝的运销；尤其经丝，要求质量高，远销最多。

明代的商品丝主要是浙江湖州府的湖丝，其次是四川保宁府的阆丝。有人说："东南之机，三吴、闽、越最夥，取给于湖茧；西北之机，〔山西〕潞〔安〕最工，取给于阆茧。"④

湖州丝的贸易中心在归安县的菱湖镇，镇临苕溪，隆、万时，"四五月间，溪上乡人货丝船排比而泊"。⑤ 从这里南下杭州，北走苏州；销福建者，则多系闽商由苏州运去。湖州邻府嘉兴也是个丝产区，其贸易中心在石门，

① "肃宁一邑所出布匹，足当吾松十分之一。初犹莽莽，今之细密儿与吾松之中品埒矣。"徐光启：《农政全书》卷三五《木棉》"玄扈先生曰"。
② 这里还没考虑官布。明代除宫廷用布和赏费用布外，最大量为军服用布，明初年平均在 100 万匹左右，又西北易马的布每次 10 万匹左右。但官布并非都出自官课，尤其明后期，主要还是商人所贩。开中制的"纳布中盐"也是这样，所谓"秦晋大贾"其实很大部分是贩运官用布匹的。我这里都视同商品布了。
③ 参见吴承明《论清代前期我国国内市场》，收入本卷第 359～376 页。又载氏著《中国的现代化：市场与社会》，三联书店，2001，第 144～166 页。——编者
④ "茧"应作"丝"，明代尚无茧的贸易。郭子章：《郭青螺先生遗书》卷二〇《蚕论》。
⑤ 董斯张：《吴兴备志》卷二九。

地临江南运河，"四方大贾岁以五月来贸丝，积金如丘山"。[①] 其丝也走苏、杭。其实，苏、杭也都产丝，购湖丝多用于经丝。福建虽不产丝，也不专用湖丝。苏州丝还销往广东。广东也产丝，但要织精细的粤缎，则要用苏州运来的好丝。[②]

阆丝是四川保宁府诸州所产，不限于阆中。阆丝也不止贩运到山西潞安，也贩运到江、浙丝产区，千里迢迢，主要也是因为它质量好，可能生产成本也较低。阆丝中有称水丝者，"精细光润，不减胡（湖）丝……吴越人鬻之以作改机绫绢，岁夏，巴、剑、阆、通〔江〕、南〔江〕之人，聚之于苍溪，商贾贸之，连舟载之南去。土人以此为生，牙行以此射利"。[③] 苍溪是保宁一县，临嘉陵江。改机是一种幅面较阔的品种，用阆丝可能因其坚实。其实，潞绸也不仅用阆丝，并远取湖丝。[④] 阆丝又不仅销山西、江浙，大约也是成都著名的蜀锦的原料。[⑤]

明代丝织业已甚发达，不产丝之地，只要有能工巧匠，如潞安、泉州、成都，也有著名的丝织品销往各地。不过，最大的丝织品市场还是在浙江的杭、嘉、湖一带。如前所述，这里并形成几个丝织手工业镇市。对于这些城市和镇市的商业繁荣，史料甚多，但很少言及具体运销路线和品种、数量，这也是我国史笔不足之处。仅见者如"秦、晋、燕、周大贾，不远数千里而求罗、绮、缯、币者，必走浙之东也"，[⑥] 其贸易中心则是杭州。杭州市场上的绢，"直隶、江西等省皆买之"。[⑦] 又湖州的包头绢，"各直省客商云集贸贩"。[⑧] 从这些材料可以看出，浙江丝织品的主要走向也是北运。嘉靖以后，苏、杭的官织局改为领织和市买，丝织品的北运当然更盛。不过，明代丝织品的消费已不限于宫廷和贵族，乡绅士子和商人也多衣丝裘绸了，在

---

① 王穉登：《越客志》。

② 粤缎极精，"然亦必吴蚕之丝所织。若本土之丝，则黯然无光，色亦不显，止可行于粤境，远贾所不取"。《岭南丛述》引《广东府志》。

③ 嘉靖《保宁府志》卷七《食货记》。

④ "潞绸所资，来自他方，远及川、湖之地。"顺治《潞安府志》卷一。

⑤ 成都善织锦，但"千里无一蚕株"。章潢：《图书编》卷四〇《水利蚕桑》。

⑥ 张瀚：《松窗梦语》卷四。

⑦ 乾隆《杭州府志》卷五，引万历《临安县志》。

⑧ 嘉靖《湖州府志》卷四一。

北方各城市均有市场。如山东临清，万历间有"缎店三十二座"；① 乃至北边如宣化，亦有"南京罗缎铺、苏杭罗缎铺、潞州绸铺、泽州帕铺"等。② 这种远销的大约以高档货为多，一般的绸和纺绸，可能还是南人习用。

潞绸原因入贡而织，系长治、高平、潞州等地民间织户所造，但也有大量商品绸。"在昔（指明代）全盛时……贡篚互市外，舟车辐辏者转输于省直，流衍于外夷，号称利薮。"③ 这种绸大约适于北方，"是绸也，士庶皆得为衣"。④

福建，"闽不畜蚕"，而闽绸则颇出名，这也是因为质量好。"泉人自织丝，玄光若镜，先朝士大夫恒贵尚之，商贾贸丝者大都为海航互市。"⑤ "福之丝……下吴越如流水"，并"航大海而去"外洋。⑥ 广东也是这样。"广纱甲天下"，粤纱"金陵、苏杭皆不及"，粤缎"行于西北"，外输"东西二洋"。⑦

丝和丝织品与棉花、棉布不同，它们基本上是商品生产，价值较高。从上述情况还可以看出一个特点，即凡是质量好的都能远销，并有出口。因而运销繁荣，市场的扩大，对生产的作用也比较大。明代官丝织局的生产能力大约为5.7万匹，这是按高级产品缎来计算。明后期，苏、杭一带民间机户的织机大约为官织局的3倍，生产不限于绫、缎，产量较高。嘉靖以后，官织多改为领机和市买，历次加派常达10万匹，即靠民机生产。还有，农家副业的丝织品生产，主要是绸和绢，也大部分是商品性生产。这样，粗略估计一下苏、杭一带的上市量，即参加长距离运销的丝织品，每年可达30万匹左右。按各类平均每匹1两计，价值在30万两左右。

棉布是明代新兴的大宗商品，丝织品则是有悠远历史的商品了。在正常情况下，工业品（包括手工业品）商品市场的扩大，常是伴随着它价格的

---

① 明《神宗实录》卷三七六。
② 《古今图书集成·职方典·宣化府部》"风俗考"。
③ 顺治《潞安府志》卷一《地理四》。
④ 吕坤：《去伪斋集》卷二《停止砂锅潞绸疏》。
⑤ 王沄：《漫游纪略》卷一《闽游》。
⑥ 王世懋：《闽部疏》。
⑦ 《岭南丛述》引《广东府志》。此记载较晚。但屈大均《广东新语》卷一五《货语》所述略同。

降低的。丝织品的贸易就反映了这种情况。据汪士信同志研究，绢的价格，明代平均比宋代下降了60%；这里面有银价下跌的因素，但若将绢价折米计算，明代平均也比宋代下降11%。明代从永乐到嘉靖，绢的价格是上升的，但一般物价的上升更大于绢，如将绢价折米计算，仍是下降的。其情况如表1。

表1　明代的绢价

时　期	绢每匹合银（两）	绢每匹合米（石）
永乐（1403~1424）	0.63	？
正统（1436~1449）	0.50	2.00
成化（1465~1487）	0.73	1.27
嘉靖（1522~1566）	0.70	0.82

资料来源：汪世信同志的研究，见许涤新、吴承明主编《中国资本主义发展史》第1卷，人民出版社，1985，第125~126页。——编者

（四）其他工业品的运销

以上分别考察了粮食、棉花和布、丝以及丝织品的长距离贩运。此外，传统工业品中，除盐（它的运销取决于人口数量）外，最重要的是铁。明代较早地开放民间冶铁，明后期，广东佛山的冶铁已有工场手工业出现。四川的铁，经长江运到江苏无锡；[①] 福建的延（平）铁，经海路运到苏州；[②] 而广东的铁长途跋涉，用驮运经大庾岭到江西。[③] 非有有利的市场是不会行销这么远的（这里所说的铁，也有可能是铁器）。

铁器，原来是铁匠就地锻造，并主要是接受用户加工。明代，开始有了小商品生产，同时也就有了商品运销。明后期，并出现铁器集中产区，成为有名的铁市，如苏州的庹村市，震泽的枻丘市，以及广东的佛山市。佛山在景泰时即是"工擅炉冶之巧，四远商贩辐辏"；[④] 在天启年间即已分为炒铁、

---

① 万历《无锡县志》卷八《食货二》。
② 王世懋：《闽部疏》。
③ "梅岭道路……南货过北者，悉皆盐铁粗重之类……日有数千〔驮〕。"顾炎武：《天下郡国利病书》第八二册"江西"。
④ 景泰二年（1451）陈赞《祖庙灵应词碑记》，载道光《佛山忠义乡志》卷一二《金石上》。

铸锅、铁钉、铁线、制针等行业。值得注意的是，佛山铁器，尤其是铁锅，之所以行销甚远，主要是由于其质量好。冶家对于技艺人"必候其工而求之，极其尊奉……故佛山之冶遍天下"。[①] 在佛山铁器铸造业中也已有了资本主义萌芽。

江西饶州的制瓷业，是明代发展起来的，景德镇之名即得之于明瓷。明后期，景德镇的瓷器运销已是北到燕北，南到越南，西到四川，东出海外了。[②]

此外，若漳州、泉州的糖运销江浙及海外，[③] 江西铅山的纸运销河南、安徽，[④] 都是明代新兴的长距离贩运贸易。前已屡提及，工农业产品的交换是最重要的商品交换，工业品（这时是手工业品）之陆续进入市场，是十分值得注意的事。

四　大商人资本的兴起

明代徽商和山西、陕西等地大商人资本的兴起，曾引起中外学者重视，不少研究著作。本文不拟多论，而是把它作为市场的一个因素，从他们经营的内容、资本组织和资本量上，来考察一下大商人资本的作用。

明代市场上最大量的商品是粮食，商业资本的最大部分也应用于粮食运销。但粮食的经营很分散，所在产地和销地都有粮商；并且运销利润较低，明代多数贩运商尚未专业化，粮食常是兼营的。因此，新兴大商人资本的主营业务不是粮食，而是盐、茶和布、丝织品、木材等。

先看徽商。安徽"富室之称雄者，江南则推新安（徽州），江北则推山右。新安大贾，鱼盐为业……山右或盐或丝"。[⑤] 这里"鱼盐"是偏义复词，实指盐。汪道昆的《太函集》记徽商最详，称"吾乡贾者首鱼盐，次布帛，贩缯则中贾耳"。又"吾郡中称闾右世家，首东门许氏……以盐策贾"；"邑

---

① 屈大均：《广东新语》卷一六《器语》。
② 嘉靖《江西省大志》卷七《陶书》。
③ 万历《闽大记》卷一；王世懋：《闽部疏》。
④ 万历《铅书》卷一。
⑤ 谢肇淛：《五杂俎》卷四。

中世业最显者莫如诸程，之浙贾盐策"；汪本人的先世也是"宗盐策"。① 就是说，徽商资本最大的都是盐商，或以盐起家。

就徽商说，盐以外，最大的资本是典当，徽典遍于大江南北。一家典当所需资本并不多，但典当多系联号或联营，故成大商人资本。典当不属商品经营，本文不论。再其次，则当是茶和布。安徽是茶产区，茶商自多。张瀚说："盐、茶之利尤巨，非巨商贾不能任。"② 布是大宗商品，当不少经营。还有木材，也是安徽特产，尤其是婺源寿材，经营者也是大资本。在清代，对徽商习称"盐、典、茶、木"，③ 是指其声势最显赫者而言，不是指商品量多少；在明后期，看来也是这样。

盐，是王朝最重要的专卖品，利润特大；盐商又都经营私盐，利润就更大。④ 正因如此，只有大商人资本才能交通官府，取得盐引，而商人只要经营盐，就能积累更大资本。盐商带有官商性质，尤其是明代实行纲法，引商编入纲册，世袭专利，其特权性质尤为显著。并且，盐的运销自古就是自然经济的补充，它的生产和消费决定于人口数量，无论有多大资本投入经营，对于生产和商品经济的发展并无多少作用。只不过是扩大剥削量，从而扩大货币资本的积累而已。

茶，在明代，除官茶、贡茶外，茶商都是引商，也属特权商人；张瀚就说，其利润大是因"第市法有禁"。⑤ 不过，茶叶运销的扩大对生产是有促进作用的；但江南茶产量的增长主要是在清代，明代发展有限。木材虽是一般商品，但当时大的木料主要是宫廷和官廨所用，大的木商领有官帑，替官家采办，因致大富。如万历修乾清宫、坤宁宫，徽商王天俊等，"广挟金钱，依托势要，钻求札付。买木十六万根，勿论夹带私木不知几千万根，即此十六万根木，税三万二千余银，亏国课五六万两。"⑥

---

① 汪道昆：《太函集》卷五四《吴长公墓志铭》、卷二九《许长公传》、卷三二《程长公传》、卷三九《世叔十一府君传》。

② 张瀚：《松窗梦语》卷四。

③ 民国《歙县志》卷一《风土》。

④ 盐的销售价格和产地价格一般相差 5 倍至 10 倍，不过大部分是专卖利润。万历时有人说商人经营盐的利润和经营一般商品是五与三之比，见顾炎武《天下郡国利病书》第四册"苏上·耿橘"。

⑤ 张瀚：《松窗梦语》卷四。

⑥ 陈眉公：《冬官记事》。

再来看山西、陕西商人。这些西北商人中资本最大者也是盐商，这又和明代的开中制有关。洪武年间，边防缺粮，乃招商纳粟，给以盐引，令持引到两淮、河东贩盐，所谓纳粟中盐。经营此业者多系西北商人，称边商。在这种场合，商人须有两套资本，一年只能周转一次，故非大商人莫属。这些大商人，实际是替官家购粮、替官家销盐，其资本实际不是独立的商业资本。为了纳粟北边，有些商人即在边地募工垦殖，以免运粟之劳，称商屯。这种商屯是"自筑墩台，自立保聚"，[①] 看来还不是自由雇工，其剩余产品交官，因而也不是商品生产。其后，北边战事，商屯破坏。弘治间，出现代支，即纳粟商人领得盐引后，可将盐引卖给别的商人去贩盐。又出现开中折色，即纳粟改为纳银。这样一来，边商内徙，多寓籍淮扬，西北盐商也和徽州盐商一样，变成专业盐商了。万历时，扬州"皆四方贾人，新安最盛，关陕、山西、江右次之"。[②]

在开中制中，除纳粟外，还有纳茶中盐、纳布中盐之举，与纳粟作法同。纳茶、纳布虽不经常，但有重要性。西北商人贩茶，多自四川，主要是供官府作茶马互市之用。布，很大部分是供军服之用；明初西北军服，一次常需六七十万匹布，较燕北、辽东都大。所以前引史料，常见秦晋大贾到松江贩布。傅衣凌同志说："陕商的经济活动是输粟于边疆，治盐于淮扬、河东，贩布于吴越，运茶于川蜀，成为有机的联系。"[③] 还可补充说，这些活动都与官家的需要有关，并以盐为关键，因为是大利之所在。到明后期，这些活动基本上都属于商品流通性质了，但其与封建政权的联系始终是存在的。

现在再从商人资本组织上来看。明代出现贷本经商和合伙制度，这是商人资本的一个重要发展。

有一则徽商的记载说："伙俗尚贸易，凡无资者，多贷本于大户家，以为事业蓄计。每族党子弟告贷于大户，大户必重〔汪庭榜〕先生一言而后与之。子弟辈亦不敢负先生，致没大户资本。"[④] 又商人王敦夫，"从族人贾

① 《国朝典汇》卷九六《记明初事》。
② 万历《扬州府志》卷一。
③ 傅衣凌：《明清时代商人及商业资本》，人民出版社，1956，第170页。
④ 方承风：《训导汪庭榜墓志铭》。

354

江陵……其族能任贾者，与之本业，不问子钱"。① 这里的贷本，或是贷给族人，或是有力的乡绅作保，而所保亦系族党子弟；看来，宗族关系很重要，还说不上是货币资本的信贷。此外，徽商中有友人"寄金"之事，就事例看，"寄金"不过百两、数百两；又商人间使用借券，要维护借券的信用，这虽不限族党，但不像是借本的性质。

合伙制，在徽商中有"伯兄合钱""昆季同财"等记载，这等于是一家合伙，是从家族经商演变而来的，也是一个商人的第二代常见现象。又如休宁的程镇，"结举宗贤豪者得十人，俱人持三百缗为合从，贾吴兴新市……久之，业骎骎起，十人皆不赀"。② 这已是多人合伙，但仍以程氏宗族为限，并且这种"合从"，可能还不是组成一个法人，所以发家后"十人皆不赀"。当然，商人在生意发展中，"挈其亲戚知交而与共事"，③ 有外姓人加入是很自然的，但未必是合资关系。宗族制在明代仍是一个限制资本聚集的重要因素。

合伙制或伙计制，在山西商人中尤为流行。有一则常为人引用的史料："平阳、泽〔州〕、潞〔安〕豪商大贾甲天下，非致数十万不称富，其居室之法善也。其人以行止相高，其合伙而商者，名曰伙计。一人出本，众伙共而商之，虽不誓而无私藏。祖父或子母息亏贷于人而道亡，贷者业舍数十年矣，子孙生而有知，更焦劳强作以还其贷，则他人有居积者，争得斯人以为伙计，谓其不忘死肯背生也，则斯人输小息于前而获大利于后。故有本无本者咸得以为生。且富者蓄藏不于家，而尽散之为伙计。估人产者，但数其大小伙计若干，则数十百万产可屈指矣。"④

我引录较详，因可有不同解释。我认为，晋商的合伙制，实际是东家出本、伙计经商的一种制度。这种制度也许是由贷本经商发展而来，但文中插入的子孙为亡父还债一事，并不一定是借本，而这一节，只是说"有居积"的东家争着要这种有信义的人做伙计，不是说放贷给他。东家与伙计是

① 李维桢：《大泌山房集》卷一〇六《赠罗田令王公墓表》。
② 汪道昆：《太函集》卷六一《明处士休宁程长公墓表》。
③ 金声：《金太史集》卷四《与歙令君书》。
④ 沈思孝：《晋录》。又见王士性《广志绎》卷三《江北四省·山西》，顾炎武《肇域志》第三七册"山西"。

"合伙而商"，有类后来的钱股和人力股合伙。其经营利润是双方共享的。

《金瓶梅》第二十回说西门庆拿出两千两银子"委付伙计贲地传"开药店，叫女婿陈经济掌管钥匙，寻购药材，"贲地传只是写账目，秤发货物"。第五十九回，"又寻了个甘伙计作卖手，咱每（韩伙计自称）和崔大哥（崔本伙计）与他同分利钱使"。"譬如得利十分，西门庆分五分，乔大户分二分，其余韩道国、甘出身与崔本三分均分。"这是伙计制的很好说明。不过，《金瓶梅》是写山东地区，不是讲西北。"山东临清十九皆徽商占籍"①，大约伙计制在徽商中也是通行的，不知为什么《太函集》中没有反映。《石点头》第八回有"两个伙计认他本钱，在金陵开了个当铺，前来盘账"，这也是东伙关系，并且是任伙计在外地独立经营。这种伙计，同近代商业上雇佣的伙计，完全是两回事。《金瓶梅》第九十九回说，"两个主管齐来参见"陈经济，问病，陈经济说"生受二位伙计挂心"。伙计在店就是主管，伙计也是尊称。

看来，明代大商人的资本组织，贷本经商主要限于宗族，外姓参与主要是做伙计。

最后，看一下明代大商人的资本究竟有多大。这方面无确切记载，只能大体观察。万历时，徽州商人"藏镪有至百万者，其他二三十万，则中贾耳"。"山右商人，其富甚于新安"，② 这大约指平均而言，其大者不会超过徽州。徽州歙县的"盐策祭酒而甲天下者，初则黄氏，后则汪氏、吴氏相递而起，皆由数十万以达百万者"。③ 不过一般说，数十万就算是大贾了，上百万的是少数。徽商"大贾辄数十万，则有副手而助耳目者数人"。④ 前引叶梦珠《阅世编》说，到松江贩布的大贾，可能是秦晋商人，"白银动以数万计，多或数十万两"。前引山西平阳、泽州、潞安商人，"非致数十万不称富"，又"则数十百万产可屈指矣"。西北商人，大贾也是数十万，也有达百万者。

"数十"的含义模糊，但一般理解，是 10～100 的较高位数，以别于二

---

① 谢肇淛：《五杂俎》卷一四。
② 谢肇淛：《五杂俎》卷四。
③ 万历《歙县志》卷一〇。
④ 顾炎武：《肇域志》第三册"安徽"。

三十的称谓。这样可以得到一个概念，即明后期的商人资本，银二三十万两的算中贾，50万两以上的就是大贾了，达100万两以上的是极少数。

王世贞记有严嵩的儿子论天下富豪的一段史料："严世蕃……尝与所厚屈指天下富豪居首等者，凡十七家……所谓十七家者，己与蜀王、黔公；太监黄忠、黄锦；及成公、魏公、陆都督炳；又京师有张二锦衣者，太监永之侄也；山西三姓；徽州二姓；与土官贵州安宣慰。积赀满五十万以上者，方居首等。先是无锡有邹望者将百万，安国者五十万……"① 这是说在明嘉、万时，积资"五十万"两以上的就算是天下头等富豪了，这种富豪，全国只有"十七家"。其中山西三姓、徽州二姓，应是商人。不过，在这之前还有邹望、安国二人，他们是正德时的无锡商人。

用这个标准来衡量，明后期大商人的资本可与王公、太监、都督并列，可谓"富可敌国"了。但是，"五十万"两这个标准与清代比，却是不大的。王世贞也说，后世官僚过"百万""二百万"的就很多了。

五　简短的结论

从以上关于明代国内市场的考察，可以得出如下一些结论。

一，国内市场显著地扩大了，这表现在商运路线的增辟和新的商业城镇的兴起。但明代商路的增辟主要是在南北贸易方面，尤其是大运河的利用；这包括有政治因素，不完全是商品经济发展的结果。以南北贸易而论，其量亦是有限的，除漕粮外，这时尚毋需南粮北调。而经济上最重要的长江贸易，还主要是在中下游。地方小市场，也仅在个别丝的集中产区发展为初级市场。

二，长距离贩运贸易有了发展，并且已逐步由奢侈品以及特产品贸易转向以民生用品的贸易为主，即由产品与收入的交易转化为小生产者之间的交换，这是市场性质的一大变化。工业品之陆续加入市场流通，也是值得注意的动向。但是，终明之世，长距离贩运贸易在整个市场交易中仍很有限，而其中工农业产品的交换并不占主要地位；农村产品大半还是单向流出，得不

---

① 王世贞：《弇州史料后集》卷三六。

到补偿和交换。

这里，还提不出什么数据。参考清代前期（鸦片战争前）的状况，长距离贩运约占全部商品粮食的 20%，明代远不会达到此数。从上文粗略的估算，在长距离贸易中，布和丝织品的价值合计还抵不上粮食的一半（而到清代前期，两者约略相等）。又上文估计进入长距离运销的商品粮食不过1000 万石，而明廷征收的赋、课等如全部折成粮食常达三四千万石。

三，徽商、山陕商等大商帮的出现，说明国内市场已有相当的积累货币资本的能力。但这种积累主要是从经营盐以及茶、布等商品而来，多少是假借封建政权的力量形成的。大商人的资本关系还限于家族范围，尚缺乏社会信用。大资本还限于银五十万两级、最高百万两的水平（清代已达百万两级、最高以千万两计的水平）。

（原载《中国社会科学院经济研究所集刊》1983 年第 5 集。原第 1 节经改写，原第 5 节删除）

论清代前期我国国内市场

在论明代国内市场的时候，我是从三个方面来观察流通的发展和市场性质的变化的：（1）商运路线的增辟和新的商业城镇的建立；（2）主要商品的长距离运销；（3）大商人资本的兴起。[①] 清代，则已有可能对鸦片战争前国内市场的商品量和商品值作一粗略估计，因此，对（1）（3）两项我只在第一节中作简略概述，对（2）项亦只计算粮和布两种主要商品，以省出篇幅，留作量的分析。

关于本文研究国内市场的目的和对我国封建社会各级市场的看法，都已在论明代市场一文中详述，这里从略。

一 国内市场的扩大

前文曾提过，明代国内市场的开拓主要是在南北贸易方面，尤其是大运河的利用，这是受政治影响。清代商运路线有更大的扩展，则基本上是经济发展的结果了。

清代东西贸易有重大突破，尤其是长江一线。上游（即宜宾至宜昌段）商运主要是清代开拓的，这和四川的移民和开发是分不开的。川江主要支流

---

① 见本卷《论明代国内市场和商人资本》（第 333～358 页）。又载氏著《中国的现代化：市场与社会》，三联书店，2001，第 111～143 页。——编者

嘉陵江、沱江、岷江都在粮食和棉、糖、盐产区，汇流而下，集中宜宾、泸州、重庆。乾隆初，为运云南铜矿，还在宜宾以上疏凿险滩，开通金沙江船路1300余里，泸州更成商贸重镇，惜不久淤塞。

长江中游（即宜昌至汉口段）的贸易也是清代才大发展的，这主要是由于洞庭湖流域的开发，长沙成为四大米市之一，而岳阳成为湘江等水路的货运中转站。同时，由于陕南山区和鄂北丘陵地带的开发，唐以后陷于停滞的汉水船运重新活跃起来，襄、樊成为商业城市。于是，除粮食为大宗外，川陕的木材，江汉平原的棉花，湘蜀的丝、茶以及南北土产都汇入长江。

长江上中游商运发展的结果，出现汉口镇这样大的商业城市。汉口原一荒洲，属汉阳县，明嘉靖时，整个汉阳县人口不过2万余，到清乾隆时，单汉口镇即达10万，成为华中和东南贸易枢纽，号称"九省通衢"。不仅长江上中游商货汇集于此，淮盐、苏布、东南洋广杂货也在此集散；鸦片战争前年贸易额在1亿两左右。[①]

其余东西方贸易，最有发展的是南方的珠江水系，尤其是西江船运。又东北的黑龙江、松花江，原限于军船，康熙时始有商船，但随即出现吉林、扶余、嫩江等商业城市。唯中部淮河船运，仍受黄河干扰，无何进展。

南北贸易方面，清代对大运河的整治远不如元、明，只是修修补补。康熙时开中河，避去一部分黄河之险，出现清江浦（今淮阴）这样的商业城市，乾隆后期人口达54万。乾隆末，中河淤废；道光初，宝应高邮段全淤，大运河的利用就更差了。

长江以南的南北交通原有两条干线：一由江西赣江南行，过庾岭，经北江到广州。此路明代即商运繁盛，清代续有发展。尤其福建茶大量出口后，清廷禁海运，均由此路运广州，沿途船夫、挑夫、客店、小贩以10万计。另一路由湖南湘江南行，过桂林，沿西江到广州。此路明洪武虽重修灵渠，但以军事为目的。到清代，随着洞庭湖流域的开发，湘江商货日繁，始成为重要商路。尤其广州一口通商后，丝茶在湘潭装箱南运；洋货亦先集湘潭，再分运内地。中经南风岭，人力肩挑，不下10万人。

清代南北贸易的更重要发展，是沿海北洋船线的开通。由上海绕山东半

---

① 范植清：《鸦片战争前汉口镇商业资本的发展》，《中南民族学院学报》1982年第2期。

岛到天津的北洋船线，辟于元代，但基本上是官漕；明代废海漕，航道几乎
湮灭。清康熙重辟，并由天津延至营口，与辽河联运。每年沙船运北方豆、
麦、枣、梨等到江、浙；运布、茶、糖等南货去华北、东北，成为南北一大
干线。至于南洋沿海航线，与明代无殊。台湾贸易则颇有发展。

到鸦片战争前，我国的内河航运路线，大体已具有近代的规模，内河航
程在5万公里以上，沿海航线约1万公里。事实上，鸦片战争后的发展，主
要是一部分航程改用轮驳船而已；直到铁路兴建，才发生重要变化。

清代的大商人资本，有进一步发展。徽商、山陕商、海商之外，有粤
商、宁绍商、沙船商和经营国际贸易的行商兴起。原来贩运商人属于客商，
到交易城市须投行。明代大商帮兴起，已不尽是客商，而常挈眷在交易城市
占籍。入清以后，他们就大多在所到城市设立庄号，乃至批零兼营；于是商
人会馆林立，反映长距离贩运贸易的发展。北京、苏州都有商人会馆三四十
处。商人会馆按地区分帮，竞争激烈，帮分裂，会馆也分裂，同时，又有全
行业性的会馆出现。嘉庆以后，会馆逐渐为工商业公所所代替，公所则大多
是全行业性的组织了。到清末，苏州有公所100多处，上海有60多处。

清代的大商人资本，仍以与封建政权关系密切的盐商最为显赫，盐商
仍以徽商为主，八个总商中徽商常占其四。但是，如后所说，盐在清代市
场上已是退居第三位的商品了，布、茶、丝等传统商品都有发展，并逐步
摆脱封建势力；新的工业品陆续加入市场，并有洋货和广杂货成为一大行
业。嘉庆以后，盐商衰落，行商（广东十三行）势力已凌驾盐商。不过，
行商与另一非商品性的大行业山西票商，其与封建政权的关系也是极其密
切的。

前文曾提到，明代大商人的资本组织还限于家族范围。清代，则已有信
贷发展。康熙时，徽商"虽挟资行贾，实非己资，皆称贷于四方大家，而
偿其什二三之息"。① 明代大商人资本还是银五十万两级，最高百万两水平。
清代，则数百万两已属常见，进入千万两级。淮盐商人"办运者百数十家，
有挟资千万者，最少亦一二百万"。②"淮商资本之充实者以千万计，其次亦

---

① 康熙《徽州府志》卷八《蠲赈》。

② 王赠芳：《谨陈补救淮盐积弊疏》，《经世文续编》卷五一。

以数百万计"。① 山西巨商"元氏号称数千万两"。② 广州行商伍怡和的资本有 2600 万元，其他大的行商亦在千万两左右；和珅单当铺的资本即达 2000 万两。这说明市场积累货币资本的能力大大提高了。当然，这时大商人资本的积累还多少带有封建权力因素，不完全是经济手段，和珅之流尤其如此。他们的积累，除扩大商业外，也主要是用于购买土地，甚少投资生产。尽管如此，据我们考察，清前期我国资本主义萌芽的发展，仍然主要是依靠商人资本，仅少数是由小生产者分化而来。

二　鸦片战争前国内市场的分析

为探讨清代前期国内市场扩大的程度及其性质，我利用尽可能得到的资料，对鸦片战争前（以 1840 年为基期）市场上主要商品量和商品值作一估计，如表 1。事实上，这时我国并无社会经济调查，该估计主要是用间接方法求得，当然很粗糙。但它总可以给我们一个比较全面的印象，反映大致的比例关系，比那种单纯用概念来论证的方法为好。

表 1 虽只列 7 种商品，却足已代表整个市场结构。其余商品，最大宗者为铁、瓷器、铜。铁在嘉庆后减产，我们估计年产量在 400 万担左右，按每担 1.5 两计，约合 600 万两。瓷器，景德镇当时产量约 30 万担，按每担 15 两计，合 450 万两；全国计亦不会高出太多。铜，当时朝野十分重视之滇铜，年产值不过 60 万两；全国计可能有 100 万两。其他商品就恐怕不会有超过 100 万两的了。表 1 所列，则都是以千万两计的。

表 1 商品值是消费市场价格，一般是批发价，不是生产者所得价格。依表，流通总额年约 38700 万两，人均近 1 两，已经不算小了。

对于这个数值，还应作些调整，才好分析其交换内容。如前文所说，农村每年都有相当数量的农产品单向运出，而没有回头货与之交换。造成这种情况的主要因素有三：（1）政府的征课；（2）城居地主引入城镇的地租；（3）商业、高利贷资本得自农村的利润和利息。后两项无法计量。第

---

① 李澄：《淮鹾备要》卷七。
② 徐珂：《清稗类钞》。

表1　鸦片战争前主要商品市场估计

品　种	商品量	商品值		商品量占产量（%）
		银（万两）	比重（%）	
粮　食	245.0 亿斤	16333.3	42.14	10.5
棉　花	255.5 万担	1277.5	3.30	26.3
棉　布	31517.7 万匹	9455.3	24.39	52.8
丝	7.1 万担	1202.3	3.10	92.2
丝织品	4.9 万担	1455.0	3.75	
茶	260.5 万担	3186.1	8.22	
盐	32.2 亿斤	5852.9	15.10	
合　计		38762.4	100.00	

注：

此表的估计方法比较复杂，详见许涤新、吴承明主编《中国资本主义发展史》第1卷，人民出版社，1985，第318~329页，这里仅作简介。

粮食：产量依传统办法按4亿人口计，人均占有量580斤。商品量：非农业人口2000万人，人均500斤；经济作物专业区5000万人，人均250斤；酿造、上浆用粮20亿斤。价格主要据柯悟迟《漏网喁鱼集》及郑光祖《一斑录》，并按"米一谷二"折原粮，每石一两。

棉花及棉布：棉布按标准土布计，即每匹重20两，合3.633平方码；净进口棉花60.5担、净进口棉布（折标准土布）267.3万匹，未计入。产量采用徐新吾同志及《江南土布史》估计，是参照近代产棉量，调查人均棉布和絮棉消费量，调查纺织户比重，计算自给部分与商品部分，再用进出口记录修正。棉价，主要依据《一斑录》，评为每担五两。布价，主要据海关及英商记载，评为每匹三钱。

丝、丝织品和茶：出口丝1.1万担，出口茶（折干毛茶）60.5万担，包括在内。产量据徐新吾同志及《江南丝织工业史》《上海华商国际贸易业史》的估计。丝是根据江南织户、织机估算纺织用丝，根据广州出口记录估算外销丝，产量即销量。价格是以出口丝价每担350元为基数，内销丝评为每关担245元，绸缎价评为每关担500元。茶按人均消费量半斤计（比传统估计为低），出口按广州及俄国记录，销量即产量。价格以上海出口价为基数（广州太高），每担20两7钱，内销价评为10两3钱。

盐：官盐采用简锐同志的估计，系根据11个产区户部额定引数，按不同配盐数计算销量，销量即产量。价格按各销盐区发售价，均据各区《盐法志》。私盐产量按四川、两淮情况，估为官盐的1/3，价格为官盐平均价的2/3。

这几项估计总商品值38700万两，比过去有人按厘金推算数（不到1亿两）大得多，比最近美国珀金斯氏按海关土产转口统计推算表（6亿两至7亿两）又小。厘金、海关统计均为1870年或1880年以后之事。

《江南土布史》《江南丝织工业史》《上海华商国际贸易业史》均为上海社会科学院经济研究所编，将陆续出版。

（1）项即政府征课占最大数量。清代的征课大都已折色，生产者将赋额（农产品）卖给商人运出，而实际并非商品。我们也仅就这一项来进行调整。

清政府的征课，最大项目是田赋，占岁入 3/4 以上，鸦片战争前实收约 3200 万两，棉田、桑田、茶山的地丁在内。此数约合表 1 粮、棉、丝、茶商品值的 14.6%，而地方实征还多些。因将表中四项商品值各减 15%，作为调整数。

征课的另一大项是盐课，鸦片战争前已缺额，实收不到 500 万两。盐课由盐商缴纳，原属商品流通税性质，但盐场也有课。且盐为专卖品，表 1 是按各销区批价（每斤一分二厘至三分不等），偏高。因无出场价，只好将该项商品值减除 500 万两，作为调整数。

其他征课如常关税、海关税、牙税、茶课等，均属商品流通税性质，不再调整。但应加入进出口因素，以修正流通总额。调整结果见表 2。

表 2　鸦片战争前主要商品流通额（调整）

品　种	银（万两）	比重（%）	净进口（＋） 净出口（－） 银（万两）
粮　食	13883.3	39.71	
棉　花	1085.9	3.11	＋302.5
棉　布	9455.3	27.04	＋80.2
丝	1022.0	2.92	－225.2
丝织品	1455.0	4.16	－已计入丝中
茶	2708.2	7.75	－1126.1
盐	5352.9	15.31	
合　计	34962.6	100.00	

这些商品之间怎样流通和交换，是很复杂的。但从主要流向看，大体是粮农出售粮食，换取布和盐；而经济作物区棉、丝、茶等生产者除换取布和盐外，还要同粮农换取部分粮食。因此，可将这些商品分为三大类，其相互交换关系如图 1。图中略去了丝织品、进口棉布和出口部分的丝、茶，因为这些商品是城市消费或出口国外，不参与图中的流通。这部分的总值，不过占全部流通额的 8%。

从图解中可以看出：

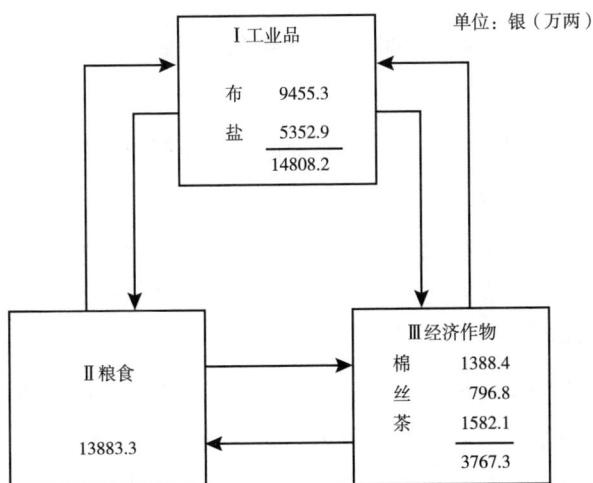

图1 三大类主要商品的流通

第一，80%以上的市场交易是在Ⅰ类与Ⅱ类之间进行的。尤其是粮与布，是市场上最大量的两项商品，市场上最大量的交换也就是粮与布的直接或间接交换。其次是粮与盐的交换。

第二，布和盐虽属工业品，但实际都是农村生产的。这时的商品布，基本上还是农民家庭生产；盐民也是农民。因此，绝大部分市场交易，实际是农民小生产者之间的交换，不过是通过商人和地主之手而已（商品粮多来自地主的租谷）。

第三，Ⅰ类的布、盐，若减除城市人口（约占全人口5%）的消费，几乎与Ⅱ类平衡了。这说明，商品粮之销往城市是很少的（184万两即不足200万石），城市用粮主要是由上述农村向城市的单向输出（超过2000万石）来解决，这是没有交换的。Ⅲ类中的丝、茶主要是销往城市，但也不过2000余万两。这就是说城乡之间的交换不大。也说明鸦片战争前，虽然城市手工业（包括丝织业）已有一定的发展，但其产品主要是供城市消费，很少与农村进行交换。

这三个特征，构成了鸦片战争前我国市场结构的基本模式。它是一种以粮食为基础、以布（以及盐）为主要对象的小生产者之间交换的市场模式。

下面进一步考察一下粮、布这两项主要商品的流通。

三　粮食和棉布的流通

在上述市场结构中，差不多所有商品都是直接或间接与粮食相交换。因而，在一定意义上，农村有多少粮食可以运出，就成为市场大小的一个界限，也是经济作物和手工业能有多大发展的一个界限。同时，农村出售多少粮食，也直接改变着农民的生活方式。所以粮食商品率又可作为农村自然经济解体的一个指标。

然而，如所周知，市场上的粮食一般并不是作为商品来生产的，而是农民已生产出来的东西，由于商人资本的运动而变成商品。商人收购的粮食，又主要不是直接生产者的余粮，而多半是地主出售的，即作为地租形态的粮食。这又是以粮食来观察市场变化的局限性。

粮食反映商品经济的发展，不是它在地方小市场上的交易，也主要不是它在区域内市场上的流通，而是指长距离贩运贸易。这种贸易，基本上都是与手工业品或经济作物相交换的。

明代，据作者前文考察，粮食的输出区主要只有安徽、江西两省，长距离贩运限于长江中下游和福建、广东，年约1000万石；除漕米（非商品）外，当时尚无需南粮北调，清代情况就有很大不同了。河北、山东已有部分地区缺粮，山西、陕西也缺粮，都非本区域可以调剂。广东原有余粮，这时则缺粮严重。同时，余粮地区也增多了，尤其是四川、湖南的开发，东北的放垦，台湾的经营，都成为粮食基地。因而，调运频繁，路程也加长，由北而南，总计有十条主要路线。

（1）米麦经大运河北运京畿、山西、陕西。南方六省漕粮，实际多在江苏采办，连同河南、山东赋额及耗羡，年在500万石以上。官漕私带和商人贩运的，也是"由江淮溯〔运〕河而北，聚集豫省之河南、怀庆二府。由怀庆之清化镇进太行山口，运入山西。由河南府之三门砥柱运入潼关"，[①]供应陕西。官商两项，总计由大运河北运者，可估为600万石。

---

① 朱轼：《韬车杂录》下，康熙六十年序。

（2）奉天麦豆海运天津、山东。奉天是清代新开拓的粮食产区，其麦豆运往天津，始于乾隆初，"以前不过十数艘，渐增至今，已数百艘"。① 这种海船每艘能装 500～1000 石，共约数十万石。运山东者是接济东部缺粮区，乾隆十三年（1748），除领票商人"照数装运外，尚有余粮二十万石"，亦令装去。② 故两地共可估为 100 万石。

（3）奉天豆麦海运上海。这是清代新兴的一项大宗贸易，即北洋航线的沙船贸易。据包世臣说："自康熙二十四年开海禁，关东豆麦每年至上海者千余万石。"③ 又谢占壬说："凡北方所产粮豆枣梨运来江浙，每年不下一千万石。"④ 是单就粮食说，恐不足 1000 万石。但关东系用大石，谢占壬说："海关〔东〕石计仓斛二石五斗有零"；⑤ 或谓"关斛一石，合苏斛二石四斗二升。"⑥ 我们按粮食 1000 万江南通用石计，不会是高估的。

（4）河南、天津麦粱运山东临清。临清州"地产麦谷不敷用，犹取资于商贩，从卫河泛舟东下者豫省为多；秫粱则自天津溯流而至"。⑦ 其数未详。这里缺粮，主要由于是舟车辐辏的通商码头，与山东东部之由于经济作物发展者不同，数十万石已足。

（5）汉口麦谷经汉水运陕西。这大约是湖北德安、襄阳、安陆一带麦产区的余粮，据说雍正十一年（1733）有粮船 1500 只。⑧ 此种河船载重 300～500 石，估计共约 60 万石。

（6）安徽、江西米运江苏、浙江。江浙是缺粮最多的省份。江苏的太仓、松江、通州、海门等府厅缺米，是由于棉田多于稻田。苏州府九县原是稻的高产区，年产米达 2200 万石，但因工商业发达，外省"客米来售者岁

---

① 同治《续天津县志》卷六。

② 清《高宗实录》卷三三九"乾隆十四年四月乙未"。

③ 《海运南漕议》，《安吴四种》卷一。

④ 《古今海运异宜》，《皇朝经世文编》卷四八。

⑤ 《水脚汇筹》，《皇朝经世文编》卷四八。

⑥ 齐学裘：《见闻续笔》卷三。

⑦ 乾隆《临清直隶州志》卷二《市廛》。

⑧ 引自 D. H. Perkins, *Agricultural Development in China*, *1368－1968*, Edinburgh University Press, 1969, p. 148, 称系据湖广总督报告。

不下数百万石"。① 浙江南部温州、处州，所产米"不足供本地食米之半"。② 北部杭、嘉、湖原是高产区，但因桑蚕发达，"每岁产米不敷数月口粮"。③ 故这两者缺米有重要经济意义。明代即由安徽北部、江西南部的余粮接济，略加湖北米，已足补缺。清代则远有未足，要依靠上述之关东麦豆和下述之湖南、四川米大量济运了。安徽、江西仍有余粮，并形成芜湖、九江两大米市，唯其运江、浙数未见记载，只好参酌明代情况，估为 500 万石。

（7）湖南、四川米经长江运江苏。湖南、四川都是清代新发展的粮食基地。湖南米产区主要在洞庭湖流域，筑堤垦田尤多商品粮，其米集中汉口，再东运。全汉昇先生根据雍正十二年湖广总督迈柱所奏情况，估算该年自湖广运江浙的食米为 1000 万石。④ 其数应指湖南米，因湖北清代主要发展是北部麦产区。汉阳、黄州一带余米因汉口镇的消费，输出条件反不如明代。乾隆以后，论者常言湖南米谷紧张，盖因当时粮价陡涨，地方官有要求多储本省之意。实际运出数量，比雍正时当有增无减；包世臣曾说汉口存粮多至 2000 万石，⑤ 或许夸张，到近代，湖南输出米年尚有 400 万石。至于四川，产米颇丰，或谓居各省之冠；⑥ 但运出数量无考。不过，四川米都是在汉口落岸，所谓"江浙粮米历来仰给于湖广，湖广又仰给于四川"。⑦ 所以上述 1000 万石数字，已包括四川米在内。这些米多是运到苏州枫桥，再由各地商人运销浙江、福建。

（8）江浙米由上海运福建。福建是经济作物和手工业发达较早的地区，在考察明代市场时，我曾说它是唯一出现自然经济解体的省份。其缺粮主要在泉州、漳州两府，明代曾由广东大量接济；到清代，广东自顾不遑，就主

---

① 高晋：《请海疆禾棉兼种疏》，《皇朝经世文编》卷三七。

② 清《高宗实录》卷三一四"乾隆十三年五月乙酉上谕"。

③ 清《高宗实录》卷八二"乾隆三年十二月丙戌部议"。

④ 全汉昇：《中国经济史论丛》第 2 册，香港：崇文书店，1972，第 573 页。

⑤ 《筹楚边对》，《安吴四种》卷三四。

⑥ "臣查各省米谷，惟四川所出最多，湖广、江西次之。"《朱批谕旨》，雍正五年十二月初三日浙江总督李卫奏。

⑦ 《朱批谕旨》，雍正二年八月二十日四川巡抚王景灏奏。又称："秋收之后，每日过夔〔州〕关大小米船或十余只至二十只不等，源源下楚。"

要依靠江浙和台湾米济运了。唯江浙米运福建多少，无考，① 我们并入下项总算。

（9）台湾米海道运福建。福建所需米，恐怕更多仰仗台湾。台湾"一年丰收，足供四五年之用"，雍正初令每年济闽 83000 石，② 这属官运；实际输福建者，每年有四五十万石。③ 雍正后无记载。至近代，福建年约缺米 200 万石。参照人口，估计嘉、道时浙江和台湾米运销福建者，不会少于 200 万石。

（10）广西米经西江运广东。清代广东商品经济发展甚速，成为严重缺粮省份。其米主要来自广西。雍正时有人说，广东"即丰收而乞籴于〔广〕西省者犹不下一二百万石"，④ 似有夸大。但也可能包括湖南运来之米，因湖南经湘江到广东的干线即过广西桂江。另一南北干线是由江西赣江到广东，江西也是米输出地，但只知"运去米谷甚多"，⑤ 不详数量。乾隆后，广东尚有进口洋米，但为量不多。总看广东由广西、湖南、江西运进之米，每年大约有 200 万石也就够了。

总计以上十路，年约 3600 万石，除去漕粮，亦在 3000 万石以上，与明代的长距离运销比已 3 倍之。

但是，在粮食的总商品量中，长距离运销所占比重仍属有限。以 3000 万石计，合 45 亿斤，占表 2 调整后商品粮（208.25 亿斤）的 21.6%，这还未包括墟集贸易的调剂。并且，这种长距离运销，并不都是为了与手工业品或经济作物相交换。例如，由于北方缺粮，需要南粮北调，但北方甚少工艺品供应南方，以致粮船回空。由于东南缺粮，东北有大批豆麦海运上海，而回头货即东南的布、茶、糖等，却常不满载，需以泥压舱。川、湘每年有大量粮米接济江、浙，后者以盐、布、广杂货等作为补偿。但这些工业品在长江上游并无多大市场，后来川、湘来米少了，淮盐也滞销。就是说这种长距

---

① 雍正五年春起，有福建官员来苏州办米二次，商人贩米六次，到四月十一日"闽省已搬运三万余石"（《朱批谕旨》，雍正五年四月十一日苏州巡抚陈时夏奏）。似此，全年不过十余万石，恐怕太少了。

② 《朱批谕旨》，雍正四年七月二十六日闽浙总督高其倬奏。

③ 连璜：《台湾通史》上册，第 44 页，引雍正七年诏书。

④ 《朱批谕旨》，雍正八年四月二十日闽广总督鄂尔泰奏。

⑤ 《朱批谕旨》，雍正四年六月初四日江西巡抚裴徫度奏。

离运销，主要是由于某些地区的缺粮引起的，而不是因手工业扩大商品生产引起的。这就反映了当时市场的狭隘性。

再看棉布的流通。

粮食虽然重要，但在市场上起主导作用的不是粮食，而是工业品。正因工业（这时是手工业）一个个从农业中分离出来，市场商品量才能摆脱自然条件的限制，无限扩大。工业的部门结构，决定市场的结构；工业的布局，决定商品的流向。货币资本的积累，也主要是靠工业品的贸易，明清以来的大商人资本如徽商、晋商、粤商等，都是靠盐、茶、布、丝等起家，没有经营粮食起家的。有多少工业品流通，是衡量市场最重要的量度。

在明代以前，大约市场上最大量值的工业品是盐，其次是丝织、铁器等。到清代，棉布代替盐在市场上占主导地位，这是一个进步。因为盐的产销仅取决于人口数量，布则与社会经济的发展密切相关。

这时，布还是农民家庭生产的，所谓"男耕女织"。但并非家家织布，据《江南土布史》编写组调查，大约织布户最多时（1860年左右），也不过占全国总农户的45%，鸦片战争前，有些地区还是基本上不织布的。所以，布的商品率是很高的，经常占产量一半左右（表1）。但是，市场上的商品布，绝大部分是农家自用有余的布，只有在棉布的集中产区，才有为市场而生产的织户，也只有这种商品布，才有一定的规格品种，才能进入长距离运销。

在明代，还只有一个这样的棉布集中产区，即江苏省的松江一带，主要品种是标布和棱布（后称稀布），进入长距离运销的，年1500万～2000万匹（另如福建的北镇布、湖北的咸宁布，也有远销，但为数甚小）。到清代，这个产区扩大了，包括松江布、常熟布、无锡布，统称苏松产区。另外，在北方和华中又出现几个小的集中产区。布的长距离运销增多了，总括起来，也有十路。

（1）松江布。北销东北及河北，南销福建、广东并出口南洋。有人说："松之为郡，售布于秋，日十五万焉。"[①] 据《江南土布史》考证，15万匹

---

① 钦善：《松问》，《皇朝经世文编》卷二八。

超过该地区织机设备能力，参考近代调查，大约最多日 10 万匹。秋，布旺季，180 日，得 1800 万匹，全年最多 3000 万匹。

（2）常熟布。"常、昭文两邑，岁产布匹，计值五百万贯。通商贩鬻，北至淮、扬，及于山东；南至浙江，及于福建。"① 此时〔道光二十年（1840）左右〕银价每两约 1500 文，500 万贯合银 330 余万两，布价每匹银 3 钱，合 1000 余万匹。

（3）无锡布。"坐贾收之，捆载而贸于淮、扬、高〔邮〕、宝〔应〕等处。一岁交易，不下数十百万。"② 所称数十百万，似亦指银两，以百万计，约有 300 万匹。此外还有太仓、嘉定一带和浙江嘉兴，都属苏松布产区，唯量未详。苏州为染布中心，坯布主要来自松江、常熟，仅少量自织；主销北方，并销汉口。总计苏松地区年产布约 4500 万匹，其进入长距离运销的约有 4000 万匹。

（4）直隶滦州、乐亭布。滦州布，"用于居人者十之二三，于他乡者十之七八"。③ 乐亭"地近边关，邑之经商者多出口贸易"，"布则乐为聚薮，本地所需一二，而运出他乡者八九"。④ 是该产区布主销关外，唯数不详。

（5）直隶元氏、南宫。元氏"郡近秦垄，地既宜棉，男女多事织作，晋贾集焉"。⑤ 南宫，清初有"湖广商黄姓，以数千金市布"。⑥ 又较晚记载："其输出，西自顺德以达泽潞，东自鲁南以达徐州"；县有建成村，所产布"西达太原，北至张家口，而郝家屯布店尤多，自古北口输出内外蒙古"。⑦ 其布是以销西北为主。

（6）山东历城、齐东、蒲台布。历城布"有平机、阔布、小布三种"，"平机棉线所织，人所常服。小布较阔布稍短，边塞所市。阔布较平机稍粗而宽，解京成衣所需"。⑧ 齐东，"民皆抱布以期准集市场，月凡五六至焉，

---

① 郑光祖：《一斑录·杂述》卷七。
② 黄印：《锡金识小录》卷一。
③ 嘉庆：《滦州县志》卷一。
④ 乾隆《乐亭县志》卷五。
⑤ 光绪《元氏县志》卷一引乾隆《正定府志》。
⑥ 道光《南宫县志》卷一〇。
⑦ 民国《南宫县志》卷三。
⑧ 乾隆《历城县志》卷五。

交易而退，谓之布市。通于关东，终岁且以数十万计"。① 蒲台"布有数种……商贩转售，南赴沂水，北往关东"，② 说明这一带的布也是大量销往东北。仅知齐东是数十万匹。

（7）河南孟县布。"孟布驰名，自陕甘以至边墙一带，远商云集。"③ 销于西北。

（8）河南正阳布。这是豫南布，又名陡布，产陡沟店者最出名，"商贾至者每挟数千金……东达颍亳，西达山陕"。④ 也销西北。

（9）湖北布。产区在中部汉阳、孝感、应城一带。汉阳布，"四方来贸者，辄盈千累百"；⑤ 较晚记载云："远者秦、晋、滇、黔贾人争市焉"。⑥ 孝感布，"西贾所收也"。⑦ 应城布，"行北路再曰山庄，行南路者名水庄"。⑧ 又云梦，"凡西客来楚货布，必经云城捆载出疆……故西商于云立店号数十处"。⑨ 大约这个布产区，行销西北者以云梦为集中地，捆载北去，行销西南者以汉阳为中心，溯江而上。又湖北南端的监利，产布也销西南，"蜀客贾布者相接踵"，⑩ 后扩大销区，"西走蜀黔，南走百粤，厥利甚饶"。⑪

（10）湖南布。湖南布产区在巴陵，质较粗糙，称都布。"吴客在长沙、湘潭、益阳者，来鹿角市之……岁会钱可二十万缗"。⑫ 鹿角在巴陵南洞庭湖畔，吴客所贩似沿湘江运广西。20 万缗，当有 40 万 ~50 万匹。

此外，山西榆次、四川新津等也有布外销。二省皆缺布，外销恐少。

以上十路，除苏松 4000 万匹外，多无数据。直隶东西二区，山东沿黄河三地，河南南北二区，大体均可估 100 万匹，湖北当亦不下 100 万匹。这

---

① 嘉庆《齐东县志续》。
② 乾隆《曹州府志》卷七。
③ 乾隆《孟县志》卷四。
④ 嘉庆《正阳县志》卷九。
⑤ 乾隆《汉阳府志》卷二八。
⑥ 同治《续辑汉阳县志》卷九。
⑦ 光绪《孝感县志》卷五引顺治旧志。
⑧ 光绪《应城县志》卷一引康熙旧志。
⑨ 道光《云梦县志》卷一。
⑩ 光绪《荆州府志》卷六引乾隆旧志。
⑪ 同治《监利县志》卷八。
⑫ 吴敏树：《巴陵土产说》，《柈湖文集》。

样，进入长距离运销的布共约 4500 万匹。与明代比，约增加 1.5 倍。

然而，4500 万匹只占表 1 布的商品量的 14.3%。就是说到清代，布虽已是占第二位的商品，也已有了全国性市场和出口，但长距离运销还是很有限的，布的市场还是狭隘的。

问题还不在此。如前所述，商品布绝大部分是农家自用有余的布，拿来和不织布户换取口粮。这是属于自然经济中有无调剂的性质，实际是小农业和家庭手工业结合的另一种形式，难说是商品经济。即使在集中产区，为市场而生产的织户，也还未从农业中分离出来，他们也是为买而卖，以换取粮食、日用品，或缴租还债。即在苏松地区，织户亦是"仅足糊口"，"赖此营生"。靠织布发家致富者，尚属罕见。所以，尽管有了较大市场，并未能促进生产关系的改变。

但是，布的运销，对棉布加工业即染坊业和踹坊业却有作用。青蓝布几乎是苏、松两地垄断，这两地的染坊、踹坊也都有了资本主义萌芽。

表 1 中其他商品，都有长距离运销。到清中叶，茶市场迅速扩大，并大量出口；丝和丝织品也比明代有所发展；棉则不超过明代规模；盐因人口剧增而增加。又清代经济作物有较大发展，农产品加工也渐繁盛，烟、豆油、豆饼可视为新商品，均有远销。手工业范围扩大，陶瓷、糖、纸远销俱增，铁器形成广阔市场。矿产品中，煤为新兴商品，山东博山煤沿运河北上，竟行销甚远。

四　简短的结论

从以上考察可见，由明到清，国内市场显著扩大了，市场结构也略有变化。这表现在：

（1）商运路线增长，水运已具近代规模；商业城镇增多，并有汉口、广州等大埠及若干大米市出现；大商人资本量增大，由 50 万两级增至百万两级以至千万两。

（2）长距离贩运贸易品种增多，贸易量增大，以粮、布而论为明代的两三倍；经营逐渐专业化，并开辟东北、西南市场。

（3）布代替盐，成为在市场上占主导地位的工业品，市场上工业品总值超过农产品。整个市场已是以小生产者之间的交换为主,传统的劳动产品与封建收入(地租转化形态)的交易已退居不重要地位了。

这些变化反映真正的商品经济的发展,它的作用是不容否定的。据我们考察,到鸦片战争前,已在20个手工行业中有资本主义生产关系的萌芽稀疏地出现,它们的产品差不多都有长距离运销;农业方面也已见资本主义经营的端倪,主要是在经济作物中。

但应看到,直到鸦片战争前,我国国内市场还是一种以粮食为基础、以布(以及盐)为主要对象的小生产者之间交换的市场结构。在这种市场模式中:

(1)主要商品,即粮和布,还都是农民家庭生产的,并且,粮基本上没有商品生产,布也主要是农家自用有余的布;

(2)粮和布的长距离运销在它们的商品量中只占15%~20%的比重,而绝大部分仍是区域内的和地方小市场的交换;

(3)这也就使得农民保持着耕织结合,使农村基本上仍处于自然经济状态。

(4)还应看到,作为第一位商品的粮食,它的长距离运销,主要是由若干地区严重缺粮所引起的,不是由手工业和经济作物区扩大商品生产所推动的。

这就造成了市场的狭隘性和长距离贸易的局限性。这种市场狭隘性和局限性,又是资本主义生产关系发展迟缓的原因之一。

这里再对农村市场补充几句。前文在对明代市场的考察中,曾对一些新兴的丝织业(以及铁器业)村市给予高度重视。清代贩运贸易的发展,曾使某些地方的墟集专业化,出现丝墟、布市、猪市、叶(桑)市等名称,以米谷称者尤多,反映地方小市场向初级市场过渡。但以手工业驰名的镇市,记载并不甚多。清代农村市场虽有变化,但仅限于少数地方。一般仍是"蔬粟布帛鸡豚酒果之属……趁墟贸易";① 或"非定期不集,非集不得贸易,且花布鸡豚粮草果蔬之外,无他奇货。"② 广大农村,基本上仍是自然经济;农民出卖粮食,部分是税债所迫,所谓"江南民俗,每因纳

---

① 乾隆《东安县志》卷一。
② 乾隆《齐河县志》卷二。

粮而粜"。① 因赋税普遍征银,有的地方已超过市场发展程度,"穷民小户有
谷帛而无售主,有鸡豚而待市贩"。② 在估计清代市场的扩大时,这种情况
亦应考虑在内。近来国外常有人申论,清代中国农村已是市场经济,看来
非是。

（原载《历史研究》1983 年第 1 期。第 1 节经改写）

附　记

本篇是我第一次所作市场商品量的估计,时间较早,资料不足,品种亦
过少,自知简陋。以后我估计我国市场商品量时,都未将本篇之 1840 年数
字列入,盖希望有机会另作修正。近年来,学者研究清前期市场之宏文日
盛,考察精湛。所论粮食商品量者尤多,最具代表性者有三家：（1）郭松
义估测乾隆时长江线米粮西运年有 1750 万 ~ 2350 万石；运河线南北互运有
1200 万 ~ 1700 万石；西江线 400 万石；海运 1000 万石；合计长距离运输
4350 万 ~ 5450 万石。另有跨省之中距离粮运约 300 万石。③ （2）邓亦兵是
以各榷关粮税数推算运粮额,唯均加 150% 作为报关之偷漏额。计乾隆时长
江水系年运粮 1850 万石；淮河水系 1100 万石；西江水系 320 万石；运河水
系 2350 万石；其他小河系共 580 万石；合计 6200 万石,未计海运,而乾隆
以后各水系运量下降。④ （3）龙登高估计,长江及其支流年运粮有 2000 万
石；运河及黄、淮、海河流域有 1500 万石；珠江流域有 100 万 ~ 300 万石；海
运 1000 万石；合计乾隆时米粮长距离贸易为 4600 万 ~ 4800 万石,可能达到
5000 万石。⑤ 以上可见我在本文中所估粮食长距离运输 3600 万石实属过低。

吴慧在他新主编的巨著《中国商业通史》（尚未出版）中对清前期市场
商品量值做了详细的估算,初步结果如下表：

---

① 《乾隆谕折》抄本,乾隆七年九月漕运总督顾悰奏。
② 赵廷臣：《请定催征之法疏》,《皇朝经世文编》卷二九。
③ 郭松义：《清代粮食市场和商品粮数量的估测》,《中国经济史研究》1994 年第 4 期。
④ 邓亦兵：《清代前期内陆粮食运输量及变化趋势》,《中国经济史研究》1994 年第 3 期。
⑤ 龙登高：《中国传统市场发展史》,人民出版社,1997,第 372 ~ 377 页。

表 清前期市场商品流通额

单位：银万两

商 品	流通额	商 品	流通额
粮 食	29505.5	丝织品	1455.5
棉 花	1169.6	铁	600.0
丝	1100.7	铜	100.0
茶	2916.9	瓷 器	450.0
盐	5352.9	染 料	382.1
棉 布	9455.3	合 计	52488.1

　　七种主要商品，除粮食外，与我在本文表 2 中所估数值基本或完全相同。另加铁、铜等四种商品，我在本文中亦略谈及。看来鸦片战争前国内市场商品值（不是交易值）5 亿余两，大体可行。我原估 3.5 亿两，主要是对粮食商品量估计过低了。

16 世纪与 17 世纪的
中国市场

一 问题的提出

经济的发展是有起有伏的，或说有周期性，尤其是商业和市场的发展。论者谓中国商业史上有三次繁荣期。一次在春秋战国，延至东汉末而衰。一次在宋，历元而发展势头中断。一次在明后期，及至鸦片战争而转型。[①] 此就三千年大势而言。近世周期论者尚有百年上下之长周期、25 年左右之中周期、数年一见之短周期等理论。周期原因，论者各殊，而作为一种经济发展规律则有普遍性。我国社会主义经济的发展，其周期频率与波动幅度不亚于任何资本主义国家。在历史上也是这样，唯因数据不足，难详究。在欧洲，13 世纪以来的几次百年以上的兴衰已大体可考，16 世纪以来考察较详，18 世纪以后则各种中短周期均有精密研究。在我国，则除近现代外，这种研究还基本上是空白。

周期性研究当以整个国民经济为对象，但因史料不足，常是从最敏感的商业和市场入手。如厄什（A. P. Usher）、阿倍（W. Abel）等对中世纪欧洲农业长周期的研究就是用市场价格和贸易状况论证的。[②] 16 世纪是欧洲重商主义时代，物价革命，市场繁荣，财富积累，引起社会大变革。马克思认为

---

① 胡平：《中国商业百科全书》（总论），中国大百科全书出版社，1993。
② 见《剑桥欧洲经济史》第 5 卷第 2 章 "革命中的农业"。

16 世纪是欧洲资本主义时代的开始。在中国，16 世纪即明正德至万历前期，商品货币经济有颇大发展，已为史学界公认。实则，这种发展也引起了社会某些具有近代化倾向的变革，并出现启蒙思潮。① 这正是它不同于秦汉、宋代两次商业繁荣之处。傅衣凌晚年提出"明清社会经济变迁论"，并指出"从 16 世纪开始，中国在政治、社会和文化方面发生一系列变化"，只因种种原因，这些变化起伏跌宕以至中断，但到最后仍未脱离世界经济发展的共同规律。② 我深佩其论。但是，我国研究这时期经济发展的论著，大都是明清并述或通论；像讲赋役大都是从一条鞭直落到摊丁入地；讲商品、货币和市场，也是从嘉靖到乾隆；好像直线发展似的，不见曲折兴衰，是有未足。

我最早感触这个问题，是在 70 年代末编辑《中国资本主义发展史》第一卷的时候，该卷是讲明清的资本主义萌芽。资本主义萌芽，嘉靖、万历间记载颇多。但天启以后（进入 17 世纪）却极罕见，有些萌芽事例竟无下文，到乾隆时始再现，中间有段空白。无从解释，我就把这些无下文的事例移到清代有关行业一并叙述去了。③ 这实在是一种逃避的办法。

1981 年，莱登汉学家宋汉理来访，承示所著《十六世纪中国商人和商业》，④ 谈及西方学者关于"中国 17 世纪危机"论点。当时我正准备写《明代国内市场和商人资本》一文，⑤ 已明见 17 世纪中期市场的萧条，到 1711 年康熙谕"滋生人丁永不加赋"才转入繁荣。但我不愿套用西方经济史中"17 世纪危机"的说法，⑥ 就在该文中以"明盛世"即嘉靖、万历为准。后

---

① 我对此有两篇发言，见张海峰等主编《鸦片战争与中国现代化》，中国社会科学出版社，1991，第 5～6 页；孔令仁主编《中国近代化与洋务运动》，山东大学出版社，1992，第 7～10 页。

② 傅衣凌：《明清社会经济变迁论》，人民出版社，1989。又见《中国传统社会：多元结构》，《中国社会经济史研究》1988 年第 3 期。

③ 许涤新、吴承明主编《中国资本主义发展史》第 1 卷，人民出版社，1985，第 139～140 页。

④ H. T. Zurndorfer, "Chinese Merchants and Commerce in Sixteenth Century China," *Institutum Sinologicum Lugduno-Batavum*, Vol. XV, Sinica Leidensia, 1981.

⑤ 载《中国社会科学院经济研究所集刊》第 5 辑，1983。

⑥ 认为欧洲 16 世纪是黄金时代，而 17 世纪则发生"普遍危机"，几乎成为西方史学界共识。又以危机主要由于世界贸易衰退引起，亦有人称之为"世界性危机"。第二次世界大战后，新一代史学家对此有所批判，但主要认为各国情况不同，并不根本否定危机存在。参见奇波拉主编（方坦纳）《欧洲经济史》第 2 卷《十六和十七世纪》，贝昱、张菁译，商务印书馆，1988，尤其见"导言"第 5～6 页。

来我在写《论清代前期我国国内市场》① 时又是以"清盛世"即乾隆、嘉庆为准，从而把 17 世纪避开了。这实际是可耻的。

本文论 16 与 17 世纪中国市场，可说为补前愆。我在前两文中是从商路、商镇、主要商品的运销和大商人资本的兴起来考察市场的。近年来，时贤在这些方面的论述步步深入，远远超过了拙作，我自不当掠人之美。因而本文改从人口、物价、财政、商税、白银问题几个方面作些初步探讨。为节约篇幅，删除叙事，以分析为主。

二　市场概述

第二次世界大战后，西方史学界对近代社会发展的看法有由生产导向转向需求导向的趋势。例如，过去十分重视工业革命和技术革新，今则强调 16 世纪的重商主义，200 年后的工业革命乃是市场扩大和它所引起的诸种社会变革的结果。有人认为，若无 17 世纪危机，工业革命还会更早到来。其实，马克思早有类此看法。他和恩格斯在《德意志意识形态》中认为，欧洲的变革发源于"特殊的商人阶级"的形成，市场扩大导致工场手工业的振兴，最后是大机器工业的兴起。② 在《资本论》中，马克思又指出这种商业是指批发商或贩运贸易，不是那种"不执行职能或半执行职能"的"杂种"，即零售业。③ 1969 年，希克斯（J. R. Hicks）发表《经济史理论》，认为世界经济的发展是由习俗经济、命令经济向市场经济转换，这种转换始于"专业商人"的出现。④ 其所谓专业商人，亦即马克思"纯商人"之意。

此皆指西欧。我国直到 20 世纪前期尚未完成向市场经济的转换。但我认为，在 16 世纪已可看到市场经济的萌芽。因而，本文所探讨的也不是那种历史上常见的《东京梦华录》式的市场繁荣，而是具有时代特征的影响社会变动的商业活动。

---

① 载《历史研究》1983 年第 1 期。收入本卷第 359 ~ 376 页。——编者
② 《马克思恩格斯选集》第 1 卷，人民出版社，1972，第 59 ~ 61 页。
③ 马克思：《资本论》第 3 卷，人民出版社，1975，第 320、347 页。
④ 希克斯：《经济史理论》，厉以平译，商务印书馆，1987，第 25、32 页。晚近兴起的以诺斯（D. C. North）为首的制度学派，强调产权界线和交易费用，也是这种观点，见所著《经济史上的结构和变迁》，厉以平译，商务印书馆，1992。

这首先就会想到徽商的兴起。有段常被引用的歙县的记述:弘治间,"于时家给人足。居则有室,佃则有田,薪则有山,艺则有圃"。一片自然经济景象。"寻至正德末嘉靖初则稍异矣。出贾既多,田土不重,操资交捷,起落不常"。开始市场化。"至嘉靖末隆庆间则尤异矣。末富居多,本富尽少……资爰有属,产自无恒"。开始社会分化。到 1609 年(万历三十七年),记载成书时,分化加剧,"贫者(指农)既不能致富,少者(指商)反可以制多",弄成"金令司天,钱神卓地"的局面。①

从中可见,歙县商人的发展是 16 世纪开始的,到 16 世纪 60 年代已改变社会结构。这当然不能代表整个徽州。如 1488 年成书的《休宁县志》即有"民不力田,而多货殖"之说。反之,徽州府"嘉靖之世,人有终其身未入城廓者……有少与外事者,父兄耻之",到明末才反过来,"闭户不出者即群而笑之"。②

研究徽商的著作极多,但甚少究其盛衰之迹。或谓他们"三百年称雄于东南半壁",这是不可能的,多大强者也不能 300 年不变。亦有人暗示说,1617 年盐实行纲法后徽商有衰退倾向,但未证实。17 世纪扬州一带的记载大量转为"绮縠锦绣""侈靡相高"之类。这倒有点启发。侈靡益甚往往是衰退之兆;欧洲 17 世纪危机的描述亦如此。

明代市场繁荣有远早于 16 世纪者,即两京和苏州。南京在永乐初,北京在成化年间,人口即达百万,③ 这主要是政治原因。苏州在洪武时人口即达 47 万,商业繁荣,但不过是恢复旧观而已。④ 苏州地区的社会分化,据何良俊观察,还是嘉靖以来四五十年间事。这时"去农而改业工商者三倍于前矣",而"去农"而依附于乡宦、官府者更五倍、十倍于前。⑤ 苏州地区从事长距离贩运的商人即所谓洞庭商人,其兴起约与徽商同时,有"钻天洞庭遍地徽"之谣。但他们是出生于产业发达之区,贩运以太湖土产和在各地设肆为主,"纯商人"性质逊于徽商。又据傅衣凌说,他们在嘉靖以

---

① 万历《歙县志》卷四《风土》。
② 康熙《徽州府志》卷二《风俗》引赵吉士语。
③ 何一民:《中国城市史纲》,四川大学出版社,1994,第 196 页。
④ 洪武《苏州府志》卷一〇。按所记,元至元二十七年(1290)即有 44.6 万人。
⑤ 何良俊:《四友斋丛说杂抄》卷三。

后就趋于衰落了。①

伯仲徽商的山西、陕西商人始于洪武初的开中法。但开中是一种特殊的贸易行为，离"纯商人"尚远。1492 年开中折色后，纳银户部的边商可称"半商人"，以扬州为基地的内商则与徽商等同了。因而，他们也是 16 世纪的产物。进入 17 世纪即万历后期，"秦晋间来贾淮扬者亦若朋比而无多"，②扬州的山西商，尤其是陕西商衰落了。18 世纪即乾隆时期，山西商人再度鼎盛，纵横南北；陕西商人则在四川有较大发展。唯山、陕商人对他们祖籍社会分化的作用甚小，即使在平阳、泽潞、三原，也仍是完全的传统社会。

16 世纪市场有两地应注意者，即江西与山东。

江西在明初是个经济比较发达地区，在十三布政使司中税粮额居首位，人口仅次于浙江，常是"直（江苏、安徽）浙赣"并称，"百工技艺之人……江右为夥，浙直次之"。③ 社会分化，外出之人也是"惟江右尤甚"。④ 嘉靖时，江西"岁额给路引九万五千二百张"，⑤ 大约是各省最多的（路引主要给城镇商民）。江右商人，数量可敌徽商，"天下推纤啬者必推新安与江右，然新安多富，江右多贫者"。⑥ 原来江西在宋、元已是经济比较发达的地区，明代无大进展，17 世纪衰退以后，就相对落后了，从表 1 可见。到 18 世纪，富庶称"江南"，已不包括江西。

与江西相反，山东原属落后地区，16 世纪有较快发展。其发展得力于南北贸易。1411 年重开会通河后，临清成为仓储和转运重镇；宣德建钞关，为七大关之首；弘治年间升为州，成为北方最大的粮食和纺织品贸易中心。济宁、绛县亦因运河而繁荣。至于所谓山东商人，清代始盛，然社会变迁亦早有迹可循。如绛县，"弘正以前，人情简朴，务稼穑"，嘉隆以来，"民弃本业，好游惰"。⑦ 博平县，天顺成化时"尤淳且厚"，嘉靖中则"务本者

---

① 傅衣凌：《明清时代商人及商业资本》，人民出版社，1956，第 102 页。主要指西洞庭。东洞庭商人后来活跃于上海的钱庄、银行和做洋行买办，则是另一"潮"了。

② 万历《歙县志·货殖》。其他情况均见张海鹏、张海瀛主编《中国十大商帮》，黄山书社，1993。山西、陕西商人的衰落亦与 1617 年盐的纲法有关。

③ 张瀚：《松窗梦语》卷四《百工纪》。

④ 王士性：《广志绎》卷四。

⑤ 嘉靖《江西省大志》卷一《赋书》《课程》。

⑥ 谢肇淛：《五杂俎》卷四。

⑦ 乾隆《绛县志》卷一《地理》引外史氏语。

日消，逐末者日盛"。① 17 世纪，临清市场衰落，许檀辑有资料如表2。有人据以论曰："临清直到乾隆时期尚未恢复到明朝临清之鼎盛。"② 许檀所示，亦见于明户部尚书赵世卿疏，赵并云，河西务原有布店160 余家，到万历三十年（1602），只30 余家矣。③

表 1　江西、山东经济地位比较

单位：%

年 份	占全国人口比重		占全国田赋比重	
	江 西	山 东	江 西	山 东
1393	14.84	8.68	9.05	8.75
1578	9.65	9.33	9.82	10.70
1661	9.23	8.35	8.00	11.03
1767	5.50	12.22	3.14	11.14

资料来源：梁方仲《中国历代户口、田地、田赋统计》，上海人民出版社，1980，第204、259、345、387 页。

表 2　山东临清市场的盛衰

行 业	1573～1620 年	1749 年
布 店	73 家	各街俱有
缎 店	32 家	7～8 家
杂货店	65 家	不详
瓷器店	20 余家	减半
纸 店	24 家	5～6 家
辽东货店	大店 13 家	今无
盐 行	除公店外 10 余家	近不及半
典 当	100 余家	16～17 家
客 店	大小数百家	减半

资料来源：许檀《明清时期的临清商业》，《中国经济史研究》1986 年第 2 期。原列 1573～1620 年不详者三业经删去。

---

① 康熙《博平县志》卷五《民风》。
② 郑克晟、冯尔康文，载叶显恩主编《清代区域社会经济研究》上册，中华书局，1992，第162 页。
③ 《神宗实录》卷三七六，万历三十年九月丙子。

16 世纪尚有福建商人和广东商人勃兴，均属海商，更具"纯商人"性质，其作用将于第七小节述之。海商于 17 世纪 40 年代急剧衰退，至 17 世纪 80 年代后才慢慢恢复。

三　人口

多数学者同意何炳棣看法，即 1393 年（洪武二十六年）的人口调查 6054 万比较可信，并把 1600 年作为明代人口最高峰。由于这期间人口统计不实，只好假定这期间人口是直线增长的。唯汪士信提出在宣德至正德约百年间有个人口停滞时期，但仅是根据邱濬的一段提倡人口增殖的议论，无数据佐证。[①] 不过，从本文下面关于市场的分析看，这个想法值得注意。至于 1600 年高峰的估计，何炳棣作 1.5 亿，珀金斯作 1.2 亿～2.0 亿，[②] 汪士信作 1.1 亿，我们在《中国资本主义发展史》中作 1.2 亿。

困难在 17 世纪。17 世纪前期无任何可用数据，后期只有赋役单位"丁"数。如以最后 5 年（1730～1734）的丁数与最早 5 年（1741～1745）的口数比，则一丁合 6.06 口。这样，1652 年（顺治九年）的 1448 万丁合 8775 万人。[③] 时疮痍未复，可视为人口最低谷，即比明代高峰减少 27%。别家估计亦有减少 35% 以至 40% 者。[④]

经历农民起义和明清之间的战争，人口减少是肯定的，但减少多少尚有斟酌。战争伤亡常被夸大。[⑤] 1652 年之统计过低。一则时两广、云贵尚为李定国、孙可望所据，更不论郑氏台湾。二则明后期即有大量移民，战争中又

---

① 汪士信：《明代人口问题》，《平准学刊》第 1 辑，1985。邱濬的议论见《大学衍义补》。

② 何炳棣：《中国人口研究（1368～1953）》，葛剑雄译，上海古籍出版社，1989，第 3～4 页，第 2 章；珀金斯（D. H. Perkins）：《中国农业的发展（1368～1968）》，宋海文等译，上海译文出版社，1984，第 288 页。有径估 2 亿者，见 Shu-yuen Yim, Famine Relief Statistics as a Guide to the Population of Sixteenth China, Ch'ing-shih Wen-ti, Vol. 3, No. 9, 1978。

③ 丁、口数据梁方仲《中国历代户口、田地、田赋统计》（以下简称《统计》），上海人民出版社，1980，第 248～249、251 页。

④ Kang Chao, Man and Land in Chinese History, Stanford, 1986, p. 40. Mark Elvin, The Pattern of the Chinese Past, Stanford, 1973, p. 311.

⑤ 当时记载尚有民族感情掺入，如《扬州十日》《嘉定三屠》均所不免。亦有阶级偏见，我做学生时，我师郑天挺言，有人将张献忠在各地杀人的记载统加起来，恰为 4 亿。

有大量难民，他们在流动中不能入册，即定居后亦需相当长时期才被编户口。因而，人口最低谷不会是八九千万，当在 1 亿左右，即减少不足 20%。

人口增减与经济盛衰互为因果，欧洲 17 世纪亦出现人口下降和停滞，并被视为 17 世纪危机的标志之一。时亦有法国宗教战争、德国三十年战争等大规模战争，但论者更注意的是饥馑和瘟疫。17 世纪欧洲各地的谷物收获率普遍下降。① 有人说，17 世纪全球气温下降了 2℃ ~ 3℃，被称为"路易十四小冰期"。我国学者研究，长江下游有三个冷暖周期，1650 ~ 1710 年适为冷期。② 从《明史·五行志一》及《五行志三》可见，16 世纪下半叶比之上半叶水旱灾年份减少，而到 17 世纪上半叶陡增。法国汉学家魏丕信研究长江中游，提出"中国水利周期论"，17 世纪正在两个周期的低谷。又著《政治危机、管理危机、水利危机和人口危机：17 世纪长江中游的衰退》。③ 人口与经济的关系不仅表现为人口数量，还表现为人口行为。刘翠溶根据族谱分析，指出 17 世纪中叶以前的生育率较低，以后则稳定于近代水平。又明代人口集中江南的程度大于清代，而明代长子出生时的父亲年龄南方高于北方。④ 这就可能影响 17 世纪的人口年龄结构（青年化程度）。上述诸论都与战争无关。总之，人口问题须从更多的社会经济方面考虑，不能专注于战争。

我还想赘言，战争会造成生产力、包括劳动力的破坏，但未必影响市场繁荣。显著之例莫过于太平天国战争，长达 15 年，人口损失 2000 多万，而市场并未萧瑟。茶出口一直增长，丝出口增长更快。战争最激烈的南京、苏州，人口减少过半。而大军一过，南京"城中设立五大行，自出买办奇货藏"；"城外直如五都市，外小负贩时相从"。苏州更是"百货云屯，盛于未

---

① 有详细统计，见奇波拉主编（方坦纳）《欧洲经济史》第 2 卷附录，贝昱、张菁译，商务印书馆，1988。

② 《全国气候变化学术讨论会文集》，1981，第 71 ~ 77 页。我未见原书，引自前人著作。

③ Pierre-Étienne Will, "Uncycle hydraulique en Chine: La province du Hubei du XVIᵉ au XIXᵉ siècles," *Bulletin de L'Ecole Fran，cais d'Extrêm-Orient*, Vol. 68, 1980, "Crise Politique, crise des encadrements, crise hydraulique et crise demographique: la basse con joncture dans le bassin central du Yangzi au XVIIᵉ siècle," en P. Gourou et G. Étienne eds, *Des labours de Cluny à la révolution verte: Techniques agricoles et population*, Paris, 1985.

④ 刘翠溶：《明清人口之增殖与迁移》，台北：中研院编《第二届中国社会经济史研讨会论文集》，1983，第 30 页；《明清时期家族人口与社会变迁》，台北：中研院经济研究所，1992，第 88 页。

乱时倍蓰";"生意繁盛,较平时数倍"。[①] 在上海,还因人口阜聚,出现了大批新的市镇。[②] 盖战时政府巨额支出,居民流动亦倾出家资,购买力膨胀引起市场战时繁荣,乃属常见。

四 物价

明初厉行钞法,屡禁用金银交易(1375、1397、1403),甚至禁用铜钱(1394),而宝钞到永乐初已贬值90%。货币改革大体从宣德年间起,银两成为计价标准。本文对价格的考察亦自兹始。

(一) 田价

徽州遗有颇完全的田地买卖文契,惜已分散。兹据已刊行的能计出亩银价的卖田契(不包括卖地契)并参用时贤已整理出的成果,按25年(1/4世纪)分期平均,列入表3。[③] 徽州未受洪武重赋江南政策及明末战乱影响,未见弃田而走的现象,其田价有一定的代表性。

表 3 16、17 世纪徽州田价

年 份	文契件数	田价(两/亩)	年 份	文契件数	田价(两/亩)
1426～1450	10	2.04	1551～1575	17	7.51
1451～1475	11	2.82	1576～1600	17	7.54
1476～1500	4	10.62	1601～1625	23	12.58
1501～1525	15	12.39	1526～1661	20	12.55
1526～1550	11	12.14	1662～1722	98	7.96

---

① 彭泽益:《中国近代手工业史资料》第1卷,中华书局,1962,第540、542、545～546页。

② 刘石吉:《明清时代江南市镇研究》,中国社会科学出版社,1987,第99页。该书有"太平天国对江南商品经济的影响"一节,认为"有许多资料足以证明彼时商业贸易仍然发展",第80页。

③ 中国社会科学院历史研究所所藏文契,见《明清社会经济资料丛编》第2辑,中国社会科学出版社,1990,第131～168页。安徽省博物馆所藏文契见同资料丛编第1辑,1988,以清代为主,我以彭超《明清时期徽州地区的土地价格》一文所整理的分时期的平均价格加权补入,该文见《中国社会经济史研究》1988年第2期。又补入休宁胡氏买田契资料,见前引《中国资本主义发展史》第1卷,第63页。

表3见明前期徽州田价坚挺,百年间升到6倍,当是经济发展、富户和商人投资土地的反映。此后长期稳定于12两余的水平,未能再扬,似是受土地边际报酬的限制。可注意的是16世纪下半叶田价有半个世纪的下跌,跌幅达40%,这需寻求解释。至于1662年以后的下跌,则是当时物价的一般趋势。

其他各地田价、地价都无法做出长期序列,不合本文要求。李文治辑有各省学田的货币租率,① 从中可推算出12省34个府州县的学田田价,唯多只一两年数字,从略。

(二) 米价

研究明代米价者已有多家,② 兹将各家资料互为补充,列入表4。明米价有官价、市价。大约嘉靖以前官价常制约市价,嘉靖后反是,官价资料较实,但不合本文要求,表4用市价;唯嘉靖后市价资料太少,亦酌取税粮、漕粮折色价。表4明代资料共185个数据,按年平均,再分常年、灾年入表。因见各地变动趋势大体一致,差值亦不大,或者零售市价已含地区差价,故以年系之。表见灾年年数甚夥,因有些记载是因灾才作。兹以常年3、灾年1之比率求得最后一栏的平均价。

表4 16、17世纪的米价

年　份	常　　年		灾　　年		平均价[2](两/石)
	年数[1]	两/石	年数[1]	两/石	
1426～1450	6	0.29	1	1.00	0.47
1451～1475	10	0.35	7	1.20	0.56
1476～1500	9	0.45	6	1.51	0.22
1501～1525	8	0.51	9	2.31	0.96
1526～1550	6	0.57	9	2.65	1.09
1551～1575	6	0.49	6	2.44	0.98
1576～1600	8	0.52	6	1.34	0.73
1601～1625	6	0.70	8	2.42	1.13

① 李文治:《明清时代土地关系的松解》,中国社会科学出版社,1993,第418～424页。

② 全汉昇:《宋明间白银购买力的变动及其原因》,《新亚学报》1967年第8卷第1期;《明代北边米粮价格的变动》,《新亚学报》1970年第9卷第2期。黄冕堂:《明史管见》,齐鲁书社,1980,第348～355页。汪士信:《明代的粮食运销途径与价格变动趋势》、叶世昌:《论大明宝钞》,均见《平准学刊》第4辑下册,1989。

年 份	常 年		灾 年		平均价[2]（两/石）
	年数[1]	两/石	年数[1]	两/石	
1626～1643					（11 年）2.61
1644～1650（上海）					2.73
1651～1675（上海）					1.41
1676～1700（上海）					1.00
1701～0725（苏州）					1.03

注：

[1] 年数指有记录的年数。1644 年入清代后，有逐年估计数。

[2] 平均价按常年 3、灾年 1 的比率加权计算。

表 4 见明代米价稳步上升，百年约增 1 倍。不像徽州田价那样猛烈，也不像田价那样似乎有个边际（极限）。这是合理的，表明粮食尚有增产潜力。至于 1626 年后的高涨，自是战乱造成。事实上，战争激烈地方米价达 4～5 两，山东一度达 24 两（未采入）。这时已无法分常年灾年了。

进入清代，研究米价者更多。本文讲 17 世纪，各省报价制度尚未建立，资料主要在上海、苏州，因此，表 4 取王业键所作有逐年估计的两地系列，① 亦便于与下列棉、布价对照。这期间，米价大幅度下降，下面再谈。

需注意者，在 16 世纪下半叶米价也有半个世纪的下降期，只是下降幅度没有徽州田价那样大而已。这时政治腐败以及所谓倭祸，都不应造成物价下降。那么，这种现象似可归之货币上的原因：一个世纪的商业和市场较大发展中，货币供应量不足了。这种周期性的货币短缺，历史上亦常见。今天人们惧怕通货膨胀，而在金属币时代并非如此。古人怀念五铢钱，不仅因其质量好，而且数量足，百多年铸了"二百八十亿万"。而唐大历以后出现的市场危机，即因铸钱成本太高，各监不肯多铸（每年不超过 10 万缗），以至"钱重货轻"，物价下降。这在明代就不是缺钱，而是缺银了。下文将专论银的问题。

（三）棉、布、绢价

朱元璋立国即下令："凡民田五亩至十亩者，栽桑麻木棉各半亩，十亩

---

① Yeh-chien Wang, "Secular Trends of Rice Prices in the Yangtze Delta, 1638 – 1935," in T. G. Rawski and L. M. Li ed. , *Chinese History in Economic Perspective*, Berkeley, 1992, pp. 40 – 41.

以上者倍之。"这是一种典型的自然经济思想,几乎要家家"三自给",① 但绝对是行不通的。明代是棉业大发展时代,建立了一个前所未有的仅次于粮和盐的棉货大市场。宣德时税布 13 万匹,正德增至 168.6 万匹。② 布不是按户而是按粮田亩数征,并且,那时北方还"昧于织",只好"吉贝则泛舟而鬻南,布则泛舟而鬻北",棉的商品率大约比清代还大。徐光启还点明,"北方之吉贝贱而布贵,南方反是"。③

遗憾的是,我们收集到的明代棉和布价资料太少,且多是折交租赋的官价,无法证明徐光启的指示。这些资料不能做出序列,为节约篇幅,免列表。大体上,15 世纪到 16 世纪,棉价由每担 5 两增至 7 两,布价则因官价控制,一直在每匹 0.25 ~ 0.30 两的水平。

到进入 17 世纪和进入清代后,棉和布价资料多起来了,但仅限于上海一带。这种资料可以观察到较长期物价下降的走势,而这种观察最好用图,因亦免列表,而与上述米价一起制成图 1。

该图一看就知道是在市场危机情况下的价格形态,好像一个商人在那里挣扎,到 17 世纪末才松了口气。棉价,尤其布价因无逐年价,不像米价活泼,其实也是波动很厉害的。官价管高不管低,故此时是自由市场。又据《历年记》,石米和担棉的价格,1649 年都是 3.5 两左右,即 1:1,而 1669 年变为 1:2,1687 年变为 1:4。从经济发展说,这是一种倒退现象,也反映市场危机。

可能由于棉、布的替代作用,明代丝、绢的生产无大发展。从下面表 5 亦见,明廷所征布激增,绢则递减,嘉靖后大量加派,而所增有限。大约明代丝绸出口活跃,国内市场并不很大。又明代绢的货币作用大于布,绢及折绢税目不下 10 种,官俸、赏赐均用绢。我所得绢价 26 项,亦不能作成序列,免列表。所见绢的官价与市价几无差别,地区间亦少差别。大约洪武年间所定绢价颇高,每匹 0.6 两,宣德后降至 0.25 ~ 0.30 两,正统时升至 0.5 两,成化、弘治年间波动,嘉靖、万历时稳定于 0.7 两,崇祯战起,高至 1 两。

---

① 据李洵考证,此令是朱元璋就吴国公时所发,益见其目的不在赋税,而是代表朱的思想。见氏著《明史食货志校注》,中华书局,1982,第 57 页。
② 此指赋布,据前引梁方仲《统计》,第 187、189 页。不包括棉、茶、鱼课和商税的折色布,不同于表 5。
③ 徐光启:《农政全书》卷三五《木棉》。

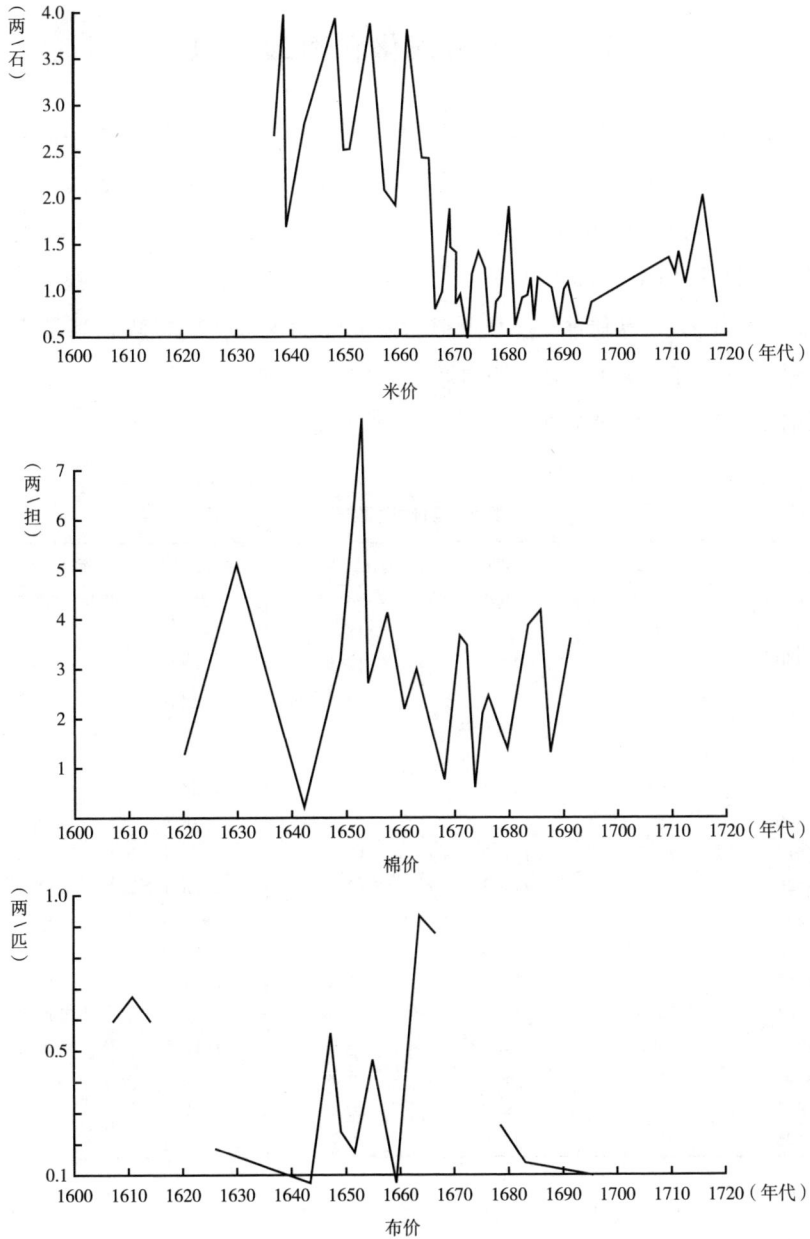

图 1 上海米、棉、布价格

说明：米价据前引王业键文，用逐年估计数。棉价、布价据叶梦珠《阅世编》卷七《食货（四）、（五）》；姚廷遴《历年记》；徐新吾主编《江南土布史》，上海社会科学院出版社，1992，第 89～92 页。棉有 23 个年份的价，布有 13 个年份的价。

五 财政白银化和财政危机

明沿用两税法。唐杨炎创两税，原是田亩纳谷，户税纳钱，唯时帛价低，实际纳帛。宋代两税，则南方商品经济发达诸路已是夏税征钱、秋粮纳谷了。明之两税皆征实物，并将丝、绢、棉、布、麻，以至红花、蓝靛都入两税，税目达40余，加以课、贡，凡政府所需之物无不征实。广积粮，以至"红腐不可食"；储铁锈蚀，不堪制镞。朱元璋的这种实物财政政策是行不通的，其出路只有白银化。兹将明财政收入按10年期列为表5，所选布、绢均属带有货币性者。资料全据《明实录》，惜万历只有一年数，崇祯全无。

表5 明代财政收入

年 份	米麦(万石)[1]	布(万匹)[2]	绢(万匹)[3]	宝钞(万锭)[4]	银(万两)[5]
1430	3979	20.5	94.1	7388.9	32.9
1440	3045	14.6	18.6	2882.3	0.5
1450	2588	13.3	18.9	2368.4	—
1460	3036	13.4	19.4	2574.1	14.6
1470	3032	90.6	28.5	2874.9	7.1
1480	3035	85.8	28.6	2910.6	4.6
1490	3079	117.4	17.9	3246.9	8.1
1500	3090	117.4	17.9	3246.9	3.2
1510	2787	171.3	12.7	3238.1	3.3
1520	2787	171.3	12.7	3238.1	3.4
1532	2659	13.3	32.0	2414.3	242.6
1542	2659	13.3	32.0	2569.2	223.9
1552	2659	13.3	32.0	2414.4	243.3
1562	2660	13.3	32.0	2414.4	259.0
1571	3061	62.3	32.0	1018.3	310.0[6]
1602	2837	39.5	14.8	0.1	458.2[6]
1621	2780	12.9	20.6	8.1	755.2[6]
1626	2780	12.9	20.6	8.1	398.6[6]

注：

[1] 米麦包括田赋、屯田子粒、课粮、课折粮、牛租谷。

[2] 布包括额布、课折布。

[3] 绢为额绢。

[4] 宝钞包括户口钞、折色钞、盐钞、杂课钞等。

[5] 银包括杂课银、盐课银、盐钞折银、屯牧地银、漕粮折银（不同时期按每石0.5、0.7、0.8两计），黄金折银（不同时期按5、7、8倍计）；不包括金花银（约100万两）。

[6]《实录》所列数太小，改用太仓收入数。

财政的白银化包括田赋、课、役三个方面。

田赋白银化始于 1436 年，将南直隶、浙江、江西、湖广、福建、广东、广西七省的部分税粮改征银，即后来所称金花银，通作 100 万两，进内库御用，终明之世未变。① 100 万两按当时所定折价每石 0.25 两，合 400 万石，占洪武时七省税粮 1762 万石的 22.7%。后调整折价，1538 年调为 0.5 两，则只合 200 万石，占嘉靖时七省税粮 1699 万石的 12%。②

金花银行于南方，北方如何？于谦、户部尚书李敏都有北方税粮折色之议，而实施情况未详。山西、陕西均有折银之事，但非常规。③ 山东、河南某些地方有常折者，但限于运往指定粮仓之赋。④

运京漕粮 400 万石，弘治时始见以 17.2 万石折银。1572 年户部请定年折 100 万石，不准。万历时定年折 34.4 万石，称永折。唯嘉靖、万历年间见有七次折 100 万石以上之记载，⑤ 平均折 150 万石。

灾区税粮，从而逋赋，惯行折银。嘉靖年间有四年数，平均折 159 万石，⑥ 以四年中一年灾计，年均 40 万石。

各省支边粮草有折银之例。⑦ 万历时，民运九边粮折银 263 万两，草折银 2.2 万两，⑧ 按每石 0.7 两计合赋粮 379 万石。

田赋白银化程度如何？有一资料谓正德初"夏税共该五万五百余两，秋粮九十四万四千八百余两"。⑨ 两项共 99.5 万两，加金花银共 199.5 万

---

① 原定五省，后加入广东、广西。初只征得八九十万两，但迅即增至百余万两，明末又常不足百万两。

② 七省税粮系定额，引自梁方仲《统计》，第 332~333 页。

③ 例见《宪宗实录》卷二一〇，成化十六年十二月庚午；卷二二八，成化十八年六月甲寅；卷二四二，成化十九年七月壬午，均在山西。陕西例见《孝宗实录》卷一二八，弘治十年八月丁丑。

④ 《孝宗实录》卷二三，弘治二年二月庚子。

⑤ 《穆宗实录》卷七〇，隆庆六年五月己酉；《熹宗实录》卷二九，天启三年五月丙午；前引梁方仲《统计》，第 369 页；《神宗实录》卷一四四，万历十一年十二月甲子；卷一五九，万历十三年三月无日。

⑥ 唐顺之：《与李龙冈邑令书》，转引自唐文基《明代赋役制度史》，中国社会科学出版社，1991，第 186 页。

⑦ 湖广，《英宗实录》卷九三，正统七年六月庚戌；广东，《英宗实录》卷一二四，正统九年十二月丁未；四川，《孝宗实录》卷一五〇，弘治十二年五月甲申。

⑧ 引自梁方仲《统计》，第 376~378 页。

⑨ 唐文基：《明代赋役制度史》，第 138 页。唐认为此指金花银。我以为此乃户部尚书韩文之岁入估计，不包括金花银（金花银不入户部）。

两，按每石 0.25 两计合粮 398 万石，占正德时全国税粮额 2697 万石的 14.1%。又 1549 年（嘉靖二十八年）收夏税折银 12.1 万两，秋粮折粮 33.96 万两，马草折银 54.95 万两，[①] 共 101 万两，加金花银共 201 万两，按每石 0.5 两计，合粮 402 万石，占嘉靖全国税粮额 2285 万石的 17.6%。[②] 假设这年有漕折 150 万石，当占全国税粮额 24%。总之，田赋白银化的程度不高。不过，这是指中央收入。全国赋粮中，支边 500 万～800 万石，万历时已大部折银，留地方 1000 万石，则较少折银。总的看，在三饷加派前，田赋白银化程度不会超过 50%，也许不到 40%。

课的白银化，首先是盐。明行灶籍制，灶民的负担属役，而所谓课实指引价。商人纳米或他物，得引贩盐，1492 年改为纳银，盐课就全部白银化了。引价初每引三四钱，嘉靖时已升至 1.5～2.0 两，成为太仓银库最大一笔收入。贩余盐原纳米，亦改纳银。嘉靖时，盐课银由 50 余万两增至 130 余万两。

茶亦行引法，商人纳钱得引，后改纳钞，不知何时改纳银，可能在天启废钞时。四川、陕西茶是向生产者征实 102.6 万斤，专用于与藏人易马。1490 年陕西招商纳米给引，使贩茶，以 40% 交官，称中茶；1494 年改为纳银。陕西中茶 1601 年始成定例，年 500 引。四川于 1524 年开始中茶 5 万引，1569 年改 3.8 万引，年得银 1.4 万两。[③]

矿冶之课有金银、铜铁、铅汞、朱砂、青绿等，嘉靖后无记载，大约一直征实。

役的方面。在籍工匠约 30 万人，每 4 年赴京服役 90 天，1485～1562 年完成白银化，每匠年纳代役银 0.45 两，政府可收入 13.5 万两。官工业征用民夫约 150 万人，亦同时改为雇用。我们已另文详述。[④]

城市之役，主要是铺行和火甲。铺行是编排铺商供官府需索和劳役，1566 年北京改为纳银，依等次每家纳 0.1～0.9 两，他市未闻改革。火甲即

---

① 潘潢：《会议第一疏》，转引自唐文基《试论明代统治集团的消费问题》，《中国社会经济史研究》1988 年第 2 期。
② 全国税粮额数据，引自梁方仲《统计》，第 196 页。
③ 以上均据《明史·食货志四》。
④ 许涤新、吴承明主编《中国资本主义发展史》第 1 卷，第 114～120 页。

组织商民轮值巡夜，救火防盗。万历、崇祯时，江南城市有改为纳银雇差者。①

役的主体是遍布乡镇的里甲、均徭、杂泛。

里甲主要是上供物料。其白银化始于宣德时周忱在应天之改征里甲银，其后又有各种名目，一条鞭时全面推广。里甲银无数据，只好借均徭酌估。

均徭包括中央及地方征派之役，有多达 50 目者。宣德起即有改征银之例，正德时已有银差、力差之别，一条鞭时普遍白银化。唐文基辑有嘉靖时 7 省 16 个府县的 14 种役的折银价，共有 149 个数据。兹将其各役种的平均值再作总平均（人数不多而银价特高的马夫、膳夫酌减权数），计每个役应纳银 7.5 两。服役人口按 1.1 亿计，依前述丁口比例当有 1830 万丁，10 年一役即 183 万役，可收均徭银 1373 万两。唐文基又辑有嘉靖时 12 省 33 个府州县的均徭银数和户口数，从中可计出平均每户负担均徭银 0.73 两。服役人口按 5 口之家计有 2200 万户，应纳均徭银 1650 万两。与前数平均均徭银在 1500 万两左右。唐文基又辑有 4 省 6 个府县的里甲银和均徭银（力差与银差合计）的数字，从中可计出里甲银为均徭银的 52%。② 以此估计里甲、均徭银共约 2280 万两。此项银两一般不入户部，而为置办上供物品、雇佣夫役及地方多种支费所用。

杂泛以临时性的河工、殿堂修建、运输为大项。推广一条鞭后，仍多是签派。

一条鞭有赋役合一者，但多是随赋带征役银，田赋本身仍以实物为主。辽饷加派前，有个资料说，中央收入本色折色共值 1461 万两，入内府者 600 万两，主要是丝、绢、茶、蜡等，余入户部，内银 400 万两。③ 入内府的金花、买办等银以 150 万两计，连同户部的 400 万两，共占 1461 万两的 37.6%，实物仍占 62.4%。地方情况未详，地方亦需储粮，其白银化主要在役，支出亦多取自里甲、均徭银。

---

① 韩大成：《明代社会经济初探》，人民出版社，1986，第 332~339 页。
② 唐文基所辑三种资料分见前引《明代赋役制度史》，第 238~239、246~247、245、281 页。
③ 据户部侍郎李长庚奏，《神宗实录》卷五八四，万历四十七年七月甲午。李主张将进内府的丝、茶、绢、蜡等折色，以舒银困，不准。

明自弘治末起，财政拮据，嘉靖后进入危机，隆庆后益不能支。学者不少研究太仓银库者，多胪列其入不敷出惨状，若即崩溃。殊不知，当时政府既不能发行公债，亦不能像欧洲君主那样向犹太商人借款，根本不可能实行赤字财政。因此，我将太仓结余情况（材料难找，不像叫喊亏空者多）列为表6。

表6　明代太仓收支

单位：银万两

年　份	收　入	支　出	库　存		
			老　库[1]	外　库	未言明何库
1442～1473	2076	1836			240
1500 左右	149	100			200～400
1506	150	625			
1528	130	241	400	100	
1550～1554	1496	2712			
1555			114		
1567～1570	851	1795	100	210	
1573	282	284			437
1583	372	565		300	
1586			601	98	
1587	370	370	400	9	
1589	327	346	224	31	
1590	374	400	117	40	
1593	451	547		18	
1600			200		

注：[1] 老库亦称中库，包括窖藏。

资料来源：均据《明实录》。个别年的收入用全汉昇估计数，见《明中叶后太仓岁入银两的研究》，《中国文化研究所学报》1972 年第 1 号，第 136～139 页。

从表6见 1550～1554 年连续 5 年亏空，1567～1570 年连续 4 年亏空，这大约是太仓最紧张的时期，但仍有库存。原来太仓年入银 200 余万两，80 年代起增至 300 余万两，库存增加；90 年代起增至 400 余万两，唯支出大增，又感紧张。

所谓财政危机是指白银而言，中央所征以实物为多，并无危机。1583年"京仓积米足资八九年，愈多则愈浥烂"；1588年"太仓米足支七年，而米价腾贵"。① 朝臣们在解决银库不支的建议中有一条是将丝绢等改征银和将内廷"十库"中不用的东西折银，② 皇帝不准。这种实物经济思想正是财政危机的原因之一。

据说老规矩是太仓老库贮银800万两不准动，需款从外库应付。我们不知这规矩维持了多久。但明代市场和商品经济大发展正是在嘉靖财政陷入危机之后。原来货币的功能就在于流通，财政危机，老库窖藏的白银流出来了，投放市场，市场焉得不活。

以上是16世纪。进入17世纪，有两事当言。

一是税监之祸。税监遣于1597年，而开始进银在1601年。据《明史·食货五》说共进"几及三百万两"，我据《明实录》逐笔加算还不到200万两。不过，据说内进的只占1/10或2/10，其余都由税监和"群小"瓜分了。③ 税监之祸，惨不忍睹。但从财政上说，主要是把原应纳之税银经太监之手转入内廷。从经济上说，是将社会上流通的白银用暴力聚敛起来，而最后还是流回市场。因为内廷是在修"两宫三殿"，而太监尤其是分得50%～60%的"群小"，是不会有多少储蓄的。滥派税监，是由于万历贪婪，非真正缺银，因到加派辽饷时还是"内帑充积，帝靳不肯发"④ 而已。

二是军饷加派。这始于1592～1600年的"三大征"，共支军费588万两，时太仓尚裕，加派不多，大约只派了山东。这三次战争在宁夏、朝鲜、贵州，无碍生产，军费则主要投入内地市场。1618～1620年加派辽饷，递增至每年520万两，使田赋白银化比重大增，唯时米价升至每石1两，折米不过500万石，占万历时税粮额的17.6%。这次战事在辽东，而这笔巨额支出大半投入内地市场，以支付募客兵，购买与转运粮、马、器械之费。

---

① 《神宗实录》卷一四四，万历十一年十二月甲子；卷一九六，万历十六年三月辛卯。
② 《世宗实录》卷四五七，嘉靖三十七年三月癸酉；《熹宗实录》卷九，天启元年九月丁卯。
③ 1/10说，《世宗实录》卷三五九，万历二十九年五月辛丑；2/10说，《世宗实录》卷三九八，万历二十三年七月戊午。
④ 《明史·食货二》。

1630～1639 年再增辽饷和加派剿饷、练饷，使加派总额达 2000 万两，连同旧有的赋税共达 2700 万两；不过未能收齐，1643 年实征只 1585 万两，支出则达 2122 万两。[①] 这时战事遍南北，生产破坏，生灵涂炭。但就空前巨额的各种征敛税，当时似未发生货币困难，表明社会上流通的白银增加了，不像 16 世纪下半叶那样捉襟见肘。而大量的支出投放市场，必致引起通货膨胀，物价上升，即如在物价一节所表现那样。同时，也表现为白银贬值，下文再详。

六　商税

用商税考察市场兴衰乃常用之法。明代商税有坐商税（门摊）及通过税。依本文目的自然只取后者。通过税大别有抽分、钞关二项。抽分厂有十余处，原抽实物，后则变卖为银，芜湖正德时抽至 3.7 万两，然缺系列数据，无法进行分析。钞关设于 1429～1450 年，略有可查者，唯所谓七大钞关及崇文门（北京九门）之关税，列入表 7。其中临清、北新（苏州）二关收船料及货税，他关只收船料（丈量船之容量所课船税）。崇文门收车辆税，实包括货物税。尚未见明代关志，不能如清代榷关提供品种和税率、计出商品流通量。表 7 所列，亦不少出于估计，已见说明。早期数字，乃系由钞折合为银。原来，民间交易一直用银。明廷为推行钞法，采商税收钞政策，钞关之名亦由此。1436 年"弛用银之禁，朝野率皆用银"，[②] 而钞关仍征钞及铜钱。1488 年准商税征银，而两京钞关仍征钞及钱。钞法将废，又定钞关半数收银，半数收钞，或一年收银，一年收钞。商人手中唯有银，只好用银买钞。此种政策反映内廷尤其是监督钞关的太监的保守思想，实不利于通商，户部亦无可奈何。

七关中，临清最大，北新次之。临清初设时，收税仅合七八千两，北新一二千两，至隆庆间定额各数万两。表 7 成化至隆庆数，反映商品流通的发

---

① 户部尚书倪元璐疏，见前引唐文基《明代赋役制度史》，第 361～362 页。
② 《明史·食货五》。

表 7　明代钞关税收

单位：银万两

钞　关	C1480 成化间实收	1502 弘治十五年实收	C1570 隆庆间定额	1597 万历加征定额	1625 辽饷加派定额	1640 练饷加派定额
河西务			4.60	6.10		
临　清			8.30	10.80		
北　新			3.30	4.30	8.90	
浒　墅			4.00	5.20	8.75	
九　江			1.50	2.00	5.75	
扬　州			1.30	1.80	2.56	
淮　安			2.20	3.20	4.56	
七　关	12.0	8.2	25.20	33.40	53.40	73.4
崇文门	3.3	0.5	7.35	7.35		
八　关	15.5	8.7	32.55	40.75		

注：1480、1570 系钞、钱按官价折成银。1570、1597 崇文门定额是由八关数减去七关数得出。1625、1640 七关数是用 1597 定额加辽饷 20 万两，再加练饷 20 万两得出。

资料来源：C1480：七关钞 2400 万贯，《宪宗实录》卷一九九；崇文门钞 540 万贯、钱 620 万文，《武宗实录》卷六八。1502：七关钞 2719 万贯，《孝宗实录》卷一九二；崇文门钞 66.5 万贯、钱 288.5 万文，《世宗实录》卷四一。C1570、1597：七关，《神宗实录》卷三一五；八关总额，《神宗实录》卷三七六。1625：五关，孙承泽《春明梦余录》卷三五。

展，不过按八关总额计，年增率仅 0.8%。其间弘治时的低落颇费解。史载崇文门关成化初收钞 540 万贯、钱 620 万文，而弘治初只收 67 万贯、289 万文，经调低定额，1512～1523 年平均亦只收 256 万贯、319 万文。[1] 崇文门关税长期不能足额，可能因京师、张家湾有大量皇店、官店之故，它们拦商截货，虽是收落地税，亦影响关税。1604 年福王家人请在崇文门外开官店，"每岁可有一万四千两税银"，[2] 已当崇文门关税近 1/5 矣。但弘治时其他七关税收何以锐减，未详。

隆庆定额 32.55 万两较确，此额行至万历，载《会计录》。1579 年七关加征定额 8.2 万两，亦确。这期间，七关税收年增长率为 1.05%，差近。加征后，反映税收不足额者迭起，但均在抗议税监之祸的疏奏中，以关税为税监所夺。至于 1625、1640 年七关总额，是我据辽饷、练饷的加派计划所

---

① 《武宗实录》卷六八，正德五年十月壬辰；《世宗实录》卷四一，嘉靖三年七月戊辰。

② 《神宗实录》卷三九三，万历三十二年二月癸巳；卷三九六，万历三十二年五月无日。此事户部反对，但皇帝批准了。

估列，非实录。不过此时未见关税缺额议论，我意此时通货膨胀，市场银货充裕，收税不难。

纳关税以 32.55 万两常额计，甚小。但此非通过税全部。且不论抽分，即钞关亦不止 7 处。早年已革废者如南京上新河、武昌金沙洲等关后仍收钞，新开者如山海关、居庸关等均无记录。且钞关行政开支、地方提留、羡余等均在定额之外。又有人估计乾隆时榷关之贪污偷漏约占税额的 150%，[①]以嘉、万皇帝之昏庸、政治之腐败，当远过之。以明代钞关税收还原为商品流通额，殆不可能。

七　白银问题

宋、金、元的纸币都多少可以兑现，明之宝钞完全不兑现，是以不行。16 世纪已是银本位。市场盛衰与白银量直接相关。当时有多少白银，无人知晓。但也非完全渺茫。1643 年秀才蒋臣向思宗提出个荒唐的建议：再行钞法。但他说当时民间存银有 2.5 亿两，倒有点合乎情理。[②] 全汉昇估计 15 世纪中国存银约 1 亿两。[③] 王业键用倒推法估计 1680 年左右有 2.2 亿 ~ 2.5 亿两，1650 年左右有 2.0 亿 ~ 2.4 亿两。[④] 参考下文所述，我想从 16 世纪到 17 世纪，中国存银约由 1.5 亿两增至 2.5 亿两，其中除用于银器、银饰、窖藏者外，市场流通者不超过 60%。这种增加，有国内生产和国外流入两个来源。

（一）国内银产量

考察明代银产量者已有梁方仲、全汉昇、白寿彝诸名家。[⑤] 因对《明实

①　邓亦兵：《清代前期内路粮食运输量及变化趋势》，《中国经济史研究》1994 年第 4 期。

②　参见彭信威《中国货币史》，上海人民出版社，1965，第 736 页。

③　未见原文，转引自 Michel Cartier, "Les importations de métaux monétaires en Chine：essai sur la conjoncture chinoise," *Annales*, No. 3, Mai-Juin 1981。

④　Yeh-chien Wang, "Secular Trends of Rice Prices in the Yangtze Delta, 1638 - 1935," in T. G. Rawski and L. M. Li ed., *Chinese History in Economic Perspective*, Berkeley, 1992, p.57.

⑤　梁方仲：《明代银矿考》，《中国社会经济史集刊》第 6 辑，1939，第 65 ~ 112 页；全汉昇：《明代的银课与银产额》，《新亚书院学术年刊》第 9 号，1966，第 245 ~ 246 页；白寿彝：《明代矿业的发展》，收入《中国资本主义萌芽》下册，巴蜀书社，1987，第 697 ~ 747 页。

录》用词理解不同，估计有异，但共同论点是，正统以后产量大减，以至
1520 年以后再无记载。我的看法是，《实录》中的"课"与"采纳"是旧
矿与新矿之意，正统后不分新旧，皆官矿应缴之定额，而非 30% 的税额。
实际产量高于定额者大约为有司分取，但从报告看多数是不足定额，吁请减
免。因据《实录》制成表 8，其数大体可代表官矿产量的兴衰。14 世纪末
每年银产量不足 3 万两，15 世纪初增至近 30 万两，1435 年后三度停产，降
至五六万两水平，进入 16 世纪，跌至 3 万余两。官矿的衰退，主要由于管
理腐败，且属征役，劳民伤财，得不偿失；同时，缺乏勘探，不能深采，不
久即枯竭。嘉靖、万历时均有开矿之议，都未见效。

表 8　明代银课收入

年　代	平均每年银两数	年　代	平均每年银两数
1401 ~ 1410	144345	1450 ~ 1454	—
1411 ~ 1420	290560	1455 ~ 1464	63582
1421 ~ 1424	227453	1465 ~ 1474	59776
1425 ~ 1434	239764	1475 ~ 1486	67565
1435	—	1487 ~ 1490	81270
1436 ~ 1440	4081	1491 ~ 1500	53055
1441 ~ 1443	—	1501 ~ 1510	32621
1444 ~ 1449	48292	1511 ~ 1520	32920

　注：1401 ~ 1424 年为课；1425 ~ 1434 年为课与采纳合计；1436 ~ 1486 年为采纳；1487 ~ 1520
年为金银课合计（金课很少）。

　　明代禁民间开采银矿，但"盗矿"不止。早期盗矿者多属豪势之家，
但未必有大成效。如叶宗留，三次聚众开矿，均以"不够食用""矿薄"
"无所得"而失败，最后流为大盗。广东顺德豪民勾引势家开矿，"每岁得
银渐至千余两"，但 1544 年"苗脉已尽"，只好散伙。[①] 然而，正统以后，
矿禁松弛，官矿衰微，民矿略兴，有善经营者，乃意中事。尤其云南，宋应
星说："开矿煎银，惟云南可永行"；[②] 万历时，云南尚有五六万两银课。据

---

①　二例见许涤新、吴承明主编《中国资本主义发展史》第 1 卷，第 174 ~ 175 页。
②　宋应星：《天工开物》卷下《五金》。

万历《云南通志·赋役志·矿课》载："课银赢缩靡定，初年所解，全出官帑，季年所纳，半出民间"。因而，16世纪以后的银课已不全是官矿产量了，包括30%的民矿税。全部银产量不会只有几万两，连同漏税民矿，可能在20万两以上。

16世纪下半叶，财政白银化，市场大发展，那时还没有像样的信用制度，区区二三十万两的白银产量，不足以应付流通需要。前面物价一节提出，1550年以后的物价下跌是由于通货短缺，在此可得印证。但正在此时，大约1570年以后，白银开始大量从国外流入。

(二) 外国白银流入

16世纪晚期，直到1930年，除19世纪个别年度外，都有外国白银流入中国。这方面已有不少名家论述。[①] 唯16、17世纪没有直接资料，大都是根据西方学者关于美洲白银运到东方的总量和日本学者关于日本出口白银总量，估出一个流入中国的数量，不易看出时间序列变化。现据最新的研究，作些探讨。

先看美洲白银。秘鲁银矿开采于16世纪50年代，墨西哥银矿略晚。流入中国的主要渠道是中国与吕宋间的贸易，其繁盛是在1567年明廷开海禁之后。"东洋吕宋，地无他产，夷人悉用银钱易货，故归船除银钱外无他货携来，即有货亦无几"。[②] 这里所谓银钱指含银0.75两、0.36两、0.18两的西班牙银元和更小的银辅币。所谓归船，指闽、浙海商回到漳州的船，粤商回到广东的船，葡萄牙商回到澳门的船，1624年以后荷兰商回到台湾的船，都大量载回白银。这时，漳州海澄的月港是最大的商港，除对入港船收

---

① 全汉昇：《明清间美洲白银的输入中国》，《香港中文大学文化研究所学报》第2卷第1期，1969年。孙毓棠：《明清时代的白银内流与封建社会》，《进步日报》1951年2月3日。前引《中国货币史》，第782页；前引 Yeh-chien Wang, "Secular Trends of Rice Prices in the Yangtze Delta, 1638 – 1935," in T. G. Rawski and L. M. Li ed., *Chinese History in Economic Perspective*, Berkeley, 1992, pp. 59 – 61。William S. Atwell, International Bullion Flows and the Chinese Economy CA 1530 –1650, *Past and Presen*, No. 95, May 1982. Michel Cartier, "Les importations de métaux monétaires en Chine: essai sur la conjoncture chinoise," *Annales*, No. 3 Mai-Juin 1981. Frederic Wakeman, Jr., "China and the Seventeenth-Century Crisis," *Late Imperial China*, Vol. 7, No. 1, 1986, pp. 1 – 24.

② 张燮：《东西洋考》卷五、卷七。

船税和货物税外,对从吕宋来的船加征(银税)每艘 150 两,1590 年减为 120 两。月港税收的变化见表 9。

表 9 月港的关税收入

单位:两

年　代	关税收入(银)	年　代	关税收入(银)
1567 ~ 1572	3000	1594	29000
1573	6000	1599	27000
1576	10000	1615	23400
1583	20000	1628	23400

资料来源:全汉昇《明季中国与菲律宾间贸易》,《中国经济史论丛》第 1 册,香港,1972,第 428 页。

月港税收有定额,1632 年因不足定额罢港督,不能灵敏反映贸易消长。钱江从多种西方文献中辑出自中国(包括澳门、台湾)驶入马尼拉港的船只表,又从马尼拉海关征中国船进口税事例中算出平均每船货值 3.5 万比索,由此可推算出运回白银数。唯他估计,贸易利润 150% 过高,又未扣除运销费用,我酌为改算,如表 10。

表 10 中国与吕宋贸易运入白银估计(平均每年数)

年　代	船　只 (艘)	运入银 (万两)	年　代	船　只 (艘)	运入银 (万两)
1570 ~ 1579	7.5	28.5	1640 ~ 1649	18.1	68.8
1580 ~ 1589	23.4	88.9	1650 ~ 1659	6.7	25.5
1590 ~ 1599	18.5	70.3	1660 ~ 1669	6.0	22.8
1600 ~ 1609	27.4	104.1	1670 ~ 1679	5.2	19.8
1610 ~ 1619	27.3	103.7	1680 ~ 1689	8.3	31.5
1620 ~ 1629	23.7	90.1	1690 ~ 1699	16.8	63.8
1630 ~ 1639	36.8	139.8	1700 ~ 1709	19.6	74.5

注:表 10 估算法:平均每船载货值 35000 比索,售后得利润 100%,回航载值 70000 比索,内 90% 为白银,即 63000 比索,合 48000 两。减除马拉进口税 6%,即 2100 比索,合 1617 两;中国港口水饷银饷 302 两;销售费用和回程运费(去程运费计入货价)按回程载值 15% 计,即 10500 比索,合 8043 两。共减除 9962 两。平均每船实运回 38000 两。

资料来源:钱江《1570 ~ 1760 年中国和吕宋贸易的发展及贸易额的估算》,《中国社会经济史研究》1986 年第 3 期。

表 10 见 17 世纪早期白银入流大增，高时年达 140 万两。1630 年后，葡、西自南美运银受荷、英舰队打劫，1635 年菲利浦四世限制马尼拉贸易，1639～1640 年西班牙人在吕宋屠杀华侨，此时国内战争激烈，1661 年顺治帝严厉海禁，于是，入流白银直线下降。当时，中欧贸易尚有从印度果阿经马六甲到澳门，荷、英船自欧洲直航广州者，不在表 10 之内。但此两路来银亦用于吕宋贸易，留存数未能详。

再看日本。日本银矿发现较早，16 世纪 40 年代大量开发。日本产业更落后，"倭人但有银置货，不似西洋人载货而来，换货而去"。[①] 1567 年明廷开放海禁后仍禁日本贸易，中日贸易全属非法，航日唐船上常有银匠、熔炉，得日本银后即熔化分给客户和水手。一段时间葡船活跃。日本运华白银颇难稽考，只能将各家论述粗略安排，以求略见时间顺序，如表 11。有些估计过高，未取；其他亦系毛估，未扣除运销费用。总之不合理想，有待时贤指正。表见日本白银内流趋势与前表吕宋来银一致。其 17 世纪 40 年代以后的下降，除前述吕宋贸易原因外，尚有日本产银量下降、葡船退出中日贸易、17 世纪 70 年代起日本丝价大跌、1685 年日本限制唐船进口等。

表 11　中日贸易运入白银估计

年　代	年　距	平均每年（万两）	年　代	年　距	平均每年（万两）
1540～1570	30	25～50	1648～1672	24	77
1570～1600	30	50～60	1673～1684	11	49
1600～1630	30	100～150	1685～1700	15	34
1630～1647	18	80			

资料来源：除前注各家外，并见林仁川《明清私人海上贸易的特点》，《中国社会经济史研究》1987 年第 3 期；范金民《明清时期中国对日丝绸贸易》，《中国社会经济史研究》1992 年第 2 期。

（三）银价的变动

上两表白银流入总数达 2 亿两，实属过高。这里多未计入贸易中的运输和海外费用，亦商亦盗情况下的海上损失，移民华侨的资费，洋船

---

① 郑若曾：《筹海图编》卷四。

的利润等；总之，运回的白银部分并未留在国内。同时，中国亦有黄金、铜钱和银货出口。白银净增加也许不过 1 亿两。即使如此，仍然是个很大的数量，数倍于国内银产量。这必然促进市场繁荣，加速经济白银化，而白银本身的价值也必然降低。白银价值可从物价中观察出来，而更直接的是金银比价和银与铜钱的比价。这种比价资料甚少，兹就所见列入表 12 。

表 12　白银价值的变动

年　　代	金一两合银（两）	年　　代	银一两合铜钱（文）
1375	4	1375	1000
1385	5	1407	1000
1397	2	1465 ~ 1487	700 ~ 800
1413	7.5	1493	700
1481	7	1504	700
1573 ~ 1620	7 ~ 8	1628	700
1628 ~ 1644	10	1645 ~ 1647	2000 ~ 5000
1662 ~ 1700	10	1662	700
1790	15	1721	780

资料来源：金银比价：1375 ~ 1413 年、1573 ~ 1644 年，顾炎武《日知录集释》卷一一；1481 年，《宪宗实录》卷二一九；1662 ~ 1790 年，郑光祖《一斑录·杂述》卷六。银钱比价：1375 年、1407 年，《明会典》卷三一；1465 ~ 1487 年《宪宗实录》卷七四、卷二○八；1628 年、1645 ~ 1647 年、1662 年，叶梦珠《阅世编》卷七；1721 年，《大清会典事例》卷二二○。

表 12 可见，与黄金比，白银的价值明显贬低。大约洪武初所定白银官价过高，14、15 世纪的贬值属自然趋势，16 世纪末和 17 世纪初的剧烈下跌则是白银大量进口的结果。这种 1∶10 的比率维持了很长时期（在国外长期是 1∶12），到 18 世纪后期才再次剧烈变动（那是另一次白银进口高潮）。银和铜钱的比价却看不出银通货贬值的作用。其中 1645 ~ 1647 年的异常是由于劣质恶钱泛滥所致，其他年份大都是明政府折银的官价，故少变化；也许和清代不同，16、17 世纪中国并无铜荒。

白银量增多，银根松动，当会引起利息率下降。但那时中国还没有金融市场，民间借贷主要是贫民向富户求贷。黄冕堂收集了 41 个记述借贷利息的例子，兹将其整理入表 13。其中只有两例是商人借款。从中可看出利息率明显下降的趋势,不过,很难说是受白银进口的影响,还是商品经济和市场发展所致。

表 13　民间借贷利息

年　代	例　数	不足 1 倍	倍　息	数　倍	10 倍
1403～1424	2			1	1
1426～1435	2		1	1	
1436～1449	6		4	2	
1465～1487	6		3	2	1
1488～1505	7		6	1	
1506～1521	5		5		
1522～1566	6	1	5		
1573～1620	7	1	6		

资料来源:黄冕堂《明史管见》,齐鲁书社,1980,第 328～332 页。

八　余论

16、17 世纪,中国是世界上产业最先进的国家。中国的丝绸、瓷器等是国际市场上的抢手货,对外贸易全部顺差。中国造船技术亦精,在那个世界贸易大发展的时代,与欧洲争雄,创一条外向型经济发展的道路是可能的。然而未然,原因在中国内部。

明王朝坚持朝贡制度,一如其坚持实物财政制度。实物财政妨碍国内市场的发展,前文已屡言及。朝贡制阻碍国际市场的开发,尤有过之。朝贡允许贡外附带方物,实为一种贸易。除贡舶外禁止商舶,这就形成外商只能借贡入贸,而华商不能出海贸易的奇怪局面。朝贡贸易实为易货贸易,外商来货免税,得银尽购丝绸而去,没有白银内流。外商利大,1523 年发生"争贡之役",明政府更严海禁,烧毁全部出海大船,对海商实行连坐,海商只好转而为盗。终嘉靖之世,国内市场大发展,财政白银化已近完成,而国际市场尚在禁锢之中。也正在这时,发生在物价一节所说的白银危机。由于闽、粤、浙海商(前文说过,他们更近于"纯商人")的斗争,1567 年开放海禁,才见转机。

重商主义时代的海上贸易原是海盗贸易，中国海商之武装自己，不足为怪。为海上竞争，欧洲各国无不建立舰队，荷、英与西、葡之争即是如此。按当时中国国力，建立强大舰队毫无困难，视前郑和之下西洋、后郑成功之光复台湾可知。但明廷不此之图，只知罢市舶司，填平双屿港，烧毁大船，曰御倭寇，何其愚也。

因此，尽管 1570～1640 年代有大量白银流入中国，国际贸易在中国国民经济中只占微不足道的地位。从 17 世纪 30 年代起中国发生长达半个多世纪的物价下跌，市场萧条，主要是由于国内原因造成的，也可说是市场发展中的周期性现象，而不是由于世界贸易紧缩所致。有些学者认为 16 世纪中国已纳入世界经济体系，"中国 17 世纪危机"是"世界 17 世纪危机"的一环，[1] 我以为非是。

（原载中国商业史学会编《货殖：商业与市场研究》第 1 辑，中国财政经济出版社，1995）

---

[1] 参见 S. A. M. Adshead, "The Seventeenth Century General Crisis in China," *Asian Profile*, No. 2, 1973, pp. 271 - 280。

18世纪与19世纪上叶的中国市场

本文是接续《16世纪与17世纪的中国市场》而作。[①] 写作目的及应说明事项已见前文,不赘。

14年前我在《论清代前期我国国内市场》一文中曾对鸦片战争前市场上主要商品量作了一个估计。[②] 当时资料不足,缺欠甚多,亟应改正。唯本文篇幅已巨,难以容纳,拟另作专文。又清代市场整合有一定成绩,论者颇多,亦不免有所夸大。因我另有专文,[③] 本文不再涉及。

一　市场周期

清代前期,尤其康雍乾三朝,史称盛世。国土广辟,户口繁滋,经济的发展在时间和空间上都超过历代有为的王朝。市场规模空前扩大,市场组织、商品结构、运储条件均有改进。然而,受小农经济影响,地方小市场的发展胜于区域大市场,长途贩运贸易在进入19世纪后反有衰退迹象。

市场的发展从来都是周期性的。清代前期,在市场总的繁荣趋势中,亦有两次衰退。17世纪下叶,在国家统一、生产恢复中,曾出现商业凋敝、

---

① 见本卷第377～405页。——编者
② 载《历史研究》1983年第1期。收入本卷第359～376页。——编者
③ 吴承明:《利用粮价变动研究清代的市场整合》,《中国经济史研究》1996年第2期。

市场萧条局面，物价剧跌，农民窘困。进入 18 世纪，市场转入繁荣，物价上升，交易活跃。18 世纪中期以后，市场平稳发展，于世纪末达于极盛。进入 19 世纪不久，发生第二次市场萧条，三四十年代达于低谷。其影响面广，较前次更为严重。50 年代即转入复苏，形成近代市场，交易空前扩大。这两次市场萧条，考其基本原因，概属经济因素，与战乱、灾荒无关，故可视为经济周期。此外，还会有一些中短期的市场波动，因资料不足，难以申论。

17 世纪后期的市场衰退，我在《16 世纪与 17 世纪的中国市场》一文中概括入"17 世纪市场危机"，过于笼统。日本学者岸本美绪称之为"康熙萧条"，较为恰当。① 此次萧条实在清初大陆平定、生产基本恢复之后，不应与明清战争所造成的经济破坏混为一谈。靳辅奏当时江浙士民反映："顺治初年……（各物）价值涌贵而买者甚多，民间货财流通不乏，商贾具获厚利，人情莫不安恬。近来各物价值颇贱而买者反少；民情拮据，商贾亏折，大非二十年前可比。""顺治初年，凡十家之中，富足与平常可以度日者居其七八，穷窘者居其二三……迩来家家穷窘……求其真正富足者，百家之中不过一二家而已。"② "近来""迩来"，当指顺治初 20 年后，即康熙初期。又黄宗羲论当时"银力竭"曰："土田之价不当异时之十一，岂其壤瘠与？曰否。不能为赋也。百货之价亦不当异时之十一，岂其物阜与？曰否。市易无资也。"③ 这里，"异时"当指顺治早期。不过，"十一"夸大，康熙米价约为顺治之半。

康熙萧条不是由于供给问题，而是由于市面缺银，需求萎缩。顾炎武《钱粮论》说，关中"岁甚登，谷甚多，而（至征粮之日）民且相率卖其妻子"，"何以故？则有谷而无银也"。④ 唐甄本人曾经商，他的《潜书》刊于康熙四十一年（1702），写江南景象曰"农空、工空、市空、仕空"。"农空"因"谷贱"，"工空"因"布帛贱"，卖不出钱来，所以"空"。而"市

---

① "危机"为论经济周期中常用语，非必危殆，Pierre Étienne、Frederic Wakeman Jr. 均有文论中国 17 世纪经济危机，已见我前文。岸本美绪著述为 "The Kangxi Depression and Early Qing Local Markets," *Modern China*, 10. 2, 1984；《康熙年间の谷贱について——清初经济思想の一侧面》，《东洋文化研究所纪要》第 89 册，1981。

② 《靳文襄公奏疏》卷七《生财裕饷第二疏》。

③ 《明夷待访录·财计一》。

④ 《亭林文集》卷一。

空"指"舟转市集而货折资",即生意赔钱,以致"枫桥之市,粟麦壅集;南濠之市,百货不行"。所以如此,由于缺银钱。"中产之家,尝旬日不睹一金,不见缗钱。无以通之,故农民冻馁,百货皆死,丰年如凶。"①

康熙时缺银,或以清初禁海所致。上引靳辅奏亦称禁海靖边 20 年后,"流通之银日销而壅滞之货莫售";慕天颜《请开海禁疏》称禁海"二十年来所坐弃之金钱,不可以亿万计"。②我在《16 世纪与 17 世纪的中国市场》一文中曾详考这时白银来源停滞,非全由于禁海,本文将再论及。这时,人丁、耕地增长,生产发展,国库充裕,而市面通货奇缺,实与康熙俭约治国、集中管理财政的紧缩政策分不开的。

雍正继位,耗羡归公(实系作为地方财政)和大量发放养廉银,情况即为改观。

19 世纪上叶的市场衰退,或称"道光萧条",亦颇允当。这次萧条是在清国势已衰、农业生产不景气、财政拮据的情况下发生的。龚自珍在嘉庆末(约 1820 年)指出:"人心惯于泰侈,风俗习于游荡,京师其尤甚者。自京师始概乎四方,大抵富户变贫户,贫户变饿者,四民之首,奔走下贱,各省大局,岌岌乎皆不可以支日月,奚暇问年岁!"③情况十分严重。唯把经济衰退尽归之于超高消费,不尽合理。当时突出的现象是银贵钱贱,物价下跌,交易停滞,商民皆困。银价由每两合钱 1000 文增至 2200 文,江南米价跌落约 25%,并因市场远较康熙时为大,影响面广,议论汹汹。

农民因谷贱银贵,难以纳赋,与康熙萧条同。马敬之说:"银币耗,农夫织妇,毕岁勤劳,低估以售之,所得之钱,不可输赋。"④而左宗棠进一步指出:"银价日昂,银复难得,农者以庸钱粪值为苦,田主以办饷折钱为苦。"⑤商品经济发展,小农的生产要素已离不开市场,因有货币成本问题。左宗棠是讲湖南,其实他处亦然。包世臣说江南"蚕棉得丰岁,而皆不偿本",⑥亦此意。

---

① 唐甄:《潜书》下篇上《存言》《更币》。
② 《皇朝经世文编》卷二六《户政一·理财上》。
③ 《定庵文集》卷中《西域置行省议》,四部备要本。
④ 马敬之:《银币论》,《皇朝经世文编》卷五一。
⑤ 道光二十五年《上贺庶农先生》,《左文襄公书牍》卷一。
⑥ 道光二十六年《致前大司马许太常书》,《安吴四种》卷二六。

然而，市场上最敏感的是商人。商人亏折，一时最为瞩目。包世臣在上文中说："商贾不行，生计路绌，推原其故，皆由银贵。"冯桂芬在《用银不废银议》中说，由于银贵，"富商大贾，倒罢一空，凡百贸易，十减五六"。[①]有大臣奏："向之商贾，今变而为穷民；向之小贩，今变而为乞丐。"[②]

值得注意的是盐商。声势喧赫的两淮盐商，突告"消乏"。至道光六年（1826），商欠达 600 余万两；道光十年，"能运四五万引者无多，十数万引者更少"；扬州"向有数百家，近因消乏，仅存数十家"。[③] 福建盐商，亦陷"疲乏"，因"银价昂贵"，"商本加重"，"不旋踵间，相继倒罢"。[④] 内地最大的盐商是山西河东盐商，因"银本昂贵"，"承办半签引地者，每年需赔四五千两，承办一签引地者，其赔累又倍之。是以商人视为畏途，纷纷思退"。[⑤] 盐商是最大的商业资本，他们的衰乏，影响很大。

由于钱庄、票号有了发展，以及钱票、庄票、期票、外兑票的发行，至道光时已初步形成一个信用货币市场。萧条开始时，北京曾两次发生钱票挤兑、钱庄大量倒闭的信用危机，[⑥] 这是康熙萧条中所没有的。

道光萧条情况比较复杂，它是伴随着早已出现的银贵钱贱而来的。银为什么贵，当时议论大多归之于鸦片进口泛滥、白银外流，实则尚有其他因素，需从整个市场货币需求量和供给量上另作专论。19 世纪 50 年代，尤其 50 年代后，又有白银内流；同时从 1853 年（咸丰三年）起，清廷大发银票、宝钞，铸大钱、铁钱，造成通货膨胀，道光萧条也随之结束。

二 人口与耕地

人口迅速增长和耕地大量垦辟是 18 世纪经济与市场繁荣的重要因素。

清早期只公布人丁数，如何估算人口，已有多家研究。通常用一丁合 5 口计算；或选较稳定时期之丁折口数为基期，再按丁之增长率推算；或以乾

---

① 《显志堂稿》卷一一，并见《校邠庐抗议》。
② 骆秉章：《采买淮盐济食分岸纳课济饷折》，《骆文忠公奏议》卷五。
③ 陶澍：《再陈淮鹾积弊疏》《请派大臣查办淮鹾折》，《陶文公全集》卷一一、一八。
④ 王庆云：《户部议复福建督抚陈奏盐务折》，《王文勤公奏稿》卷四。
⑤ 兆那苏图：《酌议变通河东盐务章程疏》，王延熙等辑《皇朝道咸同光奏议》卷三五上。
⑥ 参见张国辉《晚清钱庄和票号研究》，中华书局，1989，第 5～12 页。

隆时之人口增长率回测前三朝；吴慧并求得一"人丁隐漏率"以助测算。[①]
丁是赋税单位，有按田亩派丁者，有按税粮派丁者，但多数是按三等九则派
丁，故丁与人口数并非全无关系。唯丁赋有轻重，比例不一。如 1781 年之
编审，盛京一丁合 9.5 口，而吉林一丁合 4.5 口。[②] 内地比数较小，或谓一
丁合 3 口余，然"一户一丁"概念仍流行。无奈，我仍按一丁合 5 口比例，
估算 1661 年（顺治十八年）和 1724 年（雍正二年）之人口数，以前者代表长
期战乱后之人口低谷，后者代表已恢复到明代盛世之人口水平。实则经济恢复
约在 1711 年（康熙五十年）已完成，以 1724 年为代表是因该年分省数字较详。

1741（乾隆六年）年开始公布依保甲制建立之人口统计，时已摊丁入地，
隐匿较少，大体可用。唯其前数十年之统计人口年增长率高达 18‰，显系在
逐步转制中，不足据。我因择 1757 年（乾隆二十二年）代表 18 世纪中期，
1812 年（嘉庆十七年）代表 19 世纪初期，1851 年（咸丰元年）代表 19 世纪
中期，估算人口数。这些年份均不合理想，亦因有较详之分省数字，以便比较。

以上五个基期，原丁或口之统计均有缺漏，时贤已多有修正。我以较新
的章有义对 1812、1851 年之修正为准，补估前三个基期原缺之台湾、黑龙
江、西藏人口数字；又另据资料，补估五个基期的吉林人口和新疆（除原
列巴里坤、乌鲁木齐以外）的南北疆人口数字。估算结果，分七个大区，
列入表 1。

清代耕地统计，远较人口为差。盖所统计为税亩，隐漏固多，又沿行折
亩及畸零免科，故大幅度偏低；另一方面，或包括山、塘、基地，又有偏高
因素。时贤对此亦多有修正。我亦取章有义对 1812、1851 年之修正为准，
并用他的办法，即以增加 44% 来补估折亩及隐漏，来修正 1661、1724、
1753 年的耕地数（采用 1753 年而不用 1757 年的耕地数，因 1757 年无分省
数字）。又另据资料，补估五个基期原缺之台湾、新疆、吉林、黑龙江耕地
数字，又章有义所列 1851 年之江苏、安徽、陕西耕地数与前后各年均不符，
我改用《大清会典》1812 ~ 1887 年之年增长率，以 1812 年耕地数字重新估
计。最后均以 1 清亩合 0.9216 市亩折成市制。估算结果列入表 2。

①　吴慧：《清代人口计量问题》，《中国社会经济史研究》1988 年第 1 期。
②　孔经纬主编《清代东北地区经济史》，黑龙江人民出版社，1990，第 138、140、154、156 页。

表 1　人口估计

单位：万人

年　份	1661	1724	1757	1812	1851
华北 4 省	3531.1	4906.3	6481.1	9399.1	9634.2
华东 3 省	3086.6	3505.5	5969.7	9826.9	11204.1
华中 3 省	1352.6	1531.5	2582.9	6907.0	7897.4
东南 4 省	1316.2	1547.1	1952.8	4336.5	5896.1
西南 3 省	74.8	296.3	803.3	3228.5	5759.1
西北 3 省	1250.9	1324.3	1352.4	2618.5	2895.1
东北 3 省	5.2	25.2	47.6	141.6	312.5
西　藏	90.0	90.0	100.0	148.9	153.7
总　计	10707.4	13226.2	19289.8	36607.0	43702.2

注：华北：河北、河南、山东、山西；华东：江苏、安徽、浙江；华中：江西、湖北、湖南；东南：广东、广西、福建、台湾；西南：四川、云南、贵州；西北：陕西、甘肃、新疆；东北：辽宁、吉林、黑龙江。

资料来源：各年原数见梁方仲《中国历代户口、田地、田赋统计》，上海人民出版社，1980，第 250、258、262 页。章有义修正见所撰《近代中国人口和耕地的再估计》，《中国经济史研究》1991 年第 1 期。我所作修正项目颇繁，实则对总数影响不大；为节约篇幅，不录，读者如有需要可向作者索阅。

表 2　耕地面积估计

单位：万市亩

年　份	1661	1724	1753	1812	1851
华北 4 省	26441.0	37766.5	36165.7	39835.9	41288.9
华东 3 省	18654.7	19829.2	20080.8	21237.1	21724.8
华中 3 省	16424.9	17944.2	18490.0	18496.5	19085.8
东南 4 省	5497.8	7153.1	7461.7	7372.9	8093.1
西南 3 省	991.9	4004.7	7441.6	7780.5	8147.1
西北 3 省	5063.9	7080.1	7793.8	7362.2	7861.6
东北 3 省	240.3	1500.0	1890.0	3035.8	4136.9
总　计	73314.5	95277.8	99323.6	105120.9	110338.2

资料来源：各年原数见表 1 梁方仲书，第 380 页。章有义修正见表 1 章文，并参见史志宏《清代前期的耕地面积及粮食产量估计》，《中国经济史研究》1989 年第 2 期。我所作修正项目颇繁，为节约篇幅，不录，读者如有需要可向作者索阅。

　　我们假设，1661～1724 年为明清战后经济恢复时期；1724～1851 年为经济增长时期，其间又分为三个阶段。依表 1、表 2，各时期、各阶段的年增长率如表 3。

表3 人口、耕地年均增长表

时　　期	人口(‰)	耕地(‰)	代表年
恢　复　时　期	3.36	4.17	1661～1724
增　长　时　期	9.46	1.16	1724～1851
18世纪上叶	11.50		1724～1757
		1.44	1724～1753
18世纪下叶	11.72		1757～1812
		0.96	1753～1812
19世纪上叶	4.55	1.24	1812～1851

从表3可见,半个多世纪的恢复时期,耕地的增长速度快于人口增长速度,这也许是18世纪人口迅速增长的原因之一。18世纪人口增长速度达11.6‰,的确太快了,同时耕地的增长率大幅度下降。但进入19世纪已见转机,人口增长率剧降,而耕地增长率恢复上升。到19世纪下叶,即进入近代,又有变化。据前引章有义文估计,1851～1933年,人口增长率降至1.92‰,而耕地增长率升达3.35‰,快于人口的增长。不过,这已不是本文范围。但可看出,所谓人口压力主要指18世纪,以后就逐渐缓解了。

清代大力垦辟山区、边区,耕地面积比明盛世增加了3亿余亩,是历代垦田最多的。唯在本文所考察的1724～1851年,仅增1.5亿亩。辟地最多的为西南地区,增4000余万亩;次为华北,增3500余万亩;再次东北,增2600余万亩。这三个地区的人口(移民)增长,与耕地的垦辟是相适应的。但是,本时期人口增长最多的地区是在华东,即通称江南三省,增加近7700万人,而该区耕地垦辟不足2000万亩。其次是华中三省,增6300余万人,而耕地垦辟仅1100余万亩。东南人口增4300余万人,耕地仅增940万亩。这三个地区都出现人口过剩。不过,华东、东南到19世纪末已有好转,到1930年,人均耕地面积已恢复并超过18世纪水平。只华中三省情况继续恶化,不过这三省人口密度原不甚高,19世纪末人均耕地面积仍在2亩左右。

人口增长有多种因素,不必须有同比例的土地垦辟。1750～1900年欧洲人口增长率达13‰,[①]高于我国18世纪的11.6‰,主要不是由于耕地扩

---

① Prigatish Maitra, *Population, Technology, and Development: A Critical Analysis*, Gower Publishing Co., 1986, p.25. 该书称同期中国之人口增长率为6‰。

张，而是由于工业革命，改变了人口就业结构。我国没有工业革命。但这时农民家庭副业有很大发展，尤其棉纺织业的发展。原来人民生存的最大威胁是"饥寒交迫"，棉纺织业的发展在一定程度上解决了"路有冻死骨"的问题，并有利于向山区、边区移民。其他副业和商业发展也有增加就业的作用。

农家副业的发展开拓了市场，而最为学者注意的是 18 世纪以来市镇经济的繁荣。江南苏杭等 7 府 51 个县，明盛世有市镇 226 个，乾嘉时增为 410 个。① 岭南广州、琼州府 19 个县，雍正初有定期墟 332 个，道光时至少有 662 个。② 常规，人口增加，城市兴起，小城市变大城市，形成区域的乃至全国性的大市场。我国西周已有 10 万人口的大城市，汉代长安约为古罗马的 3 倍，至宋达于高峰，汴京人口 140 万（或云 200 万），城市人口占总人口 12%（或云 20%）。③ 然而，明清以来，城市发展停滞，首都人口从未达到宋代汴京水平，甚至不如临安。苏州人口也逊于宋代。反之，发展了市镇和墟集经济，形成了遍布各地的地方小市场。然而，总计清代城市和市镇人口，亦只占总人口的 5% 强。④ 赵冈认为，这是因为人口压力，余粮不足以支持城市消费，而农民需要交换，只好发展市镇。⑤ 此说有理，但不全面。市镇的大发展实在 19 世纪下叶到 20 世纪 30 年代，北方尤其是这样。⑥ 而这时期人口增长率甚低，耕地增长率颇高，前已言及。总之，市镇经济或地方小市场的繁荣固然与人口密度有关，而重要的恐怕还是农业尤其农家副业的商品化，以及小农贸易的细碎性和间歇性使然。⑦

我国的小农生产，用方行的话说，是一种"农业和手工业、自给性生

---

① 陈忠平：《明清时期江南市场的考察》，《中国经济史研究》1990 年第 2 期。
② 叶显恩主编《清代区域社会经济研究》下册，中华书局，1992，第 655 页（罗一星文）；郭蕴静：《清代商业史》，辽宁人民出版社，1994，第 182 页。
③ 漆侠：《宋代经济史》下册，人民出版社，1988，第 933 页；何一民：《中国城市史纲》，四川大学出版社，1994，第 138 页。
④ 胡焕庸、张善余：《中国人口地理》上册，第 255 页。
⑤ 赵冈：《中国历史上的市镇》，《中国社会经济史研究》1992 年第 2 期。
⑥ 对北方市镇的精密研究见丛翰香《市镇的勃兴》，载丛翰香主编《近代冀鲁豫乡村》，中国社会科学出版社，1995。又丁长清、慈鸿飞估计 20 世纪 30 年代中国有 16000 个人口为 2000~20000 的镇，镇和集总数约 58000 个。见丁长清《中国近代农村商品经济与市场》，1995，待刊。
⑦ 这方面的一篇出色研究是龙登高的《个体小农与传统市场》，提交 1995 年"小农经济、市场与现代化"学术讨论会的论文。

产和商品性生产双重结合”的模式。① 这种模式能有效地利用所有生产要
素，在维持我国众多人口的生活和开拓商品市场上发挥了重大的历史作用。
但是，到了18、19世纪，它的局限性或副作用也日渐突出。其中最重要的
是，它阻碍着市场促进社会分工和专业化的作用，阻碍着手工业尤其是棉纺
织业从种植业中分离出来，也阻碍着自由劳动力市场的形成。

三　价格

（一）田价

18～19世纪田价资料不少，但能作长期系列分析者仍首推徽州档案。
表4专用歙县，符合田价地方性特点。所辑为卖田契，不包括卖地、山、塘
契，唯田契中常附小塘，虽注明而无法剔除。又专指大卖即田底，不包括小
卖即单卖田面者。我共见236年的382件卖田契，唯有74年无契。表4系
先求得每年平均价，再按10年平均。

表4　安徽歙县田价

年　份	契　数	两/亩	年　份	契　数	两/亩
1665～1670	5	7.74	1781～1790	16	21.67
1671～1680	25	8.54	1791～1800	9	21.64
1681～1690	13	9.09	1801～1810	13	19.05
1691～1700	16	9.01	1811～1820	14	19.55
1701～1710	15	11.60	1821～1830	16[1]	21.03
1711～1720	23	12.49	1831～1840	12	15.51
1721～1730	33[1]	12.51	1841～1850	14	10.48
1731～1740	19	12.69	1851～1860	24	9.28
1741～1750	23	15.84	1861～1870	22	5.14
1751～1760	23	18.37	1871～1880	7	5.16
1761～1770	17[1]	21.58	1881～1890	3	5.54
1771～1780	14	23.26	1891～1900	6	5.44

注：[1] 减除一项特高价。1665年无契，以1664年契代替；1900年无契，以1901年契代替。
资料来源：据安徽省博物馆《明清社会经济资料丛编》第1集，中国社会科学出版社，1988，
包括该馆及徽州地区博物馆所藏卖田契档。

---

① 方行：《清代前期的小农经济》，《中国经济史研究》1993年第3期。

我在《16 世纪与 17 世纪的中国市场》中指出，徽州田价在嘉靖、万历间曾长期保持一个每亩 12 两强的高水平，似是受土地边际报酬的作用。入清后，顺治朝仍是每亩 12 两余，至康熙剧跌至 7 ~ 8.5 两，1711 年（康熙五十年）始恢复，反映康熙不景气。[①] 12 两余水平保持 30 余年，乾隆中期后跃进到约 21 两的新水平；这似乎只能从货币方面即白银购买力降低予以解释。约 21 两新水平维持近 70 年，19 世纪 30 年代跌落，则明显反映道光萧条。而 19 世纪 50 年代以后的大跌，则是受太平天国战争影响。

时贤研究中，有赵冈所辑徽州府及浙江衢州、严州、杭州府和江西广信府之耕地资料并列有 10 年平均之田价系列，兹择其 1641 ~ 1900 年 471 个数据列入表 5。表 5 中五府田价水平略低于歙县，变动趋势与歙县基本一致，而升降幅度较歙县略大，康熙年间，尤其是道光年间的不景气至为明显，而所受太平天国战争的影响与歙县迥异。

表 5　安徽、浙江、江西五府水田价

年　份	件　数	两/亩	年　份	件　数	两/亩
1641 ~ 1650	57	10.00	1771 ~ 1781	16	17.30
1651 ~ 1660	23	8.82	1781 ~ 1790	15	17.46
1661 ~ 1670	5	7.37	1791 ~ 1800	8	16.35
1671 ~ 1680	37	5.60	1801 ~ 1810	16	17.72
1681 ~ 1690	29	5.63	1811 ~ 1820	12	19.69
1691 ~ 1700	20	6.80	1821 ~ 1830	11	21.16
1701 ~ 1710	19	7.10	1831 ~ 1840	6	22.54
1711 ~ 1720	25	8.01	1841 ~ 1850	2	16.10
1721 ~ 1730	33	8.04	1851 ~ 1860	11	12.34
1731 ~ 1740	28	7.90	1861 ~ 1870	13	4.93
1741 ~ 1750	18	8.68	1871 ~ 1880	6	10.63
1751 ~ 1760	20	12.66	1881 ~ 1890	5	11.95
1761 ~ 1770	24	17.26	1891 ~ 1900	2	14.73

注：五府，即徽州府、衢州府、严州府、杭州府、广信府。

资料来源：Kang Chao, "New Data on Land Ownership Patterns in Ming-Ch'ing China-A Research Note," *Journal of Asian Studies*, XL: 4, August 1981, pp. 728 – 729.

---

① 顺治朝平均 12.17 两，康熙朝平均 7.96 两，见彭超《明清时期徽州地区的土地价格与地租》，《中国社会经济史研究》1988 年第 2 期，所用为歙县四乡田契。但钱泳称顺治年间"良田亦不过银二三两"，康熙"长至四五两不等"，见《履园丛话》卷二，又光绪《常昭合志稿》卷二二亦同。无锡、常熟无系列数字，岂地区差异如此之大耶？

据章有义研究，顾炎武所说徽商不置田业盖一时现象，商人兼地主乃常见。从卖田契看，卖田以筹店本、以偿商欠、以补盐课者屡见；在 40 家析产文书中，有 26 家是兼分田和店，至少有 13 家是由商获利置田的。[①] 我所见歙县卖田契，有近半数是将数块以至十来块小田凑成 50 两、100 两以至 500 两之整数出卖，显系商人间之交易。又农户卖田，常于契中强调贫困、病丧以至有"呼天不应，呼地不灵"等语，而徽州卖田契中常有"因正用""因急用"等词。这都说明徽州田价与商业和市场关系较为密切。

陈铿辑有福建建瓯地区田价。据称曾见卖契千余件，除卖地、山、赔田、年分田、祭田及单卖田皮、田骨等外，列表 86 件。唯顺治、康熙仅各 1 件。我选其 1750～1900 年 70 件，按 10 年平均列入表 6。该地区田按产量罗计（每罗 70 斤），或按担、斛、斗、桶计，表内均折为罗。金额多用钱文，我按表 19 折为银两。陈铿从若干实例计算，当时建瓯亩产量约 265 斤，故表 6 数乘以 3.786 即每亩田价约数。表 6 反映道光萧条亦颇明显，趋势与表 4 歙县一致。闽南亦商业较发达地区。至于 19 世纪 60 年代以后与歙县变动不一致，或因受太平天国战争影响较轻所致。

表 6　福建建瓯田价

年　份	契　数	两/罗	年　份	契　数	两/罗
1750～1800	6	3.70	1851～1860	8	2.55
1801～1810	2	3.46	1861～1870	9	4.11
1811～1820	2	4.03	1871～1880	11	4.69
1821～1830	1	3.48	1881～1890	9	3.32
1831～1840	4	3.74	1891～1900	12	3.73
1841～1850	6	2.94			

资料来源：陈铿《清代南平建瓯地区田价研究》，《中国经济史研究》1990 年第 3 期。

刑科题本中有不少田价资料，唯极分散。兹择其数据较多的湖南省的 18 世纪 45 件列入表 7。原件以产量计。以种粮计者均折为亩，以钱文计者均按表 19 折为银两。因非原契，件数不多，且系各州县综合，质量较差。时湖南为发展中省份，18 世纪上叶由每亩不足 1 两递增至 10 余两，六七十

---

① 章有义：《明清徽州土地关系研究》，中国社会科学出版社，1984，第 23～24、27～28 页。

年代又增 1 倍，维持 22～23 两高峰，直追江南。案例以洞庭湖地区为多，当受湘米东运影响；18 世纪 80 年代起田价陡降，盖亦与湘米输出受阻有关。

表 7　湖南田价

年　份	件　数	两/亩	年　份	件　数	两/亩
1711～1720	2	0.86	1761～1770	2	22.54
1721～1730	3	19.00	1771～1780	3	23.33
1731～1740	5	8.49	1781～1790	3	18.00
1741～1750	18	11.27	1791～1800	4	13.05
1751～1760	5	10.99	1801～1820	2	20.75

资料来源：中国第一历史档案馆、中国社会科学院历史研究所编《清代土地占有关系与佃农抗租斗争》，中华书局，1988；又《清代地租剥削形态》，中华书局，1982；黄冕堂《清史治要》，齐鲁书社，1990；李文治《明清时代土地关系的松解》，中国社会科学出版社，1993。

四川巴县和新都县档案，经学者整理，有卖田契刊布，可得系列田价，列入表 8。各契多水旱田地捆卖，并常包括边坎、沟埂、房屋及基地，虽注明，但并捆作价，无法剔除。其田地面积，用"册载条粮"之银钱数表示；因田分等纳赋，丁银随赋加征，故每亩所纳条粮无定值。乾嘉时，四川全省赋额平均为每亩载粮 0.14 钱。巴县契中，有 13 件附记种粮斗数，四川为大斗，按 1 斗 2 亩计，可计出平均每亩载粮 0.188 钱。新都县契，除载粮外，大都附记亩数，据 78 契平均，每亩载粮 0.177 钱。1841 年（道光二十一年）增赋，载粮数未详。表 8 中，巴县田价应以载粮为准，新都县则每亩价与载粮每钱价可并用。

表 8　四川巴县、新都县田价

（载粮单位为钱、银）

年　份	巴　县			年　份	新都县		
	契数[1]	两/亩	两/载粮		契　数	两/亩	两/载粮
1736～1748	2	13.30	63	1801～1810	3	49.06	240
1761～1770	4	13.26	196	1811～1820	1	40.00	224
1771～1780	2		138	1821～1830	9	28.15	227
1781～1790	1		197	1831～1840	2	38.52	
1791～1800	3	29.58	173	1841～1850	8	26.83	136
1801～1810	4	44.17	135	1851～1860	5	25.44	234
1811～1820	4	21.88	92	1861～1870	17	43.57	273
1821～1830	3	28.79	219	1871～1880	22	49.31	282

续表

年　份	巴　县			年　份	新都县		
	契数[1]	两/亩	两/载粮		契　数	两/亩	两/载粮
1831～1840	3	41.25	299				
1841～1850	3		209				

注　[1] 巴县另有 12 契价过高或过低未计入。

资料来源：四川大学历史系编《清代乾嘉道巴县档案选编》，1995。熊敬笃编《清代地契史料》，新都县档案局版，无出版年。

四川属移民开发区。从巴县资料可见，18 世纪其田价上升较迟亦较缓，19 世纪早期亦有下滑，而 19 世纪 30 年代后仍升，与他处不同。新都县资料始于 19 世纪，从中可见嘉庆末之下滑与道光后期剧跌，与他处趋势相同。但 19 世纪 50 年代后坚挺上涨，我不能解释。又两县按亩计之平均价高峰都达四五十两，睥睨江南，令人诧异。盖二县均四川土地肥沃地区，由其载粮数较高可知。

北方地价极少系列资料。表 9 所列山西襄汾县丁村地价，系据张正明、陶富海所辑卖契。数据不多，且限于 19 世纪，然 19 世纪初之下滑，道光中期的再度下滑，及世纪晚期之大幅度跌落，则与表 4 歙县完全一致，与表 6 建瓯亦大体相符。说明此时地价变动，货币原因占有重要地位。襄汾为义和团运动地区，但似未影响地价，运动大开展后，地价还略升。

表 9　山西襄汾县丁村地价

年　份	契　数	两/亩	年　份	契　数	两/亩
1764～1739	2	42.53	1851～1860	1	20.62
1801～1810	5	30.60	1861～1870	3	8.56
1811～1820	4	41.19	1871～1880	1	5.00
1831～1840	4	37.62	1890～1900	3	4.02
1841～1850	1	30.62	1901～1910	4	4.20

资料来源：张正明、陶富海《清代丁村土地文书选编》，《中国社会经济史研究》1989 年第 4 期。

以上各省田地单位不同，不能直接比较，因将价格均化为指数，列入图 1。从图 1 中可见趋势大体一致，18 世纪下叶上升加速，而 1770 年后有段下滑，高峰俱在 1830 年，然后是道光年间萧条。至于太平天国战争影响，大体在 19 世纪 60 年代以后即告消失。此次战争延续 15 年，生灵涂炭，生产破坏，但究属局部地区，亦属暂时性的。战争支出军费 1.7 亿两，连同镇压捻军，共 2 亿余两。就市场说，有此巨额通货投入，必会提高购买力，导致战时繁荣。

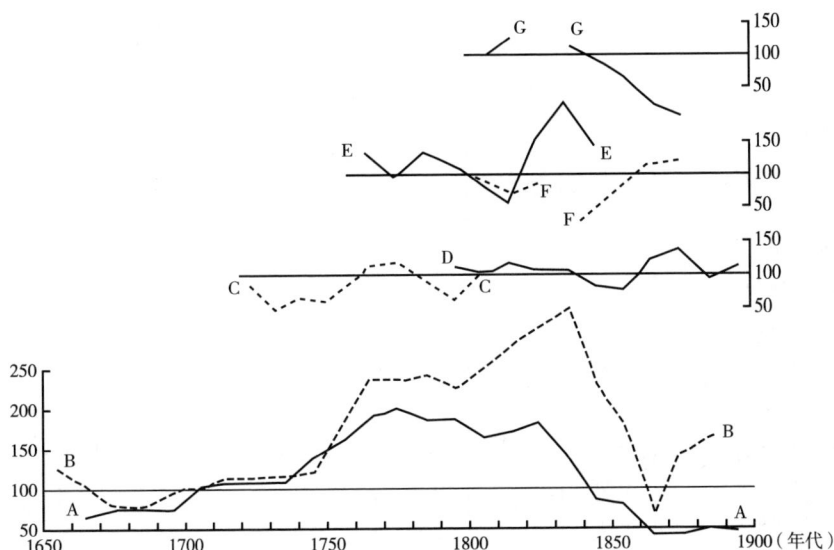

图 1　田价指数

1701～1710 = 100
AA　安徽歙县
BB　安徽、浙江、江西 5 个府
1801～1810 = 100
CC　湖南
DD　福建建瓯
EE　四川巴县
FF　四川新都县
GG　山西襄汾县

（二）粮价

粮价反映市场情况最为敏感。清代粮价，时贤研究者甚多，成果丰硕。其系列较完整者唯米价，兹择七种研究，按五年平均价汇入表 10 和图 2。小麦、杂粮数据不全，免列表，仅用原作者曲线图入图 3。研究者不少是采用清代官方粮价单及雨雪粮价析。此项官方报告的可信性已有不少专门讨论。本文需要历年价格系列，此项官报仍属必需。就长期趋势说，表 10 所列各地米价与彭信威据《清实录》及其他文献所作之全国米价基本一致，但就中短期变动说，利用官报时仍需与其他资料核对。

表10 18~19世纪上叶米价

单位：两/石

年　份	全　国	上　海	苏　州	萧　山	广　东	湖　北	湖　南	甘肃(小米)
1641~1645	} 1.23	3.28						
1646~1650		2.82						
1651~1655	} 1.17	2.98						
1656~1660		1.50						
1661~1665	} 0.83	1.25						
1666~1670		0.67						
1671~1675	} 0.63	0.86						
1676~1680		1.32						
1681~1685	} 0.84	0.98		0.88				
1686~1690		0.96		0.98				
1691~1695	} 0.72	0.90		0.87				
1696~1700			0.82	0.83				
1701~1705	} 0.94		1.04	0.87		0.63		
1706~1710			1.28	1.21	0.77	0.79	0.73	
1711~1715	} 0.90		0.90	0.92	0.73	0.70	0.66	
1716~1720			0.86	1.01	0.74	0.67	0.63	
1721~1725	} 0.86		1.06	1.18	0.78	0.87	0.76	
1726~1730			1.16	1.02	0.93	0.88	0.83	
1731~1735	} 0.97		1.22	1.11	0.81	0.90	0.83	
1736~1740			1.20	0.99	0.96			1.13
1741~1745	} 1.11		1.49	1.14	1.26	1.00		1.05
1746~1750			1.67	1.38	1.24	1.10	1.02	0.79
1751~1755	} 1.59		1.90	1.50	1.60	1.26	1.18	0.77
1756~1760			1.90	1.50	1.60	1.45	1.20	1.15
1760~1765	} 1.67		1.84	1.61	1.30	1.38	1.17	1.14
1766~1770			1.86	1.89	1.59	1.24	1.22	1.08
1771~1775	} 1.48		1.64	1.72	1.59	1.10	1.23	1.00
1775~1780			1.98	1.80	1.65	1.70	1.37	0.94
1781~1785	} 1.56		1.91	2.06	1.55	1.30	1.16	0.85
1786~1790			1.68	2.05	1.61	1.61	1.34	1.05

续表

年　份	全　国	上　海	苏　州	萧　山	广　东	湖　北	湖　南	甘肃（小米）
1791～1795	1.91		1.40	2.84	1.44			
1796～1800			1.21	2.37	1.36			1.04
1801～1805	2.12		2.31	2.61				1.05
1806～1810			2.77					1.09
1811～1815	2.09		2.55					1.28
1816～1820			2.37					1.17
1821～1825	1.89		2.49					1.16
1826～1830			2.23					1.11
1831～1835	2.35		2.64					1.10
1836～1840			2.25					1.24
1841～1845	2.19		2.40					
1846～1850			2.09					1.21

资料来源及说明：

全国　彭信威《中国货币史》，上海人民出版社，1965，第850页。原据《清实录》及其他文献。原为十年平均，以银克/公石计，兹按 1 两 = 37.031 克、1（清）石 = 1.0355 公石改算。

上海、苏州、萧山　均为王业键整理数，见 Yeh-chien Wang, "Secular Trends of Prices in the Yangtze Delta, 1638 - 1935," in Thomas G. Rawski and Lillian M. Li ed., *Chinese History in Economic Perspective*, University of California Press, 1922, pp. 41 - 45。上海原据叶梦珠《阅世编》及姚廷遴《历年记》。苏州原据《李煦奏折》及苏州府陈报粮价单。入本表时除去 1756、1786、1814、1815 年特大灾年。萧山原据"萧山来氏家谱"（田仲一成整理）。入本表时除去 1755、1785、1786 年特大灾年。

广东　陈春声《市场机制与社会变迁——18 世纪广东米价分析》，中山大学出版社，1992，第145、147 页。原据粮价单及其他文献。入本表时除去 1713 年这一特大灾年。

湖北、湖南　龚胜生《18 世纪两湖粮价时空特征研究》，《中国农史》第 14 卷第 1 期，1995。原据粮价单，辅以文献。本表采用其 6～11 月平均价（低价），唯有数年缺，系自 12 月至次年 5 月平均价推出，又湖南 1751、1752 年用宫中档奏议补入。

甘肃　Peter C. Perdue, "The Qing State and the Gansu Grain Market, 1739 - 1864," 载上引 Rawski and Li 所主编书第 124 页，原文称五年滚动平均，看来不像。入本表时除去 1759～1760 年战争年份。

下面分三个阶段讨论：17 世纪下叶、18 世纪、19 世纪上叶。

17 世纪下叶仅有王业键据《阅世编》《历年记》整理和补缺的上海（松江）米价系列。两书皆学者常用，唯制成系列，不免损益。此上海系列的最后十余年，与萧山系列完全相符，而与陈鸿、陈邦贤《熙朝莆靖小记》① 所记莆田米价有出入。莆田属福建，仅数年数字，我们姑置勿论。

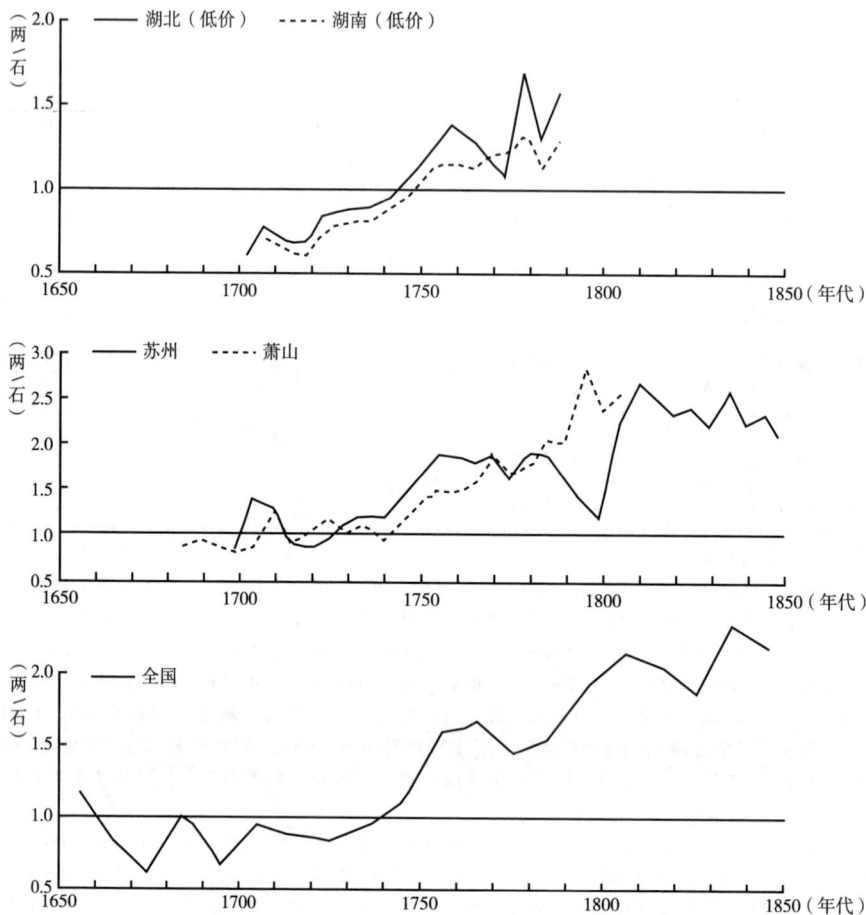

图 2　米价变动

上海系列中，1645 年以前属战时，米价极昂，有时超过每石 5 两。1646～1655 年即顺治前期，稳定于接近 3 两水平，如第一小节所述。此时市场活跃，商贾厚利，民生安恬。1656 年开始跌价，其间除 1659 年（郑成功攻南京）外，未有超过 2 两者。1662 年后，递降至 1 两以下，最低 0.5

---

① 中国社会科学院历史研究所编《清史资料》第 1 集，中华书局，1980。

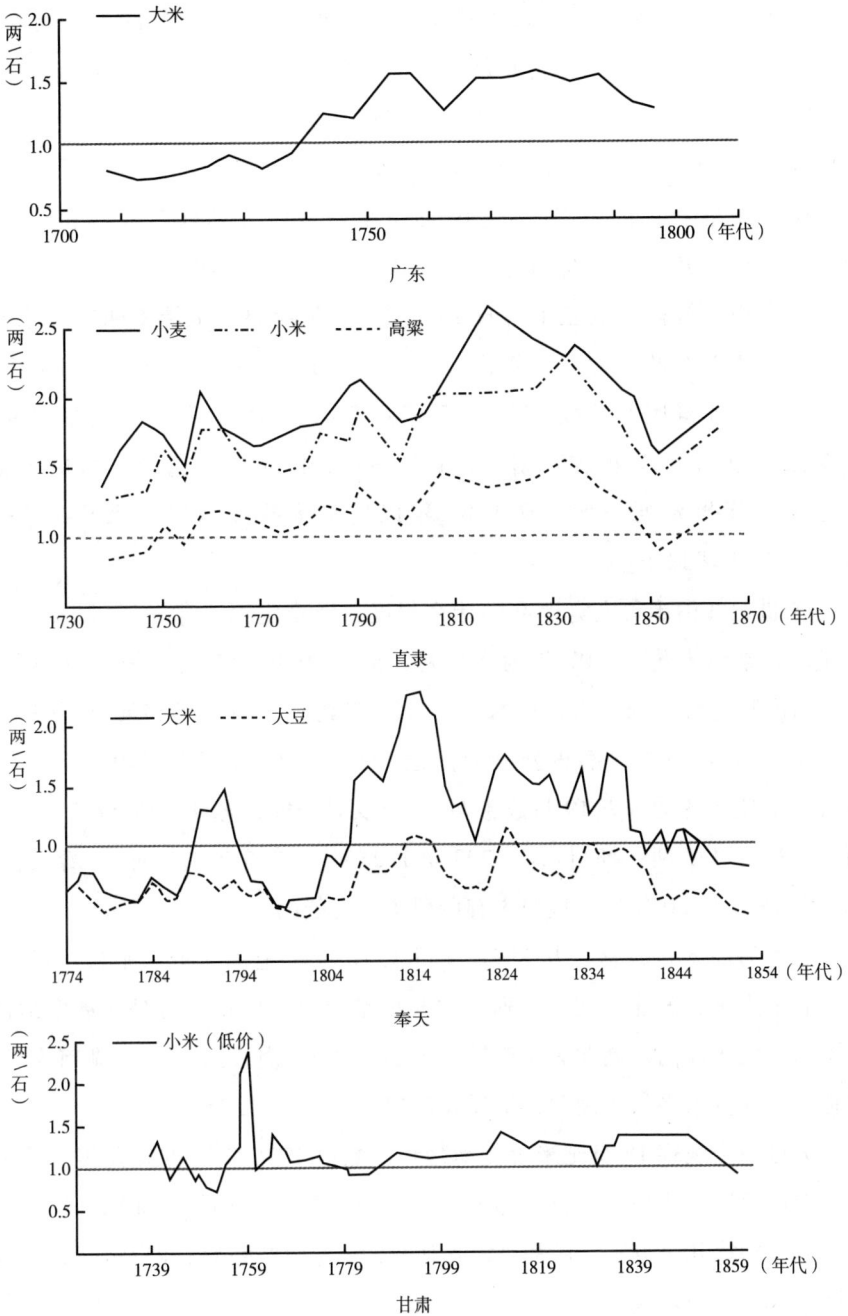

广东

直隶

奉天

甘肃

图 3　粮价变动

两，市场停滞，反映康熙年间的不景气。其间，唯 1679、1680 年一度陡升至 1.8、2.3 两，当系三藩战事影响。三藩战事主要在西南，但军费支出达 1 亿两，采购多在江浙。大量货币投入市场，物价乃涨。三藩战后，上海米价仍维持 1 两以下水平，直到 18 世纪到来。

18 世纪是米价上升时期。表 10 苏州系列是据《李煦奏折》和苏州府粮价单制成。其价世纪初即达每石 1 两强，大约受 1707～1709 年江南水旱交替影响，旋落。真正上升自 18 世纪 20 年代起，维持 1 两以上水平，世纪中期达 1.5 两，七八十年代近 2 两，唯 1788 年后下降。这与萧山系列径庭，王业键因此怀疑 1788 年后苏州府官报不实。萧山系列是田仲一成发掘《萧山来氏家谱》制成，自 1684 年起有逐年记录，当更可信。该记录与苏州系列一致，唯 1788 年以后仍维持 2 两以上水平，1793、1794 年达 3 两以上。

18 世纪江南米价究竟上升到什么程度，尚难定论。郑光祖《一斑录·杂述》记常熟米价，1707 年约 0.9 两，至 1790 年约 2 两。钱泳《履园丛话·旧闻》记苏、松、常、镇米价，1707 年约 0.9 两，至 1790 年为 1.5～3.2 两。萧山汪辉祖《病榻梦痕录》记 1713 年约 1.12 两，1796 年约 3.05 两（原记钱文者均按表 19 折成银两）。全汉昇研究，苏州米价 1707 年 1.25 两，1786 年 4.3 两；扬州米价 1709 年 1.25 两，1786 年 4.8 两。[1] 看来，高峰约在 18 世纪 80 年代，世纪末有所回落是可能的。

江南为高米价地区。从表 10 中可见 18 世纪全国米价水平概不超过 2 两。表中广东、湖北、湖南系列均主要据粮价单。广东当时是发展中地区，米价水平低于江南。湖北为米粮转运中心，米价水平低于广东。湖南为米输出地区，米价水平低于湖北，唯增长甚速。

为进一步观察 18 世纪米价变动趋势，兹以 1736 年（乾隆元年）为界，分为前后两期，用回归分析，即 $y = a + bx$ 公式（分列见表 11）。式中 x 为五年期，即第几个五年，a 为常数或基数，b 为回归系数，即平均每五年的升降额，以两/石计。

---

[1] 全汉昇：《美洲白银与十八世纪中国物价革命的关系》，《中国经济史论丛》第 2 册，香港新亚研究所，1972。

表 11　18 世纪米价回归分析

地　区	时　期	a	b
苏　州	1701 ~ 1735	1.01	0.0164
	1736 ~ 1800	1.71	− 0.0020
萧　山	1701 ~ 1735	0.96	0.0214
	1736 ~ 1800	0.92	0.1201
广　东	1706 ~ 1735	0.71	0.0240
	1736 ~ 1800	1.25	0.0276
湖　北	1701 ~ 1735	0.61	0.0415
	1741 ~ 1790	0.86	0.0826
湖　南	1706 ~ 1735	0.63	0.0326
	1746 ~ 1790	1.08	0.0270

18 世纪，江苏人口增长率颇高，达 13.2‰，而表 11 见苏州米价前期的上升率在表 11 中最低，每五年升 0.016 两。这当归功于苏州市场整合性强，能有效运进粮食，平衡供需。但后期竟成负数，似不可能。因 1801 年苏州米价即升至 3.5 两，1808 年达 4 两余。若非如前述 1788 年后苏州府之官报不实，则属统计误区。或谓萧山系列更可信，表 11 中可见萧山米价上升率前期合理，后期达每五年 0.12 两，似又属过高，与江南市场发达情况不符。

18 世纪，广东人口增长率为 11.5‰，湖北为 19.9‰，湖南为 8.9‰。广东亦为市场整合较强地区，表 11 中可见广东米价升幅比较适中，后期略大于前期。湖北人口增长率最高，米价升幅远大于广东，亦前低后高。这都与预期相符。湖南米价升幅低于湖北，与人口增长率相符，但后期反低于前期，则不知如何解释。

18 世纪米价上升有两大因素，即人口剧增和白银内流，已成共识。货币因素下文再议。人口方面，假设人口增长与资源供给是相适应的（我认为这个假设可以成立），则物价不应上涨。但事实上，在人口迅速增长时期，即使粮食供给并不短缺，价格仍会上升，中外皆然，其故为何，有多种理论。我看比较合理的解释是，人口迅速增长使固定和流动家庭（户数）增大，购买趋于零散和频繁，市场总供给和总需求虽属平衡，但货币流通速度和交易频率增加，物价仍会上涨。当然，这是在市场繁荣条件下，一旦进入周期性危机，情况就不同了。

下面谈 19 世纪上叶。此时出现"道光萧条",米价下跌一般在 1821 ~ 1850 年。郑光祖《一斑录·杂述》称,嘉庆后期(1820 年前)升米"常价亦必三十八、四十。道光三年大水,升米不过四十二";"后二十年来,升米以三十二三为常。惟十四年因岁频歉,升米至五十二。近五年来,升米仅二十二三,为罕遭也。""近五年"约指 1844 ~ 1848 年。道光三年后 20 年来,虽升米以 32 ~ 33 文为常,若折成银两,每石亦由 2.5 两降至 1.5 两左右。柯悟迟(亦常熟人)《漏网喁鱼集》记有道光十六年至咸丰七年米价。咸丰七年注"人心窘迫",指太平军逼近。该记载用银两及钱文。兹将郑、柯两记载合并,制成常熟米价系列如表 12。

表 12　19 世纪上叶常熟米价

单位:两/石

年　份	米　价	年　份	米　价	年　份	米　价
1820	3.18	1832	(2.34)	1845	0.97
1823	3.36(大水)	1833	(1.72)	1846	0.97
1824	(2.56)	1834	3.83(歉收)	1847	1.04
1825	(2.59)	1835	(2.29)	1848	1.04
1826	(2.25)	1836	0.93	1849	2.83(大水)
1827	(2.42)	1838	1.33	1850	1.44
1828	(2.43)	1839	1.55	1851	0.97
1829	(2.36)	1840	1.62	1852	1.33
1830	(2.38)	1842	1.62	1855	1.06
1831	(2.38)	1844	1.26	1857	2.70(窘迫)

资料来源:1820 ~ 1835 年据郑光祖《一斑录·杂述》,括号内为据"升米二三十文"常价折算数。1836 ~ 1857 年据柯悟迟《漏网喁鱼集》,折算率见表 19。

《中国经济史统计资料选辑》有从河北宁津县大柳镇泰升记商号账册中辑出之零售物价指数,属极可信之资料。兹将其农产品(大米、花生二项)零售价格指数与王业键所作苏州米价系列、表 12 常熟米价系列均按指数绘入图 4,以作比较。

从图 4 可见,苏州、常熟、河北宁津米价的变动十分同步。南北同步,表明道光年间萧条的主要原因是在货币方面,即当时所称"银贵"。再从图 3 中直隶和奉天(沈阳)小麦、小米、大豆、高粱价格的走势看,19 世纪上叶北方粮价的下跌似乎比南方有过之而无不及。至于图 3 中甘肃小米价格

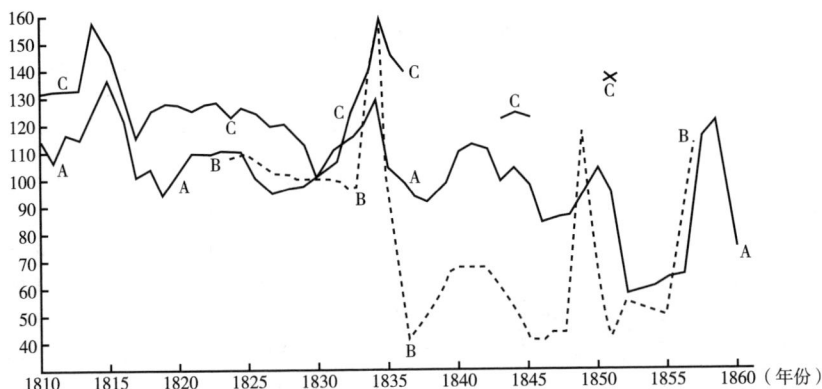

图 4　19 世纪上叶物价指数（1830 = 100）

说明：

A 苏州米价指数来源同表 10。

B 常熟米价指数，据郑光祖《一斑录·杂述》估计，见表 12；据柯悟迟《漏网喁鱼集》，见表 12。

C 河北宁津县农产品零售物价指数，据严中平等编《中国近代经济史统计资料选辑》，科学出版社，1955，第 38 页表 31。

十分平稳，可能是由于军事控制较严，或则官报不实。

从图 4 还可看出，太平军起义以至在南京建国后，江南粮价并未上升。苏州米价，1850 年 2.39 两，1951 年 2.18 两，以后 5 年都在 1.5 两以下。1860 年太平军占领苏州，米价一度涨至 4 两，但 1867 年就恢复到战前水平。常熟米价趋势相同。上海高米价延续到 1870 年以后，则因绅富逃亡租界，人口倍增之故。

（三）棉价、布价、丝价

棉价据叶梦珠、姚廷遴、郑光祖记述，勉强可成上海、常熟两个系列，列入表 13。

从表 13 中可见棉价的年度波动远大于米价。盖因米有外地米调剂市场的机制。江南用棉原亦由北方济运，至清则主要本区供销。又因棉单苤，无季节调剂。表中上海棉价属 17 世纪，虽起伏极大，但康熙朝下跌仍显然。姚廷遴著述原在比较粮与棉之价格变动，石米担棉比价由 1∶1 至 1∶4 不等，但后期常注"花贵""米贱花贵"字样，意似棉价相对较高。表中常熟棉价属 18、19 世纪，数据太少。唯有五段标"常价"，二段标"复归"无数据，

表 13　江南棉花价

单位：两/担

上　海				常　熟		
1621～1627	1.6～1.7	1680	3.0	1644～1735	常　价	2.2～2.5
1628～1635	4.0～5.0	1681	3.5～3.6	1736～1780	常　价	3.2～3.5
1644～1645	0.5～0.6	1682	4.1	1781		2.59
1649	3.4～3.5	1684	1.3～1.4	1782	风潮后	6.38
1650	5.0	1687	2.0～3.0	1783～1793	常　价	4.00
1657	2.5	1688	1.8	1794	雨荒后	9.57
1659	4.5	1689	2.6～2.7	1805	水荒后	9.26
1661	2.0	1690	1.4～2.0	1806～1814	复　归	(4.00)
1662	2.0～3.0	1692	1.2	1815	大旱后	5.44
1667	2.0～1.2	1693	1.6	1817		6.90
1669	1.4～0.8	1694	1.0～1.6	1821	丰　收	2.57
1670	3.0～4.0	1695	3.5	1824	大水后	8.67
1671	3.0～5.0	1696	3.0～3.6	1825～1832	常　价	3.33
1672	2.8			1833		7.33
1673	0.7～0.8			1835		5.92
1674	1.9			1836～1839	复　归	(3.33)
1676	2.0			1841～1842		3.85
1677	2.0			1843		3.20
1678	1.5			1844～1848	常　价	2.50
1679	1.5～1.6			1849	水　灾	4.91

资料来源：上海据叶梦珠《阅世编》卷七《食货四》，姚廷遴《历年记》。常熟据郑光祖《一斑录·杂述》卷六，唯 1841～1849 年改据卷八"己酉水灾"。

我按前段价列入括号。此七段可视为棉价水平的七个台阶。其第一台阶跨百余年，不可能，可视为 18 世纪初之常价为每担 2.5 两。经两台阶递增至 18 世纪末的 4 两，即增 60%，远低于同期萧山米价增幅 220%（见表 10，苏州期末跌价不实，故不用）。19 世纪上叶的不景气，棉价由每担 4 两经三台阶跌至世纪中的 2.5 两，即跌 37.5%，远大于同期苏州米价之跌幅 11.4%（萧山无资料）。棉属经济作物，在市场周期中其价格波动较大原在意料之中，但没想到与米价差距如此之大。

布价数据极少，且品种多。表 14 中上海布价以标布为准，中机、阔布略同标布，唯尚有单用"布"者未详。广州出口布通称南京布，实苏松所产，或谓即上海紫花布。

表 14 中上海布价属 17、18 世纪。我们考察重点在与表 13 中的棉价相

比。布价表 14 中以叶梦珠所记最实，可见 1684 年比 1654 年下降 55%，反映康熙市场不景气。依表 13，相近期即 1657 ~ 1679 年，棉价下降 38%，小于布价。18 世纪之布价上升，很难把握。表 14 中 1743 年和 1793 年布价均洪亮吉提供，应可比，计 50 年间上升 189%。而依表 13，同时期棉之常价仅增 60%。不过，洪亮吉所称 1743 年布价每匹 0.09 两（原文是三四十文），低得令人难以置信。若以康熙年间萧条中之 1684 年与 1800 年左右相比，则布价增 260%，棉价增 196%；唯 1800 年之布价似属偏高。表 14 中广州出口布价属 19 世纪上叶，其 1830 ~ 1833 年平均价比 1810 ~ 1819 年平均价下降 28%，反映道光年间不景气。按表 13，相当时期棉花的常价仅下降 17%。

表 14　棉布价格

单位：两/匹

上海（松江）布价				广州出口英国布价	
1645	标布	0.10	A	1810	0.50
1651	标布	0.33	A	1817	0.61
1652	阔白布	0.32	B	1818	0.65
1654	标布	0.45	A	1819	0.63
1682	中机布	0.30	A	1820	0.92
1684	标布	0.20	A	1821	0.67
1695	黄沙布	0.18	C	1822	0.65
1743	布	0.09	D	1823	0.53
CA1760	木棉布	1.11	E	1824	0.55
1765	细布	0.29	F	1825	0.74
1793	布	0.26	D	1826	0.60
CA1800	布	0.72	G	1827	0.61
				1828	0.49
				1829	0.50
				1830	0.42
				1831	0.37
				1832	0.50
				1833	0.53

注：

A 叶梦珠《阅世编》卷七《食货五》。

B《上海县志》卷三《田赋》。

C《上海续县志》卷三〇《杂记》。

D 洪亮吉《卷葹阁文甲集》卷一《生计篇》。

E 褚华：《木棉谱》。

F《沙头里志》卷二。

G 杨小厓《寒圩小志·风俗》。

资料来源：广州出口布价据《中国经济年鉴》第 11 章，1934，第 K220 ~ 222 页，由出口量及出口值计出。

总之，在市场周期性波动中，布价的升降幅度都远大于原料棉价。这是合理的，因布的需求弹性大，且不受年成丰歉的直接作用，价格全由市场供求决定。研究清代布价的意义远不只此。布是当时最重要的工业品，其商品值仅次于粮食。又是当时唯一有自由竞争价格的商品，与受政治或地理限制的盐及各种矿产品不同。明盛世，棉布产于松江，他处不织或不精，江南布价具有垄断性。至清，则各直省几乎都织布，且有十来个集中产区，成为市场上竞争性最强的商品，其价格变化应自有规律。王延元曾有文论康熙至嘉庆年间，江南织布成本（按棉价计）增加，而劳动（织工）收益下降，[①]惜无地区性比较研究。刘秀生论清中期的棉布市场，认为当时有江南、冀鲁豫、湘鄂赣、广东、四川五个大的布产区，它们大体上不需要外地来布，可称为不受布区。东北、塞北、西北、西南不产布，为受布区。福建、云南、贵州产布少，亦受布。如江南布已难进入冀鲁豫和湘鄂赣，但可越华北而远销东北以及福建、广东等地。[②]刘秀生的研究很有创见，惜缺乏价格数据佐证，我更无能。实际上，当时农户生产商品布的能力几乎是无限的，各主产区也都有布远销，尤其精品，而关键在于市场需求或购买力，这方面的价格研究大有天地。

丝价之能成系列者有全汉昇辑自 H. B. 马士《东印度公司对华贸易编年史》（以下简称《编年史》）的广州丝价，已常被引用。全汉昇原为研究中国"十八世纪的物价革命"，所辑以 18 世纪为限，引用者常失察。我因从《编年史》第 3、4 卷中辑录 19 世纪价格，并补充原缺项目，列入表 15。当时出口称南京丝，包括湖丝及大丝，又有部分廉价之粤丝，但难分别。又，表中 19 世纪为英国船的丝出口值除以担数之平均价，18 世纪则杂有市价、预约价等，不尽可比。不过大体可看出：康熙时之价格下跌并不严重，18世纪的价格上涨亦较缓和，19 世纪的下跌也不激烈。国内市场荣衰与出口关系不大，这是合理的。惜无国内丝价与之对证。

---

① 王延元：《论明清时期江南棉织业的劳动收益及其经营形态》，《中国经济史研究》1993 年第 2 期。

② 刘秀生：《清代中期湘鄂赣棉布产销与全国棉布市场格局》，载叶显恩主编《清代区域社会经济研究》下册，中华书局，1992。

表 15　广州出口生丝价

单位：两/担

年　份	生丝价	年　份	生丝价	年　份	生丝价
1699	127 ~ 137	1768	265 ~ 294	1819	340
1702	132	1770	300	1820	334
1703	140	1771	265 ~ 275	1821	236
1704	100	1773	272.5	1822	216
1722	150	1774	272.5 ~ 277.5	1823	307
1723	142 ~ 145	1776	275	1824	169
1724	155	1777	265	1825	213
1731	155	1780	265	1826	183
1750	175	1783	275	1827	231
1754	155 ~ 220	1784	310	1828	251
1755	190 ~ 195	1785	290	1829	226
1756	192.5	1787	280	1830	169
1757	225 ~ 250	1793	255	1831	226
1759	198	1798	288	1832	225
1763	240 ~ 250	1799	270	1833	225
1765	269	1817	216		
1767	265	1818	261.5		

资料来源：1699 ~ 1799 年，见全汉昇《美洲白银与十八世纪中国物价革命的关系》，载《中国经济史论丛》第 2 册，香港，1972，原辑自 H. B. Morse, *The Chronicles of the East India Company Trading to China, 1635 – 1834*（《编年史》）第 1、2、5 卷。1817 ~ 1833 年，辑自马士《编年史》第 3、4 卷，又 1754 年补自《编年史》第 5 卷。

四　商税

清代商税包括盐课、榷关（常关）税和地方商税，简如表 16。

盐课之主体引课征自流通过程，但属专卖性质，量甚巨，增长亦快，而与市场兴衰无甚关系。如康熙"计丁加引"，增课数十万两，乃为平三藩军费。雍正、乾隆增课多用颁"余引"方式，虽与人口增长有关，但常造成盐滞销，非尽市场需求。嘉庆、道光则更多采取盐斤加价办法，更多出于财

表 16 商税

单位：万两

年　份		盐　课	榷关税	地方商税
顺治九年	1652	212	100	
康熙二十四年	1685	388	122[1]	47
雍正二年	1724	387	135[2]	52
乾隆十八年	1753	701	459	91
嘉庆十七年	1812	580	481	93

注：

[1] 1686 年。

[2] 1725 年。

资料来源：许檀、经君健《清代前期商税问题新探》，《中国经济史研究》1990 年第 2 期。

政考虑。1841 年（道光二十一年）盐课收入达 747.6 万两，① 而此时正值市场不景气，盐商"消乏"，已如第一小节所述。因而，不能从盐课变动考察市场。

表 16 所列地方商税系许檀、经君健从"杂赋"中辑出的属于流通税部分，即各种商品税和市集落地税，以及与集市贸易关系密切之牙税、牙贴税。尚有少量不属于流通税之地方商税如契税、典当税等不包括在内。从表 16 中可见这项地方商税直到嘉庆时都是增长的，可以反映地方市场，特别是市镇、集墟贸易的发展。但其增长幅度甚小，1685～1812 年一百多年间增长不到一倍，必远落后于市场的扩大；此中原因，尚待研究。或者，税有定额、漏报溢额和胥吏贪污有以致之。

无论就经济发展或市场整合来说，更重要的是长途贩运贸易；这项贸易的兴衰可从榷关税收中得到线索。兹将榷关总税收和四大榷关税收简况列入表 17 和表 18。原来清财政收入并无标准统计，表 17 中 1753 年数字与表 16 不同，乃取舍之故。②

榷关税理论上按值计征 3% 左右，实际是按斤、匹、包、件等征银若干。据许檀、经君健最新研究，此项税额有时依市价调整，但只占很小部

① 王庆云：《石渠余记》卷五《直省盐课表》。

② 1753 年（乾隆十八年），表 16 作者取《大清会典则例》，表 17 我取《皇朝掌故汇编》，因其所计 4324005 两系据奏销册，且与《啸亭杂录》之 433 万两、《大清会典》卷一六之 4312153 两一致，《大清会典》且有 37 关的详细数字。

表 17 榷关税收

单位：万两

年 份	总税收	资料来源	年 份	总税收	资料来源
1652	100	《清史稿》卷 125《食货志》	1789	328	《钦定户部则例》卷 55
1686	122	康熙《大清会典》卷 34	1795	846	昭梿《啸亭杂录》卷 4
1725	135	雍正《大清会典》卷 52	1812	481	许檀、经君健：《清代前期商税问题新探》，《中国经济史研究》1990 年第 2 期。
1735	300	《钦定户部则例》卷 55	1831	430	《钦定户部则例》卷 39
1753	432	《皇朝掌故汇编》卷 14	1845	551	王庆云《石渠余记》卷 6
1766	540	乾隆《大清会典则例》	1849	470	王庆云《石渠余记》卷 6

表 18 四大榷关税收

单位：万两

淮安关		浒墅关		九江关		粤海关	
康熙正额	15.1	康熙正额	16.9	康熙正额	15.4	康熙正额	4.0
1725	8.4	1727	35.3	1731	25.2	1727	9.1
1736	48.4	1738	38.2	1739	35.2	1742	31.0
1753	32.5	1753	49.5	1753	35.4	1753	51.5
1773	55.7	1764	54.2	1776	66.2	1765	60.0
1818	44.1	1791	58.3	1801	53.9	1804	164.2
1828	30.2	1818	42.7	1820	58.4	1812	137.5
1831	32.4	1831	39.1	1829	60.0	1831	146.2

资料来源：吴建雍《清前期榷关及其管理制度》，《中国史研究》1984 年第 1 期。唯各关 1753 年，淮安关 1725 年，粤海关 1765～1831 年均据其他资料补充。

分，绝大多数商品的税额数十年乃至百余年未曾变动，故实际税负会因物价上升而减轻。法定附加税主要是加一火耗，其他为数甚小，并因时有裁革减免措施，部分被抵消。[①] 至于非法之私征与勒索，无法计量，不过这虽增加商人负担，却不影响关税收入所代表的商品量。

顺治时有 19 个榷关，主要沿明万历之制。这时物价高，实际税负颇低，

---

① 许檀、经君健：《清代前期商税问题新探》，《中国经济史研究》1990 年第 2 期。

商运活跃。表17见1652年税收100万两，较明万历二十五年（1597）八大关之40余万两高150%，这完全是可能的，反映市场兴盛。

康熙增设11个关，包括四川2关及江浙闽粤4海关。1686年（康熙二十五年）定户部24关、工部5关之制，以后无大变动（雍正、乾隆仅增广西、蒙古4关）。这年关税收入122万两，较顺治仅增22%。1749年（乾隆十四年）有上谕称："当康熙年间，关差各有专员，恣意侵蚀，不但无盈余，并不敷正额。"① 此时尚未实行养廉制，恣意侵蚀不可免，但不敷正额主要还是因为康熙市场不景气，物价下跌，亦即税负加重，贩运商裹足。

雍正初整理财政，榷关之耗羡亦归入正税。上引之乾隆谕称："雍正间一番清理，于是以盈余报者相属，而缺额从未之闻。"整理有功，但真正原因是此时市场转入繁荣，物价回升，税负减轻，运销活跃。1730年（雍正八年）用江西巡抚谢旻建议，所有盈余，连同耗羡除支付公用外亦入盈余，汇总解户部。② 表17统计1725年之135万两大约仅为正额，1735年即雍正末年之300万两则已包括盈余154万两，超过正额了。以后关税之增长主要是盈余增长。

上引乾隆上谕继称："自朕御极，政尚宽大，盈余岁减一岁，将渐开亏损正额之端。"此事殊费解。据表10，乾隆于1736年继位后江南米价确有几年下降，但旋即复升。又雍正、乾隆之际曾发生"钱荒"，银每两折钱由900余文跌至800余文，至1749年即上谕发布时跌至790文（表19）。这意味着银货紧缩，不利商贾。又此时财政混乱，胥吏私用，恐怕还是盈余岁减之主要原因，故该上谕继称："夫盈余无额，而不妨权为之额。当雍正十三年，正诸弊肃清之时，亦丰约适中之会，嗣后盈余成数，视雍正十三年为准，著为例。"这样，1753年（乾隆十八年）之关税收入遂达432万两。此后随市场繁荣，关税收入继升，1766年达540万两高峰，比康熙时约增340%。

表17中，1789年关税收入忽降至328万两。查八九十年代确有一次物价下跌，观图2、图3中苏州、广东、直隶、奉天之粮价曲线可知。这年关税收入中，盈余为156万两，占47.6%，盈余比例下降，亦市场萎缩之象。但这

---

① 此上谕见王庆云《石渠余记》卷六《纪关税》。
② 雍正《朱批谕旨》第35册，雍正八年三月初一。

种小的周期性市场波动不应影响关税收入如此之大，恐怕主要还是由于统计口径不同。《户部则例》统计，包括人地田赋，与《会典》有差距，乃属常见。至于 1795 年，即乾隆末年关税收入突增至 846 万两，可疑。盖礼亲王并不熟悉财政，其《啸亭杂录》仅以"司事者觊久留其任每岁以增盈余"为由，剧加至 846 万两。因而，我宁以 550 万两左右作为 18 世纪关税收入之高峰。

嘉庆朝关税收入下降，表 17 及表 18（粤海关除外）均清晰可见。此时有 9 年的白莲教战争，对四川、湖北、陕西等地经济造成破坏，货运或受影响。但此时国库存银至少减少 3500 万两，而整个战费支出达 2 亿两，大量购买力投入市场，不会出现萧条。这时关税收入下降，主要是占关税近半数的粮食长途贩运减少了（回程货也相应减少）。一般认为粮产区因人口增加减少粮食输出，以及运河淤塞妨碍运输。邓亦兵近作《清代前期内陆粮食运输量及变化趋势》[1] 考察了七个权关的粮运量，颇具功力。其中淮安关于 18 世纪末开始下降；浒墅关、凤阳关（淮河）18 世纪七八十年代即见下降；芜湖关 18 世纪 50 年代已露衰象。夔关粮税一直平稳上升，唯 1796 年后无资料。

道光关税收入继续下降，显系受市场不景气影响。唯表 17 中 1845 年突增至 551 万两，可疑。道光曾实行"正赋核实"，然事在 1850 年以后。表中 1849 年之 470 万两已包括五口通商后之洋关税 221 万两，原权关（常关）税不足 250 万两矣。

我在《16 世纪与 17 世纪的中国市场》中说："以明代钞关税收还原为商品流通额，殆不可能"。清代亦难。盖税额有定，偷漏难详。上引邓亦兵文估计粮食运输按偷漏 150% 处理，似有勉强。[2] 粤海关有 1750～1838 年逐年税收记录，但进出口货难有平均税率。黄启臣对粤关研究甚稔，但一律按 2% 税率摊算贸易值亦受评议。[3] 进一步研究，有待时贤。

---

[1] 载《中国经济史研究》1994 年第 3 期。

[2] 邓亦兵主要根据晚清冯桂芬《罢关征议》（《皇朝经世文续编》卷四七）一文："浒墅关一端言之，运米百石者，关吏教之报三十石，验过则云实米四十石，应倍罚用八十石，仍少完二十石。"（罚银半数给胥吏）问题在各关尤其各时期情况不同，雍正清理权务，乾隆亦多次整顿，晚清腐败最甚。

[3] 参见黄启臣《清代前期海外贸易的发展》，《历史研究》1986 年第 4 期；黄启臣《清代前期广东的对外贸易》，《中国经济史研究》1988 年第 4 期；陈尚胜《也论清前期的海外贸易》，《中国经济史研究》1993 年第 4 期。

五 白银的流入流出

清代货币方面有两大问题：银钱比价问题和白银的流入流出。银钱比价波动造成市场失序，当时人即有不少评议和改革建议，今清史学家更有不少研究，我在第一节中也说此事需另作论。然本文篇幅已过长，我只好从略，但将林满红所辑比较最完整的银钱比价变动系列列入表 19，作为观察市场荣枯的参考，并作为本文常见的银钱折算之用。[①] 下面只谈白银问题。

表 19　18、19 世纪银钱比价

单位：文/两

年　份	比　价	年　份	比　价	年　份	比　价	年　份	比　价
1721	780	1767	930	1812	1094	1858	1420
1722	780	1768	950	1813	1090	1859	1610
1723	800	1769	950	1814	1102	1860	1530
1724	820	1770	950	1815	—		
1725	845			1816	1177	1861	1420
1726	900	1771	950	1817	1217	1862	1210
1727	925	1772	950	1818	1245	1863	1130
1728	950	1773	950	1819	—	1864	1190
1729	980	1774	955	1820	1226	1865	1250
1730	950	1775	960			1866	1420
		1776	910	1821	1267	1867	1690
1731	925	1777	890	1822	1252	1868	1690
1732	900	1778	870	1823	1249	1869	1750
1733	880	1779	850	1824	1269	1870	1780
1734	860	1780	910	1825	1253		
1735	840			1826	1271	1871	1850
1736	820	1781	925	1827	1341	1872	1880
1737	800	1782	940	1828	1339	1873	1720
1738	755	1783	955	1829	1380	1874	1610
1739	830	1784	970	1830	1365	1875	1660

[①] 钱文与银两折合率各地不同，但除云南及边区外相差不过一二百文，对本文折合言，表 19 可适用。沃哥尔辑有 17 个省的约 200 个银钱比价，较详，见 Hans U. Vogel, "Chinese Central Monetary Policy, 1644–1800," *Late Imperial China*, Vol. 8, No. 2, Dec, 1987。

年 份	比 价	年 份	比 价	年 份	比 价	年 份	比 价
1740	830	1785	985			1876	1630
		1786	1000	1831	1388	1877	1510
1741	830	1787	1020	1832	1387	1878	1420
1742	815	1788	1040	1833	1363	1879	1420
1743	800	1789	1060	1834	1356	1880	1440
1744	825	1790	1080	1835	1420		
1745	850			1836	1487	1881	1420
1746	825	1791	1100	1837	1559	1882	1470
1747	850	1792	1120	1838	1637	1883	1630
1748	775	1793	1140	1839	1679	1884	1720
1749	790	1794	1150	1840	1644	1885	1720
1750	805	1795	1150			1886	1720
		1796	—	1841	1547	1887	1720
1751	820	1797	—	1842	1572	1888	1690
1752	840	1798	1090	1843	1656	1889	1460
1753	850	1799	1033	1844	1724	1890	1530
1754	850	1800	1070	1845	2025		
1755	850			1846	2208	1891	1530
1756	850	1801	1040	1847	2167	1892	1530
1757	850	1802	997	1848	2299	1893	1470
1758	850	1803	967	1849	2355	1894	1360
1759	850	1804	920	1850	2230	1895	1250
1760	850	1805	936			1896	1200
		1806	963	1851	—	1897	1200
1761	825	1807	970	1852	—	1898	1200
1762	800	1808	1040	1853	2220	1899	1200
1763	850	1809	1065	1854	2270	1900	1220
1764	870	1810	1133	1855	2100		
1765	890			1856	1810		
1766	910	1811	1085	1857	1720		

资料来源：林满红《嘉道钱贱现象产生原因"钱多钱劣论"之商榷》，载张彬村、刘石吉主编《中国海洋发展史论文集》第 5 辑，台北：中研院中山人文社会科学研究所，1993，第 359～360 页。唯 1721 年据《大清会典事例》卷二二〇。

　　我曾估计，明代国内白银产量盛时年约 30 万两，16 世纪即见下跌，17 世纪早期记录仅数万两，连同隐漏不过 20 万两。清代银矿有所发展，乾隆后保持 30 个左右矿厂，唯银课记录过少，亦不像明代银矿有多家研究。所见仅彭泽益的考察，据称 1754 年（乾隆十九年）最高峰时约产 55.7 万两，以后下降，1800 年左右不过 43.9 万两；道光时屡次密令增产而乏成效。[①] 又 1760 年代华人在越南开采兴银矿，年产 100 余万两；1761 年在缅甸开波多温银矿，年产亦 100 余万两；产银主要运中国，惜为时不久即停产。[②] 这样粗略看，18 世纪国内银产量应不下 4000 万两，连同 17 世纪下叶和 19 世纪上叶当有 7000 万两左右。

区区每年四五十万两的白银生产，显然不能满足清代人口增长和市场扩大的货币需要。这也是在市场交易中银不能排挤铜，从而引起复杂的银钱比价问题的原因之一，时论似注意不足。亦因人口和市场的巨大发展，在 19 世纪下叶大量发行纸币前，清代对进口白银的依赖远超过明代。究竟有多少白银流入，以及 19 世纪上叶有多少流出，时贤已有多家估计，而结果悬殊。我愿在时贤研究的基础上作进一步讨论。下面的讨论分四个时间段，即 17 世纪后期、18 世纪前期、18 世纪后期、19 世纪前期。须说明者，每个阶段的估计都有不少漏洞，欲求完善，尚有待高明。

（一）17 世纪后期

本期白银流入，主要来自中国与菲律宾（马尼剌）贸易和中国与日本（长崎）贸易。我在《16 世纪与 17 世纪的中国市场》中已对两者作过考察，本文作些修正；另增列本期新兴的尚属微弱的中英贸易。中菲贸易仍据钱江精心提供的数据，[③] 但减除台湾来菲船只，因台湾时为郑氏所据，台船运回的白银鲜在清市场流通。又将"水饷银"计入，因此项银虽非商人所得，然清关吏收取后仍在大陆流通。具体方法是：设每船载货值 35000 比索，在菲出售得利 100%，回船载值 70000 比索，内 90% 为银，即 63000 比索；减除付马尼剌进口税 6% 即 2100 比索，减除国外销售费用及回船费用，按载值 15% 计即 10500 比索，得 50400 比索 = 8403 两，运回中国。此值乘

---

① 彭泽益：《十九世纪后半期的中国财政与经济》，人民出版社，1983，第 26 ~ 27 页。

② 全汉昇：《中国经济史研究》中册，香港新亚研究所，1976，第 258 页。

③ 钱江：《1570 ~ 1760 年中国和吕宋贸易的发展及贸易额估算》，《中国社会经济史研究》1986 年第 3 期。

以船数，即白银流入数。

中日贸易，改用岸本美绪估计，她是据岩生成一对长崎与中国贸易提供的数据估算的。[①] 我在前文中也用岩生的概数，而岸本是减除了由长崎驶往南洋和台湾的船只，只计驶往大陆的船只，故比我前文所估为低。

中英贸易，是据全汉昇辑自 H. B. 马士《编年史》第 1 卷的附录表估计，限于该公司来广州、厦门、舟山、澳门的船。《编年史》所记有不同情况：（1）有些船记有运来白银值，多用磅，按每磅 3 两折成银两。（2）有些船兼记有运来货物值和运来白银值，从中可计出本时期（10 年）白银所占总载值比例。（3）有些船仅记货物、白银之总载值，可从前项比例中计出白银值。（4）有些船既无货物值亦无白银值，当然不会空船开来，因按上三项每船运银的平均数计算。

以上三种贸易均有逐年的系列数字，为节篇幅，按 10 年汇总列入表 20。

表 20 17 世纪后期白银流入估计

单位：万两

年　份	中菲贸易		中日贸易		中英贸易		白银合计
	船　数	白　银	船　数	白　银	船　数	白　银	
1650～1659	67	256.9	406	512.5	0	0	769.4
1660～1669	45	172.5	184	544.4	1	0.4	717.3
1670～1679	30	115.0	27	10.1	3	6.6	131.7
1680～1689	77	295.2			12	29.2	324.4
1690～1699	168	644.1			5	27.6	671.7
合　　计	387	1483.7	617	1067.0	21	63.8	2614.5

原来 1656 年清政府禁海令后，华船出海即减少，但从表 20 看，大量减少是在 1661 年靖边令之后。就中日贸易言，从逐年数字看，1658～1662 年从长崎运华白银反而由以前的每年几十万两增至一二百万两，清禁海政策适得其反。日本是清初白银入流的最大来源地，其锐减是由于 1866～1867 年日本政府禁止白银出口，此后每年来华白银不过万余两，乾隆时并有中国银流入日

---

① 岸本美绪：《康熙年间の谷贱について》，《东洋文化研究纪要》第 89 册，1982。数据见岩生成一《近世日支贸易の数量考察》，《史学杂志》第 61 编第 11 号，1953。

本。因而我对日本来银的估计就此终止。但日本禁银出口后，据称又有经朝鲜、琉球和经东南亚运澳门的白银流出，苦无资料计量。又 17 世纪日本金贵银贱，商人常从中国运黄金到日本换银谋利，据说中国输日货中，生丝、丝织品外黄金居第三位，[①] 我未能计及贵金属的净流通。这都是我估计中的漏洞。

表 20 均系外国统计，对清政府法令无所顾忌，可证禁海期间（1685 年开海禁）白银流入并未终止。当时人如慕天颜将康熙银荒、市场不景气归之于禁海，所谓外国银钱"绝迹不见一文"，"坐弃之金钱不可以亿万计"，乃夸大之词。再从银钱比价看，康熙最初二十余年禁海期间，除三藩之乱时升至 2000 文以上外，都在 700 文以上水平，无大变动，开海禁后降至 600 文以上水平。[②] 又从金银比价看，长期维持，并无波动。[③] 这可说明，与道光年间萧条不同，康熙年间不景气是市场缺银，而非银贵。第一小节中，我曾说这时市场萧条与康熙之紧缩政策有关。时无金融机构，紧缩政策表现为财政节约。康熙曾自诩："明朝费用甚奢，兴作亦广，一日之费，可抵今一年之用。"[④] 1706 年康熙谕："前光禄寺一年用银百万两，今止用十万；工部一年用银二百万两，今止用二三十万。必如此，然后可谓之节省也。"1710 年再谕："朕每岁供御所需，概从俭约。各项奏销、浮冒，亦渐次清厘。外无师旅饷馈之烦，内无工役兴作之费。因以历年节省之储积，为频岁涣解之恩膏。"[⑤] 户部银库，从无到有，据云康熙时积存达 2400 万两，[⑥] 为过去王朝所未曾有。民间存银，30%～40% 为银饰、银器和窖藏，在物价下跌、白银购买力提高的情况下，这一比例也会增高。是以通货紧缩。

（二）18 世纪前期

此指 18 世纪的前 60 年，因 1760 年以后将采取另一种估计方法。本时

---

① 参见滨下武志《中国近代经济史研究中一些问题的再思考》，《中国经济史研究》1991 年第 4 期。

② 据叶梦珠《阅世编》卷七。又第 436 页注①沃哥尔所辑江苏银钱比价，开海禁前常在 1100 文以上，无大变动，开海禁后在 900 文左右。

③ 郑光祖：《一斑录·杂述》卷六。

④ 《清朝文献通考》卷三九《国用考》。

⑤ 王庆云：《石渠余记》卷三《纪会计》。

⑥ 韦庆远、叶显恩：《清代全史》第 5 卷，辽宁人民出版社，1991，第 400 页。时无黄册记录，或称 800 万两，此数亦不小了。

期，中菲贸易仍在继续，中日贸易微弱免计，中英贸易日渐重要，另加入中国与荷兰贸易。估计结果列入表21。

表 21　18 世纪前期白银入流估计

单位：万两

年　份	中菲贸易		中英贸易		中荷贸易		白银合计
	船　数	白　银	船　数	白　银	船　数	白　银	
1700～1709	191	732.3	33	274.0			1006.3
1710～1719	110	421.7	17	163.8			585.5
1720～1729	116	444.7	30	262.6			707.3
1730～1739	127	486.9	38	312.0	28	152.4	951.3
1740～1749	131	502.3	49	455.4	38	164.3	1122.0
1750～1759	139	532.9	71	503.5	39	212.0	1248.4
合　计	814	3120.8	238	1971.3	105	528.7	5620.8

从表21中可见，第二个10年起，中菲贸易衰落，盖受1717年康熙禁止与南洋贸易的影响。1727年雍正废除禁令，贸易恢复，但已不如往前。本期中菲贸易估计方法与前期同，唯已计入台湾来船，因台湾已于1683年入清版图；但减除了澳门来船（全期共19艘），因它们多属外国船的三角贸易，用银在澳门购中国货，驶马尼剌销售后载香料等返航欧洲。这里的漏洞是，估计所用回航每船载值和载值中90%为白银的假设是根据1662年以前的事例制定的，18世纪胡椒、香料等在中国畅销，运来白银比重恐怕没那么大了。再则，我们一直假定华船驶南洋其他港口的贸易不运或很少运回白银。乾隆以后，东南亚贸易活跃，巴达维亚（雅加达）、越南、暹罗尤繁，有否白银出入，未能详考。

本期中英贸易大有发展。估计方法一如前期。这方法原较精密，但1743年以后东印度公司档案不全，1754～1774年档案遗失，后经马士找到部分档案，补充为《编年史》第5卷，历年船数基本齐全，而载银资料甚少。我参用第5卷补估，以致1750～1759年估计有54船是按每船载银70909两计出（此时因采用伦敦汇票结算，载银比例大减），有失精确。而另一问题是，《编年史》所统计限于英东印度公司船只，而此时已有不少英国散商或印度商船驶广州。不过它们多系东印度公司委托，甚少自载白银，然终属漏洞。

中荷贸易是采用庄国土的近作,他是取用荷兰学者的著述,论证精当。[①] 荷兰东印度公司早就经营中国丝、茶、瓷器等,但是派船到巴达维亚向华船购货。1728~1734 年曾由荷兰直接派 9 船驶广州,携来白银 702855 两,我记入表 21 的第四个 10 年。1735 年荷印公司放弃对华直接贸易,改由巴城派船来广州,每船资本 30 万荷盾,其中除胡椒、香料等外约半数为白银,即每船携银 43228 两。1735~1756 年共来广州 85 船,我以 19 船计入表 21 的第四个 10 年,38 船计入第五个 10 年,28 船计入第六个 10 年。1757 年起又恢复直接贸易,1757~1794 年共来广州 135 船;平均每船携银 82697 两,我以 11 船计入表 21 的第六个 10 年。

本时期主要漏洞是除英、荷外已有法国及其他欧洲船来中国,1750 年广州有法国船 4 艘,瑞典、丹麦船各 2 艘,但无法估计它们所携白银数量。此外,如前所说,国外金价略高于中国,外商尝从中国购黄金回国。又因中国银锭成分比墨西哥本洋成分为高,外商运进墨洋换取中国纹银出境,有 1% 以上的利润,纹银出口大约比黄金流失更大。这些,我都无法做出估算。一般假设是这时茶叶、丝的利润较金银交易利润为大,加以清廷严禁,金银出口不会很多。

（三）18 世纪后期

1757 年西班牙殖民当局驱逐菲律宾非基督徒的华商,中菲贸易衰落,1760 年以后无记录。同在 1757 年,清廷限广州一口通商。我们只好假定 1760 年以后外贸集中在广州,并假定美洲白银流入中国基本上是通过中国与欧洲的贸易渠道（本时期尚无中美贸易）。严中平等编的《中国近代经济史统计资料选辑》有从 1765 年起的中国与欧洲各国贸易的进出口值统计,我即以此为根据,方法是出口值减进口值等于估计的白银进口值。唯严书缺 1760~1763 年的中欧贸易统计,仅有此期间中英贸易统计。查 1764~1769 年英商在全欧输华总值中占 66.5%,在中国输欧总值中占 48.4%,即按此

---

① 庄国土:《茶叶、白银和鸦片:1750~1840 年中西贸易结构》,《中国经济史研究》1995 年第 3 期。所据有 C. J. Jörg, *Procelain and the Dutch China Trade*, 1982;Kristof Glamann, *Dutch-Asiatic Trade*, 1958。

比例补估所缺全欧数字。依此法估出逐年白银流入数，再按 10 年距汇入表 22。

表 22　18 世纪后期白银流入估计（中国与欧洲海上贸易）

单位：万两

年　份	出口值（Ⅰ）	进口值（Ⅱ）	估计白银流入值（Ⅲ = Ⅰ - Ⅱ）
1760 ~ 1769	3212. 0	1361. 1	1850. 9
1770 ~ 1779	4544. 3	2045. 1	2499. 2
1780 ~ 1789	6731. 5	3242. 1	3489. 4
1790 ~ 1799	7642. 8	5892. 8	1750. 0
合　计	22130. 6	12541. 1	9589. 5

上述已知这时期英国船在欧洲输华，特别是在由华输欧贸易中所占比重并不很大，采用这种方法可以包括全欧来船，是其最大优点。但缺点是完全忽视了华船出海贸易。再则，此时陆路贸易颇有发展，尤其是 1727 年订立恰克图条约后，中俄商贸迅臻繁荣，不过从有关记载看是易货为主，未见白银出入。

（四）19 世纪前期

19 世纪前期，实际是 1800 年至 1843 年 6 月，1843 年英东印度公司解散，遂再无可系统计量的资料。下面估计采用《中国近代经济史统计资料选辑》提出的方法，即在中国与欧洲和美国的贸易中，用中国出口值减进口值，再减去鸦片走私进口值，得出白银流入或流出的估计数。[①]

原来，英商早就向中国输进鸦片，作为携带白银以外抵偿他们对华贸易逆差的一种手段。葡、法、荷船也有鸦片输华。1729 年雍正即谕令禁止开设烟馆和贩卖鸦片。但乾隆海关则例将鸦片作药材进口，每百斤税银 3 两。1782 年英国"嫩实兹"号装载 1601 箱鸦片到澳门，是那时最大的一批，而在缴纳关税和礼金后，海关监督发给执照放行了。故英人说："虽然鸦片是

---

① 严中平等编《中国近代经济史统计资料选辑》（以下简称《统计选辑》）。本文所用为第 4 ~ 5 页和第 7 ~ 8 页表，原书主要据 Earl H. Pritchard, *The Crucial Year of Early Anglo-Chinese Relations*, *1750 – 1800*, 1936; "The Struggle for Control of the China Trade During the Eighteenth Century," *The Pacific Historical Review*, Vol. 3, Sept. 1934.

违禁的，现在它由英国散商船及悬挂其他旗帜的船不断输入。"① 到 1799 年，粤海关监督奉上级谕令，严禁进港船只夹带鸦片，"如有违犯，即予拿捕，送官究办"。次年，英东印度公司请董事部颁布命令禁运鸦片。因此，我们采取上述估计方法是根据这样一个假设：1799 年以前，进口鸦片值已包括在表 22 所列的进口总值之内（Pritchard 所作进口统计包括散商船以及东印度公司船员私人的贸易值），1800 年起，英人正式视鸦片为走私，不包括在他们所统计的输华总值之内。当然，这种假设的真实性，尚有待时贤评正。

严中平《统计选辑》第 36 页有 1817～1834 年按照"出口值－进口值－鸦片走私值＝白银流入或流出"的公式所作的逐年估计数。我采用这个估计，但需补充和调整。第一，该估计是采用七月至次年六月的会计年度，我将它调整为太阳历年度；即每项数字，以一半作为上年 7～12 月数，一半作为次年 1～6 月数。第二，原估计从 1817 年开始，须补充 1800～1816 年的数字。其中，鸦片走私值因马士《中华帝国国际关系史》第 1 卷中有逐年鸦片进口箱数，很易估出。《统计选辑》第 4～5 页表中有 1800～1806 年中国与欧美贸易的进出口值可用，但尚缺 1807～1817 年数字，无奈，我只得以《统计选辑》第 31 页的广州白银进出口统计代替。这样，估计出 1800 年至 1834 年 6 月的逐年白银流入流出数，再按 5 年距，汇入表 23。

表 23 19 世纪前期白银流入流出估计（中国与欧美海上贸易）

单位：万两

年　份	出口值（Ⅰ）	进口值（Ⅱ）	鸦片走私值（Ⅲ）	白银流入流出（Ⅳ＝Ⅰ－Ⅱ－Ⅲ）	
1800～1804	5159.9	4363.7	1335.6	出	539.4
1805～1809			1603.1	出	665.1
1810～1814			1745.0	入	468.0
1815～1819			1507.2	入	668.5
1820～1824	7317.4	3852.5	2931.7	入	533.2
1825～1829	7275.0	4608.5	3725.7	出	1059.2
1830～1834[1]	6068.6	4108.4	4343.8	出	2383.6
合　计			17192.1	出	2941.6

注：[1] 1834 年 6 月止。

① H. B. 马士：《编年史》第 2 卷，中译本，中山大学出版社，1991，第 400 页。东印度公司于 1797 年垄断印度鸦片制造，但在印度拍卖给散商或港脚商船运华。

表 23 显示，在 19 世纪的最初 10 年即有白银净流出，令人怀疑。因为这时期我国进出口贸易上仍属顺差，而在广州白银进出统计上，并无净流出。[①] 然而，在有贸易进出口统计的 1800～1804 年和表中未列的 1805～1806 年，贸易顺差确实不像 1810 年以后那样大，可以抵补鸦片输入而有余。我现在还不能解释这个困惑，但我认为，表 23 中 1810 年以后的估计，暂时仍然是可用的。

总看以上估计，白银流动状况如下：

17 世纪后期	流入	2614.5 万两
18 世纪前期	流入	5620.8 万两
18 世纪后期	流入	9589.5 万两
19 世纪前期(1834 年 6 月止)	流出	2941.6 万两
总　计	流入	14883.2 万两

这个估计，白银的流入比人们常用的 1700～1830 年流入 5 亿元即 3.6 亿两的概念为小。5 亿元的概念是 H. B. 马士在一次题为"中国与远东"的演讲中说的，并无详细的计算。我认为马士的数字实在太大了，用这个概念来研究 18 世纪中国经济特别是市场的发展，势必夸大了货币方面的作用，成为贵金属主义者（bullionist）。如果有这么大量的白银流入，也不会出现嘉庆的银贵和道光时那么严重的市场萧条。

嘉庆、道光的银贵和市场不景气，鸦片走私和白银外流当然是个重要原因，但也往往被夸大了。按照我的分年估计，在 1817 年下半年和 1818 年上半年即有 150 万两的白银净流出，但以后十年，除 1824 年有小量净流出外，仍是白银流入。从 1827 年起，变为连续的白银流出，并由每年 350 余万两升至 400 余万两，1833 年达 669 万两。

早在 1820 年（嘉庆二十五年），包世臣即提出当时银贵钱贱是由于鸦片走私，乃至"散银于外夷者倍差于正赋"。[②] 他说正赋不过 4000 万两，则

---

① 严中平等编《统计选辑》，第 33 页。
② 包世臣：《安吴四种·庚辰杂著二》。

鸦片走私近 8000 万两，显然是不可能的。道光初黄爵滋、许乃济称每年耗银 2000 余万两，或是按 2 万箱鸦片的零售价粗估，因按进口价计不到 1000 万两。冯桂芬说咸丰初"计每年漏银二三千万两，故银骤贵"，显然是夸大。因为他的"漏银"是指减除贸易顺差后，依我们估计不超过 1000 万两。他又说，1855、1856 年，欧洲诸国"一年中买（中国）丝至六七千万两，各货及鸦片不足抵，则运银偿之，银遂骤贱，以迄于今"。[①] 就是说，又有白银流入了。

总之，晚清的银贵和道光时萧条，需从市场的货币总需求和总供给去考察，我已说过这需另作研究，本文也就到此结束。

（原载中国商业史学会编《货殖：商业与市场研究》第 3 辑，中国财政经济出版社，1999）

---

① 冯桂芬：《用银不废银议》，《显志堂稿》卷一一。

旧中国的经济遗产[*]

中华人民共和国的经济起点，包含着变革与继承两个方面：既是中国共产党领导的中国民主革命胜利的结果，也是对旧中国经济遗产继承、改造和发展的产物。新中国经济建设中行之有效的合理的方针政策，离不开正确、全面地分析和认识旧中国的经济遗产。

一　生产力发展水平

中国是历史悠久的文明大国。直至 16、17 世纪，中国是世界上产业最先进的国家。中国的丝绸、瓷器等是国际市场上的抢手货，造船技术也达到了很高的水平。国外有人测算，鸦片战争以前，以农业为主要产业的中国综合国力仍居世界前茅。不过如果按人平均，早在 1820 年就低于世界平均水平 14% 左右。① 19 世纪后半叶以来，由于中国封建统治的顽

---

* 本文原为吴承明、董志凯主编《中华人民共和国经济史（1949～1952）》第 1 卷第 2 章"旧中国的经济遗产"（中国财政经济出版社，2001）。收入本卷后仍用原题名。——编者

① Angust Maddison, "Chinese Economic Performance in the Long Run," Development Centre of the Organization for Co-operation and Development, 1998, Table C-1。该文测算，1820 年中国 GDP 为 2190 亿美元（1990 年国际美元），同年日本为 220 亿美元，欧洲（不包括俄国和土耳其）为 1880 亿美元，美国为 130 亿美元，俄国为 340 亿美元，印度为 1110 亿美元，全世界为 7150 亿美元；中国居世界第一位。然而人均 GDP，1820 年中国仅为日本的 82%，欧洲的 51%，美国的 44%，俄国的 77%，世界平均水平的 86%，略高于印度。1890 年，中国 GDP 下降为 2060 亿，美国上升为 2160 亿，欧洲上升为 6300 亿，中国居各国第二位。另参见麦迪森《世界经济二百年回顾》（李德伟等译，改革出版社，1997，第 4～5 页）的测算，1820 年人均 GDP 水平印度为 531 美元（1990 年国际美元），中国为 523 美元，低于印度的 531 美元，在有统计数字的 26 个样板国家和地区中，中国居末位。

固和外国帝国主义的入侵，中国的近代生产举步维艰，生产力发展水平严重滞后了。

（一）农业

中国是农业大国。中国传统农业以善于利用农时、精耕细作和复种闻名，积累了丰富的经验，是世界农业遗产的宝贵组成部分。鸦片战争以后，外国资本主义入侵，使中国农业的商品化有所发展，少数商品经济比较发达的地区，商品化有所加深，但农业经济仍然以小农经济结构为主。农业中最基本的生产资料——土地的占有极不合理。封建性的地主土地所有制占主导地位。占农户6.8%的地主、富农占有全部耕地的51.9%，户均土地144.11亩和63.24亩，而其余93.2%的农户平均有田仅7亩左右，其中占总户数57.44%的贫雇农户均土地仅3.55亩（见表1）。

表1　全国土地改革前各阶级占有耕地情况

阶　级	户数(万户)		人口(万人)		耕　地			
	合　计	占合计(%)	合　计	占合计(%)	合计(万亩)	占合计(%)	每户平均(市亩)	每人平均(市亩)
贫雇农	6062	57.44	24123	52.37	21503	14.28	3.55	0.89
中　农	3081	29.26	15260	33.13	46577	30.94	15.12	3.05
富　农	325	3.02	2144	4.66	20566	13.66	63.24	9.59
地　主	400	3.79	2188	4.75	57588	38.26	144.11	26.32
其　他	686	6.49	2344	5.09	4300	2.86	6.27	1.83
合　计	10554	100.00	46059	100.00	150534	100.00	14.26	3.27

注：户数、人口、耕地总数是用1950年农业生产年报资料；各阶级数字是根据各地区土改前各阶级比重推算的；土改前各阶级是指土地改革前三年的阶级成分。

资料来源：国家统计局编《中国农村统计年鉴（1988）》，中国统计出版社，1989，第31页。

在地主土地所有制下，农业生产中占统治地位的仍然是传统的农业工具和耕作方式，采用近代农具和耕作方式微乎其微。农业发展极其缓慢。1936年，是旧中国农业生产力的巅峰（见表2）。但是在人均农产品最多的东北地区，自1931年日本帝国主义入侵后，农业即行衰退，直至抗战结束，东北的粮食和大豆生产均未能恢复到1930年水平。1937年以后，广大华北和华中地区遭日寇蹂躏，农业生产亦发生衰退。至1949年粮食产量较高峰的

1936 年减少 20% 以上，人均占有量为 414.2 斤的最低限度。① 农作物的单位面积产量长期处于徘徊不前的状态。战前 1931～1937 年的单位面积农作物产量，反映了此种状况（见表 2）。

表 2　1931～1937 年各种主要农作物单位面积产量

单位：市斤/亩

作物＼年份	1931	1932	1933	1934	1935	1936	1937
水　稻	325	366	337	373	334	341	341
小　麦	145	143	153	151	136	149	118
大　麦	153	158	156	168	158	I66	132
高　粱	178	192	191	173	188	199	179
玉　米	188	187	184	176	189	181	180
甘　薯	990	1117	1022	957	1076	932	1093
大　豆	153	157	178	144	139	160	158
油菜籽	82	86	80	90	88	84	70
芝　麻	—	—	82	78	76	81	72
花　生	—	—	253	238	219	244	231
棉　花	26	28	31	32	29	33	22
烟　叶	—	—	157	152	152	152	149
小　米	167	166	167	157	169	171	154

资料来源：章有义编《中国近代农业史资料》第 3 辑，三联书店，1957，第 926 页。

中国粮食生产以稻谷为主（约占全部粮食产量的 45%），小麦次之（约占 15%）；由于人多地少，单位面积投入劳动密集，单位面积产量长期领先，但至 1936 年，与发达国家相比，已相形见绌。如表 3 所示，中国的稻谷单产低于日本并且差距存在拉大的趋势；小麦单产低于英国和法国；玉米单产低于美国和法国。另据 20 世纪 30 年代中叶调查，东北各地主要农作物单位面积产量也呈下降趋势。② 至 1949 年，中国粮食平均亩产 142 斤，而世界平均水平 154 斤，③ 中国平均亩产低于世界平均水平已达 12 斤。如按农业劳动生产率比较，更大大低于世界平均水平。详见表 3、表 4。

---

① 国家统计局编《中国农村统计年鉴（1989）》，中国统计出版社，1989，第 99 页；国家统计局编《中国统计年鉴（1984）》，中国统计出版社，1984，第 81 页。

② 章有义：《明清及近代农业史论集》，中国农业出版社，1997，第 35～37 页。

③ 参见国家统计局编《中国统计年鉴（1980）》，中国统计出版社，1981，第Ⅳ～75 页。

表3　部分农业大国年主要粮食作物单位面积产量比较（1931～1937）

单位：吨/公顷

国别	作物	1930	1931	1932	1933	1934	1935	1936	1937
苏联	小麦	0.796	0.556	0.588	0.860	0.864	0.830	0.787	1.141
	玉米	0.729	1.200	0.918	1.200	1.027	0.875	1.323	1.393
美国	稻谷	2.354	2.338	2.428	2.403	2.418	2.442	2.615	2.477
	小麦	0.952	1.098	0.879	0.751	0.822	0.823	0.863	0.916
	玉米	1.287	1.570	1.663	1.423	1.197	1.502	1.015	1.766
日本	稻谷（水稻）	3.183	2.624	2.861	3.458	2.526	2.765	3.237	3.212
法国	稻谷	2.075	1.900	2.15	1.867	1.833			
	小麦	1.156	1.384	1.671	1.805	1.704	1.447	1.331	1.378
	玉米	1.691	1.821	1.026	1.276	1.500	1.652	1.550	1.478
英国	小麦	1.991	2.004	2.118	2.300	2.115	2.253	2.025	1.998
中国	稻谷		2.438	2.745	2.528	2.798	2.505	2.558	2.558
	小麦		1.088	1.072	1.148	1.133	1.02	1.118	0.885
	玉米		1.410	1.403	1.380	1.320	1.418	1.358	1.350

资料来源：根据中国社会科学院世界经济与政治研究所综合统计研究室编《苏联和主要资本主义国家经济历史统计集（1800～1982）》（人民出版社，1989）和章有义编《中国近代农业史资料》第3辑，第926页中的资料换算。

表4　世界若干国家粮食亩产（1949）

单位：斤

国别	亩产	国别	亩产
中　国	142	南斯拉夫	172
美　国	218	印　度	96
日　本	399	巴　西	156
法　国	217	加拿大	135
联邦德国	356	阿根廷	141
英　国	350	世界总计	154
罗马尼亚	101[1]		

注：[1] 系1950年数字。

资料来源：中国农业年鉴编辑部编《中国农业年鉴（1980）》，农业出版社，1981。

在1931～1947年期间，主要农作物的总产量于1936年达到巅峰后，即呈现下降趋势，16年徘徊不前。情况如表5（包括东北）。

表5 主要农作物总产量的变动（1931～1947）[1]

单位：千市担

年份 作物	1931	1932	1933	1934	1935	1936	1937	1946	1947
水 稻	974369	1100055	1036920	833766	1031907	1034125[2]	995321	956926	942794
小 麦	468545	480640	483743	466822	445023	479487	343087	430955	430570
大 麦	161229*	164280*	150972*	163282*	158232*	162868*	124131*	—	—
高 粱	221531	222828	222969	204966	212454	233201	219760	228411	203027
小 米	190740	187382	198782	179640	195961	196544	186865	234782	198602
玉 米	168215	176354	158240	149259	178781	170455	175587	230261	215440
甘 薯	329872	374034	381376	333968	384891	355074	438097	—	—
大 豆	220265	221195	250888	186239	178182	203086	20076	168000	159178
油菜籽	45365*	48815*	44032*	51966*	49812*	49635*	40883*	64569	74505
芝 麻	—	—	19350*	17039*	15317*	17360*	15028*	14428	12979
花 生	—	—	60931*	54207*	46291*	53940*	52090*	44832	44761
桐 油	—	—	—	2100*	2720*	—	—	—	—
棉 花	7513	9874	11826	13661	9781	17357	13170	7430	10738
蚕 茧	317*	—	—	—	297#*	—	—	—	—
茶 叶	—	4949*	4877*	—	—	—	—	—	—
烟 叶	—	—	12777	12777	12827	12865	13082	12992	13435

注：

[1] 表5数字不包括台湾省。其中棉花，1931～1934年关内仅有河北、山东、山西、河南、陕西、江苏、浙江、安徽、江西、湖南等省数字，1935年起增加四川；东北1931年仅有辽宁，1933～1937包括辽宁、热河。有*号者东北各省数字不详。有#号者为1933～1937年的平均产量。

[2] 关于1936年的稻谷产量有不同估计，本表所用数字包括籼稻、粳稻、糯稻和旱稻。

资料来源：1931～1937年取自章有义编《中国近代农业史资料》第3辑，第922页；1946～1947年取自严中平等编《中国近代经济史统计资料选辑》，科学出版社，1955，第360页。

农作物总产量的下降与受战争影响耕地面积缩小相联系。以抗日战争前后比较，1946年河南耕地比战前减少了30%，湖南、广东减少了40%，其他各省的情况也大体相似。①

农业以种植业为主。抗日战争以前，在粮、油、棉三类作物总种植面积中，经济作物有所发展，粮食所占比重由20世纪初的87%～88%降至30年代前期的80%～81%。②此后情况逆转，1949年农业总产值的构成情况

---

① 孙敬之：《中国经济地理概论》，商务印书馆，1983，第292页。

② 严中平等编《中国近代经济史统计资料选辑》，科学出版社，1955，第359页。

为：种植业占 82.5%，畜牧业占 12.4%，林业占 0.6%，副业占 4.3%，渔业占 0.2%；种植业中又以粮食生产为主。①

1949 年全国解放前夕，农业基本上仍是以手工个体劳动为主的传统农业。拖拉机总数仅 300～400 台，劳动生产率极其低下，全国平均亩产量，粮食为 63.5 公斤，棉花为 11 公斤；人均占有粮食 209 公斤，棉花 0.8 公斤，油料 4.3 公斤，生猪 0.11 头，水产品 0.85 公斤。② 全国 80% 以上的人口从事农业生产，却每年需大量进口粮食和棉花。

（二）工业

中国的近代机器工业开创于 19 世纪 60 年代。当时清政府的一批洋务派官僚开始办一些新式工业。据 1872～1911 年统计，历年所设立的商办、官办、官商合办及中外合办工业共 521 家，其中在 1895 年后设立的为 447 家，占 85%，③ 可见中国近代工业主要是在 1895 年后发展起来的，比世界主要资本主义国家晚了 100 余年。

旧中国工业生产力水平低下。生产手段基本仍以手工为主。即使以旧中国曾经达到的历史最好水平衡量也是如此。1933 年工业总产值中，工厂生产的只占 27.98%，手工业生产的占 72.02%（详见表 6）。近代工业产值在在工农业总产值中仅占 12.3%。④ 与发达的资本主义国家比较，工厂的规模也很小（详见表 7）

表 6　中国工业产值表（1933）

产　值	单位（百万元）	百分比（%）
工业总产值	7813	100.00
工　厂	2186	27.98
手工业	5627	72.02

① 刘中一、刘尧传：《中国农业结构研究》，山西经济出版社，1986，第 34 页。
② 国家统计局编《建国三十年全国农业统计资料（1949～1979）》，第 2、49、54 页；《中国农村统计年鉴（1989）》，中国统计出版社，1989，第 99 页；《中国统计年鉴（1984）》，中国统计出版社，1984，第 81 页。
③ 严中平等编《中国近代经济史统计资料选辑》，第 93 页。
④ 中国社会科学院、中央档案馆编《1949～1952 中华人民共和国经济档案资料选编·综合卷》，中国城市经济出版社，1999，第 63 页。

产　值	单位（百万元）	百分比（%）
工业净产值	1890	100.00
工　厂	530	28.04
手工业	1360	71.96

注：关于 1933 年的工业净产值，另有叶孔嘉、刘大中的估计总量为 26.8 亿元，其中工厂生产的为 6.4 亿元，占 23.88%，手工业生产的为 20.4 亿元，占 76.12%；手工业所占的比重较巫宝三的估计略高（Ta-Chung Liu and Kung-chia Yeh, *The Economy of the Chinese Mainland: National Income and Economic Development*, *1933 - 1959*, Princeton University Press, 1959）。

资料来源：巫宝三《中国国民所得（一九三三年修正）》，《社会科学杂志》第 9 卷第 2 期，中央研究院社会研究所出版，1947。

表 7　中、德、英、美四国工厂生产的规模指数（1933~1936）

国别	中　国	德国（1936）	英国（1935）	美国（1935）
总产值	100（1933）	2583	2425	7848
	100（1936）	1989	1904	6162
净产值	100（1933）	6433	5051	16179
	100（1936）	5018	3940	12620

注：货币换算率：1933 年中国货币 1 元 = 0.0618 英镑；1936 年中国货币 1 元 = 0.0599 英镑。
资料来源：巫宝三、汪馥荪《抗日战争前中国的工业生产和就业》，《经济研究》2000 年第 1 期。

在全国总人口当中，工业就业人口仅占 2.84%，其中 2.44% 从事手工业（详见表 8）。即使在机器作业的工厂中，由于资本投入不足，技术水平低，劳动缺乏效率，劳动生产率很低。据当时统计，就人均净产值比较，中国工厂中工人的劳动生产率相当于德国和英国的 1/9 上下，美国的 1/19（详见表 9）。

表 8　年中国工业就业人口状况（1933）

工业就业人口	人数（千人）	比重（%）
全国总人口	429494.1[1]	100.00
工业就业人口	12189.0	2.84
工　厂	1732.0	0.40
手工业	10457.0	2.44

注：[1] 这个数字是 1932~1933 年的，见《中国年鉴（1935~1936）》"人口章"。
资料来源：巫宝三《中国国民所得（一九三三年　修正）》，《社会科学杂志》第 9 卷第 2 期，中央研究院社会研究所，1947。

表 9　中、德、英、美四国工厂操作工人人均净产值（1935～1936）

国　别	中国(1936)	德国(1936)	英国(1935)	美国(1935)
英　镑	31	294	264	595
指　数	100	948	852	1929

资料来源：巫宝三、汪馥荪《抗日战争前中国的工业生产和就业》，《经济研究》2000 年第 1 期。

抗战开始以后，中国政府为了加强军事力量，致力于重工业的发展，因此，电力、煤炭、铁、钢、原油、水泥、酸碱以及其他一些矿产品的产量，在 1942 年前后达到旧中国历史最高水平，此后难以为继。除了少数大城市之外，多数中小城市尚无电力，农村则基本无电。工业技术水平也很低。以石油工业为例，玉门油矿的和平解放，使旧中国费尽九牛二虎之力建设起来的油田未遭破坏，完好地交到人民手中。但是这个诞生于抗日战争烽火岁月中的油田，到 1949 年原油的年产量也仅 9 万吨，却已占到全国产量的 3/4。

工业主要产品产量的不足，在与世界其他国家同期水平的比较之中，反映得更加明显。如生铁产量，1835 年时英国为 102 万吨，[①] 到 1890 年时，美国为 930 万吨，英国为 800 万吨，德国为 410 万吨；[②] 中国 1949 年以前的历史最高年产量为 180.1 万吨，不足美国 1890 年产量的 1/5；1949 年仅 25.2 万吨，尚不及英国 1835 年产量的 1/4。抗日战争爆发以前的 1936 年为旧中国工农业生产水平的最好时期，当时生铁产量占世界第 12 位，钢产量占第 18 位，煤产量占第 7 位，棉布产量占第 4 位。1936 年中国的工业产品产量与世界大国比较情况见表 10。

表 10　中国的工业产品产量与世界大国比较（1936）

品　种	单　位	产　量				各国为中国的倍数		
		中　国	苏　联	美　国	英　国	苏　联	美　国	英　国
电　力	亿　度	37.95	364.00	1465.00	242.00	10.000	39.0	6.00
原　煤	百万吨	39.56	126.40	447.85	232.12	3.000	11.0	6.00
生　铁	万　吨	81.00	1440.00	3153.00	785.00	18.000	39.0	10.00

①　中国社会科学院世界经济与政治研究所综合统计研究室编《苏联和主要资本主义国家经济历史统计集（1800～1982）》，人民出版社，1989，第 235、819、603 页。

②　保罗·肯尼迪：《大国的兴衰》，蒋保英等译，求实出版社，1988，第 243 页。

品　种	单　位	产　量				各国为中国的倍数		
		中　国	苏　联	美　国	英　国	苏　联	美　国	英　国
钢	万吨	41.43	1621.00	4853.00	1197.00	39.000	117.0	29.00
棉布	亿公尺	34.58	34.48	79.21	33.28	0.997	2.3	0.96

注：棉布及生铁包括个体手工业产量。

资料来源：国家统计局编《研究资料》，1956年9月13日。

如考虑人口因素，则中国工业品产量的贫乏更为显著，同期人均工业产品产量比较见表11。

表 11　四国人均主要工业产品产量比较（1936）

品　种	单　位	产　量				各国为中国的倍数		
		中　国	苏　联	美　国	英　国	苏　联	美　国	英　国
电力	亿度	7.90	219.30	1144.50	514.90	28.0	145.0	65.0
原煤	公斤	83.00	761.00	3498.00	4938.00	9.0	42.0	59.0
生铁	公斤	1.70	84.40	244.50	165.90	50.0	144.0	98.0
钢	公斤	0.90	95.30	376.30	253.20	106.0	418.0	281.0
棉布	公尺	7.34	20.28	61.42	70.38	2.8	8.4	9.6

注：棉布及生铁包括个体手工业产量。

资料来源：国家统计局编《研究资料》，1956年9月13日。

（三）基础设施

基础设施主要指交通、通信、市政、水利等在城乡近现代建设中起着先行和基础作用的产业。在近现代经济环境之中，基础设施建设是一个国家产业的前沿和中心，基础设施完备与否，决定一国经济能否持续高效地发展，以及经济建设的成败。鉴于中国的资源环境，基础设施建设——尤其是水利、[①] 交通和邮电通信业的发展，对于生产力发展的作用更加突出。然而旧中国在这些方面的遗产却很有限，特别是在长期战争摧残之后，仅有的设施

---

① 关于旧中国的水利设施，详见吴承明、董志凯主编《中华人民共和国经济史（1949～1952）》第1卷第1编第1章，中国财政出版社，2001，第32、38页；第4编第14、15章，第478～485、505页。

亦大部被毁。

交通运输是先行产业。其中铁路更是工业时代的象征，也是东西方沟通的产物。孙中山曾明确指出，交通运输业乃先行产业。[①] 清王朝被推翻后，迄 1936 年，在新式产业的开发中，中国政府对现代运输业的投资一直大于对现代工业的投资。国民政府确定经济建设以铁路建设为重点，通过大量筹措内债和外债，1928～1937 年，国民政府修筑铁路 4179 公里，外国修筑 2167 公里。新建铁路的重点集中在长江流域，其中分布在长江以南的占 51.3%。1946 年，中国有铁路干线 2.69 万公里。[②] 但是由于受到战争破坏和资金短缺的影响，到 1949 年新中国成立时，中国的铁路里程总长仅为 2.2 万公里，还没有英国 1880 年所拥有的铁路里程多。

公路交通是交通运输体系的重要组成部分。它与其他运输方式相比，具有便于普及、能够实现直达运输、适应性强等特点。中国最早出现汽车和公路，是在清光绪二十七年（1901）。到 1911 年，全国共有汽车 200 多辆，公路 1100 多公里（均未含台湾省）。1927 年 4 月，国民党南京政府成立，政府内设经济委员会，1932 年经济委员会内设公路处，此后公路交通发展较快。到 1936 年底共新建公路 8.65 万公里，全国公路通车里程增加到 11.57 万公里。民用汽车发展到 6.89 万辆（未含日伪占领区）。桥梁建设最有代表性的是钱塘江大桥。抗日战争期间，公路和交通设施遭到破坏，新修的公路大部分比较简陋。抗战胜利后，国民党政府为了接收和迁返，制定了公路抢修计划，到 1945 年底，全国公路通车里程达 13 万多公里，60% 以上是土路面；民用汽车保有量约 3.4 万辆，60% 的交通运输量是由畜力车、人力车和木帆船完成的。在解放战争期间，公路桥梁、车辆设备以及车辆设施，遭到了严重的破坏。1949 年建国前夕，能通车的公路只有 8.07 万公里，而且公路路况极差；共有汽车 5.1 万辆（其中解放区共拥有汽车 1.51 辆，包括私车 7443 辆），大部分破旧不堪。

旧中国的近代交通运输业与传统运输业并行。在近代交通运输业取得一定发展的同时，人畜力车、人力车、木帆船等传统运输的产值一直是增

---

① 孙中山：《中国实业当如何发展？》，载《总理全集》第 1 集下，上海民智书局，1930 年。
② 宓汝成：《帝国主义与中国铁路》，上海人民出版社，1980，第 671 页；《中华民国三十五年交通部统计年报》，第 37 页。

长的，轮船、铁路亦需传统运输为其集散货物。如毛泽东所言，若干铁路航路汽车路和普遍的独轮车路，只能用脚走的路和用脚还不好走的路同时存在。

中国有开展水运的优越条件，沿海航线长达21325海里；内河共有干支河流562条，长达9万余公里，其中可通行木帆船者近8万公里，可通轮船者2.1万公里。① 历史上水运交通和海外贸易发展很早，元代、明代已十分活跃。从明朝中后期到清朝末期的300余年中，海运事业停滞，河运发展缓慢。中国自办的近代轮船运输业始于1873年初成立"官督商办"的轮船招商局，比航运发达的国家落后半个多世纪。② 当时正值鸦片战争以后，中国近代的水运事业被帝国主义列强所控制。在不平等条约的羁绊下，水运业发展迟滞。到1937年抗日战争爆发前，中国公私营轮船总吨位不过58万，其中招商局仅有8.6万，而航行在中国的外国轮船总吨位达150余万，几乎垄断了中国的水路运输。抗日战争期间，日本蚕食了中国所有沿海港口和绝大部分内河港口，国民党政府将近90艘、11万总吨的船舶被凿沉，另有130余艘（约14.5万总吨）船舶改悬外国旗。1945年抗日战争胜利后，水运事业一度复苏。但是，随着国民党军队的败退，70%以上的轮船被挟持到台湾或就地炸沉，一些民族航运企业的运输船舶被迫滞留海外，亟待修复的港口、航道和船厂等基础设施又遭破坏。

旧中国的航空业有一定基础。1923年，在孙中山"航空救国"的倡导下，杨仙逸在广州创办了中国的航空业。南京国民政府成立以后，主要有两个航空公司：一个是1929年成立的中美合营的中国航空公司（简称"中航"），1930年时该公司资产总额1000万元，其中中方股份占55%，美方占45%；1945年12月，中美双方签订新的航空合同，美方在中航股份从占45%减为20%，中方股份上升到80%。另一个是于1930年签约、1931年成立的由中德合资经营的欧亚航空公司，资产总额300万元，其中中方股份占2/3，德方股份占1/3，1941年，中国与法西斯德国断交，国

---

① 王首道：《关于全国民船工作会议的总结报告》1952年12月26日，载中国社会科学院、中央档案馆编《1949～1952中华人民共和国经济档案资料选编·交通通讯卷》，中国物资出版社，1996，第889～890页。

② 《当代中国》丛书编辑部编《当代中国的水运事业》，中国社会科学出版社，1989，第5页。

民政府没收接管了德方股份，1943 年改组欧亚航空公司为中央航空公司（简称"央航"）。至新中国成立前夕，"两航"共有飞机 82 架，均被迫迁往香港。

旧中国的邮电通讯事业没有形成全国性的网络。邮政企业虽然比较有系统，但是全国 76% 的邮政局在东南沿海，浙江一省有 52411 个局所，超过东北、西北两大区域的总数。特别是广大农村，基本没有邮电设施；邮政运送技术也很落后。全国邮路总长 840374 公里，其中利用机械力的邮路占全长 14%，利用人力的占全长 84%，兽力占 2%。

城市的市政设施是工业化建设中的重要内容。由于城市人口集中，市民衣食住行各方面的要求都与农村不同，一些在农村不成问题的事情，在城市均可能造成严重的社会经济后果。旧中国的城市市政设施基础很差，加之连年战争破坏，大部分破烂不堪，难以维持城市经济社会的基本运行。大城市自来水尚未普及，多数中小城市没有自来水和公共交通，各类基础设施不仅严重不足，而且已有的均多年失修。仅五六个城市有公共汽车和电车。消防设备不足，公共厕所极少。许多城市因下水道不通，下大雨就道路不通、房屋进水。住房短缺，除南京外，各城市无一不闹房荒，而且塌房伤人之事频繁。

（四）文教科技

旧中国的教育普及程度很低。学校少，分布很不平衡。中学大多数设在县城以上城镇，农村很少。有的县无中学，有些区乡无小学。高等学校有40% 设在上海、北平、天津、南京、武汉、广州等 6 个城市。1946 年，新疆只有 100 人的新疆学院和 8 所中学，宁夏只有 5 所中学，青海只有 4 所中学，西藏连一所中小学也没有。失学儿童占学龄儿童的比例，上海、武汉为50%，青岛为 60%，广州为 70%。各级学校绝大多数的图书资料、教学设备十分缺乏，教材陈旧落后。

以解放前历史最好水平计，全国高等学校仅有 207 所，在校学生 15.5万人；中等学校 5892 所，在校学生 187.9 万人；小学 28.9 万所，在校学生2368 万人，学龄儿童入学率只有 20% 左右，全国人口中 80% 以上是文盲。

国民政府统治 20 余年中，高等学校毕业生仅有 18 万余人。[1]

旧中国尚不能独立自主地培养高级专门人才，私立和国立大学的优秀毕业生，往往是派到欧美去留学，才能获得硕士和博士学位。尽管 1935 年国民党政府教育部公布了《学位授予法》和《硕士学位考试细则》，1940 年公布了《博士学位的考试细则》，但从 1939 年到 1949 年，只授予 200 多名硕士，一个博士学位也未能授予。[2]

1949 年各级各类学校及师生员工总额较历史最高年度有所下降。情况见表 12。

表 12　中国各级各类学校情况（1949）

单位：所（小学，万所）、万人

项　　目	高等学校	中等学校							小　学
		总　数	中等专业学校			普通中学			
			总　数	中等技术学校	中等师范学校	总　数	高中	初　中	
学校数	205.0	5216.0	1171.0	561.0	610.0	4045.0			34.68
教职工数	4.6	12.8	2.4	1.1	1.3	10.4			84.90
学生数	11.7	126.8	22.9	7.7	15.2	103.9	20.7	83.2	2439.10
专任教师数	1.6	8.3	1.6	0.7	0.9	6.7	1.4	5.3	83.60

资料来源：《中国百科年鉴（1980）》，中国大百科全书出版社，1980。

到全国解放时，旧中国遗留下来的科学研究机构不过三四十个，科研人员和技术人员不过 5 万人，其中专门从事科研工作的人员仅 600 余人。中研院和北平研究院只有 20 多个研究单位，科研人员仅 200 余人。科研人员以满腔爱国热忱，在地质学、生物学、气象学等地域性调查工作取得了成就，在一些可以不依靠实验设备的领域开展了研究工作。但是就整体而言，现代科学技术在旧中国几乎是一片空白。[3]

---

① 《中国百科年鉴（1980）》，中国大百科全书出版社，1980，第 535 页。
② 何东昌主编《当代中国教育》，当代中国出版社，1996，第 9 页。
③ 参见武衡、杨浚主编《当代中国的科学技术事业》，当代中国出版社，1992，第 4 页。

（五）产业结构

旧中国工业基础薄弱，农业产值在国民经济总产值中占绝对优势。农业产值基本上全部是传统的手工方式生产的；工业产值亦以手工业为主，机器工业的产值有所上升，但始终低于手工业。工业产值中，机器方式生产的产值由 1920 年的 18.19% 上升至 1936 年的 32.46%；交通运输业产值中近现代方式出产的产值由 1920 年的 50.47% 上升至 1936 年的 57.91%。由于农业总产值远远高于工业产值，因此以近现代科学技术装备的各业的产值在总产值中所占的比例始终很低。详见表 13，表 14。

表 13　中国总产值的构成估计（1920、1936）

年　份 业　别	1920		1936	
	产值（万元）	其中新式产业占本产业的比重（%）	产值（万元）	其中新式产业占本产业的比重（%）
农业	1049494	—	1450506	—
其中：粮食作物	652980		867476	
经济作物	165530		263786	
园艺及林牧渔业	230984		319244	
工业	543396	18.19	973347	32.46
其中：手工制造业	626059		640629	
（内含工场手工业）	-106515		-195961	
近代化工厂制造业	88287		283073	
矿冶业	29050		49645	
（内含土法采炼）	-18484		-16726	
交通运输业	60937	50.47	141659	57.91
其中：铁路运输	22374		48342	
汽车运输			7102	
轮船运输	6003		19140	
航空运输			514	
木帆船运输	25594		18800	
人畜力运输	4332		10822	
邮政	1523		4278	
（内含民信局）	-255			
电信	1111		2661	

资料来源：许涤新、吴承明主编《中国资本主义发展史》第 3 卷，人民出版社，1993，第 739、740 页。

表 14　新式产业和传统产业在工农业总产值中的比重（1920～1949）

单位：%

年　份	新式产业	传统产业
1920	7.37	92.63
1933	10.33	89.67
1936	13.37	86.63
1949	17.00	83.00

资料来源：许涤新、吴承明主编《中国资本主义发展史》第 3 卷，第 742 页。

在工业内部，纺织、饮食和烟草业的产值占了 58.4%，为农业、轻工业和国民经济其他部门提供生产资料的重工业产值所占比重很低。1933 年，重工业产值在工业产值中的比重仅占 23% 左右。加之战争对重工业的破坏比轻工业和农业更为严重。1949 年重工业产值约比战前降低 70%，轻工业产值约降低 30%，粮食产量约降低 24.5%，经济作物产量约降低一半左右。[①] 详见表 15、表 16。

表 15　中国工业生产结构（1933）

单位：%

工业部门	净产值			雇　工
	工　厂	手工业	合　计	
金属	7.9	0.5	2.1	3.8
机械、船舶和交通	6.6	3.5	4.1	8.3
化学	7.4	1.6	2.9	6.4
纺织	40.7	19.3	24.0	60.2
服用	4.0	6.1	5.7	2.2
胶革	3.2	2.8	2.9	2.1
土石	5.3	4.0	4.3	3.2
制材	0.3	3.4	2.7	0.4
造纸印刷	5.6	4.2	4.5	3.0
饮食烟草	17.7	52.4	44.8	9.4
杂项	1.3	2.2	2.0	1.0
合　计	100.0	100.0	100.0	100.0

注：只含工厂工人。

资料来源：巫宝三、汪馥荪《抗日战争前中国的工业生产和就业》，《经济研究》2000 年第 1 期。

[①]　郭瑞楚：《恢复时期的国民经济》，三联书店，1953，第 60 页。

表 16 中国的工农业结构 (1949)

项 目	农 业	工 业		
		总 额	轻工业	重工业
产值(亿元)	245.0	45.0	32.0	13.0
比重(%)	84.5	15.5	11.0	4.5

资料来源：马洪、孙尚清主编《中国经济结构问题研究》，人民出版社，1981，第 103 页。

在工业内部结构中，轻工业发展较快，如丝织业、植物油的生产等，自给有余，还输往国外；而以大机器生产为特征的机器制造、能源、原材料等重工业，在 1935 年以前微乎其微。[①] 1935 年 4 月，南京国民政府将原来的国防设计委员会改为资源委员会，拟定了一个"重工业三年计划"。到抗日战争全面爆发之前，资源委员会以投资、合办的形式控制 23 个企业，15 种工业产品生产指数 1933 年为 100，1935 年为 109.7，1936 年为 122，一度呈发展趋势。但是因基础薄弱，经费不足，起步晚，时间短，至 1936 年，重工业产值在工业产值中的比重仅占 23% 左右；重工业品自给率很低。石油自给率为 0.2%，钢铁自给率为 5%，车辆船舶的自给率为 16.5%。作为装备国民经济各部门的机器制造工业，仅占全部工业总产值（包括手工业）的 1.6%。抗日战争期间，资源委员会在西南地区建设了一批企业，如中央机器厂、中央电工器材厂、无线电器材厂等；范旭东、吴蕴初等民营企业家也为发展酸碱化工业做出了贡献。但是，从整体上看，旧中国没有形成工业体系，未能改变重工业的落后状况。旧中国整个国民经济技术装备陈旧落后，设备自给能力和配套能力低，国防力量薄弱，是与重工业发展水平低下相联系的。

工业技术水平低下，门类短缺。如机械工业不能制造汽车、拖拉机和飞机等；一些小机械厂，多半从事修理和装配业务。据 1946 ~ 1947 年上海机器同业公会会员登记表计算，在 708 家机器制造厂中，制造兼修配的工厂只占 25%，专搞修配的厂竟然高达 75%。[②] 这样的机械工业，既不可能为其

---

① 周绍英：《抗战前南京国民政府经济建设举措述评》，载中国人民大学书报资料中心复印报刊资料《中国现代史》1998 年第 5 期。

② 上海市机器工业史料组编《上海民族机器工业》，中华书局，1979，第 689 页。

他生产部门生产机械设备，更不可能用先进的技术设备把其他生产部门改造和装备起来。工业内部彼此不能协调配合：煤用不完，而电力则缺乏，生铁只有 1/2 能炼成钢，而轧钢能力又仅及炼钢的 1/2 弱。这是与旧中国的社会性质和技术水平密切关联的。如钢铁工业，受日本帝国主义的"原料中国、工业日本"的政策影响，在日本入侵期间，大量铁矿砂、生铁以至钢锭输往日本，致使全国采掘铁矿砂能力高于炼铁能力，炼铁能力高于炼钢能力，炼钢能力又高过轧钢能力。如解放前钢产量的历史最高年 1943 年，全国铁矿砂产量为 561.5 万吨，铁产量为 180.5 万吨，而钢产量仅约 90 万吨，仅为铁产量的一半。占全国钢铁产量 2/3 以上的东北，钢材产量不足生铁产量的 1/3。① 而随着经济和技术的发展，从世界各国的发展规律看，铁钢比例是逐步下降的，1914 年全世界的铁钢比例已经下降到 1 以下，那年产铁 6040 万吨，产钢 6070 万吨。在铁钢比例上中国与世界的巨大反差，深刻地反映了帝国主义侵略与掠夺对旧中国经济的影响。

（六）连年战争对生产力的严重破坏

自 1840 年鸦片战争起，百年以来中国本土战争不断，给中国人民带来巨大的痛苦，对生产力造成严重破坏。

帝国主义入侵迫使中国政府割地赔款，使中国大量国土丧失，资金无偿转移、流失。自 1840 年鸦片战争到 1900 年八国联军入侵后签订《辛丑条约》，不完全统计有 12 笔赔款。其中 1842 年《中英江宁条约》（南京条约）割让香港，赔款 2100 万元，开了近代割地赔款之先河；1895 年甲午战争以后除了《马关条约》规定的赔款 2 亿两白银外，还因俄、德、法三国干涉日本"归还"辽东半岛、日本参加八国联军，向日本赔款 1 亿两白银以上；1901 年的辛丑条约规定的庚子赔款达 4.5 亿关两白银，这一数额举清政府 4 年的全部财政收入仍不够支付，不得不分 39 年摊付，年息 4 厘，本息共近 10 亿关两白银，这不仅是中国空前沉重的负担，在世界史上也是罕见的。

---

① 中国社会科学院、中央档案馆编《1949～1952 中华人民共和国经济档案资料选编·综合卷》，第 40、46 页。

甲午战争以后，中国对外贸易开始由顺差转为逆差，此种状况直至1949年；并且由于对外赔款的支付、外国投资收益的增长及贸易逆差，国际收支经常项目合计也由甲午战争前的顺差转为逆差。中国经济进一步被卷入世界资本主义经济体系之中，经济的半殖民地性亦进一步加深。1931年"九一八"事变之后，东北被日军占领，中国贸易逆差更加迅速地扩大，中国资本外逃。1932～1936年五年间共计金银净流国外价值近10亿关两。中国国际收支迅速恶化。[①]

1931～1945年，日本军国主义发动的侵华战争，对中国经济的摧残尤为惨烈。据不完全统计，在日本侵略军的屠刀下，中国死伤人数3500万，按1937年的比值计算，日本侵略者给中国造成的直接经济损失1000亿美元，间接经济损失5000亿美元。[②] 1945年8月苏联进军东北，将一些重要设备拆迁苏联，除铁路部分外，估计价值10.094亿美元。[③]

自1936～1949年的13年间，由于日本帝国主义的侵略战争和国内战争，中国经济遭受的破坏日趋严重。农村生产力遭受的破坏极其严重。1949年，全国牲畜比战前减少了1/3，主要农具减少了30%。农村劳动力也明显减少，仅华北地区，就比战前减少了1/3。农田水利设施不仅年久失修，而且大量河堤被损，加重了各种灾害尤其是水灾造成的损失。1949年全国被淹耕地达1.22亿亩，灾民4000万人，减产粮食100亿斤以上。主要农作物产量与历史最高水平比较：粮食作物总产量由1936年的15000万吨下降至1949年的11218万吨，棉花产量由1936年的84.9万吨下降至1949年的44.4万吨，油料产量由1933和1934年的507.8万吨下降至1949年的256.4万吨。大牲畜存栏头数由1935年的7151万头下降至1949年的6002万头。[④]农业生产力战前战后比较如表17。

---

① 陈争平：《1895～1936中国国际收支研究》，中国社会科学出版社，1996年，第108～109，111，113页。

② 江泽民在"首都各界纪念抗日战争暨世界反法西斯战争胜利五十周年大会"上的讲话，1995年9月3日，载1995年9月4日《人民日报》。

③ 许涤新、吴承明主编《中国资本主义发展史》第3卷，第606页。

④ 国家统计局编《中国农村统计年鉴（1989）》，中国统计出版社，1989；国家统计局编《建国三十年全国农业统计资料（1949～1979）》，1980年3月。

表 17　战争前后农业生产力变化情况（1935、1936～1949）

类　别	单　位	战　前		战　后		战后为战前
		年　份	数　目	年　份	数　目	（％）
粮食	万　吨	1936	15000.0	1949	11218.00	75.5
其中:稻谷			5735.0		4365.00	84.8
小麦			2330.0		1381.00	59.2
玉米			1010.0			
大豆			1130.0		509.00	45.1
棉花	万　吨	1936	84.9	1949	44.40	54.4
大牲畜年底头数	万　头	1935	7151.0	1949	6002.00	83.9
其中:牛		1935	4827.0		4393.60	91.0
马		1935	649.0		487.50	75.0
驴		1935	1215.0		919.10	78.0
骡		1935	460.0		147.10	32.0
猪年底头数		1934	7853.0		6775.00	73.5
羊年底头数		1937	6252.0		4235.00	67.7
花生	万　吨	1933	317.1	1949	126.80	40.0
油菜籽		1934	190.7		73.50	38.5
芝麻		1933	99.1		32.60	32.9
茶叶	万　吨	1931	22.5	1949	4.10	18.2
烟叶	万　担	1942	149.7	1949	36.00	24.1
烤烟		1931～1936 平均	124.0		13.90	11.2
生丝	万公担	1931～1936 平均	14.7	1948	2.42	16.5
施肥量[1]	千　担	1937	324.0	1948	235.00	72.5
其中:旱田			190.0		77.00	40.5
水田			215.0		158.00	73.5

注：［1］据华北阜平、行唐、曲阳等 40 县 84 村调查。

资料来源：中国社会科学院、中央档案馆编《1949～1952 中华人民共和国经济档案资料选编·农业卷》，第 4～21 页；《中国农村统计年鉴（1989）》，第 99、132 页；《中国统计年鉴（1985）》，第 255、256 页。

工业生产比战前显著下降。1949 年工业总产值比 1936 年下降一半，其中重工业下降尤为严重，钢铁生产 1949 年比 1943 年降低了 90%，煤比 1942 年降低 50%。到 1949 年 10 月中华人民共和国成立时，中国钢铁工业只有 7 座平炉，22 座小电炉，生产能力所剩无几；发电设备总数仅剩 114.6

万千瓦左右。全国全部工业固定资产仅剩 124 亿元。[①] 1949 年工业总产值及主要产品产量与 1936 年及解放前最高年份的比较见表 18。

表 18　1949 年工业总产值及主要产品产量与 1936 年及解放前最高年的比较

类　别	单　位	1936 年	解放前最高年		1949 年	1949 年为 1936 年（%）	1949 年为解放前最高年（%）
			年　份	产　量			
总产值[1]	亿　元	280.60	—	—	140.10	49.90	—
电　力	亿　度	37.95	1941	59.55	43.08	113.50	72.3
原　煤[2]	百万吨	39.56	1942	61.79	30.98	78.30	50.0
原　油	万　吨	12.36	1943	31.95	12.18	98.50	38.1
生　铁	万　吨	81.00	1943	180.10	25.20	31.10	13.9
钢	万　吨	41.43	1943	92.37	15.84	38.20	17.1
水　泥	万　吨	124.70	1942	229.34	66.09	52.90	28.8
棉　纱[2]	万　件	214.60	1933	244.72	180.29	84.00	73.6
棉　布	百万匹	134.22	1936	134.22	75.79	56.40	56.4
机制纸	万　吨	—	1943	16.50	10.81	—	65.5
卷　烟[2]	万　箱	145.40	1947	236.31	160.00	110.00	67.7
面　粉[2]	万　吨	242.00	1936	242.00	127.93	52.80	52.8
食　糖	万　吨	41.40	1936	41.40	19.92	48.10	48.1

注：

[1] 总产值包括个体手工业。

[2] 原煤、棉纱、卷烟、面粉不包括个体手工业产量。

资料来源：国家统计局编《研究资料》，1956 年 9 月 13 日。

战争对交通运输通讯等基础设施的破坏更加严重。1949 年，全国公路大部分路况严重受损；铁路无一线能够全线通车，勉强能通车的铁路仅剩 1.1 万公里；沿海航线大部被封锁。长途电信的线路由于若干干线遭受损害，直至 1950 年初，整个通信网尚分割成几片互相不能衔接。遭受损失最大的是华北区，以京津为中心的有线电网均被破坏殆尽，京津对各区电信联系除东北外只能依靠无线电，与东北的有线联系也不通畅。华南的有线通讯线路大部分于抗战胜利之后方开始修筑，数量比较少，基础比较差。[②] 1949 年中国交通运输线路状况如表 19 所示。

① 曾培炎主编《中国投资建设 50 年》，中国计划出版社 1999，第 1 页。

② 中国社会科学院、中央档案馆编《1949～1952 中华人民共和国经济档案资料选编·交通通讯卷》，第 963 页。

表 19 　　　中国交通运输线路长度表（1949）

单位：万公里

项　目	铁　路	公　路	内　河	民航(1950年数)	邮　路
1949年可通行里程	2.20	8.07	7.36	1.14	93[1]
历史最高水平	2.68	14.90			

注：[1] 包括华北乡村邮路约25万公里。

资料来源：国家统计局编《中国经济年鉴（1981）》，中国统计出版社，1982；中国社会科学院、中央档案馆编《1949~1952中华人民共和国经济档案选编·交通通讯卷》，第7、487、957页。

此外，战后大陆恢复国民经济所迫切需要的资金在国内战争后期被大量转移。1948年底，蒋介石命令中央银行将所存黄金、银元、外币共约5亿美元全部移存台湾。① 12月1日，在蒋介石的策划下，中央银行把第一批黄金200万两运往台湾，随后又南运银元1000万元至广州。1949年1月，再运黄金57万两、银元2200万元至厦门。国民党京沪杭警备总司令汤恩伯逃离上海前夕，又拿走了中央银行库存黄金19.8万两、银元146万元。上海解放后，中央银行被接管时，只剩黄金6180两、银元1546643枚以及少量外币。同时，将大量受过训练和有经验的专业人员从大陆转移到台湾。②

国民政府还将部分机构与物资撤到香港。撤到香港的国家垄断企业有29个，其中最重要的是垄断旧中国航空事业的中国航空公司和中央航空公司（统称两航）。两航共有飞机83架，员工2400余人；还有旧中国最大的海运公司——招商局轮船公司的香港公司；负责矿产品出口的资源委员会贸易处及国外贸易事务所；中国银行、交通银行等金融系统9行局。这29个单位的资产净值共约2.43亿港元。③ 资金、物资与人才的大量转移，增加了战后中国大陆经济恢复的困难。

---

① 《李宗仁回忆录》，广西人民出版社，1980，第948页。

② 参见《上海私营金融业的社会主义改造》，载《中国资本主义工商业的社会主义改造·上海卷》（下），中共党史出版社，1993，第1086页。李国鼎《台湾经济发展背后的政策演变》，东南大学出版社，1993，第7页。

③ 此笔资产经过建国初期的斗争，前后接收过来飞机、轮船、机器、交通器材、矿品、银行资金、棉花和其他物资，总共达港币2亿元。当时部分被掠夺的"两航"资产以后成为中英间长期的外交悬案，经过从1952年7月到1985年10月的长期交涉，1987年6月5日，签订了中英两国政府《关于解决历史遗留的相互资产要求的协定》，并立即生效。英方向中方提供380万美元，作为对少数几个索赔项目的补偿（参见刘晶芳《建国初期发生在香港的一场特殊斗争》，《百年潮》1997年第3期）。

二 贸易、金融和市场发展水平

(一) 贸易

鸦片战争前中国已有比较发达的国内贸易。长距离粮食贩运年约达5700万石，连同棉丝纺织品、盐、茶、金属、瓷器等上市商品约值8亿余两白银。[①] 集市贸易已基本形成市场网络，生产自给有余，并有出口，其中年销往欧美的丝茶等约值1300万两白银。[②]

鸦片战争前200年，中国对外贸易均属顺差，外国运来白银购买中国产品，18世纪80年代以后，英美则大量走私鸦片以抵补其贸易差额。鸦片战争后，据海关统计，1877年后中国开始出现贸易逆差。而进出口贸易之大量增长和连续逆差实际开始于1895年甲午战争以后。1895～1913年进口增长年率达8%～9%，而出口仅6%左右，年均亏损由500余万关两增至近1亿关两。第一次世界大战期间情况好转，但是1920年以后加剧恶化，年均逆差达1.3亿关两。30年代世界经济危机，1933年逆差最高达4.6亿关两。总计1895～1936年42年间中国对外贸易逆差近50亿关两。期间银价长期跌落，即使按金价计，也约达30亿美元，成为近代中国国际交往中最大漏卮，对国民经济发展影响巨大。详见表20。

表20 近代中国对外贸易额年均数

单位：百万海关两

年 份	出 口			进 口			顺差（＋）逆差（－）	
	海关统计	修正值	年均增长率（%）	海关统计	修正值	年均增长率（%）	海关统计	修正值
1891～1894	83.1	139.1	6.8	145.7	130.4	5.8	－62.5	8.7
1895～1899	158.5	189.0	6.0	210.3	194.3	9.1	－51.9	－5.3
1910～1913	276.7	315.4	5.8	395.0	406.8	8.2	－118.3	－91.4

① 吴慧主编《中国商业通史》第4卷第2章第1节（2000年待刊稿）。
② 严中平等编《中国近代经济史统计资料选辑》，第5页。

年　份	出　口			进　口			顺差（＋）逆差（－）	
	海关统计	修正值	年均增长率（％）	海关统计	修正值	年均增长率（％）	海关统计	修正值
1914～1919	472.8	536.9	9.4	548.6	575.9	2.3	－75.8	－39.0
1920～1930	798.5	923.7	5.6	1037.4	1055.7	5.0	－238.9	－132.0
1931～1936	493.5	619.0	－10.2	867.1	964.6	－8.9	－373.6	－345.6

资料来源：据陈争平《1895～1936年中国国际收支研究》，（中国社会科学出版社，1996）第50～51页数字改编。

　　然而，对外贸易的发展有利于促进中国农产品的商品化。据估计，1894～1920年间，有关外贸的茶、蚕桑、棉花、烟叶、大豆的商品值增长了212％，按可比价格计亦增长63.5％。[①] 加以近代化工业和交通运输业的兴建，以及城市化进展，国内贸易有了显著发展。

　　国内贸易缺乏统计，表21是市场商品量的估计，即贩运贸易大宗商品第一次上市量的估值，非指交易额。从表21上看，市场商品量由1870年的10亿两，增至1936年的120亿两，增长11倍，若与估计鸦片战争前的8亿两比，增长15倍。但是，分期来看，并按可比价格计，则19世纪后期增长甚为缓慢，年率仅1％强。而这期间进口洋货增长很快，它占全部市场商品量的比重由1870年的6.83％增至1908年的21.62％。此时期进口洋货中鸦片常居第一、第二位，它不仅危害国人健康，且削弱国民购买力，阻碍贸易。1908年英国同意10年内停止鸦片贸易。1908～1920年市场商品量增长加速，年率超过6％，但1920～1936年受白银流失和世界经济危机影响，再次跌落至3％强。进口洋货所占比重则逐步下降，至1936年为9.29％（详见表22）。总的看，近代中国国内贸易的发展是不够理想的，尤其是19世纪后期和20世纪30年代，它反映有效需求不足，特别是农村购买力薄弱，成为中国工业化的一个障碍。

（二）金融

　　中国原有票号、钱庄，从事汇兑和存放款业务，经营稳健，重视信誉。

---

①　许涤新、吴承明主编《中国资本主义发展史》第2卷，人民出版社，1990，第990～991页。

表 21　近代国内市场商品量估计

单位：百万两

年　份	1870	1890	1908	1920	1936
A. 国内生产品	968	1032	1802	5761	10901
其中：农业产品				2794	5386
手工制造业产品				2127	3136
近代化工厂产品				631	2024
矿冶业产品				208	355
B. 进口洋货	71	142	497	849	1116
C. 市场商品量（A＋B）	1039	1174	2298	6610	12017
洋货所占比重（B/C,%）	6.83	12.09	21.62	12.84	9.29

表 22　近代国内市场商品量平均年增长率

单位：%

年　份	1870～1890	1890～1908	1908～1920	1920～1936
按当年价格				
A. 国内生产品	0.32	3.15	10.17	4.07
B. 进口洋货	3.53	7.21	4.56	1.72
C. 市场商品量（A＋B）	0.61	3.80	9.20	3.81
按可比价格				
A. 国内生产品	0.89	0.97	7.54	2.93
B. 进口洋货	0.24	2.25	−0.63	2.63
C. 市场商品量（A＋B）	1.20	1.14	6.28	2.89

资料来源：吴承明《近代国内市场商品量的估计》，《中国经济史研究》1994 年第 4 期。

鸦片战争后，外商来华，亦利用信用昭著的钱庄庄票为交易工具。票号因大量经营清政府的官款存汇，辛亥革命后式微，钱庄则继续发展。1845 年外国银行开始在中国设立分支机构，以其雄厚资力，执上海等大城市金融界之牛耳，大量吸收军阀、政客、富户的存款，削弱中国国民储蓄。不过其业务以从事外商融资和中国政府借款为主，与民族工商业关系不大。1897 年始有中国自办的银行，初以官营为主，辛亥革命后民营银行蜂起，然经营不善，倒闭亦多；1927 年以后才趋于稳定，扩大规模，并逐渐代替了钱庄。银行的营运资金主要靠吸收存款，资本额有时反成虚设。我们采取唐传泗、黄汉民所作"资力"估计，辅以"营运资金"的估计，将金融业的发展制成表23。① 它反映中国银行业发展相当迅速，1925 年其资力已超过外国在华银行。在 20 世纪 30 年代世界经济危机中，外商银行遭受打击，中国银行业仍有发展，资力超过外商银行倍蓰。中国银行业的资金大部投放于公共机构和政府公债，投放于工商业者不多。但是，几乎每家民族工业企业的成长都离不开银行的资助，即使资本比较雄厚的棉纺织厂，其周转资金亦无不靠银行贷款。

表 23　近代金融业发展和资力估计

单位：百万元

年　份	1894		1911		1925		1936
	资本额	资　力	资本额	营运资金	资本及公积金	资　力	营运资金
票号	42	280	？	50.0	—	—	—
钱庄	21	231←	56.0	335.0	100.0	800.0	125.0
外国在华银行↑	35	280	？	？	242.0	1303.9	1936.9
华资银行	—	—	62.6	179.9	205.5	1453.7	7656.3
其中:官营	—	—	35.5	44.9	40.0→	540.8→	5637.0
民营	—	—	27.1	135.0	165.5	912.9	2019.3
合　计	98	791			547.5	3557.6	9318.2

注：←营运资金估计。↑包括中外合资银行。→指中国、交通两银行，余并入人民营项下。

资料来源：1894、1925 年据唐传泗、黄汉民《试论 1927 年以前的中国银行业》，《近代中国经济史研究资料》1985 年第 4 辑。1911、1936 年据许涤新、吴承明主编《中国资本主义发展史》第 2 卷，第 1064、1074 页，第 3 卷第 746、761、767 页。

银行业外，亦有国人的自办之保险公司、邮政储汇、合作金库以及证券交易所、票据交换等金融机构，工商界尚称便利，唯利息率偏高。农村金融机构薄弱，传统的高利贷仍盛行，利率常达 30% 以上，又多用复利，农民不堪负担。

（三）　市场

1. 商品结构和商品流向

鸦片战争以前，中国市场上第一位商品是粮食，其次为盐，再次为农家

---

① "资力"原则上包括实收资本、公积、存款、未分盈余和发行兑换券余额；"营运资金"原则上包括资本、公积或准备金、存款。但除少数有资产负债表可据者外，多是按一定比例从资本额中推算。

所织土布，三者可占全部商品量的 80%。到 1936 年，据表 21，市场商品量大体是农产品占 45%，手工业品占 26%，近代化工业品占 29%。又据《中国埠际贸易统计》，1936 年列前 20 位之大宗商品（占全部商品 80%）中，农产品占 30%，手工业品占 20%，而近代化工业品竟占 50%。[①] 这是由于近代化工业品多大宗交易，前两位之棉纱棉布即占去 34%。市场商品结构的这种变化反映了近代中国的进步，但也有它误导之处。我们说表 21 中近代化工业品占 29%，是包括了进口洋货，而国内生产最大宗的棉纱、棉布、面粉、电力、卷烟、煤 6 项都有外国在华设厂生产，逐项计算，[②] 表 21 中的近代化工业产品中，进口洋货和外国在华厂生产的刚好占一半。这也可说半殖民地性在市场上的表现。

市场的这种商品结构决定了市场的商品流向。这就是：工业品（除煤外）基本上是由通商口岸流向内地，农产品和手工业品主要是由内地流向通商口岸。同时，内地流向通商口岸的大宗商品已不是米粮（像清代川米的大规模东运已消失，湘米东运也减少了 2/3），而是棉花、小麦、烟叶等工业原料和桐油、猪鬃、茶叶等出口品。这就又产生一种现象，即内地在与通商口岸的交换中常产生逆差。据海关埠际贸易统计，四川省自 1920 年以来每年逆差都在 1500 万元以上，1936 年云南省逆差 1200 万元，广西省逆差 1500 万元。西北各省无海关，想来也会有逆差。这种逆差，又与国内市场的价格结构有关。

2. 价格结构和市场整合

在上述商品流向中，工业品的价格是由通商口岸决定的，经过批发、转运各个环节流向内地和农村，逐级加价。特殊的是农产品、手工业品的价格，也是由通商口岸这一头决定的，在各个环节的流通中逐级被压价。这种价格结构，实际是由国际市场造成的。原来中国出口的价格是由中国决定的，19 世纪 70 年代以后逐渐失去主动权，以致茶价决定于伦敦，丝价决定于里昂，后来的桐油、猪鬃价都决定于纽约，而与中国农民的生产成本无

---

① 韩启桐：《中国埠际贸易统计（1936～1940）》（中国科学院社会研究所丛刊第一种），中国科学院印行，1951。

② 计算根据许涤新、吴承明主编《中国资本主义发展史》第 3 卷第 788 页；严中平等编《中国近代经济史统计资料选辑》第 126、131 页。

关。又如，因洋货的大量涌进，上海的棉价、麦价决定于美棉、美麦，内地棉、麦运上海是供上海的纱厂、面粉厂所需，却不能不服从进口价格。上海的米价决定于西贡、仰光米价，内地米运上海是供国人食用，也必须服从洋米价格。这是价格上的殖民地性。

国际市场通过金银比价作用于中国价格水平，相对价格则受进出口影响。现将1920年以后进出口价格和上海、天津、广州工农业产品价格都用指数列入表24。原来第一次世界大战中进口价格大幅度上升，出口价格缓慢跟进，天津的工业品、农产品价格趋势一如进口、出口，而幅度较小（表24中未列）。1920～1926年，进口价格跌落而出口价格上升，这时有了上海资料，上海和天津的工业品与农业品价格趋势一如进口与出口，农民颇受其益。1926～1931年所有价格都上升，而农产品价格上升远逊于工业品，农民遭受损失；但是广州情况相反。以后在20世纪30年代经济危机中，工业品价格随进口价格同步跌落，而农产品和出口价格则如高原坠马，一泻千里，农民苦不堪言，贸易条件亦急剧恶化。但是广州工业品价格与农产品同步下跌，形成特例。

表 24　年价格指数（1920～1936）

单位：1926 = 100

年　份	对外贸易		上　海		天　津		广　州	
	进　口	出　口	工业品	农产品	工业品	农产品	工业品	农产品
1920	117	74			98	77		
1921	111	77	115	75	97	78		
1922	97	82	103	86	96	75		
1923	99	89	106	92	99	82		
1924	99	93	100	92	99	89		
1925	100	95	101	95	98	100		
1926	100	100	100	100	100	100	100	100
1927	107	97	104	103	105	103	93	102
1928	106	104	103	95	110	103	93	98
1929	105	111	106	99	114	107	92	104
1930	116	111	116	113	132	107	94	113
1931	128	109	134	106	138	96	107	102

续表

年 份	对外贸易		上 海		天 津		广 州	
	进 口	出 口	工业品	农产品	工业品	农产品	工业品	农产品
1932	119	92	119	93	131	90	102	96
1933	115	79	111	81	119	73	92	84
1934	101	73	104	77	109	64	77	75
1935	92	72	100	86	110	82	63	78
1936	101	91	112	87	124	102	90	104

资料来源：对外贸易，《南开经济指数资料汇编》，统计出版社，1958，第 375 ~ 376 页。上海，《上海解放前后物价资料汇编》，上海人民出版社，1958，第 135 页，用"制造品""农产"代表。天津，《南开指数汇编》第 11 页，用"消费品""农产"代表。广州，《上海物价汇编》第 186 页，用"纺织品""米类"代表。

到 20 世纪 30 年代，中国已有了基本上是自由贸易的全国性统一市场，除盐、煤油等个别商品外，甚少垄断组织。但从表 24 看，各地的价格走势仍有歧义，说明市场的整合程度还不够高。从地区价格看，工业品由通商口岸运销内地，一般要加价 30% ~ 50%，远超过了运费。1937 年同种的细布价格，上海 11 元，重庆 15 元，桂林 16 元，贵阳 19 元，差价达 36% ~ 73%。茶、丝等传统手工业品，因中间人和陋规过多，差价尤大；一般农产品运销距离较近的，差价亦在 25% 以上，超过运费。总之，在商品市场上整合不够，尚未达到统一价格的自由竞争要求。此外，资本市场供给十分脆弱，存在着利息率过高和汇费（尤其是申汇）的障碍。因而，整个市场并不能有效地发挥它资源配置的作用。

（四）战争毁损与通货膨胀

1937 年以后，在连年的战争中，贸易和金融也遭到破坏。但与生产力的损失不同，它们的资产比较容易转移和恢复。抗日战争中，对外贸易额急剧下降，但胜利后即告恢复。1947 ~ 1948 年进出口总额，按美元计，已恢复 1936 年水平，并略超过。国内贸易，战争中长距离贩运常有中断，或被封锁，但走私盛行，并有投机资本活跃于城市。估计 1947 年国内市场商品量，折合抗战前币值，约 145.6 亿元，比 1936 年的 168.1 亿元下降 13% 强。主要因为抗战后农业减产甚巨，农产商品量随之下降，矿冶业的商品量也比

1936 年大幅度下降。① 战争时期，金融市场经常波动，投机活跃，银行机构
增加，但实力更加集中于国家银行。战后，通货恶性膨胀，银行的资本额已
失去意义，资力主要靠存款。1947 年全国银行存款为 303542 亿元，② 折合
战前币值仅 2.2 亿元，还不到 1936 年存款的 5%。唯战后国家银行所存的
黄金、外汇远大于战前，就已透露的信息，粗估不下 9 亿美元。又战后银行
都有暗账隐匿资产，其情难悉。粗估 1947 年中国银行的资力约比 1936 年减
少一半。③

　　连年战争中，破坏性和危害性最大的是国民党腐败财政政策所造成的恶
性通货膨胀。兹将抗日战争开始后国民政府货币发行额和重庆、上海批发物
价的指数列入表 25。

表 25　货币发行额及批发物价指数（1937 ~ 1949）

年　份	货币发行额 1937 年 6 月 = 100	重庆物价 1937 年 = 100	上海物价 1937 年 1 ~ 6 月 = 100
1938	164	104	115
1939	304	177	308
1940	558	1094	653
1941	1071	2848	1598
1942	2440	5741	4929
1943	5346	20033	17602
1944	13436	54860	250971
1945 年 8 月	28204	179300	8640000
1945	73162	140448	88544
1946	264180		681600
1947	2353704		10063000
1948 年 8 月	47070539		564570000
1948 年 12 月	1770212776		11937000000
1949 年 5 月	14456553191489		3636600000000000

　　注：年份除注明者外均每年 12 月数。1948 年 12 月和 1949 年的指数是将金圆券按 1 元 = 法币
300 万元折合后计算。重庆用 22 种主要商品物价指数。

　　资料来源：《上海解放前后物价资料汇编》，上海人民出版社，1958，第 47、49、195 ~ 198 页。

---

① 许涤新、吴承明主编《中国资本主义发展史》第 3 卷，第 772 页。
② 张公权：《中国通货膨胀史》，文史资料出版社，1986，第 130 页。
③ 许涤新、吴承明主编《中国资本主义发展史》第 3 卷，第 731 页。

战时为挹注军需，多发一些纸币原不可免。但政府在抗战之初就忽视了有识之士提出的"有钱出钱，有力出力"方针，拒绝合理负担的财政政策，无限制扩大法币发行。表25显示战时首都重庆于1940年起、上海于1941年起，物价指数即超过法币发行指数，陷入循环性通货膨胀。1945年8月抗战胜利，物价下跌，到9月重庆下跌32%，上海竟跌90%。上海下跌之巨是因政府将法币收兑伪中储券的比率强压至1:200，这无异对收复区人民一次大掠夺，也促使人民在收兑期间以币易物，到12月物价迅增1.5倍。接着，内战爆发，1946～1947年，国民党政府财政赤字由4.6万亿元增至29万亿元，法币发行额增长9倍，物价增长15倍。到1948年8月已不能维持，改发金圆券，以1金圆券收兑法币300万元，并收兑黄金国有，是对人民又一次大掠夺。金圆券发行后，物价更如脱缰之马，到1949年5月上海解放，又涨2.1倍。[①]

恶性的通货膨胀使工薪阶层生活陷于水深火热；使工业企业入不敷出，再生产停顿；使投机盛行，经济秩序被破坏，市场一片混乱。其严重后果一直延续到全国解放以后。

三 经济发展不平衡、经济成分和资本结构

近代中国社会经济的历史形态、[②] 资源环境，以及城乡、区域之间经济发展极不平衡的历史背景，决定了经济成分多元化是长期存在的历史现象。只不过在不同的生产力发展水平下，在不同的社会制度中，各类经济成分的历史作用是不同的，特别是占统治地位和主导地位的经济成分不同，其历史作用也不相同。

---

① 参见杨荫溥《民国财政史》，中国财政经济出版社，1985。
② 关于近代中国半殖民地半封建的社会性质，近年来的研究认为：中国社会经济的半殖民地性质始生于第一次鸦片战争，确立于《辛丑和约》的签订；中国的半封建社会也始于第一次鸦片战争，但形成于中华民国的建立。"半殖民地"相对于"独立国家"和"殖民地"而言，强调被侵略国国际地位或对外独立程度的变化；"半封建"相对于"封建社会"和"资本主义社会"而言，着重强调社会形态即社会性质的改变。两者都涉及从经济基础到上层建筑多方位的变化，涵盖了经济、政治以及思想文化等各个层面的内容（参见韩廉《对中国"半殖民地半封建"社会性质再认识》，《湖南师范大学学报》1998年第2期）。

（一）经济发展不平衡

由于中国地域广大，经济发展极不平衡，商品经济发育的程度以及其他经济问题不分区域考察难以确切认识。据 1936 年的埠际贸易统计，包括华北、华中、华南 40 个关，其输入总额的 66.6%，输出总额的 72% 集中于上海、天津、青岛、广州 4 埠。即参加埠际贸易的商品，2/3 以上是在 4 个沿海大商埠间流转。仅上海一地即独占输入总额的 36.3%，输出总额的39.1%。内地各关，除中转城市汉口占有输入总额的 10.1%、输出总额的16.7% 外，其余均微不足道；如西南 9 个关，合计只占输入总额的 4.2%，输出总额的 1.5%。西北市场，因无海关，在统计中竟未有反映，估计更为狭小。这种地区之间贸易额的畸轻畸重，与当时埠际贸易的社会历史背景和商品结构有直接联系。据 1933 年统计，中国近代工业产值在工农业总产值中只占 12.3%，但是在埠际贸易中，工业品竟占到 34%，这主要因为沿海一带出现的商业十分繁荣的通商大埠是随着帝国主义经济入侵发展起来的，工业品市场大部分是帝国主义商品所开拓的。而内地和边疆省份仍然保持着封建经济，广大农村，基本上还是处于自然经济、半自然经济状态。埠际贸易的畸形发展，也曾使某些地方小市场成为大宗商品的集散地，但整个说来，集市贸易仍是以农民之间的余缺调剂为主，具有补充自然经济的性质。[①]

旧中国的区域经济发展极不平衡。上述市场化、商品化的区域差异是一个重要表现。此外，旧中国 3/4 以上的工业集中在东部沿海地区。沿海地区的工业，又大部集中在东北和东南的上海、天津、广州等少数大城市中。1934 年，关内工业产值的 94% 是由上海、天津、青岛、广州、北平、南京、无锡 7 个城市提供的，而广大内地，特别是边疆少数民族地区几乎没有近代工业。面积占全国 23% 的四川、云南、贵州、西藏、甘肃等省，其工业产值仅为全国工业产值的 6%。辽宁一省集中了东北 4/5 的工业。但其建立时具有浓厚的殖民地性质，主要是为日本帝国主义掠夺资源和进行侵略战争服务的。据国民政府经济部 1947 年统计，仅上海、天津两地，工厂数即占主

---

① 吴承明：《中国资本主义与国内市场》，中国社会科学出版社，1985，第 268～269 页。

要都市工厂总数的 63%，职工人数的 61%；东北则占有全国半数以上的重工业。据日伪统计，1943 年东北生铁产量占全国产量的 87.7%，钢材占 93%，煤占 49.5%，电力占 78.2%，水泥占 66%。① 从工业部门的区域布局来看，全国 90% 以上的发电站集中在东北和东南沿海的几个大城市，1949 年，东北占了全国发电量的 30.1%；纺织工业方面，据 1949 年统计，在全国 500 万纺锭中，83.6% 集中在沿海 3 省 2 市（苏、鲁、辽、津、沪）。其中仅上海市就占了棉纺锭的 47%，毛纺锭的 70%。内地省市所占的比重是很小的。②

运输网的分布也极不平衡，偏于沿海地区。占全国土地面积 3/5 的西南、西北地区交通闭塞，1949 年，它们只占全国铁路里程的 5.4%，公路通车里程的 24.6%。③ 广袤的西北地区除陕西省有少量铁路外，其余甘肃、宁夏、青海、新疆大地没有铺过一根铁轨。这种情况，一方面使工业生产与原料、燃料产地和消费地区严重脱节，造成原料、燃料和成品的远距离运输和相向运输的不合理状况；另一方面又使内地各种丰富的资源得不到充分的开发和利用，经济无法有效发展，人民生活得不到应有改善。同时，工业集中在沿海少数城市，从国防上看也是不利的。

衡量国家近代化工业化程度的一个基本指标是该地区城市人口占该地区人口总数的比重。长期以来，由于西北地区（陕、甘、宁、青、新）农业生产力低下，并且提高速度十分缓慢，再加之城市发展的辐射能力和渗透能力低下，使农业人口向非农业人口转移的进程十分缓慢。据 1950 年 2 月统计，中国设市城市 134 个（不包括台湾省的城市）。④ 其中西北五省区 55 万人口以上的城市只有 4 个，仅占全国同等规模城市的 4.16%。

由于经济发展的差距，各类经济成分的比重在不同区域亦大相径庭。资本主义经济成分主要集中于沿海城市和城市郊区的少数农村之中。封建地主制经济和个体经济集中于广大农村。广大边疆的牧区占统治地位的是半封建

---

① 《1949～1952 中华人民共和国经济档案选编·综合卷》，第 64 页。
② 马洪、孙尚清主编《中国经济结构问题研究》，人民出版社，1981，第 231 页。
③ 马洪、孙尚清主编《中国经济结构问题研究》，第 384 页。
④ 史为乐：《中华人民共和国政区沿革（1949～1979）》，转引自董志凯《论 20 世纪后半叶中国大陆的城市化建设》，《中国经济史研究》1998 年第 3 期。

半农奴制经济。在少数民族主要聚集的西北、西南和中南地区，有一部分少数民族，还分别处在封建农奴制、奴隶制，以至原始公社制末期等不同社会发展阶段。在政治制度和政权形式上还保留着政教合一的僧侣贵族专制制度、土司制度、以父系血缘为纽带的家族制度，王子、山官、部落头人制度和千百户制度等。即使社会制度和汉族大致相同的少数民族地区，在政治、经济、文化方面，特别是在生产力发展水平方面，也和汉族地区有很大差距。据1949年统计，占国土面积60%以上的少数民族地区，工业总产值只占全国工业总产值的3.8%。其中占国土面积31%、少数民族人口比较集中的西北地区，工业总产值只占全国工业总产值的2%。① 这些地区交通闭塞、市场发育程度很低，商品经济只存在于自然经济的缝隙之中，人民生活极端贫困。

（二）经济成分与资本结构

对于中国这个历史悠久的农业大国来说，自古以来，土地占有关系长期体现着经济关系最核心的内容。近代中国形成半殖民地半封建的社会经济形态以后，土地占有关系出现一些新的特点，但是构成中国封建生产关系基础的地主土地所有制仍然居于统治和支配地位。地主阶级占有农业生产最重要的生产资料和劳动条件——土地。自己不经营，出租给无地和少地的农民。地主凭借对土地的占有和垄断，无偿地占有农民剩余生产物，使农民勉强甚至难以维持简单再生产。农业剩余尽入地主之手，而地主鲜有投资于新式产业，造成中国工业化原始积累的一大困难。长期的农民斗争和近代资本主义的发展使旧中国的地主制经济有所削弱，但未发生根本改变。除共产党领导的革命根据地和解放区外，② 地主与农民之间的矛盾，依然是近代中国农村社会的主要矛盾。

在近代中国，资本主义经济是新的生产力代表。在当时的社会条件下，实现近代化——其核心是工业化——的途径只能是资本主义方式。相对于封

---

① 《当代中国丛书》编辑部编著《当代中国的民族工作》上册，当代中国出版社，1993，第4~5页。

② 解放区的经济成分详见吴承明、董志凯主编《中华人民共和国经济史（1949~1952）》第1卷第3章。

建主义而言，资本主义毕竟是先进的。正如毛泽东在抗日战争后期所说，中国"不是多了一个本国的资本主义"，而是"我们的资本主义是太少了"。[①]

从 1840 年鸦片战争开始，英、美、日、俄等帝国主义国家通过武力迫使中国屈服，100 年来与中国历届政府签订了一系列不平等条约。按照这些条约，中国不仅割地赔款，而且海关、关税、财政金融均受制于人。对于外国在华投资，中国长期没有主权国家指导和管理的权力，任其享有特权，掠夺中国廉价的原料和劳动力，压制中国民族工商业的发展，逐渐形成了中国经济的半殖民地特点，给中国带来了痛苦和伤害；另一方面，外国资本和西方文化的进入在沿海沿江的大中城市刺激了中国资本主义的发展，使中国在广大农村保存地主土地所有制的同时，整个社会经济形成半殖民地半封建形态。

在多种经济成分中，外国在华资本控制了中国与近现代产业相联系的绝大部分投资。1936 年，外国资本占中国产业资本的 57.22%，其中东北占 84.6%（详见表 27）。他们垄断和控制了中国生铁产量的 96.8%，煤产量的 65.7%，[②] 发电量的 77.1%，[③] 棉布产量的 64%，卷烟产量的 58%（1935），铁路里程的 90.7%。[④]

在这种特殊的历史背景下，中国的资本主义经济包含两个部分：官营资本和民营资本。官营资本所指包括晚清的官办、官督商办、官商合办企业，北洋政府和国民党政府的国营、公营企业，以及一些享有特权的官僚经营的企业。国民党统治后期的官营资本亦曾称为"官僚资本"，是一个通俗的名称。[⑤] 民营资本是指民间私人投资的企业。不过相对于官营资本而言，通常指甲午战争以后兴起的民间投资的新式企业。它们是中国近代化过程中产生最晚的资本形态。其拥有者——民族资产阶级始终受到外国资本、官僚资本和本国封建势力的压迫，在政治上和经济上不享有特权，同时与封建势力和官僚资本又有联系，容易妥协。

---

① 毛泽东：《论联合政府》，《毛泽东选集》第 3 卷，第 1060 页。

② 严中平：《中国近代经济史统计资料选编》，第 128、124 页。

③ 吴承明：《帝国主义在旧中国的投资》，人民出版社，1956，第 97 页。

④ 严中平：《中国近代经济史统计资料选编》，科学出版社，1958，第 131、140 页。

⑤ 毛泽东曾将其解释为"买办的封建的国家垄断资本主义"。见《目前形势和我们的任务》，1947 年 12 月 25 日，载《毛泽东选集》第 4 卷，人民出版社，1991，第 1253 页。

1927 年南京国民政府的建立，标志着国民党官营资本，即国家垄断资本主义的崛起。至 1949 年，其发展经历了三个阶段：抗日战争前是它的崛起和初步发展时期；1937～1945 年是快速发展时期；战后至 1947 年因接收日本和汉奸政权的产业而急剧膨胀、达到高峰。国民党官营资本首先在金融领域形成，至全国解放前夕，其垄断活动已遍及贸易、工矿、交通运输、金融等领域。其在工矿业和交通运输业各个阶段的资产如表 26。

表 26　国民党官营资本在工矿业和交通运输业中各阶段的资产

单位：万元（战前法币）

业　别	第一阶段（战前）资产额	第二阶段（战时）		第三阶段（战后）		
		资产额	为战前%	资产额	为战前%	为战时%
工矿业	20600	76255	370	169531	823	222
交通运输业	163879	83655	51	338587	207	405
其中:铁路	98657	27745	26	208278	187	751
公路	45114	44339	98	59971	133	135
航运	5023	1990	40	34882	694	1753
空运	1015	996	98	7175	707	720
邮电	14070	8585	61	28281	201	329
工交业总计	184479	159910	87	508118	275	318

注：战前基本以 1937 年为代表，战时基本以 1945 年为代表，战后基本以 1947 年为代表。

资料来源：简锐《国民党官僚资本发展的概述》，《中国经济史研究》1998 年第 3 期。

民营资本因其具有业多面广，接近市场，与传统经济关系密切等特点，具有顽强的生命力。在中国的民营资本中，商业资本占有 60%～70% 的比重。真正的货币资本大部分掌握在商人手中。战后农民购买力递减和棉花等工业原料缺乏，导致民营工业陷入困境。[1] 反之，在恶性通货膨胀的特定条件下，投机资本活跃，在官营资本的操纵下，投机资本成为经济崩溃的催化剂。[2]

正确处理反对帝国主义侵略和学习发展资本主义先进的科学技术和管理方式的关系，实行社会变革，推动经济发展和社会进步，就成为中国近现代

---

[1]　参见许涤新、吴承明主编《中国资本主义发展史》第 3 卷，639 页。

[2]　参见许涤新、吴承明主编《中国资本主义发展史》第 3 卷，672 页。

化长期的历史使命。在旧中国，官营资本和外国在华资本与地主制经济处于统治地位，民营资本经济、城乡个体经济与少量合作经济处于被统治地位。

中国原有十分发达的手工业，并以技艺精湛闻名于世，除自给外尚有出口。鸦片战争以后，洋货进口使手工纺纱等传统手工业受到摧残，同时又形成了火柴、针织、电器、日用化工等新的手工行业。部分传统手工业，主要是工场手工业，在与官僚资本和外国资本的抗争中，通过改进工具，提高生产力，形成与发展了私人资本。1945年，毛泽东在中国共产党第七次全国代表大会上的结论中说："蒋介石搞的是半法西斯半封建的资本主义。我们提倡的是新民主主义的资本主义，这种资本主义有它的生命力，还有革命性。""新民主主义的资本主义将来还有用，在中国及欧洲、南美的一些农业国家中还有用，它的性质是帮助社会主义的，它是革命的、有用的，有利于社会主义的发展的。"[1]

中国的个体经济主要存在于像汪洋大海一般的个体农业和手工业之中。中国以家庭为单位的、集约化的小农经济有丰富的生产经验，亩产量长期居于世界前列；但有机构成低，生产率不高。在中国传统农业和传统手工业中，都含有积极的、能动的因素，能为工业化所利用。

此外，在中国共产党领导的根据地、解放区，形成了以公营经济、合作经济、私营经济、个体经济为主要内容的新民主主义经济。[2]

1945年抗日战争胜利之后至中华人民共和国建立前夕，就全国范围而言，上述经济结构总的状况没有改变，但是内容和比例发生了一些变化：一是随着中国人民解放军的胜利进军，解放区的扩大，新民主主义经济结构逐步取代旧的经济结构；二是帝国主义在华投资的最大部分——日本帝国主义的在华投资已被国民政府接管，外国在华投资总量大为减少，美国在华投资增加；三是国家垄断资本迅速扩张，民营资本萎缩。各类资本变化情况如表27。

上述旧中国的经济结构中，占据统治地位的帝国主义、封建主义、官僚资本主义经济成分对于中国社会生产力的发展起着桎梏和反动的作用，是新

---

① 《毛泽东在七大的报告和讲话集》，中央文献出版社，1995，第189、190页。
② 详见吴承明、董志凯主编《中华人民共和国经济史（1949～1952）》第1卷第3章。

表 27　中国资本估值（1936～1948）[1]

单位：万元（1936 年币值）

项　　目	1936 年		1947/1948 年
	关　内	东　北	国统区
资本总额	2014543	565844	1424518
其中:产业资本	554593	444463	654992
商业资本	500295	60932	382348
金融业资本	957156	38783	387178
其他	2499	21666	
外国在华企业资本	501174	426667	111650
其中:产业资本	195924	375834	73414
商业资本	119295	18932	15348
金融业资本	183456	10235	22888
其他	2499	21666	
官营资本	765625	47647[2]	76079
其中:产业资本	198925	23529	420079
商业资本	3000		3000
金融业资本	563700	24118	344000
民营资本	747744	91530	545789
其中:产业资本	159744	45100	161499
商业资本	378000	42000	364000
金融业资本	210000	4430	20290

注：

[1] 资本估值不包括个体工商业。产业资本不包括工场手工业，故民营产业资本估值偏低。

[2] 指"满洲国资本"，其产业资本未包括由南满铁道会社托管的财产 14.706 亿元。

资料来源：许涤新、吴承明主编《中国资本主义发展史》第 3 卷，第 731 页。

民主主义革命的对象；通过革命建立起来的属于新民主主义国家的国营经济成分将取代以往的"三座大山"处于主导地位；民族资本主义经济、个体经济、合作经济和国家资本主义经济将在新民主主义国家中受到保护，并促使其发展壮大。这就决定了中国走多种经济成分协调发展，实现工业化、现代化道路的可能性。在国家政权性质发生根本变化的基础之上，通过变革和继承，中国多种经济成分的内容和相互关系也有了本质的变化。

〔与董志凯合著。原载吴承明、董志凯主编《中华人民共和国经济史（1949～1952）》第 1 卷，第 45～90 页〕

论工场手工业

一 涵义和界限

"工场手工业"一词译自马克思所称 die manufaktur。1932 年瞿秋白译为"工厂手工业",[①] 1945 年商务版《德华大词典》同。1953、1961 年版郭大力等译《资本论》作"手工制造业"。后马列著作编译局译作"工场手工业"。本文中,"工场手工业"指其经济性质,具体组织依习惯,如绸厂、布厂、磨坊、油坊、机房、铁作、木器作等;类称用"手工厂"。

工场手工业是资本雇佣劳动者的生产形式。但雇佣多少人始具资本主义性质,当因生产力发展状况和民族历史条件而异。在研究资本主义萌芽时,当时史料多不能区分家属劳动与雇佣劳动,我们原则上以有 10 人以上的厂坊为工场手工业。鸦片战争后,沿用此例。1929 年公布《工厂法》,规定使用发动机器并雇工 30 人以上者为工厂;此后统计资料皆以此为准,我们遂以雇工 10 人(或稍少)以上而不足工厂标准者为工场手工业。解放后,国家统计局作有 10 人以上工厂统计,中央手工业管理局遂以 4 ~ 9 人的厂坊为工场手工业。原来,机器大工业、工场手工业、个体和家庭工业都是经济研究所用概念,硬性划界不可能,亦无意义。

手工业无明确定义。工业革命之初,以蒸汽机代替人畜力视为惊人之

---

① 《中国资产阶级的发展》,《前锋》1932 年第 1 期,署名屈维它。

举，遂以动力区分机器与手工。然水力发达区域常以古老的水轮机代替蒸汽机，亦无碍技术革命。又如历史悠久的磨坊，曾历人力、畜力、风力、水力诸阶段，及用蒸汽机称火轮磨坊，仍是利用两片石磨转动。19世纪末发明滚筒制粉和联动装置（rolling system），才实现技术革命；前此均可称手工业。进入20世纪，手工工具演变为复合装置，不少应用精密机械原理或化学反应过程；电力普及后，手工厂添置马达已属常事。因而研究工业结构者多以企业规模为准。如日本常将不足10人的厂视同手工业；日军占领华东时并规定20釜以下之丝厂为手工业。第二次世界大战后，联邦德国以不满10人、年销售额不满30万马克者为手工业。按规模划分，似更合理。

本文主旨在研究工场手工业在我国近代化过程中的作用。工业化初期，资本主义家庭劳动或散工制（putting-out system）颇为流行，就其组织生产说与工场手工业无异。在研究资本主义萌芽时，因重点在分析生产关系，我们曾详析工场手工业与商人雇主制、包买商制的区别。本文目的不同，因将这些均作为散工制，并包括在工场手工业含义之内。

二元经济论中所称"现代化"部门与"近代化"部门原属同义。鉴于我国正在实行社会主义现代化，对于历史事物本文均称"近代化"。"近代化工业"即指机器大工业。

本文研究实指手工制造业，不包括营造业和手工运输、修理等服务业。由于篇幅关系，也删除了手工采矿工业。

二　二元经济和日本的经验

西欧在工业革命前有个长达两个多世纪的工场手工业时期。它是西欧近代化过程中的一个重要阶段。西欧经济力量的膨胀，社会结构的变革，资本价值观念的确立，都在这个时期。非洲、印度的征服，澳洲、美洲殖民地的开发，都是靠工场手工业的威力。英国和荷兰的资产阶级革命，美国的独立，都是手工厂和手工农场发展的结果。政治经济学就是这时产生的。托马斯·曼、威廉·配第的全部理论，魁奈的《经济表》，都是以手工生产为依据；斯密的《国富论》问世时，蒸汽机尚未在实用上推广。

工场手工业为西欧的工业革命铺平了道路。但只有英国可说是"自我"

完成工业化的。稍晚实现工业化的国家，都有个或长或短的机器大工业与手工业并行发展的时期。法国 19 世纪 30～60 年代，机器大工业的产值由 16.12 亿法郎增至 34.06 亿法郎，同时期手工业的产值由 47.7 亿法郎增至 86.9 亿法郎，被称为"双重性增长"。[①] 更晚工业化的东方国家，因一开始就有外国资本或本国资本移植或引进的近代化产业，与本国传统经济并存，形成二元经济。这些国家的近代化或现代化，就是在二元经济的消长中进行的。

二元经济中的传统部门应包括所有传统产业。但自 1954 年刘易斯(W. A. Lewis) 提出二元经济模型以来，论者都是讨论传统农业，而于手工业绝少置论。唯日本有个"在来产业"（固有产业）的概念，一般指农林以外的、明治维新以前原有的各产业部门，而重点是在来工业即手工业。缫丝、棉织、酿造是日本三大在来工业。1859 年开港后，生丝出口猛增，成为换取原料和西方机器设备的主力。时发明座缫丝，有了座缫丝手工厂和"赁挽"制（商人资本的散工制），但极少。棉织业中，"赁织"和"放机"较多，但甚少手工厂。日本工场手工业的兴起是在明治维新以后，尤其是政府创建近代化工业的"殖产兴业"时期（1870～1884）。据内务府统计，1884年各府县有民营工厂 1981 个，60% 在农村，职工 30 人以下者占 83.4%。这些 30 人以下的和在农村的工厂大多是工场手工业。

1885 年起日本将官办大企业陆续转为民营，近代化工业勃兴，但传统的在来工业仍发挥作用。1867 年出现仿法国式的缫丝工具，称"器械缫丝"，逐渐代替座缫丝，列为"新在来工业"。1905 年后全近代化的丝厂兴起，但直到 1920 年，生丝产量中仍以器械丝为主。棉织业中，1873 年曾有卧云式多锭手纺车发明，但终以不敌英美式机器纺机而失败。手织情况不同。进口和国内生产的机纱转使赁织有利。又发明手拉织机代替原用的低机，织布厂大兴；发明仿西式水利铁轮织机，能造宽幅细布。到 19 世纪末，手织布才渐为机制布取代。酿造业则仍以手工厂为主，最大的清酒业迄未机器化。

---

① 卡龙（Francois Caron）：《现代法国经济史》1979 年出版，吴良健、方廷钰译，商务印书馆，1991，第 121 页。

在来工业中家庭手工业仍占较大比重。1884～1920 年日本工业产值以年率 10% 的速度增长，而家庭手工业也以 7% 的速度增长，如表 1。其增长部分又主要是赁挽、赁织、加工订货等，属于工场手工业的内涵了。表 1 中工厂部分包括手工厂。日本工厂中 30 人以下者占 80% 强（1909 年的数据），多数属工场手工业性质。

表 1　日本的工业生产

年　份	总产值	工　厂		家庭手工业	
	百万日元	百万日元	比例（%）	百万日元	比例（%）
1884	279.6	8.1	2.9	271.5	97.1
1892	527.4	22.1	4.2	505.3	95.8
1909	1915.0	881.0	46.0	1034.0	54.0
1914	2561.0	1518.0	59.3	1043.0	40.7
1920	9579.0	6544.0	68.3	3035.0	31.7
1930	8834.0	6376.0	72.2	2458.0	27.8

资料来源：中村隆英：《日本经济——その成长と构造》，东京大学出版会，1980，第 86 页。

传统产业的最大效果是在就业方面。直到 1935 年，日本农林业的就业人口不断下降，而在来产业的就业人口不断增加，所占全部就业人口的比重也增加，如表 2。就是说，近代化过程中农业释放的劳动力不能全部转入近代化产业，而需要由传统经济吸收。1920 年日本近代化工业就业人口 172.3 万人，旧在来工业 179.1 万人，新在来工业 94.9 万人，即手工业占 61.4%。

表 2　日本各部门的就业人口

年　份	农林业		近代化产业		在来产业	
	千　人	比例（%）	千　人	比例（%）	千　人	比例（%）
1881～1885	15650	70.8	406	1.8	6059	27.5
1891～1895	15509	66.1	681	2.9	7268	31.0
1901～1905	15843	64.0	1165	4.7	7744	31.3
1911～1915	15760	60.7	1965	7.6	8225	31.7
1921～1925	13675	49.2	3237	11.7	10866	39.1
1931～1935	14185	46.4	3696	12.1	12668	41.5

资料来源：中村隆英：《日本经济——その成长と构造》，第 40 页。

20 世纪 30 年代，日本工业化已有一定基础，同时手工业逐步电力化、机器化；日本对工业结构的研究也转入现代化企业与中小企业的并行发展上。原来日本为发挥劳动力优势，大企业实行多班制，而将一些工序和零配件制造转包给中小企业。第二次世界大战后，中小企业又对日本经济的复兴做出重要贡献。1980 年日本政府发表《中小企业白皮书》称："实际上它们在支撑我国经济基础的同时占有核心地位。"

日本曾有人将帕累托关于消费者选择商品的无差异曲线理论用于二元经济，提出生产的无差异曲线，在这个线上，资本与劳动力两要素的不同配合可获得同一的经济效益。① 近代化企业需较大资本，工场手工业需较多劳动力，按不同行业情况，两者并用，即可形成无差异曲线的生产。其实，帕累托关于不同商品的替代性和互补性的理论，亦曾由希克斯用于生产。② 从辩证的观点看，互相替代的东西也是互相补充的东西，二元经济的研究应注意及此。

然而，当代西方的二元经济理论都只研究农业的剩余劳动力怎样转移到现代产业部门。20 世纪 50 年代的刘易斯模型把传统农业看成是完全消极的东西，它的边际劳动生产率等于零，它的作用只是在固定工资水平上无限制地向现代产业部门输送劳动力。③ 20 世纪 60 年代初费－拉尼斯模型注意到为了继续输送劳动力，农业必须提高自身生产力，但这种提高是依靠外来的投入，传统农业本身仍是无所作为。④ 其后，乔根森否定了传统农业边际劳动生产率等于零的假设，并注意到农业剩余，但这种剩余是从新投入的技术得来，不是传统农业的内在因素。⑤ 20 世纪 70 年代末，刘易斯在《再论二元经济》中论述了现代部门与传统部门的"相互关系"，但只讲了现代工业对传统农业有利的和不利的作用，而不讲传统农业对现代部门的作用。⑥

---

① 中村隆英：《日本经济——その成长と构造》，第 79 ~ 80 页。
② 希克斯（J. R. Hicks）：《价值与资本》，薛蕃康译，商务印书馆，1982，第 38、278 ~ 279 页。
③ 刘易斯（W. A. Lewis）：《二元经济论》，施炜等译，北京经济学院出版社，1989，第 4 ~ 11 页。
④ 费景汉（J. C. H. Fei）、拉尼斯（G. Ranis）的著作发表于 1963 年，《劳动剩余经济的发展》，王月等译，华夏出版社，1989。
⑤ 乔根森（D. Jorgenson）《农业剩余劳动与二元经济的发展》发表于 1967 年，引见贾塔克（S. Ghatak）《发展经济学》，卢中原等译，商务印书馆，1989，第 67 ~ 69 页；贾塔克、因格斯（K. Ingersent）：《农业与经济发展》，吴伟东等译，华夏出版社，1987，第 114 ~ 115 页。
⑥ 刘易斯（W. A. Lewis）：《二元经济论》，施炜等译，第 149 ~ 156 页。

传统农业对国民经济的近代化或现代化有无贡献，是个需要专门研究的问题。① 这里只指出，这些模型都把传统农业看作单一的粮食生产，它的机会成本等于零。事实上，各国农业都有非粮食作物，并与畜牧业和家庭手工业相结合。至少在宋以后，中国的小农经济是一个农业与家庭手工业互补的经济体系。奇怪的是，西方学者在讨论原始工业化（proto-industria-lization）时很注意这种互补作用，而现在现代工业化模型中把它一笔勾销了。

和纯农业不同，手工业基本上没有剩余劳动力问题。在进入工场手工业和散工制下的农民家庭手工业之后，它们更成为吸收剩余劳动力的巨大力量。上述日本经验和 20 世纪 80 年代初我国乡镇企业的兴起都是明证。早期乡镇企业实际是工场手工业。它也证明了对现代化产业部门的不可缺少的补充作用。

工场手工业在生产力上还基本上是传统的，但在生产关系上已是资本主义的，即近代化的了。在这个意义上，它已不完全是传统经济了。工场手工业历史悠久。在西欧，它是向机器大工业过渡的形态。在二元经济中，它的地位如何，作用何在，是个新的课题。

三　中国工场手工业概况②

我国在明后期已有工场手工业出现，而发展缓慢。到鸦片战争前，在制茶、制烟、酿酒、榨油、制糖、制瓷、造纸、染整等 16 个行业中均有手工厂，但只是在某些城镇的个别大户中存在，十分稀疏。至于散工制，仅在南京、苏州的丝织业中较发达，余不足论。我国工场手工业的兴起，主要是在 19 世纪 70 年代以后，与近代化工业的创建同步进行的。

鸦片战争后，有些传统手工业被进口洋货摧毁，其中最重要的是手纺纱，产量由 1840 年的约 748 万担递减至 1936 年的 107 万担，仅供农家织自给布用。余如柏油、土针、土钢、踹布坊渐被淘汰；土烟、土烛、制靛受洋货冲击而衰退；但它们在手工业中都非重要行业。

---

① 吴承明：《近代中国工业化的道路》，《文史哲》1991 年第 6 期。
② 本节和下节所用资料及论证，除另有说明者外，均见许涤新、吴承明主编《中国资本主义发展史》，人民出版社，第 1 卷，1985；第 2 卷，1990；第 3 卷，1993。文内不再一一注明。

除上列几项外，绝大多数手工行业都随着市场的扩大或外贸需要而有不同程度的发展，并在发展中逐步工场手工业化。这种发展可以 1920 年为界，分为两段。大体在 1920 年以前，手工业是与近代化工业并行发展的，近代化工业发展较快的时候，也是手工业尤其是工场手工业发展较快的时候，乃至在同一行业中也是这样。两者间的互补作用超过两者间的对抗。

早期我国近代化工业主要是由国外移植或引进而来，但不是说它们与工场手工业没有关系。第一家外商工厂即 1854 年在广州开设的柯拜船坞（Couper Dock），最初就是租买中国手工船坞建立的。上海开埠后，最早的外商厂伯维公司（G. Purvis & Co.）和杜那普船厂（Dewsnap Dock）也是手工厂起家的。洋务派创建的第一家军工业即 1861 年的安庆内军械所也是个手工厂，后来添置西式机器；1863 年李鸿章创建的三个洋炮局也都是从手工厂开始的。第一家民办近代化工业即上海发昌机器厂，原是个打铁作坊，1869 年添置西洋车床，便近代化了。甲午战争前，上海、广州、汉口有 16 个民营机器厂，其中有 10 家是由铁作、针坊、冶坊发展而来的。下一小节中还可看到工场手工业转化为近代化工厂的情况，差不多每个重要手工行业中都有。即使是完全从外国引进的企业，它们在建厂时需要手工业进行营造、装置和制造零配件。投产后，也需要手工厂进行原料整理、机械修配、成品包装等工作；为节约资本，又常将一些辅助工序转包给手工厂或家庭户承担。原来手工业生产多是并联的而非串联的。近代化工业专业化较细，对于传统生产有联进（linkage）作用，这就促进了工场手工业的发展。

工场手工业的发展，多半要伴随着手工工具和技术上的改进。我国在引进西方机器大工业以后，也引进了国外一些先进的手工工具，或按西法改进原来的手工工具。这些器械都能在国内制造，降低成本，易于推广。这是 20 世纪以来工场手工业发展较快的另一个原因。

鸦片战争后，我国出现两类新手工业：一类是原来所无，由国外引进，因市场尚狭小，改用手工生产，如针织、火柴、制皂、搪瓷、电器、电池、胶轮人力车、西药、化妆品等。它们大都一开始就是手工厂，亦有用散工制。另一类是因出口需要形成的，如出口地毯、裘皮革、制蛋、肠衣、猪鬃、花边、抽纱、草帽及草帽辫、发网等。它们有些是手工厂，有些是散工制。这是工场手工业发展的又一原因。

工场手工业在工业生产中的地位如何，素少研究。农商部 1915 年统计，我国工厂中使用原动力者仅 488 家，不用原动力者 20258 家。又列手工作坊 16140 家，平均每家职工达 25.2 人。这些不用原动力之工厂和大部分作坊均属工场手工业。唯此项统计原不完整，1915 年以后填报省区更由 25 个递减至 1920 年的 10 个。我们不用此项统计，而是选 13 个主要行业进行较细考察（其产值占全部手工业产值的 84%）。据我们估计，1920 年我国近代化工业的产值约 8.83 亿元，手工业的产值约 85.88 亿元，除农家自给部分外，商品生产约 38.4 亿元。[①] 参照 1936 年情况（见表 3），设 1920 年商品生产部分有 30% 是工场手工业（包括散工制）生产，即 11.5 亿元，比同年近代化工业（包括外商、官办、民营）的产值还要大。

1920 年以后情况有所变化。先说抗日战争前 1920~1936 年一段。这期间，外国工业投资有很大增长（包括东北），民营近代化工业也扩大了范围和地区，加速了对手工业的替代。在 30 年代经济危机中手工业受到严重打击，手工业品的出口大幅度下降，因而有手工业衰落、破产之说。但据我们考察，这时期，机器工业替代手工业的趋势确实加强了，但手工业产值仍缓慢增长（年率约 1%，而近代化工业达 7.6%）。同时期，工场手工业（包括散工制）则发展甚快，并因电力普及，部分转化为近代化工业。我们着力估计了 1936 年手工业的生产情况，如表 3。

表 3　1936 年手工业产值估计

业　别	产　值 万元（A）	其中:商品生产		其中:工场手工业生产	
		万元（B）	B/A（%）	万元（C）	C/B（%）
食品工业	691631	300733	43.5	123769	41.2
碾米业	367120	110136	30.8	33041	30.0
磨面业	157526	56859	36.1	22100	38.9
榨油业	66235	43299	65.4	17161	39.6
酿造业	46673	37338	80.0	17736	47.5
制烟业	12950	12950	100.0	11655	90.0
制茶业	9763	8787	90.0	6151	70.0

① 本文所称产值指总产值（即毛产值）。1920 年手工业产值的估计见《中国资本主义发展史》第 2 卷附录乙表 2，其中最大的碾米、磨粉两项因资料关系原用净产值，本文则改用总产值，故与原表有异。

续表

业　别	产　值 万元（A）	其中:商品生产		其中:工场手工业生产	
		万元（B）	B/A（%）	万元（C）	C/B（%）
制糖业	6575	6575	100.0	5100	77.6
制盐业	7792	7792	100.0	4026	51.7
其他食品工业	16997	16997	100.0	6799	40.0
纺织工业	161562	108446	67.1	40259	37.1
缫丝业	7370	7370	100.0	2283	31.0
丝织业	11877	11877	100.0	4312	36.3
轧棉业	73996	65560	88.6	21853	33.3
纺纱业	5328	—	—	—	—
织布业	61158	21954	35.9	10977	50.0
其他纺织业	1833	1685	91.9	834	49.5
新手工业	38417	38417	100.0	25618	66.7
针织业	16400	16400	100.0	9840	60.0
机器制造及修理	1956	1956	100.0	1369	70.0
胶轮人力车制造	5768	5768	100.0	4038	70.0
煤油提炼	2691	2691	100.0	2153	80.0
肥皂、洋烛制造	2842	2842	100.0	1989	70.0
铅石印刷	3519	3519	100.0	2111	60.0
其他新手工业	5241	5241	100.0	4118	78.6
新出口手工业	15490	15490	100.0	14957	96.6
桐油炼制	8178	8178	100.0	8178	100.0
猪鬃整理及打包	2223	2223	100.0	2223	100.0
花边、抽纱、挑花、发网	2547	2547	100.0	2547	100.0
草帽、草帽辫、花席等	1040	1040	100.0	893	85.9
出口裘、皮、革及革制品	716	716	100.0	501	70.0
地毯	571	571	100.0	400	70.0
制蛋	215	215	100.0	215	100.0
其他手工业	93930	80968	86.2	32387	40.0
总　计	1001030	544054	54.3	236990	43.6

注：

［1］产值指总产值（毛产值），均按生产者价格计算（盐按各场成本价计算），与市场价有一定的差距。估计数原则上包括东北。

［2］工场手工业生产包括散工制生产。

［3］新出口手工业中桐油、地毯两项包括内销部分，其余仅计出口数值。

［4］本表最初估计作于1981年，见吴承明《中国资本主义与国内市场》，中国社会科学出版社，1985，第132～133页。修正于1990年，见《中国资本主义发展史》第3卷附录乙表3，第778页。本文据较新资料再次修正，其中数字变动最大者是碾米业由原用净产值改为总产值。

我们估计 1936 年近代化工业的产值约 28.3 亿元。表 3 见同年工场手工业的产值约 23.7 亿元，已逊于近代化工厂了。不过，工场手工业产值占到手工业商品生产产值的 43.6%，接近解放后的调查（47%）。

抗日战争时期，沦陷区的民族工业受到敌人残暴摧残，手工业也难免厄运。唯在城市，为逃避敌人的管制，出现大量小型厂或简易厂，实属工场手工业。抗战大后方，工业发展，新设工厂 4000 余家，唯多小型，有 40% 雇工不到 30 人，当属工场手工业。后方手工业大兴，并改良工具，工场手工业再次成为制造日用工业品的主力。若已被淘汰的手工纺纱复兴，估计占后方纱产量的 60%，并出现手工纱厂。又如四川的土纸生产增长了 7 倍，为机制纸产量的 5 倍，并由迷信纸、包装纸改产文化纸、新闻纸。当时的抗战文化实为土纸文化。

抗战胜利后，近代化工业恢复缓慢，后并受内战破坏。手工业所受影响较小。解放后统计，1949 年全部工业产值为人民币 140.2 亿元，内现代化工业 79.1 亿元，个体工业 32.4 亿元。[1] 这里有个差额 28.7 亿元，可作为工场手工业产值，占全部手工业产值的 47%（原统计不包括农家自给性生产）。

1953 年国家统计局作了较详细的私营工业调查，辅以次年的手工业调查，当时 4 人以上的私营工业有 15 万家，内工场手工业 11.8 万家，产值 35.39 亿元，占私营工业总产值的 27%。

四　主要行业简况

（一）缫丝业

我国是丝绸之国。鸦片战争后，受出口刺激，桑蚕丝产量由战前 7.7 万担增至 19 世纪 70 年代的 15.5 万担。19 世纪 80 年代机器丝厂兴起，成为早期最大的近代化工业。但迄 1920 年，手缫丝是不断增长的。我国又盛产柞蚕丝，基本都是手缫，增长更快。手缫丝无统计，最新估计数见表 4。

---

[1]　国家统计局：《伟大的十年》，人民出版社，1959，第 14、80 页。

表4 手缫丝产量估计

单位：万市担

年　份	桑蚕丝总产	内机制丝（主供出口）	内手缫丝			柞蚕丝（基本手缫）
			合　计	出　口	内　销	
1881～1985	15.52	少量	15.52	7.05	8.47	2.17
1891～1995	19.67	2.57	17.10	7.78	9.32	3.74
1901～1905	22.96	5.73	17.23	5.25	11.98	5.28
1911～1915	26.98	7.37	19.61	5.55	14.06	7.58
1920	28.69	7.53	21.16	3.21	17.95	9.25
1925	30.48	14.10	16.38	3.45	12.93	9.60
1930	31.72	14.09	17.63	2.47	15.16	7.00
1936	23.36	14.19	9.17	1.51	7.66	6.50

资料来源：据徐新吾主编《中国近代缫丝工业史》，上海人民出版社，1990，第654、660～661、662～666页资料折算成市担。

桑蚕丝原皆农家生产，仅在复缫上有小作坊。农家用足踏丝车，无拈鞘装置，丝成断片。复缫用纺车，摘糙接头，使成缕。在主产区江浙，复缫成专业，并有用三锭纺车者。又将二丝或三丝加拈成线，称苏经、广经，颇畅销。同治间，周姓商人仿日本经由右旋左（苏经系由左旋右），称洋经，出口为盛。于是有商人雇工纺经，或发交农村纺经专业户，出现工场手工业。

广东为桑蚕丝第二大产区，然习用手摇丝车，效率甚低。1874年，侨商陈启源在南海设继昌隆丝厂，造法国式共拈丝车，木制，足踏；又置锅炉，输蒸汽于茧盆，代替炭火煮茧。一时仿效者众，19世纪90年代广州有丝厂300家，大都用此种改良足踏车，或加用蒸汽煮茧，亦有少数用蒸汽动力成近代化丝厂者。同时，手摇车也并行。内销丝多手摇；又大厂将劣茧拣出，另雇工手摇；亦有丝厂发手摇车给农户在家缫制。1913年以后，广东丝厂向全机器化过渡。但如继昌隆，发展到800釜丝车后改用蒸汽动力，但1894年又恢复足踏，直到1937年。

在江浙，上海早有机器丝厂，后无锡转盛，但迄1910年上海出口仍以手缫丝为主，内销皆手缫丝。除复缫外，江浙手缫丝一直停留在农民家庭作业。盖其所用三绪足踏丝车原较精致，又所产辑里丝驰名遐迩，不虞销路，遂致保守。浙省当局曾在五县设模范工厂，倡用日本再缫式足踏车，并设传习所，终以农民不谙使用而罢。唯抗日战争时期，敌伪严格管制机器丝厂，本区乃有小丝厂兴起，1939 年达 489 家，平均每厂有人力丝车 20 部，应属工场手工业。

四川、山东亦桑蚕丝产区。四川农家用足踏丝车，称大车丝，须复缫，有商人雇用男工之复缫厂。20 世纪初出现小车丝房，小车足踏，在后面加小箴回转，以接断头。但丝常在箴角胶固，因再改良，加车扬返，成直缫小车丝（指免复缫工序）。1930 年有小车 8000 部，而农家老式车有 2 万部，即近 30% 工场手工业化。抗战中小车房盛行，以数部至十数部为一连，手摇联动，所产扬返细丝与机制丝无异，而成本较低。1943 年有小房车 17080 部，户均 10 部。山东情况相仿，唯称大矿丝、小矿丝。小矿丝均工厂制；规模较大，常有车七八十部，雇工百人，另设复缫车。

柞蚕丝主产区在山东和辽东。早有人在烟台设机器丝厂而质量和成本不敌手缫，故柞蚕丝生产以手工厂为主。技术上由手摇车改为足踏；并倡小矿细丝，摘粗接头；又改水缫为旱缫，即将煮茧工序分出，分别粗细，再上丝车。烟台手工厂大者有车五六百部，小者亦有 200 部。辽宁安东"九一八"前有柞蚕丝厂 40 家，户均有车 400 部，并有用电力者。此项柞蚕丝主供出口。而山东牟平、栖霞，辽宁盖城、海平，以及贵州、河南亦缫大矿柞蚕丝，则供国内织柞绸用。

（二）丝织业

丝织品消费弹性较大，生产常有起伏。但长期看，乃近代我国手工业中发展最有成效的行业之一。丝织品产量无统计，但从表 5 丝织原料消费量估计中可见其长期增长趋势。

表 5　丝织原料消费量估计

年　份	万市担	指　数	年　份	万市担	指　数
1871～1875	9.07	100	1911～1915	17.89	197
1881～1885	9.92	109	1921～1925	23.22	256
1891～1895	11.13	123	1931～1935	28.39	313
1901～1905	14.33	158			

注：包括桑蚕丝、柞蚕丝的国内销售部分，来源同表 4；人造丝进口量，据海关统计，未计走私进口。原料总量中，有少量用于丝带丝线，后期并有 1 万～2 万担用于针织业，未剔除。

丝织业发展的成效主要在它工艺、技术和生产组织的改进，三者互相作用。我国宋代即有从农业分离出来的机户，至明而盛，形成南京、苏州、杭州三大丝织中心。工艺上向高质华贵和普及耐用两个方向发展，从而扩大了市场。清康熙间出现包买商，即通称账房的绸缎庄。账房向数十以至数百机户发料收货，并组织纺经户、络纬户和牵经结综工、捶丝工、染坊等成为庞大的生产体系。晚清，缎类由华贵趋向轻软，并重花绒剪绒；绸类渐重花色，创耐用的宁绸、茧绸、府绸等。20世纪，随新式生产工具的引进，一些账房改设手工厂，继而设厂日多，通称绸厂。20年代绸厂已成主流，使工艺有更大改进。原丝织皆用手缫丝，兹改以厂丝为经，以至厂纬，节省工力，并利提花。人造丝大量进口后，价低于真丝过半，且易染色，绸厂掺用，织成巴黎缎、华丝葛、美丽绉等，鲜艳绝伦。或用人造丝与棉纱交织成羽纱、线绨，价格低廉。又以机制纱为纬，织成纱绸，或以蜡线为纬，织成线绸，着身挺爽。丝织品市场因而不断扩大。

技术改进乃上述发展之关键。我国丝织向用投梭木机，足踏开口，双手递梭，回手打纬，一分钟可40梭。织花物用花机，需人蹋花楼提综，三人操作。1912年杭州朱某自日本引进法国式手拉铁机，设伟成绸厂。其机足踏开口，一手拉索投梭，另手执箱打纬，一分钟可60梭。织花物于机上装摆轮及花板，踏绳带动提综，变三人为一人操作。国内仿造，因得推广。1915年上海某绸庄购入瑞士电力织机，设肇新绸厂。其机集开口、投梭、打纬并提花于一体，一分钟可150梭；但尚非自动织机，一人只看一台。电力机多式，国内均能造。或改用人力驱动，称铁轮提花机。于是电力机、手拉机、投梭机长期并存，乃至一厂中常有两种机，盖生产上尤其成本核算上有互补性。其演变如表6。

江浙两省为主产区，太平天国战争中织机损毁过半，表6列1880年为初步恢复数，到1936年两省总数增60%。但若以投梭、手拉、电力三种织机之效率为1∶1.5∶3，则生产力实三倍之。唯各地情况不一。南京衰落，因原产锦缎元缎已不行时，又过于保守，一直用投梭机并全用真丝。苏州尤其杭州则改机在先，工艺尚新，是以兴盛。丹阳、绍兴系新产区，发展亦快。而上海后起，自始即行绸厂制，1936年有480厂，全部电力化；尚有非公会会员厂，有电力机7500台，未列表内。1920年开设的美亚绸厂，至1936

年在上海有 8 个绸厂，电力机 1200 台，年产绸 18 万余匹，另有经纬厂、染炼厂、纹制（图样）厂、铁工厂及苏杭分厂。

表 6　主要丝织区织机的演变（台）

省　市	1880 年投梭机	1911 年投梭机	1936 年		
			投梭机	手拉机	电力机
江苏省	20380	24515	2100	12800	10400
南京	5800	6110	700	—	—
苏州	5500	7000	1400	500	2100
盛泽	8000	8000	—	8000	1100
镇江	1000	1300	？	？	—
丹阳	—	2000	—	4300	—
上海	80	105	—	—	7200
浙江省	11748	25750	5500	13435	7245
杭州	3000	10250	500	8000	6200
湖州	4000	10000	3000	585	931
双林	1200	1200	？	1500	—
绍兴	2700	3400	2000	2650	34
宁波	848	900	？	700	80
广东省			22430	？	20
四川省			2000	1300	—
山东省			8000	1770	28

注：江苏、浙江据徐新吾主编《近代江南丝织工业史》，上海人民出版社，1991，第 56、93、124 页，多系估计数。四川仅成都、乐山，广东为顺德、南海、广州，山东为烟台、周村和胶东三个县，皆零星材料。

　　江浙以外，各省丝织业因产品难与沪、苏、杭竞争，多趋衰退。唯辽宁、山东之柞绸业颇有发展。辽宁丝织已工厂化，"九一八"前有电力机约 600 台。四川在清代为重要丝织区，以蜀锦著称，民国后衰落；唯在抗战时期复兴，成都、乐山等四地有织机 7600 台，但除内迁之美亚厂外未见电力机记载。此外，天津、武汉、郑州等市亦有电力织机。

　　我们估算丝织业产值时将全部电力织机都计入近代化工业，实则许多用电力机的小厂以及有电力机而以手拉机为主之厂，仍应属工场手工业。

（三）织布业

"织布业是工场手工业的第一个行业。"[①] 这是因为它对社会近代化即"男耕女织"的自然经济的解体有决定性作用。这里的"织"是包括轧棉、纺纱、织布、染色、整布全过程而言。鸦片战前，我国已有脱离农业的轧棉、染布、踹布作坊，但纺纱、织布两主业仍是农民家庭手工业。

我国轧棉通用手摇轧车，需三人操作。乾隆时苏北太仓创制一人操作的足踏轧车，但未推广。鸦片战争后，引进日本有皮棍卷花的足踏轧车，导致轧花手工厂兴盛。有的添置蒸汽动力，或引进英国式锯齿轧车，成为机器轧花厂；但手工轧花仍属一大手工行业。染坊在鸦片战争后兼用化学染料，改进工艺，唯1930年以后渐为机器染整厂所替代。踹坊用人踏"元宝石"压光色布，过于落后，渐被淘汰。

纺织业之脱离农业多半始于纺与织的分离。我国丝织业即因较早与缫丝分离，有了丝和丝织品的平行市场，丝织业得以独立发展，成果辉煌。我国早有颇大的布市场，但无与之平行的纱市场，以致纺纱和织布都长期停留在农民家庭生产，成为我国近代化缓慢的标志。缘农家一直使用元明以来的手摇单锭纺车，效率过低，农民不能靠卖纱度日。上海曾创制足踏三锭纺车，但需强劳动力，而农家需以强劳动力织布，老幼纺纱，故不能推广。待洋纱进口和国内机器纱厂兴起，才有了纱市场，织布业中的手工厂和散工制也由此而兴。

棉纺织的近代化总是从纺纱开始。即使在英国，1810年轧棉、纺纱已完成机器化，而织布基本上仍由家庭手织业承担，"如无此家庭手织业，纱厂即无从建立"。[②]

我国手织布生产情况估计见表7。表见与机制纱替代手纺纱不同，手织布的产量是起伏的，到1920年还高于鸦片战争前，到1936年才大量被机制布替代。这期间，手工织布厂和散工制都大有发展。

---

① 《马克思恩格斯全集》第3卷，人民出版社，1960，第62页。
② P. Deane and W. A. Cole, *British Economic Growth*, *1688 – 1959*, p. 192.

表 7　手织布的生产

年　份	1840	1860	1894	1913	1920	1936
手织布产量(百万匹)	597	605	589	507	602	393
占棉布总消费量(%)	99.5	96.8	85.9	65.2	71.5	43.2
内:自给布(百万匹)	282	288	299	310	331	261
商品布(百万匹)	315	317	290	197	271	132
手织布用纱量(万担)	751	760	741	638	757	494
内:机制纱(万担)	3	4	174	465	415	387
手纺纱(万担)	748	756	567	173	342	107

注:手织布标准匹合 3.634 平方码,重 1.32 斤。

资料来源:据许涤新、吴承明主编《中国资本主义发展史》第 2 卷,第 319、320、325 页。

闽浙总督卞宝第于 1888 年在福州设织布局,为手织布设厂之始。至 1891 年福州有 60 个局,但多是商人向农户发纱收布,实为散工制。至 19 世纪末,广州、万县、昆明、贵州黄草坝均有织布厂记载,有雇工达 80 人者。我国织布向用投梭机。1896 年宁波人王承惟加以改良,增多踏板,可多层开口,织洋式布,曾获专利;唯其机大约仍是双手递梭。1900 年传入日本式手拉机,式如丝织手拉机而小,农家可备。1905 年引进日本式铁轮机,双足踏动,飞轮蓄能,使送经、开口、投梭、打纬、卷布连续运动。又有铁轮提花机,用花板按程序自动提综。于是织布厂大兴,上海、天津、广州、重庆尤多。1913 年,据有记载的 142 家估算,共有织机 12911 台,户均 91 台,雇工 142 人,盖所记皆规模较大者。又据 1930 年左右的记载估算,43 个城市有织布厂 6814 家,织机 56256 台,户均 8.3 台;江苏、四川、河北为多,而东北全行工厂制。

织布厂所织布称改良土布或爱国布,以手拉机为多,用铁轮机所织幅宽达 22 寸,与机制布同,可与洋布竞争。时纱厂所产机制布大皆白胚,而手织厂着重花色,条纹、格子布流行一时,并线呢、哔叽等新品种。1925 年以后并流行丝棉夹织品麻葛、明葛、华丝布等。用铁轮提花机织布一匹需花板千张,此种厂称染织厂。1934 年调查上海和七省的 415 家染织厂有电力布机 11208 台,手工布机 11886 台。大都是扬长补短,两种机并用。

织布业中的散工制与织布厂并行发展,主要行之于江苏江阴、常熟、常州,浙江平湖、硖石,河北高阳、宝坻,山东潍县,广西郁林,山西平遥。

而老织布区如松江、南通等地反罕见。

江阴放机始于1895年，20世纪后乃盛。初放织小布，20年代后放织改良土布以至放染色纱织条纹布。1925年后用改良木机，效率提高而工资压低。30年代后盛行放盘，即带机头布放出，一个盘头可织花色布12匹，工资亦再降。大布庄有支配织机两三千台以至5000台者。江南他处开始放机较晚，情况略同。唯常州1916年后即用铁轮机，而碌石则始终用投梭机。

北方放纱收布始于河北定县，20世纪后盛于高阳。布商又以手拉机贷出，1915年后并贷铁轮机。1920年盛时高阳有机21904台，78%都属放织；后衰。1926年传入浆麻法（麻指人造丝），织花色麻布，高阳织布业再盛，1929年有机29224台，内4324台为提花机；后大衰落。1934年麻布改织葛、绨等新品，色布增派力司、阴丹士林等新品，高阳织布业再盛。

抗战时期，改由日商放纱，并将织户集中城内以便统制，北方产量锐减2/3。唯因人口集中城市，织布厂增加，且多用铁轮机。

抗战大后方，织布厂大兴。重庆土布公会会员厂1942年有织机3238台，较战前增60%，内铁轮机占70%，并有用电力者。陕西原甚少织布厂，1942年据说有500家，织机6000台。而更可注意者是手纺纱复兴，产棉区农户重操手纺。同时，发明一种手摇"七七纺机"，可带动32锭，三人操作，日产纱625克，大都用于手工厂，1939年有2.5万台，1942年增至6万台。有人估计这年后方产纱32.1万包，内47.7%为农家所纺，16.8%为七七纺机所纺，35.5%为近代化纱厂所纺。

（四）磨粉业

磨粉为产值仅次于碾米的第二大手工业。碾米产值虽大，但主要是农民自给性生产；且稻谷加工容易，增加值甚少。又机器碾米厂不多，砻坊多为米行附设。磨粉则历史上就是一项重要工业，鸦片战争后，机器制粉是我国仅次于棉纺的近代化民族工业。在这种情况下，手工磨粉并行不衰，有重要意义。

鸦片战争后，磨坊日盛。1890年上海有58家，天津近百家。同时，津、沪即有火轮磨坊即机器磨坊出现，其效率人均日产粉五六包。如前所说，它们尚非近代化机器面粉厂（其人均日产达50包）。机器磨坊以南方及东北为多，1936年约有180家。畜力磨坊则遍布北方产麦区。如山西，

1936 年调查 69 县有 1186 家，石磨 1503 台，职工 4576 人，平均规模甚小，唯有 8 家已使用电力。在大城市如天津，1930 年有 510 家，而其中 265 家已使用电力，用畜力者户均亦有磨 5 台，足具工场手工业规模。北京、青岛等磨坊较多之地，也不少使用电力。磨坊地产地销，成本低，又能兼磨玉米、高粱、豆类，或代农民加工，是以能和近代化面粉厂并行发展。其发展情况估计如表 8。

表 8 面粉生产状况

单位：万包

年　份	1913	1921	1936
机器面粉厂生产	4702	10051	12322
手工业生产	42104	44704	54629
内：农家自给生产	25442	30035	35952
畜力磨坊生产	16572	14048	17201
机器磨坊生产	90	621	1476
合　计	46806	54755	66951

注：每包按 44 斤计。

资料来源：据上海粮食局等编《中国近代面粉工业史》，中华书局，1987，第 94、103、105～106 页资料改算。

抗日军兴，沦陷区机制面粉生产能力减少 1/3，而能逃避敌伪管制之机器磨坊转盛，有记载者 376 家，日产能力达 3.27 万包。其中有些已不用石磨，而用滚筒式小钢磨了。抗战后方，也有机器磨坊兴起，计 44 家，亦有用小钢磨者。同时，畜力磨坊复兴，有些并用电力。

（五）榨油业

榨油业产值居手工行业第三位（表 3 因将桐油列入出口故较低）。近代化机器油厂产量甚小，榨油业基本上是手工业，生产情况估计如表 9。

油类商品率较大，早有脱离农业的油坊，明代嘉兴石门镇油坊已具工场手工业规模。20 世纪初，江苏 24 家油坊各雇工 20～50 人；湖北沙市油坊各有榨机五六台；山东烟台油坊各有榨机 2～4 台，每台需 8 人，骡马 6 头。但抗战前统计 15 省 8233 家榨油厂坊户均仅 4.8 人，仍是多个体户，唯江苏省则户均达 15.3 人矣。

表 9　榨油业产量估计

单位：万担

年　份	1920	1933	1936
豆　油	340.7	523.3	413.5
菜籽油	962.0	1286.1	1479.5
花生油	498.0	575.7	508.2
芝麻油	68.2	184.4	165.3
棉籽油	123.4	183.3	187.5
其他油	132.2	200.0	232.6
总　计	2124.5	2952.8	2986.6
内：机器油厂生产	155.9	212.6	219.4
手工业生产	1968.6	2740.2	2767.2

　　资料来源：据巫宝三等《中国国民所得》，中华书局，1947，下册，第 145 页 1933 年之估计，按油料作物生产指数推算 1920、1936 年，油料作物生产情况据许道夫《中国近代农业生产及贸易统计资料》，上海人民出版社，1983，及中央统计局《中国农业统计年鉴》，1993。

　　各种油情况不同。菜籽油的出油率和油价均低，但饼值可达油值的30%。花生油出油率和油价均高，但饼值仅及油值的16%。唯大豆油虽出油率及油价不高，而饼值可达油值的1.8倍，并属出口大宗，最适合规模生产。榨油技术改进亦多出自大豆油。

　　我国传统榨油用木槽楔入法，大豆坚硬，需极强劳动力，畜力碾豆和蒸料亦费工时。英商于1867年即在营口设机器油厂，以出油率低于手工而废。1896年再设厂，用蒸汽机碎豆而用手工罗丝车榨油，出油率比楔入法高7%。从此此法渐行于关内外。1906年，日商设小寺油厂，用水压机榨油，效率高于罗丝车。1911年营口有华商厂坊21家，内7家用蒸汽机，5家用内燃机，9家用畜力。后榨油中心移至大连，并用水力、电力。此皆指碎豆，榨油仍以手工罗丝车为多，亦有用水压机者。"九一八"前，除关东州外，东北有厂坊590家，则仍以用畜力者多。畜力油坊一般雇工30人，牲畜10头，均具工场手工业规模。事变后因出口递减，东北油业衰退，但大厂技术改进，已有用吸入式者。

　　（六）针织业

　　针织是新手工业，主产袜及毛巾，以及内衣衫裤。始于1896年上海设景纶衫袜厂，20 世纪由沿海普及内地，而以江苏、浙江最盛，上海为中心。第一次世界大战时发展最快。农商部有 1912～1920 年产值统计，但残缺，唯江浙两省有历年报告，兹列入表 10。针织业原以抵制洋货而兴，至此，除高级品外洋货几绝迹，唯织袜所用细纱及人造丝仍赖进口。同时袜及毛巾出口颇盛，并列入表 10，以代替生产统计。表 10 见 20 世纪 30 年代经济危机中出口锐减，此时针织业衰落，但不如织布业之甚。

表 10　针织业的发展

江苏、浙江针织业产值（万元）		袜及毛巾出口值（万关两）			
1912 年	91.7	1923 年	61.3	1932 年	75.4
1913 年	140.2	1924 年	69.2	1933 年	94.7
1914 年	182.1	1925 年	67.5	1934 年	64.5
1915 年	209.5	1926 年	77.8	1935 年	46.6
1916 年	205.3	1927 年	85.7	1936 年	66.4
1917 年	296.3	1928 年	78.1		
1918 年	384.5	1929 年	66.2		
1919 年	451.5	1930 年	66.3		
1920 年	511.9	1931 年	115.3		

资料来源：江浙产值见方显廷《天津针织工业》，南开大学经济学院，1931，第 12 页；1920 年仅江苏数字。出口值见彭泽益《中国近代手工业史资料》，中华书局，1962，附录（四）3。1923 年海关开始列项。

针织业初兴时，英、德筒式手摇袜机每台价百余元；同时亦有美制电力平机，每台千余元，而效率不过手摇机五六倍，故人多舍电力而手工。手摇机 1912 年国内即能仿制，价不过 20 元；20 世纪 20 年代年产万余台；织袜业之普及农村全赖此。1927 年上海华胜厂仿造美式 B 字电力平机成功，后复能造 K 字长筒袜机，但一般仍用美货。1929 年上海有袜厂 130 家，内 39 家大厂有电力机 1389 台，但高级袜仍用手摇机，如织宝塔眼、造花，仍需手工。织毛巾较易，上海用铁木机，内地用木机，10 余元即可置。亦有进口电力毛巾机，价 300 元，鲜有用者。1912 年创办之三友实业社，在上海有 12 个毛巾厂，用木机 1800 台；1929 年织高档毛巾，才采用电力机。织衫裤用横机，大都电力，靠进口。1931 年上海锦华厂仿制新型汤姆金横机成功，一时传为美谈，然年产不过 130 台。

我国针织业一开始即采工厂制，但到1933年，仅有近代化针织厂110家，产袜542万打，毛巾6.4万打。同年，上海附近之南汇即有手工厂175家，产袜266万打，已为全国近代化厂之半；产毛巾28.5万打，为近代化厂的4.5倍。他处如天津、武汉，袜厂均以百计，南京、扬州，毛巾厂以200计。这些手工厂自以家庭户为多，但常有向大商号或大针织厂领料加工者，实属散工制。在无锡，1929年有袜厂37家，除3家用电力机者外，大多是工人自备织机，或向厂租用，由厂发料收货。这实即本业的放机制，因在城市，变成集中生产。

放机制可以浙江平湖为例。1912年平湖设光华袜厂，招女工40余人，以产品供不应求，乃改由农妇来厂租机，收押金6元，起租费2元，领纱回家织造，以后月租2元，由工资扣除。光华以此获利甚巨。至1926年平湖有厂20余家，织机近万台。放机制浙江最多，江苏亦流行。又无论放机厂或雇工厂，都是将织好袜坯发交家庭妇女缝袜口袜尖，又摇纱工序亦常发交厂外摇纱女工。此皆属散工制。

抗日战争时期，沦陷区针织厂遭破坏、管制，同时有小厂兴起。大后方针织原不发达，仅昆明略有基础，战时亦无大发展。战后上海针织业恢复，1946年有593厂，电力袜机4756台，手摇机18742台，唯生产不正常。

上述事例说明，在二元经济中，虽已不会出现工场手工业阶段，但工场手工业（包括散工制）的发展仍是不可避免的，在一些行业甚至是不可逾越的。如果说，上述事例只是从反面证明当时近代化工业的落后，那么，20世纪70年代末乡镇工业的勃兴就从正面说明了发展工场手工业的必要性。

（原载《中国经济史研究》1993年第4期）

我国资本构成之初步估计
（1931～1936）

一　我国资本构成之初步估计

关于我国资本构成（Capital formation）之研究，作者尚未见有系统之著述。兹先将零星之记载略加叙述，再述作者之初步估计。J. L. Buck 教授在其所著之 *Chinese Farm Economy* 中，调查 1921 年至 1925 年 2866 个农家之平均每年资本增加为 7.62 元，而每农家之平均每年收为 376.24 元。[1] 依此则农业方面之资本构成为农业总收入 2%。根据刘大中氏估计 1931 年至 1936 年全国农业总所得（Gross income）平均每年为 179 亿，[2] 以此数乘以 2%，则农业方面之资本构成为每年 3.6 亿。又根据巫宝三氏估计 1931 年至 1936 年平均数每年农业之净产值（Net value product）为 131.4 亿，[3] 加巫氏所估计之农业折旧 9.5 亿[4]得总所得 141 亿。以之乘 2%，则农业方面之资本总构成为每年 2.8 亿元。又 Buck 之《资本增加》项内，包括土地之投资，而土地投资占农业投资 77.7%。设新投资之增加亦依此比例（实际不能如

---

[1]　J. L. Buck, *Chinese Farm Economy*, 1930, Chicago, p. 65.

[2]　刘大中之著作，将由 Brookings Institute 在美出版，此为根据其 1946 年修订油印稿，*Gross National Product of China, 1931–1936*, May 1956, p. 112。

[3]　巫宝三等之著作在付印中，此为根据其复写原稿《中国国民所得》上册第 2 章第 4 表之数字相加而得。

[4]　见后文资本折旧之估计中。巫氏估计 28 种作物农舍折旧 345 百万元，农具折旧 494 百万元，其他农业折旧共 112 百万元，合计 951 百万元。

此），则农业方面之资本总构成仅有 8000 万元（依刘氏估计）或 6000 万元（依巫氏估计）。农业生产约占我国总生产值 70%，以此推算非农业方面之资本构成最多亦不会超过总产值 5%。一般年鉴常推测我国之投资有国民所得 10%，恐属过高。

谷春帆曾根据进口之资本品（capital goods）推测我国工业资本之累积。因中国自产之机器工具等甚少，故此项进口之走势可代表中国工业资本之发展。此类物品大皆耐久，故可将其价值逐年累积，以代表工业投资总额。其法系先将 1912 年至 1938 年进口之农工机器工具及铁轨之价值换算成英镑值，以减消此 27 年中国币值变动之影响。然后将此英镑值逐年累积，而求其直线走势。依谷氏计算，累积价值自 1912 年之 642911 镑增为 1938 年之 130611654 镑，27 年中增加 203 倍，每年平均增长为 5518698 镑，其公式为 $y = 690015471 - 55189693x$。[①] 此项增值，包括中国境内外商企业之新投。谷氏曾估计外商投资约占全国工业资本 3/4，故国人之新投资为此数 1/4，即约 1379742 镑。以全国 4.5 亿人计，每人仅合 0.003 镑，或国币 6 分。按谷氏外人资本为全体 3/4 之估计，实属过高（见下文）。姑不论其资本国籍，以每年增加 550 万镑计，约合国币 8800 万元，尚不及全国总产值 1%。谷氏之计算，可表示过去我国新式工业资本增长之趋势，但不足以表示资本构成之数值。

巫宝三等在其所著《中国国民所得（1933）》中曾企图对投资额加以估计。其法系用选样法估计全国之总消费额，再自其估计之所能支配所得中减除消费额，即为投资额。其所估计之国民所得及消费额均为 1933 年数字，再用各种生产及物价指数推求 1931 年至 1936 年之国民所得，又用北平生活费指数推求 1931 年至 1936 年之消费额。所得结果如表 1。

巫氏的假定是：生活标准确不变，消费不因所得之增减而增减，这在理论上自有问题，但在数字上的变动不会很大。六年间所得的变动，以不变币值计算，亦并不大。唯其所用方法，颇可考虑。其所估计之"所能支配所得"，正确性本不甚高，所估计之消费额，则因选样过少及年份改算等，可

---

① 谷氏之文，曾发表于《经济动员》某期。唯作者未得该刊，此所根据为其修改后之英译文，载于 *Problems of Economic Reconstruction in China*, Part Ⅱ, Capital Stock in China, 1942, 该书为第八次太平洋学会之论文。

表 1　巫宝三估计 1931 年至 1936 年消费额

单位：百万元

年　份	所能支配所得	消　费	投　资
1931	23225	24137	－984
1932	23610	23014	＋596
1933	20058	20441	－383
1934	18410	20060	－1650
1935	21310	21675	－365
1936	26928	25282	＋1646

资料来源：巫宝三：《中国国民所得》原稿，上册，第 1 部第 2 章。

靠性更低。且后者为一大数，若后者有 10% 之误差，则相减之结果，可能误差 100%，甚至变正数为负数。再则其"所能支配所得"中，包括外国投资而不包括商品净出口，亦欠妥当。其 1933 年之消费额与所得额，为用两种独立之材料估计者，结果与理想情形相差并不大。但此仅可谓一种巧合，不能证明两者估计正确。如吾人以其消费估计用于刘大中氏之消费估计，则 1933 年之投资将变为正的 4 亿元。又巫氏之消费估计，Simon Kuznets 曾为文评论，并用商品流动法（commodity flow approach）另作一部分之估计，与巫氏数字，相差甚大。[1]

此外，Eugene Staley 在其新著 *World Economic Development* 中曾引用 Robert W. Tufts 之研究，推论中国战后之投资可能。此虽非对中国资本构成之估计，但其推论结果，不妨略述。因吾人研究资本构成之目的，本在推论战后工业建设投资之可能性也。Tufts 根据日本公司实缴资本及中央地方之实业公债计算，日本自 1900 年至 1936 年间之投资总额及每 10 年之平均额。又以为中国与日本，就人民之生活习性劳动情形言，大致相仿。因中国战后 40 年之经济发展，一如日本 1900 年至 1936 年之情形。其方法则系将日本投资分为甲、乙两型，甲型为投资于工商业及地方公用事业者，假定与人口总数发生关系。乙型为投资于农业及交通者，假定与土地面积发生关系。因

---

[1] Kuznets 之评论现存资源委员会经济研究室，题名 Comments on Mr. Ou's Estimate on National Income，Appendix Ⅲ，1946。

而以 1900 年日本之人口与土地与中国战后情形比较，推测中国战后 40 年可能吸收之投资如表 2。

表 2　Tufts 推测中国战后 40 年吸收投资

单位：百万美元（1936 年币值）

	第一个 10 年	第二个 10 年	第三个 10 年	第四个 10 年
甲　型	5940	13680	25065	28035
乙　型	8519	9437	19874	23538
总　计	13589	23117	44939	51573

资料来源：Eugene Staley, *World Economic Development*, Montreal 1945, p. 94.

　　Tufts 之推算，在原则上及方法上可议论之处极多，以非本文范围，不加赘述。其所得之 "可能吸收资本" 数，与下文所估计之过去情形相较，高出数倍。但与我国现在高唱之 "百万万美元建设计划"，尚相差不如。

二　1933 年资本总构成之初步估计

（一）本文所用之方法

　　本文所用之估计方法甚为简单，即将一年内所有资本品（Capital goods）之总产值（包括进口净数）与该年之建筑总值相加，再以该年之国际债务净变动修正，即得该年之资本总构成（Cross capital formation）。以此数减除该年之资本折旧（capital depreciation）即得该年之资本净构成（Net capital formation）。此间吾人所略去之项目为商品盘存之增减，它一般依商业循环而变动，在商业活动变化不大之数年间，其增减有限。本文所估计之 1931 年至 1936 年间，除物价变动外，生产之变动有限。全国总生产以不变物价计算，高不过 413 亿，低不过 389 亿（刘大中数字）。故可将此项盘存变动略而不计。同时吾人研究资本构成之目的，在推论战后工业建设计划中之资本问题。一般工业计划例无为增加盘存而设之资本项目，故此项省略，亦属合理。

　　资本品之总生产值（Gross value produced），分别按下列项目估计：

（1）华人工厂所生产者；（2）在华外商工厂所生产者；（3）东北中外工厂所生产者；（4）手工业所生产者；（5）进口者；（6）东北进口者。所以如此分类者，完全为迁就资料之方便。其中（1）（2）（3）之和为全体工厂产品。其总价值为出厂价，即按生产者价格（Producer's price）计算者。欲以之计算资本构成，须改按使用者之价格（Price at cost of final users）计算，即须将原价加上运输及分配费用与机器装置费用。此项费用，无资料可据。依美国统计，此项费用不过合使用者价值25％，或合生产者价值30％。我国交通运输落后，工人技术不高，此项费用可能很大。但重要工厂多集中上海等大港口，且人工便宜，故分配费用亦不会太高。兹假定为生产者价值40％，恐不算低。至于手工业产品，大皆为当地销售，买主自行携回，故不计运输分配等费用。进口之资本品，包装完整，且多销于沿海大埠，故此项费用可能稍低。但连关税洋行利润等合计，恐亦不少，因亦按40％计算。

　　本文之各项估计，亦以1933年为准，然后再引求1931年到1936年之数字。因除1933年外，甚少可供引用之资料也。兹先将1933年之估计结果列为表3，然后分项解说数据来源，各项估计所根据之材料，大部分取自巫宝三等所著《中国国民所得》中之计算，而加修正者。巫氏本有单行估计投资与消费之意，吾人此间虽未能完全用独立性之材料，然亦可做巫氏数字之参考。

表3　中国资本构成（1933）

单位：千元

1. 关内华人工厂所生产之资本品	72688
2. 关内外商工厂所生产之资本品	174480
3. 东北中外工厂所生产之资本品	39071
4. 工厂产品产值（1、2、3之和）	286239
加：运输及分配等费用（40％）	114495
5. 工厂产品总值按使用者价格计算	400734
6. 手工业生产之资本品	159346
7. 内地进口之资本品	98657
8. 东北进口之资本品	25525
9. 进口资本总值（7、8之和）	124182
10. 进口资本品总值按使用者价格计算	173855
11. 全体资本品总值（5、6、10之和）	733935

续表

12. 建筑价值	736662
13. 资本构成总数(11、12 之和)	1470597
14. 国际净收入	−586676
15. 1933 年中国资本总构成(高估计)	883921
16. 减除价值	494205
17. 1933 年中国资本总构成(低估计)	389716
18. 资本折旧	984105
19. 1933 年中国资本净构成(高估计)	−100184
20. 1933 年中国资本净构成(低估计)	−594389

再则本文所用之方法及若干取材,均为 Simon Kuznets 教授于 1946 年 8 月来华时所提出。作者当时帮助 Kuznets 工作。Kuznets 为研究国民所得及资本构成专家,无须介绍。研究此问题者,可以其所著 *National Income and Capital Formation 1919 – 1935* 及 *Commodity Flow and Capital Formation 1939*,为主要参考。

(二) 关内华人工厂生产之资本品

中国工业生产之唯一较可靠之统计,为刘大钧所主持之 1933 年调查,见于资源委员会出版之《中国工业调查报告》。本文所取用者,为其中册第 14 表之数字。关于此项数字之引申,有三项材料可用。一为谷春帆就刘氏数字摘其投资于生产资本品之项目,列为一表,载于其所著 Capital Stock in China 一文之附录中。[①] 依其表投资总数为 33813 千元,生产价值为 43802 千元。二为巫宝三就刘氏数字修正之估计。若就其所列将机器工具、金属制品、交通工具等项相加,则总值为 98782 千元。[②] 三为作者所作之 Manufacturing Industry in China,曾将刘氏数字修正,并包括较小厂家。依此将机器工具、金属制品、交通工具等项相加,得资本品之总产值 59646 千

---

① 谷春帆之文,曾发表于《经济动员》某期。唯作者未得该刊,此所根据为其修改后之英译文,载于 *Problems of Economic Reconstruction in China*, Part Ⅱ, Capital Stock in China, 1942. 该书为第八次太平洋学会之论文。

② 巫氏《中国国民所得》原稿上册,第 2 部第 3 章第 1 表。

元。① 此三种修正，一如刘氏原调查。

上述三项修正，均未合本文用途。吾人兹将刘氏原调查，补充巫氏所得之云南数字及其凭常识所增加之5000千元金属制品数字。同时将巫氏估计中减除造币厂之产值41034千元，加入6个国营造船厂之产值5074千元及22个铁路机厂之产值10866千元，得修正之内地华商工厂所生产之资本品价值如下（见表4）。

表4　内地华人工厂所生产之资本品价值

单位：千元

机器及工具	20102	交通工具	21246
金属制品	20000	合　计	72688
电　器	11340		

上列数字，未免偏高。因（1）其中包括机器及车船等修理价值，应不计入资本品中。（2）金属制品中有若干消费品。（3）翻砂业产值，已自刘氏原调查冶炼业项下移入此间。此项产品及若干配件等，有须经过复制者，是其中难免有重复。

关于（1）（2）两项，于下文应减项目中再为估计减除。（3）项，则因材料缺乏，无法估计。同时刘氏原调查遗漏颇多，两者或可抵消。以下关于外商工厂及东北工厂产品，亦按同样办法处理。未加减除项目之数字，一律视为从高之估计。

（三）关内外商工厂所生产之资本品

外国在华工业投资，于1933年时，远超过中国工厂。唯其产值若何，始终为一谜。历次工业调查，外商均拒绝提供报告。因此吾人对其生产估计只有二法。一为根据其投资总额，一为根据零星之记载。外商在华投资总额仅有Remer教授之估计较为可取。Remer之估计中仅列"制造工业"一总目，无法分析其各类投资，谷春帆曾予以修正，剔出日俄在东北之投资，而估计外人在关内之制造业投资总数为1076700千元（不包括公用事业），约

---

① 该文为作者在美时所拟，曾有油印本。此为依据第5表数字。

为华厂之 3 倍，并以此比例推算外商工厂之产值。[1] 刘大中于其国民所得之研究中，用 2.9 倍计算外商厂产值，并推算其资本品产值将达 218000 千元。另一方面，根巫宝三估计关内外商厂之总产值不过 525725 千元，仅及华厂 40%，而其中资本品不过 9417 千元，[2] 与刘氏估计差 23 倍。巫氏估计所据厂数既少，限于上海、青岛两地，又系以工人数目推算产值，实属过低。

作者于草拟 Manufacturing Industry in China 一文时，曾根据谷氏修正及其他材料，估计外商在公用事业、纺织业及其他业之投资。后又将该数修正，剔除香港部分，结果推算外商投资于制造业（纺织除外）者为 568442 千元。假定外商资本之运用与华厂同一比例，则外厂资本品之产值为 174480 元。此数恐亦偏高。因华厂借入资金较多，资本与产值之比例可能较外商为高。同时外商资本除纺织外投于卷烟及制蛋业者甚大。此外作者常怀疑 Remer 之估计有过高之嫌，所减除之香港部分亦仅限于英资。然此诸项缺点，目前尚无法修正，只有暂将此 174480 千元数字，作为外商生产之资本品价值。

（四）东北中外工厂所生产之资本品

东北工业生产，亦乏统计。若根据零星材料凑合，如巫宝三氏所表列者，则东北资本品之生产，只有日商船厂一家而已，此绝非事实。作者于 Manufacturing Industry in China 一文中，曾引用伪满外交部新闻处之材料及南满铁路年报材料。[3] 依此则东北资本品之生产可达 1 亿元。唯此项统计年代太迟，未合本文应用。今另根据 1941 年《东洋年鉴》数字，计机器及工具之生产为 19550 千元，金属制品之生产为 19521 千元，交通工具等无考。[4] 两项合计 39071 千元，包括关东租借地在内。

《东洋年鉴》所载为 1934 年数字，且为日元。日元即按 1:1 之率作为国币值，至于 1933 年数字，应较此略小。依同年鉴，伪满股份公司制造业

---

[1] Problems of Economic Reconstruction in China, Dec. , 1942, The Institute of Pacific Relations, Eighth Conference.
[2] 巫氏《中国国民所得》原稿，上册，第 2 部第 3 章第 1 表。
[3] 该文为作者在美时所拟，曾有油印本。此为依据第 8 表、第 9 表数字。
[4] *The Far East Year Book*, 1941, Tokyo, p. 801.

项下之实收资本数在 1933 年为 158592 千日元，1934 年增为 295663 千日元。[①] 但该年为日伪开始大规模工业投资之时，故生产价值不能依同比例增加。又 1934 年之投资，单股份公司实收即为 295663 千日元，而同年该业之总产值不过 360649 千日元，是后者数字增加限，同时上项统计中因无细目，遗漏不少。因姑以此 1934 年数字，作为 1933 年产值，而于以后计算别年数目时，再依投资比例推算。

（五）手工业所生产之资本品

手工业生产唯一可利用之材料，只为巫宝三氏之估计。依其数字，提出资本品项目列计如后。[②] 此项估计包括东北在内（见表 5）。

表 5　巫宝三估计手工业所生产之资本品价值

单位：千元

机器及工具	18313	交通工具	114603
金属制品	23423	合　计	159346
电　器	3007		

关于巫氏手工业数字，因缺乏别种估计，无由比较。至其所用方法，可讨论者颇多。此机器及工具部分，大皆根据刘大钧之调查，剔除工厂部分，再补充东北部分。总观全值，或许偏低，唯东北部分根据满铁统计，或许有工厂包括在内。金属制品部分估计之可靠性甚低，其中铁罐一项系根据上海、广州数字，略为增加；铜锡器皿，则根据 19 县市统计，加倍计算；其实内中大部非资本品。铁器一项，生产工具较多，系以湖南长沙等 12 县产量为样本，推算全国。电器部分，以电池、电镀为主，亦多非资本品。交通工具部分，包括车船修理在内。总观全部估计，或不致偏高，但所包括之修理费用及非资本品生产，则应于下节中减除之。

（六）进口之资本品

进口之资本品，依海关报告之净进口值，列示如后。其中金属制品及电

---

① *The Far East Year Book*, 1941, Tokyo, p. 767.
② 巫氏《中国国民所得》原稿，上册，第 2 部第 3 章第 3 表。

器一项，系自海关报告（金属制造品）一项中选择其堪称资本品之许多小项目相加而成。选择之范围则从宽。进口总数依下列有 98657 千元。（见表 6）谷春帆于其 Capital Stock in china 一文所用者，1933 年之资本品进口只有 44199 千元。大约谷氏只包括机器及轨道，范围不同差异自大。

表6　海关报告净进口值

单位：千元

机器及工具	40570	金属制品电器等	18058
车辆船艇	36243	合　计	98657
轨　道	3786		

1933 年东北已经沦陷，其进出口数字未包括在我国海关报告内。依《东洋年鉴》所载，只有机器及工具与车辆船艇两项，其总值按每满元合 0.98 国币计算，其值 2525 千元。此数包括关东租借地在内。[1]

（七）建筑价值

建筑为资本构成中第二主要项目，包括所有公私房屋及道路、桥梁、厂矿基地、河工、港湾等工程。然各项工程之价值，尚无任何材料可据。目前所能引用者，只为巫宝三之估计。其所列建筑之总值，在 1933 年为 736662 千元[2]。

巫氏数字，系根据建筑材料之消费总值计算，故包括所有建筑及修理在内。建筑材料系就砖瓦、石灰、木材、水泥之产值减去木材、石灰之用于非建筑部分估计数，再加上进口之建筑材料，又分别加上运销费用，共值 515653 千元。又假定材料与人工之价值比为 7∶3，因而计算人工费用为 221009 千元，合计为 736663 千元。建筑商之利润及投资之利息等略而不计。

巫氏之数字，用于本文，颇有可议之处。（1）如巫氏所称："这个数值的估计，非常粗率，差误度可能很大。不过我们相信这个数值，只有偏低，不会偏高。"但此数已在吾人所估计之资本构成总数中，占一半以上，故如此数

---

[1] *The Far East Year Book*, 1941, Tokyo, p. 824.
[2] 巫氏《中国国民所得》原稿，上册，第 2 部第 4 章。

差误很大，全资本构成之估计亦必差误很大。（2）依巫氏在别处之估计，单住宅一项之折旧修理等费用，即达359624千元。又云："如合所有各项修理整补等费用计算，至少应有七万万余元。换句话说，营造业在该年没有新的投资，所有的生产部是以新补旧（replacement）。"（3）巫氏所用之进口材料中包括铁轨，与前节所列之进口品重复。此外吾人于前节选择进口金属品时，尽量避免建筑材料，但巫氏之进口材料无细目列出，亦不知有无再重复之处。

关于（1）项误差，无法较正，只有待以后有理可靠之估计时再为修正。（2）项修理费用，当于后节中减除。（3）项铁轨本不应包括于建筑值中，但因以后估计各年之建筑价值时，不能逐年计算。故保留此一项，而于后节中减除价值中调整之。

（八）国际净收入

由上列各节所求得之资本构成总值，须将我国对外国债权债务在该年内之净变动（net claim against foreign countries）加入或减除，始为中国之资本总构成。此种变动，因无正确统计，姑以国际收支数字中流动项目（current accounts）之净数表示之。国际收支数字，1933年以中国银行之估计较为完整，兹列示如后（见表7）。

表7 中国银行估计国际收支数字（1933）

单位：千元

国际收入		国际支出	
商品出口	611828	商品进口	1345567
出口低估	61183	加：走私及漏列	134557
华侨汇款式	300000	政府外债本息	93000
在外投资收益	5000	外人投资盈利	24000
外人在华支	215000	电影片租金	5000
		华人在外支出	6000
		在华外人汇款	1000
合　计	1193011	合　计	1609124

资料来源：W. Y. Lin, *The New Monetary System of China*, 1936, Shanghai, p. 26.

两者相差，为国际净收入，计负416113千元。表示该年我国资本构成中有此数为由增加对外债务而来，将来必须偿还。1933年为我国国际收支负数最大之一年。此负数应由金银出口及外国借款与投资平衡之。但该年金银出口及外国借款投资合计，只有233600千元，尚有128600千元为"未明项目"。其中包括资本移动（transfer of capital）及错误与漏列。错误与漏列无法估计，只有一并视为资本移动。

表7未包括东北部分。东北之国际收支，依照《东洋年鉴》，只有1934年数字，兹列示其流动项目如后（见表8）。

表8　东北国际收支（1934）

单位：千元

国际收入		国际支出	
商品出口	418427	商品进口	593620
外国证券利息股息	2654	证券付出利息股息	55089
国外存放款利息	5146	移民汇款及款携出	40115
商船之国外收入	18505	国人在外支付	21642
保险之国外收入	4480	保险费支付	12619
其他	127146	其他	152847
合　计	576358	合　计	746921

资料来源：*The Far East Year Book*，1941，Tokyo，p. 665.

东北之国际收支，亦为负的，计负170563千元。此数由日人该年在伪满之投资（285175千元）平衡而有余。日元数字，可作为国币数。1933年东北之出口为448百万元，进口为516百万元，与1934年相差极小。故可以表8 1934年数字代表1933年情形。将前项负的416113千元与东北负的170563千元相加，得负的586676千元，为1933年之国际净收入。

此间有一值得注意之问题即上列伪满统计中包括关东租借地在内，故进出口数字甚大，国际收支数字亦大。其实此种收支，皆为日人所有。我国海关统计，将关东租借地之贸易视为对外国贸易。单东北各埠之进口，于1932年不过1亿余元，出口不过2亿元。关东应否包括于吾人估计中为可讨论之问题。吾人于前估计资本品生产及进口时均将其计入，此间估计国际收支亦一律计入。因此区之投资，虽为日人所有，胜利后应一并交予中国。若单就1933年情况言，则整个东北之资本构成，亦非中国人所能运用也。

（九）1933 年之资本总构成

将上述各节数字相加，得 1933 年资本构成总数 1470597 千元，减除国际净收入之负数，得该年之资本总构成 883921 千元（见表 3 第 1 至第 15 项）。所须注意者即前述各项数字，均为从宽之估计，所得结果，可视为一高估计。

（十）减除项目

上节数字，即为偏高之估计，兹再分别讨论若干应行减除之项目，以求得一折中之估计。

1. 工厂产品之修理价值

工厂产品内，包括机器车船等修理价值，唯此项价值，无确实之统计可用。刘大钧之调查报告中，曾将 192 家华商机器厂之专营修理工作价值列出，共计 1400 千元。但机器制造价值中，一部分亦为兼营修理者，姑假定其 1/4 为修理费，由修理总值为 5810 千元。

交通工具项下，根据刘大钧调查，8 家华商造船厂（江南除外）之修理价值为 611 千元，9 家华商修船厂之修船价值为 749 千元，6 家国营船厂之修理价值，姑按其总产值 20% 计，为 1015 千元。三项合计 2375 千元。

车辆修理中，22 家铁路车厂之总产值，假定有 3/4 为修理价值，计 8151 千元。汽车修理价值，依刘氏之调查，为 253 千元。公路车之总产值未包括在前项统计中，故修理值亦不剔出。私人小汽车之修理值则包括于手工业中。自行车之修理，姑假定为总值 20%，依刘氏数字计算，计 206 千元。三项合计 8610 千元。

金属制品及电器之修理价值甚低，可略而不计。总计上列华商工厂之修理总值为 16795 千元，合总产值 23.1%。关于外商及东北工厂，无任何资料可根据，只得假定与关内华人工厂同比例。因此修理总值可以"工厂产品总值按使用者价格计算"（即表 3 第 5 项）之 23.1% 合计 92570 千元，应自资本总构成中减去。

2. 手工业之修理价值

手工业之总产值，完全根据巫宝三估计，此间修理价值，亦只得一采巫氏数字。关于机器及工具部分，巫氏假定修理值为总产值之半，计7448千元。交通工具部分，汽船之修理费，系将汽船运输业的总修理费（6418千元），减去上述造船工厂的修理值（3412千元），[①]而得3000千元。手划船之修理价值，巫氏估计为48800千元，估计方法未叙述。两项合计船舶之修理价值为51800千元。车辆修理中，小汽车之修理费按营业汽车修理费的一半计算，计5245千元。人力车、兽力车等修理均略而不计。

总计上述三项修理价值，共为64493千元，合手工业总产值40.4%，应行减除。

3. 建筑之修理价值

建筑总值之估计，最不可靠，已如前述，其修理费用，亦无法估计，今姑以其总值40%为修理价值，计294665千元，或不太低。此数与下面所述农舍建筑及其他业中房舍之折旧合计，约相当该年之建筑总值，即表示该年内无新建筑也。

4. 工厂产品非资本品价值

资本品总产值中，金属制品及电器中有不得视为资本品者，已如前述。唯目前资料，不容吾人一一加以剔除。中国工厂产品中，金属制品及电器合计为31340千元，姑假定其中有20%为非资本品，计6268千元，合华厂总产值的8.6%。以此比例推出，外商工厂应减除之数为15005千元。东北产品中有金属制品19521千元，亦按20%计，为3905千元。合三项共计为25177千元，加40%零运销费用，为35248千元，应自资本总构成中减除。此项合"工厂产品总值按使用者价格计算"（即表3第5项）8.8%。

5. 手工业产品非资本品价值

手工业产品中，非资本品价值更难估计。今姑将其铜锡器皿一项全部减除，计5726千元。电器部分，减除50%，计1503千元，合计7229千元，合手工业总产值4.5%。

以上各项减除值，合计如下（见表9）。

---

① 此数与前节之汽船修理价值不同，因包括5家外商船厂之修理价值在内。

表 9　工业产品非资本品价值估计

单位：千元

工厂产品修理价值(23.1%)	92570
手工业之修理价值(40.4%)	64493
建筑之修理价值(40%)	294665
工厂非资本品价值(8.8%)	35248
手工业非资本手工业产品(1.5%)	7229
总　计	494205

自资本总构成中减除此 494205 千元，得 1933 年之资本总构成仅有 389716 千元。此数虽非最低之估计，但至少为偏低之估计。因此吾人可认为 1933 年我国之资本总构成在 4 亿元至 8 亿元之间。

三　1933 年资本折旧及资本净构成之初步估计

将前述资本总构成数字，减除资本折旧总值，即得资本净构成。我国之资本折旧，即在新式工业中，亦甚少纪录。且公司之折旧准备金，并非根据设备之折旧实值计算。下列之估计，大部采取巫宝三数字，只为一种粗略之估计。

（一）农业部分

农业部分之折旧，刘大中及巫宝三均有估计。刘氏之估计见于其早年提出于太平洋学会之论文中，计为 502000 千元。[①] 巫氏估计农具费用及农舍费合共计 934965 千元（牲畜、木材略而不计）。[②] 如以巫氏数字作为农业折旧，实嫌过大。第一，依巫氏之选样算法，单农具之折旧，即占总产值 4.62%，较一般工业之折旧率尤大，似不合理。第二，依巫氏数字，则农业折旧将合全国总折旧 70% 以上，而巫氏估计农业净产值不过合全国净产值

---

① T. C. Liu，"Some Preliminary Notes on the National Income and Post-War Industrialization of China，" 1942，Institute of Pacific Relations，p. 32.

② 巫氏《中国国民所得》原稿上册，第 2 部第 1 章。又见第 505 页注④。

60%。第三，依巫氏数，则农具之平均寿命只有 5 年，家舍之平均寿命只有 30 年，亦嫌低。第四，此项折旧数字系依农业总产值比例求来，巫氏农业产值估计本有过低之嫌。[①] 如依刘大中农业总产值计算，则农业折旧将达 10 亿元。巫氏数字既太高，刘氏数字又无详细估计法之说明。吾人姑将农舍之寿命延长为平均 50 年，农具寿命延长为平均 10 年，而将农业部份之折旧，权定为 600000 千元。

（二）矿冶部分

矿冶部分，甚少可靠之材料。巫氏亦未将折旧一项单独估计。根据零星记载，5 家煤矿平均之折旧，约为产值 5.6%。大冶铁矿之折旧，约合产值 4.2%。其他金属矿较高，石矿较低，水泥则甚高。吾人姑以总产值 6% 为准。至于矿冶总产值，根据巫氏估计为 367439 千元，刘大中估计则为 652040 千元，相差至巨。其中巫氏据称为用出厂价格，吾人因依巫氏数字，计矿冶部分之折旧共 22046 千元。

（三）工业部分

工厂制造，包括水电业，依巫氏估计其折旧共合 68227 千元，约为总产值 3.3%。如总资产值为资本额之 2.7 倍（系按刘大钧调查合算），则折旧合资本额 9%，似属适当。作者于别处曾将巫氏所得之各业折旧率详加分析，亦觉颇适宜。手工业部分之折旧，巫氏估计为 66685 千元，约合总产值 1.2%。唯其总产值中，碾米油类等实为净产值，而折旧数可能偏低。

以上两项合计，工业部分，包括水电，折旧总数为 134912 千元。

（四）建筑部分

建筑部分之折旧，未有现成估计。巫氏假定城市住宅之修理及折旧费用为租金总额之 25%，乡村为 30%，因计算住宅一项之修理与折旧费用为 359624 千元。若依巫氏别处估计，农舍之修理与折旧费至少有 380604

---

① 此系 Simon Kuznets 教授之意见，见于其对巫氏著作之评论及附录一中，参看第 507 页注①。

千元。[①] 两者合计较同年之建筑总值尚大 4606 千元，其他建筑之修理折旧尚不在内。此种情形，非不可能。但依巫氏计算，该年为建筑值最大之一年，此种现象，颇不适合。吾人且确知该年内有铁路公路等新建设。

吾人既不能从巫氏之修理与折旧费用中估计折旧，又无全国建筑总价之估计，只有凭常识判断。除农舍已包括于农业部分，工商业用屋包括于工商部分外，其余建筑分估如后。

住宅　依巫氏估计，城市住宅之劳务总所得为 572638 千元，乡村住宅的总所得为 721550 千元。[②] 此所得包括租金及 imputed rent，可视为总租金（包括修理及折旧费用）。以租金为住宅投资的 20% 计，则住宅之假定投资在城市为 2863140 千元，在乡村 3607750 千元。设城市住宅之平均寿命为 80 年，乡村住宅为 50 年，则依直线法城市住宅之折旧为 35789 千元，乡村为 72155 千元，合计 107944 千元。

铁路　依巫氏估计全国铁路之"工务维持费"为 20646 千元，[③] 包括铁道、桥梁、信号、机厂等维持费，但不包括车辆及机件。吾人姑以此维持费之 1/3 为折旧，计 6882 千元。此数若连车辆机件之折旧合计，约为铁路总收入 3.5%。

公路　依巫氏资料，各省公营长途汽车之零星记载中大约养路费占总收入 7%，将站房及其他营业设备等维持费计入，约为总收入 10%。商营汽车则缴养路捐。公私合计为 4198 千元。但商营车之养路捐实为公营之收入，其间有重复。如按 3000 千元计，以其 1/3 为折旧费，计 1000 千元。市内汽车之"其他设备及公用费"，依巫氏估计，为 948 千元，其中包括"公杂费"。如以其 1/5 为站房等折旧，得 189 千元。商业租赁汽车此项费用为 10051 千元，以 1/5 计折旧，为 2010 千元。合计三项，公路设备之折旧为 3199 千元。

以上三项合计，建筑方面之折旧共为 118025 千元。

---

①　巫氏综合十余种调查，平均农舍费用为总产值 2.98%。将 28 种作物及蔬菜水果合计为 380604 千元。茶桐蚕桑木材渔产等尚不在内。见巫氏《中国国民所得》原稿下册附录一。
②　巫氏《中国国民所得》原稿上册，第 2 部第 8 章。
③　巫氏《中国国民所得》原稿下册，附录四，第 3 表。

（五）交通运输部分

运输交通部分，大体采取巫氏估计，分述如下。[①]

航空　折旧及弃置费，共 1127 千元

水运　轮船折旧费 6858 千元，民船 14640 千元。合计 21498 千元。

铁路　车辆机件设备折旧共 7074 千元。

电车　轨道房屋设备等修理折旧费共 1618 千元。以其 1/3 为折旧计 539 千元。

汽车　长途车折旧，按车价 20% 或每辆 300 元计，共合 2297 千元。市内汽车"车辆维持费"估计为 907 千元，以其 1/3 为折旧，计 3031 千元。三项合计，汽车之折旧为 5630 千元。

人力车　依巫氏估计全国人力车辆数约为 293000 辆。又估计每辆新车价格平均为 75 元，平均寿命为 5 年，每辆每年折旧为 15 元，总计人力车折旧为 4395 千元。其平均寿命似嫌短。兽力车等无法估计，只好从略。

电信　依巫氏估计，有线无线电报及电话等之"维持费"共 3703 千元。以其 1/3 为折旧费，计 1234 千元。

邮政　邮政局之产业折旧有报告可查，为 150 千元。巫氏估计加东北区及民营邮政合计为 217 千元。

以上六项合计交通运输部分之总折旧为 41714 千元。

（六）商业部分

依巫氏估计，金融业之房屋折旧占总收入 6.5%，器具折旧占 1.06%。两项折旧合 5078 千元。

其他商业之折旧，毫无资料可查。吾人姑以巫氏估计之商业从业员人数为根据，假设商店房屋之租金（或 imputed rent）为其店员（不计家属）住宅租金之一倍，则全国共有店员（包括店主）8593600 人，以巫氏之城市每人平均租金 12 元计，合 206236 千元。仍按前法以总租金为房产投资 20%，则假定之房产投资为 1031180 元。以房屋平均寿命 80 年计，每年之折旧为

---

① 巫氏《中国国民所得》原稿下册，附录四。

12890 千元。器具之折旧，姑以店屋折旧 1/5 计，为 2578 千元。两者合计为 12372 千元。

商业金融业合计，折旧为 20546 千元。

以上六部分合计，折旧总额为 937243 千元，如表 10。此数与刘大中估计农业折旧为 502 百万元，工商业及政府之折旧为 400 百万元，合计 902 百万元，唯无分类数。[①] 吾人之估计不少遗漏，如以 5% 为遗漏，则总折旧 984105 千元（见表 10）。

表 10　农业等六部分总折旧数

单位：千元

农业部分	600000	商业部分	20546
矿冶部分	22046	合　　计	937243
工业部分	134912	遗漏部分	46862
建筑部分	118025	总　　计	984105
交通运输部分	41714		

（七）1933 年之资本净构成

前面吾人估计 1933 年资本总构成为自 389716 千元至 883921 千元。由该数中减去折旧 984105 千元，得该年之资本净构成数为负的 100184 千元至负的 594389 千元。即表示该年中，我国不但无新投资，即旧资本之消耗尚有 1 亿元至 5 亿元未能弥补。1933 年为我国经济极衰落时期，此种现象不足为怪。但实际上该年之投资不致如此，因约有 6 亿元已由国外债务所弥补。其中外人之投资与借款有 30000 千元，日人在东北之投资增加有 266000 千元，合计约有 3 亿元。尚有 2 亿余元。之金银输出国外，唯此项输出不一定为换取资本品输入者。

可与资本构成相比较之数字，为全国总生产（Gross national product）及国民所得（National income）。刘大中估计，1933 年之全国总生产为 26660

---

① T. C. Liu, "Some Preliminary Notes on the National Income and Post-War Industrialization of China," 1942, Institute of Pacific Relations, p. 4, Table 10.

百万元，其中未扣除间接税之总额为 1000 百万元，[①] 自总产值中减除，得 25660 百万元。

巫宝三估计 1933 年之国民所得为 20058 百万元。以此数加上该年之资本折旧 984 百万元，得 21042 百万元，为该年之总产值。

两氏估计相差不小。刘氏自称其数字为保守之估计（conservative estimate），巫氏数字则有偏低之可能。此外国民经济研究所、主计处等，亦有估计，此间略而不谈。依刘氏估计计算，则 1933 年之资本总构成仅合全国总生产的 1.5% 至 3.4%。依巫氏估计合 1.8% 至 4.2%。

如与国民所得相比，以刘氏上项数字减除资本折旧 984 百万元，得该年国民所得 24676 百万元。巫氏之估计为 20058 百万元。依前者，资本总构成合国民所得 1.6% 至 3.5%。依后者合 1.9% 至 4.4%。

四 1931 年至 1936 年资本构成之初步估计

资本构成与商业循环之关系至巨，一年之数字，绝不能推测一国之资本积蓄。美国在 1933 年，资本之净构成亦为负的 3.6 亿美元，1936 年则为正的 6.4 亿美元。吾人除 1933 年外，均缺乏可靠之数字。刘氏及巫氏估计 1931 年至 1936 年国民所得，亦均系以 1933 年为准，引申别年数值。本文此间则引用各项特殊之指数推论，不取两氏之估计。所得之结果，并列入表 11。

表 11 中国资本构成（1931~1936）

单位：百万元

年 份	1931	1932	1933	1934	1935	1936
资本品之生产						
1. 关内华人工厂	56.0	66.2	72.7	72.7	80.7	122.1
2. 关内外商工厂	134.4	158.8	174.5	174.5	195.7	291.4
3. 东北中外工厂	11.7	12.5	39.1	37.9	48.8	67.2
4. 工厂产品产值（生产者价格）	202.1	237.5	286.3	285.1	325.2	480.7
5. 工厂产品产值（使用者价格）	282.9	332.5	400.8	399.1	455.3	673.0
6. 手工业生产	186.4	175.2	159.3	146.6	143.4	167.3

---

① 总生产值根据 1946 年油印稿，见第 505 页注②。税收值概括 1942 年估计，见第 519 页注①。

续表

年　份	1931	1932	1933	1934	1935	1936
进口之资本品						
7. 关内进口	121.4	99.3	98.7	128.3	123.2	147.3
8. 东北进口	12.8	12.8	25.5	39.9	50.5	52.5
9. 进口价值（到岸价格）	134.2	112.1	124.2	168.2	173.7	199.8
10. 进口价值（使用者价格）	187.9	156.9	173.9	235.5	243.2	279.7
11. 资本品总值（5、6、10 之和）	657.2	664.6	734.0	781.2	841.9	1120.0
12. 建筑价值	898.8	803.0	736.7	692.5	744.1	832.5
13. 资本构成总数（11、12 之和）	1556.0	1467.6	1470.7	1473.7	1586.0	1952.5
14. 国际净收入	−185.0	−326.0	−587.0	−438.0	−414.0	−178.0
15. 资本总构成（高估计）	1371.0	1414.6	883.7	1035.7	1172.0	1774.5
16. 减除价格	533.5	506.0	494.2	470.0	507.3	623.0
17. 资本总构成（低估计）	837.5	635.6	389.5	565.1	664.7	1151.5
18. 资本折旧	1151.4	1082.5	984.1	905.4	835.7	1033.3
19. 资本净构成（高估计）	219.6	59.1	−100.4	130.3	336.3	741.2
20. 资本净构成（低估计）	−313.9	−446.9	−594.6	−399.7	−171.0	118.2

（一）关内工厂所生产之资本品

华人工厂之历年生产，吾人所见到者，只有前工商部所编之四种工业统计。刘、巫二氏亦均系利用此项资料。本文所用者，则只以其"机器工业"一项之雇工数字，编成就业指数，[①] 代表资本品之生产。另以天津、上海、广州三地批发物价指数平均，编成一物价指数。[②] 以两者乘积，代表资本品生产值指数，然后以之乘 1933 年产值，得各年数字。外商工厂之生产，以别无材料可据，亦以同指数求之。其计算如表 12。

表 12　关内工厂所生产之资本品

单位：百万元

年　份	物价指数	机器工业就业指数	资本品生产值指数	关内华人工厂产值	关内外商工厂产值
1931	117	66	77	56.0	134.4
1932	110	83	91	66.2	158.8

---

① 见《中华民国统计提要》，1940，第 79 页。

② 上海根据国定税则委员会，天津根据南开经济研究所，广州根据广东省调查统计局。

年　份	物价指数	机器工业 就业指数	资本品 生产值指数	关内华人 工厂产值	关内外商 工厂产值
1933	100	100	100	72.7	174.5
1934	92	109	100	72.7	174.5
1935	90	123	111	80.7	193.7
1936	105	159	167	122.1	291.4

（二）东北工厂所生产之资本品

《东洋年鉴》所载之年产值，除 1934 年外，极为残缺。故此间亦用指数法引申。所用者为大连及新京两地之平均物价指数，[1] 及制造业股份公司实收资本指数。[2] 以后者代表生产指数，两者之积代表产值指数。唯 1931年及 1932 年物价，因币制不同，略而不计。1933 年之产值，仍如前所述，沿用 1934 年数字。至于伪元折合国币，除 1935 年较低外，均合 0.98，故不另改算。所计算之结果，列示如下（见表 13）。

表 13　东北工厂所生产之资本品

单位：百万元

年　份	物价指数	股份公司实收资本指数	生产价值指数	资本品生产价值
1931	—	30	30	11.7
1932	—	32	32	12.5
1933	100	100	100	39.1
1934	97	100	97	37.9
1935	105	119	125	48.8
1936	108	159	172	67.2

（三）手工业产品

手工业生产，市场多为本地，受商业循环影响较小。同时我国工厂之发

---

[1]　*The Far East Year Book*，1941，Tokyo，p. 777.

[2]　*The Far East Year Book*，1941，Tokyo，p. 767.

展，常以手工业为牺牲，故手工业生产不能用（一）项之指数引申。然此外无资料可据，吾人因假定此六年间手工业产量不变，而其产值，则依（一）项之物价指数修正之（见表14）。

表14 手工业所生产之资本品

年 份	物价指数	手工业资本品产值
1931	117	186.4
1932	110	175.2
1933	100	159.3
1934	92	146.6
1935	90	143.3
1936	105	167.3

（四）进口资本品

各年进口品之价值，均根据海关报告，计其净进口值。唯最后一项"金属制品及电器"中，1933年数字为选择许多堪称资本品之小目相加而成；其余各年系用该类进口总额比例求得。又1931年数字，车辆船艇一项系估计数字，因未能阅得该年之报告也。各年数字如表15。

表15 进口资本品之价值

单位：百万元

年 份	1931	1932	1933	1934	1935	1936
机器及工具	67.9	49.5	40.6	59.3	65.8	60.0
车辆船艇	30.6	29.3	36.2	37.0	30.6	52.2
铁轨	2.9	5.5	3.8	14.0	8.5	14.9
金属制品及电器	20.0	15.0	18.1	18.0	8.3	20.0
合 计	121.4	99.3	98.7	128.2	123.2	147.3

东北部分之进口，仍采自《东洋年鉴》。1931年及1932年东北数字原已包括于中国海关报告中。但该报告不包括为数最大之关东租借地，且

1932 年东北进口漏列于关报者必不少，故吾人以 1933 年进口之半数，为 1932 年数字。伪元值仍按 0.98 折合（见表 16）。

表 16　东北进口资本品之价值

单位：百万元

年　　　份	1931	1932	1933	1934	1935	1936
机器及工具	2.1	2.1	4.2	9.6	11.0	13.3
车 辆 船 艇	10.7	10.7	21.3	30.3	39.5	39.2
合　　　计	12.8	12.8	25.5	39.9	50.5	52.5

资料来源：*The Far East Year Book*, 1941, Tokyo, p. 824.

所需注意者，上列东北资本品进口，极不完全。根据别处材料，则 1934 年至 1936 年之数字，可能增加一倍。

（五）建筑

建筑一项，为估计中最可怀疑之数字，已如前述。巫氏所估计之 1933 年以外各年建筑值，系根据上海、南京等五地之各年"造价"编一平均指数，再以之引申各年建筑值。其意似假定建筑总量在各年中均不变，而以其成本计算建筑价值。此假定颇难令人满意，因建筑为反映商业循环敏锐项目之一。如依巫氏计算，则建筑值最大者为 1934 年，而该年为我国经济衰落达于顶点之一年，亦为巫氏所估计国民所得最低之一年。1933 年及 1936 年为此期中经济最繁荣之年，而巫氏所估计之建筑总值于此二年为最低。是皆不可解释者。吾人既无他法以估计各年建筑值，乃以各年国民所得之变动为指数以引申之。此系假定建筑之盛衰，与国民所得之变动成正比，国民所得中已包括物价之变动。此假定亦难完全令人满意，因公路、铁路等建筑常不以经济盛衰为准，工业建筑则迟于商业循环之变动，而城市住宅之建筑常驻于物价衰落时为之。不过大体言，此假定尚不太失实。此间所引用者，为依刘大中估计 22 省总生产值所作之指数，因其指数较巫氏者为统一。依此计算各年之建筑值如下（见表 17）。

表 17　建筑业所生产之价值

单位：百万元

年　份	22 省国民所得之指数	建筑价值
1931	122	898.8
1932	109	803.0
1933	100	736.7
1934	94	692.5
1935	101	744.1
1936	113	832.6

（六）　国际净收入

国际收支项目，1931 年有 K. Tsuchiya 之估计，1932 年有谷春帆之估计，1933 年有中国银行之估计，1934 年至 1936 年有 E. Kann 及中国年鉴之估计。本文所用者，1931 年至 1933 年为前各估计转载于林维英之 *The New Monetary System in China* 一书中者，[1] 1934 年至 1936 年为 *Chinese Year Book*[2] 及 E. Kann 之估计。[3] 中国国际收支之研究，以 F. M. Tamagna 最近所作之表最有系统，[4] 本文之项目悉依其表。Tamagna 系根据谷春帆及 E. Kann 等，列出 1931 年至 1940 年之数字，唯其数字悉以黄金平价之美元价值表示之，不合本文应用。本文所得之结果，与 Tamagna 者微有出入，而与刘大中及巫宝三所列者则大有出入。

东北之国际收支，仍以《东洋年鉴》为准。[5] 1933 年仍沿用 1934 年数字。其各年净收入，亦均为负数，而以 1935 年最大。全国合计，以 1933 年负数最大，1936 年负数最小。此表示我国每年均依靠对外债务以维持国内经济之发展。

由表 18 可知，1931 年至 1936 年间我国之国际收支流动项目（current accounted）均为负数，而以 1933 年最大，1936 年最小。此项负数除由金银

---

①　W. Y. Lin, *The New Monetary System in China*, 1936, kelly and Walsh, Shanghai, p. 26.

②　*Chinese Year Book*, Commercial press, Shanghai, 1936 - 1937, p. 852；1957, p. 389.

③　*Finance and Commerce*, Shanghai, July 5, 1939.

④　Frank M. Tamagna, *Banking and Finance in China*, pp. 357 - 362. 作者所用者，为此部分之单印本。

⑤　*The Far East Year Book*, 1941, Tokyo, p. 665.

出口及外国借款与投资平衡外，尚有余额"未明项目"，依吾人解释，只有认为资本之移动。此项移动，在1933年前为正的，1934年以后为负的。各年数字列后（见表18）。

表18 我国国际收入与国际支出

单位：百万元

年　份	1931	1932	1933	1934	1935	1936
关内国际收入						
商品出口	1417	768	612	536	576	706
加：出口低估及走私	304	154	61	80	86	106
华侨汇款	360	327	300	250	260	320
在华外人支出	262	279	215	180	150	160
在外投资及劳务收入	57	5	5	10	15	20
合　计	2400	1533	1193	1056	1087	1312
关内国际支出						
商品进口	2233	1635	1345	1030	919	942
加：走私及漏列	47	33	135	154	210	200
付外债本息	135	90	93	113	107	128
外人在华盈利	109	83	30	20	55	70
华人在外支出	61	18	6	6	6	12
合　计	2858	1859	1609	1323	1297	1352
关内国际净收入	−185	−326	−416	−267	−210	−40
东北国际收入						
商品出口				448	421	603
利息、股息等收入				8	9	11
商船及保险收入				23	26	26
其他				97	128	159
合　计				576	584	799
东北国际支出						
商品进口				594	604	692
利息股息等支出				61	81	95
外侨汇款及携出数				40	42	44
政府国外支出				20	25	38
其他				32	36	68
合　计				747	788	937
东北国际净收入			−171	−171	−204	−138
全国国际净收入	−185	−326	−587	−438	−414	−178

（七）减除价值

减除价值之计算，仍依 1933 年所用之百分比计算。各年数字如下（见表 19）。

表 19　减除价值之计算

单位：百万元

年　份	1931	1932	1933	1934	1935	1936
工厂产品修理价值(23.1%)	65.4	76.8	92.6	92.1	105.2	155.4
手工产品修理价值(40.4)	75.3	70.8	64.5	59.2	57.9	67.9
建筑之修理价值(40%)	359.5	321.2	294.7	277.0	297.6	333.0
工厂非资本品价值(8.8%)	24.9	29.3	35.2	35.1	40.1	59.2
手工业非资本品价值(4.5%)	8.4	7.9	7.2	6.6	6.5	7.5
合　计	533.5	506.0	494.2	470.0	507.3	623.0

（八）资本折旧

资本折旧项目，现无法逐年估计。折旧之变动应依须计折旧之资本品总量而变动。由表 11 所示，各年资本构成总值（第 13 项）变动不大，且除 1936 年外皆在 1.5 亿左右，与假定之国富比较，不过 1%。既无其他办法推算，吾人只有假定此一年中须计折旧之资本品，因之各年折旧总额，均不变动。折旧数值，原不一定依物价变动。但吾人前所计算之折旧，皆按 1933 年之生产总值比例求出。故计算各年折旧时，亦以物价指数修正。所用指数与前所用者同，即天津、上海、广州之平均数。各年数值如表 20。

表 20　资本折旧之计算

单位：百万元

年　份	物价指数	资本折旧
1931	117	1151.4
1932	110	1082.5
1933	100	984.1
1934	92	905.4
1935	90	885.7
1936	105	1033.3

（九）1931 年至 1936 年资本总构成及资本净构成

上列各项相加，并计入运输销售等费用即得出 1931 年至 1936 年之资本总构成和资本净构成，如表 11。现再就此两数值作几点分析。

1. 这六年间，资本总构成（第 13 项）除 1936 年外，均在 1.5 亿元左右，变化甚小。查其原因，第一，占总数一半以上之建筑价值甚少变化。建筑一项是吾人估计中最薄弱环节，亦方法上最大缺点。第二，工厂产品是按就业指数推算，而就业数在经济衰退年份并未减少。第三，吾人假定手工业的生产量不变，此乃不得已之事。第四，从第 10 项可知，进口之资本品，除 1932 年及 1933 年外，并未受经济萧条之影响。故资本总构成是否变化甚小，尚待研究。就常识判断，以农业为主之我国经济，在经济萧条期间，主要是商业退缩，而工业资本品之生产影响不大。若剔除市场作用，按 1933 年不变价格计算，则此六年之资本总构成仍呈增长趋势。情况如表 21。

表 21　资本总构成增长趋势

单位：百万元

年　份	资本总构成	年　份	资本总构成
1931	1329.9	1934	1601.5
1932	1334.2	1935	1762.2
1933	1470.6	1936	1859.6

2. 我国之资本总构成为数甚微。若与刘大中或巫宝三所估计之国民所得比较，在资本构成最高之 1936 年亦不过占国民所得的 4.3% ～ 6.7%，在最低之 1933 年仅占 1.6% ～ 4.4% 而已。其情况如表 22。

3. 表 11 第 13 项资本构成总数变化甚小，而第 15 项资本总构成则六年中起伏甚大。一查其原因，显然系受国际债务之影响。六年间，每年都有对外债务之增加，而在我国经济衰落之时，增加更大。所需注意者，此项流动项目的对外债务并非政府所举之借款，而为国际收支之差额，通常由金银出口及外国投资与信用扩张平衡之。六年间金银净出口及走私出口由 2 亿余元增至 3 亿余元，1934 年最高达 3.9 亿元，但均不足以抵补对外债务之增加。

表22　刘大中及巫宝三所估计国民所得

单位：亿元

年份	1931	1932	1933	1934	1935	1936
国民所得						
刘大中	367.2	296.6	246.8	215.8	242.0	264.6
巫宝三	232.3	236.1	200.6	184.1	213.1	269.3
资本总构成						
高估计	13.7	11.4	8.8	10.4	11.7	17.7
低估计	8.4	6.4	3.9	5.7	6.6	11.5
高估计占国民所得（%）						
刘大中	3.7	3.8	3.6	4.8	4.8	6.7
巫宝三	5.9	4.8	4.4	5.6	5.5	6.6
低估计占国民所得（%）						
刘大中	2.3	2.2	1.6	2.6	2.7	4.4
巫宝三	3.6	2.7	1.9	3.1	3.1	4.3

这期间的外国在华投资，主要是1933年以后日本在东北的投资，1935年最高达3亿元，而关内极为有限。东北日资无助于弥补关内国际收支差额，因而在计算中，常会出现"未明项目"，吾人以资本移动视之，实际未能明白解释也。

4. 表11所示我国之资本净构成，按低估计，除1936年外，每年均为负数，而以1933年为最大。如不算国际债务，则1931年至1933年为负数，以后为正数，1933年差可为零。1931年为我国经济繁荣之年，但彼时我国机器等工业尚未大发展，所繁荣者仅为商业及消费品制造业而已。东北之机器工业则更落后。该年之进口总值较1933年高出65%，而资本品仍为负数，不足为怪。1933年为我国经济衰落之年，1934年更形衰落，但该年负数反较1933年为小，此因进口之资本品较上年增加35%，及国际负债较上年减少25%之故。1935年而后，我国经济逐渐繁荣，资本净构成至1936年亦变为正数。而主要原因，则为工厂自造之资本品增加，及国际负债之减少。此后如不受战争之影响，当更有发展焉。

（原载《中央银行月报》新1卷第11期，1946年上海版）

中国工业资本的估计
（1936～1946）

本文是 1948 年我在上海所作，当时不便发表。1949 年 5 月上海解放，即商同吴承禧先生，先以短文《中国工业资本的估计和分析》发表于《经济周报》第 9 卷第 8、9 期，旋经《新华月报》收入于创刊号。详细估计，即本文，则于 9 月和 10 月刊载于复刊的《中国工业》新 1 卷第 5、6 期。发表后，承汪馥荪先生来信指教，并慨然借给当时我无法取得的出版物和资料。感谢之余，我将原文中外国资本部分删除，另作专题研究，又对原估 1936 年和 1946 年数字有微小修正，并精简文字，就是下面这个本子。

这个估计与前贤所作估计不同者，主要是把资本定义为"生产剩余价值的价值"。先将估计结果列入总表，然后分述各种估计方法。

总表 中国工业资本估计（东北、台湾及外资除外）

单位：百万元

项 目	1933 年		1936 年		1946 年	
	当年币值	百分比	当年币值	百分比	1936 年币值	百分比
中国工业资本	1644		2224		2305	
中国工业资本（包括接收敌伪工业资本）					4207	

项　目	1933 年		1936 年		1946 年	
	当年币值	百分比	当年币值	百分比	1936 年币值	百分比
资本有机构成						
不变资本	1618	98.4	2191	98.5	2253	97.7
生产工具	1374	83.6				
原料助成原料等	244	14.8				
可变资本	26	1.6	33	1.5	52	2.3
生产成本						
生产工具折旧	46	3.9				
原料、燃料、杂费	975	83.5				
薪金	42	3.6				
工资	105	9.0				
资本剥削						
剩余价值（率）	258	247.0		270.0		170.0
工业利润率		12.0		12.0		
资本使用分配						
纺织工业		36.8				35.0
伙食品工业		16.2				15.0
水电业		19.1				20.0
制造生产资料的工业		8.0				22.0
制造生活资料的工业		92.0				78.0
资本所有形态						
公营工业			318	14.3	2686	63.8
私营工业			1906	85.7	1521	36.2

一　直接估计，资产值法

中国经济统计研究所的 1933 年《中国工业调查报告》是唯一比较完整的工业普查，其他研究大都以此为据。该报告不包括东北、台湾和外资在华工厂，本文的估计也只好限于这个范围。该报告限于工厂法规定的工厂，即雇工 30 人以上并使用机械动力者。我曾作过一个包括小型厂的估计（见表 1），但为适用其他材料，本文的资本估计仍以合于工厂法者为准。

上述调查报告漏列甘肃、青海、宁夏、新疆、西藏、云南、贵州；又缺兵工厂、造币厂、电影制片厂，电厂显然有遗漏。这些，可从谷春帆先生、巫宝三先生的著作中予以补充，唯兵工厂无资料，造币厂虽有资料但数值过大，只好不用。

经补充修正，中国工业的资本额估计列入表1。

表1　中国工业资本估计（东北、台湾及外资除外）

单位：千元

业　别	中国经济统计研究所调查1933（A）	谷春帆估计1936（B）	包括小型厂估计		综合估计1936（E）
			1933（C）	1936（D）	
木材	1115	1115	1171		1115 A
家具	420	382	441		420 A
冶炼	2691	9801	2826		9801 B
机器及金属品	16550	17693	17378	24079	17693 B[1]
交通用具	19004	2339	19954		19004 A
土石水泥	29184	37807	30643		38527 B[2]
建筑材料	298	298	313		298 A
水电	32614	134203	34245	52032	134203 B
化学	26327	49147	27643	34813	49147 B
纺织	166828	195627	175169	260340	260340 D[3]
服用品	6006	6006	6306		6006 A
皮革橡胶	6340	10712	6657		10712 B
饮食品	68380	126092	71799	81435	126092 B
造纸印刷	27877	33353	29271		33353 B
饰物仪器影片	812	812	853		3124 A[4]
杂项	2426	2426	2547		2426 A
其他				135064	
总　计	406872	627813	427216	587763	712261

注：

[1] 不包括造币厂，其资本虽可由营业额求出，但数值过大，故保留。

[2] 加秦皇岛玻璃厂，该厂产值1800千元（巫宝三：《中国国民所得》下册，第15页），按4%计折旧72千元，假定设备使用10年，计资本为720千元。

[3] 各估计均偏低。蒋乃镛估计1936年资本为363359千元，唯范围有异（所著《中国纺织工业》1940年重庆版）。因别无根据，选用作者估计。

[4] 加大影片厂3家，资本1700千元；又加小影片厂45家，资本估计为612千元（巫宝三：《中国国民所得》下册，第162页）。

资料来源：A 刘大钧《中国工业调查报告》中册，1936；B 谷春帆《中国工业化通论》，商务印书馆，1946；C与D均为作者估计，包括雇工10人以上或使用动力的厂，见拙作《中国工业初步报告》（英文），资源委员会打印本，1946。

据表 1，1936 年中国人投于新式工业的资本是（E）712261 千元（当年币值）。这里有几项是用的 1933 年调查。1933~1936 年的资本积蓄微不足道，并有负积累，[①] 这期间的物价也仅上升 5%，故不再作调整。

这估计是工厂填报的资本额。填报的资本额，由于会计政策和法律、课税等关系，往往是不真实的。即使真实，这种原始投资额，也与我们所称资本的意义（生产剩余价值和价值）相差很远。中国工业大量依赖借入资金，所以实际运用的资本要比这数字大得多。以 1933 年上海为例，棉纺业是资本比较雄厚的，但其每年所购原料价值是资本额的 1.85 倍，而棉织业是4.47 倍，缫丝业 6.73 倍，面粉业 9.66 倍，都仰赖借贷。[②] 有许多工厂的资本只够购买几天所需的原料，而其资金周转要一两个月。一个企业实际使用的资产价值，比较近于我们所说的资本，因为它不论其来源如何，都是用于获取利润（生产剩余价值）的。资产与企业填报的资本额，大体有个比率关系。韩启桐先生曾根据 1936 年上海 51 家工厂的资产负债表，作了一个研究。本文就用他所列比率，依表（E）的资本额做资产估计，结果列为表 2。战后的情形，作者曾根据 1946 年上海 16 家工厂的资产负债表作过一个分析，其比率远大于战前，如棉纺织业竟达 16.6 倍。[③] 但这是因为战后各厂资本尚未调整，所以本文不采用。

表 2　中国工业资本估计（东北、台湾及外商除外）

单位：千元

业　别	资本综合估计 1936（E）	资产对资本比率 1936	资产估值 1936（F）
木材	1115	2.76	3077
家具	420	2.76	1159
冶炼	9801	2.76	27051
机器及金属品	17693	2.49	44056
交通用具	19004	5.87	111553
土石水泥	38527	2.18	83989
建筑材料	298	2.76	822

① 吴承明：《我国资本构成之初步估计》，《中央银行月报》新 1 卷第 11 期，1946。
② 刘大钧：《上海工业化的研究》，1937，第 294 页。
③ 吴承明：《财务报告分析之理论与方法》，《资本市场》第 1 卷第 3、4 期，1948。

业　别	资本综合估计 1936（E）	资产对资本比率 1936	资产估值 1936（F）
水电	134203	2.76	370400
化学	49147	2.18	107140
纺织	260340	2.75	715935
服用品	6006	2.76	16577
皮革橡胶	10712	2.68	28708
饮食品	126092	2.50	315230
造纸印刷	33353	3.10	103394
饰物仪器影片	3124	2.76	8622
杂项	2426	2.76	6696
总　计	712261		1944409

资料来源：资本综合估计见表1。资产对资本比率据韩启桐《中国对日战事损失之估计》，中华书局，1946，第59页。无比率者用平均数2.76。

依表2，1936年中国工业资产的价值是（F）1944409千元。这比（E）估计更接近事实，但正确性是很低的。第一，它所根据的（E）估计本不可靠，一般偏低。第二，资产比率根据资产负债表，其中对于资产的作价，无论是由于稳健理财政策，或保守的会计习惯，或为隐蔽利润、逃避捐税，或为藏秘竞争，以至假账，总是不正确的，一般偏低。第三，这估计是用上海工厂的资产比率，韩启桐曾假定外埠比率为上海之半，似为未妥。因上海由于电力方便，协作发达，很多厂购用动力，租用设备，协作修理和配件，外埠则不能。因此，我们假定比率一律，从这点说，这估计也可能偏高。

这估计虽比较接近我们所称资本，但这是假定没有闲置设备，没有过多库存，并把业外资产和非生产用资产也包括在内了。

二　间接估计，价值还原法

生产品价值中，一部分是由生产设备（生产工具等）的价值转移而来。这部分占生产品价值的百分数我们称之为折旧消耗率（非普通所说的折旧率，那是占生产设备的百分数）。以折旧消耗率乘生产品价值得出每年的折旧消耗，再假定各种生产设备的平均使用年限为30年，还原计算生产设备的价值。这方法是汪馥荪先生提出的，① 但他使用的范围和我们不同，所以没有采用他的估计，只用他的方法。我们的估计列入表 3。

表 3　中国工业设备估计（东北、台湾及外资除外）

单位：千元

业　别	总产值	折旧消耗率（%）	折旧消耗	设备价值 1933（C）
木材	3766	2	75	2250
冶炼	4755[1]		783	23490
机器	20102	5	1005	30150
金属品	20000[2]	5	1000	30000
电器	11340	2	227	6810
交通用具	22352[3]	2,10	1100	33000
土石水泥	42308[4]	5,4,5,2	4619	138570
水电	112192	20,12.5	15408	462240
化学	75811	1.5,6,2,13,2.5	2506	75180
纺织	552756	2,1,5,4	11311	339330
服用品	37481	2	750	22500
皮革橡胶	38231	1,2	718	21540
饮食品	350080	1,2	3873	116190
造纸印刷	47590	2	2221	66630
饰物仪器影片	5611	2	112	3360
杂项	4766	2	95	2850
总　计	1349141		45803	1374090

注：

[1] 冶炼业总产值据刘大钧《中国工业调查报告》中册第 14 表，铁产值为 30942 千元，折旧消耗率 16.2%；钢产值为 2500 千元，折旧消耗率假定为 20%；合计折旧消耗 5512 千元，内地华厂按总数 14.2% 计，为 783 千元。

[2] 造币厂产值原列 41034 千元，过高，剔除。

[3] 交通用具产值原列 5246 千元，加入铁路修车厂 12745 千元（据刘大钧），江南、青岛二船厂 4361 千元（据巫宝三《中国国民所得》上册，第 51 页）。

[4] 土石水泥产值原列 15351 千元，加入水泥厂 26957 千元（巫宝三《中国国民所得》上册，第 54 页），水泥折旧消耗依原书算得 7800 千元，似过高，改按 15% 计，得 4038 千元。

资料来源：除另有说明者外，总产值据巫宝三《中国国民所得，1933 修正》，《社会科学杂志》第 9 卷第 2 期，第 132～133 页。折旧消耗率指产值中由生产工具移转来之价值之比率，非普通折旧率。除另有说明者外，据巫宝三《中国国民所得》下册附录 4 中记载分别计算，如交通工具中车辆修造为 2%，造船为 10%。资本估计系假定生产工具使用年限为 30 年，以 30 乘折旧消耗而得。

———————

① 汪馥荪：《中国资本二三问题》，《经济评论》第 4 卷第 2 期，1948。

据表3，1933年中国人投于新式工业生产设备的资本是（C）1374090千元。这里是用总产值作基础，产值是当年实际生产商品的价值，因此所估是实际在这一年中所使用的资本，避免了闲置、业外、非生产设备等问题。产值多少是根据具体产量而来，不像资本额的填报常弄虚作假。再有，本文所用产值估计，如棉纱、火柴、卷烟等是采取税务机关的统计，发电量是电力主管部门的统计，比经济统计研究所的调查完备。这是C估计的优点。但是，所用折旧消耗率，则事实上很难正确。用巫宝三等原著中的话说："就我们看到八十余家工厂的营业报告中，有明白规定折旧摊提的，不过数家。而且摊提之多寡，多半视营业红利之多寡而定。"① 生产设备使用年限，更属武断。当然，如果从技术角度看，这两者是可以精密确定的，本估计则未能如此。

生产品价值中，又有一部分是原料、助成原料等价值转移到生产品中去的，为此，还要估计这部分，即生产费用。为适用旧材料，我们分原料、燃料、杂费三项估计。电费包括在燃料中。杂费中有些是不转移到产品中去的，如保险、广告等，但我们无法剔除。估计结果列入表4。

表4 中国工业生产费用估计（东北、台湾及外资除外）

单位：千元

业　别	原　料	燃　料	杂　费	生产费用 1933（G）
木材	2712	74	370	3156
冶炼				1560[1]
机器	10585	2472	999	14056
金属品	11166	2030	1015	14211[2]
电器	5036	302	503	5841
交通用具				16004[3]
土石水泥				15111[4]
水电	1370	15426	13611	30407
化学	30105	1434	16348	47887
纺织	383658	17300	42959	443917
服用品	18956	371	2602	21929
皮革橡胶	22872	1049	3326	27247

① 巫宝三等：《中国国民所得》，中华书局，1947，上册，第62页。

业　别	原　料	燃　料	杂　费	生产费用 1933（G）
饮食品	222578	4702	72347	299627
造纸印刷	22599	2895	2410	27904
饰物仪器影片	2754	—	—	2754
杂项	2956	—	—	2956
总　计				974567

注：

[1] 铁减除值49%，钢减除值60%（巫宝三：《中国国民所得》下册，第15页），依表3总产值得16500千元，内地华厂占14.2%，为2343千元，减除折旧消耗783千元（表3），得1560千元。

[2] 造币厂剔除，以与表3一致。

[3] 原列合计为3217千元，加入铁路修车厂费用9996千元（据巫宝三《中国国民所得》下册，第191页），江南、青岛二船厂费用2791千元，合计16004千元。船厂费用按占产值（表3注3）64%。

[4] 原列合计为7204千元，加入水泥厂费用7907千元，合计15111千元。水泥费用每桶1.76元（巫宝三：《中国国民所得》下册，第18页），产量为4492775桶（巫宝三：《中国国民所得》上册，第54页），计得7907千元。

资料来源：除另有说明者外，据巫宝三《中国国民所得，1933修正》，《社会科学杂志》第9卷第2期，第135～136页之全国数字，再用内地华厂占全国比例求出。

生产品价值中，又包括工人劳动所创造的价值，其数量自然是大于资本家付给工人的工资，故资本家付出的工资是一种可变资本。我们又作一工资支出的估计，列入表5。

表5　中国工业工资支出估计（东北、台湾及外资除外）

业　别	工人数	工人每年平均收入（元）	工资支出（千元）1933（G）
木材	1251	160.00[1]	200
冶炼	2220	177.48	394
机器	14285	294.97	4214
金属品	6877	177.77	1222
电器	4057	177.72	721
交通用具	16052	210.37[2]	3377
土石水泥	22602	144.00[3]	3255
水电	18716	294.97[4]	5521
化学	40166	—	5589
火柴	（27005）	117.25	（3166）

续表

业　别	工人数	工人每年平均收入（元）	工资支出（千元）1933（G）
搪瓷	(2689)	208.63	(561)
其他	(10472)	177.77	(1862)
纺织	311304	—	43474
棉纺	(165267)	128.63	(21258)
棉织	(30521)	171.95	(5248)
缫丝	(86032)	101.98	(8773)
丝织	(19014)	332.71	(6326)
毛纺织	(8957)	190.14	(1703)
制棉	(1513)	110.00[5]	(166)
服用品	16815	170.00[5]	2859
皮革橡胶	14555	177.74	2587
饮食品	43361	—	8208
面粉	(7713)	211.43	(1631)
烟草	(13934)	171.71	(2393)
榨油	(6992)	224.19	(1567)
其他	(14722)	177.77	(2617)
造纸印刷	19183	—	6671
造纸	(4061)	185.76	(754)
印刷	(15122)	391.31	(5917)
饰物仪器影片	3882	177.77	690
杂项	3105	177.77	552
总　计	538431		89534
修正估计[7]			104695

注：

[1] 无统计，本业工资较低，用160元。

[2] 造船为294.97元，铁路修车厂无统计，用平均数177.77元，造车厂与修车按产值比率4:7综合工人收入为210.37元。

[3] 无统计，本业除水泥外工资均低，假定为144元。

[4] 无统计，本业工资较高，比照机器业计。

[5] 无统计，本业工资极低，假定为110元。

[6] 内衣业为240.41元，织袜业为164.09元，余无统计，然均低，统按170元计。

[7] 见正文。

资料来源：工人数，冶炼、交通用具、土石水泥据刘大均《中国工业调查报告》中册第14表；其余据巫宝三《中国国民所得，1933修正》，《社会科学杂志》第9卷第2期，第144～145页。工人每年平均收入，除另有说明者外，据国际劳工局《上海的工资统计》，《国际劳工通讯》第5卷第8期；原无统计者用平均数177.77元。

表 5 中的"工人每年平均收入"是根据《上海的工资统计》所列的"平均每月实际收入"计算的，原包括工资及膳费、宿费、升工、赏工、分红、年底加薪、米贴等在内，而减除了请假、罚工等平均计算的。各业平均的方法，无说明，不过从附列各表中看，大约是男女童工、时工件工、技术工普通工，都经过加权，权数未详，曾经问过出版人国际劳工局，竟也不知道。这本统计还是唯一比较详细的，表 5 中有的列了细目，也是为了充分利用它。

但是，表 5 的总数还需修正。它是照上海工资算的。按前工商部 1930年度统计，其他埠的男工工资平均比上海还高；有些零星材料则大都比上海低。我们假定，别埠工资水平比上海低 10%。就工人人数说，上海占 43%，别埠占 57%。表 5 的工资支出总数 89543 千元乘以 43%，得 38500 千元，是为上海工资支出。又乘以 57%，再乘以 90%，得 45931 千元，是为别埠工资支出。二者相加得 84431 千元。又表 5 的工人数未包括役夫、杂工和工头。巫宝三等曾假定役夫、杂夫人数是工人数的 20%，其工资水平是工人的 60%；将上数乘以这两个百分数得 10132 千元，是役夫、杂夫的工资支出。工头人数是工人数的 6%，工资水平是工人的 200%，同法，刚好也得10132 千元，是工头的工资。三数相加得修正估计（G）104695 千元，即全部工资支出。

这数字只占总产值的 8%，占生产总成本（折旧消耗、原料助成原料、工资等的总和）的 9%，所以，中国工业生产中用于工资的支出是很小的。这并不是说它已高度机械化（设备折旧只占总成本 4%），而是它的工资水平实在太低了。例如缫丝业打盆女工的实际收入每月只有 3.8 元。如此奇廉的工资是世界上少有的。

表 4 和表 5 估计的是一年的费用支出和工资支出，这种支出需要多少垫支资本，要看资金周转的快慢。这方面，旧材料无法利用，只能根据少量事例，作一大胆假定，即假定工业资本的平均周转期是三个月，或每年四次。这资本的周转，不是技术上的周转；例如一批棉纺成纱，大约是 72 小时，但纱卖掉还原到货币资本，也许要一两个月。各业、各季节、各地区情况不同，市场也常有变化，所以这是个武断的假定。依假定，则中国工业用于原料助成原料等的资本，是表 4 估计的 1/4，即 243642 千元，与表 3 的设备价

值 1374090 相加，得 1617732 千元，即不变资本。用于购买劳动力的资本是表 5 估计的 1/4，即 26174 千元，是可变资本。两者合计得（G）1643906千元。这就是 1933 年实际运用于生产的总资本。从理论上说，这数是符合本文所称的资本的。不过，在实际估算中，资料不足，假设太多，它的正确性也是很差的。

三 利润还原法和剩余价值率

有了上节的数字，还可以作另一种间接估计，可称为利润还原法。这就是以工业生产的净产值，减除工资和职员的薪金支出，算为工业利润，即资本家所得。再假定工业投资的平均利润率是 12%，还原计算应投入的资本。估计的方法和结果，都列入表 6。

表 6 中国工业资本估计（东北、台湾及外资除外）

单位：千元

总产值(见表3)		1349141
减:生产费用(见表5)	974567	
折旧消耗(见表3)	45803	1020370
净产值		328771
减:工资支出(见表5)	104695	
薪金支出(设为工资40%)	41878	146573
工业利润		182298
除以平均利润12%		
中国工业资本	H – 1933	1519150

据表 6，1933 年中国工业资本是 H – 1519150 千元。这个数字应当代表当年在生产中实际运用的资本，包括自有资本和借入资本，而不包括闲置资本和不参加生产过程的资本。所以这方法更适合于本文的要求。但其中举足轻重的一个因素是平均利润率，而这个利润率是从假定来的，正确性就大大降低了。

估计中所用平均利润率 12% 是同几个工业家讨论的结果。这利润率并非工厂资方实际所得。1933 年工业城市的利息率大抵在七八厘，照此利润率，借入资金仍有利可图，但那时工厂付不出利息的事时有所闻，这主要是1931 年以来的经济危机所致。这 12% 的假定是以抗战前正常情况为准。一般说，这个利润率是颇低的；我们也见到不少利润较高的企业，那大都是另有商业或投机性活动。

投资利润率低并不表示对工人的剥削率低，相反，中国工业资本的剥削是极高的。这就需要计算剩余价值。表 6 的工业利润 182298 千元不是全部剩余价值，还需作下列补充。

首先，生产费用中有些开支，如捐税、交际费等，以及薪金中有些开支，如给董监事、经理和高级职员的某些利益，都属剩余价值性质，由于无法剔除，都混入费用，在利润中减除了。最保守的假定，是按薪金数字提出20% 加入利润，这样，剩余价值即增加 8376 千元。

其次，生产过程中创造的剩余价值有一部分要割让给商业资本，作为商业利润。商业利润虽勉强可估，但我国商业利润主要不是来自工业让价。本文所用生产总值是按出厂价格计算，若改用消费者价格，则运输和在流通中的增值又无法估算。因此，只得大胆假定，割让给商业资本的利润是总产值的 5%，即 67462 千元（工业家的意见比这要高些）。

经过补充，剩余价值的估计增为 258136 千元，与可变资本 104695 千元比，剩余价值率为 247%。这的确是吓人的剥削。

四　1936 年的综合估计

上面已有了中国工业资本的估计。但其中两个间接估计，即（G）1643906 千元和 H－1519150 千元是 1933 年的估计，要化为 1936 年数值，才好比较。这里我们没有直接材料，只有同刘大中、巫宝三等著作一样，用指数方法来推算。我们用旧有材料编成一个六业的就业指数，列入表 7（2），作为 1933～1936 年期间变化的根据。本来，从《中华民国统计提要》1940 年版中也可编出一个资本指数，但资本登记数没有工人数可靠，并且本文意在估计当年实际运用的资本，与就业关系更密切些。[①] 这期间就业指

---

① 巫宝三等计算产值也是用就业指数，不过他们用的是四业的指数，即表 7（1）。

数高于资本指数，所以如按资本指数推算，资本的增加要少一些。我们的解释是，这是资本运用问题，不是1936年的资本估高了，而是1933年的估计偏低，因为那时是危机的顶峰，资本闲置起来。

表7　中国工业指数

年份	(1)就业指数	(2)就业指数	(3)后方工业生产指数	(4)后方工业生产指数	(5)上海工业生产指数	(6)上海工业生产指数	(7)华北工业生产指数	(8)华北工业就业指数	(9)东北工业生产指数	(10)全国工业生产指数
1931	87	87								70
1932	90	89								72
1933	100	100					79	94		79
1934	104	106					—	—		84
1935	118	120					—	—	79	94
1936	125	129			100	100	100		100	100
1937					86	82	60	—	134	85
1938			100	100	75	75	52	—	203	46
1939			131	163	139	133	70	100	237	62
1940			186	300	155	120	75	121	312	85
1941			243	338	138	98	72	138		95
1942			302	417			80	153		127
1943			315	608			81			130
1944			352	633			95			138
1945										144
1946										95

资料来源及说明：

（1）纺织、饮食品、化学、机器四业工人总数指数，《中华民国统计提要》，1940。

（2）同（1）加电业、其他二项加权算术平均，以1933年各业工人数为权数，电业以发电量代替，其他以（1）代替。

（3）34项产品，用Laspeyres公式，《经济建设季刊》第1卷第4期、第2卷第4期、第3卷第2期。

（4）同（3），改按算术平均，汪馥荪《战时华北工业生产指数》，《经济评论》第2卷第4期，经改基期。

（5）八业算术平均，伪《中央储备银行经济月刊》第2卷第6期。

（6）同（5），改用加权算术平均，以产值为权数。

（7）14种产品算术平均，汪馥荪《战时华北工业生产》，《经济评论》第2卷第17期，经改基期。

（8）汪馥荪《战时华北工业资本就业与生产》，《社会科学杂志》第9卷第2期。

（9）《满洲工矿年鉴》，昭和十七年版，经改基期。

（10）11种产品算术平均，1931～1936年据（1）；1937～1945年据（4）（7），汪馥荪《中国工业生产指数试编》，《中央银行月报》第3卷第4期，经改基期。

由表 7（2）可知，1933～1936 年间就业指数是 129，同时我们知道这期间的物价指数是 105，工资指数 96.8。[①] 所以，1936 年的估计，用当年币值表示，就当是：

G－1936

不变资本 $1617732 \times 129\% \times 105\% = 2191218$ 千元

可变资本 $26174 \times 129\% \times 96.8\% = 32684$ 千元

全部资本   2223902 千元

H－1936

全部资本 $1519150 \times 129\% \times 105\% = 2057689$ 千元

这样，对于 1936 年的中国工业资本，我们就有了如下的四个估计数：

直接估计：
- 综合各家   E   712261 千元
- 资产估值法   F   1944409 千元

间接估计：
- 价值还原法   G   2223902 千元
- 利润还原法   H   2057689 千元

其中 E 估计与本文资本定义相差太远，可放弃。其余三个数字所幸相差不远。三数平均是 2075333 千元，G 和 H 平均是 2140796 千元，前已论及 F 有偏低因素，故后者更能代表 1936 年的工业资本。总表中因需有分析材料，故用 G。

五 抗战时期和 1946 年的估计

抗战时期的资料异常缺乏。这时期华北敌占区有两次工业普查，后方只有国民党政府经济部的登记统计，而最主要的工业区华中地区连登记材料都

[①] 巫宝三等：《中国国民所得》上册，第 75 页。

未找到。华北方面，汪馥荪先生有过详细的研究，可资利用；后方工业，李紫翔先生也有研究结果发表，还比较可靠。华北的材料到 1942 年，后方的材料到 1944 年，本文只能用推算方法求得 1946 年。

战时的估计仍须以战前为基础。因参照 1936 年的情形，拟定一个那时工业资本在各地区的比率，即：华北占 17%；后方占 19%，华中占 53%，华南占 11%。由于资本材料太少，估计要参照生产情形，为此，表 7 列了各区（华中只有上海，华南无）的生产指数，指数都是用旧材料改编的。

工业在战争中的损毁，韩启桐先生已做了估计，兹摘列为表 8。这估计所用资本额原不完全（系依中国经济统计研究所 1933 年调查）；所用资本与资产比率，上海以外各地假定为上海之半，也失之偏低。但其所用损失报告材料，又不免有夸张成分。

表 8　抗日战争工业损失估计

单位：千元

地　区	资　本	资　产	资产损失	损失程度（%）
黄河流域	110809	297305	99171	33
长江流域	279498	756070	294089	39
上海	105819	292060	151768	52
南京	10986	30321	24248	80
武汉	51366	142769	16673	12
珠江流域	56798	155963	47083	30
总　计	447155	1209338	440343	36

资料来源：韩启桐《中国对日战争损失之估计》，中华书局，1946，第 32~33 页。

后方工业在抗战前期发展很快，可从表 7（3）生产指数看出。资本数字，李紫翔先生已折成 1936 年币值，兹摘列入表 9。此系根据登记统计。战前厂商履行登记并不踊跃，所以不用官方登记数字；战时因工业管制、原料配给和工贷等，厂商大体都登记了，故此数比较完整。但战前估计是限于工厂法的企业，即雇工 30 人以上并使用机械动力者；战时工厂法降低，改为雇工 30 人以上，或使用机械动力，或资本在 10000 元以上者，因而表 9 包括小厂，无法剔除。不过，对资本额影响并不太大。小厂多在 1941 年以后，试将 1942 年和 1943 年两年除去，则工厂数减少 40%，而资本额只减少 5%。

表 9　战时后方工业资本估计（历年增加额）

单位：千元

年　份	厂　数	实缴资本	折 1936 年币值	百分比
1936 年以前	300	117950	117950	24.2
1937	63	22388	22166	4.6
1938	209	117750	86553	17.8
1939	419	286569	120914	24.8
1940	571	378973	59031	12.1
1941	866	709979	45718	9.4
1942	1138	447612	9896	2.0
1943	1049	1486887	14486	3.0
1944	549	1119502	3419	0.7
年份不明	102	113635	7317	1.5
总　　计	5266	4801245	487480	100.0

资料来源：李紫翔《从战时工业论战后工建的途径》，《中央银行月报》新 1 卷第 1 期。

表 9 的主要遗漏是未包括水电厂。战时后方新建有 27 个电厂，发电容量由 35509 千瓦增至 1945 年的 73577 千瓦。[1] 按战前标准每千瓦 336.44 元计，估计投资 24754 千元，此数可能偏高，因战时所建皆小厂。自来水业无资料，只好用战前重庆、成都、昆明三厂数字 178 千元，此数又偏低。将水电加入表 9 总数，得后方的工业资本共 512412 千元。

这是登记资本，化为本文所称的资本，仍只有用资产估值法。后方无资产比率材料，依上数战前比率是 2.76 倍，依表 2 平均是 2.32 倍。后方工业倚赖借入资金更大，比率应高；但多系新厂，设备因陋就简，又为剔除小厂计，假定为 2 倍。上数乘以 2，得 1024824 千元，即对后方工业资本的估计。

上面假定战前后方工业资本占全国 19%，即 406751 千元，和上数比较，净增 618073 千元，即增 152%。其增加趋势与表 7 的指数比，仅及一

---

[1]　谭熙鸿主编《十年来之中国经济》，中华书局，1948，上册，第 24 页。

半。经过反复考虑，认为表 7 的指数有些项目本来几乎没有生产，故不可靠。如照那种趋势计算，后方的投资就太大了。至于 1945～1946 年，生产衰退，也没什么新厂建立，可略去。

华北工业，汪馥荪先生有详密研究，兹摘取其结论，列入表 10，唯其 1936 年币值资本，是我根据原资料改算的。

表 10　战时华北工业资本估计

单位：千元

年　份	华　厂		中日合资厂		华资合计	
	厂　数	资　本	厂　数	华资资本	当年币值	折 1936 币值[1]
1939	438	107490	91	78796	186286	64682
1941	632	174094	155	135640	309734	54627
1942	808	304184	197	213195	517379	72564

注：[1] 据原资料"资本价格指数"补算，原有 1933 年、1939 年两个基期，补算后：1933 = 100；1939 = 288；1941 = 567；1942 = 713。

资料来源：汪馥荪《战时华北工业资本就业与生产》，《社会科学杂志》第 9 卷第 2 期。

表 10 的统计，1941 年较 1939 年厂数增加近半，而资本额按 1936 年币值计反而减少，颇为费解。又照上面战前华北资本占全国 17% 的假定，华北的填报资本额应有 121084 千元，依刘大钧的调查也有 110859 千元，接损失 33% 计，也远大于表 10 的 1939 年数字。但据汪称 1939 年的普查"在精密的程度上是相当难能可贵的"，所以我不愿放弃这材料。日本人开发华北工业，主要是 1942 年的第二个五年计划开始的，故此后两年投资可能增长较快，但以后无普查材料，只知 1943 年中日合资企业的资本较上年增长 21%。假定 1944 年也依此速度，1945 年略去，则到 1946 年华北的工业资本应比 1942 年增加 45% 左右，即 105218 千元（1936 年币值）。这是填报资本。化为本文所称的资本，眼前也只有用资产估值方法，以华北厂多系劫后重整，也按 2 倍计算，得 210436 千元，即 1946 年的华北工业资本。

照 17% 的假定，华北在战前应有工业资本 363935 千元，而 1946 年为 210436 千元，减少了 42%。这是十分惊人的，华北在日本人"开发"下，高唱了两个五年计划，结果竟这样惨。事实上华北不过是向日本和伪满"资源输送"而已，除了煤和一点钢铁、军需外，并未建立什么工业，而这些都属日本资本，不在本文计算之内。即包括日资来说，也是很可怜的，试看表7的华北工业生产指数，从未有超过战前的水平。

华中、华南原是我国工业集中地区，战前占全国工业资本的64%。不幸的是这个区域一点统计材料都没有。只有观察一些变迁趋势，作极粗略之推论。

第一，这区域遭受战争损失最烈，上海、南京一带尤甚。但如表8所示，长江、珠江流域共损失341172千元，未免偏高。其中如上海损失过半，与后来的观察不符，即全区域平均损失37.4%，亦觉偏大。

第二，战时工厂内迁，都来自这一区域。据工矿调整处统计，共内迁410厂，技工11063人，物资64723吨。韩启桐曾按"每吨价值从宽以500元计算，则内迁总值可有32362千元"。这算法也许不低。内迁以纱厂、机器厂为主，迁移的纱锭约11万枚，合13000千元，重约2万吨，合每吨650元。但机器厂设备，体重价低，就不会有那么多了，而这部分所占吨位是较大的。

第三，再看此区域生产情形。表7（5）的上海工业生产指数系八业平均，如纺织并为一类，实只五业。战时有些外地纱厂迁入上海租界，华商纱锭反增加了281256枚，布机增2211台，故此指数偏高。即使按此指数，经加权改编，即表7（6），亦可见所谓上海孤岛繁荣为时甚暂，总的并未超过战前水平。上海以外，都只有衰落。日本人在华中政策与在华北不同，肆意掠夺，根本无意于工业。

第四，从另一方面看，本区域究属财富集中之地，恢复经济的能力比华北高得多，又以轻工业为主，上海孤岛时期曾积累了一些黄金外汇货币资本。因而，在1945～1946年间，受低外汇率刺激，确有较快发展。

第五，棉纺业是这区域最重要的工业，兹试作一纱锭变迁的估计，作为兴衰参考。据棉纺织业联合会统计，1947年6月全国共有纱锭4519560枚，除东北、台湾、英商及接收之日商纱锭外，为2609931枚。战时后方新添置者约80000枚，上海新添50400枚（迁移者不计），胜利后新添约220000枚，共新添350400枚（主要是从国外进口）。前数减此数，得战前之存余数为2259531枚。查战前（1937）华商厂原有2746392枚，故知损失为486861枚。此损失数可视为全在华中区（青岛之损失系日本厂，他处无何损失）。华中区战前华商厂原有 2326586 枚，按损失 486861 枚计，损失率为 20.9%。又迁移后方约 110000 枚，[①] 战时新添 50400 枚，各地迁上海者均作为本区内移动不计，故战后应净剩 1780125 枚，较战前减少 23.5%。但胜利后上海又新添 220000 枚，共应有 2000125 枚，较战前减少 14%。

考虑上述五点，我觉得华中、华南区，到 1946 年，工业资本比战前减少 3 亿元，即 20% 左右，也许比较合理。当然，这里面臆测成分很大。

总合后方、华北、华中、华南，估计 1946 年中国工业资本共 2305370 千元（1936 年币值），比 1936 年增加 7.7%。但是，其中不包括接收的敌伪财产，我把它另作官僚资本处理。估计的结果列入表 11。

表 11　中国工业资本估计（东北、台湾及外资除外）

单位：千元　（1936 年币值）

地　　区	1936 年	战时增减	增减（%）	1946 年
后　　方	406751	+ 618073	+ 151.0	1024824
华　　北	363935	− 153499	− 42.2	210436
华中华南	1370110	− 300000	− 21.9	1070110
总　　计	2140796	+ 164574	+ 7.7	2305370

现在考察一下资本的有机构成。前面的 G 估计，1936 年工业资本总量是 2223902 千元，其中不变资本 2191218 千元，占 98.5%；可变资本 32684 千元，只占 1.5%。资本有机构成如此之高，与常识相左，因为中国工业技术设备十分落后，一向是依靠劳动力的。不过，其原因在解释可变资本为数极小时已经说过了，这完全是由于工资过低之故。如果用资本总量和工人数的比值（即平均每人使用资本量）来看，1936 年是 4127 元，恐怕是属于世界极低的行列了。

战后的情形如何呢？战后的工资水平有所提高，这从许多材料中都可看出。根据国民党社会部统计处编的工资指数，1946 年的实际工资水平约为战前的 155%。前面估计 1946 年的资本总量是 2305370 千元（表 11）。根据

---

　① 迁移的郑州豫丰，武汉裕华、申四，湖北沙市等厂，亦均算作华中区。

这个工资指数，可从下面的等式中计算出 1946 年的可变资本：

$$\frac{2305370 - 可变资本}{可变资本} = \frac{2191218}{32684 \times 155\%}$$

$$可变资本 = 52095 \ 千元$$

$$不变资本 = 2305370 - 52095$$

$$= 2253275 \ 千元$$

这样，战后资本的有机构成，不变资本占 97.7%，可变资本占 2.3%，比之战前，有所改变。但是，上述实际工资指数是按前月或前半月的物价指数编制，并且限于上海一地，因而偏高。即使加以修正，这样计算出来的资本有机构成也和战前一样，不能反映资本的技术构成，因而没有实际意义。又据国民党政府 1947 年的工厂登记，工人总数达 807935 人，[①] 较战前表 5 所示大为增加。但这是包括了战后接收的敌伪工厂，不能与表 5 直接比较。如果加上后面估计的接收敌伪工业资本通扯计算，则平均每个工人使用的资本量为 5200 元，比战前略有增益。

六　资本使用的分配和所有形态

有了上述估计，再将资本在各业间分配情形加以考察，列入表 12。因战前战后材料范围不同，表 12 中加入两组就业的分配，即各业工人所占比重，以观察变动趋势。

战前工业投资，集中在纺织、饮食品、水电工业，三者占去 72%。轻工业中棉纺织、面粉、烟草三项，是中国工业的主干。原资料分类法很难划分生产资料和生活资料，姑以表 12 的前五业作生产资料生产计，约占全部投资的 20%。当然，其中如化学、五金等不少是生产消费品；而下项如电力亦供工业用。以生活资料的生产为主，是中国工业的特点。

---

① 国民党政府经济部：《经济统计》，1948；《统计月报》第 5 期。这次登记相当完整，但当时工厂大都尚未调整资本，所以本文在估计资本额时全然没有利用它。

表 12　中国工业资本使用分配

（东北、台湾、外资及接收敌伪工业除外）

单位：%

业　别	战前资本（1936）	后方资本（1944）	华北资本（1942）	战后资本（1947）	战前就业（1933）	战后就业（1946）
冶　炼	1.3	15.0	—	—	0.4	—
机　器	2.3	11.7	1.5	6.7	2.7	4.7
五金电器	2.3	10.0	3.6	5.1	2.0	8.5
化　学	5.5	29.7	5.6	33.5	7.5	9.8
交通建材	10.3	—	—	—	7.4	
水　电	19.1	4.7	18.3	—	3.5	—
纺　织	36.8	15.9	21.2	30.0	57.8	45.9
饮食品	16.2	6.0	15.9	10.0	8.0	13.3
造纸印刷	5.3	3.3	6.6	2.7	3.6	4.5
其　他	3.2	3.7	27.3	11.2	7.1	13.3

资料来源：战前资本据表 2F；后方资本同表 9，改编；华北资本同表 10，改编；战后资本据国民党政府经济部《经济统计》1948 年版改编；战前就业同表 5，改编；战后就业据国民党政府经济委员会《全国主要都市工业调查初步报告提要》1947 年版改编。

战时后方资本的使用分配有很大变化，重工业比重增加，但规模有限，为时短暂，即告衰落。战时华北工业，重工业掌握在日本资本手中，实际甚少建树。华中、华南更少变革。

因此，战后工业结构与战前并无本质变化，只是在恢复初期，机器、建材、化学等比重略有增加，纺织业比重相对减少一些。表 12 中战后资本一项是国民党政府 1947 年登记工厂的统计，颇不可靠；其中化学一业独占 33.5% 绝非事实，因战时暴兴之酒精工业，此时亦告崩溃。战前、战后两组就业分配比例，代表实际生产，反而比较能看出变化的趋势，当然，劳动力的分配和资金的分配是不相同的。为与战前比较，我粗略地推论战后资本分配中，大体纺织品占 35%，饮食品占 15%，水电占 20%，或者不致太差。生产资料的生产，所占比例也略有增进，姑作 22%。不过，这里不包括由官僚资本接收的巨额敌伪产业，其中重工业较多；若加入，比例将有变化。然而此项重工业资产多在东北，实际甚少恢复生产，也就不是本文所称的资本了。

我国经济中有官僚资本和民族资本两种所有制形态。但在所有旧资料中，都无法划出官僚资本的范围，只能勉强区分公营和私营，公营包括国营、省营、市营等企业。事实上，中国的官僚资产阶级主要就是靠掌握公营事业来扩大他们的财产的。

国民党国营工业的发展机构资源委员会在 1936 年才开始运作，这以前不过是研究设计机关，所以战前的公营工业是很少的。我所能找到的只有 1940 年《中华民国统计提要》中 1935 年的统计，计 72 厂，资本额 30298 千元，其中不包括铁路修车厂、造船厂和化工厂。我补入铁路修车厂资本 16665 千元，国营船厂资本 21800 千元（皆据刘大钧调查），化工厂资本 291 千元（以统计提要中产值代替），总计得 69054 千元。这是填报的资本额，化成本文所称资本，也只有用资产估值法。公营资产比率较高，假定为 3 倍，车厂船厂则用表 2 中的交通类比率 5.87 倍，则车厂船厂资产为 225790 千元，其余厂为 91767 千元，共计 317557 千元。以此代表战前的公营工业资本，约占本文所估计的 1936 年工业资本总额 2140796 千元的 15%。这里略了造币厂（数值不实）和兵工厂（数值无据）。

战时后方，国民党国营工业大量膨胀，各省市、战区司令部、国民党党部等也都大办企业。不过，省市以下所办以金融贸易为主，工业不多。据李紫翔先生的统计，到 1944 年后方公营工业的资本额为 189183 千元（1936年币值），[1] 占后方工业资本总额的 39%。这个统计不免限于较大工业（就厂数说公营只占 9.5%），省市以下恐少登记，又官商合办的官股大约也未计入。陈伯达在《中国四大家族》中引用陈明远和重庆《大公报》的估计，说公营事业投资占 50% 或 70% 以上。[2] 公营企业一般资产较大，按资产计公营占 50% 大约是可能的。我们前依表 9 估计后方工业资本（资产值）共为 1024824 千元，按 50% 计得 512412 千元（1936 年币值），作为战后后方的公营资本。

其余地区，战前原有的公营工厂，战时不免损毁。我们所知，仅广州、杭州二电厂自动炸毁，汉口、沙市、宜昌、长沙、湘潭、常德六电厂内迁，四个机器厂内迁，广州纸厂损失。铁路修车厂和船厂虽有损失，早经日本人

---

① 李紫翔：《从战时工业论战后工建的途径》，《中央银行月报》新 1 卷第 1 期，1946。
② 陈伯达：《中国四大家族》，新华书店，1950，第 94、95 页。

修复，且有扩充。所以我们估计车厂船厂资本 225790 千元仍旧，其余减少一半，则战后仍保有公营资本 271674 千元（1936 年币值）。

最困难的是战后接收敌伪工业的估计。我曾设法向敌伪产业处理局探询，仅知接收厂数，无法得知价值。接收的 2411 厂中有 127 厂发还，主要是原外资厂；有 114 厂标卖，均小厂。因此，在无更好资料前，只有把日本以及德国的工业投资，连同日伪合资企业，计入战后的公营资本。还应提到，本文全部估计都未包括东北和台湾，这在计算公营资本时就成为大缺欠了，只有待日后补充。

关于日本工业资本，有一个日本东亚研究所 1938 年的调查，列入表 13。所列是"推定投资额"，相当于本文所说资产估值，至于推定方法，原调查未详。表中的中日合办企业，原仅列日资部分，我把它改成全部资产值，就是说，把"中"的部分作为伪资，所以，实际是日伪资都在内了（唯有少数例外，表内注明）。企业（包括原英美企业）所借日款也包括在内，因为这部分股权自然应算入公营资本。

依表 13，1938 年日伪工业投资为 693410 千日元，可按 1∶1 折作 1936 年币值的元。困难在于要把它推算到 1946 年。这个总数中，约有 300000 千元属于华北部分，按照表 10 汪馥荪先生所做的华北"资本价格指数"，把它推算到 1942 年，应为 742708 千元；再按照前面推算华北工业资本办法，加 45%，作为 1946 年的投资，应为 1076926 千元（1936 年币值）。这数大约不低。日本华北开发会社截至 1944 年 3 月的工业投资只有 303097 千元（当年币值），折成资产值也没有多少。

华中、华南部分，1938 年的日伪投资是 393410 千元，其中绝大部分是在上海的纺织业资本。中国国民经济研究所估计 1936 年日本在上海的企业投资达 457815 千元，[①] 还高于此数（雷麦和樋口弘的估计则低于此数）。日资在华中、华南的发展是不能和华北相比的，日本华中振兴会社资本只有 98686 千日元，所属公司的合并资本，1944 年亦只有 221000 千日元。不过，日本在华中利用伪资的程度要大一些，常采取"参与"

---

① 张肖梅：《日本对沪投资》，商务印书馆，1937，第 6 页。

表13　日本在华工业资本（1938年，东北及台湾除外）

单位：千日元

业　别	日资企业 推定投资额	中日合资企业 推定资产值	日本借款 本息合计	投资估计 1938
木材及木制品	5920	—	—	5920
机器金属电器	36610	3700	2694	43004
土石水泥	4037	2200	8930	15167
水电煤气	2167	22655	12809[1]	37631[2]
冶炼	150	20867	48254[3]	69271[4]
化学	20580	3675	—	24255
棉纺织	408067[5]	—	—	408067
丝麻毛纺织	9693	—	—	9693
皮革橡胶	12630	—	—	12630
饮食品	47345	3773	—	51118
造纸印刷	9116	—	—	9116
其他	5825	1713	—	7538
总　计	562140	58583	72687	693410

注：

[1] 包括参加上海电力公司7000千日元。

[2] 合办企业中，有五家电厂是贷付资本，共19266千日元，占全部资本额44%，依此比例计算日方资产值21485千日元。又煤气厂一家资产不详，按资本900千日元的1.3倍计，合11710千日元。

[3] 主要是汉冶萍借款。

[4] 日资上海中公司一家资产不详，按其1936年资产增加27.5%计合6225千日元；再加入投于石景山、太原、阳泉三铁厂及投于太原铸造厂之日方支配资产值12098千日元。

[5] 系1939年5月调查。

资料来源：日本东亚研究所《日本の对支投资》。

方式。我们既无其他材料可据，姑假定华中、华南的日伪资本在1938年的基础上增加一倍，大约是可能的。即1946年应为786820千元（1936年币值）。

德国的工业投资，据日本东亚研究所调查，1936年有22厂，推定投资额38459千元。① 假定它在战争中无变化，即作为1946年的投资。

以上，1946年日伪和德国的工业资本共为1902205千元。加上前估在后方的公营工业512412千元，其他地区战后存余的公营工业271674千元，1946年全部公营工业资本共为2686291千元（1936年币值）。

---

① 吴承明：《关于帝国主义在华工业资本》，《中国工业》新1卷第12期，1949。

根据以上估计，把中国工业资本的所有形态列为表 14。① 据表，公营所占比重由战前的 14.8% 增为 1946 年的 63.8%，其中接收敌伪工业部分占 45.2%。陈伯达在《中国四大家族》中说："据本年五月间有人作粗略的估计，官营企业的资本已约占全部产业资本总额的百分之八十以上。"② 所称全部产业资本，应是包括矿业和铁路等交通运输业资本，那公营的成分自然要大得多了。

表 14　中国工业资本所有形态估计（东北、台湾及外资除外）

单位：千元（1936 年币值）

	1936 年		1946 年	
	金　额	比重(%)	金　额	比重(%)
中国工业资本	2140796		2305370	
加：接收敌伪工业			1902205	45.2
			—	
			4207575	
其中：公营工业	317557	14.8	2686291	63.8
私营工业	1823239	85.2	1521284	36.2

（原载《中国工业》1949 年新 1 卷第 5、6 期，1950 年修正）

---

① 表 14 是把接收的敌伪工业和原估的工业资本直接相加，故"伪"资的部分有重复。但所占比重甚小，不再调整。

② 陈伯达：《中国四大家族》，第 89 页。

旧中国工业资本的
估计和分析

一　我们所称的资本

本文目的在利用旧的材料，对解放前中国的工业资本做个新的估计，并分析其组成和运用状况。

旧材料是根据旧观念来的。在资本主义经济中，"资本"是个混沌不清的概念。从旧商法的观点看，资本只是企业账册上股本的数字，这数字和实际使用的资本数量本没有多大关系。[①] 但不幸我们所得的旧材料中多半就是这个数字。从旧会计学的观点看，资本又是一个企业的净值，即资产减负债的余额。这概念距离实际所使用的资本仍然很远，因为借入资本没有包括在内。借入资本和自有资本只是个法律上的分别，从生产过程来看并无区别，从资本所有者来看也同属资产阶级。这数字理论上包括了企业内部的资本积累和资本消耗，比股本数字是进了一步。从一般商业的观点看，则资本又指一个企业的全部资产。这概念是资产阶级经济学所斥为浅薄的，但倒是接近于我们所称的资本。我们在估计中，也不得已而常采用这个概念。

正统派经济学中资本的定义是"用于生产财富的财富"，或"能增值所

---

① 现代资本主义企业中流行无面额股票（No-par Stock）或低面额股票（Low-par Stock），使这个股本数字更表现得无意义。

得的财富",① 而又是指人力可以蓄积的，所以把土地除外。这个定义差不多为资产阶级经济学者所共同接受，因此他们的概念便把资本限于机器设备等"资本财"（Capital goods），在我们所取的旧材料中，也有采用这个概念的。这样的理解，正如马克思所指出，用石头打破胡桃壳的猿也算是资本家了。用这个定义，则周转必需的现金资产和存货，也都不是资本了。

资本是历史的产物，是"特别的、历史上一定的生产关系"。② 一切商品、一切货币，只有在做一定的运动时才成为资本。这个运动即是剩余价值产生的过程。所以资本是产生剩余价值的价值。机器设备厂房等生产工具，加上生产所必需的原料和助成原料，统称生产手段。它们在生产过程中转化为生产品的价值而无所增减，因此生产手段的价值是生产过程中的不变资本。生产必需劳动，用于购买劳动力的资本，不但其价值转化为生产品的价值，劳动力又创造生产品的新价值，即剩余价值。所以这部分资本是生产过程中的可变资本。我们所称的资本，即指这两种资本的总和。

就普通的意义讲，我们所称的资本，指当年在工业生产中所实际使用的资本，不论是自有的或借入的，也不论其形式是生产工具、商品或货币。但不应包括闲置的资本，如停用的设备、过剩的存料等。也不应包括非本业生产中使用的资本，如业外投资、门市部、投机等。

资本是以货币形式开始，循着货币—商品—货币这一公式作无限运动。在这一点上，我们没有资本主义经济学中所遇到的以货币单位来表示各种"资本财"价值的困难，即统计上异质商品的价格问题。我们所理解的资本是个货币不断地资本化的过程，即资本不断地增长自己，所以在理论上讲，以"投资额"来代表是正确的。但实际上我们所有的投资额材料却不能代表资本。因为：第一，这些材料大都是原始投资额，或经过变更股份后的投资额，而经常性（逐年的）资本消耗、资本积蓄（剩余价值的资本化）都未计入。第二，中国工业大量地依赖借入资本，这部分在投资额中常未表现。第三，统计上的投资额，对于币值的变动，除少数例外，都未作调整。

---

① 这是马先尔的定义，见 *Principles of Economics*，1920，p. 70。陶西格更指明资本是"具体的东西"，成为"社会的物质装备"，见 *Principles of Economics*，1939，Vol. Ⅱ，p. 6。

② 列宁语，引自《列宁经济教程》，神州国光社，1949，第99页。

第四，统计上的投资额是工厂主填报或登记的数字，不但不完全，而且因为法律、纳税等关系，非常不可靠。

由于以上种种原因，要了解旧中国工业资本的实际情况，不能利用任何现成的材料，而必须加以重新计算和估计。

二　估计的范围、方法和估计结果

工业上的资本之形成，有它先决的条件。我们所称的工业资本是指资本主义生产方式中所使用的资本，所以劳动者占有生产手段的手工业生产不包括在内；但是，作为资本主义生产方式的特征形态的工场手工业，则应包括在内。这一节，我们所有的材料都发生困难。1933 年国人所经营的工厂的产值约占工业产值的 28%，其余 72% 是手工业和工场手工业生产的。[①] 但我们所有材料中，手工业和工场手工业都无法划分。又我们所有工厂材料，只有合于旧工厂法的，即雇工在 30 人以上并使用动力者。作者曾用比例方法加以补充，使包括雇工在 10 人以上的工厂，但仍不能包括全部工场手工业。因此在本文中，我们只得把工场手工业略去，估计仅限于新式工业部分。

就地域上讲，我们的估计限于抗日战争前的中国，不包括东北和台湾。抗战后的估计，为了与战前对比，并由于东北和台湾无确切材料，也没有计入。此外，内蒙古和西藏因毫无材料，也只好略去；其他边远地方，自然也不少遗漏。

就资本国籍说，我们的估计是以中国资本为限。帝国主义资本对中国工业发生很大的作用，数量上超过中国资本。但估计帝国主义的资本非常困难，我们初步估计，最高和最低相差 20 倍。我们所知道的日本人的调查材料，现在又无法取得，只有待以后另文估计。[②] 但在抗日战争后，日本和德国的投资由中国接收，变成了官僚资本，这部分我们必须予以估计，计入抗战后的资本总额中。

---

① 巫宝三：《中国国民所得（一九三三年　修正值）》，《社会科学杂志》第 9 卷第 2 期。

② 后来估计，见吴承明《帝国主义在旧中国的投资》，收入《中国资本主义与国内市场》，中国社会科学出版社，1985，第 13～61 页。

从资本的所有形态上说，应当分别估计官僚资本和民族资本，但旧材料不允许我们这样做。我们未能估计全部官僚资本，只能估计其中国民党政府经营的部分，列为公营工业，而与私营工业相对立。

从资本的使用形态上说，我们是力图估算其不变资本部分和可变资本部分。同时要观察资本的剥削率，即剩余价值率。这就要估计出剩余价值，而这是材料所不允许的，我们只能就唯一有工业普查的年份即 1933 年，粗略地作些观察。

同时，我们也对工业资本在各行业间的使用分配做出估计，观察生产资料的生产和生活资料的生产所占比重。

我们的估计采用两个基期，以 1936 年代表抗日战争前的情况，以 1946年代表抗战后，相距恰好十年。估计的过程和所用材料比较繁杂，需要另文介绍，[①] 这里只简述估计方法。

1936 年的估计，是以中国经济统计研究所的 1933 年工业调查为基础的。这个调查有许多缺点，谷春帆先生的《中国工业化通论》曾有补充，巫宝三等先生的《中国国民所得》有更多的补充和修正，我们又根据其他材料作了补充和修正，得 1936 年的资本额。这是工厂填报或登记的资本额，它同工厂的资产常保持一定的比率，各行业不同。我们用这个比率推算出 1936 年的工业资产是 19.444 亿余元；这是我们所做的第一个估计，可称为资产估值法。用这个方法估计，有偏高的因素，但主要是偏低的因素，这是由于企业隐藏利润、逃避捐税、秘密竞争以及保守的会计习惯等所引起的。

从上述材料及有关工人、工资等统计中，我们能按行业估算出 1933 年中国工业生产的三组数字，即（1）全年折旧消耗；（2）全年生产费用（包括原料、燃料、杂费）；（3）全年工资支出。这样，我们就又可有两种估计方法。

其一可称为价值还原法。一年的折旧消耗总额，即在当年生产中，由生产设备转移到总产品中去的价值。我们假定生产设备的平均使用年限是 30年，将折旧消耗乘以 30，即是生产设备的价值，亦即当年投于生产设备的

---

① 该文为《中国工业资本的初步估计》，载《中国工业》1949 年新 1 卷第 5、6 期。唯这里所用是后来的修正数字。

固定资本。生产费用总额，是由原料、燃料等转移到总产品中去的价值。我们假定工业资本的平均周转率是每年 4 次（即三个月），那么，生产费用总额除以 4，即当年投于原料、燃料等的流动资本。与投于生产设备的固定资本相加，即当年的不变资本。同样，工资总额除以 4，即当年的可变资本。两者合计，得出总资本 16.439 亿余元。这就是 1933 年实际运用于工业生产的资本。这方法是从生产一定产品的实际所需出发，有些数据就是从总产值中导出，这就避免了资本家填报不实以及闲置资产、业外投资等问题。从理论上说，它更符合于我们所称的资本。但是，其中的固定资产使用年限和流动资金周转率，虽也有所根据，终究还是一种假设，这就影响了估计的可靠性。

其二可称为利润还原法。它是从工业总产值中，减除当年的折旧消耗和生产费用，得出净产值；再减除工资支出和薪金支出，得出工业利润；再除以平均利润率 12%，还原为工业资本。依此得出 1933 年的工业资本是 15.191 亿余元。这方法更多是从产值出发，我们所用产值数字一般比资本数字可靠。这方法也避免了借入资本、闲置资本等问题，比较符合于我们所称的资本。其中工业资本的平均利润率，是同几个工业家讨论的结果，以抗战前正常情况为准，并非 1933 年厂方实际所得。然而，这仍然是一种假定，并且对估计的结果是举足轻重的。

以上我们得到三个估计。其第二、第三估计是 1933 年数字，把它们分别按照就业指数、物价指数、工资指数估算为 1936 年数值，则得出下列结果：

1936 年中国工业资本（千元）

资产估值法	1944409
价值还原法	2223902
利润还原法	2057689

三者所幸相差不远。我们在总表中所用，则为后两个估计的平均数。

1946 年的估计，是把全国划分为抗战后方、华北和华中华南三个部分。并把抗战前 1936 年的工业资本，也依一定比例划分为这三个部分。又分区准备了以 1936 年为基期直到战后的生产指数和就业指数。

后方的估计，主要是根据李紫翔先生所整理的工业资本额统计，他并已折算成 1936 年币值，我们仅补充上他所未列的水电业。这是登记资本，化成我们所称的资本，只能采取上述第一种方法，即资产估值法。因无分行业材料，我们只能假定资产平均为登记资本的两倍。

华北的估计，是根据汪馥荪先生整理的日本人的调查，包括华厂和中日合资厂的华资，时间到 1942 年。我们把它推算到 1944 年，即以之作为 1946 年数字，并折成 1936 年币值。这也是登记资本，只好按两倍折成资产价值。

华中、华南原是我国工业集中地区，战前占全国工业资本的 64%。不幸正是这个地区，没找到任何统计资料，我们只能以战前为基础，减除战争损毁、内迁的估计，参考上海这期间的生产指数，尤其是比较有具体材料的棉纺织业设备增减情况，做出估计。各地区的估计结果如表 1。

表 1 中国工业资本

单位：千元 （1936 年币值）

	1936 年	1946 年	增减(%)
后　　方	406751	1024824	+151.0
华　　北	363935	210436	−42.0
华中华南	1370110	1070110	−21.9
合　　计	2140796	2305370	+7.7

这个合计额，还要加上接收的敌伪资产，才是 1946 年的全部工业资本。其中日伪部分，是根据 1938 年日本东亚研究所的调查（包括日资企业、中日合资企业、日本借款），[①] 我们也把它分成华北和华中华南两部分。华北部分按照汪馥荪先生所作"资本价格指数"，推算到 1946 年。华中华南部分，无资料可循，只有假定在 1938 年基础上增加一倍。接收的德国工业投资，亦无资料，只好按它 1936 年的资产值计入，即假定战时无变化。日伪和德国的工业投资共 19.022 亿余元（1936 年币值），我们把它全部计入官僚资本（即总表中的公营工业资本）。

---

① 原来我们是采取更为间接的估计方法。本文发表后，承汪馥荪先生来信指教，并慨然允将日本东亚研究所的出版物借给作者，作者因另写《关于帝国主义在华工业资本》一文，发表于《中国工业》新 1 卷第 12 期，1949。这里即改用该文估计。

至于 1946 年的可变资本，是以战前为基础，按照实物工资指数，从 1946 年的工业资本中算出其份额，同时也得到不变资本的份额。资本在各行业间的使用分配，是根据国民党政府 1947 年的主要都市工业调查和 1948 年版的《经济统计》。

从上述看出，我们的估计有诸多困难，其中不少假设的成分，正确性自然是不高的，而我们的目的，也只是得到一个大体的概念而已。整个估计结果，列入下面的总表。

总表　中国工业资本估计（东北、台湾及外资除外）

单位：百万元

工业资本	1936 年		1946 年	
	当年币值	比重（％）	1936 年币值	比重（％）
中国工业资本	2140.8		2305.4	
中国工业资本（包括接收敌伪工业）			4207.6	
资本的使用分配				
生产资料的生产		20.0		22.0
生活资料的生产		80.0		78.0
纺织业		36.8		35.0
饮食品业		16.2		15.0
水电业		19.1		20.0
资本的有机构成				
不变资本	2191.2[1]	98.5	2253.3	97.7
可变资本	32.7[1]	1.5	52.1	2.3
生产成本和剥削率[2]				
生产设备折旧	45.8	3.9		
原料、燃料、杂费	974.6	83.5		
工资	104.7	9.0		
薪金	41.9	3.6		
剩余价值	258.1			
剩余价值率		247.0		
资本的所有形态				
公营工业	317.6	14.8	2686.3	63.8
私营工业	1823.2	85.2	1521.3	36.2

注：

[1] 两者之和与上列总额不同，因系据另一法估计的。

[2] 据 1933 年估计。

三 中国工业资本的分析

根据我们估计的结果，中国人投于新式工业的资本，在抗日战争前 1936 年是 21 亿元左右，抗战 1946 年是 23 亿元左右（均按 1936 年币值计算）。所增加的全部在抗战时的后方，原沦陷区则疮痍未复，减少约 26%。但如加上接收的敌伪工业资产，1946 年有 42 亿元左右。以全国人口 4.5 亿计，1936 年平均每人分得的工业资本不到 5 元。那一年，美国平均每人分得的工业资本约合 1600 元。可以看出中国的工业资本是如何贫乏。

抗战前，每个工人所使用的资本平均有 4000 元，使用动力 1.03 匹马力；抗战后，每个工人使用的资本平均有 5000 元，使用动力则只有 0.64 匹马力。这是因为战后工厂增多，而机械化程度降低了，经营规模也缩小了。1933 年平均每厂资本约为 50 万元，工人 200 人；战时后方每厂不到 20 万元，工人不到 70 人。

但是，从我们所估计的资本有机构成看，却极易发生误解。资本的有机构成，本是由资本的技术构成决定的（如机器使用的程度，生产规模的大小等）。马克思说，比诸社会平均资本，不变资本成分较大，可变资本成分较小的，叫作高度有机构成的资本；反之，叫作低度有机构成的资本。我们所估计的是社会平均资本构成，个别厂的情形，并无反映。就社会平均资本构成来说，照我们的估计，抗战前不变资本占 98.5%，可变资本只占 1.5%；抗战后工资相对提高，不变资本占 97.7%，可变资本占 2.3%。照这个估计，可变资本所占的成分是太小了。如果和别的资本主义国家比，也许我们的资本有机构成比英美还要"高"。但严重的错误也就发生在这里。

我们所估计的可变资本，是按平均每年周转四次计算，即相当于全年工资支出的 1/4。这个周转率是假定的，可能偏差。但我们问过几家工厂的经营人，证明这个算法相差并不太远。中国工业资本中可变资本所占的成分极小，并不表示我们已高度使用了机器。相反，试从表中生产成本的分析来看，机器设备等移转的价值只占成本的 3.9%，还不到工资支出的一半呢。可变资本的小，完全是由于工资的过低，低得令人不可想象。例如战前缫丝业中打盆女工每月的全部收入只有 3.8 元。中国工业资本家把 80% 以上的资本都放到工厂设备上去，只留 2% 左右作为购买劳动力的基金，这基金所购来的劳动力制造了 3.5 倍于它的价值，这就是可变资本极小的原因。

就生产成本来分析，83.5% 是原料、燃料、杂费等支出，只有 4% 左右是生产工具折旧，9% 是工资支出。这充分说明了生产技术的落后，机器使用程度的低和工资的奇廉。抗战后的情形比较不同，可惜我们没有适当的材料来分析。我们还可引一点刘大钧在 1933 年对上海工业的考察：棉纺业原料占成本 75%，工资占成本 9.3%。棉织业原料占 88%，工资占 5.7%。面粉业原料占 83%，工资占 0.9%。卷烟业原料占 40%，工资占 3%。机器业原料占 44%，工资占 8.5%。生产工具折旧平均不过占 5%。①

资本的剥削率是以剩余价值率计算的，即剩余价值与可变资本的比率。剩余价值是以工业利润、工业让渡给商业的利润和我们所称的间接工业利润的总和来表示的。这估计的正确性自然很低，但我们相信并未故意高估。结果剩余价值率则是高得吓人，1933 年是 247%，即 250% 左右。如用工资指数和物价指数推算，1936 年还更高，1946 年可能低一些，但也接近 200%。剩余价值率高，并非由于利润率高，我们假定的平均工业利润率只有 12%。剩余价值率并非根据利润率算出，两者在估计方法上亦无关联。所以剩余价值率高完全是由于工资的过低而来，而这也就是中国工业在帝国主义和封建主义压迫下还能苟存残喘的原因。他们是靠着对劳工惨酷的剥削来和帝国主义争生存的。所以剥削虽惨酷无比，资本家的利润并不特别优厚。因此，资本的积蓄微不足道，有时且发生负数。② 如不打破帝国主义的枷锁，单纯靠对劳动力的剥削，中国终不能工业化。

再就资本的使用分配来看。在抗战前，使用于制造生产资料的资本，包括冶炼、机器、化学、建筑材料等行业，不过占总资本额的 20%；使用于制造生活资料的资本，占到 80%。生活资料行业中，纺织和食品占到 53%，水电占到 19.1%。水电中自然也有用于制造生产资料的，但化学、金属品中也很大部分是生活资料。我国轻工业的畸形发展是个特点，尤其是棉纺、面粉、卷烟三业。中国工业又都集中在沿海城市，上海的工业资本占全部的

---

① 刘大钧：《上海工业化之研究》，1937。

② 吴承明：《我国资本构成之初步估计》，《中央银行月刊》新 1 卷第 11 期，1946。

40％，产值占50％。这些轻工业又都是富有浓厚的殖民地依赖性的，原材料和机件大量地依靠进口。中国工业的弱点，就暴露在这里。

抗日战争时期后方的工业，第一次建立了带有独立性的工业。资本的分配也改变了，冶炼业占15％，机器五金占12％，化学业约占30％（其中主要是代汽油的植物油工业），纺织只占16％，食品占6％。战时华北的工业，因日本的资源掠夺政策，也比较偏重在重工业，但因我们对冶炼材料不全，不能做全盘估计。

抗战后1946年的资本分配，是我们参照就业分配的情形假设拟具的，因为这一年国民党政府经济部统计的资本数字全然不能利用。所以这一组数字只代表一种推测，推测制造生产资料的资本增加到22％，制造生活资料的资本减为78％，与抗战前并无根本变化。而重工业先天不足，轻工业对帝国主义的依赖性则有增无减。

最后，关于资本的所有性质，如前所述，我们未能估计全部官僚资本，只估计了所谓公营工业的资本。实际这也是中国官僚资产阶级剥削人民的主要资本。所谓公营工业，是由1936年资源委员会的工作才大量开始的，抗战中急速扩张，战后又接收了巨大的敌伪资产。我们估计它1936年只有3亿多元，占中国工业资本总数15％左右，主要是铁路修车厂、船厂、电厂等交通公用部分，唯兵工厂未能计入。抗战中在后方扩张到5亿多元，占总数一半左右，已侵入所有工业部门。而且除国民党政府外，地方政府、战区司令部、国民党党部、军队都有工业投资。战后，除掉沦陷区损毁的，加上接收敌伪的，几达27亿元（均1936年币值），占总数64％左右。一些文章所说比我们估计的比重还要高，大约因为我们的估计未包括东北和台湾之故。这时，中国民族资产阶级所能活动的范围也就可想而知了。

（原载《新华月报》1949年创刊号，经修订）

中国近代资本集成和工农业及交通运输业产值的估计

十年前，我在《中国资本主义的发展述略》一文中刊有关于中国资本集成和工农业及交通运输业产值的估计。[①] 该文曾经几种刊物转载，并有英、日文译本；此项估计遂常为学者所引用。此事我甚感不安，因此项估计是同仁编写《中国资本主义发展史》时最初的匡计，极不成熟；不意谬种流传，我为祸首。1988 年，我在编辑《中国资本主义发展史》第 2 卷时，将此估计中的 1894～1920 年部分逐户逐业重新估算，估计范围和方法亦有改动。该卷已于 1990 年出版，书中声明我 1981 年的估计应予修订。最近，我完成该书第 3 卷的编辑，将 1921～1948 年的部分也重新估算。第 3 卷出版尚需时日，因将全部估计的基本数字分列四表，借《中国经济史研究》发表，望读者审评，以便将来再作修订。

这种估计属宏观考察。宏观经济结构复杂，计量方法的适用性本可讨论，名家亦有"伪装的精确知识"之讥。[②] 不过那是指数学模型的效果而言，我们所用还限于统计学方法，而非历史计量学（cliometrics）方法。就统计学而论，类此估计应有间期的普查资料或统筹全局的系列指标。我们无此条件，只能从单项统计中推算，其准确性自属可疑；我在书中曾说："人

---

① 载《中华学术论文集》，中华书局，1981。收入本卷第 40～72 页。——编者

② 诺贝尔奖奖金获得者 F. A. 哈耶克：《知识的虚伪》，载《现代国外经济学论文选》第 2 辑，商务印书馆，1981，第 75 页。

们可以从任何一个'漏洞'中攻破它。"① 不过我们以为，在较长期的经济动态研究中，有一个系统的尽管是粗糙的数量概念，仍是有益的。至少它可以辅助纯理论性论证之不足，并比传统的"举例子"式的论证方法为佳。因为就宏观考察而论，正如列宁所说："社会生活现象极端复杂，随时都可以找到任何数量的例子或个别材料来证实任何一个论点。"②

《中国资本主义发展史》进行此项估计的目的是探讨中国资本主义发展的水平。即是说，利用下列四个表的数字来计算各时期资本集成（capital formation）的速度（平均年增长率），各种资本形态和各部门比例关系的变化，市场商品结构的变化和资本主义生产在国民生产中所占比重的变化；至于表列数字本身即其绝对值，并不重要。因只要各基期涵盖范围和估值标准一致，绝对值的偏差有同向性，对上述年率和比例的变化的影响并不很大。或有读者拟利用此表时请注意这一点。又此项估计是本书的附录，仅供最后一章分析资本主义发展水平时所用，其他各章并不引用，而是按所研究的专题利用有关专项资料，以保证专项研究的独立性。我以为专项资料优于综合估计。

此外尚有几点说明：（1）表列"资本"是用"产生剩余价值的价值"含义，包括自有资本和借入资本，大体相当于企业的资产总值。（2）产业资本指近代化工业和交通运输业的资本，其估值尽可能以实物量为准，如纱厂锭数、电厂设备容量、铁路里程、轮船吨位等；但估值时未能全依重置价。（3）商业资本的估值是市场商品量一次交易所需垫支资本，非全部商业资金，这样可排除众多个体商业的资金（不作资本看待）。（4）金融业资本估值不是据银行的资产，而是其负债，即股本＋公积和准备＋存款。（5）工农业产值指总产值，即毛产值，原则上用生产者价格而非市场价格，"商品值"一栏亦同。交通运输业产值即其总收入。（6）农业、手工业产值包括自给性生产和农家副业生产（出售或自用）。（7）交通运输业产值仅指营业收入，不包括军用和公私自用的车、船、航空器、役畜或役夫的生产。

---

① 许涤新、吴承明主编《中国资本主义发展史》第 2 卷，人民出版社，1990，第 1040 页。
② 《列宁选集》第 2 卷，人民出版社，1972，第 733 页。

表1 资本估值

单位：万元

	1894	1911/1914[1]	1920	1936 关内	1936 东北	1947/1948[3] 国统区（1936年币值）
资本总额	113719	483845	719882	2014543	565844	1424518
C 产业资本	12155	178673	257929	554593	444463	654992
D 商业资本	74884	234168	317000	500295	60932	382348
E 金融业资本	26680	71004	144953	957156	38783	387178
其他				2499	21666	
外国在华企业资本	21370	184608	239000	501174	426667	111650
C 产业资本	5406	102125	133000	195924	375834	73414
D 商业资本	9284	67968	87000	119295	18932	15348
E 金融业资本	6680	14515	19000	183456	10235	22888
其他				2499	21666	
官营资本	4757	52296	90205	765625	47647[2]	767079
C 产业资本	4757	47807	66952	198925	23529	420079
D 商业资本	—	—	—	3000	—	3000
E 金融业资本	—	4489	23253	563700	24118	344000
民族资本	87592	246941	390677	747744	91530	545789
C 产业资本	1992	28741	57977	159744	45100	161499
D 商业资本	65600	166200	230000	378000	42000	364000
E 金融业资本	20000	52000	102700	210000	4430	20290

注：

[1] 外国资本为1914年，官营资本为1912年，民族资本为1913年。

[2] 指"满洲国资本"，其产业资本中未包括由南满铁道会社托管的财产147060万元。

[3] 原则上是两年中的较高值。

表2 产业资本估值

单位：万元

	1894	1911/1914[1]	1920	1936 关内	1936 东北	1947/1948[3] 国统区（1936年币值）
产业资本总额	12155	178673	257929	554593	444463	654992
A 工业	7745	66622	106484	324001	176379	370812
制造业	5755	38686	64505	217466		
公用事业	213	9673	15042	65342		
矿冶业	1777	18263	26937	41193		

续表

	1894	1911/1914[1]	1920	1936		1947/1948[3] 国统区（1936年币值）
				关　内	东　北	
B 交通运输业	4410	112051	151445	230592	268084	284180
铁路	691	98417	128950	120493		151490
公路	—	—	—	52435		62240
轮船	3248	12711	20247	48413		}57280
民航	—	—	—	2866		
邮电	471	923	2248	6385		13170
外国在华企业资本	5406	102125	133000	195924	375834	73414
A 工业	2791	37690	50000	145128	108750	62446
制造业	2587	21236	28000	84486	75417	26052
公用事业	204	5107	7000	39699	24167	27552
矿冶业	—	11347	15000	20943	9166	8842
B 交通运输业	2615	64435	83000	50796	267084	10968
铁路	—	56064	73000	15714		
轮船	2615	8371	10000	33516		}10968
民航	—	—	—	1566		
官营资本	4757	47807	66952	198925	23529[2]	420079
A 工业	3063	8417	11414	34034	23529	159874
制造业	1561	2284	2945	15937		
公用事业	—	939	1983	8847		
矿冶业	1502	5194	6486	9140		
B 交通运输业	1694	39390	55538	164891	（147060）	260205
铁路	691	36467	51043	100993		151490
公路	—	—	—	52435		62240
轮船	532	2000	2247	3778		26130
民航	—	—	—	1300		7175
邮电	471	923	2248	6385		13170
民族资本	1992	28741	57977	159744	45100	161499
A 工业	1891	20515	45070	144839	44100	148492
制造业	1607	15166	33560	117043	44100	116261
公用事业	9	3627	6059	16796	—	19471
矿冶业	275	1722	5451	11000		12760
B 交通运输业	101	8226	12907	14905	1000	13007
铁路	—	5886	4907	3786	—	
轮船	101	2340	8000	11119	1000	13007

注：

[1] 外国资本为1914年，官营资本为1911年，民族资本为1913年。

[2] "满洲国资本"，又括号内数字系委托南满铁道会社经营的财产，已计入外国企业资本。

[3] 原则上是两年中的较高值。

表3 工农业总产值和商品值估计

单位：万元

	1920		1936	
	生产总值	商品值	生产总值	商品值
农业	1049494	390883	1450506	753320
粮食作物	652980	147365	867476	272128
经济作物	165530	85835	263786	223443
园艺及林牧渔业	230984	157683	319244	257749
工业	543396	414791	973347	771319
手工制造业	426059	297454	640629	438601
内：工场手工业	(106515)	(106515)	(195961)	(195961)
近代化工厂制造业	88287	88287	283073	283073
矿冶业	29050	29050	49645	49645
内：手工采冶	(18484)	(18484)	(16726)	(16726)
附：进出口洋货		⌷18759		156055
工农业生产总值	1592890		2423853	
市场商品总值		924433		1680694

表4 交通运输业总产值估计

单位：万元

	1920	1936		1920	1936
铁路运输	22374	48342	人畜力运输	4332	10822
汽车运输	—	7102	邮政	1523	4278
轮船运输	6003	19140	内：民信局	(255)	—
航空运输	—	514	电信	1111	2661
木帆船运输	25594	48800	合　计	60937	141659

（原载《中国经济史研究》1991年第4期）

近代中国经济现代化水平的估计

中国经济的现代化，可以追溯到 16 世纪。但那时只是有些"现代化因素"和"资本主义萌芽"出现，不能计量，也无发展水平可言。19 世纪 60 年代，有现代化工业建立，才有了计量的可能。甲午战争后，开始有一些统计资料。一般说法是，在抗日战争前，我国工农业总产值中，现代化工厂的产值只占 10%，而 90% 属于农民和手工业者的个体生产。这只是个笼统的概念，并不准确。经过战争破坏，一般认为 1949 年是我国经济的最低谷，而 1952 年则已恢复到战前最高水平。可是据这时期的统计，1949 年现代化工业的产值占工农业总产值的 17%，到 1952 年则增为 26.6%。[①] 又"工农业总产值"是根据过去苏联 MPS 核算体系而来的习惯用语。其实，我国早在铁路、轮船、邮电、银行、贸易上有颇大投资，都属于现代化经济，它们创造的价值非"工农业总产值"所能概括。

考察现代化经济的发展水平，最好是用增加值核算体系（SNA），看它在国内生产总值（GDP）中所占比重。但在旧中国，只有巫宝三等和美国学者刘大中、叶孔嘉对 1933 年中国的国内生产总值有较详细的估算（两者估算结果相差很大）。近年来虽有人对 1820、1850、1870、1887、1914 年中国的国内生产总值或国民收入有所论证，[②] 但过于概略，缺少细目，不能作

---

① 柳随年、吴群敢主编《中国社会主义经济简史》，黑龙江人民出版社，1985，第 72 页。
② 参见刘佛丁、王玉茹、于建玮《近代中国的经济发展》第 5 章，山东人民出版社，1997。

出现代化经济的实绩和所占比重的估算。

因此，我打算从两个方面来观察近代中国现代化经济的发展。一方面是对现代化经济的资本形成（capital formation）做出估计，考察其增长过程和增长速度。另一方面是分别估计现代化工业和交通运输业在全部工业和交通运输业总产值中所占比重（设农业没有现代化生产）。

资本的记载较总产值的记载为多，我也是从资本估值开始这项研究的。1947 年我发表了一篇《我国资本构成之初步估计》，[①] 1949 年发表了《中国工业资本的估计和分析》，[②] 1955 年出版《帝国主义在旧中国的投资》（人民出版社）。1981 年我发表的《中国资本主义的发展述略》，[③] 就完全用了我现在估计的系统，即一方面估计了 1894、1913、1920、1936 年我国各种产业资本的数量和增长速度；另一方面估计了 1920、1936、1949 年现代化工业、工场手工业和现代化交通运输业在相关各部门总产值中所占比重。这篇文章经多处转载和译成英文、日文，为许多研究近代中国经济的论述所引用，但也使我感到最大的歉疚和不安。因为当时收集的资料不足，估价方法也未尽妥善，数字一出，形成误导。以后，我在《中国资本主义发展史》第 2 卷中作了声明，这个《述略》的估计应予废止。

《中国资本主义发展史》第 2 卷、第 3 卷都有个附录，即各时期的资本的估值和产业总产值的估计。这附录是我在 1986～1987 年作的，书则于 1990 年和 1993 年才出版。本文下面的六个表，即该附录估计结果的总括，表内不再注明来源，不过其中产值的估计有所修正。

资本估值

我提出"产出资本"的概念，包括现代化工业、矿冶业和交通运输业所使用的资本，用它来代表我国现代化经济或资本主义生产发展的进程和速度。并把整个"资本"含义，分成如下体系：

---

① 载《中央银行月报》新 1 卷第 11 期。
② 载《经济周报》第 9 卷第 8～9 期。
③ 载《中华学术论文集》，中华书局，1981。

A 工业资本（含矿冶业）；

B 交通运输业资本；

C 产业资本＝A＋B；

D 商业资本；

E 金融业资本。

这里面缺少现代化服务业和文化卫生事业，因资料不足，只好从略。

需要注意的是，我在后面产值的估计中包括手工业（手工业产值比现代化工业大好几倍），但资本估值中没有手工业。原来手工业经营是以流动资金为主，其发展适应流动资本规律。[①] 我们几乎找不到手工业投资的材料，仅有的一些记载也与它们的产值完全不成比例。并且，手工业主要是农家副业和个体生产，属于传统经济。但是，手工业中的工场手工业和散工制，已是资本主义生产性质了，就其组织和生产力说，也具有现代化因素，1936 年其产值已占手工业总产值的 1/4，但无法估计其资本，这是个缺漏。

产业资本的估值，不是像前人常用的企业登记资本或注册资本。我一开始就把"资本"定义为"产生剩余价值的价值"。这个定义适用于所有资本。就产业资本来说，它应包括企业的自有资金、积累和借入资金，但应剔除折旧和闲置资产，相当于资产负债表上的资产总值或资产净值（依企业性质而定）。实际上，西方国家估计一个企业的财力，也是采用这个标准，没有使用登记资本的；近年来更常用"股份市值"，那就更完整，包括无形财产。但我们在实际估值中，只有极少数企业有资产负债表可用。我是尽可能采用实物计量，如纱厂纱锭、面粉厂钢磨、电厂设备容量、铁路里程、轮船吨位等来估值，但要找到每个基期年份的重置价是很困难的，往往要借用原来的平均每单位设置价。又有许多企业或行业，只有登记资本数，只好按20 世纪 30 年代平均数估计，即资产总值为登记资本的 2～3 倍。

从表1 和表2 可以看出各时期各类别产业资本的形成额和增长速率。在1894 年，中国的产业资本大于外国在华产业资本约 1/4，这是洋务派创业的功绩。1894～1911/1914 年这一阶段，整个产业资本的增长达年率 15.5%，

---

① 参见 John R. Hicks, *Capital and Growth*, Oxford, 1965, ch. 4。

这是因为基数太低。不过，这期间每平均新增资本 8900 余万元，合 1936 年币值近 2 亿元，为数不小。但新增资本中，有 58% 是外国企业投资。唯洋务派的投资也不少，合 1936 年币值，平均每年达 5000 余万元（包括铁路、实业外债）；或谓甲午战争后洋务运动破产，从经济建设上说，并非如此。

第二个阶段，即 1911/1914～1920 年，整个产业资本平均年增 1 亿余元，折 1936 年币值约 1.5 亿元。其中外国资本进入颓势，增长年率由 16% 降为 4.5%，到 1920 年仅略多于中国资本了。官营资本，辛亥革命后也陷于停滞，增长年率仅 3.8%。而民营资本大为兴盛，就工业资本说，增长年率达 11.9%，到 1920 年总量已超过官营，而直接与外国资本相较量了。交通运输业中，民营颇受摧残，铁路被收为国有，但在轮船业中，始终保持着 18%～19% 的增长优势。这时期，民间每年已有 4000 余万元的资本形成能力，折 1936 年币值约 5000 余万元。

第三个阶段，即 1920～1936 年间，有东北沦陷和 30 年代经济危机，但就产业投资来说仍是加速了。其中外国资本又占到了新增资本的 59%，主要是日本在东北的投资；但如不计东北，单就关内而言，则外国资本年增长年率只有 4.3%，比前一时期还低。官营资本在关内也加速增长，而投资最多的是铁路、公路、电信和创办航空。在关内，增长最快的还是民营产业，尤其是工业。20 世纪 30 年代危机主要是市场购买力紧缩，对工矿生产力影响不大。这时候，关内民间已有每年形成 6000 余万元资本的能力。若非日本帝国主义侵入，会大有发展的。

经过抗日战争和连年内战的破坏，我国经济千疮百孔。总的产业资本约减少 1/3 强。减少最大的是外国资本；而官营资本却因接管敌伪财产而大量增加；民营资本约减少 1/5。不过，表 1 的 1947/1948 年估计很少可靠资料，不少是从产量指数推出，加以币值混乱，是极不可靠的。其中可能有偏低因素。

商业资本的估值，非常困难。前人曾根据部分调查，找出平均每家商店资本，估计全国商店数，得出资本额。也有人根据海关埠际贸易的统计，推算全国市场交易额和所需资本额。我的办法，是估计出 1920 年和 1936 年进入市场的农工业和进口的商品量和商品值，再按照这些商品一次交易（实即批发交易）所需的垫支资本（一般说周转率一年四次），作为商业资本额。其他年份，另行推算。这种办法，排除了众多的个体交易，即不把零售业和个体交易作为现代化或资本主义商业看待。由于我所估计的不是全部市场交易，并且在计算商品值时是采用生产者价格（比消费市场价格低 10% ~ 25%），所估商业资本额可能偏低。但实际上，就 20 世纪 30 年代而论，与前人其他方法所估相差并不很大。

这样估计的商业资本自然是很粗略的。不过，因是用同一估价方法，其相对变化仍是有意义的。从表 1 和表 3 来看，商业资本总量（包括外商）的增长速度总是小于工业资本的增长速度。商业资本总量与工业资本总量比，1894 年为 9.7∶1；1911/1914 年为 3.5∶1；1920 年为 3.0∶1；1936 年为 1.5∶1（不包括东北，在东北工业资本已大于商业资本）。1894 年商业资本比重很大，因为那时以商业资本为媒介的交易中，有 70% 以上是农产品和农家及个体手工业品，以后工业发展，商业资本的比重就降低了。这也说明，认为中国近代是商业"畸形发展"的概念是错误的。

金融资本的估值，应包括保险、投资公司及房地产业，但实际估计只包括银行、钱庄和票号。我不像有些学者那样把钱庄、票号作为"封建性"的高利贷资本而除外。马克思曾把高利贷资本视为"资本的真正职能"，因为它是以货币增值货币的；如果它是贷给商人，那就"完全和他对于现代资本家的关系一样"。[①] 我国的钱庄、票号基本上是与商人往来和承办官府汇兑，与土地财产和地租剥削没有什么关系。并且，上海银行的利息率实际上是以钱庄的日折为基础，钱庄、票号应视同银行，并无多少高利贷性质。

金融业资本的估值原则上采用"资本金 + 公积金和准备金 + 存款"的公式。但实际上，因记录缺乏，也采取估计其总资产的办法，这就包括了放款和持有证券，而与其他项目的估值有所重复（我完全删去投资公司，也是这个道理）。从表 3 看，金融资本在 1911/1914 年以后增长甚速，到 1936 年其总值已超过商业资本，也超过产业资本（不计东北），这是值得怀疑的。在资本主义发展中，金融资本一枝独秀，是普遍规律。但 1936 年的突出增长，则是官营银行的资产因政府赤字财政原因而大量膨胀所致，是个不正常的现象。此外，这年是用官方统计的银行总资产办法来估计，也有偏高的可能。

---

① 马克思：《资本论》第 3 卷，人民出版社，1975，第 365、671 页。

总产值估计

所谓总产值，即毛产值，不是增加的价值，本来并不科学，但因过去我们一直习用，沿袭下来。总产值的估计有很多不确定因素，很难周全。我国产业总产值中，农业占一半以上，而农业中稻谷又占 1/5 强。20 世纪 30 年代的稻谷产量，有人估为 4920 万吨，有人估为 6950 万吨，巫宝三用 11400 万吨，我用 5730 万吨，这就差远了，但各家都有他选用的理由，难以评定是非。而更重要的是价格选用。我在估价时采用市场价格和生产者价格两套系统，但在汇总时都用生产者价格，这样，所估总产值要比用市场价格小 1/4。我的理由是，农产品在流通中的增殖，包括运费、仓储、利息、商业费用和利润等，都是在农民把产品出手之后发生的，与农民生产者无关。但是，国外学者一般是用市场价格，因为在商品经济中，总是市场的相对价格起调节生产的作用，在近年来的价格预期理论中尤其是这样。农民总是眼睛望着大城市市价，这也是有道理的。

粮食生产中，有 70% 左右是农家自己消费掉了，而在经济作物中，自给性生产即农家自己消费的只占 15% 强。这个巨大的差异十分重要，经济作物产值的较快增长，是中国农业现代化因素增长的一种表现。

这个问题，最严重是在手工业产值的估价上。农家自产自用的东西，应否计入产值？农家缫丝、纺纱、织布，应计入手工业产值（当然可将自给性部分单划出来），这是合乎 GDP 的原理的。不过，其中粮食加工，即碾米和磨面的两项，是否把自给性部分都计入手工业产值，则有争议。因为这两项数字太大了。如果计入，则手工业中最大的项目不是纺织，也不是酿造，而是碾米和磨面，两者占全部手工业产值一半以上。并且，碾米、磨面加工十分简单，有这么大产值，不合习惯想法。因而在巫宝三的估计中，是将磨面计入总产值，碾米因数量太大而用净产值。我最初的估计也采此法。后来修正，将两者都使用净产值。而最近一次修正，即本文所用，又将两者均改为总产值，以求原则一致。这么一来，就使得 1936 年的手工业总产值比过去的估计突增 56%，以致与农业总产值相埒。这恐怕是有些读者难以接受的。不过细想起来，我国的小农经济原本是工农结合的生产，农民花在家内生产上的劳动并不比在大田的劳动少多少，尤其是妇女劳动。我目前这种估价方法，有它的合理性。不过，理论上最佳的方法，是根本舍弃总产值这个习惯性概念，改用增加值即SNA核算体系。这需要有成本和劳动材料，需花很大的工夫，目前还做不到。

相比之下，现代化工厂产值的估计则比较容易，因为多半有实物产量统计。这里，我也是用生产者价格即出厂价来计价。对进口商品，则用CIF价格计价。因而，在本文整个估价体系中（包括对商业资本的估值），都比有些学者用市场价格估计的数值为低。

交通运输业的总产值是用各部门的总收入来代替。唯像军用车船、机关和个人专用车船以及市内公共交通，因缺资料，略去。

我们的目的，是找出现代化产业在总产值中的比重。表6是将农业、工业、交通运输业分列。农业全部作为传统生产，假设没有现代化生产（实际上1936年已使用200余万担化肥，400余台拖拉机和一些电力排灌、脱粒设备）。工业方面，1920年现代化生产占工业总产值的10.78%，占工农业总产值的5.03%；1936年现代化比重升为23.69%和11.35%。我估的比重较低，是因为把农家自给性粮食加工都计入了手工业产值。为照顾过去习惯，不把自给性加工计入传统工业产值中，则1920年现代化部分占工业总产值的19.59%，占工农业总产值的6.36%；1936年现代化比重升为36.04%和13.58%。至于交通运输业，则1920年现代化部分已占到总产值一半强，1936年更升为57.91%。

以上是按二元经济的论点分类，将手工业全部列入传统产业。然而，手工业中的工场手工业和散工制，在技术上虽然仍是手工劳动，在性质上已是资本主义生产了。还有矿冶业中的手工采矿，到1936年已全部具有工场手工业的规模了。因而，如果我们用"现代化即资本主义化"的假说，则到1936年，资本主义生产已占工业总产值的42.71%，占工农业总产值的20.46%。照顾习惯，不把农民自给性的加工计入手工业产值，则1936年资本主义生产已占工业总产值的65%，占工农业总产值的24.48%了。

最后我想说明，本文所作都是宏观考察。宏观经济结构复杂，计量方法的适用性本可讨论，故名家有"伪装的精确知识"之讥，[1] 不过，我们不是用数学模型，而只用普通统计（只有些数字用回归法析出）。这种宏观统计，一般应

---

① 见哈耶克《知识的虚伪》，载《现代国外经济学论文选》第2辑，商务印书馆，1981，第75页。

有几个基期的普查资料或能统筹全局的指标。我们没有这个条件，而是从微观调查、行业、区域和单项统计中推算出来的，"由已知推算未知"，而不少相关关系是出于假设。结果自然很粗略。我在《中国资本主义发展史》中就说明："人们可以从任何一个'漏洞'中攻破它。"① 同时，我在《中国资本主义发展史》正文各章中都不用这项估计，只在最后一章"中国资本主义的发展水平"中才用它。本文恰恰是讲发展水平的，不得不用宏观估计。有个宏观估计，总比完全用理论推导，或者用举几个例子的方法来说明，要好得多。

表 1 产业资本估值

单位：万元

	1894	1911/1914[1]	1920	1936		1947/1948[3] 国统区（1936 年币值）
				关　内	东　北	
产业资本总额	12155	178673	257929	554593	444463	654992
A 工业	7745	66622	106484	324001	176379	370812
制造业	5755	38686	64505	217466		
公用事业	213	9673	15042	65342		
矿冶业	1777	18263	26937	41193		
B 交通运输业	4410	112051	151445	230592	268084	284180
铁路	691	98417	128950	120493		151490
公路	—	—	—	52435		62240
轮船	3248	12711	20247	48413		57280
民航	—	—	—	2866		
邮电	471	923	2248	6385		13170
外国在华企业资本	5406	102125	133000	195924	375834	73414
A 工业	2791	37690	50000	145128	108750	62446
制造业	2587	21236	28000	84486	75417	26052
公用事业	204	5107	7000	39699	24167	27552
矿冶业	—	11347	15000	20943	9166	8842
B 交通运输业	2615	64435	83000	50796	267084	10968
铁路	—	56064	73000	15714		—
轮船	2615	8371	10000	33516		10968
民航	—	—	—	1566		
官营资本	4757	47807	66952	198925	23529[2]	420079
A 工业	3063	8417	11414	34034	23529	159874
制造业	1561	2284	2945	15937		
公用事业	—	939	1983	8847		
矿冶业	1502	5194	6486	9140		

---

① 许涤新、吴承明主编《中国资本主义发展史》第 2 卷，第 1040 页。

续表

	1894	1911/1914[1]	1920	1936		1947/1948[3] 国统区（1936 年币值）
				关　内	东　北	
B 交通运输业	1694	39390	55538	164891	（147060）	260205
铁路	691	36467	51043	100993		151490
公路	—	—	—	52435		62240
轮船	532	2000	2247	3778		26130
民航	—	—	—	1300		7175
邮电	471	923	2248	6385		13170
民族资本	1992	28741	57977	159744	45100	161499
A 工业	1891	20515	45070	144839	44100	148492
制造业	1607	15166	33560	117043	44100	116261
公用事业	9	3627	6059	16796	—	19471
矿冶业	275	1722	5451	11000	—	12760
B 交通运输业	101	8226	12907	14905	1000	13007
铁路	—	5886	4907	3786	—	
轮船	101	2340	8000	11119	1000	13007

注：

[1] 外国资本为 1914 年，官营资本为 1911 年，民营资本为 1913 年。

[2] "满洲国资本"，又括号内数字系委托南满铁道会社经营的财产，已计入外国企业资本。

[3] 原则上是两年中的较高值。

表 2　产业资本的平均年增长率

单位：%

	1894～1911/ 1914[1]	1911/1914[1]～ 1920	1920～1936 （包括东北）	1936～1947/1948
产业资本总额	15.46	5.16	8.83	-3.61
外国资本	15.83	4.50	9.54	-16.35
本国资本	14.44	6.31	7.99	2.72
内:官营资本	14.54	3.81	7.79[2]	6.72
民营资本	15.08	10.54	8.21	-2.05
A 工业资本	12.20	6.63	10.15	-2.57
外国资本	13.90	4.82	10.69	-11.48
官营资本	6.13	3.44	10.64[2]	14.40
民营资本	13.37	11.90	9.37	-2.07
B 交通运输资本	18.89	4.21	7.73	-4.77
外国资本	17.38	4.31	8.76	-25.38
官营资本	20.33	3.89	7.04[2]	4.05
民营资本	26.06	6.65	1.31	-0.17

注：

[1] 外国资本为 1914 年，官营资本为 1911 年，民营资本为 1913 年，计算增长率时各按其本身年数；产业资本总额分别按 18.7 和 7.3 计，本国资本分别按 18 年和 6 年计。

[2] 包括"满洲国资本"，但交通运输业不包括委托给南满铁道会社经营的财产，如包括该项财产，增长率为 11.39%。

表 3　资本估值

单位：万元

	1894	1911/1914[1]	1920	1936		1947/1948[3] 国统区（1936年币值）
				关　内	东　北	
资本总额	113719	483845	719882	2014543	565844	1424518
C 产业资本	12155	178673	257929	554593	444463	654992
D 商业资本	74884	234168	317000	500295	60932	382348
E 金融业资本	26680	71004	144953	957156	38783	387178
其他				2499	21666	
外国在华企业资本	21370	184608	239000	501174	426667	111650
C 产业资本	5406	102125	133000	195924	375834	73414
D 商业资本	9284	67968	87000	119295	18932	15348
E 金融业资本	6680	14515	19000	183456	10235	22888
其他				2499	21666	
官营资本	4757	52296	90205	765625	47647[2]	767079
C 产业资本	4757	47807	66952	198925	23529	420079
D 商业资本	—	—	—	3000	—	3000
E 金融业资本	—	4489	23253	563700	24118	344000
民族资本	87592	246941	390677	747744	91530	545789
C 产业资本	1992	28741	57977	159744	45100	161499
D 商业资本	65600	166200	230000	378000	42000	364000
E 金融业资本	20000	52000	102700	210000	4430	20290

注：

[1] 外国资本为 1914 年，官营资本为 1912 年，民族资本为 1913 年。

[2] 指"满洲国资本"，其产业资本中未包括由南满铁道会社托管的财产 14.706 亿元。

[3] 原则上是两年中的较高值。

表 4　各类资本的平均年增长率

单位：%

	1894～1911/1914 （18.7 年）	1911/1914～1920 （7.3 年）	1920～1936 （包括东北，16 年）	1936～1947/1948 （11.5 年）
资本总额	8.05	5.59	8.31	-5.04
C 产业资本	15.46	5.16	8.83	-3.61
D 商业资本	6.29	4.24	3.63	-3.28
E 金融业资本	5.37	10.27	12.80	-7.89

表 5　产业总产值和商品值估计单位

单位：万元

	1920		1936	
	生产总值	商品值	生产总值	商品值
农业	1049494	390883	1450506	753320
粮食作物	652980	147365	867476	272128
经济作物	165530	85835	263786	223443
园艺及林牧渔业	230984	157683	319244	257749
工业	916957	504833	1333748	876772
手工制造业	799620	387496	1001030	544054
内:工场手工业			(236990)	(236990)
现代化工厂制造业	88287	88287	283073	283073
矿冶业	29050	29050	49645	49645
内:手工采冶	(18484)	(18484)	(16726)	(16726)
工农业合计	1966451	895716	2784254	1630092
交通运输业	60937		141659	
铁路运输	22374		48342	
汽车运输	—		7102	
轮船运输	6003		19140	
航空运输	—		514	
木帆运输	25594		48800	
人畜力运输	4332		10822	
邮政	1523		4278	
内:民信局	(255)		(—)	
电信	1111		2661	

表 6　现代化产业和传统产业产值比重

	总产值合计(万元)	现代化农业		传统产业	
		总产值(万元)	占合计(%)	总产值(万元)	占合计(%)
1920 年					
农业	1049494	—	—	1049494	100.00
工业	916957	98853	10.78	818104	89.22
(不计自给生产)	(504833)	(98853)	(19.58)	(405980)	(80.42)
交通运输业	60937	30756	50.47	30181	49.53
1936 年					
农业	1450506	—	—	1450506	100.00
工业	1333748	315992	23.69	1017756	76.31
(不计自给生产)	(876772)	(315992)	(36.04)	(560780)	(63.96)
交通运输业	141659	82037	57.91	59622	42.09

（原载吴承明著《中国的现代化：市场与社会》，三联书店，
2001，第 97～110 页）

中国近代农业生产力的考察

农业是我国国民经济的基础，也是经济近代化的基础。有人指出，近代中国农业落后，掣了工业化的后腿。此说有理。与工商业的发展比较，近代农业确实落后得多，有人甚至说近代农业是不断衰落的。情况究竟如何，需要对近代农业生产有个评价。我们不能重作调查，只能利用前人研究，作综合考察。

1988 年我撰写本文时，曾对我国近代人口与耕地面积作了一番估计。这几年来，人口研究形成高潮，新著迭出，耕地研究也有新见，我原来的估计相形见绌，决定废弃，改用时贤新论。不过，关于人口压力和农业生产问题，仍维持我原来的看法，只略作补充。

一 人口与耕地

我选择较新的、基期虽少而论证綦详的章有义的人口与耕地估计，简列其总数如表 1。该文竟成为有义老最后一项研究成果，令人追念。

表 1 中国近代人口与耕地估计

年　份	1851	1887	1912/1914[1]	1928~1936	1949
人口（万人）	43630	37614	45524	51079	54583
耕地（万亩）	107685	112596	125927	141696	144440

年　份	1851	1887	1912/1914[1]	1928～1936	1949
指数：人口	100.00	86.21	104.34	117.07	125.10
耕地	100.00	104.56	116.94	131.58	134.13
人均耕地（亩）	2.47	2.99	2.77	2.77	2.56

注：[1] 人口为 1912 年，耕地为 1914 年。

资料来源：章有义《近代中国人口和耕地的再估计》，《中国经济史研究》1991 年第 1 期。

表 1 见 1887 年人口较 1851 年下降 13.8%，当是太平天国及捻战结果，而此时期耕地仍略增长。我一向认为因流亡人口长期不能入籍，战争人口损失不会如此巨大。若舍去 1887 年，则 19 世纪下叶人口增加 4.3%，年增长率仅 0.7‰，而耕地增加 16.9%，年增长率为 2.5‰。20 世纪上叶，人口增加 19.9%，年增长率 4.9‰，耕地增长 14.7%，年增长率 3.9‰。但总计 1851～1949 年 98 年间，人口增长率 2.3‰，而耕地年增长率为 3.0‰，略快于人口。这与过去流行的人口压力说颇异其趣。因而，表 1 见人均耕地面积，舍去战争年代，无甚变化，1949 年较 1851 年尚略增。当然，此指近代百年而言，至于 18 世纪的"人口爆炸"说，当另文论述。

时贤各家的人口与耕地估计都是在省级基础上进行的，人口方面相差较小，耕地则差距较大。章有义的清代估计已考虑到"折亩"及隐漏等因素，以一定比率将税亩折成耕作亩；对民国时期的调查也逐省核定，并补充缺漏地区。若从县级基础上进行估计，当更精确，唯我仅见史建云对华北三省的近作。兹将 20 世纪 30 年代三家对人均耕地面积的估计列为表 2。

表 2　人均耕地面积

单位：亩/人

地　区	章有义估计（1928～1936）	许道夫估计（1932）	史建云估计（1931～1935）
河　北	3.41	4.29	4.46
河　南	2.87	4.31	4.92
山　东	2.59	3.35	2.45

资料来源：章有义《近代中国人口和耕地的再估计》，《中国经济史研究》1991 年第 1 期；许道夫《中国近代农业生产及贸易统计资料》，农业出版社，1983，第 6、9 页；见丛翰香主编，史建云撰稿《近代冀鲁豫乡村》第四部分"手工业与乡村经济"下篇"乡村手工业的综合评价"，中国社会科学出版社，1995，第 445、450、452 页。原列户数，按户 5 人计。

卜凯的耕地估计，部分是在县级选样基础上修正的，其 20 世纪 30 年代的最高数字是 152807 万亩，较表 1 数高 8% 左右。1934 年江西 12 个县的航空测量耕地数比卜凯的估计高 30%，湖北 6 个县的航测数竟比卜凯估计高 85%。总之，近代，至少 20 世纪 30 年代，耕地估计数偏低，何炳棣在其最新著作中已有申论。[①] 解放后公布的 1953 年耕地数是 16 亿余亩，1980 年《中国农业年鉴》称，据各地典型调查，实有耕地一般比统计上报面积多 20% 左右。依此，表 1 中 1949 年耕地面积至少应在 17 亿亩以上。我想，章有义用 1.44 和 1.512 修正的 1851 年和 1887 年的耕地数不会过低，因而，近代百年来耕地面积的增长率高于人口增长率，似可肯定。

工业化或经济近代化过程中人口迅速增长，有多种原因，不必需也不一定要伴随着耕地的比例扩张。1750～1900 年欧洲耕地面积开发有限，而人口的增长率高达 13‰。[②] 当然，中国没有海外扩张的条件，但把人与地完全看成函数关系，也是不对的。

二　农业生产

19 世纪没有农业生产纪录。清政府会计"天下粮谷"只是官仓存谷数，且于 1874 年停止。有以田赋推算亩产者，但每亩赋额很少调整，难反映产量消长。又常假定一个人均粮食占有量，再用人口变动推出粮食总产量，再除以粮食耕地面积得出亩产量。如珀金斯、尾上悦三均用此法，[③] 我亦用过。[④] 用此法估算，粮食总产量自然是增长的，但必须有多种资料解释和调整，如农业生产结构的变动，人口地区性迁移，技术和集约化的发展，环境、灾害、战争等。人均占有粮食是个可变量，但有个限度，用来观察长期趋势（相对量），仍可用。

---

① 何柄棣：《中国历代土地数字考实》，台北：联经出版公司，1995，第 128～139 页。

② Prygatosh Maitra, *Population, Technology, and Development: A Critical Analysis*, Gower Publishing Co.,1986, p. 25.

③ 珀金斯（Dwight H. Perking）：《中国农业的发展（1368～1968 年）》，宋海文等译，上海译文出版社，1984；他用人均占有粮食 570 斤。尾上悦三估计见吴慧《中国历代粮食亩产研究》，农业出版社，1985；他用人均占有粮食 600 斤。

④ 许涤新、吴承明主编《中国资本主义发展史》第 1 卷，人民出版社，1985，第 187 页；用人均占有粮食 580 斤。

就本时期说，更能反映农业兴衰的是单产或亩产量，它的变动不仅是短期丰歉，还受生态环境、土地边际效用、社会制度的作用。在 19 世纪，也只有亩产量有些资料可寻。

李文治辑有 19 世纪各省收成和灾荒报告的逐年资料。兹以 10 个报告收成较多的省，按 10 年平均，连同 11 个省的受灾州县数，列入表 3。表见 1851 ~ 1910 年间，农业收成，尤其是秋收成数是逐渐下降的。收成成数长期下降，反映地力衰退。不过，也可能有世纪后期赋税加重、地方官低报的因素。至于灾荒，1851 ~ 1860 年长江流域的高灾率显然受太平天国战争影响（各省均报有兵灾），除此外，表见灾荒州县有增加趋势，唯进入 20 世纪似有转机。不过，表 3 仅包括 10 ~ 11 个省，东北、四川、两广等粮产区均不在内，有局限性。

表 3　19 世纪下叶粮食收成和灾荒

年　份	收成成数		灾荒州县数	
	夏　收	秋　收	长江流域	黄河流域
1851 ~ 1860	6.3	6.4	116	54
1861 ~ 1870	5.9	6.0	59	66
1871 ~ 1880	5.8	5.9	73	145
1881 ~ 1890	5.9	5.7	183	256
1891 ~ 1900	5.8	5.5	186	217
1901 ~ 1910	5.8	5.5	167	200

资料来源：据李文治《中国近代农业史资料》第 1 辑，三联书店，1957，第 720 ~ 722、733 ~ 735、755 ~ 760 页。

19 世纪下叶粮食亩产量是否下降，学术界颇有争议。最近一部新著《清代粮食亩产量研究》，[①] 我想可以解决这个问题了。该书征引了刑科题本、地租册、地方志、地方档案、私人文献、族谱等几乎目前能见到的所有有关记载，从县一级上观察，并从多方面加以分析论证，结论是清中叶以后，各地区的粮食亩产量均有不同程度的下降，也有个别上升者，只属特例。

亩产量下降，总产量能否上升呢？我认为是可能的。因据前面估计，本时期耕地面积扩大了 16.9%，实际可能更多。且与清前期之开发山区与丘陵地带不同，本时期主要开发东北、西北、西南，这些地区土质不坏，不会

---

① 该书作者有赵冈、刘永成、吴慧、牛金甫、陈慈玉、陈秋坤，中国农业出版社，1995。

降低边际效益。不过，这期间人口仅增加4.3%，粮食总产量即使增加也很有限，而能满足民食则属无疑。

进入20世纪，农产资料渐多。先是有1914~1918年《农商统计表》呈报的数字。然后是30年代的调查研究，其法是根据各种作物的种植面积和平均单产量来估算总产量。所用数据都是靠选点调查。这种调查有两个系统：一是中央农业实验所系统，有千余个点，时间延至抗战前；一是金陵大学农业经济系系统，即通称卜凯调查，有百余个点，时间到1933年。两者均有历史回溯资料。东北方面，则有伪满调查。抗日战争和解放战争时期，只有15省的报告，东北详细统计也只到1944年。这些调查，已有学者进行了校正、比较和分析研究。我选其时序较长的两项研究成果，即许道夫的估计（估计A）和用珀金斯的估计（估计B）摘要列入表4、表5和表6，并补充抗战后的估计和解放后发表的1949、1952年估计。1949年数字可代表农业受战争破坏的低谷。1952年则公认为已恢复到解放前最高水平。30年代的农产量，尚有张心一、乔启明和蒋杰、费维凯、巫宝三、刘大中和叶孔嘉等人的研究，以其仅属于一年或一个时期，表内都未列入。

表4 主要农作物种植面积估计（1914~1952）

单位：万市亩

年　份	估计者	粮　食	油料作物[1]	棉　花	合　计
1914~1918	A	88354	8882	2678	99914
1914~1918	B	142761	13979	6981	163721
1924~1929	A	117807	17905	5798	141510
1931~1937	A	118363	23440	5647	147450
1931~1937	B	157464	29287	7950	194701
1938~1947	A	116215	22384	3646	142245
1949	C	152460	17872	4155	174487
1952	C	168449	24605	8364	201418

注：[1] 包括大豆、花生、油菜籽、芝麻4项。
资料来源：
A 许道夫《中国近代农业生产及贸易统计资料》，1983，第338页。1914~1918年粮食缺薯类及豆类，油料作物缺芝麻及油菜籽。
B 珀金斯《中国农业的发展（1368~1968年）》，第338~355页。
C 中华人民共和国农业部计划局《中国与世界主要国家农业生产统计资料汇编》，1958，有关作物各页。

表5 粮食产量估计（1914～1952）

单位：亿市斤

年　份	估计者	稻	小　麦	高粱	小　米	玉　米	其他杂粮	前6项合计	薯类折粮	全　部粮　食
1914～1918	A	988.1	282.9	155.3	180.0	73.2	181.5	1861.0		
1914～1918	B	1476.1	395.7	237.5	221.8	146.8	284.6	2762.5	70.6	2833.1
1924～1929	A	1196.3	492.8	270.3	246.1	172.1	277.1	2654.7	83.6	2738.3
1931～1937	A	984.3	444.6	212.3	183.5	167.4	328.5	2320.7[1]	93.1	2413.8
1931～1937	B	1391.1	462.0	246.8	276.8	204.4	303.8	2884.9	152.8	3037.7
1938～1947	A	947.1	394.6	186.9	192.2	179.6	281.6	2182.1[1]	105.3	2287.4
1936	C	1146.8	465.9	并入其他杂粮		201.8	832.8	2647.3	126.6	2774.0[1]
1946	D	956.9	431.0	228.4	234.8	230.3	(200.0)	(2281.4)	(100.0)	(2381.4)
1949	C	972.9	276.2	并入其他杂粮			716.0	1965.1	196.9	2161.9[1]
1952	C	1368.5	362.5	并入其他杂粮		334.0	696.4	2761.4	326.5	3087.9

注：[1]因进位关系有0.1差额。

其他杂粮包括大豆以外之豆类，薯类按4斤折粮1斤。

资料来源：

A 同表4，第339～340页。1914～1918年缺豆类；1924～1929年薯类，大豆以外之豆类缺东北4省。

B 同表4，第370～374页。1931～1937年原书总数列3199.6亿斤，差额不知所出。

C 同表4，有关作物各页。1983年开始出版的《中国农业年鉴》数字相同，唯将大豆改列入粮食。

D 严中平等编《中国近代经济史统计资料选辑》，1955，第360页；括号内数系按1938～1947年数酌补缺项及补充后总数。

表6 主要农作物产量估计（1914～1952）

单位：亿市斤

年　份	估计者	粮食[1]	油料作物					棉　花	烟　叶
			大　豆	花　生	油菜籽	芝　麻	小　计		
1914～1918	A	1861.0	86.4						
1914～1918	B	2833.1	109.7	45.4	38.0	6.7	199.8	16.1	15.9
1924～1929	A	2738.3	275.3	50.8				19.2	
1931～1937	A	2413.8	204.0	53.8	48.0	16.8	322.6	16.1	
1931～1937	B	3037.7	168.6	52.5	50.8	18.1	290.0	18.9	18.3
1938～1947	A	2287.4	166.5	40.7	59.8	10.2	277.2	9.4	
1936	CD	2774.0	226.1	53.9	49.6	17.4	347.0	17.0	12.9

年　份	估计者	粮食[1]	油料作物					棉花	烟叶
			大　豆	花　生	油菜籽	芝　麻	小　计		
1946	D	2381.4	168.0	44.8	64.7	14.4	291.9	7.4	13.0
1949	C	2161.9	101.7	25.4	14.7	6.5	148.3	8.9	8.6[2]
1952	C	3087.9	190.4	46.3	18.6	9.6	264.9	26.1	44.3

注：

[1] 据表4。

[2] 仅指烤烟。

资料来源：

A 同表4，第341页。

B 同表4，第375、377、379页。

C 同表4，有关作物各页。1983年《中国统计年鉴》油料作物另有其他。

D 同表5。

CD 大豆、棉花据C估计，余据D估计。

先看种植（播种）面积。表4从20世纪初到1937年，粮食种植面积递增，增加幅度为10%（B估计）以至30%以上（A估计）。抗日战争时期有所减少，减少幅度不到2%（A估计）。而从生产最低谷1949年看，粮食种植面积与30年代并无上下。农业恢复的1952年，粮食种植面积为16.8亿亩，比世纪初大18%（B估计）以至90%（A估计）。粮食种植面积的扩大会挤了经济作物的耕地，不过这种现象似乎只出现在抗战时期。这以前，无论A或B估计都显示在粮、油、棉三类作物总种植面积中，粮食所占比重是下降的，由20世纪初的87%～88%降至30年代前期的80%～81%，说明我国农业生产结构有所改善。抗战时期，情况逆转，这时只有牺牲其他作物以保障民食；但这种逆转在解放后旋即恢复。1952年的统计比较可靠，这年全部种植面积为211884万亩，其分配如表7。

表7　粮食等作物所占全部种植面积分配比率（1952）

单位：%

作　　物	比率	作　　物	比率
粮　　食	79.5	烟　　叶	0.3
油料作物	12.5	其　　他	3.8
棉　　花	3.9	合　　计	100.0

资料来源：同表4C，唯油料作物尚包括其他小油料作物1881万亩。

再看单产量，这颇令人悲观。用表 6 的总产量除以表 4 的种植面积，得出 20 世纪以来的单产量如表 8。从中可见粮、油的单产量都是下降的，棉花在抗战后也下降。

表 8　单产量

单位：斤/亩

| 作　　物 | 1914～1915 年 | | 1931～1937 年 | | 1949 年 | 1952 年 |
	A	B	A	B	C	C
粮　　食	210.6	198.4	203.9	192.9	141.8	183.3
油料作物	—	142.9	137.6	99.0	83.0	107.7
棉　　花	—	23.0	28.5	23.8	21.4	31.2

不过，有两点应说明：第一，1914～1918 年的产量原是靠估成得出的。1931～1937 年才有单产量的选点调查，而结果不同。如稻谷，中农所调查为每亩 342 斤，而卜凯调查为每亩 446 斤，B 估计所用为 359 斤；小麦，中农所调查为每亩 141 斤，卜凯调查为每亩 144 斤，B 估计所用为 114 斤。第二，解放后统计较可靠。表 8 粮食和油料作物单产量，到 1952 年尚未恢复到战前水平，这点最令人担心。但到 1956 年，就超过战前水平了，以后并大有增进。这种增进主要归功于化肥的使用，但基本上还是传统农业。总看 20 世纪以来单产量的下降，大部分仍是由于天灾人祸等外部原因，但已明显表露出农业生产本身的危机，它的出路只有现代化。

现在再看总产量。表 5 所见粮食总产量，A、B 两估计悬殊，其关键在于稻谷，对稻谷的种植范围和单产量看法不同，这点前人已有讨论，我难置评。再有是 A 估计的 1924～1929 年粮食产量甚高，此系指常年数，不无疑惑。[1] 总的看，20 世纪以来，粮食的总产量仍是增长的，于 1936 年达于高峰，其增长速度大体可与人口的增长率相当。经济作物的增长更快些，因而农业生产结构稍有改进，唯棉花增长甚慢，显系受进口棉货的影响。[2] 不

---

[1] 原据《统计月报》1932 年 1～2 月合刊农业专号，为 25 省 1781 个县的呈报数；依该统计，粮食单产量达每亩 225 斤。

[2] 表 5 列 1914～1918 年和 1931～1937 年平均数均系按中数计，即按 18 年间隔计。依 B 估计，粮食的年增长率为 4‰，油料作物为 2‰，棉花仅 1‰；依 A 估计，粮食的年增长率高达 15‰，似不可取。

过，剩余农产品最多的东北地区，自 1931 年日本帝国主义入侵后，即行衰退，迄抗战结束，东北的粮食和大豆生产都未能恢复到 1930 年水平。[①] 1937 年以后，广大华北和华中也遭日寇蹂躏，农产衰退；唯在大后方和解放区，颇有发展。全国粮食产量的最低谷 1949 年比最高峰的 1936 年减少 20% 强，经济作物损失更多。

最后，看一下粮食的人均产量或人均占有量，据表 5 粮食总产量和表 1 的人口估计，情况如表 9。

表 9　人均粮食占有量

代表年	估计者	粮食总产量（亿斤）	代表年	人口（万人）	人均占有量（斤）
1914～1918	B	2833.1	1914	45524	622
1924～1929	A	2738.3	1926	48621	563
1931～1937	A	2413.8	1933	51079	473
1931～1937	B	3037.7	1933	51079	595
1938～1947	A	2287.4	1942	52827	433
1936	C	2774.0	1942	51362	540
1949	C	2161.9	1942	54583	396
1952	C	3087.9	1953	58790	525

注：粮食总产量见表 5。人口：代表年 1933 年系原作者章有义所定，1953 年系普查年份，余均据时期中数。1914、1933、1949 年人数见表 1。1914～1933 年年均增长率为 5.5‰，以此推算 1926、1936 年人口数。1936～1949 年年均增长率为 4.7‰，以此推算 1942 年人口数。1953 年据《中国统计年鉴》1948 年版。

表 9 无论据 A 系列或 B 系列估计，人均占有粮食量均有下降趋势，其中 20 世纪 30 年代之下降最足引人警惕。C 系列估计较为可靠，战时最低点 1949 年之人均占有量已达 400 斤最低限度，但新中国成立后迅即恢复战前水平。众所周知，在我国人口进入 10 亿时，尚有人均占有粮食 800 斤的高峰，盖近代期间，生产潜力并未发挥。

[①] Kungtu C. Sun, *The Economic Development of Manchuria in the First Half of Twentieth Century*, Harvard University Press, 1973, p.58.

三　人口压力与中国近代农业

这问题可分两个方面讨论：一是人口与土地的关系问题；一是在人口压力下，在同量土地上投入过多的劳力，导致劳动生产率下降的问题。

人多地少，是我国农业的一个根本性问题。由于统计不实，这事还难作确切的结论。值得注意的是，20世纪30年代的学者如翁文灏、陈长蘅、卜凯以至土地委员会等，对这问题并不是那么悲观。他们认为，中国耕地面积只占国土总面积的8%，有大量可耕而未耕的土地有待开发，估计其数量从数亿亩至二三十亿亩。[①] 后来的历史证明，这种估计未免偏高，但土地之未能合理利用确实存在，例如人为的抛荒、坟场、鸦片烟田等均是。同时还应看到，随着城市和工业发展，非农业人口增加，平均每农户耕地下降的程度并不如平均每人耕地下降之甚。

耕地的需要必须与耕作能力相适应，这样农业即可正常运行。江浙两省人口密度最大，1946年统计平均每农户仅有耕地16.9亩和13.2亩。[②] 这个地区的农业也最集约，所需劳动力多，在清代前期，即有"上农不过任十亩"，"上农夫一人止能治田十亩，故田多者辄佃人耕而收其租"之说。[③] 据李伯重研究，明清江南稻农，全用人力者每户可种田3.3～7.5亩，以7.5亩者为多；少数借牛耕者每户可种田7.5～15亩，以15亩者为多。到近代，情况无多变化。如费孝通调查抗战前吴江开弦弓村，一个普通农户的耕作能力为稻田7亩；黄炎培1932年调查川沙县，大概夫妇二人，两三个幼童帮助，可种田10亩，但农忙时仍需雇工。[④] 以耕地最紧张的江南而论，与我国传统的集约化耕作方式仍然是适应的。

人口与土地的关系，不仅限于种植，而要考虑整个农业结构。在欧洲，

---

① 国民政府主计处统计局：《中国土地问题之统计分析》1941，第22～23页（台北：华世出版社1978年重印）。

② 《中华年鉴（1948）》，第1239页。

③ 陶煦：《租核·推原》；张履祥：《补农书·总论》。"一夫十亩"之说，还见于尹会一、朱云锦、俞樾、凌介禧等人论著，见许涤新、吴承明主编《中国资本主义发展史》第1卷，第200页。

④ 李伯重：《明清江南种稻农户生产能力初探》，《中国农史》1986年第3期。

畜牧业与种植业结为一体，畜牧业所需劳力少而所需土地多，这就形成了占统治地位的波斯坦理论：当人口增长超过土地承受力时，必会导致"自我调节"，人口下降（指封建时代）。我国情况迥异，广大牧区是与农业区分离的，在农业区，是种植业与家庭手工业尤其是纺织业密切结合，而家庭手工业是不需要什么土地的。当然，植棉种桑麻有与粮食争地的问题，但可通过手工业品与外区粮食的交换来解决。近年来国外兴起的"原始工业化"（Porto-industrialization）理论颇足以说明这个问题，其论者并提出有关人口压力的学说。[①]（不过，我这里并没有肯定近代中国农村手工业的发展是原始工业化性质的意思。）

就农业生产来说，重要的并不是耕地面积，而是种植（播种）面积。我国农业素以复种见长，在近代，复种指数仍有提高。20 世纪 30 年代，土地委员会估计总复种指数为 135，也许偏高；张心一估计为 123，似又偏低。[②] 复种和精耕细作，是我国传统农业的最大特点。清代农学理论，就强烈批评广种薄收，"广种则粪力不给，薄收则无以偿本"，因此，"多种不如少种好"，"利聚而工专，故所得甚厚"，甚至有人提出佃田不得超过 30 亩的限制。[③] 在这种情况下，土地多少反成为次要的了。高复种率和精耕细作会发生劳动生产率下降问题，下面再谈。但从经济学的观点看，以最少的土地生产最多的农作物应当是一个经济原则，即以现代技术而论，农业工厂化和无土培植仍是未来的理想。

还有一层，人口与土地的关系不只是自然关系，也是一种社会关系。在我国长期的封建社会中，生产力不断发展，生产关系也是不断变化的，而到近代，其变化又大大加速了。研究这种变化需另作专文；简言之，若官田之基本消失，有专职的新地主的兴起，租佃关系逐步导致所有权与耕作权的分离，雇佣关系的自由化，资本主义农业的出现，等等，而更为重要的是农产品的商品化，部分农业已进入市场调节。这都在不同程度上影响人与地或劳动与土地的关系。若再向前看，到 1958 年以后，由于基建占地等原因，我

---

① Franklin F. Mendels, "Industrialization and Population Pressure in Eighteenth Century Flanders," *The Journal of Economic History*, Vol. 31, March 1971, 该地农民手工业主要是亚麻纺织。

② 国民政府主计处统计局：《中国土地问题之统计分析》，第 36 页。

③ 许涤新、吴承明主编《中国资本主义发展史》第 1 卷，第 197 页。

国的耕地面积确确实实是逐年减少了，而这时人口已逾6亿，并仍在增长。这时，人与地的社会关系已发生根本性变化，尽管人口压力空前增大，农业也还基本上是传统耕作方法，但生产仍有很大潜力。

总之，人口与土地的关系不是一个简单的数字问题，需要全面地看待。我无意否认人口膨胀对于农业的巨大危害，并且承认在近代确实存在着人口压力。不过在近代，以20世纪30年代为准，问题并不像今天这样严重。那时候，粗略看，实际使用的耕地可能有17亿亩，种植面积可能有21亿亩，与当时传统农业的需要还是相适应的。那时的土地问题，主要是不患寡而患不均的问题。

现在再来看劳动生产率下降的问题。在考查清代农业时，我们认为，从明到清，农业生产力有相当大的发展，但是劳动生产率已有下降的趋势；土地产量不能和投入的劳动量比例增加，这一点，清代的学者早已指出了。[①]不过，和上述土地问题一样，在20世纪30年代，它并不是学者们最关心的问题。集中讨论这个问题，是在第二次世界大战以后，随着发展经济学的研究兴起的。这时候，老的中国社会长期停滞的理论已经破产，代之而起的是一种"传统平衡"的理论，即无增长的平衡论。70年代初，伊懋可"高度平衡的陷阱"的理论曾经轰动一时。该理论承认中国传统农业有潜在的生产力，只要有积累和投资，产量即可提高，但到1800年左右，即中国人口突破4亿时，已达到一个"陷阱"点（Trap），没有积累，也没有潜在生产力了。但这个理论旋即受到批评，因为理论上这个"陷阱"点不能固定，事实上18世纪以后中国农业的发展亦非如此。我对此也有文论及。[②]

目前的讨论主要是：在人口压力下，投入更多的劳动力，以致农业生产已是在边际收益递减的情况下进行的；或者说农业集约化的程度已达到劳动力边际产量递减的地步，即所谓农业内卷化（agricultural involution）。[③] 这和

---

① 许涤新、吴承明主编《中国资本主义发展史》第1卷，第200页。

② 吴承明、侯方：《评外国学者对旧中国经济不发达原因的分析》，《经济学动态》1981年第9期。

③ 农业内卷化是1963年Clifford Geertz在研究爪哇水稻生产中提出的，见黄宗智《华北的小农经济与社会变迁》，中华书局，1986，第6页。但也有人认为内卷化是低工资的产物，低工资有利于保持低技术，造成恶性循环。见David Levine, *Family Formation In an Age of Nascent Capitalism*, New York, 1977, pp. 33 – 34。

我们所说劳动生产率下降本来是一个意思，但又含有批判或否定这种生产的内容。

黄宗智认为，对于这个问题，可以用微观经济学来解释：对于一个有剩余劳动力的小农来说，把这个剩余劳动力投入他的田场，尽管只能获得较小的边际收益，却可获得很大的"边际效用"，对于在饥饿边缘的农家来说尤其是这样。① 我觉得，不仅在微观上，在宏观上也可这样看。按照劳动边际生产的理论，边际产量开始下降之时，应是人均产量达于最高峰之际，而此后虽然边际产量递减，人均产量也下降，但总产量仍会不断上升。在农业上这个时间可以很长，我国整个近代都可能是这样。这种生产，从资本利润的角度看也许划不来，但从效用或效果看，它可使土地得到充分利用，使人民得到足够的食用，对小农经济养家活口来说，仍是可行的。从理论上说，这种生产要待到边际产量等于零时，总产量才达到最高峰。这一点恐怕在整个近代时期都未达到，这从解放后五六十年代的总产量上升中可以得到证明。在这个意义上，近代农业仍然是个进步。②

上面所说边际产量是就纯理论上讲的，即假定土地、资本、技术等因素不变，单就劳动力的投入而言。事实上，这些因素不是不变的，因而，也不一定完全是边际收入递减的生产。

首先，如前所说，近代耕地面积是增长的。耕地的拓展主要在东北和西部，但通过移民和农产品流通，对人口高密度地区同样发生缓解人口压力的作用。北方的井灌在这时期有所发展，河北、山东、河南的水浇地占耕地的百分比大约由 20 世纪初的 5.8% 增为 30 年代的 14.9%；西南、西北的水浇地也略增。③ 这等于改良了土地。华中、华南的水利无甚进展，但复种增加，张心一估计，1930 年江苏复种指数达 164，广东为 144，④ 这也等于增

① 黄宗智：《华北的小农经济与社会变迁》，第 7 页。
② Involution（内卷化）是相对于 evolution（进化论）而言。达尔文并未用进化论一词，该词是 1862 年斯宾塞提出的，意指生物内在能力与外在环境的协调即生物的进化。实际上，达尔文是强调外在环境的，所谓"适者生存"。就中国集约化农业来说，主要是增强内在能力，投入劳力是其中一途，因而这种 involution 实际也是 evolution。
③ 各省水浇地面积占耕地面积百分比，见珀金斯《中国农业的发展（1368～1968 年）》，第 85 页；河北等三省是按耕地面积加权平均求得。
④ 国民政府主计处统计局：《中国土地题之统计分析》，第 36 页。

加了土地。

其次，我国传统农业固然是以人力为主，但并非纯粹劳动密集生产。清代农学家已很注意耕作成本，在江南大约雇工、肥料、饲料、种子等现金支出每亩需一千文，占收获谷物价值的15%～25%。这都是资本支出。① 包世臣说："凡治田无论水旱，加粪一遍，则溢谷二斗；加作一工，亦溢谷二斗。"② 追加资本与追加劳动同等重要。据20世纪20年代7省16县调查，以材料较全之自耕农为例，耕作的现金支出中，雇工费占56.6%，农具修理、肥料、饲料、牲畜购买、种子共占43.6%（未包括家工也未包括自产生产资料）。③

劳动力的追加有一定的限度。以江南人口最密的地区而论，据李伯重研究，稻田每亩（折今市亩）投入的人工数，明末为12.1个，清中期为10.5个，1936年为13.75个，1941年为11.25个，并没有多大增加。他认为，明清以来江南稻田耕作的集约化已主要不是投入更多的劳动力，而是投入了更多的资本，尤其是肥料。只是在桑田和棉田上，劳动力仍有增加，肥料也显著增加。④ 肥料的重要性愈来愈显著，除大量使用饼肥外，20世纪以来并已开始使用进口的化肥。这可以农业集约化最发达的无锡为例，据1933年3个村121户生产成本的调查，肥料一项竟占一半以上，而雇用农工、畜工、机器工合计只占1/3。其情况如表10（若计入家工，则劳动力仍占全部成本的45%）。

表10　农业生产成本调查（1933）

	种子秧苗	肥料	农具添修	农工	畜工	机器工	总成本
成本（元）	892.87	5439.13	680.47	1450.62	697.80	1264.07	10424.96
占总成本（%）	8.57	52.17	6.53	13.91	6.69	12.13	100.00

资料来源：韦健雄《无锡三个农村的农业经营调查》，《中国农村》第1卷第9期，1935。

总之，小农经济是精打细算的经济，它不浪费资本，也不会浪费劳动力。农民不会在自己的田场上"三个人的活五个人干"，或去搞什么"人海

---

① 许涤新、吴承明主编《中国资本主义发展史》第1卷，第197～198页。
② 包世臣：《郡县农政》，1962年重刊本，第52页。
③ 据卜凯《中国农家经济》（商务印书馆1936年中文版）第99～102页资料计算。
④ 李伯重：《明清江南水稻生产集约程度的提高》，《中国农史》1984年第1期。

战术"。以为人口压力会迫使农民将剩余劳动力无限投入土地的想法是不切实际的；尤其在近代，他们还有到外区域或城市佣工、从事家庭手工业等其他出路。边际产量递减下的生产肯定是有的，但对小农求生存来说总是有效用，否则不会存在。

最后，在生产技术上，近代农业仍然停留在铁犁牛耕的传统农业方式，但也不是没有一点变化。1915 年引进"火犁"，进展迟缓，到 1949 年只有拖拉机 401 台，主要在东北（东北最多时有 489 台，11337 马力），在苏南和上海也有几部。机器灌溉则在长江下游有一定的发展；发展最快的无锡，抗战前机灌面积已占耕地总面积的 62%～77%。在武进一带，1924 年开始电力灌溉，到 1929 年，电灌面积有 4.3 万亩。① 此外，割草机、脱粒机、碾米磨面等机械也已进入一些农户。1930 年，进口农机 149 万关两，进口化肥约 380 万担。② 我国传统农业原有较高的农艺学基础。1898 年以后，各省农事实验场、农艺学校、务农会等兴起，也引进了一些西方农艺学，并引进甜菜、油桐、番茄、洋葱等新品种。在这方面，又以棉种的改良和种植烤烟最有成效。

总的看来，我国近代农业生产力是有一定的发展的，能够适应同时期人口增长的需要，为数不大的粮食进口主要是因为口岸人口聚集而内地产粮区运输不便所致。③ 工业化需要农村提供劳动力，这在中国不成问题。农产工业原料的供应也不成问题，棉花生产增长不快，主要是棉织品（不是棉花）进口压力所致，本来是有增产的余地的。农业对工业化的一个重要作用在于它为工业的发展提供市场和资金，这需要另作专题研究。

（原载《中国经济史研究》1989 年第 2 期）

---

① 王方中：《旧中国农业中使用机器的若干情况》，《江海学刊》1963 年第 9 期；东北财经委员会调查统计处：《伪满时期东北经济统计》，第 1～15 页（刊印年未详）。
② 章有义编《中国近代农业史资料》第 3 辑，三联书店，1957，第 876、878 页。
③ 参见吴柏均《影响中国近代粮食进口贸易的诸因素分析》，《中国经济史研究》1988 年第 1 期。

近代中国工业化的道路

　　我在 1987 年的一篇文章中说："19 世纪后半期中国新式工业的创建，可以说是中国工业化的萌动时期。正是这种萌动，导致了史无前例的辛亥革命。"① 工业化包括新式产业的兴建和相应的经济结构与组织管理的变化。为简便计，我以新式工业和交通运输业的投资代表新式产业资本，并把各时期产业资本集成和产值的估计列为本文附表。②

　　从附表可见，在甲午战争前中国的产业资本原大于外国在华的产业资本，这是洋务派创业之功。而甲午至辛亥间，则是民间资本即通称民族资本历史上发展最快的时期，平均年增长率达 15.1%。正是这种增长，成为辛亥革命的经济上的动力。辛亥革命的政治成果被袁世凯篡夺，但民气大开，在工商界正式形成"实业救国"论。自辛亥革命迄 1920 年，外国在华产业投资因欧战影响进入颓势，增长率仅有 4.5%；官僚资本的增长率更跌为 3.8%；唯民族产业资本的增长仍保持两位数，为 10.5%。

　　本文目的不是研究产业资本发展的过程，而是探讨中国工业化的道路，或它在当时条件下可行的道路。故有关增长情况可参阅附表，不再置论。

---

　　① 吴承明：《早期中国近代化过程中的内部和外部因素》，《教学与研究》1987 年第 5 期。这里用"萌动"字样是为了避免中国工业化何时开始的争议。

　　② 本文附表见《近代中国经济现代化水平的估计》表 1 "产业资本估值"（载本卷第 581 ~ 582 页）。——编者

工业与小农经济

我国新式产业是在汪洋大海的个体农业和手工业这两种传统经济中诞生的，它与传统经济的关系如何，决定它发展的道路。

我国不是一个海上国家，工业发展必须以国内农业为基础。据19世纪50年代的经验，一年丰收，次年工业即有发展；一年歉收，次年工业发展即受阻。这也适用于近代中国，不过那时因受殖民地型外在因素干扰，反应不甚灵敏而已。那时的国际和国内条件都不允许我国采取外向型发展战略，我国的工业化应当是建立在工农业协调的基础上。

我曾考察，鸦片战争后迄抗日战争前，我国的农业生产力是有所增进的。① 就农作物产量说（不包括潜在生产力），确实增长极慢，年率也许不过0.5%~1.5%，掣了工业发展的后腿。但经济作物占农作物总产值的比重，由19世纪末的约10%增为1920年的17%和1936年的23%；加以棉种、蚕种的改良和烤烟的种植，基本上能满足当时工业发展对农产原料的需要。实际上也能满足当时工业化对粮食的需要；粮食进口的增加乃是不平等条约所造成的大口岸经济的结果。这种大口岸经济又使农产品价格脱离生产成本，给农业造成损害。② 尽管如此，近百年来我国农业生产仍能对工业建设做出贡献，与工业的发展保持一个低水平的均衡。这是因为我国以家庭为单位的、集约化的小农经济有很高的生产效率，亩产量始终居于世界前列。这是我国传统农业中可贵的积极因素，至今我们还在利用这个积极因素，即家庭承包制。

传统农业有巨大的剩余，这从封建地租常占产量的50%可知，而且中外皆然。几乎每个国家工业化的最初阶段都依靠从农业中汲取原始积累。英国的暴力圈占土地只是历史上的特例；最通常的办法是通过不利于农产品的

---

① 吴承明：《中国近代农业生产力的考察》，《中国经济史研究》1989年第2期。从耕地面积、复种指数、水浇地面积、施肥等所见的生产力的发展要略大于实际产量的增长。粮食产量的平均增长率不低于人口的平均增长率。

② 关于产品价格水准的决定及各级价格的构成，见吴承明《中国资本主义与国内市场》，中国社会科学出版社，1985，第276~277、292~295页。

交换价格将农业剩余转化为工业积累。① 从甲午战争后工农业产品的价格变动着。大约除 1905～1912 年、1921～1925 年短期间外，都是不利于农产品的。1913～1920 年，工业品价格的上升快于农产品价格的上升，13 年间差价扩大约 1/3；这时期也正是工商界所称"黄金时代"。1926～1931 年，同样的差价在 6 年间就扩大了 1/3，工商繁荣。接着进入经济危机，危机中农产品价格的下跌快于工业品价格的下跌，差价进一步扩大。② 危机最甚的 1934 年与危机前的高峰年比，农业所得下降了 31%，工业所得仅下降 5.9%；若用 1931 年不变价格计，农业所得下降 20.8%，工业所得反增长 11.9%。③ 农业对工业的资助显然可见。

农产品的商品化是传统经济进步的标志，也是工业化的条件，它为工业提供市场，也给农民提供收益。我国农产品商品化的过程十分迟缓，但毕竟有所加速。我们估计，粮食的商品率 1840 年为 10.5%，1894 年为 15.8%，1920 年为 21.6%，1931 年为 31.4%。主要农作物商品值按不变价格计，其平均年增长率早期不过 1.5%，二三十年代为 3% 强。农产品的商品化有赖于交通运输业和商业的发展。在我国新式产业的开发中，交通运输业快于制造工业。有人认为铁路、轮船等"先工业资本而发展"，以至"过度开发"，并导致民族资本"偏向商业"，乃是半殖民地经济的表现。④ 此论非是。1920 年我国铁路货运量中，农产品占 41%，矿产品占 39%，工业品连同进口洋货不足 10%。⑤ 又商业资本大于工业资本二三倍，人常谓"畸形"发

---

① 这种不利于农产品的价格变动趋势，在西方或称为 Mill - Marshall 模式，在苏联称为"剪刀差"，我国亦称"剪刀差"，唯近年来有人认为概念不确，改称为"差价"。这是各国普遍存在的原始积累办法。唯日本明治维新时以 1873 年的地税改革法将农业生产（大米）的 30% 集中到政府手中，以利"殖产兴业"，为东方一大创举。孙中山的地价税法或源于此。唯我国一向是高租低税，此法不能行，并且农业剩余尽入地主之手，而地主是不投资于新式产业的，造成我国原始积累的一大困难。

② 吴承明：《中国资本主义与国内市场》，第 275～277 页。不过，这时差价扩大的幅度并不比解放后 1952～1978 年为大，并远较 20 世纪二三十年代苏联工业化时期的"剪刀差"为小。见李炳坤《工农业产品剪刀差问题》，农业出版社，1981，第 45、49 页；苏联部长会议中央统计局《苏联国民经济六十年》有关章节，三联书店，1979。

③ 此项估计见巫宝三等《中国国民所得》，上册，中华书局，1947，第 17、19 页。"所得"指净产值。

④ 这种观点早见于 1932 年瞿秋白（屈维它）的《中国之资产阶级的发展》，转载于复旦大学历史系编《近代中国资产阶级研究》，复旦大学出版社，1983，以后成为流行的看法。

⑤ 交通部：《国有铁路会计统计报告》，1924 年"货运吨公里表"。

展。但据我们测算，1936 年全国商业资本所媒介的交易额中，农产品占 45%，手工业品占 26%，工矿产品占 16%，进口商品占 9%；不得谓之"畸形"。在当时，唯孙中山明确指出交通运输业乃先行产业，并提出保商、通货流之要义，实属卓见。[①]

工业与手工业

我国原有十分发达的手工业，并以技艺精湛闻名于世，除自给外尚有出口。鸦片战争后，洋货入侵，约有 8 个传统手工行业受到摧残，但除手纺纱外都非重要行业。据我们考察，迄 1920 年，绝大部分手工行业都是发展的，手工业总产值也是增长的；并且，机制工业发展最快的时候，也是手工业发展最快的时候，乃至在同一行业中也有这种情况。1920 年制造业总产值中，手工业占 82.8%，机制工业占 17.2%。这以后情况略变。机制工业加速取代手工业，但手工业产值仍有增长，到 1936 年制造业总产值中，手工业占 69.4%，机制工业占 30.6%。作为封建经济中的资本主义萌芽的工场手工业，原甚微弱。鸦片战争后则发展甚快。我们估计，1920 年工场手工业的产值约占手工业总产值的 25%，比当时全部机制工业（包括外商厂）的产值还稍大些。这以后工场手工业仍有发展，但因电力比较普及，部分工场手工业向机制工业过渡。到 1936 年，工场手工业的产值约占手工业总产值的 30.6%，与机制工业的产值比则只有后者的 69.2% 了。

机器大工业取代手工业（艺术品除外）是历史的必然。不过据我们考察，至少在 1920 年以前，两者的矛盾不是很突出，同时两者又有互补性。当时最大的两项民族机制工业是棉纺和面粉。棉纺业是先以纺粗支纱供应手工织布为主，到 1920 年它已占有 52% 的纱市场；然后转向织机布，到 1936 年亦占有 57% 的布市场。至此，它已杜绝了洋纱进口，洋布的进口也不多了。机制棉纺业的发展比较顺利，实得力于农村手织户以及定县、高阳、潍县、宝坻、郁林、平遥等新的手织区的兴起，给它提供补充作用。这是一种

---

① 交通运输业"先行"之论见《中国实业当如何发展？》，《总理全集》第 1 集下，上海民智书店，1930；保商、通货流之义见《上李鸿章书》，《孙中山选集》上，人民出版社，1956。

垂直式互补。机制面粉业兴起于 20 世纪初。1931 年至 1936 年；它的产量由 0.47 亿包增至 1.23 亿包；但同期土磨坊的产量也由 1.66 亿包增至 1.72 亿包，土洋并行发展。又机制面粉厂最初是采用一种土洋结合的机器磨坊形式，然后改用全机器化的滚筒制粉法。在上述期间，机器磨坊的产量也由 90 万包增至 1476 万包。三者并进，形成一种水平式互补。这样，1913 年进口洋粉 260 万担，1936 年就仅进口 51 万担了。[①] 此外，如火柴、针织、电器、日用化工等工业，自国外引进后大都是先用手工上马，或利用家庭散工制，俾事易举，俟扩展市场后，再实行机械化的大生产。

传统手工业中不少是从改革工具入手，增进生产力的。如丝织业，原用投梭机，20 世纪初引进日本手拉机，接着并用足踏铁轮机，再进一步改用电力铁轮机。到 1936 年，全国丝织机中已有 20.3% 是电力织机，按生产力计占到 38.3%；即 1/3 以上已过渡为现代化绸厂了。[②] 棉织业的工具改革与丝织业同，但因早有机制纱厂在，织布厂用电力织机者不多，手拉机和足踏铁轮机则长期使用。余如缫丝业，由手摇丝车而足踏丝车，而汽喉（煮茧用）足踏丝车，再到蒸汽动力丝车。轧花业由手摇轧车而足踏皮棍轧车，再到动力齿轮轧车。榨油业由木槽楔入油榨而人力螺丝油榨，再到蒸汽吸入式油榨。这种工具改革大多出现在工场手工业，而个体户仍少改进。以工场手工业而论，在一定改革后即容易过渡为机制工业。又手工矿业，到 1920 年大体都已具有工场手工业规模。在煤矿是先添置动力吸水机，积累资金，再添置井口卷扬机，采掘仍用手工。在金属矿，是先添置动力铁杵捣石机，积累资金，再添置新式粉碎机以至新式冶炉，采掘仍用手工。

近代中国工业化的道路

在近代中国，不清除帝国主义的侵略势力和封建主义的束缚，要实现工业化只能是个幻想。但不是说，就应当否定当时人们的任何工业化的努力。

---

① 面粉产量的估计据上海市粮食局等编《中国近代面粉工业史》，中华书局，1987，第 101、106 页。

② 1936 年有电力织机 17810 台，手拉机 32677 台，投梭机 37030 台；生产力分别按 3∶1.5∶1 计算。这是我根据有关资料所做的估计。

因为，如果没有一定的新式产业，没有中国的资产阶级和无产阶级，就不会有成功的反帝反封建的革命；并且，新中国的建设，也仍然要利用前人遗留的物质基础——尽管十分薄弱——和经验。

我国地区辽阔，人口众多，有高度发展的传统农业和传统手工业。这就决定了机器不能轻易地取代手工。传统是个巨大的力量，中国的工业化必须走与传统产业协调发展的道路，而不能一举取而代之。即使在清除了帝国主义和封建制度的障碍后，也还是这样，这可以从解放后行之有效的多种经济成分并存的发展战略中得到启发。

高度发展的传统经济意味着它内部含有精华，尽管是与糟粕并存。从上述介绍中可见，在我国传统农业和传统手工业中都含有积极的、能动的因素，能为工业化甚至为社会主义工业化所利用。这就决定了一条协调发展道路的可能性。

在晚近的发展经济学理论中，曾有一种在国际上广为流行的刘易斯模式，它是把传统农业看作完全无所作为的，只为工业发展提供无限劳动。这种模式以及它的修正模式，显然不能适用于中国。[①] 国外汉学家的研究还常采用一种"传统—现代"范式，认为中国的各种传统的因素都是静止的（static），或只能"在传统内改变"（change within tradition），因而与从西方传入的现代化因素是互斥的，互不相容的。这样中国的工业化就只能是"全盘西化"了。不过，这种理论既未得到证实，近年来也已受到批判。[②]

在近代中国的理论界也不乏全盘西化论者。但是，以卓越的工业家穆藕初为代表，也曾有一种农本主义思想，认为工业化不能脱离农业，应从改革

①　这个获得诺贝尔奖的 Lewis Model 见《劳动无限供给条件下的经济发展》（《现代国外经济学论文选》第 8 辑，商务印书馆，1984）。此模式经费景汉和拉尼斯修正后，仍没有消除传统农业无所作为的观点。因为它没有看到农业剩余对于手工业积累有作用。并且，传统农业不同于现代农业者，正在于它不提高劳动生产率或边际效益，甚至下降，仍能扩大农业总产量和剩余量，至少中国小农经济是这样。其论见吴承明《中国近代农业生产力考察》（《中国经济史研究》1989 年第 2 期）。

②　传统—现代范式，"tradition and modernity" paradigm，最早是从分析中国的儒学立论的，可追溯到黑格尔和韦伯（Max Weber）；而其广泛被汉学家应用是在 20 世纪前叶。对于这种理论的介绍和批判。详见 Paul A. Cohen, *Discovering History in China*, 1984, Columbia University Press, chapter 2。

农业入手。① 还有以著名经济学家方显庭为首的一批学者，根据中国国情，主张应优先发展乡村工业，以就地利用资源和农余劳动力，降低运输成本；且众擎易举，有类今之乡镇工业。② 然而，在当时的政治条件和以外国资本势力为背景的大口岸经济的压力下，这些颇有见地的理论都只能停留在纸上。

最早兴办新式产业的晚清洋务派，虽在体制上标榜"中学为体，西学为用"，在实践上却是走的全盘移植西方企业的道路，连厂房也是在国外设计，与中国传统经济脱节。国民党政府的资源委员会的建设思想也基本上是以欧美为楷模，并主要是引进成套设备，仅是适应中国的自然资源，与传统经济无涉。民间的或民族资本家则不完全是这样，上述那些土洋结合、逐步过渡的事例都是他们创造的。资本家的目的是获取利润，在强大的外国资本和大口岸经济的压力下，就必须从"地利"和"人和"上下功夫，创出一条道路。其中也不乏佼佼者。

张謇创办南通大生纱厂，就不完全是当时洋务派"分洋人之利"的目的，还有一个传统的但是积极的"天地之大德曰生"的思想，它是立足于本土的。大生纱厂一开始就是建立在通海的手织业上。这里的植棉业，乾隆间就已由"沙花"发展为"通花"；这里的织布业，嘉庆道光间已由稀布（包装用）进而为关庄布（销东北），再进而为通州大布（销各地）。大生利用这种优势，以产 12 支纱为主，全厂 70% 的产品供应通海手织户，在管理上也"停年歇夏"，以适应农时。张謇在创办大生前就有个黄海垦殖计划，这种思想更是立足于本土的。既得大生的资助，乃创办盐垦区，得到各方响应，一个 2000 万亩、30 万人口的通海垦区终于形成。垦区由晒盐而植棉，土地利用效益大增；所产棉花供应大生原料。而其意义在于由工业与手工业的协调发展进而与农业协调发展；用张謇的话说，"不兼农业，

---

① 穆藕初说："产之于农，成之于工"，工业以农业为前提（见《藕初文集》上卷，第 49 页）。又董时进、漆琪生也是当时的重农主义者，他们的言论见《中国经济》第 1 卷第 6 期、第 3 卷第 8 期。

② 见方显庭著《中国之工业化与乡村工业》，载《中国经济研究》，商务印书馆，1938。又顾翊群提出发展农村工业的 9 项理由，见所著《农村工业化问题》，商务印书馆，1944。马寅初在他的《中国经济改造》中（商务印书馆，1944，第 104～106 页）、刘大钧在他的《国民经济建设》中（《经济统计月志》第 2 卷第 8 期）也提出了向内地发展中小工业的主张。

本末不备"。棉纺是具有联进（linkage）效应的工业，以大生为中心，陆续办起炼铁、机器、油脂等多种工业，以至轮船、商务、银行、汇兑，成为"南通实业"体系。张謇说："实业者，西人赅农、工、商之名。"这是个完整的 industry 定义，包括第一、第二、第三产业，也是工业化的完整的内容。[①]

可见，在近代中国也确实有人在探索一条土洋结合，再进一步现代化和通过工场手工业过渡的道路。张謇的以大工业为中心发展实业和地区经济的道路，可称之为一种中国式的工业化道路。但是，当时占优势的乃是以外国洋行为中心的，脱离了农村以至对立于农村的大口岸经济的道路。张謇的立足于本土的实业建设，也败于这种大口岸经济之手：大生纱厂于 1925 年被上海的银行团接管，他的其他事业也一一失败。不过，失败也是一种历史经验。历史经验告诉我们，没有一个立足于本国大地、适应本国国情的发展战略是不可能实现工业化的。

（原载《文史哲》1991 年第 6 期）

---

① 张謇的事业见《大生系统企业史》，江苏古籍出版社，1990；引语见《张季子九录·文录》卷二《记论为舜为实业政治家》。